공공조달관리사 자격시험이 올해 처음으로 시행됩니다.

이 책을 펴내기까지, 저는 지난 20여 년간 공공조달 현장의 한복판에서 수없이 많은 입찰공고문을 읽고, 계약서를 검토하고, 수요기관과 공급기업 사이에서 조율자의 역할을 해왔습니다. 우수조달물품 지정부터 녹색기술·제품인증, NEP·NET 인증, 혁신제품 등록, 그리고 조달 연계 컨설팅에 이르기까지, 조달행정은 저에게 단순한 업무가 아닌 전문가로서의 삶 그 자체였습니다. 이 책은 바로 그 오랜 실무의 무게를 한 권에 담으려 한 결과물입니다.

공공조달은 단순한 구매 행정이 아닙니다. 국민의 세금이 투명하고 공정하게 쓰이도록 제도적으로 뒷받침하는 과정이며, 기업에게는 시장 진입의 공정한 기회이고, 행정기관에게는 정책을 실현하는 핵심 수단입니다. 그럼에도 불구하고 그동안 조달 실무는 경험에 의존하거나 내부에서만 통용되는 관행으로 이어져 왔고, 이를 체계적으로 검증하고 표준화할 수 있는 기준이 충분하지 않았습니다. 공공조달관리사 자격은 이러한 공백을 메우기 위한 제도적 출발점으로, 저는 그 첫 번째 필기·실기 기본서를 집필하는 역할을 맡게 된 것에 깊은 책임감을 느낍니다.

이 책은 단순한 암기용 요약서가 아닙니다. 입찰계획 수립부터 낙찰자 선정, 계약체결, 이행관리, 협상, 리스크 관리에 이르는 공공조달의 전 과정을 출제기준에 맞춰 체계적으로 정리하되, 실무에서 실제로 마주하게 되는 판단의 순간들을 놓치지 않으려 노력했습니다. 법령의 조문을 이해하고, 숫자를 외우고, 서술형 답안의 뼈대를 세울 수 있도록 구성한 것은 물론, 현장에서 이 지식이 어떻게 살아 움직이는지를 함께 담으려 했습니다.

이 책이 나오기까지 박문각 김태희 팀장님과 편집팀 여러분의 아낌없는 지원과 세심한 교정이 큰 힘이 되었습니다. 방대한 법령 자료와 출제기준을 함께 검토하고, 오탈자 하나까지 놓치지 않으려 애써주신 편집팀 여러분께 진심으로 감사드립니다.

이 책이 공공조달관리사 자격 취득을 준비하는 모든 분들께 든든한 길잡이가 되기를, 그리고 합격 이후 실무 현장에서도 오래 곁에 두는 참고서가 되기를 바랍니다.

저자 김경배

1 공공조달관리사란

- **자격명**: 공공조달관리사
- **영문명**: Public Procurement Manager
- **관려부처**: 조달청
- **시행기관**: 한국산업인력공단
- **직무내용**: 공공조달의 효율적 · 효과적 운영과 관리에 필요한 공공조달 환경 분석과 조달 및 계약법령, 구매정책 및 제도에 관한 전문지식과 분석 능력을 보유하고 전자조달시스템(나라장터)을 활용하여 공공조달 전 과정에서 요구되는 입찰, 평가, 계약 체결, 계약 이행 및 사후 관리 절차를 실행 및 관리하는 직무이다.
- **진로계획**: 2010년 이후 글로벌 공공조달의 정책 · 제도 운영 방향성은 운영적 효율성에 기반한 전략적 활용성 제고로 전환 중에 있으며, 이를 위해 공공조달 시스템 전반의 실행 역량 확충 및 조달 인력의 전문성 확보가 핵심 기반요소로 강조되고 있다.

2 시험 시행 종목

구분	직무 분야	자격명
필기	사업관리	공공조달관리사
실기		

3 시험 과목 및 시험 방법

구분	시험과목	문항 수	시험 방법
필기	공공조달과 법제도 이해	30문항	객관식 4지 택일형(CBT) (2시간)
	공공조달계획 수립 및 분석	20문항	
	공공계약관리	30문항	
실기	공공조달 관리실무	20문항 내외	필답형(2시간 30분)

4 2026년도 시행 일정

구분	원서접수	시험일	합격자 발표
필기	9.14(월) ~ 9.17(목)	10.3(토)	10.12(월)
실기	10.12(월) ~ 10.15(목)	11.14(토)	12.18(금)

5 응시 자격 및 합격 기준

① 응시 자격: 학력, 경력 제한 없음

② 응시 수수료: 필기 19,400원, 실기 20,800원

③ 합격 기준

필기	100점을 만점으로 하여 과목당 40점 이상, 전과목 평균 60점 이상
실기	100점을 만점으로 하여 60점 이상

6 기타 유의사항

① 원서접수 시간: 원서접수 첫날 10:00부터 마지막 날 18:00까지

② 합격자 발표 시간: 해당 발표일 09:00

③ 필기 · 실기 시험별 시작시간 및 시험장은 원서접수 시 별도 공고함

How to use | 구성과 특징

시험에 필요한 핵심을 꼼꼼하게 정리!

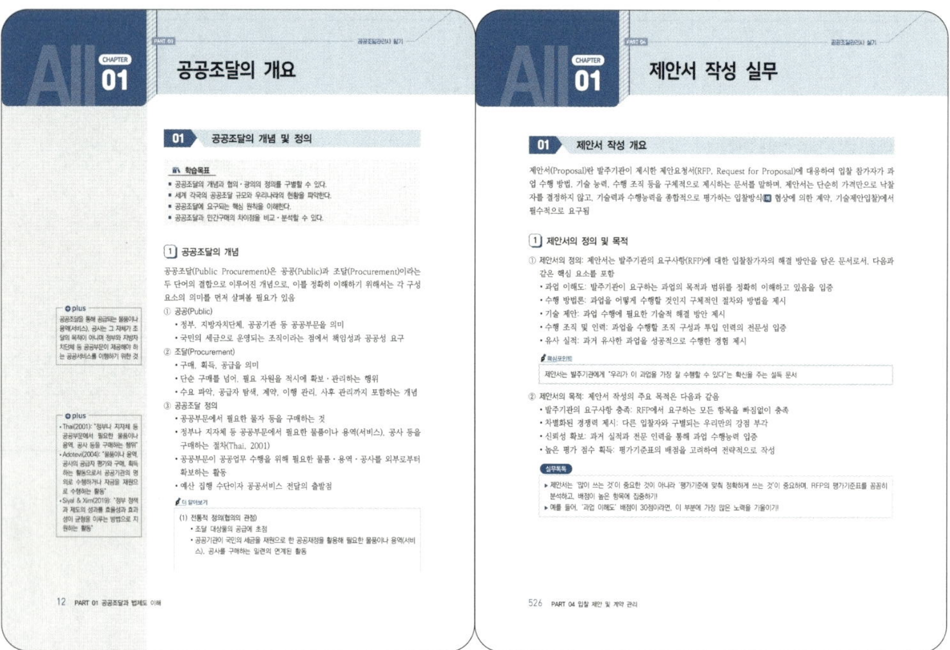

Point ❶

학습목표를 통해 이론 학습의 방향을 제시하고, 필기·실기 출제기준에 맞춰 꼭 알아야 할 핵심 내용을 선별하여 정리하였습니다.

Point ❷

[+plus]와 [더 알아보기]의 보충 및 심화 내용을 통해 이론의 적용 범위를 효과적으로 확장하고, [Check Q&A]로 이론 학습 직후 예상문제를 통해 개념 이해 여부를 바로 점검할 수 있습니다.

Point ❸

[핵심포인트]를 통해 이론의 중요 포인트를 짚어 보고, [실무톡톡]을 통해 실무와 연결하여 적용력을 높일 수 있습니다.

STEP 2
출제예상 문제

단원별로 출제 포인트를 문제로 확인!

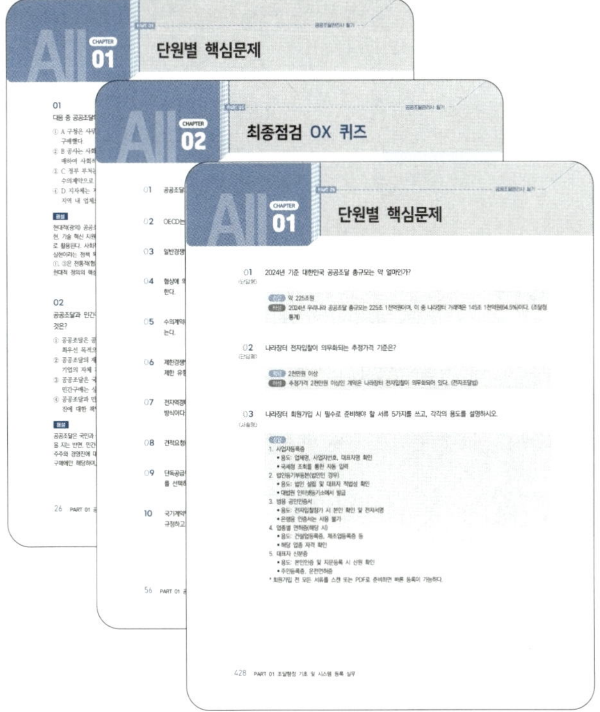

Point ❶

출제 가능성이 높은 이론을 엄선하여 단원별로 핵심문제를 수록하였으며, 실기편에서는 단답형·서술형 등 출제 유형을 표시하여 문제 유형을 미리 파악하고 대비할 수 있도록 하였습니다.

Point ❷

필기편에서는 핵심이론을 OX 퀴즈로 구성하여 출제 가능한 문항을 미리 점검하면서 단원별 학습 마무리가 가능하도록 하였습니다.

Point ❸

문제 해결을 위한 쉽고 명확한 해설로 효율적인 학습을 강화합니다.

STEP 3
핵심 정리

핵심정리와 체크리스트를 통해 학습 이해도 최종 점검!

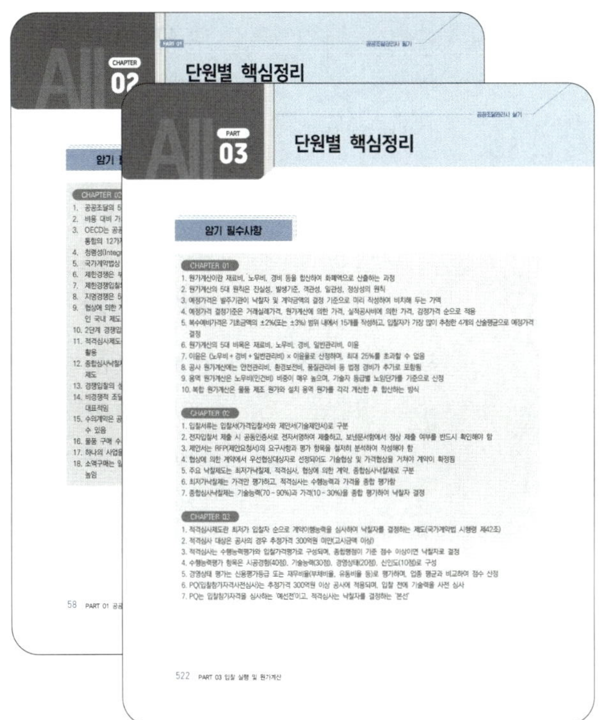

Point ❶

단원별 핵심 내용을 정리하여 반드시 암기해야 할 사항을 한눈에 확인할 수 있도록 하였습니다.

Point ❷

체크리스트를 통해 학습 후 주요 내용을 스스로 점검하고 이해도를 확인할 수 있도록 하였습니다.

Contents | 목차

제2편 실기

제1편

공공조달관리사 필기

직무분야	사업관리	중직무분야	사업관리	자격종목	공공조달 관리사	적용기간	2026.3.1.~ 2028.12.31.
필기검정방법	객관식		문제수		80	시험시간	2시간

필기과목명(문제수)	주요항목	세부항목
공공조달과 법제도 이해 (30)	1. 공공조달 개요	1. 공공조달의 정의 및 목적 / 2. 공공조달 참여자, 이해관계자 3. 공공조달의 특성 / 4. 공공조달의 구성체계
	2. 공공조달 원칙 및 방법	1. 공공조달 원칙 / 2. 공공조달 유형 3. 경쟁적 공공조달 방법 / 4. 비경쟁적 공공조달 방법
	3. 전자조달시스템	1. 전자조달시스템 개요 2. 국가종합전자조달시스템(나라장터) 연계 계약 관리 지원시스템 개요 3. 목록정보시스템 개요
	4. 전략적 공공조달	1. 중소기업지원 조달 / 2. 녹색조달 3. 혁신ㆍ기술개발 촉진조달 / 4. 사회적 가치 지원 조달
	5. 공공조달법률 이해	1. 공공계약 관련 민법 규정의 이해 / 2. 공공계약(국가 및 지방)법령의 이해 3. 조달사업법령의 이해 / 4. 전자조달법령의 이해 5. 공기업ㆍ준정부기관 계약사무규칙
	6. 공정조달 관리	1. 공공조달 법규 분쟁 및 해석 / 2. 법규 위반 시 제재
공공조달계획 수립 및 분석 (20)	1. 공공조달계획	1. 공공조달 수요 분석 및 계획 / 2. 공공조달 적정성 분석 3. 공공조달 비용 적정성 분석 / 4. 기타 적정성 분석
	2. 조달요구 응대 및 제안	1. 조달요구 대처 절차 / 2. 사전규격공개 분석 3. 입찰공고문 분석 / 4. 입찰ㆍ제안요청 설명 5. 입찰서 제출 및 개찰
	3. 입찰ㆍ제안평가 및 계약체결	1. 입찰ㆍ제안평가 절차 / 2. 평가위원회 및 이해충돌 3. 계약의 협상 / 4. 낙찰자 결정방법 5. 입찰결과 분석 및 이의제기
공공계약관리 (30)	1. 계약관리 일반 절차	1. 계약관리 계획 / 2. 계약변경 관리 3. 계약이행 관리 / 4. 계약종결 관리
	2. 물품 계약관리	1. 물품계약 일반절차 관리 / 2. 물품계약 이행관리
	3. 용역ㆍ다수공급자계약 관리	1. 용역계약 절차 및 이행관리 2. 다수공급자계약(MAS) 절차 및 이행관리
	4. 공사계약관리	1. 공사계약 일반개요 / 2. 공사계약 일반절차 및 이행관리 3. 공사계약 특화 절차 및 이행관리

공공조달과 법제도 이해

공공조달 관리사
필기 · 실기

공공조달의 개요

01 공공조달의 개념 및 정의

📖 학습목표

- 공공조달의 개념과 협의·광의의 정의를 구별할 수 있다.
- 세계 각국의 공공조달 규모와 우리나라의 현황을 파악한다.
- 공공조달에 요구되는 핵심 원칙을 이해한다.
- 공공조달과 민간구매의 차이점을 비교·분석할 수 있다.

1 공공조달의 개념

공공조달(Public Procurement)은 공공(Public)과 조달(Procurement)이라는 두 단어의 결합으로 이루어진 개념으로, 이를 정확히 이해하기 위해서는 각 구성 요소의 의미를 먼저 살펴볼 필요가 있음

① 공공(Public)
- 정부, 지방자치단체, 공공기관 등 공공부문을 의미
- 국민의 세금으로 운영되는 조직이라는 점에서 책임성과 공공성 요구

② 조달(Procurement)
- 구매, 획득, 공급을 의미
- 단순 구매를 넘어, 필요 자원을 적시에 확보·관리하는 행위
- 수요 파악, 공급자 탐색, 계약, 이행 관리, 사후 관리까지 포함하는 개념

③ 공공조달 정의
- 공공부문에서 필요한 물자 등을 구매하는 것
- 정부나 지자체 등 공공부문에서 필요한 물품이나 용역(서비스), 공사 등을 구매하는 절차(Thai, 2001)
- 공공부문이 공공업무 수행을 위해 필요한 물품·용역·공사를 외부로부터 확보하는 활동
- 예산 집행 수단이자 공공서비스 전달의 출발점

🖊 더 알아보기

(1) 전통적 정의(협의의 관점)
- 조달 대상물의 공급에 초점
- 공공기관이 국민의 세금을 재원으로 한 공공재정을 활용해 필요한 물품이나 용역(서비스), 공사를 구매하는 일련의 연계된 활동

➕ plus

공공조달을 통해 공급되는 물품이나 용역(서비스), 공사는 그 자체가 조달의 목적이 아니며 정부와 지방자치단체 등 공공부문이 제공해야 하는 공공서비스를 이행하기 위한 것

➕ plus

- Thai(2001): "정부나 지자체 등 공공부문에서 필요한 물품이나 용역, 공사 등을 구매하는 행위"
- Adotevi(2004): "물품이나 용역, 공사의 공급자 평가와 구매, 획득하는 활동으로서 공공기관의 명의로 수행하거나 자금을 재원으로 수행하는 활동"
- Siyal & Xim(2019): "정부 정책과 제도의 성과를 효율성과 효과성이 균형을 이루는 방법으로 지원하는 활동"

---

(2) 현대적 정의(광의의 관점)
- 공공조달은 정부 등 공공부문에서 국민과 기업을 대상으로 제공하는 또는 제공해야 할 공공서비스의 실행과 관리에 필요한 물품, 용역(서비스)과 공사를 구매하는 일련의 활동을 통해 직간접적으로 연계된 정부정책과 제도의 성과를 효율성과 효과성이 균형을 이루는 방법으로 지원하는 활동
- 공공조달의 전반적인 실행 과정을 통해 정부의 정책과 제도 실행을 그 자체로 주도하거나 지원하는 정책적 기능, 즉 전략적 활용에 중점

협의의 공공조달	광의의 공공조달
- 수요와 공급 관점에서 조달 대상물 확보에 초점	- 공공서비스 제공을 위한 전략적 행정 기능으로 인식
- 계약을 통해 재화를 구매하는 행위로 인식	- 정책 목표 달성을 위한 수단으로 조달을 활용
- 입찰, 계약 체결, 대가 지급 등 절차 중심 이해	- 효율성(비용 절감)과 효과성(성과 창출)을 동시에 고려

2 세계 각국의 공공조달 규모

① 세계 공공조달
- 정부 공공조달은 전 세계적으로 국가 경제에서 매우 큰 비중을 차지함
- OECD에 따르면, 2023년 기준 OECD 회원국의 국내총생산(GDP) 대비 공공조달 지출 비중은 평균 12.7% 수준이며, 이는 정부 총지출의 약 30%에 해당함
- 세계은행(World Bank)은 전 세계 GDP의 약 12%가 공공조달에 지출되는 것으로 추산하고 있음

구분	수치	비고
OECD 평균 GDP 대비	12.7%(2023)	정부 총지출의 약 30%
대한민국 GDP 대비	약 9.8%(2024)	약 225.1조원 규모
세계 전체 GDP 대비	약 12%(2020)	약 11조 달러 규모
WTO GPA 시장 규모	약 1조 3,000억 유로	약 2,092조원 상당

② 국내 공공조달
- 우리나라의 공공조달 지출은 꾸준히 증가하고 있음
- 2015년 약 110.4조원(GDP 대비 6.7%)에서 2024년 약 225.1조원(GDP 대비 9.8%)으로 약 2배 이상 성장함
- 특히 2020년 이후 코로나19 팬데믹 대응을 위한 의료·방역 물자 긴급 조달 등으로 공공조달 지출이 급격히 증가했으며, 이후에도 디지털 전환, 녹색 전환 등 정책적 수요 확대로 성장세가 지속되고 있음

▲ 2015년 ~ 2024년의 추이

연도	공공조달 지출(십억원)	GDP 대비 비중(%)
2015	110,383	6.7
2016	118,927	7.0
2017	126,548	7.2
2018	137,492	7.4
2019	150,216	7.9
2020	168,743	8.7
2021	182,356	8.9
2022	195,128	9.1
2023	208,584	9.3
2024	225,100	9.8

③ 공공조달에 요구되는 핵심원칙

공공조달은 공공성을 전제로 하기 때문에, 민간구매와 달리 다음과 같은 8가지 핵심원칙이 요구됨

원칙	영문	핵심내용
경쟁	Competition	유효한 경쟁을 통해 최적의 공급자를 선정하며, 경쟁 제한 행위 금지
투명성	Transparency	조달 과정과 결과를 공개하여 정보의 비대칭성 최소화
공정성	Fairness	모든 참여자에게 동등한 기회를 보장하고, 차별적 대우 금지
효율성	Efficiency	최소 비용으로 최대 성과를 달성하며, 행정 절차 간소화
책임성	Accountability	의사결정 과정과 결과에 대해 관련 기관과 국민에 대한 책임성
윤리성	Ethics/Integrity	부패와 이해충돌을 방지하고, 높은 윤리 기준 유지
비용 대비 가치	Value for Money	가격뿐 아니라 품질, 성능, 생애주기비용 등을 종합 고려
지속가능성	Sustainability	환경적·사회적·경제적 지속가능성을 조달 과정에 통합

▲ 공공조달 8대 핵심원칙

4 공공조달의 목적

① 운영적 측면의 목표

원칙	영문	의미
비용 대비 가치	Value for Money(VFM)	가격뿐 아니라 품질, 성능, 생애주기비용 등을 종합 고려하여 최적의 가치 획득
공정성	Fairness	모든 참여자에게 공정한 기회 보장, 차별 금지
투명성	Transparency	조달 과정의 공개와 정보 접근성 보장
책임성	Accountability	의사결정과 결과에 대한 책임 부담
효율성	Efficiency	최소 비용으로 최대 성과 달성
경쟁	Competition	유효한 경쟁을 통한 최적 공급자 선정

② 정책적 측면의 목표

원칙	영문	의미
지속가능성	Sustainability	환경적 지속가능성을 고려한 녹색조달(GPP)
혁신	Innovation	혁신적 기술과 제품의 시장 진입 촉진(IPP)
사회적 책임성	Social Responsibility	사회적 약자 지원, 공정거래 등 사회적 가치 실현(SRPP)

5 공공조달의 범위

차원	내용
조달 대상물	물품(Goods), 용역(Service), 공사(Works) + 복합·융합 상품
수요자	정부기관, 지자체, 위탁·보조사업 민간기관
공급자	민간부문 개인·기업·단체, 공기업·준정부기관
조달 재원	세금 기반 예산, 기금·특별회계, PPP 민간투자
시장	국내(중앙 + 지방), 국제(WTO GPA, FTA)
정책	재정정책, 경제·산업·노동·건강·국방 등 전반
업무 범위	수요파악 → 조달계획 → 입찰 → 계약 → 이행관리 → 성과평가

6 공공조달과 민간구매의 차이점

구분	공공조달 (Public Procurement)	민간구매 (Private Purchasing)
목적	공공서비스 제공, 정책 목표 달성	이윤 극대화, 경쟁력 강화
재원	국민의 세금(예산)	기업의 자체 자금
주요 원칙	공공성, 투명성, 공정성, 효율성	수익성, 효율성, 신속성
법적 규제	국가계약법, 지방계약법 등 엄격한 법규 적용	상법, 민법 등 일반 법규 적용(상대적 자율성)
의사결정	다수의 이해관계자, 복잡한 절차	소수의 경영진, 신속한 의사결정
공개 수준	모든 과정이 원칙적으로 공개(투명성)	대부분의 과정이 비공개(영업비밀)
관리감독	국회, 감사원, 시민사회 등 다차원적 감독	이사회, 주주총회 등 내부 감독
책임	국민과 감사기관에 대한 다차원적 책임	주주와 경영진에 대한 책임
성과평가	공공서비스 질, 정책 목표 달성도	수익률, 비용 절감률

02 공공조달의 연원과 발전

📖 학습목표

- 공공조달의 역사적 발전 과정을 시대별로 설명할 수 있다.
- 우리나라 조달 제도의 발전 과정과 주요 전환점을 이해한다.
- 공공조달의 중요성을 재정적, 정책적 관점에서 설명할 수 있다.

1 공공조달의 역사적 연원

① 고대
- 이집트 피라미드 건설(B.C. 2700년경)에서는 수만 명의 노동력과 석재, 식량 등을 체계적으로 조달한 흔적이 발견됨
- 바빌로니아의 함무라비 법전(B.C. 1900년경)에는 공공사업 계약과 관련된 규정이 포함되어 있으며, 이는 공공조달에 대한 법적 규율의 최초 사례 중 하나로 평가됨. 로마제국은 도로, 수도교, 공공건물 건설을 위해 체계적인 입찰과 계약 시스템을 운영했음

② 중세
- 한국에서는 삼국시대부터 조세 형태로 현물을 징수하는 공납(貢納) 제도가 존재했으며, 고려와 조선시대를 거치며 체계화되었음. 조선시대에는 특허상인(시전상인)을 통한 물품 조달이 이루어졌고, 대동법의 시행으로 현물 공납이 쌀로 통일(미납화)되는 획기적인 변화가 있었음
- 유럽에서는 봉건 영주 중심의 분산된 조달이 이루어졌으며, 길드(Guild)를 통한 물품 조달이 일반적이었음

③ 근대
- 프랑스 나폴레옹 시대(1806년)에 공개적 광고, 경쟁 입찰, 운영 통제를 골자로 하는 최초의 현대적 공공조달 법적 틀이 마련되었으며, 이후 산업혁명을 거치며 철도, 항만 등 대규모 인프라 건설이 활발해지면서 영국과 미국을 중심으로 체계적인 경쟁입찰 시스템이 확산되었음
- 한국에서는 조선 후기 개항 이후 민간상인의 직접 참여가 확대되었고, 1881년 교정청등록에서 "포공(砲工)과 화공(火工) 정원은 각각 10인으로 하되, 시험을 거쳐 임용한다"는 기록이 발견됨

④ 현대
- 1, 2차 세계대전을 거치며 군수물자의 대량·신속 조달 필요성이 대두되면서 현대적 공공조달의 법적·제도적 틀이 확립되었음
- 미국은 1933년 Buy American Act를 제정하고, 1949년 연방조달청(GSA)을 설립했으며, 국제적으로는 1994년 WTO 정부조달협정(GPA)이 체결되어 공공조달 시장의 국제적 개방이 본격화되었음

시대	조달 대상	실행 방법	법적 체계	조직적 체계	운영적 체계
고대	건축물, 도로, 무기, 식량	공납, 부역, 왕실 직영	관습법, 함무라비 법전	왕실, 지방관	비체계적
중세	무기, 식량, 의복	공납, 시전상인	관습법, 봉건법	봉건 영주, 길드	분산적
근대	철도, 항만, 군수품	경쟁 입찰 도입	조달 관련 법규 등장	중앙 조달기관 설립	중앙집중화
현대	물품/용역/ 공사/IT	전자조달, 전문화	국제 규범(GPA), 국내 법체계 완비	전문 조달기관	전자조달 시스템

2 우리나라 조달 제도의 발전

① 일제강점기의 조달 제도
- 일제강점기에는 조선총독부 중심의 중앙집중식 관급제도 시행
- 장부제(帳簿制)를 도입하여 등록된 업체를 통해 물자를 조달하는 방식이었으며, 이는 식민지 수탈을 위한 제도적 장치로서 공정성과 투명성 결여
- 광복 이후 미군정기를 거쳐 대한민국 정부 수립과 함께 현대적 조달 제도로 전환

② 정부 수립 이후 ~ 1960년대: 외자 조달 중심
- 6.25 전쟁 복구 및 경제 개발을 위한 원조 물자(외자) 도입·관리가 주요 임무
- 1948년 임시외자총국이 설립되었고, 1961년 조달청이 개청되어 중앙조달기관으로서의 역할을 시작했으며, 이 시기에는 「정부조달기금특별회계법」이 제정되어 조달 업무의 법적 기반 마련

③ 1970년대 ~ 1980년대: 내자조달 전환 및 중앙조달 확대
- 경제 성장과 함께 국내 산업 기반이 확충되면서 내자조달 비중이 크게 증가
- 중앙조달기관으로서 조달청의 역할과 기능이 강화되었으며, 정부 물자의 효율적 관리를 위한 제도적 기반 정비

④ 1990년대: 개방화 및 경쟁 체제 도입
- 1995년 「국가를 당사자로 하는 계약에 관한 법률」(국가계약법)이 제정되어 국가 계약의 통일된 법적 기반 마련
- 1997년에는 WTO 정부조달협정(GPA)에 가입하여 국제 경쟁 체제에 편입되었으며, 이는 국내 조달 시장의 개방과 경쟁력 강화의 계기

⑤ 2000년대 ~ 현재: 전자조달 및 전략적 조달
- 2002년 국가종합전자조달시스템 나라장터(KONEPS)가 개통되어 조달 행정의 투명성과 효율성이 획기적으로 향상되었으며, 이후 적격심사, 협상에 의한 계약 등 다양한 낙찰 방법이 도입되었고, 중소기업 지원, 녹색조달, 혁신조달 등 정책 목표 달성을 위한 전략적 공공조달 강화
- 2024년에는 차세대 나라장터가 개통되어 인공지능(AI), 빅데이터 기반의 지능형 조달 서비스 제공 시작

시기	주요 사건	의의
1948년	임시외자총국 설립	현대적 조달 행정의 시작
1961년	조달청 개청	중앙조달기관 출범
1995년	국가계약법 제정	국가 계약의 통일된 법적 기반 마련
1997년	WTO GPA 가입	국제 경쟁 체제 편입
2002년	나라장터(KONEPS) 개통	전자조달 시대 개막
2024년	차세대 나라장터 개통	AI · 빅데이터 기반 지능형 조달

③ 해외 주요국의 조달기관 비교

세계 주요국도 중앙조달기관을 설치하여 공공조달을 전문적으로 수행하고 있음

국가	조달기관	설립년도	주요 기능
한국	조달청(PPS)	1961년	중앙조달, 나라장터 운영, 비축물자 관리
미국	연방조달청(GSA)	1949년	연방정부 조달, 연방공급스케줄(FSS) 운영
영국	왕실상업서비스청(CCS)	2014년	정부 조달 정책, 공공조달 프레임워크 운영
독일	연방내무부(BMI) 조달국	1951년	연방정부 조달 정책 및 집행
프랑스	UGAP	1967년	공공기관 공동구매 중앙조직
일본	회계검사원 감독 하 각 성청	–	각 성청별 자체 조달(분산형)

④ 공공조달 목적 구현의 발전 단계

Harland 등(2013)은 공공조달의 목적 구현이 7단계 피라미드 구조로 발전한다고 제시함

단계	내용	설명
State 1	물품 · 용역의 조달과 제공	기본적인 구매 활동
State 2	법령 · 규정 준수	절차적 적법성 확보
State 3	공공자금의 효율적 사용	예산 절감과 효율성 추구
State 4	책임성 확보	의사결정에 대한 책임 부담
State 5	비용 대비 가치(VFM)	종합적 가치 평가
State 6	정부 정책 목표 지원	정책 수단으로서의 조달 활용
State 7	정부 정책 목표 달성	전략적 공공조달의 완성

→ 우리나라는 현재 State 5 ~ 6 단계에 위치하며, 혁신조달, 녹색조달, 사회적 가치 조달 등을 통해 State 7을 향해 발전하고 있음

조달사업에 관한 법률 제1조, 제2조
▶ 제1조(목적): 이 법은 조달사업(調達事業)의 효율적 수행을 위하여 그에 관한 기본적인 사항을 정함을 목적으로 함
▶ 제2조(정의)
1. "조달사업"이란 수요기관이 필요로 하는 물자의 구매·공급 및 관리와 시설공사의 계약 등에 관한 사업을 말함
2. "수요기관"이란 조달사업으로 물자를 구매·공급받거나 시설공사의 계약을 할 필요가 있는 기관으로서 대통령령으로 정하는 기관을 말함

03 공공조달의 참여자와 이해관계자

🏫 학습목표

- 공공조달의 3대 이해관계자를 구분하고 각각의 역할을 설명할 수 있다.
- 수요기관과 공급자의 유형과 현황을 파악한다.
- 감시·감독 체계의 구조를 이해한다.

1 공공조달 이해관계자 구조

공공조달의 이해관계자는 크게 공공부문, 민간부문, 국민(일반대중)의 3대 축으로 구성됨

구분	직접 이해관계자	간접 이해관계자	감시·감독
공공부문	수요기관 (발주기관)	기획재정부, 행정안전부, 조달청, 조달정책심의위원회	국회, 감사원
민간부문	조달기업 (공급기업)	하도급 참여기업, 협회·조합, 시험검사기관, 컨설팅업체	–
국민	납세자	공공서비스 수요 일반 국민	시민사회단체, 일반대중

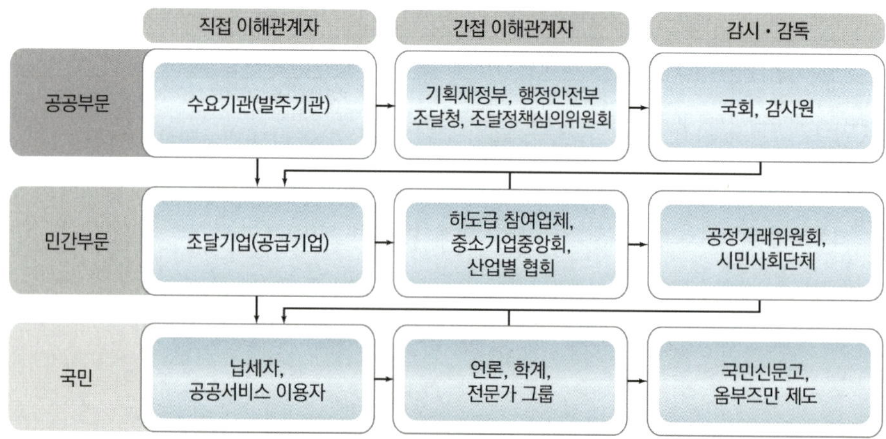

▲ 공공조달 이해관계자 구조도

2 공공조달 수요자(수요기관)

공공조달 수요기관이란 조달사업으로 물자를 구매·공급받거나 시설공사의 계약을 할 필요가 있는 기관을 말하며, 조달기관(계약기관), 발주기관, 발주처(자), 계약당국 등으로도 불림

① 수요기관의 구분

구분	해당 기관	비율(2024)
국가기관	중앙행정기관, 소속기관, 헌법기관 등	7.8%
지방자치단체	광역·기초 지자체, 지방의회, 교육청 등	27.9%
기타 공공기관	공기업, 준정부기관, 기타 공공기관, 특수법인 등	64.3%
합계	71,757개 기관	100%

② 수요기관 내부의 다양한 이해관계자

구분	내부 이해관계자	역할
조달사업부서	수요 부서	조달 수요 발생 및 규격 설정
계약부서	계약 담당	입찰, 계약 체결, 이행 관리
법률부서	법무 담당	계약 법률 검토, 분쟁 대응
감사부서	내부 감사	조달 절차 적정성 감사
계약심의위원회	심의 기관	일정 금액 이상 계약의 심의·의결

3 공공조달 공급자(공급기관)

- 조달기업이란 공공조달 시장에서 물품, 용역, 공사를 공급하는 민간부문의 기업을 말하며, 조달기업(업체), 조달기업(기업), 공급기업(업체) 등으로도 불림
- 2024년 기준 나라장터에 등록된 조달기업은 총 602,681개이며, 이 중 중소기업이 96.8%를 차지함

① 기업 규모별 등록 현황

기업 규모	등록 기업 수(2024)	비율
중소기업	583,351개	96.8%
중견기업	4,309개	0.7%
상호출자제한기업	1,281개	0.2%
비영리법인 등 기타	13,740개	2.3%
합계	602,681개	100%

② 조달 분야별 등록 현황: 조달기업은 조달 분야에 따라 물품, 용역, 공사로 구분되며, 2024년 기준 분야별 등록 건수는 총 812,292건(하나의 기업이 복수 분야에 등록 가능)

조달 분야	세부 구분	등록 건수
물품	제조업체 + 공급업체	약 420,000건
용역	일반용역, 정보기술용역, 기술용역	약 250,000건
공사	토목, 건축, 산업설비, 조경, 환경시설 등	약 142,000건
합계		812,292건

4 공공조달 대상물의 분류

분류	유형	내용	예시
기본	물품(Goods)	장비, 자재, 공급품 등 유형성 품목	컴퓨터, 사무용품, 의료장비
기본	용역(Service)	컨설팅, 유지보수, IT 지원 등	시스템 개발, 건물 청소, 경비
기본	공사(Works)	건설, 사회기반 시설 등 프로젝트	도로 건설, 건물 신축
추가	공익산업 용역	수도, 전기, 에너지 공급	상수도 시설 운영
추가	양허권(Concession)	PPP (PFI, DBFO, BOOT 등)	민간투자 고속도로
추가	국방 및 안보	군사·안보 관련 조달	무기 체계, 방산 물자

04 공공조달의 특성과 구성 체계

📖 학습목표

- 공공조달의 일반적 특성 5가지를 설명할 수 있다.
- 상업적 구매행위와 공공조달 행위의 차이를 비교할 수 있다.
- 공공조달의 3대 구성 체계(법적, 조직적, 운영적)를 이해할 수 있다.

1 공공조달의 일반적 특성

① 공공서비스 제공이 궁극적 목적: 공공조달은 법적으로 정해진 임무 수행과 연계된 광범위한 공공서비스 제공을 궁극적 목적으로, 이윤 추구가 아닌 국민의 복리 증진이 최우선 가치

② 국민의 세금이 재원: 국민의 세금과 공공기금을 바탕으로 예산을 확보하므로, 조달계획 수립과 예산 집행의 효율성이 매우 중요. 이는 민간구매에서 기업의 자체 자금을 사용하는 것과 근본적으로 차이가 있음

③ 입찰을 통한 공급자 선정 원칙: 유효한 경쟁을 통해 최적의 공급자를 선정하는 것이 기본 원칙이며, 이 과정에서 경쟁성, 투명성, 공정성이 보장되어야 함

④ 엄격한 법령과 절차에 따라 운영: 공공조달은 국가계약법, 지방계약법 등 고유한 법령, 규정, 기준과 절차를 통해 운영되며, 공공부문이 독점적 수요자라는 점에서 사적자치(계약자유) 원칙하에서도 계약당사자 간 실질적 동등성 확보가 필요함

⑤ 다차원적 관리감독 체계 존재: 국회, 감사원, 각 조달기관 감사부서, 시민사회단체, 국민 모두가 다차원적으로 관리감독에 참여하며, 조달업무 담당자에게는 행정적 책임과 경제적 책임이라는 이중적인 책임이 부과됨

2 상업적 구매행위와 공공조달 행위의 비교

① 상업적 구매행위의 특성: 민간부문의 구매행위는 이익 창출을 목적으로 하며, 7R(Right) 추구

7R	의미
Right Product	적합한 제품
Right Price	적정한 가격
Right Time	적시 납품
Right Quality	적합한 품질
Right Quantity	적정한 수량
Right Customer	적합한 고객
Right Place	적합한 장소

② 공공조달의 조달행위 특성
- 공공조달은 11단계 프로세스로 수행됨
- 내부 조달수요 식별 → 공급업체 탐색 → 소싱(Sourcing) → 입찰 권유 → 입찰 평가 → 낙찰자 선정 → 계약과 협상 → 계약 체결과 이행 관리 → 납품과 검수 → 대가 지급 → 계약 결과 평가 및 우수공급업체 관계 관리

③ 조달과 구매행위의 차이점 비교

구분	조달(Procurement)	구매(Purchasing)
정의	수요자의 특정한 수요를 충족하기 위한 관련 활동 전반	조달 범위 내 특정한 단위 절차
관리 중점	전략적 관점에서 조달 전체 과정 관리	개별 거래의 실행에 초점
의의	조직의 전략적 목표 달성에 기여	필요한 물자의 확보
중점 가치	총소유비용(TCO), VFM, 지속가능성	가격, 품질, 납기
수요 식별	조직 전체의 전략적 수요 분석	개별 부서의 운영적 수요
접근 방법	전략적·장기적 관점	운영적·단기적 관점
파트너십	공급업체와의 장기적 협력 관계	거래적 관계

③ 공공조달과 민간구매의 차이점

① 공공조달
- 국민에게 제공되어야 할 공공서비스를 제공하는 과정
- 단순히 계약에 기반한 구매행위가 아니라, 조달 과정에서 경제적, 환경적, 사회적 가치 등 유관 정책 의제를 고려
- 범정부적 정책 지원을 통합적으로 수행해야 하는 활동
- 민간부문에 비해 엄격한 규정의 적용을 받음

② 민간구매
- 공공서비스 제공 목적의 계약 또는 구매행위가 아님
- 최근 ESG로 대표되는 환경적, 사회적, 법적 지배구조 등에서 추가적 가치를 고려하나 목적과 취지에서는 공공조달과 차이점 존재

④ 공공조달의 구성 체계

① 법적 체계

법률	적용 대상	소관 부처
민법	계약의 성립, 효력, 해제 등 기본 원칙	법무부
국가계약법	국가기관이 당사자가 되는 계약	기획재정부
지방계약법	지방자치단체가 당사자가 되는 계약	행정안전부
조달사업법	조달청의 중앙조달사업	조달청
전자조달법	전자적 조달 절차	조달청
건설산업기본법	건설공사 관련 계약	국토교통부

② 조직적 체계

구분	기관	역할
정책 총괄	기획재정부	국가계약법 소관, 계약 제도 총괄
정책 총괄	행정안전부	지방계약법 소관
중앙조달	조달청	수요기관 위임 계약 대행, 나라장터 운영
자체조달	각급 수요기관	직접 조달 업무 수행
감시·감독	국회, 감사원	예산 심의, 회계 감사

③ 운영적 체계
- 공공조달 업무가 실제로 이루어지는 시스템 및 프로세스
- 핵심은 국가종합전자조달시스템 나라장터(KONEPS)로, 나라장터를 통해 입찰 공고, 입찰서 제출, 개찰, 계약 체결, 대금 지급 등 조달의 전 과정이 전자적으로 처리됨

- 우리나라는 조달청이 중심이 되는 중앙조달 체계를 기본으로 하되, 기관별 특수성을 고려한 분산조달이 공존하는 혼합형 구조를 취하고 있음

구분	주요 특징	장점	단점
중앙조달	조달청이 전 공공기관의 물품/공사를 일괄 구매	대량 구매를 통한 예산 절감(규모의 경제), 전문성 확보	각 기관의 개별적인 요구사항(커스터마이징) 반영이 어려움
분산조달	각 수요기관이 직접 입찰 및 계약 진행	기관별 특성에 맞는 신속한 구매, 사용자 만족도 제고	중복 구매 발생 가능성, 기관별 조달 전문성 격차 존재

- 현대의 공공조달 운영체계는 단순히 물건을 싸게 사는 것을 넘어 정책적 도구로 활용됨
  - 중소기업 지원: 중소기업자 간 경쟁제품 지정 등을 통해 판로를 지원
  - 혁신 및 녹색 조달: 신기술 제품(혁신제품)을 선제적으로 구매하여 기술 발전을 견인하고, 친환경 제품에 가점을 부여하여 ESG 경영을 유도

④ 조달 프로세스 흐름: 수요 제기 → 사전규격 공개 → 입찰 공고 → 입찰서 제출 → 개찰 → 적격심사/협상 → 낙찰자 선정 → 계약 체결 → 계약 이행 → 검사/검수 → 대금 지급 → 사후 관리

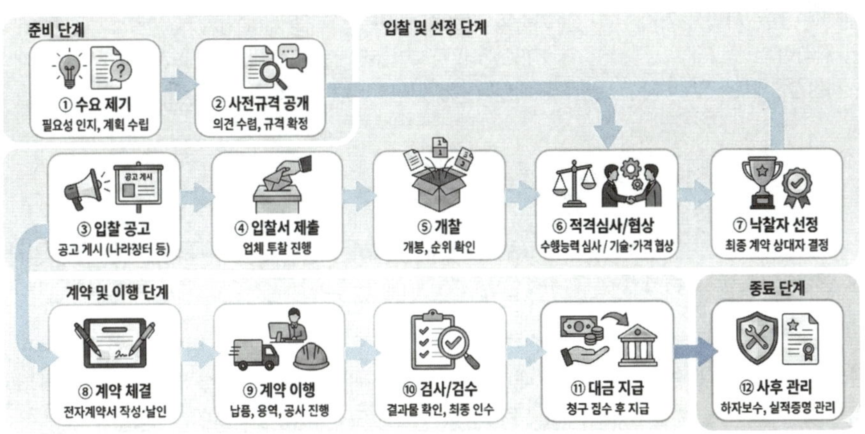

▲ 조달 프로세스 표준 흐름도(Standard Procurement Process Flow)

법조문 돋보기

국가를 당사자로 하는 계약에 관한 법률 제5조(계약의 원칙)
▶ 계약은 상호 대등한 입장에서 당사자의 합의에 따라 체결되어야 하며, 당사자는 계약의 내용을 신의성실의 원칙에 따라 이행하여야 함
▶ 각 중앙관서의 장 또는 계약담당공무원은 이 법 및 관계 법령에 규정된 계약상대자의 계약상 이익을 부당하게 제한하는 특약 또는 조건을 정하여서는 아니 됨

지방자치단체를 당사자로 하는 계약에 관한 법률 제6조(계약의 원칙)
▶ 계약은 상호 대등한 입장에서 당사자의 합의에 따라 체결되어야 하며, 당사자는 계약의 내용을 신의성실의 원칙에 따라 이행하여야 함
▶ 지방자치단체의 장 또는 계약담당자는 이 법 및 관계 법령에 규정된 계약상대자의 계약상 이익을 부당하게 제한하는 특약 또는 조건을 정하여서는 아니 됨

✓ Check Q&A

공공조달 시장에 처음 진입하려는 중소기업이라면 어디서부터 시작해야 하는가?

정답

먼저 나라장터(www.g2b.go.kr)에 접속하여 입찰참가자격 등록을 해야 한다. 등록 후에는 관심 있는 분야의 입찰 공고를 검색하고, 사전규격 공개 단계에서 의견을 제시할 수도 있다. 처음에는 소액 수의계약이나 다수공급자 계약(MAS) 종합쇼핑몰 등록부터 시작하는 것이 진입 장벽이 낮아 좋다. 조달청에서 운영하는 '조달교육' 프로그램도 적극 활용할 수 있다.

CHAPTER 01 단원별 핵심문제

01

다음 중 공공조달의 현대적(광의) 정의에 가장 부합하는 사례는?

① A 구청은 사무용품을 가장 낮은 가격을 제시한 업체로부터 구매했다.
② B 공사는 사회적 기업이 생산한 친환경 재생용지를 우선구매하여 사회적 가치 실현에 기여했다.
③ C 정부 부처는 작년에 구매했던 동일한 사양의 컴퓨터를 수의계약으로 재구매했다.
④ D 지자체는 지역 업체 보호를 위해 입찰참가자격을 해당 지역 내 업체로만 제한했다.

해설

현대적(광의) 공공조달은 단순한 물품 구매를 넘어 사회적 가치 실현, 기술 혁신 지원 등 정부의 정책 목표를 달성하는 전략적 수단으로 활용된다. 사회적 기업 제품을 우선 구매하는 것은 사회적 가치 실현이라는 정책 목표에 부합하는 대표적인 사례이다.
①, ③은 전통적(협의) 관점에 가깝고, ④는 제한경쟁의 한 형태이나 현대적 정의의 핵심을 보여주지는 못한다.

02

공공조달과 민간구매의 특성을 비교한 설명으로 옳지 않은 것은?

① 공공조달은 공공서비스 제공을, 민간구매는 이윤 극대화를 최우선 목적으로 한다.
② 공공조달의 재원은 국민의 세금이지만, 민간구매의 재원은 기업의 자체 자금이다.
③ 공공조달은 국가계약법 등 엄격한 법규의 적용을 받지만, 민간구매는 상대적으로 계약의 자율성이 보장된다.
④ 공공조달과 민간구매 모두 의사결정 과정에서 주주와 경영진에 대한 책임을 최우선으로 고려한다.

해설

공공조달은 국민과 국회, 감사원 등 다차원적인 책임(Accountability)을 지는 반면, 민간구매는 주주와 경영진에 대한 책임을 진다. "모두 주주와 경영진에 대한 책임을 최우선으로 고려한다"는 설명은 민간구매에만 해당하며, 공공조달에는 적용되지 않는다.

03

우리나라 공공조달 제도의 역사적 발전에 대한 설명으로 가장 적절한 것은?

① 1961년 조달청 개청 당시에는 내자 조달이 외자 조달보다 비중이 컸다.
② 1997년 WTO 정부조달협정(GPA) 가입은 국내 조달 시장의 보호무역주의를 강화하는 계기가 되었다.
③ 2002년 나라장터(KONEPS) 개통은 조달 행정의 투명성과 효율성을 획기적으로 낮추었다.
④ 2024년 차세대 나라장터는 인공지능(AI)과 빅데이터 기술을 활용하여 지능형 조달 서비스를 제공하기 시작했다.

해설

2024년 개통된 차세대 나라장터는 AI, 빅데이터, 클라우드 등 최신 IT 기술을 기반으로 지능형 조달 서비스를 제공한다.
① 1960년대는 외자 조달 중심이었다. ② GPA 가입은 시장 개방을 의미한다. ③ 나라장터는 투명성과 효율성을 높였다.

04

다음 〈보기〉에서 설명하는 공공조달의 핵심원칙은 무엇인가?

| 보기 |

> 단순히 최저 가격으로 구매하는 것을 넘어, 투입되는 총비용 대비 품질, 성능, 내구성, 유지보수, 사회적·환경적 가치 등을 종합적으로 고려하여 장기적인 관점에서 가장 유리한 결과를 얻는 것을 의미한다.

① 투명성(Transparency)
② 경쟁성(Competition)
③ 비용 대비 가치(Value for Money, VFM)
④ 책임성(Accountability)

해설

제시된 〈보기〉는 비용 대비 가치(VFM)의 정의를 설명하고 있다. VFM은 총소유비용(TCO) 관점에서 경제적, 사회적, 환경적 가치를 포괄하는 현대 공공조달의 핵심원칙이다.

정답   01 ②   02 ④   03 ④   04 ③

05

공공조달의 구성 체계를 법적, 조직적, 운영적 체계로 구분할 때, 다음 중 성격이 다른 하나는?

① 국가를 당사자로 하는 계약에 관한 법률
② 기획재정부 계약제도과
③ 조달청
④ 국가종합전자조달시스템(나라장터)

해설

①은 법적 체계, ②, ③은 조직적 체계에 해당한다. ④ 나라장터는 조달 업무가 실제로 이루어지는 시스템으로서 운영적 체계에 해당하므로 성격이 다르다.

06

공공조달의 범위를 구성하는 7개 차원에 해당하지 않는 것은?

① 조달 대상물
② 수요자
③ 공급자
④ 기업 이윤

해설

공공조달 범위의 7개 차원은 조달 대상물, 수요자, 공급자, 조달 재원, 시장, 정책, 업무 범위이다. '기업 이윤'은 민간구매의 목적이지 공공조달의 범위 차원이 아니다.

07

2024년 기준 나라장터에 등록된 조달기업 중 중소기업이 차지하는 비율로 가장 적절한 것은?

① 약 56%
② 약 68%
③ 약 78%
④ 약 97%

해설

2024년 기준 나라장터 등록 조달기업 602,681개 중 중소기업은 583,351개로 약 96.8%, 즉 약 97%를 차지한다.

08

공공조달의 운영적 측면 목표 6가지에 해당하지 않는 것은?

① 비용 대비 가치(VFM)
② 공정성(Fairness)
③ 수익성(Profitability)
④ 투명성(Transparency)

해설

공공조달의 운영적 측면 목표 6가지는 VFM, 공정성, 투명성, 책임성, 효율성, 경쟁성이다. 수익성(Profitability)은 민간구매의 목표이지 공공조달의 운영적 목표가 아니다.

09

다음 중 공공조달의 정책적 측면 목표와 그 약칭이 올바르게 연결된 것은?

① 녹색조달 - IPP
② 혁신조달 - GPP
③ 사회적책임조달 - SRPP
④ 지속가능조달 - SPP

해설

GPP(Green Public Procurement)는 녹색조달, IPP(Innovation Public Procurement)는 혁신조달, SRPP(Socially Responsible Public Procurement)는 사회적책임조달이다. SP(Sustainable Procurement)는 지속가능조달, SP(Strategic Procurement)는 전략적 조달로, ③ SRPP가 올바르게 연결되었다.

10

공공조달의 일반적 특성에 대한 설명으로 옳지 않은 것은?

① 공공서비스 제공이 궁극적 목적이다.
② 국민의 세금이 재원이므로 예산 집행의 효율성이 중요하다.
③ 공급자 선정은 수의계약을 원칙으로 한다.
④ 엄격한 법령과 절차에 따라 운영된다.

해설

공공조달에서 공급자 선정은 경쟁입찰을 원칙으로 한다. 수의계약은 예외적인 경우에만 허용되는 방법이다.

정답 05 ④ 06 ④ 07 ④ 08 ③ 09 ③ 10 ③

11

상업적 구매행위에서 추구하는 7R에 해당하지 않는 것은?

① Right Product
② Right Price
③ Right Regulation
④ Right Quality

해설

상업적 구매의 7R은 Right Product, Right Price, Right Time, Right Quality, Right Quantity, Right Customer, Right Place 이다. Right Regulation은 7R에 포함되지 않는다.

12

다음 중 공공조달 대상물의 기본 분류에 해당하지 않는 것은?

① 물품(Goods)
② 용역(Service)
③ 양허권(Concession)
④ 공사(Works)

해설

공공조달 대상물의 기본 분류는 물품(Goods), 용역(Service), 공사 (Works)의 3가지이다. 양허권(Concession)은 추가 분류에 해당하 므로, ③만 기본 분류가 아니다.

13

공공조달의 이해관계자 중 감시·감독 기능을 수행하는 기관 으로만 묶인 것은?

① 기획재정부, 행정안전부
② 국회, 감사원
③ 조달청, 수요기관
④ 중소기업중앙회, 시험검사기관

해설

국회와 감사원은 공공조달의 감시·감독 기능을 수행하는 대표적인 기관이다. 기획재정부와 행정안전부는 정책 총괄, 조달청은 중앙조 달, 중소기업중앙회 등은 간접 이해관계자에 해당한다.

14

다음 〈보기〉에서 설명하는 우리나라 조달 제도의 발전 시기는?

┤ 보기 ├

6.25 전쟁 복구 및 경제 개발을 위한 원조 물자 도입 및 관리가 주요 임무였으며, 임시외자총국이 설립되고 이후 조달청이 개청되었다.

① 1940 ~ 1960년대
② 1970 ~ 1980년대
③ 1990년대
④ 2000년대

해설

1948년 임시외자총국 설립, 1961년 조달청 개청은 1940 ~ 1960 년대에 해당하며, 이 시기는 외자 조달 중심의 시기였다.

15

다음 〈보기〉에서 우리나라 공공조달 제도의 발전 과정에 대 한 설명으로 옳은 것을 모두 고른 것은?

┤ 보기 ├

ㄱ. 일제강점기에는 장부제(帳簿制)를 도입하여 등록된 업 체를 통해 물자를 조달했다.
ㄴ. 1997년 WTO GPA 가입으로 국내 조달 시장이 국제 적으로 개방되었다.
ㄷ. 2024년 차세대 나라장터는 블록체인 기술을 기반으로 개발되었다.
ㄹ. 조선시대 대동법은 현물 공납을 쌀로 통일하는 획기적 변화였다.

① ㄱ, ㄴ, ㄷ
② ㄱ, ㄴ, ㄹ
③ ㄱ, ㄷ, ㄹ
④ ㄴ, ㄷ, ㄹ

해설

ㄷ. 2024년 차세대 나라장터는 블록체인이 아닌 AI·빅데이터 기술 을 기반으로 개발되었다.

16

국가계약법 제5조(계약의 원칙)에 규정된 내용으로 옳지 않은 것은?

① 계약은 상호 대등한 입장에서 체결되어야 한다.
② 당사자는 신의성실의 원칙에 따라 이행하여야 한다.
③ 계약상대자의 계약상 이익을 부당하게 제한하는 특약을 정할 수 있다.
④ 계약은 당사자의 합의에 따라 체결되어야 한다.

해설

국가계약법 제5조 제2항은 "계약상대자의 계약상 이익을 부당하게 제한하는 특약 또는 조건을 정하여서는 아니 된다"고 규정하고 있다. 즉, 부당한 특약을 정할 수 없다.

17

다음 중 공공조달 프로세스의 순서가 올바른 것은?

① 입찰 공고 → 사전규격 공개 → 개찰 → 계약 체결 → 낙찰자 선정
② 수요 제기 → 입찰 공고 → 사전규격 공개 → 개찰 → 계약 체결
③ 수요 제기 → 사전규격 공개 → 입찰 공고 → 개찰 → 낙찰자 선정
④ 사전규격 공개 → 수요 제기 → 입찰 공고 → 낙찰자 선정 → 개찰

해설

올바른 순서는 수요 제기 → 사전규격 공개 → 입찰 공고 → 입찰서 제출 → 개찰 → 적격심사/협상 → 낙찰자 선정 → 계약 체결이다.

18

다음 중 조달사업법 제2조(정의)에서 규정하는 '조달사업'의 범위에 해당하지 않는 것은?

① 수요기관이 필요로 하는 물자의 구매
② 물자의 공급 및 관리
③ 시설공사의 계약
④ 민간기업 간 물품 거래 중개

해설

조달사업법 제2조에서 '조달사업'은 수요기관이 필요로 하는 물자의 구매·공급 및 관리와 시설공사의 계약에 관한 사업을 말한다. 민간기업 간 물품 거래 중개는 조달사업의 범위에 해당하지 않는다.

19

공공조달의 조달행위 11단계 프로세스에서 '소싱(Sourcing)' 단계 직후에 이루어지는 활동은?

① 내부 조달수요 식별
② 공급업체 탐색
③ 입찰 권유
④ 입찰 평가

해설

공공조달 11단계 프로세스는 내부 조달수요 식별 → 공급업체 탐색 → 소싱 → 입찰 권유 → 입찰 평가 → 낙찰자 선정 → … 순서이다. 소싱 직후에는 입찰 권유가 이루어진다.

20

다음 중 2024년 기준 우리나라 공공조달 수요기관 등록 현황에서 가장 높은 비율을 차지하는 기관 유형은?

① 국가기관
② 지방자치단체
③ 공기업
④ 기타 공공기관(특수법인 포함)

해설

2024년 기준 수요기관 등록 현황에서 기타 공공기관(특수법인 포함)이 64.3%로 가장 높은 비율을 차지하며, 지방자치단체 27.9%, 국가기관 7.8% 순이다.

21

다음 중 공공조달에 요구되는 핵심원칙 8가지에 해당하지 않는 것은?

① 경쟁(Competition)
② 투명성(Transparency)
③ 수익성(Profitability)
④ 윤리성(Ethics/Integrity)

해설

공공조달에 요구되는 핵심원칙 8가지는 경쟁, 투명성, 공정성, 효율성, 책임성, 윤리성, 비용 대비 가치(VFM), 지속가능성이다. 수익성(Profitability)은 민간구매의 목표이지 공공조달의 핵심원칙이 아니다.

정답 16 ③ 17 ③ 18 ④ 19 ③ 20 ④ 21 ③

22

Harland 등(2013)이 제시한 공공조달 목적 구현의 7단계 피라미드에서 State 5에 해당하는 단계는?

① 물품・용역의 조달과 제공
② 법령・규정 준수
③ 공공자금의 효율적 사용
④ 비용 대비 가치(VFM)

해설

Harland 등(2013)의 7단계 피라미드에서 State 5는 '비용 대비 가치(Value for Money)'에 해당한다. State 1은 물품・용역 조달, State 2는 법령 준수, State 3은 공공자금 효율적 사용, State 4는 책임성 확보이다.

23

다음 〈보기〉에서 공공조달의 법적 체계에 대한 설명으로 옳은 것을 모두 고른 것은?

---| 보기 |---

ㄱ. 국가계약법은 기획재정부 소관이다.
ㄴ. 지방계약법은 행정안전부 소관이다.
ㄷ. 조달사업법은 기획재정부 소관이다.
ㄹ. 민법은 계약의 기본 원칙을 제공한다.

---

① ㄱ, ㄴ
② ㄱ, ㄴ, ㄹ
③ ㄱ, ㄷ, ㄹ
④ ㄴ, ㄷ, ㄹ

해설

ㄷ. 조달사업법은 조달청 소관이다.

24

다음 중 해외 주요국의 조달기관과 그 설명이 올바르게 연결된 것은?

① 미국 GSA - 1933년 설립, 연방정부 조달 전담
② 영국 CCS - 2014년 설립, 정부 조달 정책 및 프레임워크 운영
③ 독일 BMI - 1967년 설립, 공공기관 공동구매 중앙조직
④ 프랑스 UGAP - 1951년 설립, 연방정부 조달 정책 및 집행

해설

영국 CCS는 2014년 설립되어 정부 조달 정책 및 프레임워크를 운영한다. ① GSA는 1949년 설립, ③ BMI는 1951년 설립, ④ UGAP는 1967년 설립되었다.

25

다음 〈보기〉에서 설명하는 공공조달의 중요성으로 가장 적절한 것은?

---| 보기 |---

공공조달 지출의 1%만 비효율성을 제거하더라도 약 2.1조원의 절약 또는 부가가치 창출이 가능하다.

---

① 국민 삶의 질 직접 영향
② 재정 운영 효율성
③ 높은 재정적 이해관계와 위험
④ 광범위한 정책 목표 달성 수단

해설

공공조달 지출의 1% 비효율성 제거 시 약 2.1조원 절약이 가능하다는 것은 재정 운영 효율성의 중요성을 보여주는 사례이다.

정답　　22 ④　23 ②　24 ②　25 ②

CHAPTER 01

최종점검 OX 퀴즈

01 공공조달의 협의의 정의는 정부 정책과 제도의 성과를 효율적으로 지원하는 활동을 의미한다. (○ , ×)

02 2024년 기준 우리나라의 공공조달 규모는 GDP의 약 9.8%, 약 225.1조원 수준이다. (○ , ×)

03 공공조달은 민간구매에 비해 계약의 자율성이 높고 의사결정 과정이 신속하다. (○ , ×)

04 WTO 정부조달협정(GPA)은 회원국 간 공공조달 시장의 상호 개방을 목적으로 한다. (○ , ×)

05 조달청은 우리나라의 모든 공공기관의 조달 업무를 대행하는 유일한 기관이다. (○ , ×)

06 비용 대비 가치(VFM)는 가격뿐 아니라 품질, 성능, 생애주기비용 등을 종합적으로 고려하는 원칙이다. (○ , ×)

07 공공조달의 운영적 측면 목표에는 VFM, 공정성, 투명성, 책임성, 효율성, 수익성이 포함된다. (○ , ×)

08 국가계약법은 국가기관에, 지방계약법은 지방자치단체에 우선적으로 적용된다. (○ , ×)

09 나라장터(KONEPS)는 2002년에 개통된 국가종합전자조달시스템이다. (○ , ×)

10 공공조달의 목적은 효율적인 물자 조달이라는 운영적 목적에만 한정된다. (○ , ×)

11 2024년 기준 나라장터 등록 조달기업 중 중소기업 비율은 약 97%이다. (○ , ×)

---

01 ×
이는 광의의 정의에 해당한다. 협의의 정의는 조달 대상물의 공급에 초점을 맞춘다.

02 ○
우리나라 공공조달 지출은 꾸준히 증가하여 2024년 기준 GDP의 약 9.8%에 달한다.

03 ×
공공조달은 법적 규제가 엄격하고 절차가 복잡하여 자율성이 낮고 의사결정이 상대적으로 느리다.

04 ○
GPA는 내국민 대우 및 무차별 원칙을 적용하여 회원국 간 조달 시장의 장벽을 낮추는 것을 목표로 한다.

05 ×
조달청은 중앙조달기관이지만, 많은 공공기관이 자체적으로 조달 업무를 수행(자체조달)하고 있다.

06 ○
VFM은 총소유비용(TCO) 관점에서 최적의 가치를 추구하는 현대 공공조달의 핵심 원칙이다.

07 ×
수익성이 아닌 경쟁성(Competition)이 포함된다. 수익성은 민간구매의 목표이다.

08 ○
계약의 주체에 따라 적용되는 기본 법률이 다르다.

09 ○
나라장터는 2002년 개통되어 조달 행정의 투명성과 효율성을 획기적으로 향상시켰다.

10 ×
운영적 목적과 함께 중소기업 지원, 녹색성장 등 다양한 정책적 목적을 동시에 추구한다.

11 ○
602,681개 등록 기업 중 583,351개(96.8%)가 중소기업으로, 약 97%에 해당한다.

12 공공조달에서 공급자 선정은 수의계약을 원칙으로 한다. (○ , ×)

13 조달사업법 제2조에 따르면, 조달사업에는 민간기업 간 물품 거래 중개도 포함된다. (○ , ×)

14 국가계약법 제5조는 계약상대자의 이익을 부당하게 제한하는 특약을 금지하고 있다. (○ , ×)

15 공공조달에 요구되는 핵심원칙 8가지에는 수익성(Profitability)이 포함된다. (○ , ×)

16 Harland 등(2013)의 공공조달 발전 7단계에서 최상위 단계(State 7)는 '정부 정책 목표 달성'이다. (○ , ×)

17 조달(Procurement)은 구매(Purchasing)의 상위 개념으로, 더 넓은 범위를 포괄한다. (○ , ×)

18 지방계약법 제6조는 국가계약법 제5조와 동일하게 계약의 원칙을 규정하고 있다. (○ , ×)

19 미국의 연방조달청(GSA)은 1933년에 설립되었다. (○ , ×)

20 조달업무 담당자에게는 행정적 책임과 경제적 책임이라는 이중적 책임이 부과된다. (○ , ×)

CHAPTER 01

단원별 핵심정리

암기 필수사항

CHAPTER 01

1. 공공조달은 공공부문이 필요한 물품·용역·공사를 외부로부터 획득하는 활동이며, 협의(구매 초점)와 광의(정책 수단) 두 가지 관점에서 정의
2. OECD 회원국 평균 GDP 대비 공공조달 지출 비중은 약 12.7%, 우리나라는 약 9.8%(약 225조원)에 달하는 거대한 시장
3. 공공조달의 목적은 운영적 측면(VFM, 공정성, 투명성, 책임성, 효율성, 경쟁)과 정책적 측면(지속가능성, 혁신, 사회적 책임성)으로 구분
4. 공공조달의 이해관계자는 공공부문(수요기관), 민간부문(조달기업), 국민(납세자)의 3대 축으로 구성
5. 공공조달은 법적 체계(국가계약법 등), 조직적 체계(기획재정부, 조달청 등), 운영적 체계(나라장터)의 3대 축으로 구성
6. 공공조달과 민간구매는 목적, 재원, 법적 규제, 의사결정, 공개 수준, 책임 등에서 근본적으로 차이가 있음
7. 우리나라 조달 제도는 1961년 조달청 개청, 1995년 국가계약법 제정, 2002년 나라장터 개통, 2024년 차세대 나라장터 개통 등 지속적으로 발전해왔음

CHAPTER 02 공공조달 원칙 및 방법

01 공공조달 원칙

📖 학습목표

- 공공조달의 5대 기본원칙(투명성, 비용 대비 가치, 경쟁성, 차별금지·동등한 대우, 책임성)을 설명할 수 있다.
- 공공조달의 12가지 실행원칙(OECD 권고)을 설명하고 기본원칙과의 관계를 이해할 수 있다.
- 각 원칙이 공공조달 실무에서 구현되는 방식과 위반 시 발생하는 위험을 이해할 수 있다.

1 공공조달의 기본원칙

- 공공조달이 GDP에서 차지하는 비중과 정부가 제공하는 행정서비스의 품질 및 성과에 미치는 영향력을 고려할 때, 조달기관 담당자에게는 높은 수준의 법적, 윤리적 기준에 따라 효율적이면서도 효과적으로 업무를 수행할 책임이 부여됨
- 국제적으로 공통 채택하고 있는 공공조달의 기본원칙은 투명성(Transparency), 비용 대비 가치(Value For Money), 경쟁성(Competitiveness), 차별금지 및 동등한 대우(Non-discrimination and Equal Treatment), 책임성(Accountability) 이 있음

Check Q&A

공공조달의 5대 기본원칙을 모두 쓰시오.

정답

투명성, 비용 대비 가치(VFM), 경쟁성, 차별금지·동등대우, 책임성

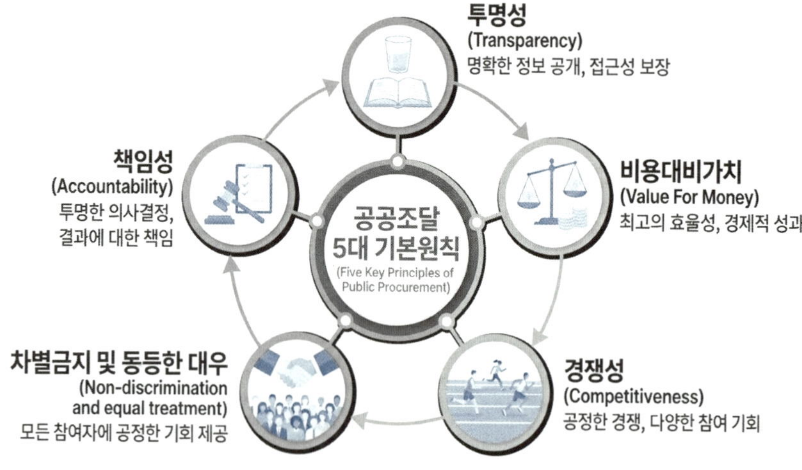

▲ 공공조달 5대 기본원칙

① 투명성(Transparency)

- 개념
  - 공공조달 기본원칙으로서 투명성은 물품, 용역(서비스) 및 공사의 조달 전 과정에서 수행되는 절차와 정보 등에 대한 개방성과 접근성을 보장하는 것
  - 조달 계획, 입찰 공고, 평가 기준, 계약 조건, 낙찰 결과 등 모든 정보가 잠재적 공급업체를 포함한 이해관계자에게 명확하고 시의적절하게 공개되어야 함
- 목적
  - 정보 공개를 통해 비리, 담합 등 부패 발생 가능성을 차단하고, 모든 참여자에게 동등한 정보를 제공하여 공정한 경쟁 환경 조성
  - 의사결정 과정을 투명하게 공개하여 담당자의 책임성을 높이고 조달 과정에 대한 국민과 기업의 신뢰 증진
- 구현 방식: 나라장터(KONEPS)와 같은 전자조달시스템을 통해 조달 전 과정의 정보를 통합적으로 공개하고, 관련 법령에 따라 조달 관련 정보를 적극적으로 공개하며, 입찰 공고문, 제안요청서 등 표준화된 서식을 사용하여 정보의 일관성과 명확성을 유지하는 방식으로 구현

② 비용 대비 가치(Value For Money, VFM)

- 개념
  - 비용 대비 가치 원칙은 공공기관이 조달을 통해 특정 요구사항을 충족하는 물품, 용역, 공사를 조달하는 과정에서 비용, 품질 및 기타 관련 요소의 최적의 조합을 확보하는 것
  - 이는 단순히 가장 낮은 가격(Lowest Price)으로 구매하는 것을 넘어, 장기적인 관점에서 가장 경제적이고 효과적인 결과 달성에 대한 초점
- 핵심 고려요소
  - 총소유비용(Total Cost of Ownership, TCO): 구매 가격뿐만 아니라 운영, 유지보수, 폐기 등 자산의 전 생애에 걸쳐 발생하는 모든 비용 포함
  - 품질 및 성능: 요구되는 규격과 성능 기준을 충족하는지 여부
  - 위험 관리: 공급 지연, 품질 저하, 계약 불이행 등 잠재적 위험 요소와 그에 따른 추가 비용
  - 비용 외 요소: 사회적 가치, 환경적 영향, 혁신성 등 정책적 목표 달성 기여도

✓ Check Q&A

투명성 원칙이 실무에서 가장 중요하게 적용되는 조달 단계는 언제인가?

정답

- 투명성 원칙은 조달의 전 과정에 적용되지만, 특히 입찰 공고 단계와 낙찰자 결정 단계에서 가장 중요하다.
- 입찰 공고 단계에서는 모든 잠재적 공급업체가 동등하게 정보에 접근할 수 있어야 하고, 낙찰자 결정 단계에서는 평가 기준과 결과가 투명하게 공개되어야 한다.
- 우리나라의 경우 나라장터(KONEPS)를 통해 입찰 공고부터 계약 체결까지의 전 과정을 전자적으로 공개하여 투명성을 확보하고 있다.

✓ Check Q&A

조달 정보를 특정 업체에만 유리하게 사전에 제공하는 행위는 공공조달의 5대 기본원칙 중 주로 어떤 원칙을 위반한 것인가?

정답

투명성 및 차별금지 · 동등대우 원칙

➕ plus

투명성 원칙의 국제적 동향

- 세계은행(World Bank), 아시아개발은행(ADB) 등 국제개발금융기관(MDB)들은 자체 조달 가이드라인에서 투명성을 최우선 원칙으로 강조하고 있음
- 특히 세계은행은 차관 사업의 조달 과정에서 입찰 공고의 국제적 공개, 평가 결과의 사후 공개, 조달 감사(Procurement Audit) 등을 의무화하고 있으며, 이를 준수하지 않을 경우 차관 지급을 중단하거나 제재를 부과할 수 있음
- 이는 투명성이 단순한 권고사항이 아닌, 국제 조달에서의 필수적인 의무임을 보여줌

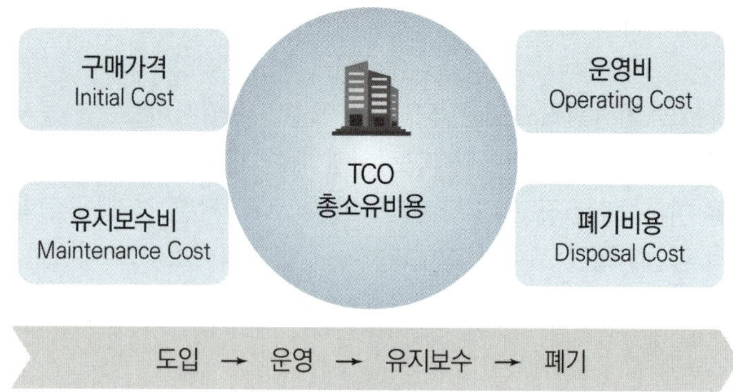

▲ 총소유비용(TCO) 개념도

⊕ plus

TCO 계산 사례 이해하기

- 정부기관이 업무용 프린터를 구매한다고 가정하자
- A제품은 구매가 200만원으로 저렴하지만 소모품 비용이 연간 50만원, 유지보수비가 연간 30만원임
- B제품은 구매가 350만원으로 비싸지만 소모품 비용이 연간 15만원, 유지보수비가 연간 5만원임

〈5년 사용 기준 TCO〉

구분	A제품	B제품
구매가격	200만원	350만원
소모품 비용 (5년)	250만원 (50만×5)	75만원 (15만×5)
유지 보수비 (5년)	150만원 (30만×5)	25만원 (5만×5)
TCO 합계	600만원	450만원

- 위 사례에서 구매가가 저렴한 A제품의 TCO가 오히려 150만원 더 높음. 이처럼 VFM 원칙은 단순한 구매가가 아닌 총소유비용을 기준으로 판단해야 함을 보여줌

☑ Check Q&A

위 [plus]의 TCO 사례에서 VFM 원칙에 따라 선택해야 할 제품과 그 이유를 설명하시오.

정답

B제품, 구매가는 높지만 소모품과 유지보수 비용이 낮아 총소유비용(TCO)이 450만원으로 A제품(600만원)보다 비용 대비 가치가 더 우수하다.

☑ Check Q&A

입찰에 참여하는 업체가 1개뿐이면 유찰 처리되는가?

정답

원칙적으로 경쟁입찰은 2인 이상의 유효한 입찰이 있어야 성립한다. 1개 업체만 참여하면 유찰 처리되며, 재공고입찰을 실시한다. 다만, 재공고입찰에서도 1인만 참여한 경우에는 예외적으로 유효한 입찰로 인정하여 개찰을 진행할 수 있다. 이는 반복적인 유찰로 인한 행정 비용 낭비를 방지하기 위한 조치이다.

실무톡톡

Q: 최저가 낙찰제는 비용 대비 가치(VFM) 원칙에 항상 위배되나요?

A: 반드시 그렇지는 않지만, 위배될 가능성이 높음

- 규격이 명확하고 품질 차이가 거의 없는 상용품(예 A4용지) 구매에서는 최저가 낙찰제가 효율적일 수 있음
- 하지만, 복잡한 시스템 구축이나 전문 서비스 용역처럼 품질과 성능이 중요한 사업에서 최저가만을 고집하면, 당장의 구매 비용은 줄일 수 있어도 잦은 하자 발생, 낮은 성능, 높은 유지보수 비용 등으로 인해 총소유비용(TCO)이 오히려 증가하여 결과적으로 비용 대비 가치 원칙을 훼손할 수 있음
- 이 때문에 현대 공공조달에서는 종합심사낙찰제, 협상에 의한 계약 등 다양한 평가 방식을 활용하여 VFM을 구현하고 있음

③ 경쟁성(Competitiveness)

- 개념: 자격을 갖춘 모든 잠재적 공급업체에게 참여 기회를 제공하고, 이들 간의 공정한 경쟁을 통해 최적의 공급자를 선정하는 것을 의미하며, 이는 비용 대비 가치 확보를 위한 핵심적인 수단
- 효과: 공급자 간 경쟁을 통해 보다 유리한 가격으로 조달이 가능하고, 경쟁에서 이기기 위해 공급자들이 더 나은 품질의 제품과 혁신적인 서비스를 제공하도록 유도하며, 특정 업체와의 유착이나 담합을 방지하는 효과적인 수단이 됨
- 경쟁제한의 예외: 공공조달은 경쟁을 원칙으로 하지만, 국가계약법 등 관련 법령에서는 계약의 목적, 성질, 규모 등을 고려하여 예외적으로 제한경쟁, 지명경쟁, 수의계약 등을 허용하고 있음

법조문 돋보기

국가를 당사자로 하는 계약에 관한 법률 시행령 제10조(경쟁입찰의 성립)

▶ 경쟁입찰은 2인 이상의 유효한 입찰이 있어야 성립함
▶ 제1항에도 불구하고 재공고입찰의 경우에는 1인의 입찰도 유효한 입찰로 봄

④ 차별금지 및 동등한 대우(Non-discrimination and Equal Treatment)
- 개념
  - 공공조달 과정에서 잠재적 공급업체 또는 계약자에게 입찰, 평가 및 계약 등 공공조달 절차 전 과정에서 동등하게 참여할 기회를 부여하고, 공정하게 평가받을 수 있도록 보장하는 것을 의미함
  - 국적, 기업 규모, 지역 등을 이유로 한 부당한 차별을 금지하며, 모든 참가자에게 동일한 정보와 동일한 기준을 적용해야 함
⑤ 책임성(Accountability)
- 개념
  - 공공조달을 실행하는 조달기관과 업무 담당자가 조달 의사결정과 그 결과로 실행된 조달 성과에 대해 책임을 다하는 것을 의미함
  - 이는 단순히 절차를 준수하는 것을 넘어, 예산 집행의 효율성과 사업 성과에 대한 설명 책임성을 포함하는 포괄적인 개념
- 확보 방안
  - 조달 프로세스 단계별 담당자의 역할과 책임을 명확히 규정하고, 의사결정 과정, 평가 결과 등 모든 과정을 상세히 기록하고 보관하여 사후 검증이 가능하도록 해야 함
  - 정기적인 내·외부 감사를 통해 규정 준수 여부와 성과를 점검하고, 조달 사업의 성과를 평가하여 그 결과를 다음 사업에 반영하는 방식으로 확보

〈공공조달 5대 기본원칙 종합 비교〉

원칙	핵심 키워드	목적	위반 시 위험
투명성	정보 공개, 개방성	부패 방지, 신뢰 증진	비리, 담합, 특혜 시비
비용 대비 가치	TCO, 품질, 성능	최적의 가치 확보	예산 낭비, 저품질 조달
경쟁성	공정한 경쟁, 기회 보장	최적 공급자 선정	독점, 가격 상승
차별금지·동등대우	동등한 기회, 공정한 평가	공정성 보장	특정 업체 특혜, 소송
책임성	설명 책임, 감사	의사결정 정당성 확보	무책임, 예산 낭비

 **Check Q&A**

법령에 근거하지 않고, 특정 지역에 소재한 업체에게만 입찰참가자격을 부여하는 것은 어떤 원칙에 위배되는가?

정답

차별금지 및 동등대우 원칙

2 **공공조달의 실행원칙(OECD 권고 기반)**

- 5대 기본원칙이 공공조달의 근간을 이루는 철학이라면, 실행원칙은 이러한 원칙들을 현장에서 효과적으로 구현하기 위한 구체적인 행동 지침에 해당함
- 경제협력개발기구(OECD)는 2015년 '공공조달에 관한 이사회 권고(Recommendation of the Council on Public Procurement)'를 통해 회원국들이 준수해야 할 12가지 실행원칙을 제시했으며, 이는 현대 공공조달 시스템의 표준으로 자리 잡고 있음

▲ OECD 12가지 실행원칙

〈OECD 공공조달 12가지 실행원칙〉

구분	원칙(영문)	핵심내용
기반	투명성(Transparency)	모든 단계의 정보를 시기적절하고 접근가능하게 공개
	청렴성(Integrity)	부패, 사기, 이해충돌을 방지하고 높은 윤리 기준 유지
환경	접근성(Access)	중소기업 등 신규 공급자의 시장 진입 장벽 제거
	균형성(Balance)	경제성, 사회적 가치, 환경 등 다양한 목표 간 균형 추구
	참여(Participation)	정책 수립 및 평가 과정에 다양한 이해관계자 참여 보장
운영	효율성(Efficiency)	조달 프로세스 간소화, 행정 비용 및 소요 시간 단축
	전자조달(E-Procurement)	조달 전 과정의 디지털화를 통한 투명성, 효율성 증진
성과	역량 개발 (Capacity Building)	조달 담당자의 전문성 강화를 위한 지속적인 교육 및 훈련
	평가(Evaluation)	조달 시스템 및 사업 성과를 정기적으로 평가하고 환류
	위험관리 (Risk Management)	잠재적 위험을 식별, 분석하고 대응 전략 마련
제도	책임성(Accountability)	명확한 내부 통제, 감사, 이의제기 등 책임 보장 메커니즘 구축
	통합(Integration)	공공 재무 관리의 큰 틀에서 조달을 통합적으로 관리

① 투명성(Transparency)
- 조달 절차의 모든 단계에서 이해관계자에게 시기적절하고 접근 가능한 정보를 제공하는 것을 의미함
- 입찰 공고, 낙찰 결과, 계약 내용 등 조달 전 과정의 정보를 공개함으로써 부패를 방지하고 신뢰 증진

② 청렴성(Integrity)
- 부패, 사기, 이해충돌 등 공공조달의 공정성을 저해하는 모든 행위를 예방하고, 높은 수준의 윤리 기준을 유지하는 것을 의미함
- 이해충돌 방지 정책, 내부 고발 제도, 윤리 강령 등을 통해 구현

③ 접근성(Access) 및 균형성(Balance)
- 접근성은 중소기업이나 신규 기업이 조달 시장에 쉽게 진입할 수 있도록 불필요한 행정적 장벽을 제거하는 것을 의미함
- 균형성은 경제성, 사회적 가치, 환경 등 다양한 정책 목표 간의 균형을 추구하는 것을 의미함. 예를 들어, 녹색구매(Green Procurement)를 통해 환경적 가치를 반영하거나, 사회적 기업 우대 제도를 통해 사회적 가치를 반영하는 것이 이에 해당함

<중소기업, 녹색구매, 그리고 사회적 기업 및 약자기업 우대 정책>

구분	주요 우대 및 혜택 내용	관련 근거 및 비고
중소기업 제품	구매목표비율 50% 이상 설정 의무화	중소기업 판로지원법
기술개발 제품	중소기업 물품 구매액의 10% 이상 우선구매	성능(EPC) 인증 등 포함
녹색제품 구매	최소 녹색기준 충족 제품만 조달시장 진입 및 구매 확대	2023년 구매액 약 4.7조원
사회적 기업	제품 및 서비스 우선구매 의무화 및 경영평가 반영	취약계층 30% 고용 시 1억원까지 수의계약 가능
여성기업	물품·용역 5%, 공사 3% 이상 구매목표	5천만원 이하 수의계약 가능
장애인기업	총 구매액의 1% 이상 구매 의무화	1억원 이하 수의계약 가능

④ 효율성(Efficiency) 및 전자조달(E-Procurement)
- 효율성은 조달 프로세스를 간소화하고, 행정 비용 및 소요 시간을 단축하는 것을 의미함
- 전자조달은 조달 전 과정의 디지털화를 통해 투명성과 효율성을 동시에 증진하는 것을 의미함
- 우리나라의 나라장터(KONEPS)는 전자조달 원칙의 모범적 사례로, 입찰 공고부터 계약 체결, 대금 지급까지 조달의 전 과정을 전자적으로 처리하여 연간 수조원의 거래를 처리하고 있음

⑤ 역량 개발(Capacity Building) 및 평가(Evaluation)
- 역량 개발은 조달 담당자의 전문성 강화를 위한 지속적인 교육 및 훈련을 의미함
- 평가는 조달 시스템 및 사업 성과를 정기적으로 평가하고 그 결과를 환류하는 것을 의미함
- 우리나라에서는 조달청이 조달 전문인력 양성을 위해 공공조달관리사 자격제도를 2026년부터 시행 운영하며, 이는 역량개발 원칙의 구체적 실현

3 기본원칙과 실행원칙의 관계

공공조달의 5대 기본원칙과 OECD 12대 실행원칙은 상호 보완적인 관계에 있으며, 기본원칙이 무엇을 지향해야 하는가?라는 목표를 제시한다면, 실행원칙은 어떻게 구현할 것인가?라는 방법론을 제시함

〈기본원칙과 실행원칙의 연결 관계〉

중앙: 기본원칙	외곽: 연관되는 실행원칙	연결 및 실행내용(추적성)
투명성	투명성, 전자조달, 참여	전자조달시스템을 통해 정보를 공개하고, 다양한 이해관계자의 참여를 보장하여 조달 과정의 투명성을 실현함
비용 대비 가치 (VFM)	효율성, 평가, 위험관리	효율적 절차를 통한 비용 절감과 철저한 성과 평가 및 위험관리를 통해 최적의 가치(Value for Money)를 검증함
경쟁성	접근성, 균형성	중소기업의 시장 접근성을 보장하며, 경제적 효율성과 다양한 정책 목표(사회적 가치 등) 간의 균형을 유지함
차별금지	청렴성, 접근성	이해충돌을 방지하여 조달관의 청렴성을 유지하고, 모든 공급자에게 공정한 시장 접근 기회를 무차별적으로 제공함
책임성	책임성, 역량 개발, 통합	내부 통제를 통해 결과에 책임을 지며, 조달 인력의 전문성 강화(역량 개발)와 재정관리 시스템과의 통합 운영을 추구함

〈공공조달 원칙 요약〉

구분	핵심내용
5대 기본원칙	투명성, 비용 대비 가치(VFM), 경쟁성, 차별금지·동등대우, 책임성
OECD 12대 실행원칙	투명성, 청렴성, 접근성, 균형성, 참여, 효율성, 전자조달, 역량 개발, 평가, 위험관리, 책임성, 통합
기본원칙의 역할	'무엇을 지향해야 하는가?' → 목표 제시
실행원칙의 역할	'어떻게 구현할 것인가?' → 방법론 제시
VFM의 핵심	최저가가 아닌 총소유비용(TCO) 기준 판단
나라장터(KONEPS)	전자조달 원칙의 대표적 구현 사례

02 경쟁적 공공조달 방법

📖 학습목표

- 공공조달 방법의 유형과 경쟁적·비경쟁적 방법의 구분을 설명할 수 있다.
- 일반경쟁입찰의 개념, 특징, 절차를 이해할 수 있다.
- 제한경쟁입찰의 개념, 제한 유형, 특징을 이해할 수 있다.
- 지명경쟁입찰의 개념, 적용 요건, 특징을 이해할 수 있다.
- 협상에 의한 계약, 2단계 경쟁입찰 등 주요 경쟁적 조달 제도의 특징을 설명할 수 있다.

1 공공조달 방법 개요

- 공공조달의 기본원칙, 특히 경쟁성 원칙을 구현하기 위해 각국은 다양한 조달 방법을 법제화하여 운영하고 있음
- 조달 방법은 크게 경쟁적 조달 방법(Competitive Procurement Methods)과 비경쟁적 조달 방법(Non-competitive Procurement Methods)으로 구분함
- 경쟁적 방법은 다수의 잠재적 공급자 간의 경쟁을 통해 최적의 공급자를 선정하는 것을 목표로 하며, 공공조달의 기본 방식으로 간주됨
- 국제연합 국제상거래법위원회(UNCITRAL)의 공공조달모델법(2011)에서는 다음과 같이 다양한 조달 방법을 제시하고 있으며, 이는 현대 공공조달 방법론의 기초를 형성함

〈UNCITRAL 공공조달모델법상 조달 방법〉

구분	조달 방법	주요 특징
경쟁적 방법	공개입찰(Open Tendering)	모든 공급자에게 개방된 가장 일반적인 경쟁 방식
	제한입찰(Restricted Tendering)	특정 요건(실적, 기술 등)을 충족하는 공급자만 참여
	견적요청(Request for Quotations)	소액, 상용품 구매 시 3개 이상 업체로부터 견적 수령
	2단계 입찰(Two-Stage Tendering)	기술규격이 복잡할 때 기술제안과 가격제안을 분리하여 평가
	제안요청(Request for Proposals)	기술적 대안이 다양할 때 제안서를 받아 평가(가격 외 요소 포함)
	경쟁적 협상 (Competitive Negotiations)	협상을 통해 과업 내용을 구체화한 후 최종 제안서로 평가
	지적서비스 제안요청 (Request for Proposals for Intellectual Services)	컨설팅 등 지적 서비스에 특화된 제안요청 방식
비경쟁적 방법	단일공급원 조달 (Sole-Source Procurement)	공급자가 유일하거나 긴급한 경우 특정 업체와 직접 계약
특수 유형	전자역경매 (Electronic Reverse Auction)	온라인상에서 공급자들이 가격을 낮추며 경쟁하는 방식
	기본계약 (Framework Agreement)	반복 구매가 예상될 때 단가, 조건 등을 미리 정하는 계약

② 경쟁적 조달 방법의 유형

국내 「국가를 당사자로 하는 계약에 관한 법률」(이하 국가계약법) 제7조에서는 계약의 방법을 원칙적으로 일반경쟁에 부쳐야 한다고 명시하고 있음. 다만, 계약의 목적, 성질, 규모 등을 고려하여 필요하다고 인정될 경우 예외적으로 참가자의 자격을 제한하거나 참가자를 지명하여 경쟁에 부치거나 수의계약을 할 수 있도록 규정하고 있음. 이는 경쟁성 원칙을 기본으로 하되, 조달의 효율성과 특수성을 함께 고려하기 위해서임

법조문 돋보기

국가를 당사자로 하는 계약에 관한 법률 제7조(계약의 방법)
▶ 각 중앙관서의 장 또는 계약담당공무원은 계약을 체결하려면 일반경쟁에 부쳐야 함
▶ 다만, 계약의 목적, 성질, 규모 등을 고려하여 필요하다고 인정되면 대통령령으로 정하는 바에 따라 참가자의 자격을 제한하거나 참가자를 지명(指名)하여 경쟁에 부치거나 수의계약(隨意契約)을 할 수 있음

---

① 일반경쟁입찰(공개입찰)
  • 개념: 입찰참가자격에 특별한 제한을 두지 않고, 불특정 다수의 희망자를 경쟁입찰에 참가시킨 후 그 중에서 국가에 가장 유리한 조건을 제시한 자를 선정하여 계약을 체결하는 방식
  • 특징
    - 공공조달의 기본원칙인 경쟁성, 투명성, 공정성을 가장 잘 구현하는 방법으로, 경쟁을 최대로 촉진하여 예산 절감 효과를 기대할 수 있음
    - 반면, 자격 미달 업체의 난립으로 과당경쟁이 발생하거나, 부실 업체 선정 시 계약 이행의 품질이 저하될 위험도 존재함
  • 기본 절차: 입찰 공고(나라장터 등에 공고문 게재) → 입찰 등록(입찰참가 희망자 등록) → 입찰서 제출(가격 또는 제안서 제출) → 개찰(입찰서 개봉 및 확인) → 낙찰자 결정(평가 기준에 따른 낙찰자 선정) → 계약 체결

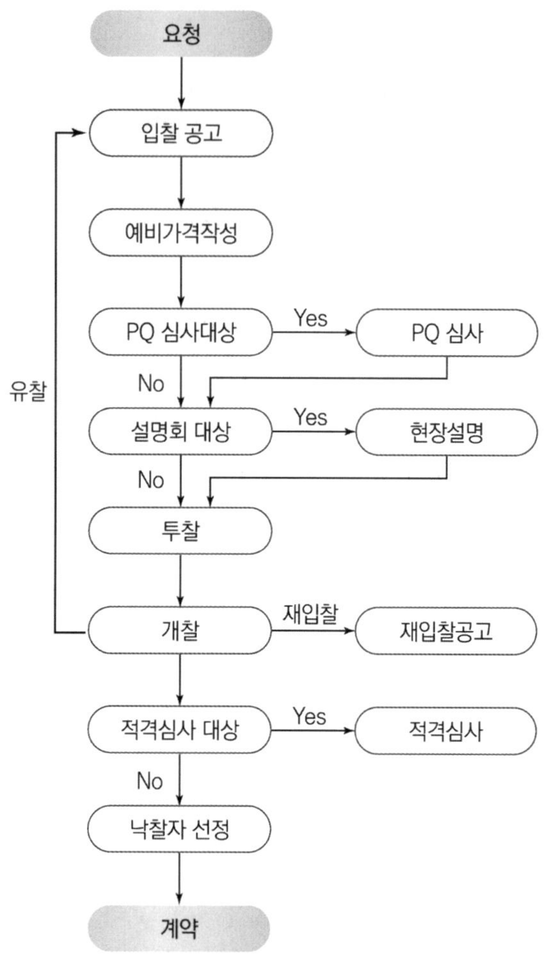

▲ 일반경쟁입찰 기본 절차도

② 제한경쟁입찰
- 개념: 계약의 목적에 따른 특수한 기술, 공법, 실적 등이 요구될 때, 입찰참 가자의 자격을 일정한 기준(실적, 기술보유현황, 재무상태 등)으로 제한하여 자격을 갖춘 자들만 경쟁에 참여시키는 방식
- 제한 유형: 국가계약법 시행령 제21조에서는 특수한 기술 또는 공법이 요구 되는 공사 계약, 특수한 설비 또는 기술이 요구되는 물품 제조·구매 계약, 추정가격이 고시금액 미만인 경우 등 제한경쟁이 가능한 다양한 경우를 규 정하고 있음
- 특징: 부실업자의 참여를 배제하여 계약 이행의 신뢰성을 높이고, 경쟁의 실 효성을 확보할 수 있으나 참가자격 제한이 과도할 경우 실질적인 경쟁을 저 해하고 특정 업체에 대한 특혜 시비를 유발할 수 있음

국가를 당사자로 하는 계약에 관한 법률 시행령 제21조(제한경쟁입찰 대상)
▶ 법 제7조 제2항 단서에 따라 참가자의 자격을 제한하여 경쟁에 부치는 경우는 다음 각
호의 어느 하나에 해당하는 경우로 함
  1. 계약의 목적에 따른 특수한 기술 또는 공법이 요구되는 공사 계약
  2. 특수한 설비 또는 기술이 요구되는 물품 제조·구매 계약
  3. 전문적인 기술이 요구되는 용역 계약
    ⋮
  6. 추정가격이 고시금액 미만인 경우로서 지역 업체로 제한하는 경우 등

〈제한경쟁입찰의 주요 제한 유형〉

제한 유형	적용 사례	근거
실적 제한	유사한 공사·용역 수행 실적 보유 업체	시행령 제21조 제1항 제1호
기술 제한	특정 기술·자격증 보유 업체	시행령 제21조 제1항 제2호
지역 제한	공사현장 소재 지역 업체	시행령 제21조 제1항 제6호
규모 제한	중소기업 또는 소기업	중소기업제품 구매촉진법

③ 지명경쟁입찰(선별적 입찰)
- 개념: 계약의 성질 또는 목적에 비추어 특수한 기술, 품질, 실적 등이 있는
  자가 아니면 계약의 목적을 달성하기 곤란한 경우, 계약담당공무원이 입찰
  참가자격을 갖춘 자를 5인 이상 지명하여 입찰에 참여시키는 방식
- 적용 요건(국가계약법 시행령 제23조)
  - 계약의 성질·목적상 특정인 기술이 필요하거나 특정인 위치·구조·품
    질 등으로 인해 경쟁이 불가한 경우
  - 추정가격 1억원 이하인 공사 또는 5천만원 이하인 물품·용역 계약 등
- 특징: 신뢰할 수 있는 업체들 간의 경쟁을 통해 계약 이행의 안정성을 확보
  할 수 있으나, 지명 과정에서 담당자의 주관이 개입될 소지가 있어 공정성
  시비가 발생할 가능성이 가장 높은 방식

〈경쟁입찰 방법 비교〉

구분	일반경쟁입찰	제한경쟁입찰	지명경쟁입찰
개념	참가자격 제한 없이 공개적으로 경쟁	특정 기준(실적, 기술 등)으로 참가자격 제한	5인 이상 특정인을 지명하여 경쟁
장점	경쟁성·투명성 극대화, 예산 절감	부실업체 방지, 계약 이행 신뢰성 확보	계약의 안정성, 신속한 절차 진행
단점	과당경쟁, 부실업체 난립 우려	경쟁 제한, 특혜 시비 가능성	공정성 시비, 담합 가능성
주요 근거	국가계약법 제7조 제1항	국가계약법 시행령 제21조	국가계약법 시행령 제23조
원칙/예외	원칙	예외	예외

✓ Check Q&A

제한경쟁입찰의 제한 유형 4가지를 쓰시오.

정답

실적 제한, 기술 제한, 지역 제한, 규모 제한

✓ Check Q&A

국가계약법상 계약의 원칙적인 방법은 무엇이며, 예외적으로 허용되는 방법 2가지를 쓰시오.

정답

원칙: 일반경쟁입찰
예외: 제한경쟁입찰, 지명경쟁입찰(수의계약도 예외에 해당)

3 경쟁적 입찰 절차의 실행 방법

경쟁입찰은 단순히 최저가를 제시하는 자를 낙찰자로 선정하는 방식 외에도, 계약의 특성과 목적에 따라 다양한 실행 방법을 통해 기술력, 협상 능력 등을 종합적으로 평가할 수 있으며, 이는 비용 대비 가치(VFM) 원칙을 보다 효과적으로 구현하기 위해서임

① 제안요청(RFP: Request for Proposal) 기반 계약(협상에 의한 계약)
- 개념: 가격뿐만 아니라 기술, 제안 내용, 수행 능력 등을 종합적으로 평가해야 하는 복잡한 물품, 용역, 공사 계약에서 사용되며, 조달기관은 과업 내용과 요구사항이 담긴 제안요청서(RFP)를 공개하고, 입찰자는 이에 대한 기술제안서와 가격제안서를 제출
- 국내 제도: 국내에서는 '협상에 의한 계약' 방식이 RFP와 가장 유사하며, 기술평가 점수와 가격평가 점수를 합산하여 고득점자 순으로 협상 순위를 정하고, 1순위 협상대상자와 먼저 협상을 진행하여 합의가 이루어지면 계약을 체결함. 협상이 결렬되면 차순위자와 협상을 진행하는 '연속협상' 방식을 따름

② 2단계 입찰(Two-Stage Tendering)
- 개념: 기술적인 요구사항이 복잡하거나 사전에 완벽한 규격을 정의하기 어려울 때 사용되며, 1단계에서 가격을 제외한 기술제안서만을 받아 평가하고, 기술적으로 적합한 업체들을 선정한 후, 2단계에서 이들만을 대상으로 가격입찰을 실시하여 낙찰자를 결정하는 방식
- 국내 제도: 국가계약법 시행령 제18조에 규정되어 있으며, 기술·규격입찰을 먼저 실시하여 적격자를 선정한 후, 이 적격자들을 대상으로 가격입찰을 실시함. 기술의 중요성이 매우 높은 대형 장비 구매나 시스템 통합(SI) 사업 등에서 활용됨

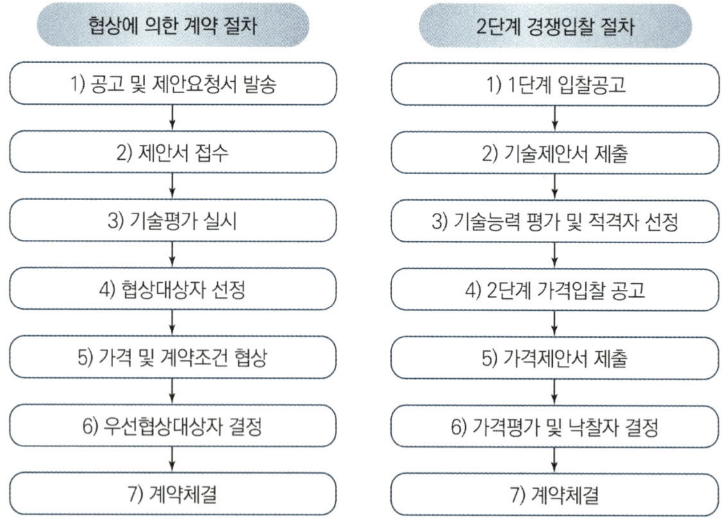

▲ 협상에 의한 계약과 2단계 경쟁입찰 절차 비교

③ 전자적 역경매(ERA: Electronic Reverse Auction)
- 개념: 규격이 명확하고 표준화된 물품이나 용역을 구매할 때, 온라인 시스템을 통해 다수의 공급자가 실시간으로 가격을 낮추어 가며 경쟁하는 방식으로, 일반 경매와 반대 방향으로 진행된다고 하여 '역경매'라고 불림
- 특징: 투명하고 효율적으로 최저가를 발견할 수 있다는 장점이 있지만, 과도한 가격 경쟁으로 인한 품질 저하, 공급업체의 수익성 악화 등의 문제가 발생할 수 있어 적용에 신중을 기해야 함

〈낙찰자 결정 방식 비교〉

구분	최저가낙찰제	적격심사제	협상에 의한 계약	종합심사낙찰제
평가 항목	가격만	가격 + 수행능력	기술 + 가격 종합	수행능력 + 가격 + 사회적 책임
적용 대상	단순 물품, 소규모 공사	공사, 일반 용역	기술 중심 용역	대형 공사, 고난이도 용역
장점	절차 간단, 비용 절감	부실업체 배제	기술력 확보	종합적 평가
단점	품질 저하 우려	서류 준비 부담	평가의 주관성	평가 기준 복잡

④ 기본계약(Framework Agreement)
- 개념: 반복적으로 구매가 예상되는 물품이나 용역에 대해 단가, 공급 조건, 유효 기간 등을 미리 정해두는 계약으로, 개별 발주 시마다 입찰 절차를 반복하지 않고, 기본계약에 따라 바로 발주할 수 있어 조달 효율성을 크게 높임
- 적용 사례: 사무용품, 전산 소모품, 차량 유류, 청소 용역 등 정기적으로 반복 구매가 필요한 품목에 널리 활용
- 국내 제도: 우리나라에서는 조달청이 운영하는 단가계약제도가 기본계약에 해당하며, 조달청이 대량구매를 통해 유리한 단가를 확보한 후, 각 수요기관이 필요할 때 해당 단가로 바로 구매할 수 있도록 하는 제도
- 특징
  - 장점: 조달 절차 간소화, 대량구매로 가격 절감, 신속한 구매 가능
  - 단점: 특정 공급업체에 대한 의존도 증가, 시장 변화 반영 어려움

〈경쟁적 공공조달 방법 요약〉

구분	핵심내용
원칙적 계약 방법	일반경쟁입찰(국가계약법 제7조)
예외적 방법	제한경쟁, 지명경쟁, 수의계약
제한경쟁 제한 유형	실적, 기술, 지역, 규모
지명경쟁 요건	5인 이상 지명, 추정가격 1억원 이하 공사 등
협상에 의한 계약	기술 + 가격 종합 평가, 연속협상 방식
2단계 경쟁입찰	1단계 기술입찰 → 2단계 가격입찰
전자역경매(ERA)	실시간 가격 경쟁, 표준화 물품에 적합
경쟁입찰 성립 요건	2인 이상 유효 입찰(재공고: 1인도 유효)

국내 경쟁적 조달 제도의 다양성
'협상에 의한 계약', '2단계 경쟁입찰' 외에도 국내에서는 다양한 경쟁적 조달 제도 운영
- 적격심사제도: 입찰가격과 함께 계약이행능력(수행능력, 재무상태, 신인도 등)을 심사하여 종합평점이 일정 점수 이상인 자 중 최저가 입찰자부터 순서대로 심사하여 낙찰자를 결정하는 제도로, 주로 공사 및 일반 용역 계약에 널리 사용
- 종합심사낙찰제: 공사의 종류별로 공사수행능력, 입찰금액, 사회적 책임 등을 종합적으로 심사하여 합산점수가 가장 높은 자를 낙찰자로 결정하는 제도로, 고난이도 기술이 요구되는 대형 공사에 적용
- 경쟁적 대화에 의한 계약: 사전에 과업 내용을 확정하기 어려운 혁신적이고 복잡한 사업에서, 다수의 입찰자와의 기술적 대화를 통해 과업 내용을 구체화하고 최적의 해결책을 찾은 후 제안서를 받아 평가하는 방식

✔ **Check Q&A**

기본계약(Framework Agreement)의 국내 제도는 무엇이며, 어떤 장점이 있는가?

정답

단가계약제도로 조달 절차 간소화, 대량구매로 가격 절감, 신속한 구매가 가능하다는 장점이 있다.

> 📖 **학습목표**
> - 비경쟁적 조달 방법의 개념과 적용 요건을 설명할 수 있다.
> - 수의계약의 유형(단독공급원, 단일공급)과 적용 기준을 이해할 수 있다.
> - 소액구매 절차와 정부구매카드 제도를 이해할 수 있다.

1 비경쟁적 조달 방법 개요

- 비경쟁적 조달 방법은 경쟁 원칙의 예외로서, 경쟁 절차를 거치지 않고 조달기관이 특정 공급업체를 직접 선택하여 계약을 체결하는 방식. 이는 신속하게 조달을 실행할 수 있다는 장점이 있지만, 경쟁 부재로 인한 비용 상승, 투명성 및 공정성 저하, 특정 기업에 대한 특혜 시비 등의 위험을 내포하고 있음
- 관련 법령에서는 비경쟁적 조달 방법을 적용할 수 있는 경우를 엄격하게 제한하고 있으며, 주로 경쟁적 조달 방법을 적용하기에는 시간이 부족한 긴급한 상황, 특허권 등으로 인해 공급자가 유일한 경우, 기존 시스템과의 호환성이 반드시 필요한 경우 등 특수한 상황에서 예외적으로 활용됨
- 대표적인 비경쟁적 조달 방법으로는 수의계약과 소액구매가 있음

2 견적요청(RFQ: Request for Quotations)

① 개념: 견적요청은 공식적인 입찰 공고 절차를 생략하고, 2인 이상의 공급자로부터 견적서를 받아 가격을 비교한 후 계약을 체결하는 간소화된 조달 방식으로, 주로 소액의 상용품 구매나 규격이 명확한 물품 구매에 활용
② 적용 범위: 국내에서는 주로 추정가격 2천만원 이하의 물품 구매 등에서 활용되며, 수의계약의 한 형태로 분류되기도 함
③ 절차: 조달기관이 요구사항을 명시하여 복수의 공급자에게 견적서를 요청하고, 제출된 견적서를 비교하여 최저가 또는 최적의 조건을 제시한 업체와 계약

3 수의계약의 유형과 적용

수의계약(隨意契約)은 경쟁입찰에 의하지 않고 계약담당공무원이 임의로 적당한 상대자를 선정하여 체결하는 계약으로, 이는 비경쟁적 조달 방법의 가장 대표적인 형태이며, 경쟁 원칙의 엄격한 예외로서 법령에 정해진 특정 요건을 충족하는 경우에만 제한적으로 허용됨

✅ **Check Q&A**

견적요청(RFQ)과 제안요청(RFP)의 가장 큰 차이점은 무엇인가?

정답

RFQ는 주로 가격만을 비교하는 간소화된 방식이고, RFP는 기술과 가격을 종합적으로 평가하는 복잡한 방식이다.

> 국가를 당사자로 하는 계약에 관한 법률 시행령 제26조(수의계약에 의할 수 있는 경우)
> ▶ 법 제7조 제1항 단서에 따라 수의계약을 할 수 있는 경우는 다음 각 호와 같음
> 1. 경쟁에 부칠 여유가 없거나 경쟁에 부쳐서는 계약의 목적을 달성하기 곤란하다고 판단되는 경우로서 천재지변, 작전상의 병력 이동, 긴급한 행사, 긴급한 재해 예방·복구, 그 밖에 이에 준하는 경우
> 2. 특정인의 기술이 필요하거나 해당 물품의 생산자가 1인뿐인 경우 등 경쟁이 성립될 수 없는 경우(이하 생략)

① 단독공급원(Sole Source) 조달
- 개념: 해당 조달 목적물을 생산하거나 공급할 수 있는 업체가 객관적으로 단 하나만 존재하는 경우, 해당 업체와 직접 계약하는 방식
- 사유: 특허권, 저작권 등 배타적 권리로 인해 다른 공급자가 존재하지 않거나, 특정 업체의 기술이나 장비가 기존 시스템과 호환을 위해 필수적인 경우로, 이는 조달기관의 선택이 아닌, 시장의 구조적 독점 상황에 기인함

② 단일공급원(Single Source) 조달
- 개념: 조달 목적물을 공급할 수 있는 다수의 업체가 존재함에도 불구하고, 조달기관이 전략적 판단이나 특정 사유에 따라 하나의 업체를 직접 선택하여 계약을 체결하는 방식
- 사유: 긴급한 재해 복구, 국가 안보와 관련된 계약 등 경쟁에 부칠 시간적 여유가 없는 경우가 대표적이며, 이는 조달기관의 의사결정에 따른 선택적 비경쟁 방식

〈수의계약 금액 기준(국가계약법 시행령 제26조 제5호 가목)〉

구분	추정가격 기준	비고
건설공사(건설산업기본법)	4억원 이하	
전문공사(건설산업기본법)	2억원 이하	
기타 공사 관련 법령 공사	1억 6천만원 이하	
물품 제조·구매·임차/용역	2천만원 이하	
소기업·소상공인 물품·용역	2천만 ~ 1억원 이하	중소기업기본법 제2조 제2항, 소상공인기본법 제2조
특수 지식·기술·자격 요구 물품·용역 (학술연구·원가계산·건설기술 등)	2천만 ~ 1억원 이하	
여성기업·장애인기업·사회적기업· 협동조합·자활기업·마을기업	2천만 ~ 1억원 이하	기재부장관이 정하는 요건 충족
청년창업기업 물품·용역	5천만원 이하	중소기업창업지원법 제2조 제11항
임대차 등(공사·물품·용역 외 계약)	5천만원 이하	연액 또는 총액 기준

Q: 수의계약을 체결할 때 반드시 갖추어야 할 서류는 무엇인가요?
A: 수의계약을 체결하려면 다음의 서류를 반드시 갖추어야 하며, 이러한 서류는 사후 감사에
　 대비하여 반드시 보관해야 함
- 수의계약 사유서(수의계약을 하는 구체적 사유 명시)
- 가격의 적정성 입증 자료(견적서, 시세조사서 등)
- 계약상대자의 적격성 입증 자료(사업자등록증, 실적증명서 등)
- 내부 결재 서류(기안장 또는 계약심사위원회 심의 결과 등)

Q: 감사에서 수의계약 관련 지적을 받지 않으려면 어떻게 해야 하나요?
A: 다음 사항을 철저히 준수해야 함
　 첫째, 수의계약 사유가 법령에 규정된 요건에 정확히 해당하는지 확인
　 둘째, 수의계약 사유서를 구체적으로 작성하고 관련 증빙 자료 첨부
　 셋째, 가격의 적정성을 입증할 수 있는 자료(시세조사서, 견적서 등) 확보
　 넷째, 내부 결재 절차를 정상적으로 이행
　 다섯째, 이 모든 서류를 체계적으로 보관

4 소액구매 절차

① 개념: 사전에 설정된 일정 금액(소액구매 임계값, Micro Purchase Threshold)
　 이하의 소규모 구매에 대해, 경쟁입찰이나 수의계약 등 복잡한 계약 절차를
　 생략하고 간소화된 절차에 따라 신속하게 구매하는 방법
② 목적: 빈번하게 발생하는 소규모 구매에 소요되는 과도한 행정 비용과 시간을
　 절감하여 조달 업무의 효율성 향상
③ 국내 제도
- 우리나라에서는 정부 및 지방자치단체가 발급하는 정부구매카드(신용카드)
　 를 활용하여 소모성 자재나 일상 경비 등 소액 물품을 구매하는 제도 운영
- 기관별로 상이하나 통상 500만원 이하의 구매에 활용되며, 이는 민간의 신
　 용카드 사용과 유사한 방식으로 처리되어 행정 절차를 대폭 간소화

✓ Check Q&A

소액구매 절차에서 주로 사용되는 지급 수단은 무엇인가?

정답

정부구매카드(신용카드)

5 비경쟁적 조달의 위험과 통제 방안

비경쟁적 조달 방법은 신속성과 효율성이라는 장점이 있지만, 경쟁 부재로 인한 다양한 위험을 내포하고 있으므로, 이를 적절히 통제하기 위한 제도적 장치가 필요함

〈비경쟁적 조달의 주요 위험과 통제 방안〉

위험 요소	내용	통제 방안
가격 상승	경쟁 부재로 공급자가 높은 가격 제시	시세조사, 원가계산, 복수 견적 비교
투명성 저하	의사결정 과정이 불투명	수의계약 사유서 작성, 내부 승인 절차
특혜 시비	특정 업체에 대한 특혜 의혹	계약심사위원회 심의, 감사 대비
품질 저하	경쟁 없이 품질 관리 소홀	납품 검사, 계약 이행 평가
분할계약	수의계약 금액 맞춤 사업 분할	법령으로 엄격히 금지, 감사 시 중점 점검

〈비경쟁적 조달 방법 종합 비교〉

구분	견적요청 (RFQ)	수의계약 (Sole/Single Source)	소액구매
개념	2인 이상 견적 비교	특정 업체와 직접 계약	정부구매카드 등 간소화 구매
적용 금액	소액 (약 2천만원 이하)	긴급·특허 등은 금액 제한 없음	통상 500만원 이하
경쟁성	제한적 경쟁 (가격 비교)	경쟁 없음	경쟁 없음
주요 사용	상용품, 단순 물품	긴급, 특허권, 독점 공급	소모품, 일상 경비
절차 복잡도	낮음	중간(사유서 필요)	매우 낮음

〈비경쟁적 공공조달 방법 요약〉

구분	핵심내용
비경쟁적 조달의 특징	경쟁 절차 없이 특정 업체와 직접 계약
적용 요건	긴급, 특허권, 독점 공급 등 특수 상황
견적요청(RFQ)	2인 이상 견적 비교, 소액 상용품 구매
단독공급원(Sole Source)	공급자가 객관적으로 1인만 존재
단일공급원(Single Source)	다수 공급자 중 하나를 선택(긴급 등)
수의계약 금액 기준	물품 2천만원, 공사 2억원, 용역 5천만원 이하
소액구매	정부구매카드 활용, 통상 500만원 이하
분할계약 금지	수의계약 금액 기준으로 사업 분할 금지

✓ **Check Q&A**

비경쟁적 조달의 주요 위험 요소 3가지를 쓰시오.

정답

가격 상승, 투명성 저하, 특혜 시비 (품질 저하, 분할계약 등도 정답)

✓ **Check Q&A**

견적요청(RFQ), 수의계약, 소액구매의 공통점과 차이점을 설명하시오.

정답

공통점은 모두 비경쟁적 조달 방법으로 공식적 경쟁입찰을 거치지 않는다는 점이다.
차이점은 RFQ는 복수 견적 비교, 수의계약은 특정 업체와 직접 계약, 소액구매는 정부구매카드 등으로 간소화된 절차를 따른다는 점이다.

CHAPTER 02 단원별 핵심문제

01

다음 중 공공조달의 기본원칙으로 가장 거리가 먼 것은?

① 투명성(Transparency)
② 수익성(Profitability)
③ 경쟁성(Competitiveness)
④ 책임성(Accountability)

해설

수익성(Profitability)은 민간구매의 최우선 목표이며, 공공조달의 기본원칙에 해당하지 않는다. 공공조달은 공공의 이익을 목적으로 하며, 5대 기본원칙은 투명성, 비용 대비 가치, 경쟁성, 차별금지 · 동등대우, 책임성이다.

02

공공조달에서 비용 대비 가치(VFM) 원칙을 가장 잘 설명한 것은?

① 무조건 가장 낮은 가격을 제시한 업체를 선정하는 것
② 구매 가격뿐만 아니라 유지보수, 폐기 비용 등 총소유비용을 고려하는 것
③ 입찰에 참여하는 모든 업체에게 동일한 정보를 제공하는 것
④ 계약 이행 결과에 대해 국민에게 설명할 책임을 다하는 것

해설

비용 대비 가치(VFM)는 단순히 구매 시점의 가격(최저가)이 아니라, 제품의 전 생애에 걸쳐 발생하는 모든 비용(총소유비용, TCO)과 품질, 성능 등을 종합적으로 고려하여 최적의 가치를 선택하는 원칙이다.

03

총소유비용(TCO)에 포함되지 않는 항목은?

① 최초 구매 가격
② 설치 및 교육 비용
③ 운영 및 유지보수 비용
④ 경쟁사의 판매 가격

해설

총소유비용(TCO)은 해당 자산을 소유하고 운영하는 데 드는 모든 비용을 포함하며, 경쟁사의 가격은 이에 해당하지 않는다.

04

다음 중 공공조달에서 '투명성' 원칙의 구현 방식으로 가장 거리가 먼 것은?

① 나라장터(KONEPS)를 통한 입찰 정보 공개
② 표준화된 입찰 공고문 서식 사용
③ 특정 업체에 대한 사전 정보 제공
④ 낙찰 결과의 공개

해설

특정 업체에 대한 사전 정보 제공은 투명성이 아니라 차별금지 원칙을 위반하는 행위이다. 투명성은 모든 이해관계자에게 동등하게 정보를 공개하는 것을 의미한다.

05

공공조달의 '책임성(Accountability)' 원칙을 확보하기 위한 방안으로 가장 거리가 먼 것은?

① 조달 과정의 상세한 기록 및 보관
② 정기적인 내 · 외부 감사 실시
③ 조달 성과 평가 및 결과 환류
④ 최저가 입찰 업체 무조건 선정

해설

최저가 입찰 업체를 무조건 선정하는 것은 비용 대비 가치(VFM) 원칙을 훼손할 수 있다. 책임성은 의사결정 과정과 결과에 대한 설명 책임을 다하는 것을 의미한다.

06

OECD 공공조달 실행원칙 중, 조달 계획과 예산 계획의 연계를 강화하고 국가 재정 운영의 전반적인 효율성을 높이는 것과 가장 관련 깊은 원칙은?

① 참여(Participation)   ② 통합(Integration)
③ 균형성(Balance)   ④ 평가(Evaluation)

해설

통합(Integration) 원칙은 공공조달을 단순한 구매 활동이 아닌, 재정 관리, 예산 편성 등 공공 재무 관리의 더 큰 틀 안에서 통합적으로 관리하는 것을 의미한다.

정답   01 ② 02 ② 03 ④ 04 ③ 05 ④ 06 ②

07

OECD 공공조달 실행원칙 중, 중소기업이나 신규 기업의 시장 진입 장벽을 제거하는 것과 가장 관련이 깊은 원칙은?

① 효율성(Efficiency)
② 평가(Evaluation)
③ 접근성(Access)
④ 위험관리(Risk Management)

해설

접근성(Access) 원칙은 잠재적인 공급업체, 특히 중소기업이나 신규 기업이 조달 시장에 쉽게 진입할 수 있도록 불필요한 행정적 장벽을 제거하는 것을 의미한다.

08

OECD 공공조달 실행원칙 중 '청렴성(Integrity)'의 핵심내용으로 가장 적절한 것은?

① 조달 전 과정을 디지털화하여 효율성을 높이는 것
② 부패, 사기, 이해충돌을 예방하고 높은 윤리 기준을 유지하는 것
③ 중소기업의 조달 시장 진입 장벽을 제거하는 것
④ 조달 시스템의 성과를 정기적으로 평가하고 환류하는 것

해설

청렴성(Integrity)은 부패, 사기, 이해충돌 등 공공조달의 공정성을 저해하는 모든 행위를 예방하고, 높은 수준의 윤리 기준을 유지하는 것을 의미한다. ①은 전자조달, ③은 접근성, ④는 평가의 내용이다.

09

국가계약법상 경쟁입찰의 원칙과 예외에 대한 설명으로 옳은 것은?

① 일반경쟁이 원칙이며, 제한경쟁·지명경쟁·수의계약은 예외이다.
② 제한경쟁이 원칙이며, 일반경쟁은 예외이다.
③ 수의계약이 원칙이며, 경쟁입찰은 예외이다.
④ 지명경쟁이 원칙이며, 일반경쟁은 보조적 수단이다.

해설

국가계약법 제7조 제1항은 "계약을 체결하려면 일반경쟁에 부쳐야 한다"고 규정하여 일반경쟁을 원칙으로 명시하고 있다. 제한경쟁, 지명경쟁, 수의계약은 같은 조 제2항 단서에 따른 예외적 방법이다.

10

경쟁입찰의 유형에 대한 설명으로 옳지 않은 것은?

① 일반경쟁은 참가자격에 제한을 두지 않아 경쟁성을 가장 잘 구현하는 방식이다.
② 제한경쟁은 계약 이행의 신뢰성을 높이기 위해 참가자의 자격을 특정 기준으로 제한한다.
③ 지명경쟁은 계약담당공무원이 5인 이상의 특정 업체를 지명하여 경쟁시키는 방식이다.
④ 국가계약법상 원칙적인 계약 방법은 지명경쟁입찰이다.

해설

국가계약법 제7조에 따르면, 계약은 일반경쟁에 부치는 것을 원칙으로 한다. 제한경쟁과 지명경쟁은 예외적인 경우에만 허용된다.

11

다음 〈보기〉에서 설명하는 계약 방식은 무엇인가?

> **보기**
>
> 기술적인 요구사항이 복잡하여 사전에 완벽한 규격을 정의하기 어렵다. 그래서 1단계에서 가격을 제외한 기술제안서를 먼저 받아 평가하고, 기술적으로 적합한 업체들만을 대상으로 2단계에서 가격입찰을 실시하여 낙찰자를 결정한다.

① 협상에 의한 계약
② 2단계 경쟁입찰
③ 적격심사 낙찰제
④ 수의계약

해설

〈보기〉는 기술입찰과 가격입찰을 2단계로 분리하여 진행하는 2단계 경쟁입찰에 대한 설명이다. 이는 기술의 중요성이 매우 높은 사업에서 활용된다.

정답 07 ③ 08 ② 09 ① 10 ④ 11 ②

12

다음 중 '적격심사제도'에 대한 설명으로 옳지 않은 것은?

① 입찰가격과 계약이행능력을 함께 심사한다.
② 종합평점이 일정 점수 이상인 자 중 최저가 입찰자부터 심사한다.
③ 주로 공사 및 일반 용역 계약에 활용된다.
④ 가격만으로 낙찰자를 결정하는 제도이다.

해설

적격심사제도는 가격만이 아니라 수행능력, 재무상태, 신인도 등 계약이행능력을 종합적으로 심사하는 제도이다. ④는 최저가 낙찰제에 대한 설명으로, 적격심사제도와는 다르다.

13

다음 중 제한경쟁입찰의 사유로 보기 어려운 것은?

① 특수한 기술이 요구되는 공사 계약
② 계약담당공무원이 선호하는 업체와의 계약
③ 특수한 설비가 요구되는 물품 구매 계약
④ 추정가격이 일정 금액 미만인 계약

해설

계약담당공무원의 선호는 제한경쟁의 적법한 사유가 될 수 없으며, 이는 공정성을 해치는 행위이다. 나머지 보기들은 국가계약법 시행령 제21조에 규정된 제한경쟁 사유에 해당한다.

14

지명경쟁입찰에 대한 설명으로 옳지 않은 것은?

① 계약의 성질상 특수한 기술이 필요할 때 적용할 수 있다.
② 계약담당공무원이 5인 이상의 특정인을 지명하여 경쟁시킨다.
③ 일반경쟁입찰에 비해 공정성 시비의 가능성이 낮다.
④ 추정가격 1억원 이하의 공사 계약 등에서 제한적으로 적용된다.

해설

지명경쟁입찰은 지명 과정에서 담당자의 주관이 개입될 소지가 있어 일반경쟁입찰에 비해 공정성 시비의 가능성이 높다.

15

다음 중 2단계 경쟁입찰을 적용하기에 가장 적합한 사업은?

① 규격이 표준화된 사무용품 대량 구매
② 기술적으로 매우 복잡하고 사전에 완벽한 규격 확정이 어려운 인공위성 시스템 구축
③ 긴급한 복구가 필요한 재해 현장 정리 용역
④ 500만원 이하의 소모성 자재 구매

해설

2단계 경쟁입찰은 기술적 요구사항이 복잡하여 사전에 완벽한 규격을 정의하기 어려울 때, 기술 평가와 가격 평가를 분리하여 진행하는 것이 효과적이므로 인공위성 시스템 구축과 같은 사업에 적합하다.

16

'협상에 의한 계약' 방식에 대한 설명으로 옳은 것은?

① 기술 평가 없이 가격으로만 협상 대상자를 선정한다.
② 협상은 다수의 대상자와 동시에 진행하는 것이 원칙이다.
③ 기술평가와 가격평가 점수를 합산하여 고득점자 순으로 협상한다.
④ 협상이 결렬되면 해당 입찰은 유찰 처리된다.

해설

협상에 의한 계약은 기술과 가격을 종합 평가하여 고득점자 순으로 '연속협상'을 진행한다. 1순위자와 협상이 결렬되면 차순위자와 협상을 이어간다.

17

전자역경매(ERA)의 단점으로 가장 적절한 것은?

① 절차가 복잡하고 시간이 오래 걸린다.
② 담합의 가능성이 매우 높다.
③ 과도한 가격 경쟁으로 인한 품질 저하가 우려된다.
④ 특정 업체에 대한 특혜 시비가 발생하기 쉽다.

해설

전자역경매는 실시간으로 최저가를 찾아내는 효율적인 방식이지만, 지나친 가격 경쟁을 유발하여 공급업체가 품질을 낮추거나 수익성이 악화될 수 있다는 단점이 있다.

정답   12 ④   13 ②   14 ③   15 ②   16 ③   17 ③

18

다음 중 수의계약을 체결할 수 있는 경우로 가장 적절한 것은?

① 예산 절감을 위해 모든 계약을 수의계약으로 체결한다.
② 천재지변으로 인한 긴급한 재해 복구 공사를 시행해야 한다.
③ 더 많은 업체에게 기회를 주기 위해 경쟁입찰을 실시한다.
④ 담당공무원과 친분이 있는 업체와 계약을 체결한다.

해설

국가계약법 시행령 제26조는 천재지변 등으로 경쟁에 부칠 여유가 없는 긴급한 경우를 수의계약이 가능한 대표적인 사유로 규정하고 있다. ①, ③, ④는 수의계약의 취지에 맞지 않거나 위법한 사유이다.

19

다음 중 '단독공급원(Sole Source) 조달'에 해당하는 사례로 가장 적절한 것은?

① 긴급한 재해 복구를 위해 인근 건설업체와 수의계약을 체결했다.
② 특허권을 보유한 유일한 업체와 해당 특허 기술 관련 계약을 체결했다.
③ 예산 절감을 위해 가장 저렴한 업체를 직접 선정하여 계약했다.
④ 3개 업체로부터 견적서를 받아 최저가 업체와 계약했다.

해설

단독공급원(Sole Source) 조달은 특허권, 저작권 등 배타적 권리로 인해 해당 물품이나 서비스를 공급할 수 있는 업체가 객관적으로 단 하나만 존재하는 경우에 해당한다.
①은 단일공급원(Single Source), ③은 부적절한 수의계약, ④는 견적요청에 해당한다.

20

다음 중 '단일공급원(Single Source) 조달'이 정당화될 수 있는 상황은?

① 담당자가 개인적으로 잘 아는 업체와 계약하고 싶을 때
② 시장에 경쟁자가 많지만, 시간적 여유가 없을 정도로 긴급한 재해 복구가 필요할 때
③ 예산을 절약하기 위해 가장 저렴한 업체와 바로 계약하고 싶을 때
④ 특허권을 가진 업체가 시장에 단 하나뿐일 때

해설

단일공급원(Single Source) 조달은 경쟁자가 존재함에도 불구하고 긴급성 등 특별한 사유로 인해 하나의 업체를 선택하는 경우이다. ④는 공급자가 하나뿐인 단독공급원(Sole Source) 조달에 해당한다.

21

다음 중 경쟁적 조달 방법이 아닌 것은?

① 일반경쟁입찰　　　　② 제한경쟁입찰
③ 수의계약　　　　　　④ 2단계 경쟁입찰

해설

수의계약은 경쟁 절차를 거치지 않고 특정 공급업체를 직접 선택하는 비경쟁적 조달 방법이다.

22

하나의 사업을 여러 개로 분할하여 수의계약을 체결하는 행위에 대한 설명으로 옳은 것은?

① 예산 절감을 위한 효율적인 방법으로 권장된다.
② 법으로 엄격히 금지되는 위법 행위이다.
③ 소액 사업에 한해서만 예외적으로 허용된다.
④ 기관장의 승인이 있으면 가능하다.

해설

수의계약 제도를 남용하는 것을 막기 위해, 하나의 사업을 수의계약 금액 한도에 맞추어 인위적으로 분할하여 계약하는 행위는 국가계약법 등 관련 법령에서 엄격히 금지하고 있다.

23

정부구매카드를 활용한 소액구매 절차의 주된 목적으로 가장 적절한 것은?

① 고가의 전문 장비 구매
② 대규모 건설 공사 발주
③ 행정 비용 절감 및 업무 효율성 증대
④ 특정 대기업과의 장기적인 파트너십 구축

해설

소액구매 절차는 빈번하게 발생하는 소규모 구매에 소요되는 과도한 행정 비용과 시간을 절감하여 조달 업무의 효율성을 높이는 데 주된 목적이 있다.

정답　　18 ②　19 ②　20 ②　21 ③　22 ②　23 ③

CHAPTER 02

최종점검 OX 퀴즈

01 공공조달의 최우선 원칙은 최저가낙찰을 통한 예산 절감이다. (○ , ×)

02 OECD는 공공조달 실행원칙으로 12가지를 권고했다. (○ , ×)

03 일반경쟁입찰은 공정성 시비의 위험이 가장 높은 계약 방식이다. (○ , ×)

04 협상에 의한 계약은 기술제안서와 가격제안서를 종합적으로 평가한다. (○ , ×)

05 수의계약은 경쟁 원칙의 예외이므로 어떠한 경우에도 허용되지 않는다. (○ , ×)

06 제한경쟁입찰에서 지역제한은 국가계약법 시행령에 근거한 적법한 제한 유형이다. (○ , ×)

07 전자역경매(ERA)는 품질이 중요한 복잡한 용역 계약에 가장 적합한 방식이다. (○ , ×)

08 견적요청(RFQ)은 공식적인 입찰 공고 절차를 거쳐야 한다. (○ , ×)

09 단독공급원(Sole Source)은 시장에 공급자가 여러 명 있지만 하나를 선택하는 것이다. (○ , ×)

10 국가계약법 제7조는 계약을 체결하려면 일반경쟁에 부쳐야 한다고 규정하고 있다. (○ , ×)

---

01 ×
최저가보다는 총소유비용과 품질을 고려하는 비용 대비 가치(VFM)가 더 중요한 원칙이다.

02 ○
투명성, 청렴성, 접근성, 균형성, 참여, 효율성, 전자조달, 역량 개발, 평가, 위험관리, 책임성, 통합의 12가지 원칙을 권고했다.

03 ×
지명경쟁입찰이 지명 과정의 자의성으로 인해 공정성 시비 위험이 가장 높다. 일반경쟁은 가장 투명하고 공정한 방식이다.

04 ○
기술과 가격을 함께 평가하여 고득점자 순으로 협상을 진행하는 방식이다.

05 ×
천재지변, 긴급한 경우, 특정인의 기술이 필요한 경우 등 법령에서 정한 예외적인 경우에 한해 제한적으로 허용된다.

06 ○
국가계약법 시행령 제21조 제1항 제6호에서 공사현장 등이 있는 지역의 업체로 제한할 수 있도록 규정하고 있다.

07 ×
전자역경매는 규격이 명확하고 표준화된 물품 구매에 적합하다. 품질이 중요한 복잡한 용역에는 협상에 의한 계약 등이 더 적합하다.

08 ×
견적요청은 공식적인 입찰 공고 절차를 생략하고 2인 이상의 공급자로부터 견적서를 받아 계약하는 간소화된 방식이다.

09 ×
단독공급원은 공급자가 객관적으로 단 하나만 존재하는 경우이다. 여러 공급자 중 하나를 선택하는 것은 단일공급원(Single Source)이다.

10 ○
국가계약법 제7조 제1항은 일반경쟁을 원칙적인 계약 방법으로 명시하고 있다.

11　총소유비용(TCO)은 최초 구매 가격만을 의미한다.　(○ , ×)

12　2단계 경쟁입찰은 1단계에서 가격입찰을 먼저 실시한다.　(○ , ×)

13　정부구매카드는 주로 대규모 건설 공사 대금을 지급하는 데 사용된다.　(○ , ×)

14　지명경쟁입찰은 원칙적으로 10인 이상의 업체를 지명해야 한다.　(○ , ×)

15　계약의 긴급성이 인정되면 언제나 수의계약을 체결할 수 있다.　(○ , ×)

16　이해충돌(Conflict of Interest)이 발생한 경우, 담당자는 이를 신고하고 해당 조달 절차에서 배제되어야 한다.　(○ , ×)

17　녹색구매(Green Procurement)는 OECD 실행원칙 중 균형성(Balance) 원칙의 적용 사례이다.　(○ , ×)

18　일반경쟁입찰의 절차는 입찰 공고 → 입찰 등록 → 입찰서 제출 → 개찰 → 낙찰자 결정 → 계약 체결 순서이다.　(○ , ×)

19　적격심사제도는 가격만으로 낙찰자를 결정하는 제도이다.　(○ , ×)

20　수의계약 체결 시 수의계약 사유서, 가격 적정성 입증 자료, 내부 결재 서류 등을 반드시 갖추어야 한다.　(○ , ×)

11　×
TCO는 구매 가격뿐만 아니라 운영, 유지보수, 폐기 등 자산의 전 생애에 걸쳐 발생하는 모든 비용을 포함한다.

12　×
1단계에서는 가격을 제외한 기술·규격입찰을 먼저 실시하고, 2단계에서 기술 적격자들을 대상으로 가격입찰을 실시한다.

13　×
정부구매카드는 주로 500만원 이하의 소모성 자재 구매 등 소액구매에 사용되어 행정 절차를 간소화한다.

14　×
국가계약법 시행령에 따라 5인 이상을 지명하도록 규정되어 있다.

15　×
긴급성이 인정되더라도 수의계약은 법령에 규정된 요건과 절차에 따라 엄격하게 이루어져야 하며, 남용되어서는 안 된다.

16　○
청렴성 원칙에 따라 이해충돌은 사전에 신고하고, 해당 담당자는 조달 절차에서 배제되는 것이 원칙이다.

17　○
녹색구매는 경제성과 환경적 가치 간의 균형을 추구하는 균형성 원칙의 대표적 적용 사례이다.

18　○
일반경쟁입찰의 표준적인 절차를 정확하게 설명하고 있다.

19　×
적격심사제도는 입찰가격과 함께 수행능력, 재무상태, 신인도 등 계약 이행능력을 종합적으로 심사하는 제도이다. 가격만으로 결정하는 것은 최저가낙찰제이다.

20　○
수의계약은 경쟁 원칙의 예외이므로 사유서, 가격 입증 자료, 내부 결재 서류 등을 반드시 갖추어 사후 감사에 대비해야 한다.

CHAPTER 02

단원별 핵심정리

암기 필수사항

CHAPTER 02

1. 공공조달의 5대 기본원칙은 투명성, 비용 대비 가치(VFM), 경쟁성, 차별금지·동등대우, 책임성
2. 비용 대비 가치(VFM)는 최저가가 아닌, 품질, 성능, 총소유비용(TCO)을 종합적으로 고려하여 최적의 가치를 확보하는 원칙
3. OECD는 공공조달 실행원칙으로 투명성, 청렴성, 접근성, 균형성, 참여, 효율성, 전자조달, 역량 개발, 평가, 위험관리, 책임성, 통합의 12가지 권고
4. 청렴성(Integrity) 원칙은 부패, 사기, 이해충돌을 예방하고 높은 윤리 기준을 유지하는 것을 의미함
5. 국가계약법상 계약의 원칙적인 방법은 일반경쟁입찰이며, 제한경쟁, 지명경쟁, 수의계약은 예외적으로 허용
6. 제한경쟁은 부실업체 참여를 배제하여 계약 이행의 신뢰성을 높이지만, 과도한 제한은 경쟁을 저해할 수 있음
7. 제한경쟁입찰의 제한 유형에는 실적 제한, 기술 제한, 지역 제한, 규모 제한이 있음
8. 지명경쟁은 5인 이상을 지명하여 경쟁시키는 방식으로, 지명 과정의 자의성으로 인해 공정성 시비의 위험이 가장 큼
9. 협상에 의한 계약은 제안서(기술 + 가격)를 종합 평가하여 우선협상대상자와 협상을 통해 계약을 체결하는 방식으로, RFP의 대표적인 국내 제도
10. 2단계 경쟁입찰은 기술 규격이 복잡할 때 1단계에서 기술입찰을, 2단계에서 가격입찰을 분리하여 진행하는 방식
11. 적격심사제도는 입찰가격과 계약이행능력(수행능력, 재무상태, 신인도)을 종합 심사하는 제도로, 주로 공사 및 일반 용역에 활용
12. 종합심사낙찰제는 공사수행능력, 입찰가격, 사회적 책임 등을 종합적으로 심사하여 합산점수가 가장 높은 자를 낙찰자로 결정하는 제도
13. 경쟁입찰의 성립 요건은 2인 이상의 유효한 입찰이며, 재공고입찰의 경우 1인도 유효한 입찰(국가계약법 시행령 제10조)
14. 비경쟁적 조달 방법은 경쟁 원칙의 예외로, 긴급한 경우나 공급자가 유일한 경우 등에 한해 제한적으로 허용되며, 수의계약이 대표적임
15. 수의계약은 공급자가 유일한 단독공급원(Sole Source)과 다수 공급자 중 하나를 선택하는 단일공급원(Single Source)으로 구분할 수 있음
16. 물품 구매 수의계약의 금액 기준은 추정가격 2천만원 이하, 공사는 2억원 이하, 용역은 5천만원 이하
17. 하나의 사업을 수의계약이 가능한 금액 기준으로 분할하여 계약하는 행위는 법으로 금지됨
18. 소액구매는 일정 금액 이하의 구매에 대해 정부구매카드 등을 사용하여 절차를 대폭 간소화하는 제도로, 조달 행정의 효율성을 높임

CHAPTER 03 전자조달시스템

01 전자조달시스템의 이해

📖 **학습목표**
- 전자조달시스템의 개념과 법적 근거를 이해할 수 있다.
- 전자조달의 보안 체계를 설명할 수 있다.

1 전자조달시스템의 개념과 법적 근거

① 전자조달시스템 개념
- 전자조달시스템(Electronic Procurement System)은 과거 서류 기반으로 이루어지던 복잡한 조달 업무의 전 과정을 온라인상에서 처리할 수 있도록 구현한 정보시스템
- 이는 단순한 정보 제공을 넘어 입찰 공고, 투찰, 계약, 대금 지급 등 조달의 모든 절차를 통합하여 효율성과 투명성을 극대화하는 것을 목표로 함

② 전자조달시스템 법적 근거
- 전자조달시스템의 근간이 되는 주요 법률은 「전자조달의 이용 및 촉진에 관한 법률」(약칭: 전자조달법)으로, 이 법은 전자조달의 이용을 활성화하고 그 기반을 조성하여 조달 업무의 투명성과 공정성을 높이며 조달 행정의 효율성을 제고하는 것을 목적으로 함
- 특히 동법 제9조는 경쟁입찰의 경우 원칙적으로 전자조달시스템을 이용한 전자입찰을 의무화하고 있어, 전자조달이 현대 공공조달의 표준 방식임을 명확히 하고 있음

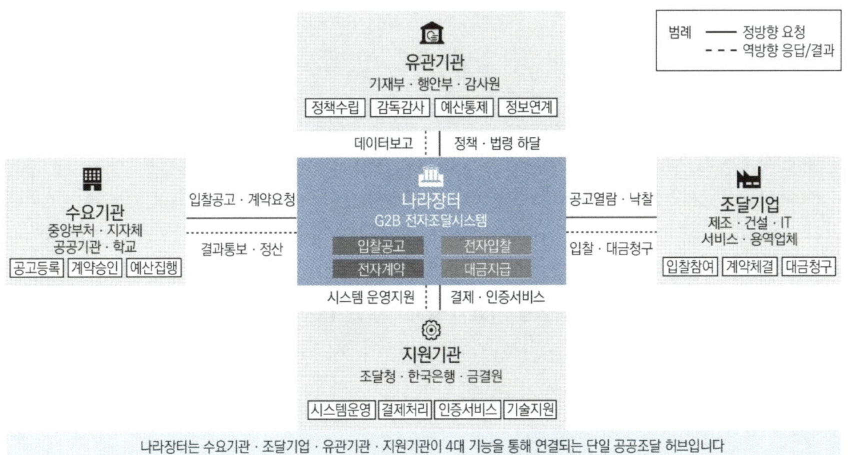

▲ 나라장터 이해관계자 상호작용 도식도

〈나라장터 주요 통계(2024년 기준)〉

구분	수치(2024년 기준, 2025년 발표)
등록 기업 수	약 64만개 사
연간 조달 규모	225.1조원
이용 공공기관	약 7만개 기관
전체 공공조달 대비 비중	64.5%
일평균 입찰 공고	약 3,500건 이상

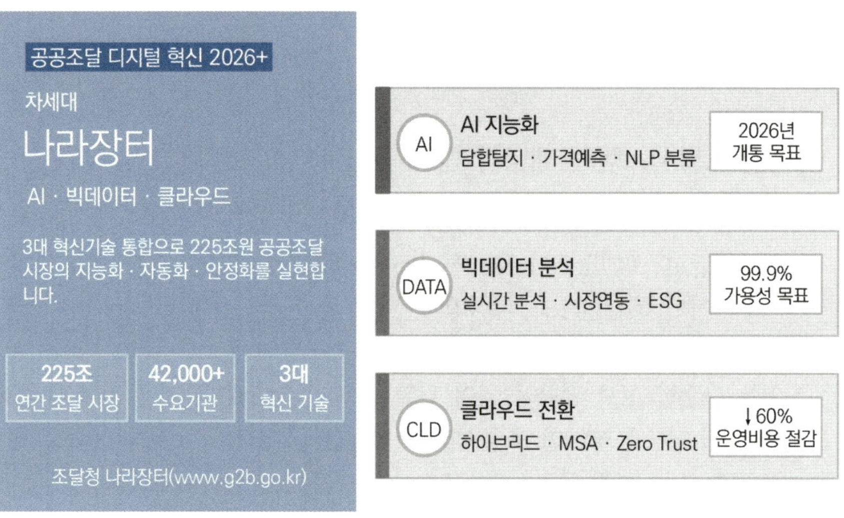

▲ 차세대 나라장터의 주요 특징(AI, 빅데이터, 클라우드)

2 전자조달의 보안 체계

전자조달시스템은 공공조달의 투명성과 공정성을 보장하기 위해 철저한 보안 체계를 갖추고 있음

① **전자서명 및 인증**: 나라장터에서 입찰서 제출, 계약 체결 등 중요한 행위를 할 때는 반드시 공인전자서명 또는 조달청 지문인증을 사용해야 하며, 이는 입찰 참가자의 신원을 확인하고, 입찰서의 위변조를 방지하기 위한 조치

법조문	돋보기

전자조달법 제9조(전자서명)
▶ 전자조달시스템을 이용하여 조달 업무를 수행하는 경우에는 「전자서명법」에 따른 전자서명 또는 조달청장이 정하는 인증수단을 사용하여야 함

② **암호화 및 데이터 보호**: 입찰서는 제출 시점부터 개찰 시점까지 암호화되어 보관되며, 이는 입찰가격 등 민감한 정보가 사전에 노출되는 것을 방지하기 위한 조치. 또한, 입찰서 개찰은 입찰 마감 후 정해진 시간에 자동으로 이루어지며, 인위적인 조작이 불가능함

📖 학습목표

- 전자조달 도입의 주요 성과와 발전 과정을 설명할 수 있다.
- 국가종합전자조달시스템(나라장터)의 기능과 역할을 이해할 수 있다.

1 전자조달시스템의 개념과 발전

① 전자조달(E-Procurement)의 개념
- 정의
  - 인터넷과 정보통신기술(ICT)을 기반으로 하여 조달 업무의 전 과정을 온라인으로 처리하는 시스템 및 방식
  - 이는 단순히 오프라인 업무를 온라인으로 옮기는 것을 넘어, 조달 계획 수립부터 입찰, 계약, 대금 지급, 사후 관리에 이르는 모든 절차를 통합하고 자동화하여 효율성과 투명성을 극대화하는 것을 목표로 함
- 국제기구에서의 정의
  - 세계은행(World Bank): 정부가 공공부문에서 요구하는 공사, 상품, 컨설팅 서비스를 조달하기 위해 정보기술(IT), 특히 인터넷을 사용하는 것
  - 유럽연합(EU): 공공조달 프로세스에 초점을 맞춘 정보통신기술(ICT) 기반의 공공조달 업무처리시스템

② 전자조달의 발전 과정
- 전자조달은 정보통신기술의 발전에 따라 단계적으로 진화해왔으며, 유엔(UN)은 2006년 전자조달의 발전 단계를 5단계로 구분함
- 우리나라의 국가종합전자조달시스템(나라장터, KONEPS)은 5단계에 해당하는 대표적인 통합 플랫폼으로, 전 세계 전자조달시스템의 성공 모델로 평가받고 있음

〈전자조달 발전 5단계(UN, 2006)〉

단계	주요 특징	사용 기술
1단계	종이 기반의 전통적 오프라인 방식 (일부 컴퓨터 활용)	수기 문서, 전화, 팩스
2단계	내부 업무 처리에 컴퓨터 시스템 도입	메인프레임, PC, ERP, EDI
3단계	인터넷을 이용한 기본적인 정보 교환	이메일, 웹사이트(정보 게시)
4단계	인터넷 기반의 전자적 처리 도구 및 전용 플랫폼 등장	전자입찰, 전자경매 등 전용 솔루션
5단계	조달 전 과정을 완전히 대체하는 통합 플랫폼 구축	나라장터(KONEPS) 등 단일 창구시스템

➕ plus
전자조달과 전자상거래의 차이
- 전자상거래(E-Commerce)는 불특정 다수를 대상으로 상품을 판매하고 수익을 창출하는 데 중점
- 전자조달(E-Procurement)은 정해진 법규와 절차에 따라 공공의 목적을 위해 물품·용역·공사를 구매하는 데 중점
- 따라서 전자조달은 공정성, 투명성, 효율성이라는 공공의 가치를 실현하는 것이 무엇보다 중요함

✅ Check Q&A

전자조달과 전자상거래는 모두 온라인 거래인데, 시험에서 어떻게 구분하는가?

정답

핵심 차이는 '목적'이다. 전자상거래는 수익 창출이 목적이고, 전자조달은 공공가치의 실현(공정성, 투명성, 효율성)이 목적이며, 또한 전자조달은 반드시 법규와 절차에 따라야 하지만, 전자상거래는 당사자 간 자유로운 합의로 거래한다. 시험에서는 이 두 가지 차이점을 명확히 구분하여 답하면 된다.

✅ Check Q&A

전자조달 발전 5단계 중 나라장터(KONEPS)가 해당하는 단계와 그 특징을 설명하시오.

정답

5단계(통합 플랫폼 단계)에 해당한다. 조달 전 과정을 완전히 대체하는 단일 창구(Single Window)시스템으로, 입찰부터 대금 지급까지 모든 절차를 온라인으로 처리한다.

③ 전자조달의 법적 체계: 전자조달시스템의 운영과 관련된 주요 법령은 다음과 같음

법령	주요 내용	핵심 조항
전자조달의 이용 및 촉진에 관한 법률	전자조달시스템의 구축·운영, 전자입찰, 전자계약 등	제13조 (시스템 구축), 제9조 (전자입찰)
국가를 당사자로 하는 계약에 관한 법률	국가기관의 계약 방법, 입찰 절차, 계약 체결 등	제7조 (계약의 방법)
지방자치단체를 당사자로 하는 계약에 관한 법률	지방자치단체의 계약 절차	국가계약법 준용
물품목록정보의 관리 및 이용에 관한 법률	물품의 분류, 목록화, 식별번호 부여	제9조 (목록화 요청)
조달사업에 관한 법률	조달청의 조달사업 수행, 연계 시스템 운영	제5조 (조달사업의 범위)

> **법조문 돋보기**
>
> 전자조달의 이용 및 촉진에 관한 법률 제9조(전자입찰)
> ▶ 수요기관이 물품·공사·용역의 조달을 위하여 경쟁입찰에 부치는 경우에는 전자조달시스템을 이용하여 입찰 공고, 입찰서 제출, 개찰 등의 입찰 절차를 전자적으로 처리하여야 함
> ▶ 제1항에 따른 전자입찰의 방법 및 절차 등에 관하여 필요한 사항은 대통령령으로 정함

2 국가종합전자조달시스템(나라장터, KONEPS)

① 나라장터의 개요
- 개념
  - 나라장터(KONEPS, Korea ON-line E-Procurement System)는 조달청이 구축·운영하는 국가종합전자조달시스템
  - 모든 공공기관의 입찰 정보를 통합 공고하고, 입찰, 계약, 대금 지급 등 조달의 전 과정을 온라인으로 처리하는 단일 창구(Single Window) 역할 수행
- 법적 근거
  - 「전자조달의 이용 및 촉진에 관한 법률」(이하 전자조달법) 제13조(전자조달시스템의 구축)
  - 국가를 당사자로 하는 계약에 관한 법률 제7조(계약의 방법)
  - 지방자치단체를 당사자로 하는 계약에 관한 법률

전자조달의 이용 및 촉진에 관한 법률 제13조(전자조달시스템의 구축)
▶ 조달청장은 수요기관과 조달기업이 전자조달을 편리하게 이용할 수 있도록 전자조달시스템을 구축하여야 함
▶ 조달청장은 제1항에 따른 전자조달시스템을 효율적으로 관리·운영하기 위하여 전담조직을 둘 수 있음

- 현황
  - (2024년 기준) 2002년 서비스를 개시한 이래, 나라장터는 대한민국 공공조달의 핵심 인프라로 자리 잡음
  - 2025년 발표된 2024년 실적 기준, 연간 225조원의 거래가 이루어지며, 약 7만여 개의 수요기관과 64만여 개의 조달기업이 이용하고 있음
② 나라장터의 주요 기능과 역할: 나라장터는 조달 업무 단계에 따라 다양한 기능을 제공하며, 공공조달의 효율성과 투명성을 높이는 핵심적인 역할 수행

구분	주요 기능	상세 내용
입찰 정보	통합 입찰 공고, 맞춤형 입찰 정보 제공, 입찰참가신청	모든 공공기관의 입찰 정보를 한 곳에서 확인하고, 관심 분야에 따라 맞춤형 정보를 제공받아 입찰에 참여
전자입찰	투찰, 개찰, 적격심사, 낙찰자 선정	지문인식 투찰 등 보안 기술을 적용하여 온라인으로 안전하게 입찰서를 제출하고, 개찰 및 낙찰 과정을 투명하게 공개
전자계약	온라인 계약 체결, 계약보증, 인지세 납부	서면 계약서 없이 온라인으로 계약을 체결하고, 계약 이행에 필요한 보증 및 세금 납부까지 원스톱으로 처리
대금지급	대금청구, 온라인 지급(하도급지킴이 연계)	검사·검수 완료 후 온라인으로 대금을 청구하고, 하도급 대금까지 온라인으로 직접 지급하여 체불을 방지
조달업체 정보	업체 등록 및 정보 관리, 실적증명서 발급	한 번의 등록으로 모든 공공기관 입찰에 참여할 수 있는 자격을 얻고, 온라인으로 실적증명서 등 각종 증명서를 발급
연계서비스	종합쇼핑몰, 혁신장터, 벤처나라 등 연계	다수공급자계약 물품 등을 쇼핑하듯 구매하는 종합쇼핑몰, 혁신·벤처기업 제품 판로를 지원하는 전용몰 등과 연계

Q: 나라장터에 한 번만 등록하면 모든 공공기관 입찰에 참여할 수 있나요?
A: 과거에는 각 발주기관마다 개별적으로 입찰참가자격 등록을 해야 했지만, 나라장터 구축 이후 조달청에 한 번만 경쟁입찰참가자격 등록을 마치면 모든 수요기관의 입찰에 참여할 수 있게 되어 조달기업의 편의성이 획기적으로 개선됨. 이것이 나라장터가 '단일 창구(Single Window)'라고 불리는 가장 큰 이유임

③ 나라장터의 전자입찰 보안 체계: 나라장터는 입찰의 공정성과 보안성을 보장하기 위해 다층적인 보안 체계를 구축하고 있음
  - 지문인증: 투찰입찰서 제출 시 입찰자의 지문을 인식하여 본인 여부를 확인하는 시스템이며, 이를 통해 대리 투찰이나 담합 행위를 원천적으로 차단
  - 암호화 입찰서: 입찰서는 공개키 암호화 방식으로 암호화되어 제출되며, 개찰 시점에만 보호화되므로 개찰 전에는 누구도 입찰 금액을 확인할 수 없어 입찰 내용의 유출 방지
  - 전자서명 인증: 입찰참여자의 신원을 확인하고 입찰서의 위변조를 방지하기 위해 공인전자서명 적용
④ 나라장터의 국제적 평가
  - 세계은행(World Bank): 나라장터를 전자조달시스템의 성공 모델로 선정하고, 개발도상국에 나라장터 모델의 도입을 권고하고 있음
  - OECD: 대한민국의 전자조달시스템을 회원국 중 최고 수준으로 평가하며, 조달 투명성 지수에서 상위권을 차지하고 있음
  - 해외 수출: 나라장터시스템은 베트남, 코스타리카, 몰도바, 튀니지 등 20여개 국에 수출되어 해당 국가들의 전자조달시스템 구축에 기여하고 있음

실무톡톡

> Q: 나라장터가 해외에도 수출된다고 하는데, 어떤 나라들이 사용하고 있나요?
> A: 나라장터는 대한민국의 대표적인 전자정부 수출 성공 사례로 베트남, 코스타리카, 몰도바, 튀니지 등 20여개 국에 시스템을 수출하였으며, 세계은행도 개발도상국에 나라장터 모델을 권고하고 있음. 이는 나라장터의 기술력과 운영 노하우가 국제적으로 인정받고 있다는 증거가 됨

⑤ 전자조달의 도입 성과: 나라장터 도입을 통해 대한민국 공공조달은 세계 최고 수준의 효율성과 투명성을 달성했다는 평가를 받음
  - 효율성 증대
    - 업무 시간 단축: 입찰참가, 계약 체결 등 조달 전 과정이 온라인으로 처리되어 행정 소요 시간이 획기적으로 단축
    - 비용 절감: 종이 문서 출력, 보관, 우편 발송 등에 소요되던 물리적 비용이 크게 절감
    - 경쟁 확대: 전국 모든 업체가 장소에 구애받지 않고 입찰에 참여할 수 있게 되어 경쟁이 촉진되고, 이를 통해 예산 절감 효과 발생
  - 투명성 및 공정성 강화
    - 정보의 비대칭 해소: 모든 조달 정보가 나라장터를 통해 실시간으로 공개되어 정보 접근의 불평등 해소
    - 부패 방지: 입찰 과정이 전산화되고 모든 기록이 시스템에 남아 담당자의 자의적 개입이나 외부 압력의 소지 차단
    - 객관적 평가: 적격심사 등 평가 과정이 시스템을 통해 자동으로 이루어져 평가의 객관성과 공정성 상승

〈나라장터 도입 전·후 비교〉

구분	도입 전(오프라인)	도입 후(나라장터)
입찰참가 등록	각 기관별 개별 등록	한 번 등록으로 전 기관 참여
입찰 공고 확인	관보, 게시판 등 개별 확인	통합 검색, 맞춤형 알림
입찰서 제출	직접 방문 또는 우편	온라인 전자투찰
계약 체결	대면 서명, 인지세 수기 납부	온라인 전자계약, 자동 납부
대금 지급	수기 청구, 은행 방문	온라인 청구·지급
소요 시간	수일 ~ 수주	수시간 ~ 1일
참여 범위	지역 제한적	전국 모든 업체 참여 가능

〈전자조달시스템의 이해 요약〉

구분	핵심내용
전자조달 개념	ICT 기반으로 조달 전 과정을 온라인으로 처리하는 시스템 및 방식
발전 5단계	오프라인 → 내부 전산화 → 정보 교환 → 전용 플랫폼 → 통합 플랫폼
나라장터(KONEPS)	모든 공공기관의 조달 업무를 처리하는 단일 창구(Single Window)
법적 근거	전자조달법제13조(전자조달시스템의 구축)
주요 기능	통합공고, 전자입찰, 전자계약, 대금지급, 업체정보 관리 등
도입 성과	(효율성) 시간과 비용 절감, 경쟁 촉진 / (투명성) 정보 공개, 부패 방지

03 연계 계약 관리 지원시스템

📖 학습목표

- 나라장터 종합쇼핑몰의 기능과 다수공급자계약(MAS) 제도를 설명할 수 있다.
- 혁신장터, 벤처나라, 디지털서비스몰, 이음장터의 특징과 활용 방법을 비교하여 설명할 수 있다.
- 각 시스템의 법적 근거와 이용 절차를 이해할 수 있다.

1 종합쇼핑몰(Shopping Mall)

① 종합쇼핑몰의 개념과 특징
  - 개념
    - 나라장터 종합쇼핑몰은 조달청에 등록된 다수공급자계약(MAS) 물품, 제3자 단가계약 물품 등을 수요기관이 마치 온라인 쇼핑몰에서 물건을 구매하듯 간편하게 주문할 수 있는 시스템
    - 2006년 다수공급자계약제도 도입과 함께 구축되었으며, 공공조달의 편의성과 신속성을 획기적으로 개선

- 특징
  - 편의성: 복잡한 입찰 절차 없이 카탈로그를 보고 원하는 상품을 선택하여 바로 주문 가능
  - 신속성: 계약 절차가 생략되므로 주문부터 납품까지의 소요 시간이 크게 단축
  - 다양성: 다수의 공급자가 동일한 품목에 대해 경쟁적으로 상품을 등록하므로 수요기관의 선택권 보장

01 메인화면

▶ 화면 경로 : 메인

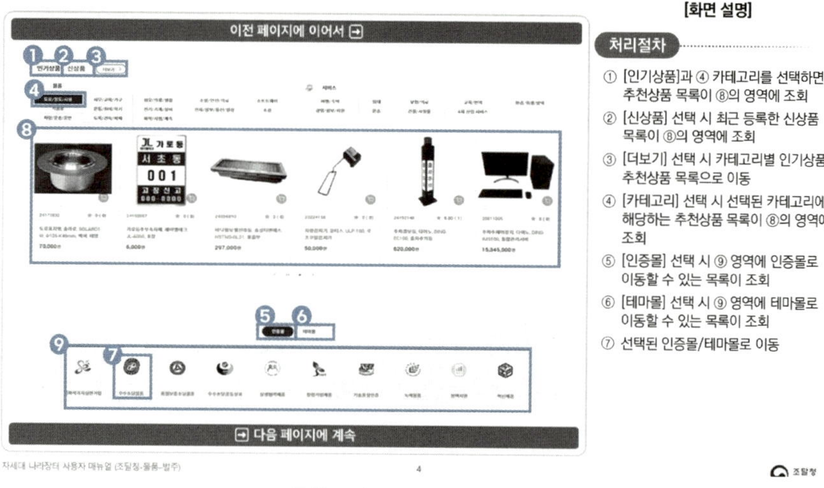

▲ 종합쇼핑몰 구매 단계별 절차

② 다수공급자계약(MAS, Multiple Award Schedule) 제도
  - 개념: 종합쇼핑몰의 핵심 제도는 다수공급자계약(MAS)으로, 이는 품질, 성능, 효율 등에서 동등하거나 유사한 종류의 물품을 수요기관이 선택할 수 있도록 2인 이상의 계약상대자와 계약을 체결하여 종합쇼핑몰에 등재하는 제도
  - 도입 배경: 기존의 최저가 1인 낙찰자 선정 방식이 야기했던 업계의 과당경쟁, 품질 저하, 기업의 기술개발 기피 등의 문제를 해결하고, 공공기관에게는 다양한 선택권을 제공하기 위해 도입
  - 계약 대상: 상용화된 물품으로 규격(모델)이 확정되어 있으며, 연간 납품실적이 3천만원 이상인 업체가 3개사 이상 존재하는 등 경쟁이 성립되는 품목을 대상으로 함
  - 계약 절차
    - 조달업체는 조달청의 공고에 따라 자사의 제품을 제안하고, 조달청은 제안업체의 자격과 제안 가격의 적정성을 평가하여 계약 체결
    - 구매입찰 공고 → 적격성 평가 → 가격 협상 → 계약 체결 → 종합쇼핑몰 등록

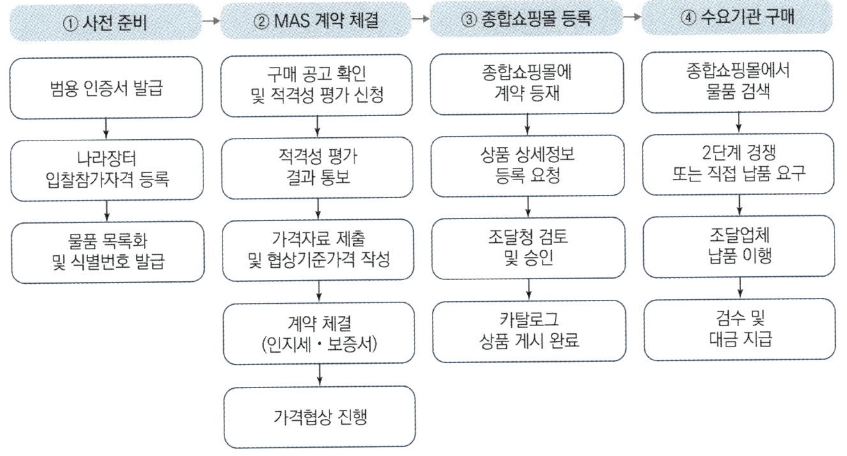

▲ 다수공급자계약(MAS) 체결 및 종합쇼핑몰 등록 절차

③ 2단계 경쟁: 수요기관이 종합쇼핑몰에서 일정 금액 이상을 구매할 때는 2단계 경쟁을 통해 한 번 더 경쟁을 부쳐야 하며, 이는 MAS 제도가 특정 업체의 독과점을 유발하는 것을 방지하고, 예산을 보다 효율적으로 사용하기 위한 장치
- 대상: 중소기업자 간 경쟁제품은 1억원 이상, 일반제품은 5천만원 이상 구매 시 의무적으로 2단계 경쟁을 실시해야 함
- 절차: 수요기관은 구매하려는 품목을 공급하는 5개사 이상을 지정하여 제안을 요청하고, 제안서를 평가하여 납품업체를 선정하며, 평가는 가격뿐만 아니라 기술, 품질, 납기, 실적 등 다양한 요소를 종합적으로 고려해야 함

실무톡톡

Q: 종합쇼핑몰에서 물품을 구매하는 절차는 어떻게 될까요?
A: 종합쇼핑몰 구매는 다음과 같은 절차로 진행됨
- 상품 검색 및 비교 → 주문서 작성 → 전자계약 체결 → 납품 확인 → 대금 지급
- 일반적인 온라인 쇼핑과 유사하지만, 전자서명을 통한 계약 체결과 나라장터를 통한 대금 지급이 특징이며, 5천만원(일반제품) 또는 1억원(중소기업제품) 이상이면 2단계 경쟁을 거쳐야 함

〈종합쇼핑몰의 계약 유형〉

계약 유형	내용	특징
다수공급자계약 (MAS)	2인 이상과 단가계약 체결	수요기관의 선택권 보장
제3자 단가계약	조달청이 제3자(수요기관)를 위해 단가계약	수요기관이 직접 주문
우수제품 지정	성능·품질이 우수한 제품 지정	수의계약 가능
소액 용역 직거래 플랫폼(이음장터)	나라장터 직접 구매	수요기관이 나라장터에서 직접 구매

2 혁신제품 전용몰(혁신장터)

① 개념: 혁신장터는 공공의 서비스를 획기적으로 개선할 수 있는 혁신적인 제품(혁신제품, 혁신시제품)의 초기 판로를 지원하고, 공공부문의 혁신제품 구매를 활성화하기 위해 2019년부터 운영되는 통합 플랫폼

② 주요 기능
- 혁신제품 지정: 민간의 혁신적인 제품을 심사하여 혁신제품으로 지정하고, 3년간 수의계약이 가능하도록 지원
- 전용몰 운영: 지정된 혁신제품을 수요기관이 쉽게 찾아보고 구매할 수 있도록 전용 온라인 쇼핑몰 운영
- 혁신구매 목표제: 공공기관이 물품구매액의 1% 이상을 혁신제품으로 구매하도록 의무화하여 안정적인 수요 창출

③ 구매자 면책: 혁신제품 구매 담당자가 고의나 중대한 과실 없이 혁신제품을 구매하고 사용하다가 손실이 발생한 경우, 해당 담당자의 책임을 면제해주는 구매자 면책 제도를 운영하여 공무원들의 적극적인 혁신제품 구매를 유도함(「조달사업에 관한 법률」 제27조)

> **법조문 돋보기**
>
> 조달사업에 관한 법률 제27조(혁신제품 구매자의 면책)
> ▶ 혁신제품 구매 담당자가 고의 또는 중대한 과실 없이 혁신제품을 구매하고 사용하다가 손실이 발생한 경우에는 그 책임을 감면할 수 있음
> ▶ 제1항에 따른 면책의 기준 및 절차 등에 관하여 필요한 사항은 대통령령으로 정함

④ 혁신제품의 유형

구분	혁신제품	혁신시제품
정의	시장에 출시된 혁신적 제품	시장 출시 전 시범사용 제품
지정 기간	3년(최대 3년 연장)	2년 이내
계약 방식	수의계약 가능	시범구매 후 평가
구매 한도	제한 없음	5천만원 이내

3 벤처·창업기업 전용몰(벤처나라)

① 개념: 벤처나라(Venture Nara)는 기술력은 우수하지만 공공조달 시장 진입에 어려움을 겪는 벤처기업과 창업기업(창업 7년 이내)의 판로 개척을 지원하기 위해 2016년부터 운영되는 전용 쇼핑몰

② 특징
- 등록 대상: 벤처기업 또는 창업 7년 이내 기업이 직접 생산하거나 OEM 방식으로 제조한 제품
- 수의계약 허용: 등록된 제품에 대해 추정가격 2,000만원 이하(여성·장애인·사회적기업은 5,000만원 이하)까지 수의계약 가능
- 추천기관 제도: 광역자치단체, 국가기관, 공공기관 등 38개 추천기관이 우수 벤처·창업기업을 발굴하여 추천하면, 조달청이 심사를 거쳐 벤처나라에 등록

③ 벤처나라 등록 절차: 추천기관에 추천 신청 → 추천기관의 서류 심사 및 추천 → 조달청의 적합성 심사 → 벤처나라 등록 및 판매 개시

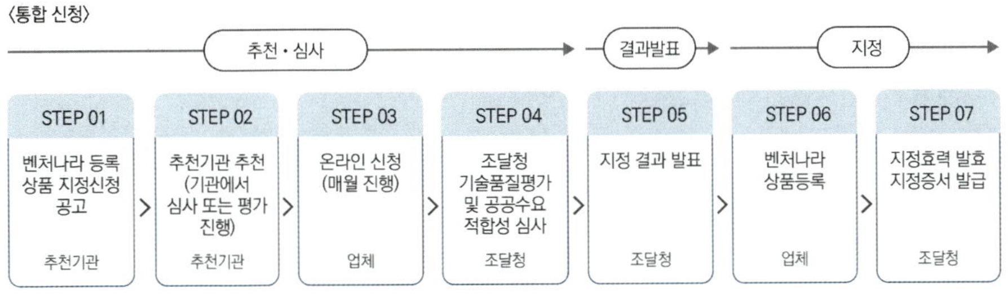

▲ 벤처나라 등록 절차

4 디지털서비스 전용몰(디지털서비스몰)

① 개념: 디지털서비스몰은 클라우드 컴퓨팅 서비스, 인공지능(AI), 사물인터넷(IoT) 등 신기술 기반의 디지털 서비스를 공공기관이 신속하고 간편하게 도입할 수 있도록 2022년부터 운영되는 전문 마켓플레이스

② 법적 근거: 「클라우드 컴퓨팅 발전 및 이용자 보호에 관한 법률」에 따라, 공공기관은 민간 클라우드 서비스를 우선적으로 도입해야 하며, 디지털서비스몰은 이를 지원하는 핵심 플랫폼 역할

③ 디지털서비스 전문계약제도: 디지털서비스의 특성을 고려하여, 복잡한 입찰 절차 대신 수의계약 또는 카탈로그 계약 방식을 통해 신속하게 계약을 체결할 수 있도록 지원

④ 등록 서비스 유형
- SaaS(Software as a Service): 클라우드 기반 소프트웨어 서비스(예 전자결재, 그룹웨어, 화상회의)
- IaaS(Infrastructure as a Service): 서버, 스토리지 등 IT 인프라 서비스
- AI·빅데이터 서비스: 인공지능 분석, 데이터 처리 등
- 보안 서비스: 클라우드 보안, 정보보호 등

> **법조문** **돋보기**
>
> 클라우드 컴퓨팅 발전 및 이용자 보호에 관한 법률 제20조(공공기관의 클라우드 컴퓨팅 도입 촉진)
> ▶ 공공기관의 장은 클라우드 컴퓨팅을 도입하도록 노력하여야 함
> ▶ 과학기술정보통신부장관은 공공기관이 클라우드 컴퓨팅을 도입할 수 있도록 지원시책을 마련하여야 함

5 소액 용역 직거래 플랫폼(이음장터)

① 개념: 이음장터는 청소, 방역, 운송, 디자인 등 일상적으로 발생하는 소액의 용역(서비스)을 수요기관과 공급기업이 직접 거래할 수 있도록 연결해주는 플랫폼으로 2022년부터 운영되고 있음

② 특징
- 직거래 방식: 조달청과의 사전 계약 없이 수요기관과 공급기업이 플랫폼 내에서 직접 견적을 주고받고 계약 체결
- 소액 용역 대상: 추정가격 2,000만원 이하(부가세 포함 2,200만원)의 소액 용역 대상
- 절차 간소화: 복잡한 서류 제출 없이 간편하게 서비스를 등록하고 주문할 수 있어 영세 소상공인의 조달 시장 참여 촉진

③ 이음장터 이용 절차
- 공급기업: 이음장터에 업체 등록 → 서비스 등록(업종, 지역, 단가 등) → 수요기관의 견적 요청에 응답 → 계약 체결 및 서비스 제공
- 수요기관: 이음장터에서 필요한 서비스 검색 → 3개사 이상 견적 요청 → 견적서 비교·평가 → 업체 선정 및 계약 체결

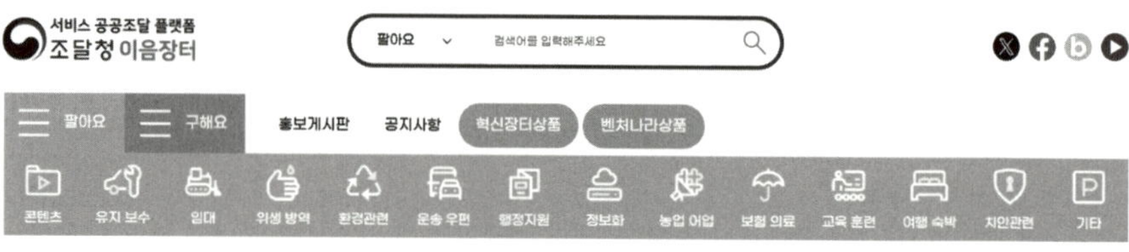

▲ 조달청 이음장터

〈나라장터 연계 계약 관리 지원시스템 비교〉

시스템명	주요 대상	주요 특징	법적 근거
종합쇼핑몰	상용화된 일반 물품, 용역	다수공급자계약(MAS), 2단계 경쟁	조달사업법 시행령
혁신장터	혁신제품, 혁신시제품	3년간 수의계약, 구매자 면책	조달사업법
벤처나라	벤처·창업기업 제품	7년 이내 기업, 추천기관 제도	조달사업법
디지털 서비스몰	클라우드 등 디지털 서비스	수의계약, 카탈로그 계약	클라우드 컴퓨팅법
이음장터	소액 용역(서비스)	2천만원 이하, 수요-공급 직거래	–

〈연계 계약 관리 지원시스템 요약〉

구분	핵심내용
종합쇼핑몰	MAS 계약 물품을 온라인 쇼핑처럼 구매하는 시스템으로 5천만원 이상 구매 시 2단계 경쟁
다수공급자계약(MAS)	2인 이상과 단가계약 체결로 최저가 1인 낙찰의 문제점 해결
혁신장터	혁신제품의 초기 판로 지원으로 3년간 수의계약, 구매자 면책 제도
벤처나라	벤처·창업기업(7년 이내) 전용몰로 추천기관 통해 등록, 2천만원 이하 수의계약
디지털서비스몰	클라우드 등 디지털서비스 전문몰로 수의계약, 카탈로그 계약을 통해 신속하게 계약 체결
이음장터	2천만원 이하 소액 용역 직거래 플랫폼으로 조달청 계약 불필요

04 목록정보시스템

📖 학습목표
- 물품목록정보의 관리 및 이용에 관한 법률의 주요 내용을 이해할 수 있다.
- 물품식별번호 체계와 목록화 4대 원칙을 이해할 수 있다.
- 목록정보시스템을 활용한 목록화 절차를 설명할 수 있다.

1 물품목록제도와 관련 법령

① 물품목록제도의 개념과 목적
- 개념: 물품목록제도란 국가가 관리하고 사용하는 모든 물품에 대해 표준화된 분류체계에 따라 고유한 번호를 부여하고, 그 속성 정보를 체계적으로 관리하는 제도를 말하며, 이는 마치 도서관의 모든 책에 도서분류기호(KDC)와 청구기호를 부여하여 관리하는 것과 유사함

- 목적: 물품목록제도는 물품 관리의 효율성을 높이고, 동일한 물품의 중복 구매를 방지하여 예산을 절감하며, 국가 자산 현황을 정확하게 파악하여 재정의 투명성을 확보하는 것을 주된 목적으로 함
② **물품목록제도 관련 법령**: 물품목록제도의 근간이 되는 법률은 「물품목록정보의 관리 및 이용에 관한 법률」(이하 물품목록법)으로, 1991년 제정되어 1995년부터 시행됨
- 주요 내용
  - 총괄기관 및 관리기관 지정: 물품목록제도 및 정책은 기획재정부가 총괄하고, 목록정보시스템의 구축·운영 및 목록화 업무는 조달청이 담당하도록 규정(제6조)
  - 목록화 요청 의무: 중앙관서의 장은 소관 물품 중 목록화되지 않은 물품에 대해 조달청장에게 목록화를 요청해야 함(제9조)
  - 물품목록정보의 이용: 수요기관은 물품을 구매하려는 경우 목록정보시스템을 통해 해당 물품의 목록화 여부를 확인해야 함(제15조)
- 적용 범위: 국가기관 및 지방자치단체가 보유하거나 앞으로 사용할 모든 물품에 적용. 다만, 「군수품관리법」에 따른 군수품은 제외

〈물품목록법의 주요 조항 정리〉

조항	내용	핵심 키워드
제6조	총괄기관(기획재정부) 및 관리기관(조달청) 지정	기재부 총괄, 조달청 관리
제7조	목록정보시스템 구축·운영	조달청 운영
제9조	목록화 요청 의무	중앙관서의 장 → 조달청장
제15조	물품목록정보의 이용	구매 시 목록화 여부 확인
제17조	목록화 정보의 변경 및 폐기	변경 시 조달청장에게 신고

법조문 돋보기

물품목록정보의 관리 및 이용에 관한 법률 제9조(목록화 요청)
▶ 중앙관서의 장은 그 소관 물품 중 목록화되어 있지 아니한 물품에 대하여는 대통령령으로 정하는 바에 따라 조달청장에게 목록화를 요청하여야 함
▶ 조달청장은 제1항에 따른 요청을 받으면 그 물품에 대한 물품목록번호를 부여하여야 함

2 물품식별번호 체계

물품목록제도의 핵심은 모든 물품에 부여되는 고유한 번호 체계이며, 우리나라는 국제표준인 UNSPSC(United Nations Standard Products and Services Code)를 기반으로 한 분류체계를 사용함

① 물품목록번호의 구성
- 물품목록번호는 총 16자리로 구성되며, 물품분류번호(8자리)와 물품식별번호(8자리)로 구분
- 물품목록번호(16자리) = 물품분류번호(8자리) + 물품식별번호(8자리)

② 물품분류번호(8자리): 물품분류번호는 해당 물품이 어떤 종류에 속하는지를 나타내는 번호로, 대(2)-중(2)-소(2)-세(2)분류의 4단계 계층구조로 이루어짐

  예 사무용 의자
  - 대분류(56): 가구류
  - 중분류(11): 사무용 가구
  - 소분류(16): 의자
  - 세분류(01): 사무용 의자
  - 물품분류번호: 56111601

③ 물품식별번호(8자리): 물품식별번호는 동일한 물품분류번호 내에서 개별 물품(제조사, 모델, 규격 등이 다른)을 고유하게 식별하기 위해 부여되는 번호. 즉, 같은 '사무용 의자'라도 A회사의 '체어맨' 모델과 B회사의 '시디즈' 모델은 서로 다른 물품식별번호를 갖게 됨

물품목록번호는 2자리씩 4단계 계층구조로 이루어진 8자리 숫자의 물품분류번호와 차례로 배열된 8자리 숫자의 물품식별번호로 구성

대분류	중분류	소분류	세분류	세세분류	일련번호
24	10	16	01	01	23839999
물품취급, 조정 저장기계, 액세서리 및 소모품	물품취급 기계 및 장비	리프트 장비 및 액세서리	엘리베이터	승객용 엘리베이터	승객용 엘리베이터, 슝슝엔지니어링, AB60C, 18인승/2층/일반형

물품분류번호(8자리)

세부품명번호(10자리)

물품식별번호(8자리)

물품목록번호(16자리/18자리)

※ 물품분류번호는 좁게는 '물품분류번호(8자리)'를 의미하지만, 넓게는 '세부품명번호(10자리)'도 물품번류번호로 볼 수 있음

▲ 물품목록번호의 구성

물품목록번호 16자리의 구성과, 물품분류번호와 물품식별번호의 차이점을 설명하시오.

정답

물품목록번호는 물품분류번호(8자리)와 물품식별번호(8자리)로 구성된다. 물품분류번호는 물품의 종류(카테고리)를 나타내고, 물품식별번호는 동일 종류 내에서 개별 물품(모델, 규격 등)을 구별하는 고유번호이다.

➕ plus

세부품명번호(10자리)
- 실제 조달 업무에서는 물품분류번호(8자리)에 2자리를 추가한 세부품명번호(10자리)를 사용하며, 이는 MAS 계약 등에서 동일한 품목군을 보다 세부적으로 관리하기 위함
- 예를 들어, 사무용 의자(56111601)를 회전형(01), 고정형(02) 등으로 나누어 5611160101, 5611160102와 같이 관리함

➕ plus

물품목록번호 예시

사무용 의자 제품의 물품목록번호를 예로 들면 다음과 같음

구분	번호	설명
대분류	56	가구류
중분류	11	사무용 가구
소분류	16	의자
세분류	01	사무용 의자
물품 분류 번호	56111601	사무용 의자 카테고리
물품 식별 번호	00012345	A사 체어맨 모델
물품 목록 번호	56111601 00012345	완성된 16자리 번호

④ 목록화 4대 원칙

원칙	내용	예시
통일성	하나의 물품에는 오직 하나의 식별번호만 부여함	A사의 체어맨 의자는 항상 동일한 식별번호를 갖음
포괄성	국가가 사용하는 모든 물품은 목록화 대상이 됨	일반 사무용품부터 특수 장비까지 모두 포함함
상호배제성	하나의 물품이 두 개 이상의 분류에 속하지 않도록 함	의자는 가구류에만 속하며, 사무기기에 속할 수 없음
단순성	분류체계와 번호 부여 방식은 간단하고 명확해야 함	사용자가 쉽게 이해하고 활용할 수 있도록 구성함

2 목록정보시스템을 활용한 목록화 절차

조달기업이 자사의 제품을 나라장터를 통해 공급하기 위해서는 먼저 목록정보시스템을 통해 해당 물품을 목록에 등록해야 하며 이 과정을 목록화라고 함

① 품명 신설 요청: 등록하려는 물품의 분류(품명)가 기존 목록에 없는 경우, 먼저 새로운 품명을 만들어 달라고 요청해야 하며, 품명 신설은 조달청의 검토와 상품목록심의회 심의 등을 거쳐야 하므로, 처리 기간이 최대 24업무일까지 소요될 수 있음

실무톡톡

Q: 저희가 개발한 신기술 제품은 기존에 없던 새로운 물품이라 품명이 없는 경우 어떻게 해야 하나요?

A: 이 경우 목록정보시스템을 통해 '품명 신설'을 요청해야 함
- 신기술 또는 융복합 기술이 적용된 제품의 경우, 일반 품명 신설(24일)보다 처리 기간이 단축된 신속처리(Fast Track, 17일) 제도를 이용할 수 있음
- 품명 신설 요청 시 제품의 기술적인 특징과 기존 제품과의 차별점을 명확하게 설명하는 자료를 충실히 제출하는 것이 중요함

② 품목 등록 요청: 등록하려는 물품의 품명이 이미 존재하는 경우, 해당 품명 아래에 자사 제품(품목)을 등록해달라고 요청해야 하며, 이때 제조사, 모델명, 주요 규격, 이미지 등 상세 정보를 제출해야 함
- 절차: 목록정보시스템 접속 → 해당 품명 검색 및 선택 → 품목 등록 신청서 작성 및 증빙서류 첨부 → 조달청 검토 및 승인
- 처리 기간: 기품목 등록 요청은 접수일로부터 8업무일 이내에 처리되는 것이 원칙

Q: 목록정보시스템은 조달기업에게 어떤 실질적인 도움을 주나요?
A: • 시장 진입 기반: 목록에 등록되어야 나라장터를 통한 공공조달 시장에 참여할 수 있음
  • 제품 정보 표준화: 제품의 규격, 성능 등이 표준화된 형식으로 관리되어 수요기관이 쉽게 찾을 수 있음
  • 중복 구매 방지: 수요기관은 목록을 통해 이미 보유한 물품과 동일한 제품을 중복 구매하는 것을 방지할 수 있음

〈품명 신설과 품목 등록 비교〉

구분	품명 신설	품목 등록
적용 상황	등록하려는 물품의 품명이 없는 경우	품명이 이미 존재하는 경우
신청 대상	새로운 유형의 물품(신기술 등)	기존 품명에 자사 제품 추가
처리 기간	최대 24업무일(신속처리 17일)	8업무일 이내
심의 절차	상품목록심의회 심의 필요	조달청 검토·승인
제출 서류	제품 설명서, 기술적 특징 자료	제조사, 모델명, 규격, 이미지

〈목록정보시스템 요약〉

구분	핵심내용
물품목록제도	국가 물품에 고유번호를 부여하여 체계적으로 관리하는 제도로, 예산 절감, 관리 효율화 목적
물품목록법	목록제도의 근거 법률로, 총괄(기재부), 관리(조달청) 기관 지정, 목록화 요청 의무 규정, 물품목록정보의 이용 규정
물품목록번호(16)	UNSPSC 기반으로 물품분류번호(8), 물품식별번호(8)
물품분류번호(8)	물품의 종류로, 대(2)-중(2)-소(2)-세(2)분류의 4단계 계층 구조
물품식별번호(8)	개별 물품(모델, 규격)을 구별하는 고유번호
목록화 4대 원칙	통일성, 포괄성, 상호배제성, 단순성
목록화 절차	(품명 없을 시) 품명 신설 요청, (품명 있을 시) 품목 등록 요청
처리 기간	품명 신설: 24일(신기술 17일), 품목 등록: 8일

Check Q&A

품명 신설과 품목 등록의 차이점을 처리 기간을 포함하여 설명하시오.

정답

품명 신설은 기존에 없는 새로운 품명을 만드는 것으로 최대 24업무일(신속처리 17일)이 소요된다. 품목 등록은 기존 품명 아래에 자사 제품을 등록하는 것으로 8업무일 이내에 처리된다.

Check Q&A

조달기업이 종합쇼핑몰에 제품을 등록하기 위한 절차를 순서대로 설명하시오.

정답

조달기업이 종합쇼핑몰에 제품을 등록하기 위해서는 목록정보시스템에 해당 제품을 목록화(품명 신설 또는 품목 등록) → 조달청의 MAS 계약 공고에 따라 신청 → 적격성 평가 및 가격 협상 → 계약 체결 후 종합쇼핑몰 등록의 순서로 진행된다.

단원별 핵심문제

01

다음 중 전자조달(E-Procurement)의 개념으로 가장 적절한 것은?

① 인터넷 쇼핑몰에서 개인적으로 물건을 구매하는 행위
② 기업 간에 이루어지는 모든 종류의 온라인 상거래
③ ICT를 기반으로 조달 전 과정을 온라인으로 처리하는 시스템 및 방식
④ 정부가 오프라인으로 계약하고 온라인으로 대금만 지급하는 방식

해설

전자조달은 정보통신기술(ICT)을 기반으로 조달 계획부터 입찰, 계약, 대금 지급까지 조달의 전 과정을 온라인으로 처리하는 시스템 및 방식을 의미한다. 공정성, 투명성 등 공공가치 실현을 목표로 한다.

02

다음 중 나라장터(KONEPS)가 UN의 전자조달 발전 5단계 중 어디에 해당하는가?

① 1단계: 오프라인 방식
② 2단계: 내부 업무 전산화
③ 3단계: 인터넷을 이용한 정보 교환
④ 5단계: 통합 플랫폼 구축

해설

나라장터는 조달 전 과정을 하나의 시스템에서 처리하는 단일 창구(Single Window) 역할을 하므로, 5단계인 통합 플랫폼에 해당한다.

03

다음 중 나라장터의 도입 성과로 보기 어려운 것은?

① 조달 행정의 투명성 강화
② 조달 업체의 행정 비용 증가
③ 전국적인 경쟁 확대로 인한 예산 절감
④ 조달 업무 처리 시간 단축

해설

나라장터는 한 번의 등록으로 모든 기관 입찰에 참여 가능하게 하고, 온라인으로 업무를 처리하게 하여 조달 업체의 행정 비용을 획기적으로 절감시켰다.

04

나라장터의 전자입찰 보안 체계가 아닌 것은?

① 지문인증 투찰
② 암호화 입찰서
③ 공인전자서명
④ 블록체인 기반 분산 저장

해설

나라장터는 지문인증, 암호화, 전자서명 등을 통해 보안을 유지하지만, 현재 모든 입찰 과정이 블록체인 기반으로 운영되지는 않는다. 차세대 나라장터에서 일부 기술 도입이 논의되고 있다.

05

다음 〈보기〉의 빈칸에 들어갈 말을 순서대로 바르게 짝지은 것은?

> **보기**
>
> 물품목록번호는 8자리의 (A)와 8자리의 (B)로 구성된 총 16자리 숫자이다.

① A: 물품식별번호, B: 물품분류번호
② A: 물품분류번호, B: 물품식별번호
③ A: 국가식별번호, B: 업체식별번호
④ A: 업체식별번호, B: 국가식별번호

해설

물품목록번호는 8자리의 물품분류번호와 8자리의 물품식별번호로 구성된다. 물품분류번호가 상위 개념, 물품식별번호가 개별 제품을 특정하는 하위 개념이다.

정답   01 ③   02 ④   03 ②   04 ④   05 ②

06

다음 중 나라장터 종합쇼핑몰과 다수공급자계약(MAS) 제도에 대한 설명으로 옳지 않은 것은?

① 수요기관은 복잡한 입찰 절차 없이 간편하게 물품을 구매할 수 있다.
② MAS는 조달청이 여러 공급업체와 단가 계약을 체결해 놓은 제도이다.
③ 모든 공공기관은 반드시 종합쇼핑몰을 통해서만 물품을 구매해야 한다.
④ 2단계 경쟁을 통해 추가적인 가격 할인이나 품질 향상을 유도할 수 있다.

해설

종합쇼핑몰 이용이 의무는 아니다. 수요기관은 자체 판단에 따라 일반 입찰 등 다른 방식으로도 물품을 구매할 수 있다.

07

벤처·창업기업의 초기 판로 지원을 위해 구축된 전용 쇼핑몰은?

① 종합쇼핑몰
② 벤처나라
③ 혁신장터
④ 디지털서비스몰

해설

벤처나라는 기술력과 아이디어는 있으나 공공조달 시장 진입에 어려움을 겪는 벤처·창업기업 제품을 위한 전용 쇼핑몰이다.

08

혁신제품의 공공조달 연계 및 판로 지원을 위해 구축된 전용 시스템은?

① 종합쇼핑몰
② 벤처나라
③ 혁신장터
④ 이음장터

해설

혁신장터는 「조달사업에 관한 법률」에 따라 혁신제품으로 지정된 제품의 초기 판로를 지원하기 위한 전용 시스템이다. 구매자 면책, 수의계약 허용 등의 혜택이 있다.

09

다음 중 클라우드 서비스, AI 등 디지털 기술 관련 서비스를 전문적으로 취급하는 시스템은?

① 종합쇼핑몰
② 벤처나라
③ 혁신장터
④ 디지털서비스몰

해설

디지털서비스몰은 클라우드 컴퓨팅 서비스, AI, 빅데이터 솔루션 등 디지털 기술 관련 서비스를 전문적으로 계약하고 유통하기 위한 시스템이다.

10

물품목록정보의 관리 및 이용에 관한 법률의 주된 목적은?

① 조달 업체의 이익 극대화
② 조달 정보의 효율적 관리 및 활용
③ 공무원의 업무 편의성 증대
④ 특정 기업에 대한 독점적 지위 보장

해설

물품목록법은 물품에 대한 목록정보를 체계적으로 관리하고 그 이용에 관한 사항을 정함으로써 조달 업무의 효율성을 높이고 예산을 적정하게 관리하는 것을 목적으로 한다.

11

다음 중 물품식별번호를 부여받기 위한 절차인 '목록화'의 4대 원칙에 해당하지 않는 것은?

① 1품목 1번호 원칙
② 제조자 규격 우선 원칙
③ 최저 가격 우선 원칙
④ 속성정보 표준화 원칙

해설

목록화의 4대 원칙은 1품목 1번호, 제조자 규격 우선, 속성정보 표준화, 국제표준분류체계 준수이다. 가격은 목록화 단계에서 고려하는 요소가 아니다.

정답 06 ③ 07 ② 08 ③ 09 ④ 10 ② 11 ③

12

물품목록법에 따라 물품을 제조·수입·공급하는 자가 조달청장에게 '이 물품을 목록에 등재해 주십시오'라고 요청하는 행위는?

① 품목 등록
② 목록화 요청
③ 식별번호 신청
④ 분류번호 문의

물품목록법 제9조에 따라 물품을 제조·수입·공급하는 자는 해당 물품의 목록화를 조달청장에게 요청할 수 있다. 이를 '목록화 요청'이라 한다.

13

나라장터 종합쇼핑몰에서 일정 금액 이상 구매 시, 2개 이상의 업체로부터 제안서를 받아 더 나은 조건을 제시한 업체와 계약하는 제도는?

① 1단계 경쟁
② 2단계 경쟁
③ 수의계약
④ 지명경쟁

다수공급자계약(MAS)에서의 2단계 경쟁은 일정 금액 이상 구매 시, 종합쇼핑몰에 등록된 2개 이상의 업체로부터 제안서를 받아 가격, 품질 등을 추가로 비교하여 계약상대자를 결정하는 제도이다.

14

민간의 혁신적인 플랫폼을 공공 부문에 도입하여 활용할 수 있도록 지원하는 시스템은?

① 종합쇼핑몰
② 벤처나라
③ 혁신장터
④ 이음장터

이음장터는 민간의 우수한 온라인 플랫폼을 공공과 연결(이어주는)하여 수요기관이 해당 플랫폼을 통해 직접 물품이나 서비스를 구매할 수 있도록 지원하는 시스템이다.

15

전자조달법 제9조에 따라 수요기관이 경쟁입찰에 부치는 경우, 원칙적으로 어떤 방식을 따라야 하는가?

① 방문 접수 방식
② 우편 접수 방식
③ 전자조달시스템을 이용한 전자입찰 방식
④ 팩스를 이용한 입찰 방식

전자조달법 제9조는 경쟁입찰의 경우 전자조달시스템을 이용한 전자입찰을 원칙으로 규정하고 있다.

16

다음 중 나라장터의 '단일 창구(Single Window)' 역할에 대한 설명으로 가장 적절한 것은?

① 오직 하나의 웹 브라우저에서만 접속 가능하다.
② 조달청 직원만 내부적으로 사용하는 시스템이다.
③ 한 번의 등록으로 모든 공공기관 입찰에 참여할 수 있다.
④ 하루에 단 하나의 입찰 공고만 게시된다.

나라장터의 '단일 창구' 역할은 조달기업이 조달청에 한 번만 경쟁입찰참가자격 등록을 하면 모든 수요기관의 입찰에 참여할 수 있다는 의미이다.

17

다음 중 다수공급자계약(MAS) 제도의 특징으로 옳지 않은 것은?

① 상용화된 물품에 주로 적용된다.
② 계약 기간 동안 가격이 고정되어 변동될 수 없다.
③ 수요기관은 별도의 입찰 공고 없이 쇼핑몰에서 바로 구매할 수 있다.
④ 다수의 공급자가 경쟁적으로 가격과 품질을 제시한다.

MAS 계약 기간 중이라도 계약상대자는 더 낮은 가격으로 수정 제안을 할 수 있으며, 조달청은 시장 가격 변동에 따라 가격 조정을 요구할 수 있다.

12 ② 13 ② 14 ④ 15 ③ 16 ③ 17 ②

18

다음 중 나라장터와 연계된 시스템에 대한 설명으로 옳지 않은 것은?

① 종합쇼핑몰: MAS 계약 물품을 온라인 쇼핑처럼 구매
② 혁신장터: 혁신제품의 초기 판로 지원
③ 벤처나라: 중견기업의 해외 수출 지원
④ 디지털서비스몰: 클라우드, AI 등 디지털 서비스 전문 취급

벤처나라는 벤처·창업기업의 공공조달 시장 진입 및 초기 판로를 지원하기 위한 시스템이다. 중견기업의 해외 수출 지원과는 직접적인 관련이 적다.

19

다음 중 혁신장터에 등록된 혁신제품 구매 시 수요기관에 부여되는 혜택으로 옳지 않은 것은?

① 구매 결과에 대한 감사 면책(구매자 면책)
② 지정 후 3년간 수의계약 가능
③ 구매 금액의 50%를 정부가 지원
④ 공공기관 혁신구매 목표제 실적 인정

혁신제품 구매 시 구매자 면책, 수의계약 허용, 구매목표제 실적 인정 등의 혜택이 있으나, 구매 금액의 50%를 정부가 직접 지원하는 제도는 없다.

20

차세대 나라장터의 주요 특징으로 가장 거리가 먼 것은?

① 인공지능(AI) 기반 맞춤형 정보 추천
② 빅데이터 분석을 통한 과학적 행정 지원
③ 모든 거래 기록을 종이 문서로 출력하여 이중 보관
④ 클라우드 기반의 안정적이고 유연한 시스템 운영

차세대 나라장터는 디지털 기술을 기반으로 페이퍼리스(Paperless) 업무 환경을 지향하며, 모든 거래 기록은 전자적으로 안전하게 보관된다.

21

다음 중 MAS 2단계 경쟁을 실시하는 주된 이유로 가장 적절한 것은?

① 특정 업체에게 혜택을 주기 위해
② 계약 절차를 최대한 복잡하게 만들기 위해
③ 추가적인 가격 할인이나 더 나은 품질 조건을 얻기 위해
④ 계약담당자의 업무량을 늘리기 위해

2단계 경쟁은 종합쇼핑몰에 등록된 가격보다 더 유리한 조건(낮은 가격, 더 나은 품질, 추가 서비스 등)으로 구매하기 위해 공급업체 간의 추가적인 경쟁을 유도하는 제도이다.

22

전자조달의 도입으로 인해 발생한 '투명성 강화' 효과와 가장 관련이 깊은 것은?

① 조달 업무 처리 시간 단축
② 종이 문서 출력 비용 절감
③ 입찰 과정 및 결과의 실시간 공개
④ 전국 모든 업체의 입찰참여 가능

입찰 공고, 평가 기준, 개찰 결과 등 조달의 전 과정이 온라인에 투명하게 공개되어 정보의 비대칭이 해소되고 부패 소지가 차단된 것이 투명성 강화의 핵심이다.

23

물품목록번호의 8자리 물품분류번호는 어떤 국제 표준을 기반으로 하는가?

① ISO 9001
② UNSPSC
③ GTIN
④ ISBN

물품분류번호는 유엔 표준 상품 및 서비스 분류 코드인 UNSPSC (United Nations Standard Products and Services Code)를 기반으로 부여된다. 이는 국제적 호환성을 확보하기 위함이다.

  18 ③ 19 ③ 20 ③ 21 ③ 22 ③ 23 ②

24

물품목록번호 부여 시, 동일한 품목이라도 제조사, 모델명, 규격 등이 다르면 각각 다른 번호를 부여하는 원칙은?

① 1품목 1번호 원칙
② 제조자 규격 우선 원칙
③ 속성정보 표준화 원칙
④ 국제표준분류체계 준수 원칙

해설

1품목 1번호 원칙은 동일한 품목이라도 속성(규격, 모델 등)이 다르면 서로 다른 물품으로 간주하여 각각 고유한 물품식별번호를 부여하는 원칙이다.

25

다음 중 물품목록법상 '품명 신설'과 '품목 등록'에 대한 설명으로 옳은 것은?

① 품명 신설은 8일, 품목 등록은 24일 이내에 처리된다.
② 품명 신설은 기존에 없던 분류 코드를 새로 만드는 절차이다.
③ 품목 등록은 새로운 물품분류번호를 부여받는 절차이다.
④ 신기술(NET/NEP) 인증 제품은 품명 신설 시 신속처리 (Fast Track) 대상이 아니다.

해설

품명 신설은 목록에 없는 새로운 품명(세부품명번호)을 만드는 절차로 최대 24일이 소요되며, 품목 등록은 이미 있는 품명에 새로운 제품(물품식별번호)을 추가하는 절차로 8일 이내에 처리된다. 신기술 제품은 품명 신설 시 17일 이내로 처리되는 신속처리 대상이다.

CHAPTER 03

최종점검 OX 퀴즈

OX 퀴즈 **정답 및 해설**

01 전자조달은 수익 창출을 최우선 목적으로 한다. (○ , ×)

02 나라장터는 UN의 전자조달 발전 5단계 중 4단계에 해당한다. (○ , ×)

03 나라장터에 한 번만 입찰참가자격 등록을 하면 모든 공공기관 입찰에 참여할 수 있다. (○ , ×)

04 나라장터 종합쇼핑몰에서 물품을 구매하는 것은 복잡한 입찰 절차를 거쳐야 한다. (○ , ×)

05 혁신장터에서 혁신제품을 구매한 공무원은 고의나 중과실이 없으면 감사에 대해 면책받을 수 있다. (○ , ×)

06 벤처나라는 중견기업의 해외 수출을 지원하기 위한 시스템이다. (○ , ×)

07 다수공급자계약(MAS)은 계약 기간 동안 절대로 가격을 변경할 수 없다. (○ , ×)

08 디지털서비스몰에서는 사무용 가구나 비품을 주로 구매할 수 있다. (○ , ×)

09 차세대 나라장터는 인공지능(AI) 기술을 활용하여 사용자 맞춤형 정보를 제공한다. (○ , ×)

---

01 ×
전자조달은 공정성, 투명성 등 공공가치 실현을 최우선 목적으로 한다. 수익 창출은 전자상거래의 목적이다.

02 ×
나라장터는 조달 전 과정을 통합 처리하는 단일 창구 시스템으로, 최고 단계인 5단계(통합 플랫폼)에 해당한다.

03 ○
이는 나라장터가 '단일 창구(Single Window)' 역할을 수행하기 때문이다.

04 ×
종합쇼핑몰은 입찰 절차 없이 온라인 쇼핑처럼 간편하게 물품을 구매할 수 있는 시스템이다.

05 ○
구매자 면책 제도는 공무원들이 감사 부담 없이 적극적으로 혁신제품을 구매하도록 장려하기 위한 핵심적인 혜택이다.

06 ×
벤처나라는 기술력 있는 벤처·창업 기업의 공공조달 시장 진입과 초기 판로를 지원하기 위한 시스템이다.

07 ×
시장 가격 변동에 따라 가격을 조정할 수 있으며, 공급업체가 더 낮은 가격을 제안하는 것도 가능하다.

08 ×
디지털서비스몰은 클라우드 서비스, AI, 빅데이터 솔루션 등 디지털 기술 관련 서비스를 전문적으로 취급하는 시스템이다.

09 ○
AI 기반 지능형 검색, 빅데이터 분석 등이 차세대 나라장터의 핵심 기능이다.

10 전자조달법은 전자입찰을 의무가 아닌 권고사항으로 규정하고 있다. (○ , ×)

11 이음장터는 조달청이 직접 운영하는 쇼핑몰이다. (○ , ×)

12 MAS 2단계 경쟁은 1단계 경쟁보다 항상 더 낮은 가격으로 계약하게 된다. (○ , ×)

13 나라장터의 지문인증 투찰 제도는 입찰서 내용의 암호화를 위한 기술이다. (○ , ×)

14 모든 공공기관은 자체 조달시스템 없이 반드시 나라장터만 이용해야 한다. (○ , ×)

15 혁신제품으로 지정되면 별도의 심사 없이 바로 종합쇼핑몰에 등록할 수 있다. (○ , ×)

16 나라장터 도입으로 인해 조달기업의 행정 비용이 증가했다. (○ , ×)

17 전자조달과 전자상거래는 공공가치 실현을 목표로 한다는 점에서 동일하다. (○ , ×)

18 나라장터는 베트남, 코스타리카 등 해외에 수출된 성공적인 전자정부 시스템이다. (○ , ×)

19 종합쇼핑몰에서 1천만원짜리 물품을 구매할 때는 반드시 2단계 경쟁을 거쳐야 한다. (○ , ×)

20 '하도급지킴이'는 나라장터와 연계하여 하도급 대금의 체불을 방지하는 시스템이다. (○ , ×)

21 물품목록번호는 총 12자리 숫자로 구성된다. (○ , ×)

22 물품목록법의 정식 명칭은 '물품목록정보의 관리 및 이용에 관한 법률'이다. (○ , ×)

23 물품분류번호(8자리)는 국제 표준인 UNSPSC를 기반으로 한다. (○ , ×)

24 물품식별번호는 동일한 품목이라면 제조사가 달라도 같은 번호를 사용한다. (○ , ×)

25 물품목록화 요청은 수요기관만 할 수 있다. (○ , ×)

19 ×
2단계 경쟁 의무 대상 금액 기준은 물품의 종류와 계약 조건에 따라 다르다. (예) 일반물품 5천만원 이상)

20 ○
나라장터의 대금지급 기능과 연계하여 원사업자가 하수급인에게 대금을 적기에 지급하는지 관리하고, 온라인으로 직접 지급할 수 있도록 지원한다.

21 ×
물품목록번호는 8자리 물품분류번호와 8자리 물품식별번호를 합한 총 16자리 숫자로 구성된다.

22 ○
해당 법률은 물품 목록 정보의 체계적 관리와 이용을 규정하여 조달 업무의 효율성을 높이는 것을 목적으로 한다.

23 ○
유엔 표준 상품 및 서비스 분류 코드인 UNSPSC를 기반으로 하여 국제적 호환성을 확보했다.

24 ×
1품목 1번호 원칙에 따라 제조사, 모델, 규격 등이 다르면 각각 다른 물품식별번호를 부여받는다.

25 ×
물품을 제조·수입·공급하는 자(조달기업)가 조달청장에게 목록화를 요청할 수 있다.

CHAPTER 03

단원별 핵심정리

암기 필수사항

CHAPTER 03

1. 나라장터(KONEPS)는 모든 공공기관의 조달 업무를 온라인으로 처리하는 단일 창구(Single Window) 역할을 수행하며, 전자조달법에 법적 근거를 둠
2. 나라장터 도입으로 조달 행정의 효율성(시간과 비용 절감)과 투명성(정보 공개, 부패 방지)이 획기적으로 향상됨
3. 종합쇼핑몰은 다수공급자계약(MAS) 물품을 온라인 쇼핑처럼 간편하게 구매하는 시스템으로, 5천만원(중소기업제품 1억원) 이상 구매 시 2단계 경쟁을 거쳐야 함
4. 다수공급자계약(MAS)은 2인 이상과 계약하여 수요기관의 선택권을 보장하고, 최저가 1인 낙찰 방식의 문제점을 해결하기 위해 도입
5. 혁신장터는 혁신제품의 초기 판로를 지원하며, 지정 시 3년간 수의계약이 가능하고, 구매 담당자에게는 구매자 면책제도가 적용됨
6. 벤처나라는 창업 7년 이내의 벤처·창업기업 제품 전용몰로, 추천기관의 추천을 통해 등록되며 2천만원 이하 수의계약이 가능함
7. 디지털서비스몰은 클라우드 등 디지털서비스 전문몰이며, 수의계약 또는 카탈로그 계약 방식으로 신속한 도입을 지원함
8. 이음장터는 2천만원 이하의 소액 용역을 수요기관과 공급기업이 직접 거래하는 플랫폼으로, 조달청과의 사전 계약이 필요 없음
9. 물품목록번호(16자리)는 물품분류번호(8자리)와 물품식별번호(8자리)로 구성되며, 국제표준인 UNSPSC를 기반으로 함
10. 조달기업이 나라장터에 물품을 공급하려면 먼저 목록정보시스템을 통해 품목 등록요청을 해야 하며, 처리 기간은 8업무일 이내

CHAPTER
04

전략적 공공조달

01 중소기업 및 사회적 가치 지원

📖 학습목표
- 중소기업자 간 경쟁제도의 목적과 주요 내용을 설명할 수 있다.
- 여성기업, 장애인기업, 사회적기업 제품 우선구매 제도의 법적 근거와 구매 목표를 이해할 수 있다.
- 다양한 사회적 가치 지원 제도의 차이점을 비교하고 설명할 수 있다.

1 중소기업 및 사회적 가치 지원 제도

① 중소기업자 간 경쟁제도
- 중소기업자 간 경쟁제도는 「중소기업제품 구매촉진 및 판로지원에 관한 법률」(판로지원법)에 근거하여, 공공기관이 특정 제품을 구매할 때 중소기업자만을 대상으로 경쟁입찰을 실시하도록 하는 제도
- 이는 국내 기업의 99%를 차지하는 중소기업의 경영 안정을 돕고, 건실한 성장을 지원하여 국민 경제의 균형 발전에 기여하는 것을 목적으로 함
- 중소벤처기업부장관은 매년 관계 중앙행정기관의 장과 협의하여 중소기업자 간 경쟁제품을 지정하고 공고함
- 공공기관은 이 경쟁제품에 대해서는 원칙적으로 중소기업자만을 대상으로 조달계약을 체결해야 함

> **✓ Check Q&A**
>
> 중소기업자 간 경쟁제도의 법적 근거와 지정 기관을 쓰시오.
>
> **정답**
> 법적 근거는 「중소기업제품 구매촉진 및 판로지원에 관한 법률」이며, 중소벤처기업부 장관이 경쟁제품을 지정한다.

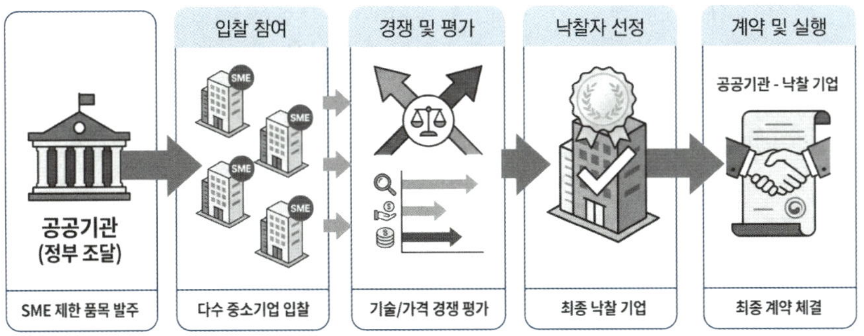

▲ 중소기업자 간 경쟁제도의 개념도

> **✓ Check Q&A**
>
> 중소기업자 간 경쟁제품의 지정 주기는?
>
> **정답**
> 2년마다 지정·공고한다(판로지원법 제4조).

법조문 돋보기

「중소기업제품 구매촉진 및 판로지원에 관한 법률」 제4조(경쟁제품의 지정)
▶ 중소벤처기업부장관은 관계 중앙행정기관의 장과 협의하여 중소기업자 간 경쟁(이하 경쟁이라 함)의 방법으로 조달계약을 체결하여야 하는 제품(이하 경쟁제품이라 함)을 지정하고 2년마다 이를 공고하여야 함

모든 중소기업이 중소기업자 간 경쟁입찰에 참여할 수 있는가?

정답 ✕

- 중소기업자 간 경쟁입찰에 참여하기 위해서는 「중소기업기본법」에 따른 중소기업자여야 하며, 해당 입찰에서 요구하는 직접생산확인증명서를 보유하고 있어야 한다.
- 직접생산확인이란 중소기업이 해당 제품을 직접 생산하는지 여부를 확인하는 절차로, 페이퍼컴퍼니 등 형식적인 중소기업의 난립을 방지하기 위한 제도이다.

➕ plus

중소기업 공공구매 실적 현황

- 정부는 공공기관의 중소기업 제품 구매 실적을 매년 공표하고 있으며, 2024년 기준 공공기관의 중소기업 제품 구매 비율은 약 75%에 달하고, 이는 중소기업의 공공시장 접근성이 지속적으로 개선되고 있음을 보여줌
- 특히 중소기업자 간 경쟁제품은 매년 확대되는 추세이며, 2024년 기준 약 400여 개 품목이 지정되어 있음

〈중소기업 공공구매 실적 현황〉

구분	내용
중소기업 구매 비율	공공기관 구매액의 약 75%
중기 간 경쟁제품 수	약 400여 개 품목
기술개발제품 구매 비율	중소기업 물품 구매액의 15% 이상 목표
여성기업 구매 비율	물품·용역 5%, 공사 3% 이상 목표

여성기업 제품 우선구매의 구매 목표 비율을 쓰시오.

정답

물품·용역 구매 총액의 5% 이상, 공사 구매 총액의 3% 이상이다.

〈중소기업자 간 경쟁제품 지정 절차〉

단계	내용
1단계: 조사	중기부가 품목별 중소기업 제조 능력, 시장 현황 등 조사
2단계: 심의	중소기업제품 공공구매 판로지원심의회 심의
3단계: 지정 고시	중기부장관이 경쟁제품으로 지정·고시
4단계: 적용	공공기관이 해당 품목 구매 시 중소기업자 간 경쟁 적용

② 직접생산확인제도

구분	내용
발급 기관	중소벤처기업부장관
확인 대상	중소기업자 간 경쟁입찰 참여 중소기업
확인 내용	해당 제품의 직접 생산(제조·가공 등) 여부
목적	페이퍼컴퍼니의 입찰 참여 방지, 실제 생산 능력 보유 기업 보호
유효기간	3년(갱신 가능)

법조문　돋보기

「중소기업제품 구매촉진 및 판로지원에 관한 법률」제7조의 2(직접생산의 확인)
▶ 중소벤처기업부장관은 중소기업자가 제조·가공·수리·기타 대통령령으로 정하는 역무를 직접 수행하는지 여부를 확인하여야 함

③ 여성기업·장애인기업·사회적기업 제품 우선구매: 공공조달은 중소기업 지원뿐만 아니라 사회적 약자 기업의 성장을 지원하는 중요한 정책 수단으로, 정부는 여성기업, 장애인기업, 사회적기업 등이 생산하는 제품의 판로를 확보하기 위해 각 개별법에 근거한 우선구매 제도를 운영하고 있음

- 여성기업 제품 우선구매
  - 「여성기업지원에 관한 법률」에 따라 공공기관은 여성기업이 생산하는 물품·용역의 구매액이 전체 구매액의 5% 이상, 공사의 경우 3% 이상이 되도록 노력해야 힘.
  - 여성기업이란 여성이 소유하거나 경영하는 기업으로서 중소벤처기업부에 등록된 기업을 의미함

법조문　돋보기

「여성기업지원에 관한 법률」제9조(공공기관의 우선구매)
▶ 공공기관의 장은 여성기업이 직접 생산·제공하는 물품·용역의 구매액이 물품·용역 구매 총액의 100분의 5 이상이 되도록 하여야 함
▶ 공공기관의 장은 여성기업이 직접 시공하는 공사의 구매액이 공사 구매 총액의 100분의 3 이상이 되도록 하여야 함

- 장애인기업 제품 우선구매
  - 「장애인기업활동 촉진법」에 따라 공공기관은 장애인기업이 생산하는 물품·용역의 구매액이 전체 구매액의 1% 이상이 되도록 노력해야 함
  - 또한 「중증장애인생산품 우선구매 특별법」에 따라 총 구매액의 1%를 의무적으로 중증장애인생산품으로 구매해야 함

법조문 돋보기

「장애인기업활동 촉진법」 제9조의 2(공공기관의 우선구매)
▶ 공공기관의 장은 장애인기업이 직접 생산·제공하는 물품이나 용역의 구매액이 물품이나 용역 구매 총액의 100분의 1 이상이 되도록 하여야 함

- 사회적기업 제품 우선구매
  - 「사회적기업 육성법」에 따라 공공기관은 사회적기업이 생산하는 제품이나 서비스를 우선적으로 구매하도록 노력해야 함
  - 사회적기업이란 취약계층에게 사회서비스 또는 일자리를 제공하거나 지역사회에 공헌함으로써 지역주민의 삶의 질을 높이는 등의 사회적 목적을 추구하면서 재화·서비스의 생산·판매 등 영업활동을 하는 기업으로서 고용노동부장관의 인증을 받은 기업을 의미함

〈사회적 가치 지원 우선구매 제도 비교〉

구분	여성기업	장애인기업	중증장애인생산품	사회적기업
법적 근거	여성기업지원법	장애인기업활동 촉진법	중증장애인생산품 특별법	사회적기업 육성법
주무 부처	중소벤처기업부	중소벤처기업부	보건복지부	고용노동부
구매 목표	물품·용역 5%, 공사 3%	물품·용역 1%	총 구매액 1% 의무	우선구매 권장
성격	노력 의무	노력 의무	의무 구매	권장
인증 기관	중소벤처기업부	중소벤처기업부	보건복지부	고용노동부

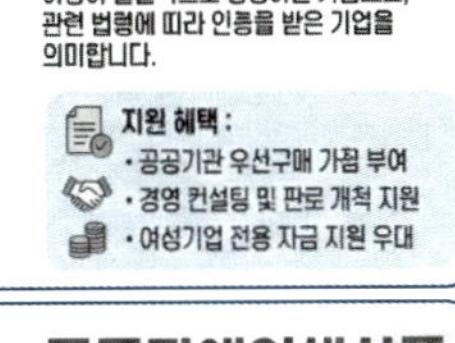

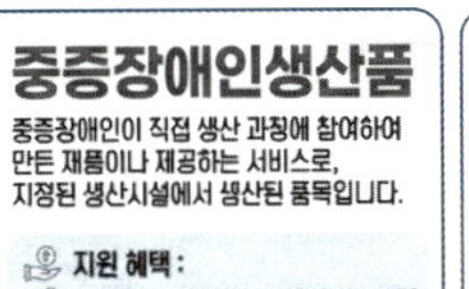

▲ 사회적 가치 지원 우선구매 제도의 4가지 유형

④ 공사용자재 직접구매제도
- 공사용자재 직접구매제도는 발주기관이 공사에 필요한 주요 자재를 직접 구매하여 시공업체에 제공하는 제도
- 일반적으로 공사 발주 시 시공업체가 자재를 직접 구매하는 것이 통상적이지만, 직접구매제도에서는 발주기관이 주요 자재를 직접 구매하여 시공업체에 제공함
- 이를 통해 중소기업이 생산한 우수한 자재가 실제 공사에 사용될 수 있도록 보장하고(판로 지원), 시공업체에 의한 저가 자재 사용이나 하도급 부조리를 방지할 수 있음

구분	내용
법적 근거	조달사업에 관한 법률
적용 대상	추정가격 100억원 이상의 공사에서 사용되는 주요 자재
구매 방식	발주기관이 조달청을 통해 직접 구매
목적	중소기업 판로 지원, 하도급 부조리 방지, 자재 품질 확보
효과	중소기업 제품 사용 확대, 시공 품질 향상

⑤ 우수조달물품 지정제도
- 우수조달물품 지정제도는 「조달사업에 관한 법률」에 근거하여 조달청장이 품질, 기술, 가격 등을 종합적으로 심사하여 우수한 제품을 지정하는 제도
- 우수조달물품으로 지정되면 나라장터 종합쇼핑몰에 등록되어 수의계약 방식으로 구매할 수 있음
- 우수조달물품은 중소기업뿐만 아니라 대기업도 신청할 수 있지만, 실제로는 중소기업 제품이 대부분을 차지. 지정된 제품은 품질과 가격 경쟁력을 인정받은 것이므로, 공공기관은 별도의 경쟁입찰 없이 수의계약으로 구매할 수 있어 조달 효율성을 높임

구분	내용
지정 기관	조달청장
심사 항목	품질, 성능, 기술개발, 가격 등 종합 평가
신청 대상	중소기업 및 대기업 모두 가능
구매 방식	나라장터 종합쇼핑몰 등록, 수의계약
유효기간	3년(갱신 가능)

법조문 돋보기

「조달사업에 관한 법률」 제9조의 2(우수조달물품 등의 지정)
▶ 조달청장은 수요기관에 공급할 물품 중 품질·성능·기술개발 등이 우수한 물품을 우수조달물품으로 지정할 수 있음

〈우수조달물품 지정 절차〉

단계	내용
1단계: 신청	제조업체가 조달청에 우수조달물품 지정 신청
2단계: 서류심사	신청 서류의 적합성 검토
3단계: 현장심사	생산 시설, 품질 관리 체계 등 현장 확인
4단계: 제품시험	제품의 성능·품질 시험 실시
5단계: 종합평가	품질, 기술, 가격 등 종합 평가
6단계: 지정 및 등록	우수조달물품으로 지정, 종합쇼핑몰 등록

⑥ 하도급지킴이 제도
- 하도급지킴이는 공공공사에서 원도급업체가 하도급업체에게 지급해야 할 하도급 대금을 조달청이 직접 지급하는 제도이며, 이는 하도급 부조리를 방지하고 중소 하도급업체의 대금 수령권을 보호하기 위한 제도
- 하도급지킴이 시스템은 나라장터에 통합되어 운영되며, 발주기관이 원도급업체에게 대금을 지급할 때 하도급 대금을 분리하여 하도급업체에게 직접 지급함. 이를 통해 원도급업체의 하도급 대금 미지급이나 지연 지급을 방지할 수 있음

구분	내용
운영 기관	조달청
적용 대상	공공공사의 하도급 대금
지급 방식	발주기관이 하도급 대금을 분리하여 하도급업체에 직접 지급
목적	하도급 부조리 방지, 중소기업 대금 수령권 보호
시스템	나라장터 통합 운영

⑦ 기술보호 및 지식재산권 보호
- 공공조달 과정에서 중소기업의 기술이 불법적으로 유출되거나 도용되는 것을 방지하기 위해 다양한 기술보호 제도가 운영되고 있으며, 특히 입찰 과정에서 제출된 기술 자료의 보호, 납품기술 자료의 유출 방지 등이 중요한 이슈임
- 조달청은 전자조달시스템을 통해 입찰 서류의 보안을 강화하고, 평가위원의 비밀유지 의무를 부과하며, 기술 자료 유출 시 제재 조치를 시행하고 있음
- 또한 중소기업의 특허, 실용신안, 디자인 등 지식재산권을 보호하기 위해 입찰 시 지식재산권 침해 여부를 확인하는 절차를 마련하고 있음

〈중소기업 판로 지원 제도 종합 비교〉

제도	대상	지원 방식	법적 근거	비고
중기 간 경쟁	중소기업	입찰 참여 제한	판로지원법	지정 품목 전량
직접생산확인	중소기업	생산능력 확인	판로지원법	페이퍼컴퍼니 방지
우수조달물품	중소기업	수의계약 가능	조달사업법	조달청 심사
공사용자재 직구	중소기업	자재 직접 구매	조달사업법	100억원 이상 공사
하도급지킴이	하도급업체	대금 직접 지급	조달사업법	나라장터 통합
기술보호	중소기업	입찰서류 보안	전자조달법	암호화 전송 등

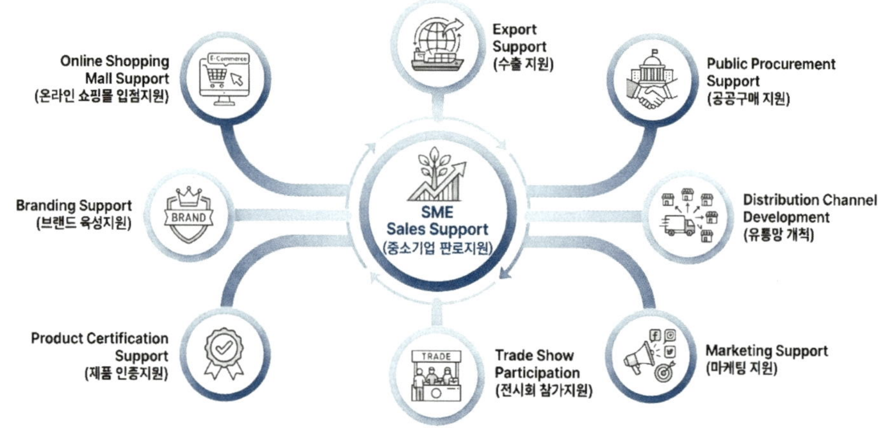

▲ 중소기업 판로 지원 제도의 관계도

02 녹색 및 혁신 조달

📖 학습목표

■ 녹색제품 우선구매 제도의 취지와 대상 제품을 이해할 수 있다.
■ 생애주기비용(LCC)의 개념을 공공조달과 연계하여 설명할 수 있다.
■ 기술개발제품 및 혁신제품 우선구매 제도의 차이점과 주요 내용을 설명할 수 있다.

1 녹색 인증

① 녹색제품 우선구매

• 녹색제품 우선구매 제도는 「녹색제품 구매촉진에 관한 법률」에 따라 공공기
관이 제품을 구매할 때 환경적 요소를 우선적으로 고려하도록 하는 제도로
서, 이는 지속가능한 발전을 목표로 환경 부하를 줄이고 자원 낭비를 최소화
하며, 녹색산업의 성장을 촉진하는 데 기여함

▲ 녹색조달과 관련 제도 관계도

- 녹색제품이란 환경표지인증제품, 우수재활용(GR)인증제품, 환경성적표지 인증제품 등 환경기술 및 환경산업 지원법에 따른 제품을 의미함
- 공공기관은 매년 녹색제품 구매 이행계획을 수립하고 그 실적을 공표해야 하며, 구매 총액의 50% 이상을 녹색제품으로 구매하도록 노력하여야 함

| 법조문 | 돋보기 |

「녹색제품 구매촉진에 관한 법률」 제2조(정의)
▶ "녹색제품"이란 환경표지대상제품, 우수재활용(GR)인증제품, 환경성적표지인증제품 등 환경기술 및 환경산업 지원법에 따른 제품을 말함

〈녹색제품 인증 유형 비교〉

구분	환경표지인증	우수재활용(GR)인증	환경성적표지인증
인증 기관	환경부 (한국환경산업기술원)	산업통상자원부 (자원순환산업진흥협회)	환경부 (한국환경산업기술원)
평가 기준	제품의 환경성 종합 평가	폐자원 재활용 우수성	제품 생애주기 환경 영향 정량화
대표 마크	환경표지 마크	GR인증 마크	환경성적표지 마크
유효기간	2~3년	3년	3년

▲ 녹색제품의 3가지 인증 마크

✓ Check Q&A

녹색제품과 기술개발제품은 어떻게 다른가?

정답

녹색제품은 환경적 우수성을 기준으로 인증된 제품(환경표지, GR 등)이고, 기술개발제품은 기술적 혁신성을 기준으로 인증된 제품(NEP, NET, 성능인증 등)이다.
두 제도는 별개의 제도이므로, 하나의 제품이 두 가지 인증을 모두 받을 수도 있다.

⊕ plus

녹색조달의 실제 LCC 적용 사례
공공기관이 사무용 복합기를 구매할 때, 단순히 구매 가격만 비교하는 것이 아니라 환경표지인증 여부, 에너지 소비 효율, 토너 사용량, 재활용 가능성 등을 종합적으로 고려함. 이러한 접근이 녹색조달의 실제 적용 사례임

✓ Check Q&A

녹색제품의 3가지 인증 유형을 쓰시오.

정답

환경표지인증제품, 우수재활용(GR)인증제품, 환경성적표지인증제품

✓ Check Q&A

환경표지인증의 인증 기관과 GR인증의 인증 기관을 각각 쓰시오.

정답

환경표지인증은 한국환경산업기술원, GR인증은 자원순환산업진흥협회

〈녹색조달의 최신 동향〉

구분	내용
녹색조달 종합계획	환경부가 매년 수립, 공공기관 녹색조달 체계적 지원
탄소발자국	제품 생애주기 전 과정의 CO_2 배출량 표시
순환경제 연계	재활용 소재 사용 제품, 수리·재사용 용이한 제품 우대
환경성적표지	제품의 환경 영향을 정량적으로 평가

2 생애주기비용(Life Cycle Cost, LCC)

• 생애주기비용(LCC)은 제품의 구매부터 사용, 폐기에 이르는 전 과정에서 발생
하는 모든 비용을 종합적으로 고려하여 가장 경제적인 제품을 선택하는 평가
방식
• 단순히 초기 구매 가격이 저렴한 제품이 아니라, 장기적 관점에서 총비용이 가
장 적은 제품을 선택하는 것이 핵심

〈생애주기비용(LCC) 구성 요소〉

단계	비용 항목	예시
구매 단계	초기 구매 비용	제품 구매가, 설치비
사용 단계	유지보수비, 에너지 소비비	전기료, 소모품 교체비, 수리비
폐기 단계	폐기 처리 비용	철거비, 폐기물 처리비, 재활용 비용

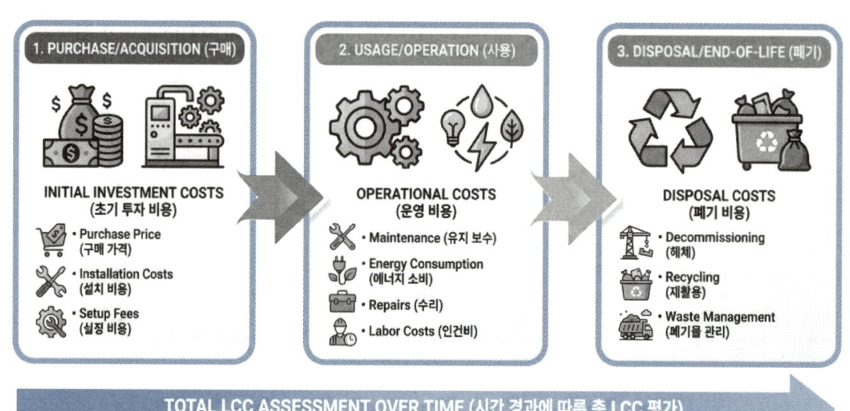

▲ 생애주기비용(LCC) 개념도

3 기술개발제품 및 혁신제품 우선구매 제도

정부는 기술 혁신을 촉진하고 초기 판로 확보에 어려움을 겪는 혁신적인 제품의
시장 진입을 지원하기 위해 기술개발제품 및 혁신제품 우선구매 제도 운영

〈기술개발제품과 혁신제품 우선구매 제도 비교〉

구분	기술개발제품 우선구매	혁신제품 우선구매(혁신 조달)
주요 목적	중소기업의 기술개발 촉진	국가 R&D 성과의 상용화 및 초기 판로 지원, 공공서비스 개선
법적 근거	판로지원법	조달사업에 관한 법률
대상 제품	NEP, NET, 성능인증, 우수조달물품 등	혁신 시제품, 우수 R&D 혁신제품 등 (혁신장터 등록 제품)
구매 목표	중소기업 물품 구매액의 15% 이상	기관별 자율 목표 설정 권장
특징	수의계약 가능	수의계약 가능, 구매자 면책 적용

〈기술개발제품 인증 유형 비교〉

구분	NEP (신제품인증)	NET (신기술인증)	성능인증	우수조달물품
인증 기관	산업통상자원부	과학기술정보통신부 등	중소벤처기업부	조달청
평가 기준	제품의 신규성	기술의 신규성	제품의 성능 수준	품질·기술·가격 종합
유효기간	3년	3년	3년	3년
특징	제품 중심 평가	기술 중심 평가	성능 시험 기반	조달청 직접 심사

NEP(신제품인증)	NET(신기술인증)	성능인증	우수조달물품
• 최초성 (국내 최초 개발 기술 적용) • 연장가능 (유효기간 연장 가능) • 독창성 (기존 제품과 차별화된 기술) • 제품의 우수성 (기술적 파급효과, 경제성)	• 최초성 (국내에서 최초로 개발된 신기술) • 연장가능 (유효기간 연장 가능) • 독창성 (독창적인 아이디어 및 구현) • 제품의 우수성 (기술의 선도성, 시장 경쟁력)	• 최초성 (일정 성능 이상을 최초 인증) • 연장가능 (유효기간 연장 가능) • 독창성 (성능 향상 기술 적용) • 제품의 우수성 (우수한 품질 및 성능 검증)	• 최초성 (조달시장에 최초 공급 가능) • 연장가능 (지정 기간 연장 가능) • 독창성 (조달 적합성 및 차별성) • 제품의 우수성 (품질, 기술력, 가격 경쟁력)

▲ 기술개발제품 인증 유형

법조문 돋보기

「중소기업제품 구매촉진 및 판로지원에 관한 법률」 제14조(기술개발제품 우선구매)
▶ 공공기관의 장은 중소기업자가 개발한 기술개발제품을 우선적으로 구매하여야 함
▶ 공공기관의 장은 중소기업 물품 구매액의 100분의 15 이상을 기술개발제품으로 구매하여야 함

➕ plus

혁신조달의 전체 프로세스
공공기관이 해결이 필요한 과제를 발굴하여 조달청에 제안 → 조달청이 과제를 검토하여 혁신조달 과제로 선정 → 기업이 혁신적인 시제품을 개발하여 혁신장터에 등록 → 공공기관이 혁신장터를 통해 수의계약으로 구매 → 성과 평가 및 환류로 이 과정에서 구매자 면책 제도가 적용되어 담당자의 부담을 덜어줌

☑ **Check Q&A**

기술개발제품 우선구매 제도의 구매 목표 비율은?

정답

공공기관은 중소기업 물품 구매액의 15% 이상을 기술개발제품으로 구매해야 한다.

4 녹색·혁신조달의 적용

전략적 공공조달이 실제로 어떻게 적용되는지 구체적인 사례를 제시하면 다음과 같음

〈녹색·혁신조달의 적용 사례〉

사례	조달 유형	적용 제도	성과
공공기관 LED 조명 교체	녹색조달	환경표지인증 + LCC 평가	에너지 비용 40% 절감, CO_2 감축
AI 기반 교통 신호 시스템	혁신조달	혁신제품 수의계약 + 구매자 면책	교통 혼잡 30% 감소
재활용 소재 사무용 가구	녹색조달	GR인증 + 순환경제 연계	자원 재활용률 향상
중소기업 IoT 보안 장비	기술개발제품	NEP인증 + 수의계약	중소기업 초기 판로 확보

03 전략적 공공조달의 종합적 이해

📖 **학습목표**

- 다양한 전략적 공공조달 제도의 관계를 이해할 수 있다.
- 공공조달과 ESG 경영의 연관성을 설명할 수 있다.

1 전략적 공공조달 제도의 통합적 접근

• 지금까지 살펴본 중소기업 지원, 사회적 가치 실현, 녹색성장, 기술 혁신 등 다양한 전략적 공공조달 제도는 독립적으로 운영되기도 하지만, 상호 유기적인 관계를 맺고 있음

• 예를 들어, 한 기업이 여성기업이면서 사회적기업이고, 동시에 환경표지인증을 받은 녹색제품을 생산할 수 있으며, 이 경우 해당 기업은 여러 우선구매 제도의 혜택을 동시에 받을 수 있음

• 공공기관의 구매 담당자는 특정 제품을 구매할 때, 여러 정책 목표를 동시에 달성할 수 있는 방안을 종합적으로 고려해야 함

• 이는 한정된 예산을 효율적으로 사용하면서 공공조달의 사회적 책임을 극대화하는 중요한 과정임

〈전략적 공공조달 제도 종합 비교〉

구분	중소기업 지원	사회적 가치	녹색 성장	기술 혁신
대표 제도	중기 간 경쟁	여성·장애인·사회적기업 우선구매	녹색제품 우선구매	기술개발·혁신제품 우선구매
법적 근거	판로지원법	각 개별법	녹색제품법	판로지원법, 조달사업법
정책 목표	중소기업 판로 확대	사회적 약자 지원	환경 보호	R&D 성과 상용화
주요 수단	입찰 참여 제한	구매 목표 비율 설정	녹색제품 우선선택	수의계약, 구매자 면책

2 공공조달과 ESG 경영

- 최근 민간 부문에서 강조되는 ESG(환경·사회·지배구조) 경영은 공공조달 분야에서도 중요한 화두가 되고 있으며, 전략적 공공조달의 정책 목표들은 ESG의 핵심 가치와 정확히 일치함
- ESG(환경·사회·지배구조) 경영은 기업의 지속가능성을 평가하는 글로벌 기준으로, 공공조달에서도 ESG 요소를 반영하는 추세가 강화되고 있음

〈ESG와 전략적 공공조달의 연계〉

ESG 요소	의미	관련 전략적 조달 정책	주요 제도
환경(E)	Environment	녹색제품 우선구매, LCC 평가	환경표지인증, GR인증
사회(S)	Social	사회적 약자 기업 지원, 고용 창출	여성·장애인·사회적기업 우선구매
지배구조(G)	Governance	투명·공정한 조달 절차, 부패 방지	전자조달시스템, 감사 제도

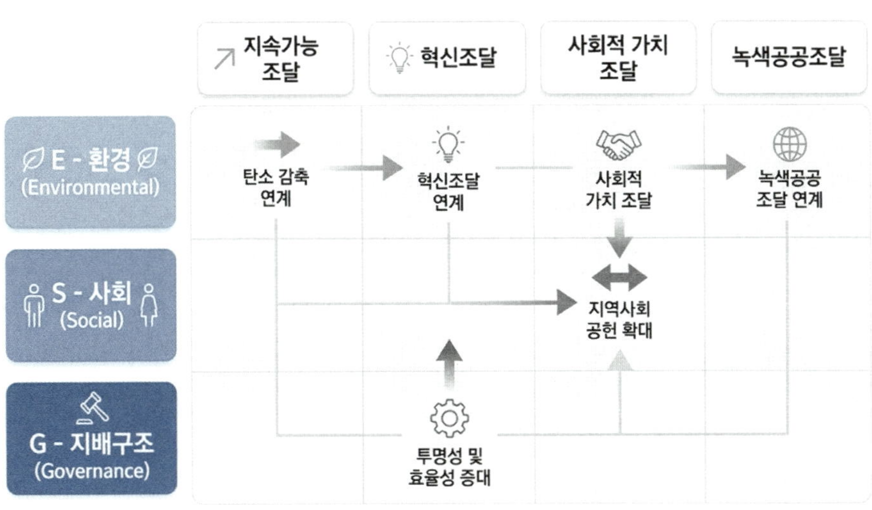

▲ ESG 3요소와 전략적 공공조달 정책의 연계

전략적 조달담당자의 역할

공공기관의 조달 담당자는 단순히 가장 저렴한 제품을 구매하는 것이 아니라, 중소기업 지원, 환경 보호, 사회적 가치 실현, 기술 혁신 등 다양한 정책 목표를 균형 있게 고려해야 하며, 이를 위해 각 제도의 법적 근거, 적용 요건, 구매 목표 비율 등을 정확히 이해하는 것이 필수임

✔️ **Check Q&A**

전략적 공공조달의 성과와 과제를 각각 1가지씩 쓰시오.

정답
- 성과: 중소기업의 공공시장 참여 확대
- 과제: 실질적 구매 실적 제고 필요

✔️ **Check Q&A**

혁신제품 우선구매 제도가 도입된 시기와 함께 시행된 주요 제도를 쓰시오.

정답
2019년에 도입되었으며, 혁신장터 개설과 구매자 면책 제도가 함께 시행되었다.

---

3 전략적 공공조달의 성과와 과제

- 전략적 공공조달을 적극적으로 이행하는 것은 공공부문이 ESG 가치를 실현하는 핵심적인 수단이 되며, 앞으로 공공조달 입찰에서 기업의 ESG 경영 수준을 평가에 반영하는 사례는 더욱 확대될 전망임
- 전략적 공공조달은 다양한 성과를 거두고 있지만, 동시에 몇 가지 과제도 존재함

〈전략적 공공조달의 성과와 과제〉

구분	성과	과제
중소기업 지원	중소기업 공공시장 참여 확대	품질 경쟁력 확보 필요
사회적 가치	사회적 약자 기업 성장 지원	실질적 구매 실적 제고 필요
녹색 성장	환경 친화적 제품 시장 확대	LCC 평가 적용 확대 필요
기술 혁신	R&D 성과의 시장 진입 촉진	혁신제품 품질 검증 체계 강화 필요

4 한국의 전략적 공공조달 발전 과정

한국의 전략적 공공조달은 단계적으로 발전해 왔으며, 초기에는 중소기업 보호를 중심으로 시작되었고 점차 사회적 가치, 환경, 기술 혁신 등으로 범위가 확대되었음

〈한국의 전략적 공공조달 발전 과정〉

시기	주요 정책	내용
2000년대 초	중소기업자 간 경쟁제도 도입	판로지원법에 근거, 중소기업 보호 시작
2005년	녹색제품 구매촉진법 제정	공공기관 녹색조달 의무화
2007년	사회적기업 육성법 제정	사회적기업 제품 우선구매 제도화
2010년대	기술개발제품 우선구매 강화	15% 의무 구매 비율 설정
2019년	혁신제품 우선구매 제도 도입	혁신장터 개설, 구매자 면책 제도 시행
2020년대	ESG 연계 강화	탄소발자국, 순환경제 등 새로운 가치 반영

5 전략적 공공조달 성과 평가 지표

전략적 공공조달의 성과를 체계적으로 평가하기 위해 다양한 지표가 활용되고 있음

〈전략적 공공조달 성과 평가 지표〉

평가 영역	주요 지표	측정 방법
중소기업 지원	중소기업 구매 비율, 중기 간 경쟁 품목 수	연간 구매 실적 대비 비율
녹색조달	녹색제품 구매액, CO_2 감축량	환경부 녹색구매 실적 보고
혁신조달	기술개발제품 구매 비율, 혁신제품 구매 건수	기술개발제품 15% 목표 달성률
사회적 가치	사회적기업·여성·장애인기업 구매액	우선구매 목표 대비 달성률
투명성	전자조달 이용률, 입찰 공개율	나라장터 이용 데이터

6 전략적 공공조달의 국제 비교

- 정부는 매년 공공기관의 전략적 조달 성과를 평가하여 공표하고 있으며, 이를 통해 각 기관의 조달 정책 이행 상황을 모니터링하고 있음
- 전략적 공공조달은 한국만의 제도가 아니라 전 세계적으로 확산되는 추세로 각 국은 자국의 상황에 맞는 전략적 조달 정책을 운영하고 있음

〈주요국의 전략적 공공조달 비교〉

국가	중소기업 지원	녹색조달	혁신조달	사회적 가치
한국	중기 간 경쟁, 직접생산확인	녹색제품법, LCC	혁신장터, 구매자 면책	여성·장애인·사회적기업
미국	소기업청(SBA) 우대	EPA 녹색조달	SBIR/STTR 프로그램	소수자기업 우대
EU	SME 친화 정책	GPP (녹색공공조달)	PPI (혁신조달)	사회적 조항 도입
일본	관공서법 중소기업 우대	그린구매법	새로운 기술 우선 적용	장애인 고용 우대

✓ **Check Q&A**

전략적 공공조달의 성과 평가 영역 5가지를 쓰시오.

정답

중소기업 지원, 녹색조달, 혁신조달, 사회적 가치, 투명성

✓ **Check Q&A**

한국의 전략적 공공조달은 국제적으로 어떤 평가를 받고 있는가?

정답

OECD는 한국의 전자조달시스템(KONEPS)과 전략적 공공조달 정책을 모범 사례로 평가하고 있다.
특히 중소기업 지원 제도의 체계성과 전자조달을 통한 투명성 확보가 높이 평가받고 있다.

✓ **Check Q&A**

미국의 중소기업 지원 기관명과 EU의 녹색공공조달 약칭을 쓰시오.

정답

미국은 소기업청(SBA), EU는 GPP(Green Public Procurement)이다.

PART 01

CHAPTER 04 단원별 핵심문제

01

다음 중 중소기업자 간 경쟁제도의 법적 근거가 되는 법률은?

① 국가를 당사자로 하는 계약에 관한 법률
② 조달사업에 관한 법률
③ 중소기업제품 구매촉진 및 판로지원에 관한 법률
④ 여성기업지원에 관한 법률

해설

중소기업자 간 경쟁제도는 「중소기업제품 구매촉진 및 판로지원에 관한 법률」(판로지원법) 제4조에 근거하고 있다.

02

여성기업 제품의 우선구매 목표 비율로 옳은 것은?

① 물품·용역 총 구매액의 1%, 공사 총 구매액의 1%
② 물품·용역 총 구매액의 3%, 공사 총 구매액의 1%
③ 물품·용역 총 구매액의 5%, 공사 총 구매액의 3%
④ 물품·용역 총 구매액의 10%, 공사 총 구매액의 5%

해설

「여성기업지원에 관한 법률」에 따라 공공기관은 물품·용역 총 구매액의 5%, 공사 총 구매액의 3% 이상을 여성기업 제품으로 구매해야 한다.

03

다음 중 녹색제품에 해당하지 않는 것은?

① 환경표지인증제품
② 우수재활용(GR)인증제품
③ NEP(신제품)인증제품
④ 환경성적표지인증제품

해설

NEP(신제품)인증제품은 기술개발제품에 해당하며, 녹색제품에는 환경표지인증제품, 우수재활용(GR)인증제품, 환경성적표지인증제품 등이 포함된다.

04

장애인기업 제품의 우선구매 목표 비율은?

① 총 구매액의 1%
② 총 구매액의 3%
③ 총 구매액의 5%
④ 총 구매액의 10%

해설

「장애인기업활동 촉진법」에 따라 공공기관은 물품·용역 총 구매액의 1% 이상을 장애인기업 제품으로 구매해야 한다.

05

ESG에서 'S'가 의미하는 것은?

① Safety(안전)
② Social(사회)
③ Sustainability(지속가능성)
④ Standard(표준)

해설

ESG는 환경(Environment), 사회(Social), 지배구조(Governance)의 약자이다. 'S'는 사회(Social)를 의미한다.

06

중소기업자 간 경쟁입찰에 참여하기 위해 반드시 필요한 것은?

① 기술혁신형 중소기업(이노비즈) 인증
② 직접생산확인증명서
③ 벤처기업 확인서
④ 우수조달물품 지정서

해설

중소기업자 간 경쟁입찰에 참여하려면 해당 제품에 대한 직접생산확인증명서를 보유해야 한다. 이는 페이퍼컴퍼니의 난립을 방지하기 위한 제도이다.

정답   01 ③   02 ③   03 ③   04 ①   05 ②   06 ②

07

다음 중 기술개발제품 우선구매 대상에 해당하지 않는 것은?

① NEP(신제품)인증제품
② NET(신기술)인증제품
③ 성능인증제품
④ 환경표지인증제품

해설

환경표지인증제품은 녹색제품에 해당한다. 기술개발제품에는 NEP, NET, 성능인증제품, 우수조달물품 등이 포함된다.

08

공공기관의 기술개발제품 우선구매 목표 비율로 옳은 것은?

① 중소기업 물품 구매액의 5% 이상
② 중소기업 물품 구매액의 10% 이상
③ 중소기업 물품 구매액의 15% 이상
④ 중소기업 물품 구매액의 20% 이상

해설

판로지원법에 따라 공공기관은 중소기업 물품 구매액의 15% 이상을 기술개발제품으로 구매해야 한다.

09

혁신제품 구매자 면책 제도에 대한 설명으로 옳지 않은 것은?

① 공무원의 적극적인 혁신제품 구매를 장려하기 위한 제도이다.
② 혁신제품 구매 시 기대한 성과를 내지 못해도 책임을 묻지 않는다.
③ 고의나 중대한 과실이 있는 경우에도 면책이 적용된다.
④ 감사 부담 없이 혁신적 제품을 도입할 수 있도록 하는 안전장치이다.

해설

구매자 면책 제도는 고의나 중대한 과실이 없는 경우에만 적용되며, 고의·중과실이 있으면 면책되지 않는다.

10

생애주기비용(LCC)에 포함되지 않는 것은?

① 초기 구매 비용　　② 유지보수 비용
③ 경쟁사 제품의 가격　　④ 폐기 처리 비용

해설

생애주기비용(LCC)은 제품의 구매, 사용(유지보수, 에너지 등), 폐기에 이르는 전 과정의 비용을 포함하며, 경쟁사 제품의 가격은 포함되지 않는다.

11

중증장애인생산품 우선구매 제도에 대한 설명으로 옳은 것은?

① 장애인기업활동 촉진법에 근거한다.
② 총 구매액의 5% 이상을 의무 구매해야 한다.
③ 장애인기업 제품 우선구매와 동일한 제도이다.
④ 총 구매액의 1% 이상을 의무 구매해야 한다.

해설

중증장애인생산품 우선구매는「중증장애인생산품 우선구매 특별법」에 근거하며, 총 구매액의 1% 이상을 의무 구매해야 한다. 장애인기업 제품 우선구매와는 별도의 제도이다.

12

다음 중 사회적기업 제품 우선구매 제도의 법적 근거는?

① 사회적기업 육성법　　② 협동조합기본법
③ 중소기업기본법　　④ 판로지원법

해설

사회적기업 제품 우선구매는「사회적기업 육성법」에 근거하고 있으며, 주무 부처는 고용노동부이다.

13

공사용자재 직접구매제도에 대한 설명으로 옳은 것은?

① 시공업체가 자재를 직접 구매하는 제도이다.
② 발주기관이 공사에 필요한 자재를 직접 구매하여 시공업체에 제공하는 제도이다.
③ 중소기업만 참여할 수 있는 제도이다.
④ 조달청이 모든 자재를 일괄 구매하는 제도이다.

해설

공사용자재 직접구매제도는 발주기관이 공사에 필요한 주요 자재를 직접 구매하여 시공업체에 제공하는 제도로, 중소기업 제품의 판로를 지원하고 하도급 부조리를 방지하는 목적이 있다.

정답　07 ④　08 ③　09 ③　10 ③　11 ④　12 ①　13 ②

14

다음 중 우수조달물품 지정제도에 대한 설명으로 옳지 않은 것은?

① 조달청장이 품질, 기술, 가격 등을 심사하여 지정한다.
② 지정된 제품은 수의계약이 가능하다.
③ 중소기업만 신청할 수 있다.
④ 나라장터 종합쇼핑몰에 등록하여 판매할 수 있다.

해설

우수조달물품은 중소기업뿐만 아니라 대기업도 신청할 수 있다. 다만, 중소기업 제품이 우대를 받는 경우가 많다.

15

녹색제품 우선구매 제도의 주무 부처는?

① 기획재정부
② 환경부
③ 산업통상자원부
④ 중소벤처기업부

해설

녹색제품 우선구매 제도는 「녹색제품 구매촉진에 관한 법률」에 근거하며, 환경부가 주무 부처이다.

16

다음 중 전략적 공공조달의 정책 목표로 볼 수 없는 것은?

① 중소기업 판로 지원
② 환경 보호 및 녹색 성장
③ 조달 비용의 최소화만 추구
④ 사회적 약자 기업 지원

해설

전략적 공공조달은 단순히 비용 최소화만을 추구하는 것이 아니라, 중소기업 지원, 환경 보호, 사회적 가치 실현, 기술 혁신 등 다양한 정책 목표를 동시에 달성하는 것을 목적으로 한다.

17

중소기업자 간 경쟁제품의 지정 주기로 옳은 것은?

① 매년
② 2년마다
③ 3년마다
④ 5년마다

해설

판로지원법 제4조에 따라 중소벤처기업부장관은 경쟁제품을 지정하고 2년마다 이를 공고해야 한다.

18

다음 〈보기〉 중 혁신제품의 특징으로 옳은 것을 모두 고른 것은?

| 보기 |
ㄱ. 국가 R&D 성과의 상용화를 촉진한다.
ㄴ. 구매자 면책 제도가 적용된다.
ㄷ. 혁신장터를 통해 거래된다.

① ㄱ, ㄴ
② ㄴ, ㄷ
③ ㄱ, ㄷ
④ ㄱ, ㄴ, ㄷ

해설

혁신제품은 국가 R&D 성과의 상용화를 촉진하고(ㄱ), 구매자 면책 제도가 적용되며(ㄴ), 혁신장터를 통해 거래된다(ㄷ). 따라서 모두 옳다.

19

다음 중 전략적 공공조달 제도와 법적 근거의 연결이 옳지 않은 것은?

① 중소기업자 간 경쟁 – 판로지원법
② 녹색제품 우선구매 – 녹색제품 구매촉진에 관한 법률
③ 혁신제품 우선구매 – 중소기업기본법
④ 여성기업 우선구매 – 여성기업지원에 관한 법률

해설

혁신제품 우선구매는 「조달사업에 관한 법률」에 근거하고 있으며, 중소기업기본법은 중소기업의 정의와 범위를 규정하는 기본법이다.

20

공공기관이 A제품을 구매하려 한다. A제품은 여성기업이 생산한 환경표지인증 녹색제품이면서 NEP 인증을 받은 기술개발제품이다. 이 경우 적용 가능한 우선구매 제도를 모두 고른 것은?

| 보기 |
ㄱ. 여성기업 제품 우선구매
ㄴ. 녹색제품 우선구매
ㄷ. 기술개발제품 우선구매

① ㄱ, ㄴ
② ㄴ, ㄷ
③ ㄱ, ㄷ
④ ㄱ, ㄴ, ㄷ

해설

하나의 제품이 여러 우선구매 제도의 요건을 동시에 충족할 수 있다. A제품은 여성기업 제품(ㄱ), 녹색제품(ㄴ), 기술개발제품(ㄷ)에 모두 해당하므로 세 가지 제도가 모두 적용 가능하다.

정답 14 ③ 15 ② 16 ③ 17 ② 18 ④ 19 ③ 20 ④

21

다음 중 공공조달에서 생애주기비용(LCC) 평가 방식을 도입하는 가장 큰 이유는?

① 입찰 절차를 간소화하기 위해
② 초기 구매 비용이 가장 낮은 제품을 선택하기 위해
③ 제품의 총소유비용을 고려하여 장기적으로 경제적인 선택을 하기 위해
④ 대기업 제품의 참여를 제한하기 위해

해설

LCC 평가 방식은 초기 구매 비용뿐만 아니라 유지보수, 에너지 소비, 폐기 비용 등 전 과정의 비용을 종합적으로 고려하여 장기적으로 가장 경제적인 제품을 선택하기 위해 도입된다.

22

다음 중 OECD가 권고하는 전략적 공공조달의 정책 목표와 ESG의 연결이 옳지 않은 것은?

① 녹색조달 – 환경(E)
② 중소기업 지원 – 사회(S)
③ 혁신 촉진 – 지배구조(G)
④ 사회적 약자 지원 – 사회(S)

해설

혁신 촉진은 경제적 가치와 사회적 가치 모두에 해당하며, 지배구조(G)와는 직접적인 관련이 적다. 지배구조(G)는 투명성, 공정성, 반부패 등과 관련된다.

23

중소기업자 간 경쟁제도, 여성기업 우선구매, 장애인기업 우선구매, 사회적기업 우선구매 중 구매 목표 비율이 가장 높은 것은?

① 중소기업자 간 경쟁제도
② 여성기업 우선구매
③ 장애인기업 우선구매
④ 사회적기업 우선구매

해설

여성기업 제품 우선구매 목표 비율이 물품·용역 5%로 가장 높다. 장애인기업은 1%, 중증장애인생산품은 1%이다. 중소기업자 간 경쟁은 비율이 아닌 지정 제품 전량 중소기업 구매 방식이다.

24

다음 〈보기〉의 설명 중 옳은 것을 모두 고른 것은?

| 보기 |

ㄱ. 직접생산확인증명서는 중소벤처기업부장관이 발급한다.
ㄴ. 우수조달물품은 조달청장이 지정한다.
ㄷ. 혁신제품 구매 시 고의·중과실이 있어도 면책된다.

① ㄱ, ㄴ
② ㄴ, ㄷ
③ ㄱ, ㄷ
④ ㄱ, ㄴ, ㄷ

해설

직접생산확인증명서는 중소벤처기업부장관이 발급하고(ㄱ), 우수조달물품은 조달청장이 지정한다(ㄴ). 그러나 혁신제품 구매자 면책은 고의·중과실이 없는 경우에만 적용되므로 ㄷ은 틀렸다.

25

전략적 공공조달이 추구하는 궁극적 목표로 가장 적절한 것은?

① 조달 비용의 절대적 최소화
② 대기업의 공공시장 진출 확대
③ 공공조달을 통한 경제·사회·환경적 가치의 동시 실현
④ 해외 기업의 국내 시장 참여 촉진

해설

전략적 공공조달은 단순한 비용 절감을 넘어, 중소기업 지원, 사회적 가치 실현, 녹색 성장, 기술 혁신 등 경제·사회·환경적 가치를 동시에 달성하는 것을 궁극적 목표로 한다.

정답 21 ③ 22 ③ 23 ② 24 ① 25 ③

CHAPTER 04 최종점검 OX 퀴즈

01 중소기업자 간 경쟁제품은 기획재정부장관이 지정한다. (○ , ×)

01 ×
중소벤처기업부장관이 지정한다.

02 여성기업 제품 우선구매 비율은 물품·용역 총 구매액의 5%이다. (○ , ×)

02 ○
여성기업지원에 관한 법률에 따라 물품·용역 5%, 공사 3% 이상이다.

03 장애인기업 제품 우선구매 비율은 총 구매액의 3%이다. (○ , ×)

03 ×
전체 구매액의 1% 이상이다.

04 직접생산확인증명서는 중소기업자 간 경쟁입찰 참여의 필수 요건이다. (○ , ×)

04 ○
페이퍼컴퍼니 방지를 위해 직접생산확인증명서가 필수이다.

05 녹색제품에는 환경표지인증제품, GR인증제품 등이 포함된다. (○ , ×)

05 ○
녹색제품법에 따라 환경표지, 우수재활용(GR), 환경성적표지인증제품이 녹색제품이다.

06 NEP인증제품은 녹색제품에 해당한다. (○ , ×)

06 ×
NEP(신제품)인증은 기술개발제품에 해당하며, 녹색제품이 아니다.

07 중증장애인생산품 우선구매와 장애인기업 제품 우선구매는 동일한 제도이다. (○ , ×)

07 ×
별도의 제도이며, 중증장애인생산품은 특별법에 근거한다.

08 사회적기업 제품 우선구매의 법적 근거는 사회적기업 육성법이다. (○ , ×)

08 ○
사회적기업 육성법에 근거하며, 주무 부처는 고용노동부이다.

09 생애주기비용(LCC)은 초기 구매 비용만을 의미한다. (○ , ×)

09 ×
구매, 사용(유지보수, 에너지), 폐기 등 전 과정의 비용을 포함한다.

10 기술개발제품 우선구매 목표 비율은 중소기업 물품 구매액의 10%이다. (○ , ×)

10 ×
15% 이상이다.

11 혁신제품 구매자 면책 제도는 고의·중과실이 있어도 적용된다. (○ , ×)

11 ×
고의·중과실이 없는 경우에만 면책이 적용된다.

12 우수조달물품은 조달청장이 품질, 기술, 가격 등을 심사하여 지정한다. (○ , ×)

12 ○
조달사업법에 따라 조달청장이 종합 심사하여 지정한다.

13 공사용자재 직접구매제도는 시공업체가 자재를 직접 구매하는 제도이다. (○ , ×)

13 ×
발주기관이 공사에 필요한 자재를 직접 구매하여 시공업체에 제공하는 제도이다.

14　여성기업 제품 우선구매에서 공사 분야의 목표 비율은 5%이다.　(○ , ×)

15　ESG에서 G는 Governance(지배구조)를 의미한다.　(○ , ×)

16　중소기업자 간 경쟁제품은 매년 지정·공고한다.　(○ , ×)

17　녹색제품 우선구매 제도의 주무 부처는 환경부이다.　(○ , ×)

18　혁신제품은 혁신장터를 통해 거래된다.　(○ , ×)

19　하나의 제품이 여러 우선구매 제도의 혜택을 동시에 받을 수 있다.　(○ , ×)

20　사회적기업은 고용노동부장관이 인증한다.　(○ , ×)

21　우수조달물품으로 지정되면 나라장터 종합쇼핑몰에서 수의계약이 가능하다.　(○ , ×)

22　직접생산확인증명서는 대기업도 발급받을 수 있다.　(○ , ×)

23　녹색조달은 ESG 중 환경(E) 영역과 관련이 깊다.　(○ , ×)

24　성능인증제품은 기술개발제품 우선구매 대상에 포함된다.　(○ , ×)

25　전략적 공공조달은 비용 최소화만을 목적으로 한다.　(○ , ×)

14　×
공사 분야의 목표 비율은 3% 이상이며, 물품·용역이 5% 이상이다.

15　○
ESG는 환경(E), 사회(S), 지배구조(G)의 약자이다.

16　×
2년마다 지정·공고한다.

17　○
녹색제품 구매촉진에 관한 법률에 근거하며, 환경부가 주무 부처이다.

18　○
조달청이 운영하는 혁신장터에서 혁신제품을 거래한다.

19　○
요건을 충족하면 여성기업, 녹색제품, 기술개발제품 등 여러 제도가 동시 적용 가능하다.

20　○
사회적기업 육성법에 따라 고용노동부장관이 인증한다.

21　○
우수조달물품은 종합쇼핑몰에 등록되어 수의계약 방식으로 구매할 수 있다.

22　×
중소기업자 간 경쟁제도의 참여 요건으로 중소기업만 발급받을 수 있다.

23　○
녹색조달은 환경 보호를 목적으로 하므로 ESG의 환경(E) 영역에 해당한다.

24　○
NEP, NET, 성능인증제품 등이 기술개발제품 우선구매 대상이다.

25　×
비용 절감 외에 중소기업 지원, 환경 보호, 사회적 가치 실현 등 다양한 목표를 추구한다.

CHAPTER 04

단원별 핵심정리

암기 필수사항

CHAPTER 04

1. 중소기업자 간 경쟁제도: 판로지원법에 근거, 중기부장관이 지정한 경쟁제품은 중소기업만 입찰 가능
2. 직접생산확인: 중기 간 경쟁입찰참여의 필수 요건으로, 페이퍼컴퍼니를 방지하기 위함
3. 여성기업 제품 우선구매: 물품·용역 총 구매액의 5%, 공사 총 구매액의 3% 이상 구매
4. 장애인기업 제품 우선구매: 물품·용역 총 구매액의 1% 이상 구매
5. 녹색제품 우선구매: 환경표지, GR인증제품 등을 우선 구매하며, 법적 권장 사항
6. 우수조달물품 지정제도: 조달사업법에 근거, 조달청장이 품질, 기술, 가격 등을 종합적으로 심사하여 우수제품 지정
7. 생애주기비용(LCC): 제품의 구매가격뿐만 아니라 사용, 폐기 등 전 과정의 비용을 고려하는 평가 방식
8. 기술개발제품 우선구매: 중소기업 물품 구매액의 15% 이상을 NEP, NET, 성능인증제품 등으로 구매
9. 혁신제품 우선구매: 국가 R&D 결과물의 상용화 촉진 목적, 구매자 면책 제도 적용
10. ESG와 공공조달: 전략적 공공조달은 공공부문이 ESG 가치를 실현하는 핵심 수단임

CHAPTER
05

공공조달 핵심 법령 ①

01 전자조달의 이용 및 촉진에 관한 법률

📖 학습목표

- 전자조달의 이용 및 촉진에 관한 법률의 목적, 정의, 기본원칙을 이해하고, 전자조달의 절차 및 효력을 설명할 수 있다.
- 공공계약의 법적 성격과 민법의 관계를 이해하고, 계약의 성립·효력·해제 등 민법의 주요 규정을 설명할 수 있다.

1 전자조달의 이용 및 촉진에 관한 법률

전자조달의 법적 기반이 되는 「전자조달의 이용 및 촉진에 관한 법률」의 주요 내용으로, 전자조달의 정의와 기본 원칙부터 전자문서의 효력, 전자조달시스템의 표준화, 그리고 안전성 확보를 위한 규정까지, 디지털 시대의 공공조달을 이해하는 핵심 법률을 체계적으로 정리하며, 국가종합전자조달시스템 나라장터의 운영 근거를 파악하고, 전자입찰 및 계약 과정의 법적 효력을 명확히 이해해야 함

① 총칙: 목적, 정의, 기본원칙

- 목적 및 의의
  - 「전자조달의 이용 및 촉진에 관한 법률」(이하 "전자조달법")은 조달업무를 전자적으로 처리하기 위한 기본적인 사항을 정함으로써 조달업무의 투명성·공정성 및 효율성을 높이고, 나아가 국민경제 발전에 이바지함을 목적으로 함(제1조)
  - 이 법은 국가종합전자조달시스템인 나라장터의 구축 및 운영에 대한 법적 근거를 제공하며, 전자문서에 의한 조달계약의 법적 효력을 명확히 함으로써 안정적인 전자조달 환경을 조성하는 데 핵심적인 역할을 함

〈전자조달법에서 사용하는 주요 용어의 정의(제12조)〉

용어	정의
조달업무	「국가계약법」 및 「지방계약법」에 따른 물품·공사·용역의 구매 및 계약에 관한 업무
전자조달	조달업무의 전부 또는 일부를 정보처리장치를 이용하여 전자적인 형태로 처리하는 것
전자문서	정보처리장치에 의하여 전자적인 형태로 작성, 송신·수신 또는 저장된 정보
전자조달 시스템	조달업무를 전자적으로 처리하기 위하여 조달청장이 구축·운영하는 정보처리장치(나라장터 등)
이용자	전자조달시스템을 이용하여 조달업무를 처리하는 공공기관 및 조달업체

✓ Check Q&A

전자조달법은 국가기관에만 적용되는가?

정답 ✕

전자조달법은 국가기관, 지방자치단체뿐만 아니라 「공공기관의 운영에 관한 법률」에 따른 공공기관 등 모든 공공기관의 조달업무에 적용된다(제3조). 따라서 모든 공공기관은 원칙적으로 전자조달시스템을 통해 조달업무를 처리해야 한다.

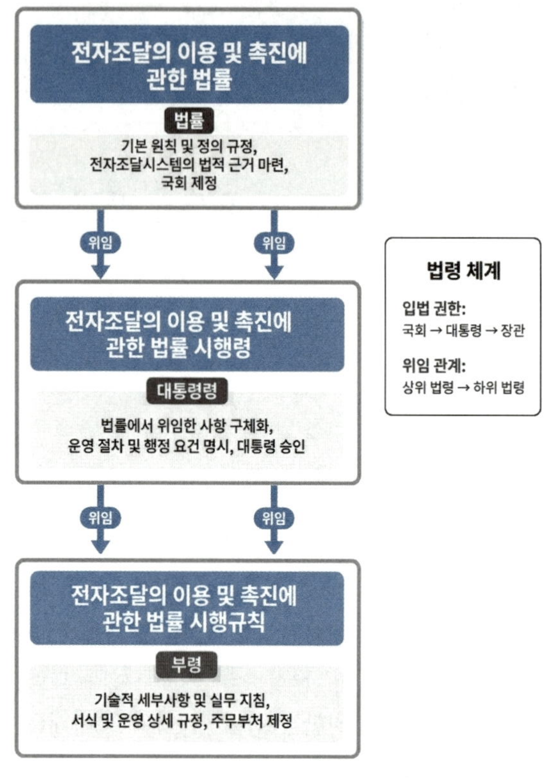

▲ 전자조달법의 위계와 역할

- 전자조달의 기본원칙(제4조): 전자조달은 다음의 원칙에 따라 이용되고 활성화되어야 함
  - 공개 및 공정 경쟁의 원칙: 조달 절차 및 관련 정보는 원칙적으로 공개되어야 하며, 모든 조달업체에 공정한 경쟁 기회가 보장되어야 함
  - 전자적 처리의 원칙: 조달업무는 가능한 한 전자적인 방식으로 처리되어야 함
  - 문서 형식의 최소화 원칙: 조달업무에 필요한 전자문서의 종류와 형식은 법령에 특별한 규정이 있는 경우를 제외하고는 최소화되어야 함
  - 정보 보호 및 보안의 원칙: 이용자의 정보는 보호되어야 하며, 전자조달시스템의 안전성과 신뢰성은 확보되어야 함

② 전자조달의 절차 및 효력
- 전자문서에 의한 처리(제7조)
  - 조달업무는 법령에 다른 규정이 있거나 업무의 성질상 전자적으로 처리하기 곤란한 경우를 제외하고는 전자문서로 처리해야 함
  - 이때 사용되는 전자문서는 「전자문서 및 전자거래 기본법」의 관련 규정을 준용하며, 전자서명법에 따른 전자서명이 있는 경우 그 효력이 인정됨

- 전자문서의 효력(제11조)
  - 전자조달시스템을 통해 송신·수신된 전자문서는 다음의 시점에 도달된 것으로 봄
    → 송신 시점: 전자문서가 전자조달시스템에 입력된 때
    → 수신 시점: 전자조달시스템에 의하여 수신자가 확인할 수 있는 때
  - 입찰서와 같은 전자문서는 송신 시점(입력 시)을 기준으로 법적 효력이 발생하므로, 입찰 마감 시간 전까지 시스템에 입력(전송)을 완료하는 것이 매우 중요함

실무톡톡

> Q: 입찰 마감 1초 전, 유효할까요?
> A: 입찰서 제출의 효력은 입찰서가 나라장터시스템에 입력된 때를 기준으로 발생하므로 입찰 마감 시간이 오후 2시라면, 오후 1시 59분 59초에 최종 전송된 입찰서는 유효한 것으로 인정됨. 하지만 네트워크 지연 등 예상치 못한 변수가 발생할 수 있으므로, 마감 시간에 임박하여 제출하기보다는 충분한 여유를 두고 제출하는 것이 안전함

- 전자조달시스템의 표준화 및 운영(제13조, 제14조)
  - 조달청장은 전자조달시스템의 효율적 운영과 다른 정보시스템과의 연계를 위해 전자문서, 업무처리 절차 등에 대한 표준을 정하여 고시해야 함
  - 또한, 시스템의 장애로 조달업무가 중단된 경우에는 그 사실을 이용자에게 알리고 신속하게 복구해야 할 의무가 있음

③ 전자조달의 안전성 및 신뢰성 확보
- 이용자의 신원 확인(제15조)
  - 조달청장은 전자조달의 안전성과 신뢰성을 확보하기 위해 이용자의 신원을 확인할 수 있음
  - 현재는 사업자등록증, 법인등기부등본 등의 서류를 제출받고, 공인인증서(공동인증서)를 통해 이용자의 신원을 확인하고 있음
- 정보의 보호 및 누설 금지(제17조, 제18조)
  - 누구든지 전자조달시스템에 처리·보관된 정보를 위조·변조·훼손하거나 누설해서는 안 됨
  - 특히 직무상 알게 된 정보, 예를 들어 입찰 예정가격 관련 정보나 다른 입찰참가자의 입찰 금액 등을 누설하거나 부정하게 사용하는 행위는 엄격히 금지되며, 위반 시 형사처벌(2년 이하의 징역 또는 2천만원 이하의 벌금)을 받을 수 있음

➕ plus

전자조달법과 개인정보보호법의 관계

- 전자조달시스템에는 수많은 기업과 개인의 정보가 포함되어 있음
- 전자조달법은 조달업무와 관련된 정보의 보안에 초점을 맞추고 있으며, 이와 더불어 이용자의 개인정보에 대해서는 「개인정보 보호법」이 적용됨
- 따라서 조달청과 공공기관은 두 법률에 따라 이용자의 정보를 안전하게 관리하고 보호해야 할 이중의 의무를 부담함

④ 벌칙 및 과태료: 전자조달법은 법률 위반 행위에 대해 다음과 같은 제재 규정

위반 행위	제재 내용	근거
정보의 위조·변조·훼손	5년 이하의 징역 또는 5천만원 이하의 벌금	제22조
직무상 정보 누설 또는 부정 사용	2년 이하의 징역 또는 2천만원 이하의 벌금	제23조
전자조달시스템의 정상적 운영 방해	3년 이하의 징역 또는 3천만원 이하의 벌금	제22조의 2
신원 확인 절차 위반	500만원 이하의 과태료	제24조

2 공공계약과 민법(보론)

① 계약의 성립, 효력, 해제·해지 관련 규정

• 공공계약과 민법의 관계
  - 공공조달 계약, 즉 공공계약은 국가나 지방자치단체가 하나의 사경제 주체로서 상대방인 기업과 대등한 위치에서 체결하는 사법(私法)상의 계약
  - 따라서 공공계약의 본질적인 내용은 개인 간의 계약과 다르지 않으며, 「국가를 당사자로 하는 계약에 관한 법률」(이하 "국가계약법")이나 「지방자치단체를 당사자로 하는 계약에 관한 법률」(이하 "지방계약법")에 특별한 규정이 있는 경우를 제외하고는 사적 자치의 원칙과 계약자유의 원칙등 민법의 일반 원리가 그대로 적용됨
  - 민법은 개인과 개인 사이의 법률관계를 규율하는 사법의 일반법이며, 국가계약법과 지방계약법은 공공부문이라는 특수성을 반영하여 민법의 여러 원칙에 대한 예외와 특별 절차를 규정한 민법의 특별법으로서의 지위를 갖으므로, 공공계약 법령을 깊이 있게 이해하기 위해서는 그 근간이 되는 민법의 계약 관련 규정에 대한 학습이 반드시 선행되어야 함

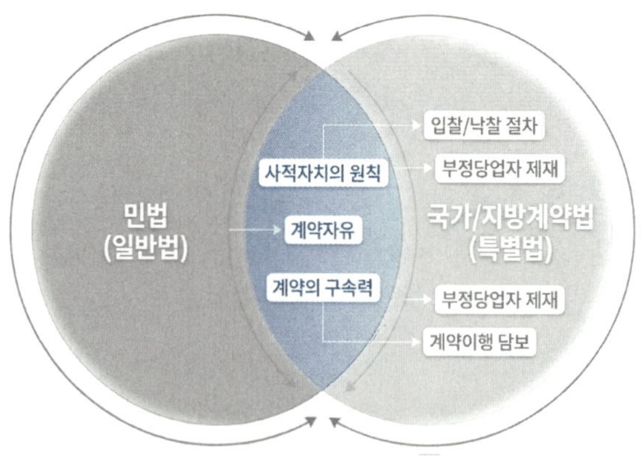

▲ 민법(일반법)과 국가/지방계약법(특별법)의 관계

- 계약 성립의 기본 원리
  - 민법상 계약은 사적 자치의 원칙에 기초하며, 이는 개인이 자신의 법률관계를 자유롭게 형성할 수 있다는 원칙으로 이로부터 파생되는 계약 자유의 네 가지 원칙이 있음
  - 공공계약에서는 공공의 이익과 공정한 경쟁을 위해 계약 자유의 원칙이 상당 부분 제한되며 이러한 제한의 근거가 바로 국가계약법과 지방계약법임

자유의 유형	내용	공공계약에서의 제한
체결의 자유	계약을 체결할지 여부를 자유롭게 결정	일정 금액 이상은 경쟁입찰 의무
상대방 선택의 자유	계약상대방을 자유롭게 선택	낙찰자 결정 기준에 따라 제한
내용 결정의 자유	계약 내용을 자유롭게 결정	계약일반조건, 특수조건 등으로 제한
방식의 자유	계약의 형식을 자유롭게 결정	계약서 작성 의무 (국가계약법 제11조)

- 민법상 계약의 종류
  - 민법상 계약은 다양한 기준에 따라 분류할 수 있으며, 공공계약의 성격을 이해하기 위해 알아야 할 주요 계약 유형은 다음과 같음

구분	유형	설명	공공계약의 해당 여부
법률상 명칭 유무	전형계약 (유명계약)	민법에 규정된 15가지 계약 (매매, 도급, 위임 등)	대부분 해당 (주로 도급, 매매)
	비전형계약 (무명계약)	민법에 규정되지 않은 계약 (팩토링, 리스 등)	예외적으로 해당
대가적 채무 유무	쌍무계약	양 당사자가 서로 대가성 있는 채무를 부담(매매 등)	대부분 해당
	편무계약	한쪽 당사자만 채무를 부담(증여 등)	예외적 (낙찰은 편무예약)
대가적 출연 유무	유상계약	양 당사자가 대가성 있는 재산상 출연을 함(매매 등)	대부분 해당
	무상계약	한쪽 당사자만 출연을 함(증여 등)	예외적 (불용품 무상양여 등)
성립 요건	낙성계약	당사자의 의사표시 합치만으로 성립	대부분 해당
	요물계약	합의 외에 물건의 인도 등 급부가 있어야 성립 (계약금 계약 등)	예외적 (보증금 납부 등)

- 공공계약은 대부분 발주기관의 과업지시와 조달기업의 과업수행 및 대가 지급이 결합된 도급 또는 매매계약의 성격을 가지므로 전형·쌍무·유상·낙성계약에 해당함. 다만, 입찰 후 낙찰자 결정 단계는 본계약 체결을 약속하는 계약의 예약으로서 편무계약의 성격을 갖는다는 점을 유의해야 함

실무톡톡

Q: 공사계약은 도급계약인데, 왜 계약서에 위임이라는 표현이 사용되기도 하나요?
A: 실무적으로 공사 도급 계약서에 수급인은 발주기관의 지시, 감독을 따라야 한다는 등의 문구가 포함되어 위임의 성격이 일부 혼합된 것으로 보일 수 있지만 계약의 핵심 목적이 공사의 완성이라는 결과물에 있다면, 전체적인 법적 성격은 도급으로 보는 것이 타당함. 부분적으로 위임적 요소가 포함된 혼합 계약으로 볼 수는 있지만, 하자담보책임 등 도급의 본질적인 효력은 그대로 유지됨

• 계약의 성립: 청약과 승낙
 - 계약은 청약과 승낙이라는 서로 대립하는 두 의사표시의 합치로 성립하며, 공공 입찰 절차를 이에 대입하면 다음과 같이 분석할 수 있음
   → 청약의 유인: 발주기관의 입찰 공고
   → 청약: 조달기업의 입찰서 제출(투찰)
   → 승낙: 발주기관의 낙찰자 결정
 - 민법 제527조는 계약의 청약은 이를 철회하지 못한다고 규정하여 청약의 구속력을 인정하며, 이는 입찰에 참여한 기업이 투찰 마감 후 임의로 입찰을 철회할 수 없는 법적 근거가 됨
 - 또한, 낙찰자로 선정되었음에도 정당한 이유 없이 계약을 체결하지 않을 경우 입찰보증금이 국고에 귀속되는 등 불이익을 받게 됨

법조문 돋보기

민법 제527조(계약의 청약의 구속력)
▶ 계약의 청약은 이를 철회하지 못함
▶ 한편, 승낙자가 청약에 대해 조건을 붙이거나 변경을 가하여 승낙한 때에는 기존 청약의 거절과 동시에 새로 청약한 것으로 봄(민법 제534조)
▶ 이는 협상에 의한 계약에서 우선협상대상자와 발주기관이 제안내용과 가격을 조정한 후 최종 계약을 체결하는 과정에 적용되는 법리임

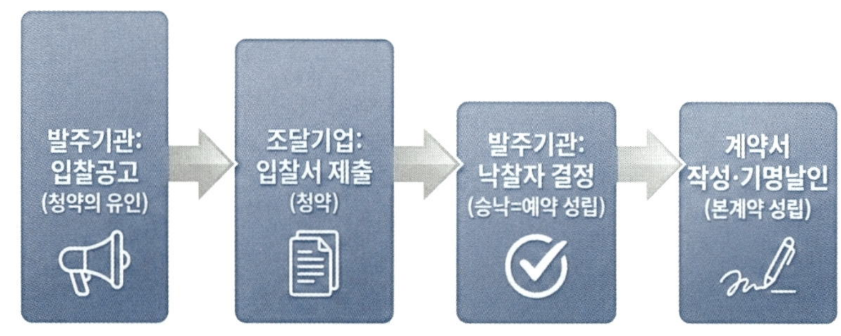

▲ 공공조달 계약 체결 절차

- 계약의 효력
  - 쌍무계약의 당사자는 상대방이 채무를 이행할 때까지 자기의 채무 이행을 거절할 수 있는 동시이행의 항변권을 갖음(민법 제536조)
  - 공공계약에서는 계약상대자가 계약상의 의무(물품 납품, 공사 완성 등)를 모두 이행해야 발주기관이 대가를 지급할 의무가 발생하는 것이 원칙이며, 이는 선금이나 기성대가 지급 등 예외적인 경우를 제외하고 대가 지급의 기본 원칙으로 작용함
  - 또한, 당사자 쌍방의 책임 없는 사유(천재지변 등)로 채무를 이행할 수 없게 된 때에는 채무자가 그 위험을 부담하는 채무자 위험부담주의가 원칙(민법 제537조). 즉, 계약상대자는 자신의 귀책사유 없이 계약 이행이 불가능해지면 발주기관에 대가를 청구할 수 없음

법조문   돋보기

민법 제536조(동시이행의 항변권)
▶ 쌍무계약의 당사자 일방은 상대방이 그 채무 이행을 제공할 때까지 자기의 채무 이행을 거절할 수 있음. 그러나 상대방의 채무가 변제기에 있지 아니한 때에는 그러하지 아니함

법조문   돋보기

민법 제537조(채무자 위험부담주의)
▶ 쌍무계약의 당사자 일방의 채무가 당사자 쌍방의 책임없는 사유로 이행할 수 없게 된 때에는 채무자는 상대방의 이행을 청구하지 못함

실무톡톡

Q: 불가항력은 만능 면죄부일까요?
A: 계약서에 항상 포함되는 불가항력(Force Majeure) 조항은 천재지변, 전쟁 등 예측하고 통제할 수 없는 사건으로 계약 이행이 불가능할 때 책임을 면제해주는 중요한 조항이지만 실무에서는 이 불가항력을 인정받기가 매우 까다로움
단순히 코로나19로 인해 원자재 수급이 어려워졌다는 이유만으로는 부족하며, 해당 사태가 계약 이행에 직접적이고 결정적인 영향을 미쳤고, 계약 당사자가 어떠한 노력을 다해도 이를 피할 수 없었다는 점을 구체적인 자료로 입증해야 함
법원은 불가항력의 범위를 매우 엄격하게 해석하는 경향이 있으므로, 계약 불이행의 책임을 면하기 위한 만능키로 생각해서는 안 됨

- 계약의 해제와 해지
  - 해제는 유효하게 성립한 계약의 효력을 소급하여 소멸시키는 일방적 의사표시로, 주로 당사자 일방의 이행지체(민법 제544조)나 이행불능(민법 제546조) 등 채무불이행이 있을 때 발생함
  - 계약이 해제되면 양 당사자는 계약이 없었던 상태로 되돌릴 원상회복의무를 부담하며(민법 제548조), 귀책사유가 있는 당사자에게는 손해배상을 청구할 수 있음

✓ **Check Q&A**

쌍무계약에서 당사자 쌍방의 책임 없는 사유로 채무 이행이 불가능해진 경우, 우리 민법의 원칙은?

① 채권자가 위험을 부담한다.
② 채무자가 위험을 부담한다.
③ 양 당사자가 균등하게 위험을 분담한다.
④ 법원이 위험 부담 비율을 결정한다.

정답 ②

➕ **plus**
계약 체결상의 과실(Culpa in Contrahendo) 계약
- 교섭 과정에서 일방 당사자가 상대방에게 계약이 유효하게 성립할 것이라는 정당한 기대를 갖게 한 후, 자신의 과실로 계약이 무효가 되거나 불성립하게 된 경우, 그 과실 있는 당사자는 상대방이 계약의 유효를 믿었음으로 인하여 입은 손해(신뢰이익)를 배상해야 함(민법 제535조)
- 공공 입찰에서도 발주기관의 잘못된 입찰 공고나 부당한 낙찰 취소 등으로 입찰참가자에게 손해가 발생한 경우 이 법리가 적용될 수 있음

계약해제 vs 해지, 어떻게 다른가?

정답

가장 큰 차이는 소급효의 유무이다. 해제는 계약을 처음부터 없었던 것으로 만들어 원상회복(받은 돈과 물건을 모두 돌려주는 것)을 해야 하는 반면, 해지는 해지 시점부터 계약이 종료되므로 이전까지의 관계는 그대로 유효하다. 예를 들어, 물품구매계약에서 납품기한을 계속 어기면 계약을 해제하고 계약금을 돌려받지만, 2년간의 청소용역 계약에서 1년 후 중대한 과실이 발생하면 계약을 해지하고 그때까지의 대가는 정산한다.

다음 중 계약의 해제와 해지에 대한 설명으로 옳은 것은?

① 해제와 해지 모두 소급효가 있다.
② 해지는 장래에 대해서만 효력이 발생한다.
③ 해제 시 원상회복의무는 발생하지 않는다.
④ 해지는 일회적 계약에 주로 적용된다.

정답 ②

무효와 취소에 대한 설명으로 옳지 않은 것은?

① 무효는 처음부터 효력이 없다.
② 취소는 취소권자만 주장할 수 있다.
③ 무효는 일정 기간이 지나면 유효로 전환된다.
④ 취소된 법률행위는 소급하여 무효가 된다.

정답 ③

- 해지는 계속적 계약관계(임대차, 고용 등)를 장래에 대하여 소멸시키는 일방적 의사표시로(민법 제550조) 해지는 소급효가 없으며, 해지하기 전까지의 계약 내용은 유효하게 남음. 공공계약에서는 주로 장기계속계약 등에서 계약 기간 중 특정 사유가 발생했을 때 활용됨

구분	해제	해지
소급효	있음(계약 소급 소멸)	없음(장래에 대해서만 소멸)
원상회복	의무 발생	의무 없음
적용 대상	일회적 계약(매매, 도급 등)	계속적 계약(임대차, 고용 등)
손해배상	청구 가능	청구 가능
공공계약 사례	물품구매 계약해제	장기계속계약 해지

▲ 계약해제와 해지의 차이

• 의사표시의 하자와 무효·취소
- 계약은 의사표시의 합치로 성립하므로, 의사표시에 하자가 있으면 계약의 효력에 영향을 미침. 민법은 의사표시의 하자에 관하여 다음과 같이 규정함

유형	내용	효과	공공계약 관련 사례
비진의 의사표시	표의자가 진의 아님을 알면서 한 의사표시 (민법 제107조)	원칙 유효, 상대방이 악의·과실이면 무효	형식적 입찰참가
통정허위표시	상대방과 통정한 허위의 의사표시(민법 제108조)	무효(선의의 제3자에게 대항 불가)	담합에 의한 입찰
착오에 의한 의사표시	법률행위 내용의 중요 부분에 착오가 있는 경우 (민법 제109조)	취소 가능(중대한 과실 시 취소 불가)	입찰금액 오기
사기·강박에 의한 의사표시	사기 또는 강박에 의한 의사표시(민법 제110조)	취소 가능	부당한 압력에 의한 계약

- 무효는 법률행위가 처음부터 효력이 없는 것으로, 누구나 주장할 수 있고 기간 제한이 없음
- 취소는 일단 유효하게 성립한 법률행위를 취소권자가 일정 기간 내에 취소함으로써 소급하여 효력을 잃게 하는 것

- 대리제도: 대리란 대리인이 본인을 위하여 의사표시를 하거나 의사표시를 수령하고, 그 법률 효과가 직접 본인에게 귀속되는 제도(민법 제114조). 공공계약에서는 계약담당공무원이 국가나 지방자치단체를 '대리'하여 계약을 체결하는 구조이므로, 대리 법리에 대한 이해가 중요함

구분	내용
임의대리	본인의 의사에 의해 대리권이 수여되는 경우(위임장에 의한 대리 등)
법정대리	법률의 규정에 의해 대리권이 발생하는 경우(미성년자의 법정대리인 등)
무권대리	대리권 없이 한 대리행위 → 본인이 추인하면 유효, 추인 거절 시 무효
표견대리	대리권이 없지만 대리권이 있는 것처럼 보이는 외관이 있는 경우 → 선의의 상대방 보호

- 소멸시효: 권리자가 일정 기간 동안 권리를 행사하지 않으면 그 권리가 소멸하는 제도(민법 제162조). 공공계약에서 소멸시효는 대금 청구, 하자보수 청구, 손해배상 청구 등 다양한 장면에서 중요한 의미를 갖음

시효 기간	적용 대상	근거
10년	일반 채권	민법 제162조 제1항
5년	상행위로 인한 채권, 국가 채권	상법 제64조, 국가재정법 제96조
3년	이자, 부양료, 급료, 사용료 등	민법 제163조
1년	여관·음식점 대금, 도급받은 자의 공사대금	민법 제164조

법조문 돋보기

국가재정법 제96조(금전 채권·채무의 소멸시효)
▶ 금전의 급부를 목적으로 하는 국가의 권리로서 시효에 관하여 다른 법률에 규정이 없는 것은 5년간 행사하지 아니하면 시효로 인하여 소멸함
▶ 국가에 대한 권리로서 금전의 급부를 목적으로 하는 것도 또한 제1항과 같음

② 도급, 위임, 화해 등 관련 규정
- 도급(民法 제664조 ~ 제682조)
  - 도급은 당사자 일방(수급인)이 어떤 일의 완성을 약정하고 상대방(도급인)이 그 일의 결과에 대하여 보수를 지급할 것을 약정함으로써 효력이 생기는 계약(민법 제664조). 공사, 제조, 소프트웨어 개발 등 결과물의 완성이 목적인 대부분의 공공계약이 도급계약의 성격을 갖음
  - 도급계약의 핵심은 일의 완성에 있음. 수급인은 계약 내용에 따라 정해진 기한 내에 일을 완성해야 하고, 완성된 목적물에 하자가 있을 경우 하자담보책임을 지며(민법 제667조), 도급인은 완성된 목적물을 인도받음과 동시에 보수를 지급해야 함(민법 제665조)

▲ 도급계약 vs 위임계약 vs 화해계약

• 위임(民法 제680조 ~ 제692조)
  - 위임은 당사자 일방(위임인)이 상대방(수임인)에게 사무의 처리를 위탁하고 수임인이 이를 승낙함으로써 효력이 생기는 계약(민법 제680조). 컨설팅, 감리, 법률자문 등 전문적인 지식이나 경험을 바탕으로 한 용역계약이 위임계약의 성격을 갖음
  - 위임계약에서 수임인은 위임의 본래 취지에 따라 선량한 관리자의 주의로써 위임사무를 처리해야 할 선관주의의무를 부담하며(민법 제681조), 도급이 일의 완성이라는 결과에 중점을 두는 반면, 위임은 사무 처리 과정 자체에 중점을 둔다는 것에 차이가 있음
• 화해(民法 제731조 ~ 제733조)
  - 화해는 당사자가 상호 양보하여 그들 사이의 분쟁을 끝낼 것을 약정함으로써 효력이 생기는 계약(민법 제731조). 화해계약이 성립하면 이전의 분쟁은 소멸하고 화해 내용에 따른 새로운 권리·의무 관계가 확정됨(창설적 효력)
  - 국가계약분쟁조정위원회의 조정에 대해 양 당사자가 15일 이내에 이의를 제기하지 않으면 재판상 화해와 동일한 효력이 발생하는데, 이는 민법상 화해계약의 법리를 준용한 것임

〈도급, 위임, 화해계약 비교〉

구분	도급	위임	화해
목적	일의 완성	사무의 처리	분쟁의 종결
핵심 의무	하자담보책임	선관주의의무	상호 양보
보수	일의 완성 시 지급	특약 시 지급(원칙 무상)	–
해지	도급인 자유해제 (손해배상 조건)	양 당사자 자유해지	–
공공계약 사례	공사, 제조, SW개발	컨설팅, 감리, 법률자문	분쟁조정위원회 조정

학습목표

- 국가계약법과 지방계약법의 주요 내용과 적용 범위를 구별할 수 있다.
- 두 법령의 계약 절차상 차이점과 공통점을 비교·분석할 수 있다.

1 추정가격 및 예정가격

① 추정가격 및 예정가격 결정

- **추정가격의 개념과 산정**
  - 추정가격이란 물품·공사·용역 등의 조달계약을 체결함에 있어서 「국가계약법」 제4조에 따라 국제입찰 대상 여부를 결정하는 기준 등으로 삼기 위하여 예정가격이 결정되기 전에 미리 산정하는 가격을 말함(국가계약법 시행령 제2조 제1호). 즉, 계약의 규모를 사전에 가늠하여 어떤 법규와 절차를 적용할지 판단하는 기준이 되는 금액
  - 추정가격은 부가가치세와 관세 등 제세공과금을 포함하지 않은 금액으로 산정하는 것이 원칙
- **추정가격의 역할**
  - 국제입찰 대상 여부 판단: 추정가격이 정부조달협정(GPA) 등에서 정한 기준금액 이상일 경우 국제입찰 실시
  - 입찰 방법 결정: 추정가격 규모에 따라 일반경쟁, 제한경쟁, 지명경쟁, 수의계약 등 적절한 입찰 방법 결정
  - 적격심사 기준 적용: 공사 규모를 판단하는 기준으로 사용되어 적격심사 시공경험 평가 등에 영향

법조문 돋보기

국가계약법 시행령 제7조(추정가격의 산정)
- ▶ 추정가격은 예산에 계상된 금액 등을 기준으로 하여 산정함. 다만, 다음 각 호의 어느 하나에 해당하는 경우에는 각 호의 구분에 따른 금액을 추정가격으로 함
  1. 단가계약의 경우: 1회 이행 예정량 중 최대량에 계약단가를 곱한 금액
  2. 장기계속계약의 경우: 총 계약 기간의 예산 총액

실무톡톡

Q: 추정가격과 추정금액은 어떻게 다른가요?

A: 추정가격은 부가가치세를 제외한 금액으로, 국제입찰 대상 여부나 적격심사 기준 등 법규 적용의 기준을 정하는 데 사용되는 반면, 추정금액은 추정가격에 부가가치세를 더한 금액으로, 실제 입찰의 규모를 파악하고 수의계약 가능 여부를 판단하는 등 실무적인 기준으로 활용됨

- 예정가격의 개념과 결정
  - 예정가격이란 입찰 또는 계약 체결 전에 낙찰자 및 계약금액 결정의 기준으로 삼기 위하여 미리 작성·비치하여 두는 가액을 말함(국가계약법 제4조). 예정가격은 계약담당공무원이 거래실례가격, 원가계산, 감정가격 등을 기준으로 결정하며, 계약의 목적이 되는 물품·공사·용역의 기준 가격 역할을 함
  - 예정가격은 부가가치세를 포함한 금액으로, 입찰참가자들이 투찰하는 입찰금액과 직접적으로 비교되는 기준이 되며, 예정가격은 입찰 전에 미리 결정되지만, 공정성을 위해 입찰서 개찰 전까지는 공개되지 않음

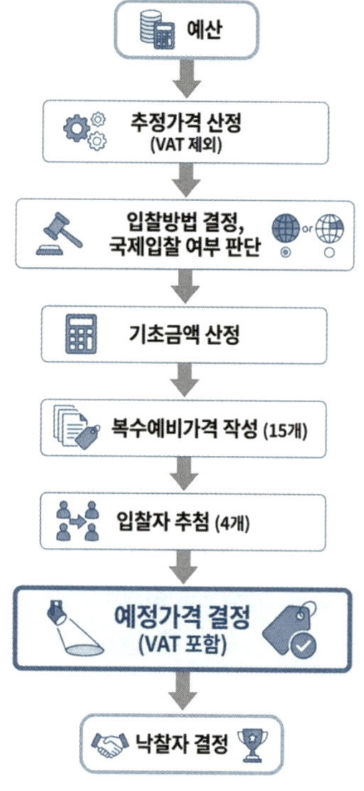

▲ 추정가격과 예정가격의 관계

- 복수예비가격 산정: 예정가격 결정의 공정성과 투명성을 높이기 위해 현재 대부분의 입찰에서는 복수예비가격 제도를 활용하며, 절차는 다음과 같음
  - 기초금액 공개: 계약담당공무원은 거래실례가격 등을 조사하여 기초금액을 산정하고 입찰 공고 시 이를 공개
  - 복수예비가격 작성: 기초금액의 ±2% (또는 ±3%) 범위 내에서 서로 다른 15개의 예비가격 작성
  - 입찰자 추첨: 입찰에 참여하는 자가 15개의 예비가격 중 2개씩(전자입찰의 경우) 추첨
  - 예정가격 결정: 가장 많이 추첨된 4개의 예비가격을 산술평균하여 최종 예정가격 결정

Q: 예정가격, 왜 이렇게 복잡하게 결정하나요?

A: 만약 특정 금액으로 예정가격을 미리 정해두면, 입찰참가자들이 담합하거나 사전에 정보를 유출하여 불공정한 낙찰이 이루어질 수 있음. 복수예비가격 제도는 입찰참가자들의 선택(추첨)에 의해 최종 예정가격이 결정되도록 함으로써, 누구도 사전에 정확한 예정가격을 알 수 없게 만들어 입찰의 공정성을 확보하는 중요한 장치

② 입찰 및 낙찰 절차 규정

- 입찰참가자격 및 입찰 공고: 국가계약에 참여하려는 자는 다른 법령에 특별한 규정이 없는 한, 국가계약법 시행령에서 정하는 요건을 갖추어야 하며, 계약의 공정한 경쟁이나 적정한 이행을 해칠 우려가 있는 자, 즉 부정당업자로 지정된 자는 일정 기간 입찰참가자격이 제한됨(국가계약법 제27조)

부정당업자 제재 사유	제한 기간
계약 이행 시 부실하게 시공하거나 부당하게 물품을 납품한 경우	1개월 이상 2년 이하
입찰에 있어 담합한 경우	2년 이하
고의로 계약을 이행하지 않은 경우	1개월 이상 2년 이하
입찰참가자격 제한 기간 중에 입찰에 참가한 경우	1개월 이상 2년 이하
입찰·계약 관련 서류를 위조·변조한 경우	1개월 이상 2년 이하

Q: 부정당업자 제재, 어떻게 대응해야 할까요?

A: 부정당업자 제재는 기업에게 매우 심각한 불이익을 초래함. 제재 기간 동안 모든 공공기관의 입찰에 참가할 수 없으므로, 기업의 존립 자체가 위협받을 수 있음. 따라서 제재 처분을 받은 경우 30일 이내에 이의신청을 하거나, 행정심판을 청구할 수 있고, 특히 담합 관련 제재는 공정거래위원회의 제재와 별도로 이중으로 부과될 수 있으므로 주의가 필요함

- 경쟁입찰: 국가계약법은 일반경쟁입찰를 원칙으로 하며, 제한경쟁, 지명경쟁, 수의계약은 법령에서 정한 예외적인 경우에만 허용됨. 이는 공공계약의 투명성과 공정성을 확보하기 위함

입찰 방법	내용	적용 사례
일반경쟁입찰	입찰참가자격을 갖춘 모든 자가 참여 가능	원칙적인 입찰 방법
제한경쟁입찰	시공능력, 기술보유 상황 등으로 참가자격을 제한	특수 기술이 필요한 공사
지명경쟁입찰	입찰 대상자를 지정하여 입찰에 참가시킴	특수한 기술·자격이 필요한 경우
수의계약	경쟁입찰 없이 특정 상대와 직접 계약	소액, 긴급, 특허 등 예외적 상황

➕ plus

경쟁입찰의 투명성과 공정성

계약담당공무원은 경쟁입찰에 부칠 경우, 입찰에 관한 사항을 지정정보처리장치(나라장터 등)를 통해 공고해야 함(국가계약법 제8조). 입찰 공고에는 입찰에 부치는 사항, 입찰참가자격, 입찰서 제출 마감일, 낙찰자 결정 방법 등 계약에 필요한 모든 정보가 포함되어야 함

✓ Check Q&A

국가계약법상 원칙적인 입찰 방법은?

① 제한경쟁입찰
② 일반경쟁입찰
③ 지명경쟁입찰
④ 수의계약

정답 ②

- 입찰보증금: 경쟁입찰에 참가하려는 자는 입찰금액의 5% 이상(2024년 한시적 2.5%)의 입찰보증금을 납부해야 함(국가계약법 제9조). 이는 낙찰자가 정당한 이유 없이 계약을 체결하지 않는 경우에 대비한 보증금으로, 계약 미체결 시 국고에 귀속되며, 입찰보증금은 현금 또는 보증서 등으로 납부할 수 있음
- 낙찰자 결정 방법: 계약의 종류와 특성에 따라 다양하며, 주요 방법은 다음과 같음

구분	설명	주요 적용 대상
최저가낙찰제	예정가격 이하로서 최저가격으로 입찰한 자를 낙찰자로 결정	물품 구매 등 규격과 품질이 명확한 경우
적격심사낙찰제	예정가격 이하 최저가 입찰자 순으로 계약이행능력을 심사하여 종합평점이 일정 점수 이상인 자를 낙찰자로 결정	추정가격 고시금액 미만 공사, 일반용역 등
종합심사낙찰제	입찰가격, 공사수행능력, 사회적 책임 등을 종합적으로 심사하여 합산점수가 가장 높은 자를 낙찰자로 결정	추정가격 300억원 이상 공사
협상에 의한 계약	제안서를 제출받아 기술과 가격을 종합적으로 평가한 후, 고득점자 순으로 협상을 통해 낙찰자를 결정	정보화 사업, 컨설팅 등 전문성·기술성이 요구되는 용역

2 국가계약법의 계약 절차상 내용

① 국가계약법과 지방계약법의 계약상 차이점

구분	국가를 당사자로 하는 계약에 관한 법률(국가계약법)	지방자치단체를 당사자로 하는 계약에 관한 법률(지방계약법)
적용 대상	국가기관, 공기업, 준정부기관 등	지방자치단체, 지방공기업, 출자·출연 기관 등
주요 목적	국가 재정의 효율적·적정한 사용	지방 재정의 효율성 + 지역경제 활성화 기여
입찰 및 계약 절차	효율성, 공정성, 투명성에 중점	국가계약법과 유사하나, 지역업체 참여 확대를 위한 제도 운영
낙찰자 결정 방법	종합심사낙찰제(고난도 공사), 적격심사낙찰제 등	종합심사낙찰제(국가보다 낮은 금액 기준), 적격심사낙찰제 등
지역업체 우대	제한적(국제규범 등 고려)	적극적(지역제한입찰, 지역의무공동도급, 지역업체 가산점 등)
수의계약 한도	법령에 따라 전국 단위로 통일된 기준 적용	지역경제 상황 등을 고려하여 일부 한도가 다를 수 있음
분쟁 해결	국가계약분쟁조정위원회(기획재정부)	지방계약분쟁조정위원회(각 광역자치단체)

② 계약의 체결, 이행, 분쟁조정

- 계약의 체결 및 보증
  - 낙찰자는 낙찰 통지를 받은 날로부터 10일 이내에 계약을 체결해야 하며, 계약은 계약서를 작성하고 계약담당공무원과 낙찰자가 기명·날인함으로써 확정됨(국가계약법 제11조)
  - 계약상대자는 계약상의 의무이행을 보증하기 위해 계약금액의 10% 이상(2024년 한시적 5%)의 계약보증금을 납부해야 함(국가계약법 제12조). 또한, 공사 계약의 경우 하자에 대비하여 하자보수보증금을 납부해야 함
- 계약의 이행 및 대가 지급: 계약담당공무원은 계약이 적정하게 이행되도록 감독하고, 계약상대자가 계약 이행을 완료하면 이를 검사해야 함(국가계약법 제13 ~ 14조). 검사에 합격하면 계약상대자의 청구를 받은 날로부터 5일 이내에 대가를 지급해야 함(국가계약법 제15조)

〈대가 지급 유형〉

유형	시점	내용	근거
선금 (Advance Payment)	계약 체결 후, 이행 착수 전	자재 확보, 노무비 등에 충당하기 위해 미리 지급하는 금액. 계약금액의 70% 이내	국가계약법 시행령 제52조
기성대가 (Progress Payment)	이행 진행 중	이미 이행이 완료된 부분에 대하여 지급하는 대가	국가계약법 시행령 제53조
준공대가 (Final Payment)	이행 완료 후	검사 합격 후 잔여 대금을 최종 정산하여 지급	국가계약법 제15조

- 계약금액 조정 및 지체상금
  - 계약 체결 후 물가변동, 설계변경 등으로 계약금액을 조정할 필요가 있을 때에는 계약금액 조정이 가능함(국가계약법 제19조)

〈계약금액 조정의 유형〉

조정 유형	사유	조정 방법
물가변동 조정 (Escalation)	계약 체결 후 90일 이상 경과 후 물가가 3% 이상 변동	품목조정률 또는 지수조정률 방식
설계변경 조정	설계서의 내용이 불분명하거나 현장 여건과 상이한 경우	증감된 공사량에 따라 조정
기타 계약내용 변경	공사기간 변경, 운반거리 변경 등	변경된 내용에 따라 조정

하자보수보증금에 대한 설명으로 옳지 않은 것은?

① 공사 계약에서 목적물의 하자에 대비하여 납부한다.
② 하자담보책임기간은 공사의 종류에 따라 다르다.
③ 하자보수보증금은 계약금액의 20% 이상을 납부해야 한다.
④ 하자담보책임기간 동안 하자가 발생하면 보수해야 한다.

정답 ③

계약금액의 2 ~ 5% 범위이다.

- 계약상대자가 정당한 이유 없이 계약 이행을 지체한 때에는 지체상금을 부과함(국가계약법 제26조)
- 지체상금은 지체일수 1일에 계약금액의 일정 비율을 곱하여 산정하며, 천재지변 등 불가항력으로 인한 지체 시에는 부과하지 않음

• 하자보수보증금
- 공사 계약의 경우, 계약상대자는 목적물의 하자에 대비하여 하자보수보증금을 납부해야 함(국가계약법 시행령 제62조)
- 하자보수보증금은 계약금액의 일정 비율(공사의 종류에 따라 1년 ~ 10년) 동안 하자가 발생하면 이를 보수해야 함

공사 종류	하자담보책임기간	하자보수보증금률
건축물의 구조체	10년	5%
철근콘크리트 구조물	5년	3%
기타 시설물	1 ~ 3년	2%

• 이의신청 및 분쟁조정
- 입찰 및 계약 과정에서 불이익을 받은 자는 발주기관에 이의신청을 할 수 있으며(국가계약법 제28조), 이의신청 결과에도 불복하는 경우, 기획재정부에 설치된 국가계약분쟁조정위원회에 조정을 신청할 수 있음
- 위원회의 조정안에 대해 양 당사자가 15일 이내에 이의를 제기하지 않으면 재판상 화해와 동일한 효력이 발생함

CHAPTER 05 단원별 핵심문제

01

다음 중 전자조달법의 목적으로 가장 거리가 먼 것은?

① 조달업무의 투명성 제고
② 조달업무의 공정성 제고
③ 조달업체의 수익성 보장
④ 조달업무의 효율성 제고

해설

전자조달법 제1조는 조달업무를 전자적으로 처리하기 위한 기본적인 사항을 정함으로써 조달업무의 투명성·공정성 및 효율성을 높이고, 나아가 국민경제 발전에 이바지함을 목적으로 한다고 규정하고 있다. 조달업체의 수익성 보장은 법의 직접적인 목적이 아니다.

02

전자조달법상 전자문서의 송신 시점으로 옳은 것은?

① 전자문서가 수신자의 컴퓨터에 도달한 때
② 전자문서가 전자조달시스템에 입력된 때
③ 수신자가 전자문서를 열어본 때
④ 발신자가 전자문서 발송 버튼을 누른 때

해설

전자조달법 제11조 제1항에 따르면, 전자문서는 전자조달시스템에 입력된 때 송신된 것으로 본다. 이는 입찰 마감 시간 준수 여부를 판단하는 중요한 기준이 된다.

03

다음 중 공공계약의 법적 성격에 대한 설명으로 가장 옳은 것은?

① 행정청이 우월적 지위에서 행하는 공법상 행정처분이다.
② 사법상 계약이므로 민법의 원리가 전혀 적용되지 않는다.
③ 국가계약법은 민법의 일반법으로서의 지위를 갖는다.
④ 국가가 사경제 주체로서 대등한 당사자와 체결하는 사법상 계약이다.

해설

공공계약은 국가나 지방자치단체가 사경제 주체로서 상대방과 대등한 위치에서 체결하는 사법(私法)상의 계약으로 보는 것이 대법원 판례의 일관된 태도이다. 따라서 분쟁 발생 시 민사소송으로 다투는 것이 원칙이다. 국가계약법은 민법의 특별법적 지위를 갖는다.

04

추정가격과 예정가격에 대한 설명으로 옳지 않은 것은?

① 추정가격은 부가가치세를 제외하고 산정한다.
② 예정가격은 부가가치세를 포함하고 산정한다.
③ 추정가격은 낙찰자 결정의 기준이 된다.
④ 예정가격은 입찰서 개찰 전까지 공개되지 않는다.

해설

추정가격은 국제입찰 대상 여부 판단, 입찰 방법 결정 등의 기준으로 사용되며, 예정가격이 낙찰자 및 계약금액 결정의 기준이 된다.

05

다음 중 계약의 청약에 해당하는 행위는?

① 발주기관의 입찰 공고
② 조달기업의 입찰서 제출
③ 발주기관의 낙찰자 결정
④ 조달기업의 견적서 제출

해설

공공 입찰 절차에서 발주기관의 입찰 공고는 불특정 다수에 대한 청약의 유인에 해당하며, 이에 응하여 조달기업이 입찰서를 제출하는 행위가 구체적인 내용의 청약이 된다. 그리고 발주기관이 낙찰자를 결정하는 것이 승낙에 해당하여 계약이 성립된다.

06

복수예비가격 제도에 대한 설명으로 옳지 않은 것은?

① 기초금액을 기준으로 작성된다.
② 일반적으로 15개의 예비가격을 작성한다.
③ 입찰자가 추첨한 4개의 예비가격을 산술평균하여 예정가격을 결정한다.
④ 예정가격 결정의 신속성을 높이기 위한 제도이다.

해설

복수예비가격 제도는 특정인이 사전에 예정가격을 알 수 없도록 하여 입찰의 공정성을 확보하기 위한 제도이다. 신속성보다는 공정성에 주된 목적이 있다.

정답　　01 ③　02 ②　03 ④　04 ③　05 ②　06 ④

07

다음 중 국가재정법에 따른 국가에 대한 금전채권의 소멸시효 기간은?

① 1년　　　　　　　② 3년
③ 5년　　　　　　　④ 10년

국가재정법 제96조에 따르면, 국가에 대한 금전채권의 소멸시효는 5년이다.

08

다음 중 도급계약에 대한 설명으로 가장 적절한 것은?

① 사무 처리 과정을 목적으로 한다.
② 수급인은 선량한 관리자의 주의의무를 부담한다.
③ 일의 완성을 목적으로 하며, 수급인은 하자담보책임을 진다.
④ 당사자 간 분쟁을 종결시키는 것을 목적으로 한다.

도급은 '일의 완성'을 목적으로 하는 계약으로, 공사, 제조, 소프트웨어 개발 등이 해당된다. 수급인은 완성된 목적물에 대한 하자담보책임을 진다. 사무 처리는 위임, 분쟁 종결은 화해의 목적이다.

09

다음 중 계약의 해제와 해지에 대한 설명으로 옳은 것은?

① 해제와 해지 모두 소급효가 있다.
② 해지는 장래에 대해서만 효력이 발생한다.
③ 해제 시 원상회복의무는 발생하지 않는다.
④ 해지는 일회적 계약에 주로 적용된다.

해제는 소급효가 있어 계약을 처음부터 없었던 것으로 만들고 원상회복의무가 발생한다. 해지는 소급효가 없으며 장래에 대해서만 효력이 발생하고, 계속적 계약(임대차, 고용 등)에 주로 적용된다.

10

선금과 기성대가에 대한 설명으로 옳지 않은 것은?

① 선금은 계약 체결 후 작업 착수 전에 지급하는 자금이다.
② 기성대가는 이미 이행된 부분에 대한 대가이다.
③ 선금은 계약금액의 100%까지 지급할 수 있다.
④ 선금은 자재 확보, 노무비 등에 충당하기 위한 것이다.

선금은 계약금액의 70% 이내에서 지급할 수 있다(100%가 아님). 선금은 장래 이행을 위한 자금 지원 성격이며, 기성대가는 이미 이행된 부분에 대한 대가 지급이다.

11

물가변동으로 인한 계약금액 조정에 대한 설명으로 옳지 않은 것은?

① 국가계약법 제19조에 근거한다.
② 계약 체결 후 90일 이상 경과해야 조정 신청이 가능하다.
③ 품목조정률 또는 지수조정률을 사용하여 조정금액을 산정한다.
④ 물가변동률이 1% 이상이면 조정이 가능하다.

물가변동으로 인한 계약금액 조정은 계약 체결 후 90일 이상 경과하고, 물가변동률이 3% 이상이어야 조정 신청이 가능하다(1%가 아님).

12

다음 중 민법상 계약의 성립 요건이 아닌 것은?

① 청약　　　　　　　② 승낙
③ 의사표시의 합치　　④ 계약서 작성

민법상 계약은 청약과 승낙이라는 두 의사표시의 합치만으로 성립하는 낙성계약이 원칙이다. 계약서 작성은 계약 성립의 증거가 될 뿐, 필수적인 성립 요건은 아니다.

13

국가계약법과 지방계약법의 차이점에 대한 설명으로 가장 적절한 것은?

① 두 법률은 적용 대상 기관이 동일하다.
② 지방계약법은 지역업체 우대 규정이 전혀 없다.
③ 국가계약법은 중앙행정기관 및 그 소속기관에 적용된다.
④ 두 법률의 기본 원리와 절차는 완전히 상이하다.

국가계약법은 중앙행정기관 및 공공기관에, 지방계약법은 지방자치단체에 적용된다. 지방계약법은 지역경제 활성화를 위해 지역제한입찰 등 지역업체 우대 규정을 두고 있다. 두 법률의 기본 골격은 유사하나, 세부적인 내용에서 차이가 있다.

정답　　07 ③　08 ③　09 ②　10 ③　11 ④　12 ④　13 ③

14

다음 사례에 대한 법적 분석으로 가장 타당한 것은?

> **사례**
>
> A기관은 B기업을 공사 계약의 낙찰자로 결정하고 통지하
> 였다. 그러나 B기업은 경영 악화를 이유로 계약 체결을 거
> 부하였다.

① B기업은 청약을 철회한 것이므로 법적 책임이 없다.
② A기관과 B기업 사이에는 본계약이 성립한 것으로 본다.
③ B기업이 납부한 입찰보증금은 A기관에 귀속된다.
④ A기관은 B기업에 대해 계약 이행을 강제할 수 있다.

해설

낙찰자 결정은 본계약의 '예약'이 성립한 것으로 볼 수 있다. 낙찰자
가 정당한 이유 없이 본계약 체결을 거부하는 것은 예약상의 채무를
불이행한 것이므로, 입찰보증금은 발주기관에 귀속된다. 아직 본계약
이 성립한 것은 아니므로 계약 이행을 강제할 수는 없다.

15

다음 중 '협상에 의한 계약' 방식에 가장 적합한 계약은?

① 대량의 사무용품 구매 계약
② 도로 포장 공사 계약
③ 차세대 정보시스템 구축 용역 계약
④ 청사 청소 용역 계약

해설

협상에 의한 계약은 제안서의 기술성, 전문성 평가가 중요한 계약에
적용된다. 차세대 정보시스템 구축 용역은 가격뿐만 아니라 시스템의
성능, 안정성, 개발사의 기술력 등 비가격적 요소가 매우 중요하므로
협상에 의한 계약 방식이 가장 적합하다.

16

국가계약법상 계약의 성립 시점으로 옳은 것은?

① 낙찰자 결정 통지 시
② 계약서 초안 송부 시
③ 계약보증금 납부 시
④ 계약서에 양 당사자가 기명·날인 시

해설

국가계약법 제11조 제1항은 계약은 '계약서를 작성하고 계약담당공
무원과 계약상대자가 기명·날인함으로써 확정된다'고 규정하여 계
약서 작성을 계약의 성립 요건으로 명시하고 있다.

17

국가계약분쟁조정위원회에 대한 설명으로 옳지 않은 것은?

① 기획재정부에 설치되어 있다.
② 입찰 및 계약 과정에서 불이익을 받은 자가 조정을 신청할
 수 있다.
③ 위원회의 조정안은 법원의 판결과 동일한 효력을 갖는다.
④ 조정안에 대해 15일 이내에 이의를 제기하지 않으면 재판
 상 화해와 동일한 효력이 발생한다.

해설

위원회의 조정안 자체는 권고적 효력을 가지며, 법원의 판결과 동일
한 효력을 갖는 것은 아니다. 다만, 양 당사자가 조정안을 수락하거
나 15일 이내에 이의를 제기하지 않으면 재판상 화해와 동일한 효력
이 발생한다.

18

다음 중 계약보증금에 대한 설명으로 옳은 것은?

① 입찰에 참가하기 위해 납부하는 보증금이다.
② 계약 불이행 시 국고에 귀속된다.
③ 계약금액의 5% 이상을 납부해야 한다.
④ 계약 이행 완료 시 반환되지 않는다.

해설

계약보증금은 계약상대자가 계약상의 의무 이행을 보증하기 위해 납
부하는 것으로, 계약 불이행 시 국고에 귀속된다. 입찰참가를 위해
납부하는 것은 입찰보증금이다. 계약보증금은 계약금액의 10% 이상
을 납부해야 하며, 계약이 정상적으로 이행되면 반환된다.

19

다음 중 전자조달법상 정보 누설 금지 위반 시 벌칙으로 옳은
것은?

① 1년 이하의 징역 또는 1천만원 이하의 벌금
② 2년 이하의 징역 또는 2천만원 이하의 벌금
③ 3년 이하의 징역 또는 3천만원 이하의 벌금
④ 5년 이하의 징역 또는 5천만원 이하의 벌금

해설

전자조달법 제18조에 따르면, 직무상 알게 된 정보를 누설하거나 부
정하게 사용하는 행위는 2년 이하의 징역 또는 2천만원 이하의 벌금
에 처해진다.

정답   14 ③　15 ③　16 ④　17 ③　18 ②　19 ②

20

다음 중 적격심사낙찰제에 대한 설명으로 가장 타당한 것은?

① 입찰가격 점수만으로 낙찰자를 결정한다.
② 최저가 입찰자부터 순서대로 계약이행능력을 심사한다.
③ 모든 종류와 규모의 공공계약에 적용된다.
④ 제안서 평가가 핵심적인 절차이다.

해설

적격심사낙찰제는 예정가격 이하 최저가 입찰자 순으로 계약이행능력(시공경험, 기술능력, 재무상태 등)을 심사하여 종합평점이 일정 점수 이상인 자를 낙찰자로 결정하는 방식이다.

21

다음 중 하자보수보증금에 대한 설명으로 옳지 않은 것은?

① 공사 계약에서 목적물의 하자에 대비하여 납부한다.
② 계약금액의 2 ~ 5% 범위에서 납부한다.
③ 건축물 구조체의 하자담보책임기간은 5년이다.
④ 하자담보책임기간 동안 하자가 발생하면 보수해야 한다.

해설

건축물 구조체의 하자담보책임기간은 10년이다(5년이 아님). 철근콘크리트 구조물이 5년, 기타 시설물이 1 ~ 3년이다.

22

다음 중 의사표시의 하자에 해당하는 것을 모두 고른 것은?

가. 비진의 의사표시
나. 통정허위표시
다. 착오에 의한 의사표시
라. 사기 · 강박에 의한 의사표시

① 가, 나
② 나, 다
③ 가, 나, 다
④ 가, 나, 다, 라

해설

비진의 의사표시, 통정허위표시, 착오에 의한 의사표시, 사기 · 강박에 의한 의사표시는 모두 민법상 의사표시의 하자에 해당한다.

23

다음 중 지체상금에 대한 설명으로 옳지 않은 것은?

① 계약 이행 지체에 대한 손해배상액의 예정으로 추정된다.
② 지체일수 1일에 계약금액의 일정 비율을 곱하여 산정한다.
③ 천재지변 등 불가항력으로 인한 지체 시에는 부과하지 않는다.
④ 지체상금 총액은 계약금액의 10%를 초과할 수 없다.

해설

지체상금에 대한 법령상 상한 규정은 없다. 판례는 당사자 간 다른 약정이 없는 한, 지체상금 총액이 계약금액을 초과하더라도 감액할 수 없다고 본다.

24

다음 입찰 절차를 순서대로 바르게 나열한 것은?

가. 낙찰자 결정	나. 입찰 공고
다. 입찰서 제출	라. 예정가격 결정

① 나 - 다 - 라 - 가
② 나 - 라 - 다 - 가
③ 라 - 나 - 다 - 가
④ 다 - 나 - 라 - 가

해설

일반적인 경쟁입찰 절차는 입찰 공고 → 입찰서 제출 → 예정가격 결정 → 낙찰자 결정 순서로 진행된다.

25

다음 중 전자조달법상 전자조달의 기본원칙으로 가장 거리가 먼 것은?

① 공개 및 공정 경쟁의 원칙
② 서면 처리의 원칙
③ 문서 형식의 최소화 원칙
④ 정보 보호 및 보안의 원칙

해설

전자조달법 제4조에 따른 기본원칙은 공개 및 공정 경쟁, 전자적 처리, 문서 형식의 최소화, 정보 보호 및 보안이다. '서면 처리'는 전자조달의 기본원칙에 반하는 개념이다.

정답   20 ② 21 ③ 22 ④ 23 ④ 24 ① 25 ②

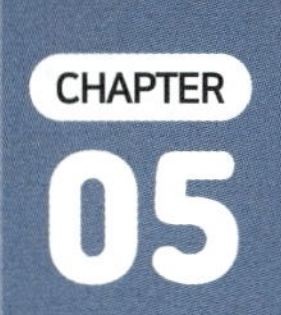

CHAPTER 05 최종점검 OX 퀴즈

OX 퀴즈 | **정답 및 해설**

01 전자조달법은 조달업체의 수익성 보장을 최우선 목적으로 한다. (○ , ×)

02 전자입찰서는 수신자의 컴퓨터에 저장된 때 송신된 것으로 본다. (○ , ×)

03 공공계약은 사법상 계약이므로 민사소송으로 다투는 것이 원칙이다. (○ , ×)

04 추정가격은 부가가치세를 포함한 금액이다. (○ , ×)

05 예정가격은 입찰 전에 모든 참가자에게 공개해야 한다. (○ , ×)

06 복수예비가격 제도는 입찰의 공정성을 확보하기 위한 제도이다. (○ , ×)

07 계약상대자가 계약을 이행하지 않으면 계약보증금은 국고에 귀속된다. (○ , ×)

08 '일의 완성'을 목적으로 하는 계약을 위임계약이라고 한다. (○ , ×)

09 지방계약법은 국가계약법과 달리 지역업체 우대 규정을 두고 있다. (○ , ×)

10 국가계약분쟁조정위원회의 조정안은 법원의 판결과 동일한 효력을 갖는다. (○ , ×)

11 선금은 이미 이행된 부분에 대한 대가이다. (○ , ×)

12 선금은 계약금액의 100%까지 지급할 수 있다. (○ , ×)

---

01 ×
투명성, 공정성, 효율성 제고가 주된 목적이다.

02 ×
전자조달시스템에 '입력된 때' 송신된 것으로 본다.

03 ○
공공계약도 일종의 사법상 계약이다.

04 ×
부가가치세를 제외한 금액이다.

05 ×
공정성을 위해 개찰 전까지 비공개된다.

06 ○
복수예비가격 제도는 예정가격 결정의 공정성과 투명성을 높이기 위한 제도이다.

07 ○
계약보증금은 계약당사자가 계약상의 의무 이행을 보증하기 위해 납부하는 것으로 계약 불이행 시 국고에 귀속된다.

08 ×
도급계약이다. 위임은 '사무 처리'를 목적으로 한다.

09 ○
지방계약법은 지역경제 특성화를 위해 지역제한입찰 등 지역업체 우대 규정을 두고 있다.

10 ×
조정안 자체는 권고적 효력이며, 15일 내 이의가 없으면 재판상 화해와 동일한 효력이 발생한다.

11 ×
선금은 장래 이행을 위한 자금 지원 성격이다. 이미 이행된 부분에 대한 대가는 기성대가이다.

12 ×
계약금액의 70% 이내에서 지급한다.

13 물가변동으로 인한 계약금액 조정은 계약 체결 후 30일 경과 시 신청할 수 있다. (○ , ×)

14 물가변동률이 3% 이상이어야 계약금액 조정이 가능하다. (○ , ×)

15 하자보수보증금은 계약금액의 20% 이상을 납부해야 한다. (○ , ×)

16 건축물 구조체의 하자담보책임기간은 5년이다. (○ , ×)

17 지체상금은 천재지변 등 불가항력으로 인한 지체 시에는 부과하지 않는다. (○ , ×)

18 지체상금 총액은 계약금액을 초과할 수 없다. (○ , ×)

19 민법상 계약은 반드시 계약서를 작성해야 성립한다. (○ , ×)

20 국가계약법상 계약은 계약서 작성과 기명·날인으로 확정된다. (○ , ×)

21 입찰 공고는 계약의 '청약'에 해당한다. (○ , ×)

22 계약 해제는 장래에 대해서만 효력이 있다. (○ , ×)

23 전자조달법상 정보 누설 시 2년 이하의 징역 또는 2천만원 이하의 벌금에 처해진다. (○ , ×)

24 적격심사낙찰제는 입찰가격과 계약이행능력을 종합적으로 심사한다. (○ , ×)

25 동시이행의 항변권은 편무계약에서도 인정된다. (○ , ×)

---

13 ×
90일 이상 경과해야 신청할 수 있다.

14 ○
물가변동 조정은 계약 체결 후 90일 이상 경과하고, 물가변동률이 3% 이상이어야 한다.

15 ×
계약금액의 2~5% 범위에서 납부한다.

16 ×
10년이다.

17 ○
지체상금은 지체일수 1일에 계약금액의 일정비율을 곱하여 산정하며, 천재지변 등 불가항력으로 인한 지체 시에는 부과하지 않는다.

18 ×
지체상금에 대한 법령상 상한 규정은 없다.

19 ×
의사표시의 합치만으로 성립하는 낙성계약이 원칙이다.

20 ○
계약공무원과 계약상대자가 기명·날인을 함으로써 확정된다.

21 ×
청약의 유인에 해당한다.

22 ×
소급효가 있으며, 장래효만 있는 것은 해지이다.

23 ○
전자조달법 제18조에 해당하는 내용이다.

24 ○
적격심사낙찰제는 예정가격 이하 최저가 입찰자 순으로 계약이행능력을 심사하여 종합평점이 일정 점수 이상인 자를 낙찰자로 결정한다.

25 ×
대가적 채무관계가 있는 쌍무계약에서 인정된다.

CHAPTER 05

단원별 핵심정리

암기 필수사항

CHAPTER 05

1. 전자조달법의 목적 및 원칙: 조달업무의 투명성·공정성·효율성 제고를 목적으로 하며, 공개·공정경쟁, 전자적 처리, 정보보호 등의 기본원칙을 규정함
2. 전자문서의 법적 효력: 전자조달시스템에 입력된 때송신된 것으로 보며, 공인전자서명이 있는 경우 법적 효력이 인정됨
3. 공공계약의 법적 성격: 국가가 사경제 주체로서 체결하는 사법(私法)상 계약이며, 국가계약법·전자조달법 등은 민법의 특별법적 지위를 갖음
4. 추정가격과 예정가격: 추정가격(VAT 제외)은 국제입찰 대상 여부 판단 기준이며, 예정가격(VAT. 포함)은 낙찰자 결정의 기준이 됨
5. 복수예비가격 제도: 예정가격 결정의 공정성을 확보하기 위해 기초금액의 ±2% 범위 내 15개 예비가격 중 입찰자가 추첨한 4개를 산술평균하여 예정가격을 결정함
6. 입찰 및 낙찰: 입찰 공고(청약의 유인) → 입찰(청약) → 낙찰(승낙)의 절차로 진행되며, 최저가, 적격심사, 종합심사, 협상에 의한 계약 등 다양한 방식으로 낙찰자를 결정함
7. 대가 지급 체계: 선금은 장래 이행을 위한 자금 지원, 기성대가는 이미 이행된 부분에 대한 대가, 준공대가는 최종 정산 대금
8. 계약 관리: 계약상대자는 계약보증금(10%)을 납부하며, 이행 지체 시 지체상금을 부담. 물가변동 시 90일 경과 및 3% 이상 변동 시 계약금액 조정 가능
9. 경쟁입찰의 종류: 일반경쟁입찰이 원칙이며, 제한경쟁, 지명경쟁, 수의계약은 법령에서 정한 예외적인 경우에만 허용
10. 부정당업자 제재: 담합, 부실시공, 서류위조 등의 사유로 1개월~2년간 입찰참가자격이 제한되며, 제재 처분에 대해 30일 이내에 이의신청 또는 행정심판을 청구할 수 있음
11. 민법상 주요 계약: 공공계약은 주로 '일의 완성'을 목적으로 하는 도급과 '사무 처리'를 목적으로 하는 위임의 성격을 가지며, 각각 하자담보책임과 선관주의의무가 중요함
12. 국가계약법과 지방계약법: 적용 대상(중앙정부 vs 지자체)이 다르며, 특히 지방계약법은 지역경제 활성화를 위한 지역업체 우대규정을 적극적으로 활용함
13. 하자보수보증금: 공사 계약의 경우 계약금액의 2%를 하자보수보증금으로 납부하며, 하자담보책임기간은 공사 종류에 따라 10년
14. 분쟁 해결: 입찰·계약 과정에서 불이익을 받은 경우, 발주기관에 이의신청을 하거나 국가계약분쟁조정위원회(중앙) 또는 지방계약분쟁조정위원회(지방)에 조정을 신청할 수 있음
15. 전자조달법 벌칙: 정보 위조·변조(5년/5천만원), 정보 누설(2년/2천만원), 시스템 운영 방해(3년/3천만원) 등의 형사처벌이 규정되어 있음

CHAPTER 06 공공조달 핵심 법령 ② 및 공정조달

01 조달사업 및 전자조달 관련 법령

📖 **학습목표**

■ 조달사업법, 전자조달법, 공기업·준정부기관 계약사무규칙의 핵심내용을 이해하고, 각 법령의 관계를 설명할 수 있다.

⊕ **plus**

조달사업법과 국가계약법의 관계

• 조달사업법은 조달청이 수행하는 조달사업의 범위와 방식을 정하는 법이고, 국가계약법은 국가가 당사자가 되는 계약의 일반적인 절차를 규정하는 법

• 조달청이 수요기관을 대신하여 계약을 체결할 때, 그 계약 절차는 국가계약법을 따르지만, 계약을 요청받아 사업을 수행하는 근거와 방식은 조달사업법에 기반함

• 즉, 조달사업법은 무엇을, 어떻게 조달할 것인가를, 국가계약법은 어떤 절차로 계약할 것인가를 다룬다고 이해할 수 있음

1 조달사업법 주요 내용

① 총칙: 목적 및 정의

• 「조달사업에 관한 법률」(이하 "조달사업법")은 조달사업을 효율적으로 수행하기 위한 기반을 조성하고 조달사업의 투명성·전문성 및 공정성을 높여 국민경제 발전에 이바지하는 것을 목적으로 함(제1조)

• 이 법은 조달청의 조직, 기능 및 조달사업 전반에 관한 기본적인 사항을 규정하는 법률로서, 국가계약법이나 지방계약법이 계약의 절차에 중점을 두는 것과 달리, 조달사업 자체의 운영과 관리에 초점을 맞춤

용어	정의(제2조)
조달사업	국가, 지방자치단체, 그 밖의 공공기관에서 필요한 물자(군수품은 제외)의 구매·공급 및 관리에 관한 사업과 국가의 주요 시설공사 계약에 관한 사업
전자조달	조달사업을 「전자정부법」에 따라 전자적으로 처리하는 것
수요기관	조달사업을 통하여 물자 및 용역의 구매 또는 시설공사 계약의 체결을 조달청장에게 요청하는 기관
조달물자	조달청장이 수요기관에 공급하기 위하여 구매하는 물품 및 용역

② 조달청의 기능과 역할(제3조 ~ 제5조): 조달사업법은 조달청장에게 다양한 기능과 역할을 부여하고 있으며, 조달청장은 수요기관에서 필요로 하는 물자의 구매·공급 및 관리, 비축물자의 관리, 주요 시설공사의 계약, 정부 물자의 품질검사 등의 업무를 수행함

조달청의 주요 기능	내용
물자의 구매·공급	수요기관이 요청한 물자를 구매하여 공급하는 핵심 기능
비축물자 관리	국가 비상시를 대비하여 주요 물자를 비축·관리
시설공사 계약	일정 규모 이상의 시설공사 계약을 수요기관 대신 체결
품질검사	조달물자의 품질이 규격에 적합한지 검사
우수조달물품 지정	기술력이 우수한 물품을 선별하여 우수조달물품으로 지정·관리
전자조달시스템 운영	나라장터 등 전자조달시스템의 구축 및 운영

③ 계약체결의 요청 및 방법(제5조의2)
- 수요기관의 장은 대통령령으로 정하는 바에 따라 조달청장에게 시설공사 계약의 체결을 요청해야 함. 특히, 추정가격이 30억원 이상인 종합공사나 3억원 이상인 전문공사 등 일정 규모 이상의 공사 계약은 의무적으로 조달청에 요청해야 함
- 조달청장은 계약 요청을 받으면 해당 법령에 따라 계약을 체결하며, 계약 체결에 필요한 경우 입찰참가자에게 관련 서류의 제출을 요구할 수 있음. 이는 조달 계약의 전문성과 공정성을 확보하기 위한 규정

④ 물자의 비축 및 관리(제8조 ~ 제10조)
- 조달청장은 국가 비상시 또는 물자 수급의 불안정에 대비하여 대통령령으로 정하는 물자를 비축할 수 있음
- 비축물자 관리 제도는 코로나-19 팬데믹 당시 마스크, 진단키트 등 의료물자의 안정적 공급에 크게 기여한 바 있으며, 국가 위기상황에서 조달청의 중요한 역할을 보여주는 사례임
- 비축물자의 관리에 관한 주요 사항은 다음과 같음

구분	내용
비축 주체	조달청장
비축 대상	국가 비상시 또는 물자 수급 불안정 시 필요한 물자
비축물자의 방출	수급 불안정 시 시장 안정을 위해 방출할 수 있으며, 대통령령으로 정하는 바에 따라 방출
비축물자의 갱신	비축물자의 품질 유지를 위해 정기적으로 갱신
비축금	비축물자 방출 대금 등으로 충당

⑤ 우수조달물품 지정 제도(제9조의2)
- 조달청장은 기술 개발 및 품질 향상을 촉진하기 위하여 성능·품질 등이 우수한 물품을 우수조달물품으로 지정할 수 있음
- 우수조달물품으로 지정되면 수요기관에 우선적으로 공급될 수 있는 혜택이 주어지며, 이는 중소기업의 기술 개발 의욕을 고취하고 공공조달 시장의 품질 수준을 높이는 데 기여함
- 우수조달물품 지정 유형은 다음과 같음

유형	내용
기술개발제품	신기술·신제품 인증을 받은 물품
성능인증제품	성능 인증을 받은 물품
우수제품	특허 기술을 적용하여 품질이 우수한 물품
혁신제품	혁신적인 기술이나 서비스를 적용한 물품

 **Check Q&A**

다음 중 조달사업법에 따라 수요기관이 의무적으로 조달청에 계약 체결을 요청해야 하는 경우는?

① 추정가격 5억원의 종합공사
② 추정가격 1억원의 전문공사
③ 추정가격 30억원의 종합공사
④ 추정가격 500만원의 물품 구매

정답 ③

추정가격 30억원 이상인 종합공사는 의무적으로 조달청에 계약 체결을 요청해야 한다.

 **Check Q&A**

모든 공공기관이 반드시 조달청을 통해 물품을 구매해야 하는가?

정답

조달청을 통한 구매는 원칙적으로 수요기관의 '요청'에 의해 이루어진다. 다만, 일정 규모 이상의 시설공사나 대통령령으로 정하는 물자의 경우에는 의무적으로 조달청에 요청해야 한다. 소액 물품이나 긴급한 경우 등에는 수요기관이 자체적으로 구매할 수 있는 예외가 인정된다.

➕ plus
우수조달물품 지정의 실무적 의미
- 중소기업 입장에서 우수조달물품 지정은 매우 중요한 의미를 갖으며, 지정을 받으면 별도의 입찰 절차 없이 수의계약으로 공공기관에 물품을 납품할 수 있는 길이 열리기 때문임
- 이는 기술력은 있지만 입찰 경험이 부족한 중소기업에게 공공조달 시장 진입의 기회를 제공함
- 또한, '조달청 우수조달물품'이라는 타이틀 자체가 기업의 신뢰도를 높이는 마케팅 효과도 있음

⑥ 대금지급 및 수수료(제16조, 제18조)
- 조달청장은 조달계약의 이행이 완료되면 수요기관을 대신하여 계약상대자에게 대금을 지급할 수 있음. 이를 대지급이라 하며, 조달업체의 자금 부담을 완화하고 신속한 대금 지급을 보장하는 중요한 역할을 함
- 대지급을 한 경우, 조달청장은 수요기관으로부터 그 대금을 받아야 함
- 또한, 조달청장은 조달사업을 수행하면서 발생한 경비와 조달물자의 관리에 필요한 비용을 충당하기 위해 대통령령으로 정하는 바에 따라 수요기관으로부터 수수료를 받을 수 있으며, 이 수수료는 조달청의 운영 재원이 됨

⑦ 벌칙 및 과태료(제26조 ~ 제28조): 조달사업법은 조달사업의 공정성을 해치는 행위에 대해 벌칙과 과태료를 규정하고 있음

위반 행위	제재 내용	근거 조항
조달사업 관련 비밀 누설	3년 이하 징역 또는 3천만원 이하 벌금	제26조
불공정 조달행위 신고자에 대한 불이익 조치	2년 이하 징역 또는 2천만원 이하 벌금	제27조
전자조달시스템 정보 위조 · 변조	1년 이하 징역 또는 1천만원 이하 벌금	제28조
조달사업 관련 자료 제출 거부	500만원 이하 과태료	제28조의2

⑧ 조달사업의 공정성(제22조)
- 조달청장, 수요기관의 장 및 그 소속 공무원, 계약심의위원회의 위원 등은 조달사업과 관련하여 다음의 불공정 조달행위를 해서는 안 됨
  - 법령을 위반하여 특정인에게 입찰참가자격을 주거나 배제하는 행위
  - 정당한 이유 없이 특정 규격 · 기술 등을 계약규격에 포함하여 특정인에게 유리하게 하는 행위
  - 그 밖에 조달사업의 공정성을 해치는 행위로서 대통령령으로 정하는 행위
- 조달청장은 불공정 조달행위에 대한 신고를 받거나 이를 알게 된 경우 사실관계를 조사하고, 위반 사실이 확인되면 시정조치를 명하거나 관계 기관에 징계 등을 요구할 수 있음

⑨ 조달료 수수료 제도: 조달청은 조달사업을 수행하면서 제공하는 전문적인 서비스의 대가로 수요기관으로부터 조달수수료를 받음. 조달수수료는 조달청의 운영경비를 충당하기 위한 재원이며, 계약 유형에 따라 수수료율이 다르게 적용됨

구분	수수료율
물품 구매	계약금액의 0.85% 이내
시설공사	계약금액의 0.7% 이내
용역	계약금액의 0.85% 이내

2 전자조달법 주요 내용

① 전자조달시스템의 구축 · 운영(제5조 ~ 제7조)
- 조달청장은 조달업무를 전자적으로 처리하기 위하여 국가종합전자조달시스템(나라장터)을 구축 · 운영함
- 조달청장은 전자조달시스템의 효율적인 운영을 위해 전자문서의 서식, 코드, 절차 등을 표준화해야 하며, 이는 서로 다른 기관의 시스템과 원활하게 연계하고, 이용자의 편의성을 높이기 위한 것
- 전자조달시스템의 구축 · 운영에 관한 주요 사항은 다음과 같음

구분	내용
시스템 구축 주체	조달청장
시스템 이용 대상	공공기관 및 조달업체
주요 기능	입찰 공고, 입찰서 제출 · 개찰, 계약 체결, 대금 지급, 실적 관리 등
표준화	전자문서의 서식, 코드, 절차 등의 표준화 추진
연계	다른 공공기관의 정보시스템과의 연계 지원

② 신원확인 및 정보보호(제8조)
- 전자조달시스템을 이용하려는 자는 신원확인을 받아야 하며, 신원확인은 공인전자서명 등을 통해 이루어지고, 이는 전자입찰의 신뢰성과 보안을 확보하기 위한 필수적인 절차임
- 조달청장은 전자조달시스템에서 처리되는 정보의 보호를 위해 다음의 조치를 해야 함
  - 접근 통제: 권한 없는 자의 시스템 접근을 차단하는 조치
  - 암호화: 입찰서 등 중요 전자문서의 암호화 처리
  - 백업 및 복구: 시스템 장애에 대비한 데이터 백업 및 복구 체계 구축
  - 보안 감사: 정기적인 보안 감사 실시

③ 전자적 공고의 방법 및 시기(제9조)
- 공공기관의 장은 입찰에 부치려는 경우 전자조달시스템을 통해 공고해야 하며, 이는 정보의 접근성을 높여 모든 잠재적 입찰자에게 공평한 기회를 제공하기 위함
- 공고 시기는 법령에 다른 규정이 있는 경우를 제외하고는 입찰서 제출 마감일의 전날부터 기산하여 7일 전에 해야 함. 다만, 긴급을 요하는 경우나 재공고입찰의 경우에는 5일 전까지 공고할 수 있음

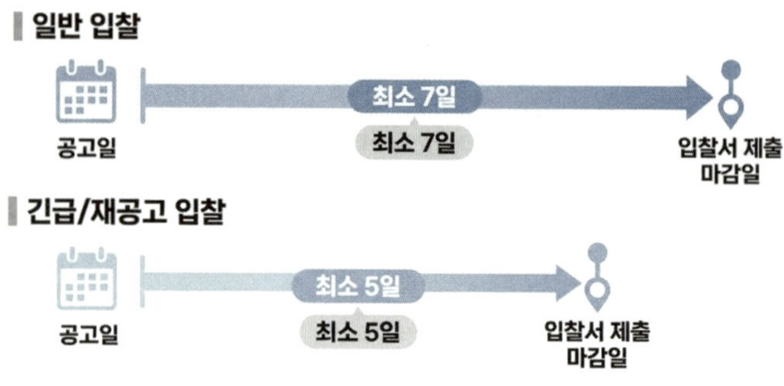

▲ 입찰 공고기간

④ 전자문서의 효력(제10조)
- 전자조달시스템을 통해 작성·송신·수신 또는 저장된 전자문서는 다른 법령에 특별한 규정이 있는 경우를 제외하고는 종이문서와 동일한 법적 효력을 가지며, 이는 전자조달의 법적 기반을 확보하는 핵심적인 규정
- 전자문서의 효력을 인정받기 위해서는 다음의 요건이 충족되어야 함
  - 전자서명: 작성자의 신원을 확인할 수 있는 전자서명이 포함되어야 함
  - 무결성: 전자문서의 내용이 송신 후 변경되지 않았음이 증명되어야 함
  - 시점 확인: 전자문서가 작성·송신된 시점이 확인될 수 있어야 함

구분	전자문서	종이문서
작성 방식	정보처리장치로 전자적 작성	수기 또는 인쇄
송신 방식	전자조달시스템을 통해 전송	우편, 택배, 직접 제출
보관 방식	전자적 저장(서버, 클라우드)	물리적 보관(창고, 서류함)
법적 효력	종이문서와 동일	원본으로서의 효력
위·변조 방지	암호화, 전자서명	인감, 서명

⑤ 전자적 형태의 입찰서 제출(제11조)
- 전자입찰에 참가하려는 자는 전자조달시스템이 정하는 방식에 따라 전자문서로 입찰서를 제출해야 하며, 이렇게 제출된 전자입찰서는 암호화되어 시스템에 안전하게 보관되고, 정해진 개찰 시간이 되기 전까지는 아무도 그 내용을 열람할 수 없음
- 이는 입찰의 비밀유지와 공정성을 보장하는 핵심적인 기술적 장치

⑥ 전자공개수의계약(제13조)
- 추정가격이 일정 금액 이하인 수의계약의 경우, 전자조달시스템을 통해 견적서를 제출하게 하는 전자공개수의계약을 체결할 수 있음
- 이는 소액 계약의 투명성을 높이기 위한 제도로, 비록 경쟁입찰은 아니지만 다수의 잠재적 계약상대자로부터 견적을 받아 비교함으로써 더 나은 조건의 계약을 유도하는 효과가 있음

⑦ 하도급 관리의 전자적 처리(제14조의2)
- 공공기관의 장은 공사계약을 체결한 계약상대자가 하도급 대금 지급 등 하도급 관련 업무를 전자적으로 처리하도록 전자조달시스템(예 하도급지킴이)을 통해 지원할 수 있음
- 이를 통해 원수급인이 하수급인에게 대금을 제때 지급하는지 실시간으로 모니터링하고, 하도급 업체의 권익을 보호할 수 있음

⑧ 전자조달시스템 이용·활용 제한(제19조)
- 조달청장은 이용자가 다음 중 어느 하나에 해당하는 경우 1개월 이상 2년 이하의 범위에서 전자조달시스템의 이용을 제한할 수 있음
  - 다른 이용자의 이용을 방해한 경우
  - 전자조달시스템에 의하여 처리되는 정보를 위조·변조하거나 부정하게 행사한 경우
  - 정당한 이유 없이 계약을 체결 또는 이행하지 아니하는 등 조달절차의 진행을 방해한 경우
- 이는 국가계약법상의 부정당업자 제재와는 별개의 조치로서, 전자조달시스템의 안정적이고 공정한 운영을 확보하기 위한 행정적 제재

3 공기업·준정부기관 계약사무규칙

① 의의 및 적용 범위
- 「공기업·준정부기관 계약사무규칙」(이하 계약사무규칙)은 「공공기관의 운영에 관한 법률」에 따라 지정된 공기업과 준정부기관이 계약을 체결할 때 준수해야 할 사항을 정한 규칙이며, 이들 기관은 정부의 출연·출자 등으로 설립되어 공공성을 띠지만, 동시에 기업성과 자율성을 가지고 운영된다는 특징이 있음
- 따라서 계약사무규칙은 국가계약법을 원칙적으로 준용하면서도, 이들 기관의 경영 효율성과 자율성을 보장하기 위한 몇 가지 예외와 특례를 규정하고 있음

〈공공기관의 유형별 적용 법규〉

기관 유형	적용 법규	예시
중앙행정기관	국가계약법	기획재정부, 국토교통부 등
지방자치단체	지방계약법	서울시, 경기도 등
공기업	계약사무규칙 (국가계약법 준용)	한국전력공사, 한국도로공사 등
준정부기관	계약사무규칙 (국가계약법 준용)	국민건강보험공단, 근로복지공단 등
기타 공공기관	자체 계약 규정	각 기관별 내규에 따름

다음 중 전자조달법에 따른 전자조달 시스템 이용 제한 사유가 아닌 것은?

① 다른 이용자의 시스템 접속을 방해했다.
② 입찰서 금액을 위조하여 제출했다.
③ 낙찰 후 정당한 이유 없이 계약 체결을 거부했다.
④ 계약 이행 과정에서 경미한 하자보수를 지연했다.

정답 ④

계약 이행 과정에서의 경미한 하자보수 지연은 계약상의 지체상금 부과 등 민사적 책임의 대상이 될 수는 있으나, 조달 절차의 진행 자체를 방해하는 행위로 보기는 어려워 전자조달시스템 이용 제한 사유에 직접 해당한다고 보기는 어렵다.

⊕ plus

계약 법규의 적용 위계
- 공공조달 계약 법규는 적용 대상 기관의 성격에 따라 다음과 같이 위계적으로 적용된다고 이해할 수 있음
- 국가기관: 국가를 당사자로 하는 계약에 관한 법률(국가계약법)
- 지방자치단체: 지방자치단체를 당사자로 하는 계약에 관한 법률(지방계약법)
- 공기업·준정부기관: 공기업·준정부기관 계약사무규칙(국가계약법을 준용하되, 이 규칙에 특례가 있으면 우선 적용)
- 기타 공공기관: 자체 계약 규정에 따르되, 특별한 규정이 없으면 국가계약법을 준용하는 경우가 많음

② **계약 방법의 비교**: 계약사무규칙에 따른 계약 방법과 국가계약법의 계약 방법을 비교하면 다음과 같음

구분	국가계약법	계약사무규칙
원칙	일반경쟁입찰	일반경쟁입찰(동일)
수의계약 금액 기준	추정가격 2천만원 이하	추정가격 5천만원 이하(확대)
제한경쟁입찰	엄격한 요건 적용	자율적 운영 가능
계약심의위원회	법정 의무	자체 운영
입찰참가자격 등록	나라장터 등록 필수	자체 등록 가능

③ **국제입찰 대상 및 특례**: 정부조달협정(GPA) 등 국제협정에 따라 국제입찰을 해야 하는 대상 금액이 중앙행정기관과 다르게 설정될 수 있으며, 기관의 경영 목적 달성을 위해 필요한 경우, 국가계약법의 일반적인 계약 방법과 다른 절차를 적용할 수 있는 재량을 일부 인정받을 수 있음

④ **수의계약 규정의 특례**
  • 계약사무규칙은 국가계약법 시행령에서 정한 수의계약 사유 외에도, 공기업・준정부기관의 특수성을 반영한 추가적인 수의계약 사유를 인정함
  • 예를 들어, 기관의 설립 목적에 부합하는 사업을 위탁하거나, 특허 등 독점적 기술을 보유한 자와 계약하는 경우 등 경영 효율성을 위해 필요한 경우에 수의계약의 범위가 넓어짐

⑤ **의견 청취 및 심의 절차**
  • 기관의 장은 입찰참가자격 제한, 낙찰자 결정 등 중요한 계약사항에 대해 자체적으로 심의위원회를 구성하여 심의하거나, 외부 전문가의 의견을 청취하는 절차를 마련하여 운영할 수 있음
  • 이는 계약 과정의 공정성과 투명성을 확보하기 위한 내부 통제 장치

⑥ **이의신청 규정**
  • 입찰 및 계약 과정에서 불이익을 받았다고 생각하는 자는 해당 기관의 장에게 이의신청을 제기할 수 있으며, 이는 국가계약법에 따른 기획재정부 장관에 대한 이의신청과는 별개의 절차로, 1차적인 구제 절차로서의 의미를 갖음
  • 기관의 장은 이의신청을 받으면 이를 심사하여 결과를 통보해야 함

📖 학습목표

- 공정조달의 법규 분쟁 및 해석에 대해 이해할 수 있다.
- 계약보증금, 이의신청 절차, 청렴계약 및 담합 방지 제도를 설명할 수 있다.

1 공공조달 법규 분쟁 및 해석

① 계약 해제·해지 및 지체상금
- 공공조달 계약에서 계약상대자가 계약상의 의무를 이행하지 않을 경우, 발주기관은 계약을 해제 또는 해지할 수 있으며, 주요 계약 해제·해지 사유는 다음과 같음

해제·해지 사유	내용	효과
정당한 이유 없는 계약 불이행	계약상대자가 정당한 사유 없이 계약을 이행하지 않는 경우	계약보증금 국고 귀속
부도 또는 파산	계약상대자가 부도 또는 파산한 경우	계약보증금 국고 귀속
담합 적발	입찰 담합 사실이 적발된 경우	계약 해제 + 부정당업자 제재
뇌물 제공	계약 관련 뇌물을 제공한 경우	계약 해제 + 부정당업자 제재
품질 불량	납품한 물품의 품질이 심각하게 불량한 경우	계약 해제 + 손해배상 청구

- 계약 이행이 지연된 경우에는 지체상금이 부과되며, 지체상금은 계약금액에 지체일수와 지체상금률을 곱하여 산정함

구분	내용
산정 공식	지체상금 = 계약금액 × 지체일수 × 지체상금률
물품 계약 지체상금률	계약금액의 1,000분의 0.75(일당)
공사 계약 지체상금률	계약금액의 1,000분의 0.5(일당)
상한	계약보증금 상당액을 초과할 수 없음

② 공공조달 분쟁조정
- 공공조달 계약 과정에서 발생하는 분쟁을 소송보다 신속하고 간편하게 해결하기 위해 국가계약분쟁조정위원회를 통한 조정 제도가 마련되어 있으며, 이는 법원의 판결이 아닌, 전문가들의 조정을 통해 상호 합의를 유도하는 방식
  - 신청 대상: 입찰참가자격, 낙찰자 결정, 계약금액 조정, 부정당업자 제재 등 국가계약과 관련된 분쟁
  - 위원회 구성: 위원장 1명을 포함한 15명 이내의 위원으로 구성되며, 법률 및 조달 분야의 전문가들이 참여함

➕ plus

지체상금과 계약 해제의 관계
- 지체상금이 계약보증금 상당액에 달하면, 발주기관은 계약을 해제·해지할 수 있으며, 이 경우 계약보증금은 국고에 귀속되고, 계약상대자는 부정당업자 제재까지 받을 수 있음
- 따라서 계약 이행 지연이 예상될 경우, 조기에 발주기관과 협의하여 공기 연장 등의 조치를 취하는 것이 중요함

☑ Check Q&A

물품 계약에서 계약금액이 1억원이고 납품이 10일 지연된 경우 지체상금은 얼마인가?

① 50만원
② 75만원
③ 100만원
④ 150만원

정답 ②

지체상금
= 1억원 × 10일 × 0.75/1,000
= 75만원

- 조정 절차: 분쟁 당사자의 신청 → 사실 조사 → 위원회 심의 → 조정안 작성 및 제시
- 효력: 당사자가 조정안을 수락하면 재판상 화해와 동일한 효력이 발생하며, 이는 소송을 통한 확정판결과 같은 법적 구속력을 가짐
• 분쟁조정과 행정소송의 주요 차이점을 비교하면 다음과 같음

구분	분쟁조정	행정소송
심사 기관	국가계약분쟁조정위원회	법원
소요 기간	통상 90일 이내	수개월 ~ 수년
비용	저렴	고액(변호사 수임료 등)
전문성	조달 분야 전문가 심사	법률 전문가 심사
구속력	당사자 수락 시 재판상 화해 효력	판결로서 확정적 구속력
절차	비교적 간편	엄격한 소송 절차

③ 유권해석 및 감사사례
• 유권해석: 법 조문이 모호하거나 해석의 여지가 있을 때, 권한 있는 기관이 공식적인 해석을 내리는 것을 말하며, 국가계약법에 관한 유권해석은 기획재정부가, 조달사업법에 관한 유권해석은 조달청이 담당함. 조달 실무에서 법규 적용에 의문이 생길 경우, 기획재정부의 회계예규나 조달청의 질의회신 사례를 찾아보는 것이 가장 정확한 해결 방법
• 감사사례: 감사원은 공공기관의 예산 집행 및 계약 업무가 법규에 따라 적정하게 이루어졌는지 정기적으로 감사하며, 감사 결과 지적된 사례들은 법규를 잘못 해석하거나 적용했을 때 어떤 문제가 발생하는지 보여주는 생생한 교재가 됨
• 주요 유권해석 및 감사사례의 유형을 정리하면 다음과 같음

유형	주요 내용	담당 기관
예정가격 산정 관련	예정가격 작성 시 적용할 기준의 해석	기획재정부
입찰참가자격 관련	입찰참가자격 등록 요건의 해석	기획재정부
계약금액 조정 관련	물가변동 등에 따른 계약금액 조정 기준	기획재정부
조달사업 절차 관련	조달사업의 절차적 요건 해석	조달청
계약 이행 부적정	계약 이행 과정의 위법·부당 사례	감사원
입찰 절차 위반	입찰 공고, 낙찰자 결정 등의 절차 위반 사례	감사원

④ 부정당업자 제재 처분 법리
• 부정당업자 제재는 공정하고 성실한 계약 이행을 담보하기 위한 가장 강력한 행정제재이며, 법원은 제재 처분의 요건과 절차를 엄격하게 해석하는 경향이 있음
• 귀책사유의 명확성: 제재를 하기 위해서는 입찰 또는 계약 이행 과정에서 법령을 위반하고 계약의 공정한 질서나 신뢰를 해친 행위, 즉 부정당한 행위에 대한 명백한 객관적 증거가 있어야 함

- 재량권의 한계: 제재 기간(1개월 ~ 2년)을 정하는 것은 처분청의 재량에 속하지만, 위반 행위의 동기, 내용, 결과 등을 종합적으로 고려해야 하며, 비례의 원칙을 위반하여 과도하게 가혹한 제재를 부과해서는 안 됨
- 절차적 정당성: 제재 처분을 하기 전에는 반드시 당사자에게 의견을 제출할 기회를 주어야 하는 등 행정절차법상의 절차를 준수해야 함

② 계약보증금 제도

① 일반 개요

- 공공조달 계약에서는 계약상대자가 계약을 성실히 이행할 것을 담보하기 위해 계약보증금을 납부하도록 하고 있음

구분	내용
납부 금액	계약금액의 100분의 10 이상
납부 방법	현금, 보증보험증권, 이행보증서, 국채·지방채 등
귀속 사유	계약상대자의 귀책사유로 계약 해제·해지 시
반환	계약이 정상적으로 이행된 경우

- 계약보증금과 유사한 개념으로 입찰보증금이 있으며, 입찰보증금은 입찰에 참여하는 업체가 납부하는 것으로, 낙찰 후 정당한 이유 없이 계약을 체결하지 않을 경우 국고에 귀속됨

구분	입찰보증금	계약보증금
납부 시기	입찰서 제출 시	계약 체결 시
납부 금액	입찰금액의 100분의 5 이상	계약금액의 100분의 10 이상
귀속 사유	낙찰 후 계약 미체결	계약 불이행 등
목적	성실한 입찰참여 담보	성실한 계약 이행 담보

② 법규 위반 시 제재

- 계약의 해제 및 해지: 계약상대자가 정당한 이유 없이 계약을 이행하지 않거나, 계약 내용을 위반하여 계약의 목적을 달성할 수 없다고 판단될 경우, 발주기관은 계약의 전부 또는 일부를 해제(소급하여 무효화)하거나 해지(장래에 대하여 무효화)할 수 있으며, 이 경우 계약보증금은 국고로 귀속되는 것이 원칙
- 부정당업자 제재
  - 담합, 뇌물 제공, 서류 위조, 정당한 이유 없는 계약 미체결 또는 불이행 등 공정한 경쟁이나 계약의 적정한 이행을 해칠 우려가 있는 행위를 한 자에 대해서는 일정 기간(1개월 ~ 2년) 입찰참가자격을 제한하며, 이는 해당 업체가 일정 기간 모든 공공기관의 입찰에 참여할 수 없게 만드는 강력한 제재임

- 주요 부정당업자 제재 사유 및 법정 제한기간을 정리하면 다음과 같음

제재 사유	제한기간	비고
입찰 담합 주도	2년	가장 중한 제재
입찰 담합 참여	1년	
뇌물 제공	2년	
입찰서류 위조·변조	1년	
정당한 이유 없는 계약 미체결	6개월	
정당한 이유 없는 계약 불이행	6개월	
하도급 대금 미지급	6개월	
안전 조치 위반(사망사고)	2년	
안전 조치 위반(중상사고)	1년	
품질 불량 물품 납품	6개월	

- 불공정 조달행위 제재: 공무원 등이 특정인에게 유리하도록 계약규격을 정하는 등 불공정 조달행위를 한 경우, 해당 공무원은 징계 요구의 대상이 되며, 관련 업체는 조사 결과에 따라 입찰참가자격 제한 등의 제재를 받을 수 있음
- 부당이득금 환수: 계약상대자가 계약금액을 부풀려 청구하거나, 실제 투입되지 않은 비용을 청구하는 등 국가에 손해를 끼친 사실이 발견되면, 발주기관은 부당하게 지급된 금액을 환수해야 하며, 경우에 따라서는 환수할 금액에 이자까지 가산하여 징수할 수 있음

3 이의신청 절차

① 국가계약법상 이의신청(제28조): 입찰참가자격 제한, 낙찰자 결정 등 계약 과정에서 불이익을 받았다고 생각하는 자는 기획재정부 장관에게 이의신청을 제기할 수 있으며, 이는 행정소송을 제기하기 전에 활용할 수 있는 간편한 구제 절차

구분	내용
신청 대상	입찰참가자격 제한, 낙찰자 결정, 계약 체결 등 계약 관련 처분
신청 기한	처분이 있음을 안 날부터 15일 이내
심사 기관	기획재정부 장관
결정 기한	이의신청을 받은 날부터 30일 이내
효력	이의신청에 대한 결정은 행정심판의 재결을 갈음하지 않음

② 이의신청과 행정심판의 관계: 이의신청은 행정심판의 전치주의(Pre-Requisite)에 해당하지 않으므로, 이의신청을 거치지 않고 바로 행정심판이나 행정소송을 제기할 수도 있음. 다만, 이의신청은 소송에 비해 시간과 비용이 적게 들고, 전문성 있는 심사를 받을 수 있다는 장점이 있어 실무적으로 많이 활용됨

4 청렴계약 및 담합 방지 제도

① 청렴계약 제도
- 청렴계약 제도는 공공조달 계약 과정에서 뇌물, 금품 등 부정한 청탁을 하지 않겠다는 내용의 특약을 계약에 포함시키는 제도
- 입찰참가자는 입찰서 제출 시 청렴계약서에 서명해야 하며, 이를 위반할 경우 계약 해제·해지 및 입찰참가자격 제한 등의 제재를 받을 수 있음

구분	내용
목적	계약 과정의 투명성과 공정성 확보, 부정부패 방지
적용 대상	일정 금액 이상의 모든 공공조달 계약
주요 내용	뇌물·금품 등 부정 청탁 금지, 담합 금지, 하도급 대금 적정 지급 등
위반 시 제재	계약 해제·해지, 입찰참가자격 제한, 손해배상 청구

② 입찰 담합 방지: 입찰 담합은 공공조달의 공정성을 가장 심각하게 해치는 행위 중 하나로, 입찰에 참가하는 업체들이 사전에 입찰가격, 낙찰자 등을 합의하는 행위를 말하며, 담합이 적발되면 다음과 같은 제재가 병과될 수 있음

제재 유형	내용	근거 법령
부정당업자 제재	입찰참가자격 제한(1개월~2년)	국가계약법
과징금 부과	관련 매출액의 10% 이내	독점규제법
형사처벌	담합 주도자에 대한 형사처벌	형법
손해배상	국가에 끼친 손해의 배상 청구	민법

③ 담합 적발 사례와 예방
- 가격 담합: 입찰에 참가하는 업체들이 사전에 입찰가격을 합의하는 형태
  - 낙찰자 담합: 누가 낙찰받을지 미리 정하고, 나머지 업체들은 들러리 역할만 하는 형태
  - 시장 분할 담합: 지역이나 사업 분야를 나누어 각자 해당 영역의 입찰에만 참여하는 형태
- 담합을 예방하기 위해 조달청은 입찰 담합 정보분석시스템을 운영하여 비정상적인 입찰 패턴을 탐지하고, 담합 신고자에 대한 포상금 제도를 운영하여 담합 적발을 장려하고 있음

CHAPTER 06 단원별 핵심문제

01

조달사업법의 목적에 대한 설명으로 가장 거리가 먼 것은?

① 조달사업의 효율적 수행 기반 조성
② 조달사업의 투명성·전문성·공정성 제고
③ 국가 안보를 위한 군수품의 안정적 조달
④ 국민경제 발전에 이바지

해설

조달사업법 제1조(목적)는 "조달사업을 효율적으로 수행하기 위한 기반을 조성하고 조달사업의 투명성·전문성 및 공정성을 높여 국민경제 발전에 이바지하는 것"을 목적으로 규정하고 있다. 군수품은 조달사업법 제2조(정의)에 따라 '조달사업'의 범위에서 제외되므로, 군수품의 안정적 조달은 조달사업법의 직접적인 목적이라 할 수 없다.

02

조달사업법에 따라 수요기관의 장이 의무적으로 조달청장에게 계약 체결을 요청해야 하는 시설공사의 기준으로 옳은 것은?

① 추정가격 10억원 이상인 종합공사
② 추정가격 1억원 이상인 전문공사
③ 추정가격 30억원 이상인 종합공사
④ 추정가격 5억원 이상인 전기공사

해설

조달사업법 시행령 제9조의3에 따르면, 추정가격이 30억원 이상인 종합공사나 3억원 이상인 전문공사 등은 의무적으로 조달청에 계약 체결을 요청해야 한다.

03

조달청장이 수요기관을 대신하여 계약상대자에게 대금을 지급하는 제도를 무엇이라고 하는가?

① 선금
② 기성대가
③ 대지급
④ 조달수수료

해설

조달사업법 제16조는 조달청장이 수요기관을 대신하여 계약상대자에게 대금을 지급할 수 있는 '대지급' 제도를 규정하고 있다. 이는 조달업체의 자금 유동성을 지원하고 신속한 대금 지급을 보장하는 중요한 역할을 한다.

04

다음 중 조달사업법에서 규정하는 불공정 조달행위에 해당하지 않는 것은?

① 정당한 이유 없이 특정 규격·기술을 계약규격에 포함하여 특정인에게 유리하게 하는 행위
② 법령을 위반하여 특정인에게 입찰참가자격을 주는 행위
③ 계약 이행이 지체된다는 이유로 지체상금을 부과하는 행위
④ 조달사업의 공정성을 해치는 행위로서 대통령령으로 정하는 행위

해설

지체상금 부과는 계약 불이행에 따른 손해배상 예정의 성격을 가지는 정당한 계약 관리 행위이며, 조달사업법에서 금지하는 불공정 조달행위에 해당하지 않는다.
①, ②, ④는 조달사업법 제22조에서 명시적으로 금지하는 불공정 조달행위의 예시에 해당한다.

05

전자조달법에 따른 전자입찰 공고 시기로 원칙적으로 옳은 것은?

① 입찰서 제출 마감일 3일 전
② 입찰서 제출 마감일 5일 전
③ 입찰서 제출 마감일 7일 전
④ 입찰서 제출 마감일 10일 전

해설

전자조달법 제9조에 따라 입찰 공고는 입찰서 제출 마감일의 전날부터 기산하여 원칙적으로 7일 전에 해야 한다.

정답　　01 ③　02 ③　03 ③　04 ③　05 ③

06

전자조달법상 긴급을 요하는 경우 또는 재공고입찰의 경우, 입찰 공고는 입찰서 제출 마감일 전날부터 기산하여 며칠 전까지 해야 하는가?

① 3일
② 5일
③ 7일
④ 10일

해설

전자조달법 제9조 단서 조항에 따라 긴급을 요하거나 재공고입찰의 경우에는 입찰서 제출 마감일의 전날부터 기산하여 5일 전까지 공고할 수 있다.

07

전자입찰에 참가하여 입찰서를 제출한 후, 마감 시간 이전에 입찰금액을 잘못 기재한 것을 발견했을 때 가장 올바른 조치 방법은?

① 전화로 수정을 요청한다.
② 입찰서를 수정하여 다시 제출한다.
③ 기존 입찰을 취소하고 새로운 입찰서를 작성하여 다시 제출한다.
④ 마감 시간 이후 정정 신청을 한다.

해설

전자입찰서는 암호화되어 제출되므로 직접 수정이 불가능하다. 입찰서 제출 마감 시한 전까지는 제출한 입찰서를 취소하고 새로운 입찰서를 작성하여 다시 제출하는 방식으로만 정정이 가능하다.

08

다음 중 전자조달법에 따라 전자조달시스템 이용이 제한될 수 있는 사유로 가장 적절한 것은?

① 계약 이행 과정에서 발주기관과 경미한 의견 다툼이 있었다.
② 경쟁사의 입찰 정보를 해킹하여 입찰에 참여했다.
③ 계약서에 명시된 납기를 1일 지연하여 납품했다.
④ 발주기관의 정당한 설계 변경 요구에 대해 이의를 제기했다.

해설

전자조달법 제19조는 '전자조달시스템에 의하여 처리되는 정보를 위조·변조하거나 부정하게 행사한 경우'를 시스템 이용 제한 사유로 규정하고 있다. 경쟁사의 정보를 해킹하는 것은 이에 해당하는 명백한 부정행위이다.
①, ③, ④는 계약 이행 과정의 다툼이나 경미한 지연으로, 시스템 이용 제한과 같은 강력한 제재의 대상이 되기는 어렵다.

09

「공기업·준정부기관 계약사무규칙」에 대한 설명으로 가장 올바른 것은?

① 모든 공공기관에 동일하게 적용되는 규칙이다.
② 국가계약법보다 항상 우선하여 적용된다.
③ 지방계약법을 준용하여 기관의 특수성을 반영한다.
④ 국가계약법을 준용하되, 기관의 경영 효율성을 위한 특례를 인정한다.

해설

계약사무규칙은 공기업과 준정부기관에 적용되며, 국가계약법을 원칙적으로 준용하면서도 기관의 경영 효율성과 자율성을 보장하기 위한 일부 특례(예: 수의계약 범위 확대)를 인정하는 것이 특징이다.

10

부정당업자 제재 처분에 대한 법원의 태도로 가장 거리가 먼 것은?

① 제재 처분을 위해서는 부정당한 행위에 대한 명백한 객관적 증거가 필요하다.
② 제재 기간을 정하는 것은 처분청의 완전한 재량이므로 법원이 관여할 수 없다.
③ 제재 처분은 위반 행위에 비해 과도하게 가혹해서는 안 된다는 비례의 원칙을 따라야 한다.
④ 제재 처분 전에는 당사자에게 의견 제출 기회를 부여하는 등 절차적 정당성을 지켜야 한다.

해설

법원은 부정당업자 제재 처분이 국민의 권리를 제한하는 행정처분이므로, 그 요건, 절차, 제재의 정도(비례의 원칙) 등을 엄격하게 심사한다. 제재 기간을 정하는 것이 처분청의 재량에 속하더라도, 그 재량권이 남용되거나 일탈한 경우에는 위법하다고 판단하여 취소할 수 있다. 따라서 법원이 관여할 수 없다는 설명은 틀렸다.

정답 06 ② 07 ③ 08 ② 09 ④ 10 ②

11

공공조달 계약 과정에서 발생한 분쟁에 대해 국가계약분쟁조정위원회의 조정을 거쳐 당사자가 조정안을 수락했을 때 발생하는 법적 효력은?

① 행정상 화해
② 재판상 화해
③ 민사상 합의
④ 법원 조정 결정

해설

국가계약법 제30조 제2항에 따라 분쟁조정위원회의 조정안을 당사자가 수락한 경우, 그 내용은 '재판상 화해'와 동일한 효력을 갖는다. 이는 소송을 거치지 않고도 법원의 확정판결과 같은 효력을 부여하는 것이다.

12

국가계약법에 대한 유권해석을 담당하는 기관은 어디인가?

① 조달청
② 감사원
③ 기획재정부
④ 국무조정실

해설

국가계약법의 소관 부처는 기획재정부이므로, 법령에 대한 공식적인 유권해석 권한은 기획재정부가 갖는다. 조달청은 조달사업법에 대한 유권해석 및 계약 실무에 대한 해석을 담당한다.

13

「공기업·준정부기관 계약사무규칙」이 국가계약법에 비해 가지는 특징으로 볼 수 없는 것은?

① 기관의 특수성을 반영한 수의계약 사유를 추가적으로 인정한다.
② 자체적인 이의신청 절차를 운영할 수 있다.
③ 국제입찰 대상 금액 기준을 중앙행정기관과 동일하게 적용한다.
④ 기관의 경영 목적 달성을 위해 다른 계약 절차를 적용할 재량을 일부 인정한다.

해설

계약사무규칙 제4조에 따르면, 국제입찰의 대상이 되는 물품 및 용역 구매계약의 금액 기준은 중앙행정기관의 장이 체결하는 계약의 경우보다 완화하여 적용한다. 이는 공기업·준정부기관의 자율성을 확대한 것으로, 중앙행정기관과 동일하게 적용하는 것이 아니다.

14

다음 중 계약상대자의 귀책사유로 계약이 해제될 경우, 일반적으로 어떤 조치가 뒤따르는가?

① 계약보증금은 즉시 반환된다.
② 계약보증금은 국고로 귀속된다.
③ 지체상금이 면제된다.
④ 부정당업자 제재가 면제된다.

해설

계약상대자의 책임 있는 사유로 계약이 해제 또는 해지된 경우, 계약 이행을 담보하기 위해 납부한 계약보증금은 국가계약법 제12조 제3항에 따라 국고로 귀속된다.

15

다음 중 부정당업자 입찰참가자격 제한 제재에 대한 설명으로 옳지 않은 것은?

① 제재 기간은 1개월 이상 2년 이하의 범위에서 결정된다.
② 제재를 받으면 모든 공공기관의 입찰에 참여할 수 없게 된다.
③ 제재는 해당 계약을 체결한 특정 공공기관의 입찰에만 제한된다.
④ 입찰 담합, 서류 위조 등이 주요 제재 사유에 해당한다.

해설

부정당업자 제재는 국가계약법의 적용을 받는 모든 공공기관(중앙행정기관, 지방자치단체, 공기업 등)의 입찰에 참여할 수 없게 되는 강력한 효력을 가진다. 특정 공공기관의 입찰에만 제한되는 것이 아니다.

16

조달사업법상 조달사업의 범위에 포함되지 않는 것은?

① 국가기관에서 필요한 물자의 구매
② 지방자치단체에서 필요한 용역의 공급
③ 공공기관의 주요 시설공사 계약
④ 군수품의 구매 및 관리

해설

조달사업법 제2조 제1호는 조달사업의 정의에서 '군수품은 제외한다'고 명시하고 있다. 군수품은 방위사업법에 따라 별도로 조달된다.

정답　　11 ②　12 ③　13 ③　14 ②　15 ③　16 ④

17

조달청이 조달사업을 수행하면서 제공하는 전문적인 서비스의 대가로 수요기관으로부터 받는 것은 무엇인가?

① 부당이득금
② 이행보증금
③ 조달수수료
④ 하자보수보증금

조달사업법 제18조에 따라 조달청장은 조달사업 수행에 드는 경비를 충당하기 위해 수요기관으로부터 수수료를 받을 수 있다. 이를 조달수수료라고 한다.

18

전자조달법상 하도급지킴이와 같은 시스템을 통해 하도급 대금 지급을 관리하도록 지원하는 가장 주된 이유는?

① 원수급인의 행정 편의를 증진하기 위해
② 하수급인의 권익을 보호하고 대금 체불을 방지하기 위해
③ 발주기관의 예산을 절감하기 위해
④ 불필요한 하도급 계약을 줄이기 위해

하도급지킴이 시스템은 원수급인이 하수급인에게 대금을 제때 지급하는지 실시간으로 모니터링하고, 하도급 대금이 다른 곳으로 유용되는 것을 방지하여 경제적 약자인 하수급인의 권익을 보호하는 것을 가장 주된 목적으로 한다.

19

다음 중 국가계약분쟁조정위원회의 조정 대상이 되기 어려운 것은?

① 낙찰자 결정의 부당함
② 계약금액 조정에 대한 불만
③ 부정당업자 제재 처분에 대한 이의
④ 계약과 무관한 개인 간의 채무 관계

국가계약분쟁조정위원회는 국가계약법의 적용을 받는 계약과 관련된 분쟁을 조정하는 기관이다. 계약과 전혀 관련이 없는 개인 간의 채무 관계는 조정 대상에 해당하지 않는다.
①, ②, ③은 모두 계약 과정에서 발생하는 대표적인 분쟁 유형이다.

20

공공기관의 계약 업무에 대한 감사를 통해 위법·부당한 사례를 적발하고 시정을 요구하는 주된 기관은 어디인가?

① 기획재정부
② 조달청
③ 감사원
④ 공정거래위원회

감사원법에 따라 감사원은 국가 및 법률이 정한 단체의 회계를 검사하고 행정기관 및 공무원의 직무를 감찰하는 헌법기관이다. 공공기관의 계약 업무가 법규에 따라 적정하게 수행되었는지 감사하는 것은 감사원의 주요 직무 중 하나이다.

21

계약 이행이 지연된 데 대한 손해배상 예정의 성격을 가지는 제재는 무엇인가?

① 부정당업자 제재
② 계약 해지
③ 지체상금 부과
④ 부당이득금 환수

지체상금은 계약상대자가 정당한 이유 없이 계약의 이행을 지체하였을 때, 그 지연에 대한 손해배상액의 예정으로서 부과하는 금액이다. 부정당업자 제재나 계약 해지는 행정적 제재의 성격이 강하다.

22

추정가격이 일정 금액 이하인 수의계약 시, 전자조달시스템을 통해 다수의 업체로부터 견적서를 받아 계약상대자를 결정하는 방식은?

① 일반경쟁입찰
② 지명경쟁입찰
③ 전자공개수의계약
④ 협상에 의한 계약

전자공개수의계약은 수의계약의 일종이지만, 전자조달시스템을 통해 2인 이상으로부터 견적서를 받아 계약의 공정성과 투명성을 높이는 방식이다.

정답　17 ③　18 ②　19 ④　20 ③　21 ③　22 ③

23

다음 중 법규 위반 시 부과되는 제재의 성격이 나머지 셋과 가장 다른 하나는?

① 계약보증금의 국고 귀속
② 부정당업자 입찰참가자격 제한
③ 계약 불이행에 따른 손해배상 청구
④ 불공정 조달행위에 대한 과징금 부과

해설

계약 불이행에 따른 손해배상 청구는 계약 당사자 간의 채무 불이행에 대한 사법적(민사적) 구제 절차이다.
①, ②, ④는 공정한 조달 질서 유지를 목적으로 하는 행정적 제재의 성격을 갖는다.

24

조달청장이 불공정 조달행위에 대한 신고를 받고 사실관계를 조사한 후 취할 수 있는 조치로 적절하지 않은 것은?

① 위반 사실에 대한 시정조치 명령
② 관계 기관에 관련 공무원의 징계 요구
③ 관련 업체를 직접 형사고발 조치
④ 조사 결과를 공개하여 재발 방지 노력

해설

조달사업법상 조달청장은 불공정 조달행위에 대해 시정조치를 명하거나 관계 기관에 징계 등을 '요구'할 수 있다. 그러나 직접적인 수사나 고발 권한은 없으므로, 형사처벌이 필요하다고 판단될 경우 수사기관에 고발하거나 수사를 의뢰하는 절차를 밟아야 한다.

25

입찰 담합 행위가 적발되었을 때, 해당 업체가 받을 수 있는 제재가 아닌 것은?

① 부정당업자 입찰참가자격 제한
② 공정거래위원회로부터의 과징금 부과
③ 관련 임직원에 대한 형사처벌
④ 조달청으로부터의 우수조달물품 지정

해설

우수조달물품 지정은 기술력이 우수한 제품에 대해 혜택을 주는 제도로, 법규 위반에 대한 제재가 아니다. 입찰 담합과 같은 불법 행위를 한 업체는 오히려 우수조달물품 지정이 취소되거나 신청 자격이 제한될 수 있다.

CHAPTER 06 최종점검 OX 퀴즈

OX 퀴즈　정답 및 해설

01 조달사업법은 군수품 조달에 관한 사항도 규율한다.　(○ , ×)

02 추정가격 30억원 이상의 종합공사는 의무적으로 조달청에 계약을 요청해야 한다.　(○ , ×)

03 대지급은 계약상대자가 수요기관에 대금을 먼저 지급하는 제도이다.　(○ , ×)

04 조달청은 조달사업 수행에 필요한 경비를 충당하기 위해 조달업체로부터 수수료를 받는다.　(○ , ×)

05 법령을 위반하여 특정인에게 입찰참가자격을 주는 것은 불공정 조달행위에 해당한다.　(○ , ×)

06 일반적인 전자입찰 공고는 입찰 마감일 5일 전까지 해야 한다.　(○ , ×)

07 긴급입찰의 경우 공고 기간을 3일로 단축할 수 있다.　(○ , ×)

08 전자입찰서는 마감 시간 전이라면 언제든지 취소하고 다시 제출할 수 있다.　(○ , ×)

---

01 ×
조달사업법 제2조(정의)는 조달사업의 범위에서 군수품을 명시적으로 제외하고 있다. 군수품은 방위사업법에 따라 별도로 조달된다.

02 ○
조달사업법 시행령 제9조의3에 따라, 추정가격 30억원 이상인 종합공사는 수요기관이 의무적으로 조달청에 계약 체결을 요청해야 하는 대상에 해당한다.

03 ×
대지급은 조달청이 수요기관을 대신하여 계약상대자에게 대금을 먼저 지급하는 제도로, 조달업체의 자금 유동성을 지원하는 역할을 한다.

04 ×
조달수수료는 조달청이 조달사업을 수행하는 대가로 수요기관으로부터 받는 것이며, 조달업체로부터 받는 것이 아니다.

05 ○
조달사업법 제22조는 정당한 이유 없이 특정인에게 입찰참가자격을 주는 행위를 명백한 불공정 조달행위로 규정하고 있다.

06 ×
전자조달법 제9조에 따라 입찰 공고는 원칙적으로 입찰서 제출 마감일의 전날부터 기산하여 7일 전에 해야 한다.

07 ×
긴급을 요하거나 재공고입찰의 경우, 공고 기간을 5일까지 단축할 수 있다.

08 ○
전자입찰서는 암호화되어 제출되므로, 마감 시간 전까지는 제출한 입찰서를 취소하고 새로운 입찰서를 작성하여 다시 제출하는 것이 가능하다.

09 전자공개수의계약은 경쟁입찰의 한 종류이다. (○ , ×)

10 하도급지킴6이는 원수급인의 이익을 보호하기 위한 시스템이다. (○ , ×)

11 다른 이용자의 시스템 이용을 방해하면 전자조달시스템 이용이 제한
될 수 있다. (○ , ×)

12 공기업은 계약을 체결할 때 항상 국가계약법만 따르면 된다. (○ , ×)

13 공기업·준정부기관 계약사무규칙은 지방계약법을 준용한다. (○ , ×)

14 국가계약분쟁조정위원회의 조정안을 수락하면 재판상 화해와 동일한
효력이 생긴다. (○ , ×)

15 국가계약법에 대한 유권해석은 조달청이 담당한다. (○ , ×)

16 부정당업자 제재 처분은 법원의 판단과 무관하게 처분청의 재량으로
만 결정된다. (○ , ×)

17 계약상대자의 귀책사유로 계약이 해지되면 계약보증금은 국고에 귀
속된다. (○ , ×)

09 ×
전자공개수의계약은 경쟁입찰이 아
닌 수의계약의 한 방식으로, 수의계
약의 투명성과 공정성을 높이기 위해
전자조달시스템을 이용하는 것이다.

10 ×
하도급지킴이는 하수급인의 권익을
보호하고 대금 체불을 방지하는 것
을 주된 목적으로 한다.

11 ○
전자조달법 제19조는 다른 이용자의
시스템 이용을 방해하는 등 시스템의
안정적 운영을 해치는 행위를 시스템
이용 제한 사유로 규정하고 있다.

12 ×
공기업은 국가계약법을 준용하지만,
「공기업·준정부기관 계약사무규
칙」에 특례가 있는 경우에는 해당
규칙이 우선적으로 적용될 수 있다.

13 ×
계약사무규칙은 국가계약법을 준용
하도록 규정하고 있다.

14 ○
국가계약법 제30조 제2항에 따라,
당사자가 조정안을 수락하면 그 내
용은 재판상 화해와 동일한 효력을
갖는다.

15 ×
국가계약법의 소관 부처는 기획재
정부이므로, 공식적인 유권해석 권
한은 기획재정부가 갖는다.

16 ×
부정당업자 제재는 행정처분이므로,
법원은 그 처분의 요건, 절차, 비례
성 등을 사법적으로 심사할 수 있으
며, 처분청의 재량권 남용이나 일탈
이 있는 경우 위법하다고 판단할 수
있다.

17 ○
국가계약법 제12조 제3항에 따라,
계약상대자의 책임 있는 사유로 계
약이 해제 또는 해지된 경우 계약보
증금은 국고로 귀속된다.

18 부정당업자 제재를 받으면 해당 계약을 발주한 기관의 입찰에만 참여할 수 없다.　(○ , ×)

18 ×
부정당업자 제재는 국가계약법의 적용을 받는 모든 공공기관의 입찰에 참여가 제한되는 효력을 가진다.

19 계약 이행 지체 시 부과되는 지체상금은 행정벌의 일종이다.　(○ , ×)

19 ×
지체상금은 계약 이행 지연에 따른 손해배상 예정의 성격을 가지는 민사적 제재이며, 행정벌이 아니다.

20 감사원은 공공기관의 계약 업무가 적법하게 이루어졌는지 감사할 수 있다.　(○ , ×)

20 ○
감사원은 헌법기관으로서 국가 및 법률이 정한 단체의 회계를 검사하고 행정기관 및 공무원의 직무를 감찰할 권한이 있으며, 이는 공공기관의 계약 업무를 포함한다.

21 조달사업법은 조달사업의 운영을, 국가계약법은 계약 절차를 주로 다룬다.　(○ , ×)

21 ○
두 법률은 상호 보완적인 관계로, 조달사업법은 조달청의 역할과 사업 운영의 근거를, 국가계약법은 공공계약의 구체적인 절차와 방법을 규정한다.

22 계약금액을 부풀려 청구한 사실이 드러나면 부당이득금 환수 대상이 될 수 있다.　(○ , ×)

22 ○
정당한 대가보다 과다하게 금액을 청구하여 지급받은 경우, 그 차액은 법률상 원인 없이 얻은 이익이므로 부당이득금으로 환수될 수 있다.

23 불공정 조달행위를 한 공무원은 징계 대상이 될 수 있다.　(○ , ×)

23 ○
조달사업법 제22조는 불공정 조달행위에 대해 조달청장이 관계 기관의 장에게 관련 공무원의 징계를 요구할 수 있도록 규정하고 있다.

24 국가계약분쟁조정위원회의 조정은 강제력이 없어 당사자가 거부하면 효력이 없다.　(○ , ×)

24 ○
조정안은 당사자 쌍방 또는 일방이 수락해야만 재판상 화해와 동일한 효력이 발생하며, 수락하지 않으면 효력이 발생하지 않는다.

25 입찰 담합은 부정당업자 제재 사유에 해당하지 않는다.　(○ , ×)

25 ×
입찰 담합은 공정한 경쟁을 저해하는 가장 대표적인 부정행위로서, 국가계약법 시행령 제76조에 명시된 주요 부정당업자 제재 사유이다.

CHAPTER
06

단원별 핵심정리

암기 필수사항

CHAPTER 06

1. **조달사업법의 역할**: 조달청의 조달사업 운영 근거 법률로, 계약 절차를 다루는 국가계약법과 구분되며, 추정가격 30억원 이상 종합공사 등은 조달청에 의무적으로 계약을 요청해야 함
2. **비축물자 관리**: 조달청장은 국가 비상시 또는 물자 수급 불안정에 대비하여 주요 물자를 비축할 수 있으며, 필요시 방출할 수 있음
3. **우수조달물품 지정**: 조달청이 성능·품질 등이 우수한 물품을 지정하는 제도로, 기술개발제품, 성능인증제품, 우수제품, 혁신제품 등의 유형이 있음
4. **대지급 제도**: 조달청이 수요기관을 대신하여 계약대금을 먼저 지급하는 제도로, 조달업체의 자금 유동성을 지원함
5. **조달사업법 벌칙**: 비밀 누설(3년/3천만원), 신고자 불이익 조치(2년/2천만원), 정보 위·변조(1년/1천만원), 자료 제출 거부(500만원 과태료) 등의 제재가 있음
6. **불공정 조달행위**: 조달사업법상 금지되며, 특정인에게 유리한 규격 설정, 입찰참가자격 부당 제한 등이 해당됨. 위반 시 관련 공무원은 징계, 업체는 제재를 받을 수 있음
7. **조달수수료**: 조달청이 조달사업 수행의 대가로 수요기관으로부터 받는 수수료로, 물품 0.85%, 시설공사 0.7%, 용역 0.85% 이내
8. **나라장터 종합쇼핑몰**: 다수공급자계약, 제3자 단가계약, 조달목록 등의 방식으로 소액 물품 구매를 간소화하며, 중소기업의 공공조달 시장 진입에 중요한 채널
9. **전자조달시스템 구축·운영**: 조달청장이 나라장터를 구축·운영하며, 전자문서의 서식·코드·절차 등을 표준화하여 다른 기관의 시스템과 연계함
10. **전자입찰 공고기간**: 원칙적으로 입찰서 제출 마감일 7일 전까지 공고해야 하며, 긴급하거나 재공고입찰 시에는 5일 전까지 가능함
11. **전자문서의 효력**: 전자조달시스템을 통해 작성·송신·수신된 전자문서는 종이문서와 동일한 법적 효력을 가지며, 전자서명·무결성·시점 확인 요건이 충족되어야 함
12. **전자입찰서의 효력**: 암호화되어 제출되며, 마감 전까지는 취소 후 재제출이 가능하며, 이는 입찰의 공정성과 비밀을 보장함
13. **공기업·준정부기관 계약의 특수성**: 국가계약법을 준용하지만, 「공기업·준정부기관 계약사무규칙」에 따라 경영 효율성을 위한 수의계약 확대 등 일부 특례가 인정됨

14. 공기업 계약 방법 특례: 계약사무규칙에서는 수의계약 금액 기준을 국가계약법(2천만원)보다 높은 5천만원으로 확대하여 경영 효율성을 보장함

15. 계약 해제·해지와 지체상금: 계약 불이행 시 계약 해제·해지 및 계약보증금 귀속이 이루어지며, 이행 지연 시에는 지체상금 (물품: 0.75/1000, 공사: 0.5/1000 일당)이 부과됨

16. 국가계약분쟁조정: 소송보다 신속·저렴하게 분쟁을 해결하는 제도로, 조정안을 당사자가 수락하면 재판상 화해와 동일한 효력이 발생함

17. 유권해석 기관: 국가계약법 관련 사항은 기획재정부, 조달사업 관련 사항은 조달청이 공식적인 법규 해석 권한을 갖음

18. 부정당업자 제재: 입찰 담합, 서류 위조, 정당한 이유 없는 계약 불이행 시 1개월에서 2년까지 모든 공공기관의 입찰 참가가 제한되는 강력한 행정제재

19. 계약보증금 제도: 계약금액의 100분의 10 이상을 납부해야 하며, 귀책사유로 계약이 해제·해지될 경우 국고에 귀속되며, 현금 외에 보증보험증권, 이행보증서 등으로 대체 납부할 수 있음

20. 입찰보증금과 계약보증금의 차이: 입찰보증금은 입찰금액의 5% 이상으로 성실한 입찰참여를 담보하고, 계약보증금은 계약금액의 10% 이상으로 성실한 계약 이행을 담보함

21. 제재의 종류: 공공조달 법규 위반 시, 행정적 제재(부정당업자 제재), 민사적 제재(지체상금, 계약보증금 귀속), 징계(불공정 행위 공무원) 등 다양한 제재가 부과될 수 있음

22. 이의신청 제도: 계약 과정에서 불이익을 받은 자는 처분을 안 날부터 15일 이내에 기획재정부 장관에게 이의신청을 할 수 있으며, 행정심판의 전치주의에 해당하지 않음

23. 청렴계약 제도: 뇌물·금품 등 부정 청탁을 금지하는 특약을 계약에 포함시키는 제도로, 위반 시 계약 해제·해지 및 입찰참가자격 제한 등의 제재를 받음

24. 담합의 제재: 담합 적발 시 부정당업자 제재, 공정거래위원회 과징금, 형사처벌, 손해배상 청구 등이 병과될 수 있어 대가가 매우 큼

25. 리니언시 제도: 담합에 참여했더라도 자진신고하면 제재를 감면받거나 면제받을 수 있는 제도로, 담합 적발을 효과적으로 유도하는 정책 수단

공공조달 계획 수립 및 분석

ALL
Q-PASS
공공조달 관리사
필기·실기

CHAPTER 01

공공조달 계획

01 공공조달 수요 분석 및 계획

📖 학습목표

- 공공조달 계획의 첫 단계인 수요정보를 식별하고 평가하는 다양한 방법을 이해한다.
- 정성적·정량적 수요예측 기법의 특징을 비교하고, 상황에 맞는 기법을 선택하여 적용할 수 있다.
- 명확한 요구사항 분석을 통해 체계적인 공급계획을 수립하는 절차와 방법을 설명할 수 있다.
- 예측 불가능한 위기 상황에 대비하기 위한 비상공급계획의 필요성과 핵심 요소를 이해한다.

1 공급 대상 수요정보 식별 및 평가

① 수요정보의 원천: 수요기관은 조달 계획을 수립하기 위해 다양한 내·외부 원천으로부터 수요 정보를 식별할 수 있으며, 내부 정보는 기관 자체적으로 보유하고 있는 데이터로서 과거의 경험과 현재의 상황을 반영하며, 외부 정보는 시장 환경과 정책 변화를 반영하는 거시적 자료

구분	정보 원천	주요 내용
내부 정보	과거 구매 데이터	과거 계약 이력, 품목별 구매 주기, 수량, 금액, 공급업체 정보 등
	재고 관리 시스템	현재 보유 재고 수준, 안전 재고, 재고 회전율, 불용재고 현황 등
	사업 부서 요구자료	신규 사업계획, 중장기 발전계획, 부서별 필요 물품/서비스 요청서
	예산 편성 자료	연간 예산, 사업별 배정 예산, 지출 한도, 이월 예산 등
	자산 관리 대장	보유 자산의 내용연수, 교체 주기, 유지보수 이력 등
외부 정보	정부 정책 및 법령	특정 제품 의무구매 비율(녹색제품, 중소기업제품 등), 신기술 도입 정책, 법규 변경사항
	시장 동향 보고서	신제품 출시, 가격 변동, 기술 발전 동향, 글로벌 공급망 이슈
	관련 산업 통계	경제 성장률, 물가 상승률, 특정 산업 성장 전망, 원자재 가격 동향
	유사 기관 사례	타 공공기관의 구매 사례, 벤치마킹 자료, 공동구매 정보
	나라장터 정보	나라장터 종합쇼핑몰 가격 정보, 계약 현황, 단가계약 정보 등

② **수요정보의 평가 기준**: 수집된 수요정보는 그 자체로 신뢰할 수 있는 것이 아니므로, 다음과 같은 기준에 따라 평가하여 활용 여부를 결정해야 함

평가 기준	내용	확인사항
정확성	정보가 사실에 기반하고 있는지 여부	출처의 신뢰성, 교차 검증 가능 여부
적시성	정보가 현재 시점에서 유효한지 여부	정보 수집 시점, 시장 변동 반영 여부
완전성	의사결정에 필요한 정보가 충분히 포함되어 있는지 여부	누락된 정보 항목 확인
관련성	해당 조달 사업과 직접적으로 관련된 정보인지 여부	조달 목적과의 부합 정도
객관성	특정 업체나 이해관계에 편향되지 않은 정보인지 여부	정보 제공자의 이해관계 확인

③ **ABC 분석을 활용한 수요 우선순위 결정**: 다수의 조달 품목을 관리할 때, 모든 품목에 동일한 수준의 관리 노력을 투입하는 것은 비효율적임. ABC 분석은 파레토 법칙(80/20 법칙)에 기반하여 품목을 중요도에 따라 분류하고, 차등적으로 관리하는 기법

등급	비중	특성	관리 방법
A등급	품목 수 약 10 ~ 20%, 구매금액 약 70 ~ 80%	핵심 품목, 고가 품목	정밀 수요예측, 엄격한 재고 관리, 전략적 공급자 관계 관리
B등급	품목 수 약 20 ~ 30%, 구매금액 약 15 ~ 20%	중간 중요도 품목	정기적 모니터링, 적정 재고 유지
C등급	품목 수 약 50 ~ 70%, 구매금액 약 5 ~ 10%	소액 다빈도 품목	간소화된 관리, 일괄 구매, 자동 발주

④ **수요예측 기법**: 수요예측은 과거 데이터와 시장 상황을 분석하여 미래의 수요를 과학적으로 예측하는 과정으로, 크게 정성적 예측법과 정량적 예측법으로 구분되며, 각 방법의 특징을 이해하고 상황에 맞는 기법을 선택하거나 혼합하여 사용하는 것이 중요함
- 정성적 예측법(Qualitative Forecasting): 과거 데이터가 부족하거나, 신규 사업, 신기술 도입 등 미래의 불확실성이 클 때 주로 사용되며, 전문가의 의견, 경험, 직관 등 주관적 판단에 의존하는 방식

Check Q&A

다음 중 정성적 수요예측 기법에 해당하지 않는 것은?
① 델파이 기법
② 시장 조사법
③ 전문가 의견법
④ 회귀분석

정답 ④

회귀분석은 과거 데이터의 인과관계를 분석하는 대표적인 정량적 예측 기법이며, ①, ②, ③은 모두 전문가의 주관적 판단이나 의견에 기반한 정성적 예측 기법이다.

➕ plus

이동평균법 계산 예시

- 3개월 단순 이동평균법을 사용하여 4월의 수요를 예측한다면 다음과 같이 계산됨
  (1월 수요: 100개, 2월 수요: 120개, 3월 수요: 110개)
- 4월 예측 수요 = (1월 수요 + 2월 수요 + 3월 수요) / 3
  = (100 + 120 + 110) / 3 = 110개
- 최근 데이터에 더 높은 가중치를 부여하는 가중 이동평균법을 사용한다면 다음과 같이 계산됨(가중치: 3월 - 0.5, 2월 - 0.3, 1월 - 0.2)
- 4월 예측 수요 = (110 × 0.5) + (120 × 0.3) + (100 × 0.2) = 55 + 36 + 20 = 111개

➕ plus

지수평활법 계산 예시

- 지수평활법의 공식: $F(t+1) = \alpha \times A(t) + (1-\alpha) \times F(t)$
  여기서, $F(t+1)$은 다음 기간 예측치, α는 평활상수(0 ~ 1), $A(t)$는 실제값, $F(t)$는 이전 예측치
- 3월 실제 수요: 110개, 3월 예측 수요: 105개, 평활상수(α): 0.3
- 4월 예측 수요 = 0.3 × 110 + 0.7 × 105 = 33 + 73.5 = 106.5개
- 평활상수 α가 1에 가까울수록 최근 데이터에 민감하게 반응하고, 0에 가까울수록 과거 추세를 더 많이 반영함

델파이 기법 (Delphi Method)	• 여러 전문가 집단에게 익명으로 설문을 반복하여 의견을 수렴하고 합의점을 도출하는 방법 • 특정 전문가의 영향력을 배제하고 객관적인 결론을 유도할 수 있다는 장점이 있음 • 일반적으로 3 ~ 4회의 반복 설문을 통해 의견을 수렴하며, 각 라운드마다 이전 결과를 피드백하여 점진적으로 합의에 도달함
시장 조사법 (Market Research)	• 설문조사, 인터뷰 등을 통해 잠재적 사용자의 의견을 직접 수렴하여 수요를 예측하는 방법 • 신제품이나 새로운 서비스에 대한 시장 반응을 예측하는 데 유용함
전문가 의견법 (Panel Consensus)	• 특정 분야의 전문가들로 구성된 위원회나 패널의 토론을 통해 합의된 예측치를 도출하는 방법 • 델파이 기법과 달리 대면 토론으로 신속한 결론 도출이 가능하지만, 특정 전문가의 의견에 편향될 수 있음
시나리오 분석법 (Scenario Analysis)	• 미래에 발생할 수 있는 다양한 시나리오(최선, 기본, 최악)를 설정하고 각 시나리오별 수요를 예측하는 방법 • 불확실성이 매우 높은 상황에서 대비책을 마련하는 데 유용함

- 정량적 예측법(Quantitative Forecasting): 과거의 구매 실적 등 축적된 데이터를 통계적, 수학적 모델을 활용하여 미래 수요를 예측하는 객관적인 방법으로, 데이터의 패턴이 미래에도 지속될 것이라는 가정을 전제로 함

이동평균법 (Moving Average)	• 일정 기간의 과거 데이터 평균을 계산하여 다음 기간의 수요를 예측하는 방법 • 단순 이동평균법과 가중 이동평균법이 있고, 가중 이동평균법은 최근 데이터에 더 높은 가중치를 부여함
지수평활법 (Exponential Smoothing)	• 최근 데이터에 더 높은 가중치를 부여하되, 과거 데이터도 지수적으로 감소하는 가중치를 적용하여 예측하는 방법 • 계산이 간편하고 최근 추세를 잘 반영함
회귀분석 (Regression Analysis)	수요에 영향을 미치는 독립변수(인구, 소득, 정책 변화 등)와 종속변수(수요량) 간의 인과관계를 통계적으로 분석하여 예측 모델을 구축하는 방법으로, 단순회귀분석과 다중회귀분석이 있음
시계열 분석 (Time Series Analysis)	과거 데이터의 시간적 흐름(추세, 계절성, 주기, 불규칙 변동)을 분석하여 미래를 예측하는 방법

2 요구사항 분석 및 공급계획 수립

정확한 수요예측이 완료되면, 이를 바탕으로 구체적인 요구사항을 정의하고 체계적인 공급계획을 수립해야 하며, 요구사항이 모호하면 공급자가 정확한 제안을 할 수 없고, 공급계획이 부실하면 사업 전체가 지연되거나 실패할 수 있음

① 요구사항 명세화(Requirement Specification)
- 요구사항 명세화는 필요한 물품, 용역, 공사의 성능, 규격, 품질, 수량, 납기 등을 구체적으로 문서화하는 과정으로, 명확하고 상세한 요구사항은 공급자가 정확한 제안을 하도록 유도하고, 계약 이행 과정에서의 분쟁을 예방하는 역할을 함

- 조달대상물의 사양(Specification)은 물리적·기능적 특성 또는 물품이나 서비스, 공사와 관련한 품목의 특성을 설명하는 것으로, 사양에는 물품이나 서비스, 공사를 제공받는 데까지 필요한 시험과 검사, 사전 준비사항과 관련한 요구사항도 포함. 사양은 수요기관의 요구사항을 구체적이고 명시적인 형태로 잠재적 공급업체에 전달하는 대표적인 수단
- 따라서 사양은 공급되어야 할 조달대상물을 결정하고 관리하는 기준이 되므로 다음과 같은 요건을 충족하도록 작성해야 함
  - 첫째, 물품이나 서비스, 공사의 최소 품질 기준으로 활용될 수 있도록 작성되어야 함
  - 둘째, 계약 내용에 따라 제공되어야 할 물품이나 서비스, 공사의 적합성을 확보해야 함
  - 마지막으로 입찰에 참가한 업체 중 낙찰자를 선정하고 최고의 가치 제안을 판단하는 평가기준으로 작성될 수 있도록 해야 함

② 조달 요구사항 식별을 위한 핵심 질문: 조달 담당자는 제기된 조달 수요의 요구사항을 명확하게 파악하기 위해 관련 이해관계자와 다양한 방법으로 소통해야 하며, 이해관계자의 요구사항을 식별하기 위한 필수적인 질문사항은 다음과 같음

번호	핵심 질문
1	누가/어떤 영역이 이 조달의 영향을 받는가?
2	필요한 상품/서비스가 충족해야 하는 핵심 기능은 무엇인가?
3	이 구매에 영향을 미치는 요인은 무엇인가?
4	상품, 서비스 및 공사는 언제 필요한가?
5	상품, 서비스 및 공사의 배송지(수행/시공장소)는 어디이며 어떻게 수행되는가?
6	상품, 서비스 및 공사가 필요한 이유는 무엇인가?
7	상품, 서비스 및 공사는 어떻게 제공되거나 배송되어야 하는가?
8	조달요구 실행을 위해 필요한 주요한 승인과 누가 승인권자인가?
9	어떤 구체적인 품질 또는 수량 요구사항을 고려해야 하는가?

③ 규격서 작성: 규격서 작성 방식은 크게 성능규격(Performance Specification)과 기술규격(Technical Specification)으로 구분되며, 공공조달에서는 공정한 경쟁을 보장하기 위해 성능규격 방식을 권장하고 있음

④ 과업명세서(SOW)의 작성
- 서비스 범위 또는 과업 범위라고도 하는 과업명세서(Statement of Work, SOW)는 조달대상물과 관련된 요구사항을 설명하는 문서
- 과업명세서에는 필요한 서비스를 수행하기 위해 요구되는 자원도 포함될 수 있음

▶ 신입 조달 담당자 A씨는 한 사업부서로부터 고성능 노트북 10대 구매 요청을 받음. A씨는 즉시 시장조사를 통해 가장 저렴한 모델을 찾아 구매 절차를 진행하려 했지만 베테랑 B팀장은 A씨에게 요청 부서의 주된 업무가 무엇인지, 왜 고성능이 필요한지, 기존에 사용하던 노트북의 문제점은 무엇이었는지 확인해 보았나요?라고 질문함

▶ A씨가 추가로 확인한 결과, 해당 부서는 3D 모델링과 영상 편집이 주 업무여서 그래픽 성능이 매우 중요한 부서였음. 만약 A씨가 처음 계획대로 단순히 가격만 보고 일반 사무용 노트북을 구매했다면, 업무 효율 저하로 인한 불만과 재구매를 위한 예산 낭비를 초래했을 것임

▶ 이처럼 성공적인 조달은 단순 구매가 아닌, 사용자의 숨은 요구(Needs)를 정확히 파악하고 구체적인 요구사항(Requirements)으로 전환하는 요구사항 분석에서 출발함

③ 공급계획 수립의 체계

요구사항 분석이 완료되면, 이를 바탕으로 구체적인 공급계획을 수립. 공급계획은 조달의 전체 로드맵으로, 어떤 방법으로, 언제까지, 얼마의 예산으로 조달할 것인지를 구체적으로 기술하는 문서

① 공급계획의 주요 구성 요소

구성 요소	세부 내용	비고
조달 개요	사업 목적, 배경, 기대 효과	사업의 당위성 설명
조달 대상	품목명, 규격, 수량, 품질 기준	요구사항 명세서 첨부
예산	추정가격, 예산 배정 현황, 재원 조달 방안	예산 부족 시 대안 포함
조달 일정	공고일, 입찰 마감일, 평가일, 계약 체결일, 납품일	마일스톤 관리
조달 방법	계약 방식(경쟁/수의), 낙찰자 결정 방법	법적 근거 명시
평가 기준	기술평가, 가격평가 배점 및 세부 기준	공정성 확보
위험 관리	주요 위험 식별, 대응 전략, 비상 계획	위험 등급별 관리
품질 관리	검수 기준, 하자보증 기간, 사후 관리 방안	계약 이행 보증

② 조달전략계획의 13가지 주제

번호	주제	내용
1	조달 배경 및 목적	조달의 필요성, 기관 목표와의 연계성
2	조달 범위	조달 대상물의 종류, 수량, 규격
3	일정 계획	주요 마일스톤, 납품 일정
4	예산 계획	추정 비용, 예산 확보 방안
5	조달 방법	경쟁입찰, 수의계약, 협상 등

6	계약 유형	고정가격, 원가상환, 인센티브 등
7	시장조사 결과	공급시장 분석, 잠재적 공급자 현황
8	평가 기준	기술평가, 가격평가 기준 및 배점
9	위험 관리	주요 위험 식별 및 대응 전략
10	품질 관리	검수 기준, 품질 보증 방안
11	계약 관리	계약 이행 모니터링, 변경 관리
12	이해관계자 관리	관련 부서, 사용자, 감사 기관 등
13	법적 요건	관련 법령, 규정, 지침 준수 사항

실무톡톡

> ▶ 조달담당자 A씨는 대규모 정보시스템 구축 사업의 조달전략계획을 수립하면서, 예산과 일정만 정리하면 된다고 생각했음
> ▶ 그러나 선배 B과장은 조달전략계획은 13가지 주제를 모두 포함해야 한다고 함
> ▶ 특히 위험 관리와 성과 측정을 빠뜨리면 사업 수행 중 예상치 못한 문제가 발생했을 때 대응할 수 없다고 조언하였음
> ▶ 조달전략계획은 단순한 예산서가 아니라, 조달 사업의 성공을 좌우하는 종합 로드맵임

③ **조달 일정 수립 시 고려사항**: 조달 일정은 단순히 납품일만 정하는 것이 아니라, 전체 조달 프로세스의 각 단계별 소요 기간을 역산하여 수립해야 하며, 특히 다음 사항을 고려해야 함

- 입찰 공고 기간: 일반경쟁의 경우 최소 10일 이상(국제입찰의 경우 40일 이상)
- 평가 기간: 기술평가, 적격심사 등에 소요되는 기간
- 계약 체결 기간: 낙찰자 결정 후 계약서 작성, 보증금 납부 등에 소요되는 기간
- 제조/납품 기간: 물품 제조 또는 용역 수행에 소요되는 기간
- 검수 기간: 납품 후 검수에 소요되는 기간
- 예산 집행 시기: 회계연도 내 예산 집행 원칙

법조문 돋보기

「국가를 당사자로 하는 계약에 관한 법률 시행령」 제33조(입찰공고)
> ▶ 각 중앙관서의 장 또는 계약담당공무원은 입찰에 부치는 경우에는 입찰에 관한 사항을 공고하여야 함
> ▶ 입찰공고는 지정정보처리장치와 일간신문에 게재하여야 하며, 공고일부터 입찰일까지의 기간은 10일 이상으로 하여야 함
> → 입찰공고 기간은 최소 10일 이상이며, 이는 입찰참가자들이 충분히 입찰을 준비할 수 있도록 보장하기 위한 것으로. 조달 일정 수립 시 이 기간을 반드시 반영해야 함

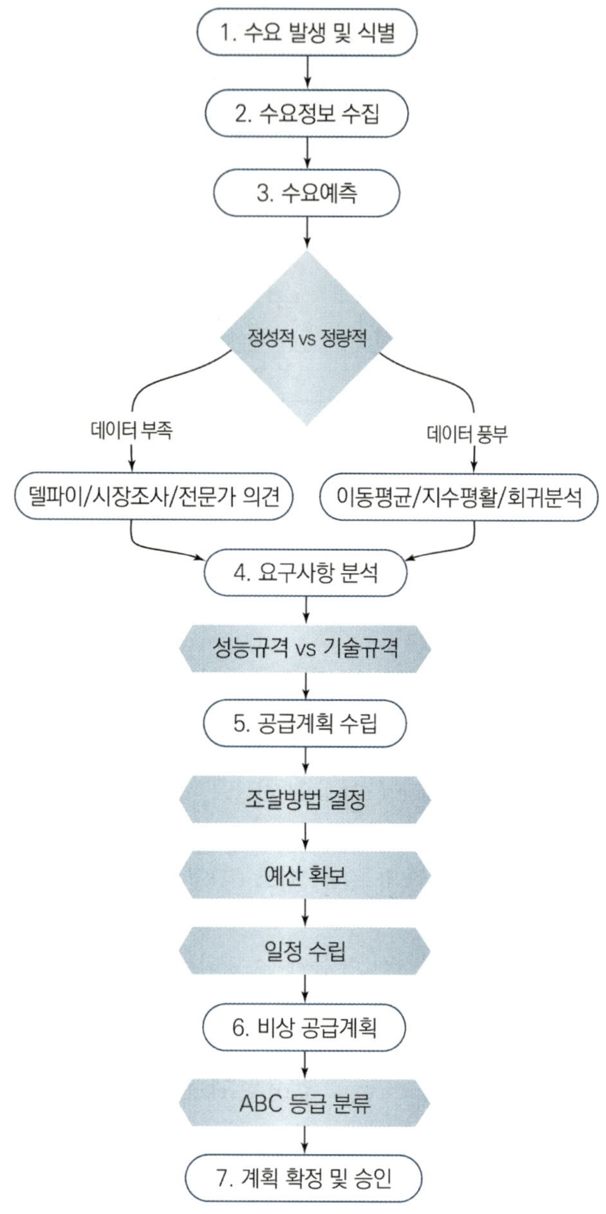

▲ 공공조달 계획 수립 프로세스

4 조달 수명주기(Procurement Life Cycle)의 이해

조달 수명주기란 조달의 필요성이 인식되는 시점부터 계약이 완료되어 조달 대상물이 최종 폐기되는 시점까지의 전체 과정을 의미하며, 조달 수명주기를 이해하는 것은 각 단계에서 수행해야 할 활동과 의사결정 사항을 체계적으로 관리하기 위해 필수적임

① 조달 수명주기의 5단계

단계	주요 활동	핵심 산출물
1단계: 계획	수요 분석, 요구사항 정의, 시장조사, 조달전략 수립	조달계획서, 요구사항 명세서
2단계: 입찰	입찰공고, 입찰서 접수, 제안서 평가, 낙찰자 결정	입찰공고문, 평가 결과서
3단계: 계약	계약서 작성, 계약 체결, 보증금 납부	계약서, 보증서
4단계: 이행	납품/시공/용역 수행, 중간 점검, 변경 관리	납품서, 중간보고서
5단계: 완료	검수, 대금 지급, 하자보증, 성과 평가, 기록 관리	검수조서, 성과평가서

② 각 단계별 핵심 의사결정 사항

단계	핵심 의사결정	관련 법령/규정
계획	조달 방법(경쟁/수의), 계약 유형, 평가 방식 결정	국가계약법 제7조
입찰	입찰 참가 자격, 평가 기준, 낙찰자 결정 방법	시행령 제12조, 제42조
계약	계약 조건, 보증금, 선금 지급 여부	시행령 제50조, 제37조
이행	설계 변경, 계약금액 조정, 공기 연장 여부	시행령 제64조, 제65조
완료	검수 합격 여부, 하자보증 기간, 대금 지급 시기	시행령 제55조, 제58조

③ 조달 유형별 수명주기 특성

조달 유형	수명주기 특성	주요 고려사항
물품 조달	비교적 단순, 단기간	규격 적합성, 납기 준수, 품질 검수
용역 조달	중간 복잡도, 중기간	과업 범위 명확화, 중간 산출물 관리
시설공사	가장 복잡, 장기간	설계 변경 관리, 안전 관리, 하자보증
정보시스템	높은 복잡도, 기술 변화 빠름	요구사항 변경 관리, 기술 호환성

5 공공조달의 기본 원칙과 법체계

공공조달은 국민의 세금으로 조성된 예산을 집행하는 활동이므로, 엄격한 원칙과 법체계에 따라 운영됨

① 공공조달의 5대 기본 원칙

원칙	내용	관련 조항
경쟁성	공정한 경쟁을 통해 최적의 계약 상대방 선정	국가계약법 제7조
공정성	모든 입찰 참가자에게 동등한 기회 보장	국가계약법 제5조
투명성	조달 절차와 결과를 공개하여 신뢰성 확보	조달사업법 제3조
경제성	최소의 비용으로 최대의 효과 달성	국가재정법 제16조
정직성	부정당한 책임을 지지 아니하고 청렴하게 수행	공공조달법 제5조

공공조달의 5대 기본 원칙 중 '국민의 세금으로 최소의 비용으로 최대의 효과를 달성해야 한다'는 원칙은?

정답

경제성의 원칙이다. 이는 국가재정법 제16조에 근거하며, 예산의 효율적 집행을 위한 핵심 원칙이다. 단순히 최저가를 의미하는 것이 아니라, 품질 대비 최적의 가치(Value for Money)를 추구하는 것이다.

② **공공조달 관련 법체계**: 공공조달은 다층적인 법체계에 의해 규율됨

법령 계층	주요 법령	주요 내용
법률	국가를 당사자로 하는 계약에 관한 법률	계약의 기본 원칙, 계약 방법
	지방자치단체를 당사자로 하는 계약에 관한 법률	지방자치단체 계약
	조달사업에 관한 법률	조달청의 역할과 기능
시행령	국가계약법 시행령	계약 절차, 입찰, 낙찰자 결정
시행규칙	국가계약법 시행규칙	세부 절차와 서식
계약예규	협상에 의한 계약체결기준, 예정가격 작성기준 등	구체적인 실무 기준

③ **조달청의 역할과 기능**: 조달청은 공공조달의 중앙 전담 기관으로, 다음과 같은 핵심 기능을 수행함

기능	내용
집중구매	범용 물품의 대량 구매로 예산 절감
나라장터 운영	전자조달 시스템 운영 및 관리
종합쇼핑몰	MAS 계약 물품의 온라인 쇼핑몰 운영
조달 정책	조달 관련 제도 및 정책 수립
품질 관리	조달 물품의 품질 검사 및 관리
국제 조달	WTO 정부조달협정(GPA) 대응

6 비상공급계획 수립

비상공급계획(Contingency Supply Plan)은 위기상황에서도 핵심적인 물품이나 서비스에 대해 조달의 연속성을 확보하기 위한 사전 대응 전략으로, 핵심 품목 식별, 위험 식별 및 평가, 대응 전략 수립의 과정을 거치며 대응 전략으로는 재고 비축, 공급선 다변화, 대체 품목 개발, 긴급 조달 절차 마련 등이 있음

〈비상공급계획의 핵심 요소〉

요소	내용	비고
핵심 품목 식별	기관 운영에 필수적인 물품·서비스 목록 작성	ABC 분석의 A등급 품목 우선
위험 시나리오	공급 중단, 가격 급등, 품질 저하 등 시나리오 설정	발생 확률 및 영향도 평가
대응 전략	재고 비축, 대체 공급원 확보, 긴급 조달 절차	시나리오별 맞춤 전략
의사결정 체계	비상 상황 발생 시 의사결정 권한 및 절차	신속한 대응 보장
정기 점검	비상공급계획의 유효성 정기 검토 및 업데이트	연 1회 이상

구분	물품 조달	용역 조달	시설공사
대상	유형의 재화	전문 서비스	건축물, 시설물
규격 방식	구매사양서	과업명세서(SOW)	설계도서
낙찰 방식	적격심사, MAS	협상계약	종합심사낙찰제
검수	납품 검수	성과물 검수	준공 검사
기간	단기	중단기	장기

02 ▷ 공공조달 적정성 분석

📖 학습목표

- 공공조달에서 적정성 분석의 의미와 목적을 설명할 수 있다.
- 조달 적정성 분석의 주요 항목과 절차를 파악한다.

- 조달계획이 수립되면, 해당 계획의 적정성을 다각도로 분석해야 하며, 적정성 분석은 조달 방법과 공급 정보가 적절한지, 시장 환경이 조달 목적에 부합하는지, 잠재적 공급업체의 역량이 충분한지 등을 종합적으로 검토하는 과정
- 이 단계를 통해 조달의 실현 가능성을 사전에 확인하고, 잠재적 문제를 조기에 발견하여 수정할 수 있음

1 공급방법 및 공급정보의 적정성 분석

① 계약 방식의 선택: 공공조달에서 계약 방식은 크게 일반경쟁, 제한경쟁, 지명경쟁, 수의계약으로 구분. 각 방식은 고유한 특징과 장단점을 가지며, 조달의 성격, 규모, 긴급성 등에 따라 적절한 방식을 선택해야 함

구분	일반경쟁	제한경쟁	지명경쟁	수의계약
참가 범위	자격을 갖춘 모든 업체	일정 자격 요건 충족 업체	지명된 특정 업체	특정 1인 (또는 소수)
경쟁성	가장 높음	높음	제한적	없음
투명성	가장 높음	높음	보통	낮음
장점	공정성, 경제성 확보	부적격 업체 사전 배제	우수 업체 선별 가능	신속한 계약 체결
단점	부적격 업체 참여 가능	경쟁 제한 우려	특혜 시비 가능	특혜 시비, 가격 불리
법적 근거	국가계약법 제7조	시행령 제21조	시행령 제23조	시행령 제26조

② 낙찰자 결정 방법의 선택: 계약 방식이 결정되면, 입찰에 참가한 업체 중 최종 계약 상대방을 어떻게 선정할 것인지를 결정해야 하며, 주요 낙찰자 결정 방법은 다음과 같음

방법	내용	적용 대상
최저가낙찰제	예정가격 이하로 최저가 투찰자를 낙찰자로 결정	단순 물품 구매 등
적격심사제	가격과 이행 능력(기술, 실적, 재무 등)을 종합 심사	일반적인 물품·공사
종합심사낙찰제	가격, 기술, 사회적 가치 등을 종합 평가	대형 시설공사
협상에 의한 계약	기술·가격을 분리 평가하고 협상을 통해 계약	지식기반 용역, 기술 중심 사업
규격·가격 동시입찰	규격과 가격을 동시에 제출받아 평가	특정 물품

「국가를 당사자로 하는 계약에 관한 법률」 제7조(계약의 방법)
▶ 각 중앙관서의 장 또는 계약담당공무원은 계약을 체결하려는 경우에는 일반경쟁에 부쳐야 함
▶ 다만, 계약의 목적·성질·규모 등을 고려하여 필요하다고 인정되면 대통령령으로 정하는 바에 따라 참가자의 자격을 제한하거나 참가자를 지명하여 경쟁에 부치거나 수의계약을 할 수 있음
→ 공공조달에서 일반경쟁이 원칙이며, 제한경쟁·지명경쟁·수의계약은 예외적으로 허용되지만 예외 적용 시에는 반드시 법적 근거가 있어야 함

③ 계약금액 결정 유형: 계약금액을 어떤 방식으로 결정할 것인지는 조달 사업의 특성과 위험 분배에 따라 달라지며, 주요 계약금액 결정 유형은 다음과 같음

유형	내용	위험 부담	적용 상황
확정가격계약	계약 체결 시 확정된 가격으로 이행	공급자 부담 큼	요구사항이 명확하고 시장가격이 안정적인 경우
조정가격계약	물가 변동, 설계 변경 등에 따라 가격 조정 가능	위험 분담	장기 계약, 물가 변동이 큰 경우
원가상환계약	실제 발생한 원가에 일정 이윤을 가산하여 지급	수요기관 부담 큼	원가 예측이 어려운 연구개발 등
인센티브계약	목표 달성 시 추가 보상, 미달 시 감액	위험 분담	성과 향상을 유도하고자 하는 경우
단가계약	단위당 가격만 확정, 총 수량은 미확정	수량 위험 수요기관	수요량이 불확실한 반복 구매
개산계약	개략적인 가격으로 계약 후 확정 정산	수요기관 부담 큼	긴급 조달, 원가 산정이 곤란한 경우
총액계약	사업 전체를 하나의 총액으로 계약	공급자 부담 큼	사업 범위가 명확한 경우

다음 중 수요기관의 위험 부담이 가장 큰 계약금액 결정 유형은?

① 확정가격계약
② 단가계약
③ 원가상환계약
④ 성과기반계약

정답 ③

원가상환계약은 실제 발생 원가를 상환하는 방식이므로, 원가가 예상보다 증가할 경우 수요기관이 추가 비용을 부담해야 한다.

「국가를 당사자로 하는 계약에 관한 법률 시행령」 제64조(계약금액의 조정)
▶ 각 중앙관서의 장 또는 계약담당공무원은 국고의 부담이 되는 계약을 체결한 후 물가변동, 설계변경 또는 그 밖에 계약내용의 변경으로 인하여 계약금액을 조정할 필요가 있는 때에는 대통령령이 정하는 바에 의하여 그 계약금액을 조정함
→ 조정가격계약의 법적 근거로, 물가변동이나 설계변경 시 계약금액을 조정할 수 있는 제도적 장치

2 조달시장 분석 (Market Research)

시장조사(Market Research)는 조달 계획의 실현 가능성을 검증하고, 최적의 조달 전략을 수립하기 위해 공급시장의 현황을 체계적으로 조사·분석하는 활동. 시장조사를 통해 잠재적 공급업체를 발굴하고, 시장 가격 수준을 파악하며, 기술 동향을 이해할 수 있음

① 시장조사의 목적
- 조달 대상물의 시장 내 가용성(Availability) 확인
- 잠재적 공급업체의 수와 역량 파악
- 시장 가격 수준 및 가격 동향 분석
- 최신 기술 동향 및 혁신 제품 정보 수집
- 조달 방법 및 계약 유형 결정을 위한 기초 자료 확보
- 경쟁 환경 분석을 통한 조달 전략 최적화

② 시장조사의 8단계 절차

단계	내용	주요 활동
1단계	조사 목적 및 범위 설정	시장조사의 목적, 대상, 기간, 방법 결정
2단계	기존 정보 수집 및 검토	과거 계약 이력, 기존 시장 보고서, 나라장터 정보 등 검토
3단계	공급시장 구조 분석	시장의 경쟁 구조(독점, 과점, 완전경쟁 등), 진입 장벽, 시장 규모
4단계	잠재적 공급업체 식별	공급 가능한 업체 목록 작성, 업체별 기본 정보 수집
5단계	공급업체 역량 조사	기술력, 재무 상태, 실적, 품질 관리 체계 등 조사
6단계	가격 정보 수집	시장 가격, 견적 요청, 과거 계약 가격, 원가 구조 분석
7단계	기술 동향 분석	최신 기술, 혁신 제품, 대체 기술 등 조사
8단계	조사 결과 종합 및 보고	시장조사 보고서 작성, 조달 전략 수립에 반영

③ 시장조사 방법

방법	내용	장점	단점
문헌 조사	기존 보고서, 통계, 인터넷 자료 등	비용 저렴, 신속	최신 정보 부족 가능
나라장터 조사	종합쇼핑몰, 계약 현황, 단가 정보	공공조달 특화 정보	민간 시장 정보 부족
RFI (정보요청서)	잠재적 공급업체에 공식 정보 요청	구체적 정보 확보	시간 소요, 업체 부담
전시회/ 박람회	산업 전시회, 기술 박람회 참관	최신 기술 체험, 업체 접촉	시간·비용 소요
벤치마킹	유사 기관의 조달 사례 조사	실무 경험 공유	기관별 상황 차이
공급업체 실사	공급업체 현장 방문 조사	실제 역량 확인	시간·비용 소요 큼

핵심포인트 **RFI vs RFP vs RFQ**

구분	RFI(정보요청서)	RFP(제안요청서)	RFQ(견적요청서)
목적	시장 정보 수집	기술·가격 제안 요청	가격 견적 요청
시점	조달 초기 (시장조사 단계)	입찰 단계	입찰 단계
내용	업체 역량, 기술 정보 등	기술 제안서, 가격 제안서	품목별 단가, 총액
구속력	없음 (정보 수집 목적)	있음 (계약 체결 전제)	있음 (계약 체결 전제)
경쟁성	비경쟁적	경쟁적	경쟁적

④ 공급업체 실사(Due Diligence): 시장조사를 통해 잠재적 공급업체를 식별한 후, 핵심 후보 업체에 대해서는 현장 방문 실사를 실시하여 실제 역량을 확인할 필요가 있으며, 실사 시 확인해야 할 주요 항목은 다음과 같음

실사 항목	확인 내용
생산 시설	생산 설비의 현대화 수준, 생산 능력, 가동률
품질 관리	품질 관리 체계(ISO 인증 등), 불량률, 검사 장비
인력 현황	기술 인력 보유 현황, 전문 자격증 보유자 수
재무 상태	매출액, 영업이익, 부채비율, 신용등급
납품 실적	유사 제품 납품 이력, 납기 준수율, 고객 만족도
연구개발	R&D 투자 비율, 특허 보유 현황, 기술 로드맵

▶ 조달담당자 E씨는 공급업체 선정을 위해 서류 심사만 진행하려 했으나 선배 F과장은 서류 상으로는 우수해 보이는 업체도 실제 현장을 방문해 보면 생산 능력이나 품질 관리 체계가 부실한 경우가 있다며, 대규모 계약일수록 현장 실사를 반드시 실시해야 한다고 조언함
▶ 공급업체 실사는 서류 심사만으로는 확인할 수 없는 실제 역량을 검증하는 중요한 절차임

3 구매사양서 및 과업명세서 작성 실무

조달 대상물의 요구사항을 문서화하는 것은 조달 계획의 핵심 물품 조달에서는 구매사양서(Purchase Specification), 용역 조달에서는 과업명세서(SOW: Statement of Work)를 작성함

① 구매사양서의 구성 요소

구성 요소	내용	예시
제품 설명	조달 대상 물품의 개요 및 용도	사무용 노트북 PC
기술 요구사항	성능, 규격, 재질 등 기술적 조건	CPU i7 이상, RAM 16GB 이상
품질 요구사항	품질 기준, 인증, 시험 조건	KS 인증, ISO 9001
납품 조건	납품 장소, 수량, 기한, 포장 방법	2026년 6월까지 100대
A/S 조건	보증 기간, 유지보수 조건	3년 무상 A/S
기타 조건	교육, 매뉴얼, 환경 기준 등	사용자 교육 포함

② 과업명세서(SOW)의 구성 요소

구성 요소	내용
조달 배경	사업의 필요성과 추진 배경
달성 목표	사업을 통해 달성하고자 하는 구체적 목표
계약상대자의 업무	수행해야 할 업무의 범위와 내용
결과물 및 일정	산출물의 종류, 제출 시기, 품질 기준
수요기관의 책임사항	수요기관이 제공해야 할 자료, 장소, 장비 등
검수 및 인수 조건	검수 기준, 인수 절차, 하자보증
보안 요구사항	비밀 유지, 데이터 보호 등

📌 **핵심포인트** **구매사양서 vs 과업명세서**

구분	구매사양서	과업명세서(SOW)
적용 대상	물품 조달	용역 조달
초점	제품의 기술적 사양	업무의 범위와 결과물
주요 내용	규격, 성능, 품질, 납품 조건	업무 범위, 일정, 산출물, 검수 기준
작성 시점	조달 계획 단계	조달 계획 단계
작성 주체	수요기관 (전문가 자문 가능	수요기관 (전문가 자문 가능)

「국가를 당사자로 하는 계약에 관한 법률」 제10조(계약서의 작성)
▶ 각 중앙관서의 장 또는 계약담당공무원은 계약을 체결하는 경우에는 계약의 목적·대금의 지급조건·위험부담의 범위 등 필요한 사항을 명백히 기재한 계약서를 작성하여야 함
→ 구매사양서와 과업명세서는 계약서의 부속 서류로, 계약의 목적과 조건을 명확히 하는 데 핵심적인 역할을 함

4 전자조달 시스템과 혁신조달

① 나라장터(전자조달 시스템)의 기능: 나라장터(G2B)는 조달청이 운영하는 국가 전자조달 시스템으로, 조달의 전 과정을 온라인으로 처리할 수 있음

기능	내용
입찰공고	공고문 등록 및 조회, 입찰 참가 신청
전자입찰	온라인 입찰서 제출, 전자서명
종합쇼핑몰	MAS 계약 물품 검색 및 주문
계약 관리	계약서 작성, 변경, 이행 관리
대금 지급	전자세금계산서 발행, 대금 지급 처리
실적 관리	계약 실적 조회 및 통계

② 혁신조달 제도: 혁신조달은 혁신적인 기술이나 아이디어를 가진 제품을 공공조달 시장에 우선적으로 진입시키는 제도

구분	내용
목적	혁신 제품의 초기 시장 창출 지원
대상	혁신성을 인정받은 제품
우대 조치	수의계약, 우선구매 대상 지정
평가	기술성, 혁신성, 시장성 등 종합 평가

③ 중소기업 의무구매 제도:「중소기업제품 구매촉진 및 판로지원에 관한 법률」에 따라 공공기관은 중소기업 제품을 의무적으로 구매해야 함

항목	내용
의무구매 비율	총 구매액의 50% 이상
직접구매	중소기업자로부터 직접 구매
여성기업	별도 구매 목표 설정
장애인기업	별도 구매 목표 설정
사회적기업	우선구매 대상 지정 가능

➕ plus

중소기업 의무구매 제도
• 공공기관은 총 구매액의 50% 이상을 중소기업 제품으로 구매해야 하며, 여성기업과 장애인기업에 대한 별도 구매 목표도 설정됨
• 이는 중소기업의 판로를 지원하고 공공조달 시장의 공정성을 확보하기 위한 제도

5 공급역량 분석

시장조사를 통해 파악된 잠재적 공급업체의 역량을 체계적으로 분석하여, 조달
사업을 성공적으로 수행할 수 있는 적격한 공급업체를 선별하는 과정

① 공급역량 평가 항목

평가 영역	세부 평가 항목	배점 예시
기술 역량	기술 인력, 특허, R&D 투자, 기술 인증	30점
생산 역량	생산 설비, 생산 능력, 품질 관리 체계	25점
재무 건전성	매출액, 영업이익률, 부채비율, 신용등급	20점
납품 실적	유사 제품 납품 이력, 납기 준수율, 하자 발생률	15점
사후 관리	A/S 체계, 교육 지원, 기술 지원 능력	10점

② 공급업체 유형별 특성

유형	특성	장점	단점
대기업	대규모 생산 능력, 안정적 재무	안정적 공급, 기술력	높은 가격, 유연성 부족
중소기업	전문 분야 특화, 유연한 대응	경쟁력 있는 가격, 맞춤 서비스	생산 능력 한계, 재무 불안정
사회적기업	사회적 가치 추구	정책 목표 달성 기여	품질·납기 관리 필요
해외 업체	글로벌 기술력, 다양한 제품군	최신 기술 도입 가능	납기 리스크, 사후 관리 어려움

③ 혁신조달과 중소기업 의무구매: 공공조달은 단순한 구매 활동을 넘어 정책적 목
  표를 달성하는 수단으로도 활용되며, 대표적으로 혁신조달과 중소기업 의무구
  매 제도가 있음
  - 혁신조달: 혁신적인 기술이나 제품을 공공부문에서 선도적으로 구매하여,
    민간 시장의 혁신을 촉진하고 공공서비스의 질을 향상시키는 조달 방식으
    로, 조달청은 혁신시제품 시범구매사업, 혁신장터 등을 통해 혁신조달을 추
    진하고 있음
  - 중소기업 의무구매:「중소기업제품 구매촉진 및 판로지원에 관한 법률」에
    따라 공공기관은 물품 구매액의 일정 비율 이상을 중소기업 제품으로 구매
    해야 하며, 이는 중소기업의 판로를 확보하고 건전한 경쟁 환경을 조성하기
    위한 정책
④ 다수공급자계약(MAS)과 종합쇼핑몰: 다수공급자계약(Multiple Award Schedule,
  MAS)은 조달청이 수요가 빈번한 물품에 대해 품질, 성능, 효율 등이 같거나
  유사한 종류의 물품을 수요기관이 선택할 수 있도록 2인 이상을 계약 상대자
  로 하는 계약 방식

다수공급자계약(MAS)의 특징으로 옳지 않은 것은?

① 동종·유사 물품에 대해 다수의 공급업체와 계약을 체결한다.
② 수요기관은 종합쇼핑몰에서 물품을 검색하고 비교할 수 있다.
③ 계약 체결 후 수요기관은 반드시 최저가 업체에 납품을 요구해야 한다.
④ 2단계 경쟁을 통해 추가적인 가격 할인을 받을 수 있다.

정답 ③

MAS 계약에서 수요기관은 가격뿐만 아니라 품질, 납기, A/S 등을 종합적으로 고려하여 업체를 선택할 수 있으며, 반드시 최저가 업체에 납품을 요구해야 하는 것은 아니다.

항목	내용
개념	동종·유사 물품에 대해 다수의 공급업체와 단가계약 체결
장점	수요기관의 선택권 확대, 경쟁을 통한 품질 향상, 조달 절차 간소화
등록 절차	적격성평가 → 가격협상 → 계약 체결 → 종합쇼핑몰 등록
2단계 경쟁	수요기관이 납품요구 시 등록업체 간 추가 경쟁(가격, 납기 등) 실시 가능
종합쇼핑몰	나라장터 내 온라인 쇼핑몰로, MAS 계약 물품을 검색·비교·구매 가능

03 공공조달 비용 및 기타 적정성 분석

📖 **학습목표**

- 공공조달에서 비용 적정성 분석의 방법과 기준을 이해할 수 있다.
- 비용 외 기타 적정성 요소를 종합적으로 검토·판단할 수 있다.

조달 계획의 적정성을 확보하기 위해서는 비용 분석이 필수적. 단순히 초기 구매 가격만 비교하는 것이 아니라, 조달 대상물의 전 생애주기에 걸친 총비용을 분석하고, 예정가격을 합리적으로 산정하며, 잠재적 위험을 체계적으로 관리해야 함

1 총소유비용(TCO) 및 생애주기비용(LCC) 분석

① 총소유비용(TCO) 분석: 총소유비용(Total Cost of Ownership, TCO)은 초기 구매비용뿐만 아니라, 사용 기간 동안 발생하는 모든 비용(운영비, 유지보수비, 교육비, 폐기비용 등)을 포함하는 종합적인 비용 분석 기법. 당장의 구매 가격이 저렴하더라도 유지보수 비용이 많이 들거나 에너지 효율이 낮다면 TCO 관점에서는 오히려 비싼 조달이 될 수 있음

✏️ **핵심포인트** TCO 구성 요소

비용 구분	세부 항목	예시
취득 비용	구매가격, 운송비, 설치비, 시운전비	장비 구매 1억원 + 설치비 500만원
운영 비용	전력비, 소모품비, 인건비, 보험료	연간 전력비 200만원
유지보수 비용	정기점검비, 수리비, 부품 교체비	연간 유지보수 300만원
교육 비용	사용자 교육, 기술 교육, 매뉴얼 제작	초기 교육비 100만원
폐기 비용	해체비, 폐기물 처리비, 환경 복원비	폐기 처리비 200만원
기회 비용	장비 고장으로 인한 업무 중단 손실 등	연간 추정 손실 500만원

예 TCO 계산: A사와 B사 장비의 TCO를 비교해 보자(사용 기간은 5년)

항목	A사 장비	B사 장비
구매 가격	8,000만원	10,000만원
연간 운영비(×5년)	1,500만원(7,500만원)	800만원(4,000만원)
연간 유지보수비(×5년)	500만원(2,500만원)	200만원(1,000만원)
교육비	200만원	100만원
폐기비	300만원	200만원
TCO 합계	18,500만원	15,300만원

→ 위 예시에서 A사 장비의 구매 가격은 B사보다 2,000만원 저렴하지만, TCO 관점에서는 B사 장비가 3,200만원 더 경제적이며, 이처럼 TCO 분석은 단순 가격 비교의 함정을 피하고 합리적인 의사결정을 가능하게 함

② 생애주기비용(LCC) 분석: 생애주기비용(Life Cycle Cost, LCC)은 TCO와 유사하지만, 주로 시설물이나 대형 장비 등 장기간 사용하는 자산의 기획, 설계 단계부터 폐기 단계까지 전 과정의 비용을 분석하는 데 사용되며, 특히 초기 투자비는 낮지만 유지보수 비용이 높은 대안의 문제점을 파악하는 데 유용함

※ LCC = 기획·설계비 + 취득비 + 운영·유지비 + 폐기비

2 원가계산 및 예정가격 산정

① 원가계산의 구조: 원가계산은 계약의 목적이 되는 물품 또는 용역을 구성하는 재료비, 노무비, 경비, 일반관리비, 이윤 등을 계산하여 가격을 산정하는 방법으로 주로 수의계약이나 기술·학술용역 등 경쟁이 성립하기 어려운 계약에서 가격의 기준을 정하기 위해 활용됨

비용 항목	내용	산정 기준
재료비	직접재료비 + 간접재료비	거래실례가격, 물가자료
노무비	직접노무비 + 간접노무비	「건설업 임금실태조사보고서」 등
경비	전력비, 감가상각비, 운반비, 보험료 등	실비 정산 또는 요율 적용
일반관리비	본사 관리 경비 (재료비 + 노무비 + 경비의 일정률)	물품: 6% 이내, 용역: 5~6%
이윤	영업이익 (노무비 + 경비 + 일반관리비의 일정률)	물품: 15% 이내, 용역: 10%
부가가치세	상기 합계액의 10%	법정 세율

법조문 돋보기

「예정가격 작성기준」(계약예규) 제2조(정의)
▶ 이 기준에서 사용하는 용어의 정의는 다음과 같음
▶ 원가계산이라 함은 계약의 목적이 되는 물품 또는 용역을 구성하는 재료비·노무비·경비·일반관리비 및 이윤을 계산하여 예정가격을 결정하기 위한 기초자료를 작성하는 것을 말함

② 예정가격의 의의와 산정

- 예정가격은 입찰 또는 계약 체결 전에 낙찰자 및 계약금액 결정의 기준으로 삼기 위하여 미리 작성·비치하여 두는 가액으로, 계약담당공무원은 경쟁입찰에 부치거나 수의계약을 체결하려는 경우, 해당 규격서 및 설계서 등에 따라 예정가격을 작성해야 함
- 예정가격은 조달 예산의 상한선 역할을 하며, 입찰참가자들은 이 예정가격 이하로 투찰해야 함

✏ 핵심포인트 예정가격 결정 방법

방법	내용	적용 상황
거래실례가격	시장에서 실제 거래되는 가격 기준	일반 물품, 시장 가격이 형성된 경우
원가계산	재료비 + 노무비 + 경비 + 일반관리비 + 이윤	수의계약, 기술용역 등
감정가격	감정평가사의 감정 결과	부동산, 특수 자산 등
유사거래실례가격	유사한 거래의 실례가격	동일 거래 실례가 없는 경우
견적가격	2개 이상 업체의 견적서 기준	기타 방법 적용 곤란 시

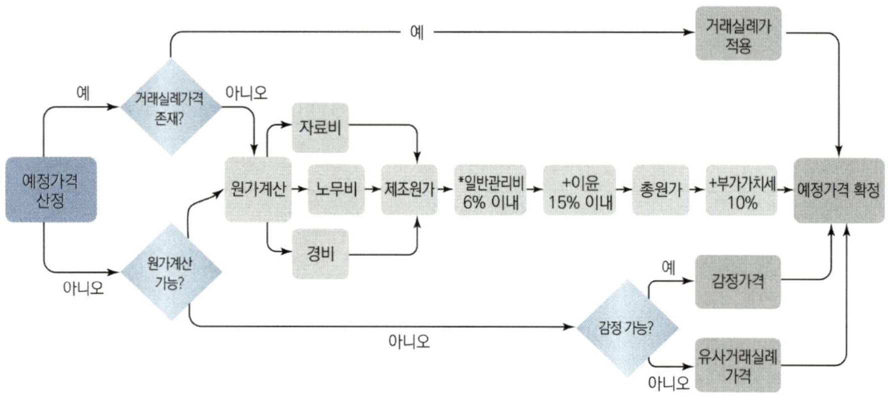

▲ 예정가격 산정 절차

③ 예정추정가격과 예정가격의 구분

구분	추정가격	예정가격
시점	조달 계획 단계 (사전)	입찰 공고 전 (확정)
목적	예산 확보, 계약 방법 결정 기준	낙찰자 결정, 계약금액 결정 기준
정확도	개략적 추정	정밀 산정
법적 효력	내부 참고 자료	법적 구속력 있음
부가가치세	미포함	포함

④ 복수예비가격 제도: 예정가격의 공정성과 객관성을 확보하기 위한 장치로 예정가격 작성 시 15개의 예비가격을 작성하고, 입찰 시 입찰참가자 중 2인이 각각 하나씩 선택하여 4개의 예비가격을 추첨한 후, 그 산술평균을 예정가격으로 결정하는 방식

항목	내용
예비가격 수	15개(기초금액의 ±3% 범위 내에서 작성)
추첨 수	4개(입찰 참가자 2인이 각 2개씩 선택)
예정가격	추첨된 4개 예비가격의 산술평균
목적	예정가격의 사전 유출 방지, 공정성 확보

법조문 돋보기

「국가를 당사자로 하는 계약에 관한 법률 시행령」 제29조(예정가격의 결정방법)
▶ 예정가격은 계약의 목적이 되는 물품 또는 용역 등의 거래실례가격, 원가계산에 의한 가격, 감정가격, 유사한 거래실례가격 또는 견적가격 등을 기준으로 하여 적정하게 결정하여야 함
→ 예정가격 결정에는 다양한 방법이 있으며, 거래실례가격이 가장 우선적으로 적용됨. 각 방법의 적용 순서와 조건을 이해하는 것이 중요함

실무톡톡

▶ 조달담당자 G씨는 예정가격을 산정할 때 원가계산 방식만 적용하려 했으나 선배 H과장은 예정가격 작성 시에는 거래실례가격, 원가계산가격, 감정가격 등 복수의 방법을 비교·검토해야 한다며, 특히 거래실례가격은 시장의 실제 가격 수준을 반영하므로 반드시 조사해야 한다고 조언했음
▶ 예정가격은 입찰 절차의 기준이 되므로, 다양한 방법을 통해 합리적으로 산정하는 것이 중요함

3 계약금액 조정 제도

공공조달에서는 계약 체결 후 물가변동, 설계변경, 기타 계약내용의 변경으로 인해 계약금액을 조정할 필요가 있는 경우, 법령에 따라 계약금액을 조정할 수 있으며, 이는 계약의 공정성과 경제성을 동시에 확보하기 위한 제도

① **물가변동으로 인한 계약금액 조정**: 계약 체결 후 물가가 상승하거나 하락하여 계약금액을 조정할 필요가 있는 경우, 다음의 요건을 충족해야 함

요건	내용
조정 신청 시기	계약 체결일로부터 90일 이상 경과
물가변동률	입찰일 또는 직전 조정기준일 대비 3% 이상 변동
조정 방법	품목조정률 방식 또는 지수조정률 방식
조정 한도	계약금액의 100분의 100 이내

✎ 핵심포인트 물가변동 조정 방법 비교

구분	품목조정률 방식	지수조정률 방식
산정 기준	개별 품목의 가격 변동	통계청 물가지수
적용 대상	물품 구매 계약	공사, 용역 계약
장점	정확한 조정 가능	산정이 간편
단점	산정이 복잡	개별 품목 변동 반영 부족

② **설계변경으로 인한 계약금액 조정**: 시설공사 등에서 설계의 변경이 필요한 경우, 계약금액을 조정할 수 있음

설계변경 사유	내용
발주기관의 요청	사업 목적 변경, 추가 요구사항 발생
현장 여건 변경	예상치 못한 지반 조건, 장애물 발견
신기술 적용	더 효율적인 신공법이나 신자재 적용
법령 변경	관련 법령이나 기준의 변경

법조문 돋보기

「국가를 당사자로 하는 계약에 관한 법률 시행령」 제65조(물가변동으로 인한 계약금액 조정)
▶ 각 중앙관서의 장 또는 계약담당공무원은 공사·제조 또는 구매의 계약을 체결한 후 물가의 변동으로 인하여 계약금액을 조정할 필요가 있는 때에는 대통령령이 정하는 바에 따라 계약금액을 조정함
→ 물가변동으로 인한 계약금액 조정은 계약 체결일로부터 90일 이상 경과하고 물가변동률이 3% 이상인 경우에 적용됨

③ **지체상금 제도**: 계약 상대방이 정해진 기한 내에 계약을 이행하지 못한 경우, 지체상금을 부과함

항목	내용
산정 기준	계약금액 × 지체상금률 × 지체일수
지체상금률	공사: 0.5/1,000, 물품의 제조·구매: 0.75/1,000, 용역 및 기타: 1.25/1,000
상한	계약보증금 상당액(계약금액의 10%)
초과 시	계약 해제 가능

4 다수공급자계약(MAS) 및 단가계약

① 다수공급자계약(MAS: Multiple Award Schedule): MAS는 동종·유사 물품에 대해 다수의 공급업체와 계약을 체결하여, 수요기관이 종합쇼핑몰을 통해 자유롭게 선택할 수 있는 계약 방식

항목	내용
계약 방식	조달청이 다수 공급업체와 단가계약 체결
선택 방식	수요기관이 종합쇼핑몰에서 자유롭게 선택
경쟁 방식	2단계 경쟁을 통해 추가 할인 가능
장점	수요기관의 선택권 확대, 공급업체 간 경쟁 촉진
단점	최저가 보장 어려움, 관리 복잡성

② 다수단가계약과 총액계약

구분	단가계약	총액계약
가격 확정	단위당 가격만 확정	총액 한도 확정
수량	변동 가능	총액 범위 내 변동
적용 대상	소모품, 정기적 구매 물품	예산 한도 내 유연한 조달
장점	유연한 수량 조정	예산 통제 용이

5 제안서 평가 전략

협상에 의한 계약 등 기술력이 중요한 조달에서는 제안서 평가가 핵심적인 역할을 하며, 제안서 평가 전략은 평가의 공정성과 객관성을 확보하면서도, 최적의 공급업체를 선정할 수 있도록 설계되어야 함

① 제안서 평가의 기본 원칙

원칙	내용
공정성	모든 입찰 참가자에게 동등한 기회 보장, 편향 없는 평가
객관성	사전에 공개된 평가 기준에 따라 일관되게 평가
투명성	평가 기준, 절차, 결과를 공개하여 신뢰성 확보
전문성	해당 분야 전문가로 평가위원회 구성
비밀 유지	평가 과정 및 결과에 대한 비밀 유지 의무

② 평가위원회 구성 및 운영: 제안서 평가는 전문성과 공정성을 갖춘 평가위원회에 의해 수행되며, 평가위원회의 구성과 운영에 관한 주요 사항은 다음과 같음

항목	내용
위원 수	5인 이상(홀수로 구성)
위원 구성	해당 분야 전문가, 공무원, 외부 전문가 등
위원 선정	평가 당일 무작위 추첨 방식 권장
제척·기피	이해관계가 있는 위원은 평가에서 배제
비밀 유지	평가위원 명단, 평가 내용 등 비밀 유지 의무

실무톡톡

▶ 조달 담당자 C씨는 대규모 정보시스템 구축 사업의 제안서 평가를 앞두고 있으며, 평가위원 후보 명단을 사전에 확정하여 평가 준비를 철저히 하려 했으나, 선배 D과장은 '평가위원 명단이 사전에 유출되면 업체의 로비 대상이 될 수 있으니, 평가 당일 무작위 추첨으로 선정하는 것이 원칙'이라고 조언함
▶ 이처럼 제안서 평가의 공정성은 평가위원 선정의 비밀 유지에서 시작되며, 평가위원 명단의 사전 유출은 평가의 공정성을 심각하게 훼손할 수 있으므로, 엄격한 보안 관리가 필요함

③ 기술평가와 가격평가의 배점

평가 유형	기술평가 배점	가격평가 배점	적용 사업
기술 중심	80~90점	10~20점	고도의 기술력이 요구되는 사업
균형형	60~70점	30~40점	기술과 가격이 모두 중요한 사업
가격 중심	40~50점	50~60점	기술 차이가 크지 않은 사업

6 위험 분석 및 관리

조달 과정에는 다양한 위험이 내재되어 있으며, 위험 분석 및 관리는 잠재적 위험 요소를 사전에 식별하고, 그 영향을 최소화하기 위한 대응 전략을 수립하는 체계적인 활동

① 위험 관리 프로세스

단계	활동	산출물
1단계	위험 식별(Risk Identification)	위험 목록(Risk Register)
2단계	위험 분석(Risk Analysis)	발생 확률 및 영향도 평가
3단계	위험 평가(Risk Evaluation)	위험 등급 분류(고/중/저)
4단계	위험 대응(Risk Response)	대응 전략 수립 및 실행
5단계	위험 모니터링(Risk Monitoring)	정기적 검토 및 업데이트

② 위험 평가 매트릭스: 위험의 심각도는 발생 확률과 영향도의 조합으로 평가함

구분	영향도 낮음	영향도 보통	영향도 높음
발생 확률 높음	중위험	고위험	최고위험
발생 확률 보통	저위험	중위험	고위험
발생 확률 낮음	최저위험	저위험	중위험

③ 위험 대응 전략

전략	내용	예시
회피 (Avoidance)	위험 발생 가능성이 있는 활동 자체를 중단하거나 다른 방식으로 대체	위험이 높은 해외 조달을 국내 조달로 변경
전가 (Transfer)	위험의 결과를 제3자에게 이전	보험 가입, 이행보증금 징수, 지체상금 조항
완화 (Mitigation)	위험의 발생 확률이나 영향을 줄이기 위한 예방 조치	공급선 다변화, 안전 재고 확보, 품질 검사 강화
수용 (Acceptance)	위험을 인지하되 별도의 조치 없이 감수	발생 확률과 영향이 모두 낮은 위험에 대해 모니터링만 수행

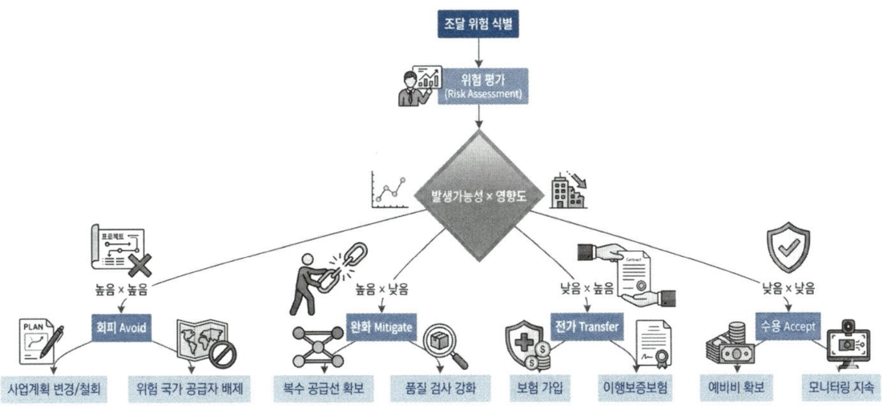

▲ 조달 위험 관리 프로세스(Procurement Risk Management Process)

✓ **Check Q&A**

계약 이행 과정에서 발생할 수 있는 납품 지연 위험을 사전에 회피(Avoid)하기 위한 조치로 가장 적절한 것은?

① 납품 지연에 대비하여 충분한 예비 재고를 확보한다.
② 계약서에 지체상금 조항을 명시하여 지연 발생 시 손실을 보전한다.
③ 계약 상대방에게 계약 이행 보증서를 제출하도록 요구한다.
④ 사업 계획 자체를 변경하여 납품이 필요 없는 다른 방식으로 사업을 추진한다.

정답 ④

위험 회피(Avoidance)는 위험 발생 가능성이 있는 활동 자체를 중단하거나 다른 방식으로 대체하는 가장 적극적인 대응 방법이다. ①은 위험 완화(Mitigation), ②, ③은 위험 전가(Transfer)에 해당한다.

④ 조달 프로세스별 주요 위험

단계	주요 위험 요소	대응 방안
계획	부정확한 수요예측, 부적절한 예산 편성, 비현실적인 요구사항	다각적 수요예측, 전문가 검토, 시장조사
입찰	유찰(입찰자 없음), 담합, 불공정 평가 시비	공고 기간 충분 확보, 전자입찰, 평가위원 보안
계약	계약 지연, 불리한 계약 조건, 계약서 오류	표준계약서 활용, 법률 검토, 체크리스트
이행	납품 지연, 품질 불량, 규격 미달, 공급 중단	이행 모니터링, 중간 검사, 지체상금
검수	검수 기준 모호, 검수 지연, 부실 검수	검수 기준 사전 명확화, 전문 검수 인력 확보

⑤ 보증금 제도: 계약의 안전한 이행을 보장하기 위해 보증금 제도를 운영함

보증금 유형	목적	금액 기준	비고
입찰보증금	낙찰자의 계약 체결 이행 보장	입찰금액의 5% 이상	입찰 참가 시 납부
계약보증금	계약 상대방의 계약 이행 보장	계약금액의 10% 이상	계약 체결 시 납부
하자보증금	납품 후 하자 발생 시 보수 보장	계약금액의 2 ~ 5%	검수 완료 후 납부
선금보증금	선금 지급 시 반환 보장	선금 금액	선금 수령 시 납부

법조문 돋보기

「국가를 당사자로 하는 계약에 관한 법률 시행령」 제37조(입찰보증금)
▶ 입찰에 참가하고자 하는 자는 입찰금액의 100분의 5 이상의 입찰보증금을 납부하여야 함
▶ 입찰보증금은 현금 또는 「은행법」에 의한 은행이 발행한 보증서 등으로 납부할 수 있음
→ 입찰보증금은 낙찰자가 정당한 사유 없이 계약을 체결하지 않는 것을 방지하기 위한 제도로, 낙찰자가 계약을 체결하지 않으면 입찰보증금은 국고에 귀속됨

---

7 공동계약 및 분할발주

대규모 조달 사업에서는 공동계약이나 분할발주를 통해 위험을 분산하고 중소기업의 참여를 확대할 수 있음

구분	공동계약	분할발주
개념	2인 이상이 공동으로 계약 이행	하나의 사업을 복수의 계약으로 분리
유형	공동이행방식, 분담이행방식	공종별, 공구별, 단계별 분할
목적	대규모 사업의 안정적 이행	중소기업 참여 확대, 전문성 확보
적용 사례	대형 건설공사, 대규모 IT 사업	전문 분야별 용역, 공종별 공사

CHAPTER
01

단원별 핵심문제

01

다음 중 정성적 수요예측 기법에 해당하지 않는 것은?

① 델파이 기법
② 시장 조사법
③ 전문가 의견법
④ 회귀분석

해설

회귀분석은 과거 데이터의 인과관계를 분석하는 대표적인 정량적 예측 기법이다. ①, ②, ③은 모두 전문가의 주관적 판단이나 의견에 기반한 정성적 예측 기법이다.

02

과거 데이터가 풍부하고 수요 패턴이 비교적 안정적일 때 가장 적합한 수요예측 방법은?

① 델파이 기법
② 이동평균법
③ 시나리오 분석법
④ 전문가 의견법

해설

과거 데이터가 풍부하고 패턴이 안정적인 경우에는 정량적 예측법이 적합하며, 이동평균법은 대표적인 시계열 분석 기법이다.

03

ABC 분석에서 A등급 품목의 특성으로 옳은 것은?

① 품목 수가 가장 많고 구매금액 비중이 가장 낮다.
② 품목 수는 적지만 구매금액 비중이 가장 높다.
③ 품목 수와 구매금액 비중이 모두 중간 수준이다.
④ 품목 수가 가장 많고 구매금액 비중도 가장 높다.

해설

ABC 분석에서 A등급은 품목 수는 전체의 약 10 ~ 20%에 불과하지만, 구매금액 비중은 약 70 ~ 80%를 차지하는 핵심 품목이다.

04

다음 중 성능규격(Performance Specification)에 대한 설명으로 옳은 것은?

① 특정 제품의 모델명과 사양을 명시하는 방식이다.
② 제품이 어떻게 만들어져야 하는지를 기술하는 방식이다.
③ 제품이 달성해야 할 결과와 기능을 중심으로 기술하는 방식이다.
④ 특정 업체의 기술 표준을 기준으로 작성하는 방식이다

해설

성능규격은 무엇을(What) 해야 하는지, 즉 요구되는 성능과 기능을 결과 중심으로 기술하는 방식이다. 이는 다양한 업체의 참여를 유도하고 혁신적 대안을 허용한다.

05

구매사양서 작성의 SMART 원칙에서 'A'가 의미하는 것은?

① 정확성(Accuracy)
② 적절성(Appropriateness)
③ 달성가능성(Achievable)
④ 분석성(Analytical)

해설

SMART 원칙에서 A는 Achievable(달성가능성)로, 해당 산업과 시장에서 수용 가능하고 기술적으로 실행력이 확보되는 요구사항을 제시해야 함을 의미한다.

06

다음 중 공공조달에서 원칙적으로 적용되는 계약 방식은?

① 수의계약
② 지명경쟁
③ 일반경쟁
④ 제한경쟁

해설

「국가를 당사자로 하는 계약에 관한 법률」 제7조에 따라 공공조달에서는 일반경쟁이 원칙이며, 제한경쟁·지명경쟁·수의계약은 예외적으로 허용된다.

정답  01 ④　02 ②　03 ②　04 ③　05 ③　06 ③

07

RFI(정보요청서)에 대한 설명으로 옳지 않은 것은?

① 시장 정보 수집을 위해 사용된다.
② 조달 초기 단계에서 활용된다.
③ 응답 업체에 입찰참가 의무가 부과된다.
④ 업체의 기술 역량 등을 요청할 수 있다.

해설

RFI는 비구속적 문서로, 응답 업체에게 입찰참가 의무를 부과하지 않으며, 시장 정보 수집이 주된 목적이다.

08

총소유비용(TCO) 분석에 포함되는 비용이 아닌 것은?

① 초기 구매 가격
② 연간 유지보수 비용
③ 경쟁 업체의 마케팅 비용
④ 폐기 처리 비용

해설

TCO는 해당 조달 대상물의 취득부터 폐기까지 발생하는 모든 비용을 포함하지만, 경쟁 업체의 마케팅 비용은 해당 조달과 무관한 외부 비용이므로 포함되지 않는다.

09

예정가격에 대한 설명으로 옳지 않은 것은?

① 입찰 전에 미리 작성하여 비치해야 한다.
② 낙찰자 및 계약금액 결정의 기준이 된다.
③ 입찰이 끝난 후 낙찰자의 투찰 금액을 기준으로 산정한다.
④ 국가 예산의 낭비를 방지하는 기준 금액이 된다.

해설

예정가격은 입찰 전에 미리 작성되어야 하며, 입찰 후에는 변경될 수 없다. 입찰 후 결정되는 것은 계약금액이다.

10

위험 대응 전략 중 전가(Transfer)에 해당하는 것은?

① 위험이 높은 사업 자체를 취소한다.
② 공급선을 다변화하여 위험을 분산한다.
③ 위험을 인지하되 별도의 조치 없이 감수한다.
④ 계약 이행 보증보험에 가입하도록 요구한다

해설

위험 전가는 위험의 결과를 제3자에게 이전하는 전략으로, 보험 가입, 이행보증금 징수, 지체상금 조항 등이 대표적이다.

11

복수예비가격 제도에서 예비가격의 수와 추첨 수는?

① 10개 작성, 2개 추첨
② 15개 작성, 4개 추첨
③ 20개 작성, 5개 추첨
④ 15개 작성, 3개 추첨

해설

복수예비가격 제도는 15개의 예비가격을 작성하고, 입찰 참가자 2인이 각 2개씩 총 4개를 추첨하여 그 산술평균을 예정가격으로 결정한다.

12

다수공급자계약(MAS)에 대한 설명으로 옳지 않은 것은?

① 동종·유사 물품에 대해 다수의 공급업체와 계약한다.
② 수요기관은 종합쇼핑몰에서 물품을 비교할 수 있다.
③ 반드시 최저가 업체에 납품을 요구해야 한다.
④ 2단계 경쟁을 통해 추가 할인을 받을 수 있다

해설

MAS 계약에서 수요기관은 가격뿐만 아니라 품질, 납기, A/S 등을 종합적으로 고려하여 업체를 선택할 수 있으며, 반드시 최저가 업체를 선택해야 하는 것은 아니다.

13

원가계산에서 일반관리비의 산정 기준은?

① 재료비의 일정률
② 재료비 + 노무비 + 경비의 일정률
③ 노무비의 일정률
④ 이윤의 일정률

해설

일반관리비는 재료비, 노무비, 경비의 합계액에 일정률(물품: 6% 이내, 용역: 5~6%)을 적용하여 산정한다.

정답   07 ③   08 ③   09 ③   10 ④   11 ②   12 ③   13 ②

14

조달전략계획에 포함되어야 할 13가지 주제에 해당하지 않는 것은?

① 조달 배경 및 목적
② 경쟁 업체의 내부 경영 전략
③ 시장조사 결과
④ 위험 관리

해설

조달전략계획은 조달 배경, 범위, 일정, 예산, 방법, 계약 유형, 시장조사, 평가 기준, 위험 관리 등 13가지 주제를 포함하지만, 경쟁 업체의 내부 경영 전략은 포함되지 않는다.

15

계약금액 결정 유형 중 공급자의 위험 부담이 가장 큰 것은?

① 원가상환계약
② 확정가격계약
③ 개산계약
④ 단가계약

해설

확정가격계약은 계약 체결 시 확정된 가격으로 이행해야 하므로, 원가 상승 등의 위험을 공급자가 부담한다. 원가상환계약과 개산계약은 수요기관의 위험 부담이 크다.

16

입찰공고 기간에 대한 설명으로 옳은 것은?

① 일반경쟁의 경우 최소 5일 이상이다.
② 일반경쟁의 경우 최소 10일 이상이다.
③ 국제입찰의 경우 최소 20일 이상이다.
④ 수의계약의 경우에도 공고 기간이 필요하다

해설

「국가를 당사자로 하는 계약에 관한 법률 시행령」 제33조에 따라 일반경쟁의 입찰공고 기간은 최소 10일 이상이며, 국제입찰은 40일 이상이다.

17

제안서 평가위원회 구성에 대한 설명으로 옳은 것은?

① 평가위원은 반드시 짝수로 구성해야 한다.
② 평가위원 명단은 사전에 공개하여 투명성을 확보한다.
③ 평가위원은 5인 이상 홀수로 구성하는 것이 원칙이다.
④ 이해관계가 있는 위원도 전문성이 있으면 참여할 수 있다

해설

평가위원회는 5인 이상 홀수로 구성하며, 평가위원 명단은 사전 유출을 방지하기 위해 비밀로 유지한다. 이해관계가 있는 위원은 제적·기피 대상이다.

18

비상공급계획의 핵심 요소에 해당하지 않는 것은?

① 핵심 품목 식별
② 위험 시나리오 설정
③ 경쟁 업체 분석
④ 의사결정 체계 수립

해설

비상공급계획의 핵심 요소는 핵심 품목 식별, 위험 시나리오 설정, 대응 전략 수립, 의사결정 체계, 정기 점검 등이며, 경쟁 업체 분석은 시장조사의 영역이다.

19

추정가격과 예정가격의 차이에 대한 설명으로 옳은 것은?

① 추정가격은 부가가치세를 포함하고, 예정가격은 포함하지 않는다.
② 추정가격은 입찰 후에 산정하고, 예정가격은 입찰 전에 산정한다.
③ 추정가격은 계획 단계의 개략적 추정이고, 예정가격은 입찰 전 정밀 산정이다.
④ 추정가격은 법적 구속력이 있고, 예정가격은 내부 참고 자료이다.

해설

추정가격은 조달 계획 단계에서의 개략적 추정(부가가치세 미포함)이고, 예정가격은 입찰 전에 정밀하게 산정(부가가치세 포함)하여 법적 구속력을 갖는다.

정답   14 ②   15 ②   16 ②   17 ③   18 ③   19 ③

20

입찰보증금의 금액 기준으로 옳은 것은?

① 계약금액의 5% 이상
② 입찰금액의 5% 이상
③ 예정가격의 10% 이상
④ 추정가격의 3% 이상

해설

「국가를 당사자로 하는 계약에 관한 법률 시행령」 제37조에 따라 입찰보증금은 입찰금액의 100분의 5 이상을 납부해야 한다.

21

시장조사의 8단계 절차에서 가장 먼저 수행해야 하는 단계는?

① 잠재적 공급업체 식별
② 조사 목적 및 범위 설정
③ 가격 정보 수집
④ 기존 정보 수집 및 검토

해설

시장조사는 먼저 조사의 목적과 범위를 명확히 설정한 후, 기존 정보 검토, 시장 구조 분석, 업체 식별 등의 순서로 진행한다.

22

과업명세서(SOW)에 포함되어야 할 항목이 아닌 것은?

① 조달 배경
② 계약상대자의 업무
③ 평가위원 명단
④ 결과물 및 일정

해설

과업명세서에는 조달 배경, 달성 목표, 계약상대자의 업무, 결과물, 일정, 수요기관의 책임사항 등이 포함되지만, 평가위원 명단은 평가 단계에서 관리되는 사항이다.

23

위험 평가 매트릭스에서 발생 확률이 높고 영향도도 높은 위험의 등급은?

① 최저위험
② 중위험
③ 고위험
④ 최고위험

해설

위험 평가 매트릭스에서 발생 확률과 영향도가 모두 높은 경우 최고위험으로 분류되며, 최우선적으로 대응 전략을 수립해야 한다.

24

중소기업 의무구매 제도에 대한 설명으로 옳은 것은?

① 공공기관은 총 구매액의 30% 이상을 중소기업 제품으로 구매해야 한다.
② 공공기관은 총 구매액의 50% 이상을 중소기업 제품으로 구매해야 한다.
③ 중소기업 의무구매는 권장 사항이며 법적 의무는 아니다.
④ 여성기업과 장애인기업에 대한 별도의 구매 목표는 없다.

해설

「중소기업제품 구매촉진 및 판로지원에 관한 법률」에 따라 공공기관은 총 구매액의 50% 이상을 중소기업 제품으로 구매해야 하며, 여성기업과 장애인기업에 대한 별도 목표도 설정된다.

25

계약보증금의 금액 기준으로 옳은 것은?

① 계약금액의 5% 이상
② 계약금액의 10% 이상
③ 계약금액의 15% 이상
④ 계약금액의 20% 이상

해설

계약보증금은 계약 상대방의 계약 이행을 보장하기 위해 계약금액의 100분의 10 이상을 납부해야 한다.

정답　　20 ②　21 ②　22 ③　23 ④　24 ②　25 ②

최종점검 OX 퀴즈

OX 퀴즈　정답 및 해설

01 정성적 수요예측은 과거 데이터가 풍부할 때 주로 사용된다. (○ , ×)

02 델파이 기법은 전문가들의 대면 토론을 통해 합의를 도출하는 방식이다. (○ , ×)

03 기술규격은 '무엇을' 해야 하는지에 초점을 맞춘 결과 중심의 규격이다. (○ , ×)

04 공공조달에서는 공정한 경쟁을 위해 일반적으로 성능규격을 권장한다. (○ , ×)

05 조달 일정 수립 시 입찰 공고 기간은 법적으로 정해져 있지 않다. (○ , ×)

06 비상공급계획은 예측 불가능한 위기 상황에 대비하기 위한 것이다. (○ , ×)

07 일반경쟁은 부적격 업체를 사전에 배제할 수 있다는 장점이 있다. (○ , ×)

08 수의계약은 경쟁성이 부족하여 특혜 시비의 가능성이 있다. (○ , ×)

---

01 ×
정성적 수요예측은 과거 데이터가 부족하거나 신제품, 신규사업처럼 정량 데이터를 활용하기 어려운 경우에 주로 사용된다.

02 ×
델파이 기법은 전문가들이 직접 대면하지 않고 익명의 설문을 반복적으로 실시하여 합의를 도출하는 방식이다.

03 ×
기술규격(Technical Specification)은 재료, 공법, 구조 등 '어떻게' 만들어야 하는지를 규정하는 투입(수단) 중심의 규격이다.

04 ○
공공조달에서는 특정 업체에 유리한 기술규격 작성을 방지하고 경쟁을 촉진하기 위해 '무엇을 달성해야 하는가'를 기술하는 성능규격 또는 기능규격을 우선적으로 권장한다.

05 ×
국내 일반경쟁입찰의 경우 입찰 공고 후 입찰일까지 원칙적으로 10일 이상, 국제입찰은 40일 이상의 공고 기간을 확보하여야 한다.

06 ○
비상공급계획(Contingency Supply Plan)은 재난, 전쟁, 대규모 공급 중단 등 예측하기 어려운 위기상황에서도 공공서비스 제공을 위한 조달을 지속할 수 있도록 사전에 수립하는 계획이다.

07 ×
일반경쟁입찰은 법적 결격 사유만 없으면 누구나 참가할 수 있어 경쟁을 극대화하는 장점이 있지만, 부적격 업체를 사전에 배제하는 기능은 제한적이다.

08 ○
수의계약은 경쟁 없이 특정 업체와 직접 계약을 체결하는 방식으로, 경쟁성이 부족하여 특혜 시비나 불공정 거래 논란이 발생할 수 있다.

09 예정가격은 입찰이 끝난 후에 산정해도 무방하다. (○ , ×)

10 위험 회피는 위험 발생 가능성을 줄이기 위해 예방 조치를 강화하는 것이다. (○ , ×)

11 ABC 분석에서 A등급 품목은 가장 구매금액 비중이 높은 핵심 품목 이다. (○ , ×)

12 가중 이동평균법은 모든 과거 데이터에 동일한 가중치를 부여한다. (○ , ×)

13 나라장터 종합쇼핑몰은 시장조사를 위한 유용한 정보 소스가 될 수 있다. (○ , ×)

14 공급업체 실사는 주로 계약 체결 이후에 이행 과정을 평가하는 활동 이다. (○ , ×)

15 신용평가등급은 공급업체의 기술 역량을 평가하는 주요 지표이다. (○ , ×)

16 총소유비용(TCO)은 초기 구매비용만을 의미한다. (○ , ×)

17　생애주기비용(LCC) 분석은 특히 시설물이나 대형 장비 조달에 유용하다.　(○ , ×)

18　원가계산은 주로 일반 경쟁입찰에서 가격을 결정하기 위해 사용된다.　(○ , ×)

19　위험 전가 전략의 예시로는 보험 가입이 있다.　(○ , ×)

20　요구사항 명세서에 특정 업체의 모델명을 명시하는 것은 공정성을 해치지 않는다.　(○ , ×)

21　RFI(정보요청서)는 공급자들에게 공식적으로 제안을 요청하는 문서이다.　(○ , ×)

22　위험 수용은 위험을 인지하지만 별도의 조치를 취하지 않고 감수하는 전략이다.　(○ , ×)

23　지명경쟁은 참가 자격에 제한이 없어 누구나 참여할 수 있다.　(○ , ×)

24　복수예비가격 제도는 예정가격의 사전 유출을 방지하기 위한 장치이다.　(○ , ×)

25　추정가격에는 부가가치세가 포함된다.　(○ , ×)

---

17 ○
생애주기비용(LCC, Life Cycle Cost) 분석은 장기간에 걸쳐 막대한 운영·유지비용이 발생하는 시설물이나 대형 장비 조달 의사결정에 특히 유용하다.

18 ×
원가계산은 주로 수의계약이나 제한경쟁 등 시장 경쟁이 충분하지 않아 적정 계약금액을 별도로 산정해야 하는 경우에 활용된다.

19 ○
위험 전가(Risk Transfer)는 위험이 실현되었을 때의 손실 부담을 제3자에게 이전하는 전략이다.

20 ×
요구사항 명세서에서 특정 업체의 모델명이나 상표를 명시하면 해당 업체에 일방적으로 유리한 조건이 형성되어 경쟁을 제한하고 공정성을 훼손한다.

21 ×
RFI(Request for Information, 정보요청서)는 발주기관이 시장 정보와 공급 가능 현황을 파악하기 위해 업체에 발송하는 문서이다.

22 ○
위험 수용(Risk Acceptance)은 해당 위험이 허용 가능한 수준이거나 대응 비용이 기대 손실보다 크다고 판단될 때, 위험의 존재를 인지하면서도 별도의 조치 없이 감수하기로 결정하는 전략이다.

23 ×
지명경쟁입찰은 발주기관이 일정한 자격 또는 실적을 갖춘 특정 업체들을 지명하여 해당 업체들 간에 경쟁시키는 방식으로, 참가 자격에 제한이 있다.

24 ○
복수예비가격 제도는 예정가격의 공정성과 객관성을 확보하기 위함이다.

25 ×
추정가격은 부가가치세를 제외한 금액으로 산정한다.

CHAPTER 01 단원별 핵심정리

암기 필수사항

CHAPTER 01

1. 수요예측 기법: 정성적 예측(델파이, 시장조사 등)은 데이터가 부족한 신규 사업에, 정량적 예측(이동평균, 회귀분석 등)은 과거 데이터가 풍부하고 패턴이 안정적인 경우에 적합
2. SMART 원칙: 구매사양서는 명확하고(Specific), 측정 가능하며(Measurable), 달성가능하고(Achievable), 관련성 있으며 (Relevant), 시기적절하게(Timely) 작성되어야 함
3. 성능규격, 기술규격: 성능규격은 '무엇을' 해야 하는지에 초점을 맞춰 혁신을 유도하며, 기술규격은 '어떻게' 만들어야 하는지를 명시하여 평가의 명확성을 높임
4. 비용 확정의 역설: 조달 계획 단계는 전체 비용의 1 ~ 3%만 소요되지만, 이 단계의 의사결정이 전체 비용의 70 ~ 80%를 결정하므로 매우 중요함
5. 공공조달 5대 기본 원칙: 공정한 경쟁, 모든 참가자에 대한 동등한 기회 보장, 절차와 결과의 투명성, 효율적인 예산 집행, 조달의 신뢰성을 기본 원칙으로 함
6. 조달 유형별 특징: 물품 조달은 구매사양서, 용역 조달은 과업명세서(SOW), 시설공사는 설계도서를 기준으로 하며, 각각 적합한 낙찰 방식을 적용함
7. 경쟁 방식별 특징: 일반경쟁이 원칙이며, 제한경쟁, 지명경쟁, 수의계약은 예외적으로 허용되며, 경쟁성이 높을수록 투명성도 높아짐
8. 계약금액 결정 유형: 확정가격계약은 공급자, 원가상환계약은 수요기관의 위험 부담이 크며, 조정가격계약은 위험을 분담하는 방식
9. 조달전략계획 13가지 주제: 조달의 배경, 범위, 일정, 예산, 계약 방식, 위험 관리 등 13가지 핵심 주제를 포함하여 체계적인 계획을 수립해야 함
10. RFI, RFP, RFQ: RFI(정보요청서)는 시장 정보 수집, RFP(제안요청서)는 기술/가격 제안 요청, RFQ(견적요청서)는 가격 견적 요청을 위해 사용됨
11. 중소기업 의무구매: 공공기관은 총 구매액의 50% 이상을 중소기업 제품으로 구매해야 하며, 여성기업 및 장애인기업 제품도 별도 목표에 따라 구매함
12. TCO(총소유비용): 취득 비용뿐만 아니라 운영, 유지보수, 폐기 비용까지 포함하여 장기적인 관점에서 경제성을 평가하는 방식
13. 예정가격 결정: 거래실례가격, 원가계산, 감정가격 등의 방법을 사용하며, 복수예비가격 제도를 통해 공정성을 확보함
14. 물가변동 조정: 계약 체결 후 90일이 경과하고 품목조정률 또는 지수조정률이 3% 이상 변동 시 계약금액을 조정할 수 있음
15. 조달 위험 대응 전략: 위험을 회피(Avoid), 전가(Transfer), 완화(Mitigate), 수용(Accept)하는 4가지 기본 전략이 있음

CHAPTER **02**

조달요구 응대 및 제안

01   조달요구 대처 절차

📖 학습목표

- 경쟁입찰참가자격 등록 및 갱신 절차를 이해하고 설명할 수 있다.
- 수요기관의 정보요청(RFI)에 효과적으로 대응하는 방법을 설명할 수 있다.
- 조달 관련 입법·행정예고를 검토하고 의견을 제시하는 절차를 이해할 수 있다.

1 경쟁입찰참가자격 등록 및 갱신

① 경쟁입찰참가자격 등록의 의의

- 공공조달시장에 참여하고자 하는 모든 사업자는 국가종합전자조달시스템인 '나라장터(KONEPS)'에 경쟁입찰참가자격을 등록해야 하며, 이는 공공입찰에 참여하기 위한 가장 기본적인 전제 조건임
- 입찰참가자격 등록은 공급자의 기본 정보(상호, 대표자, 소재지, 업종 등)를 공식적으로 등록하여 입찰참여의 적격성을 사전에 확인하는 절차이며, 등록되지 않은 사업자는 전자입찰에 참가할 수 없으므로, 공공조달시장 진입의 첫 번째 관문이라 할 수 있음

> **법조문 돋보기**
>
> 「국가를 당사자로 하는 계약에 관한 법률 시행규칙」 제15조(입찰참가자격의 등록)
> ▶ 각 중앙관서의 장 또는 계약담당공무원은 경쟁입찰에 참가하고자 하는 자로 하여금 다음 각 호의 사항을 기획재정부장관이 지정하는 정보처리장치(나라장터)에 등록하게 하여야 함
> 1. 주된 영업소의 소재지
> 2. 상호 또는 법인의 명칭
> 3. 대표자의 성명
> 4. 사업자등록번호
> 5. 그 밖에 경쟁입찰참가자격의 확인 등을 위하여 필요한 사항으로서 기획재정부장관이 정하는 사항
> ▶ 등록 절차: 신규 등록은 사업자 범용 공인인증서로 나라장터에 접속하여 신청서를 작성하고, 관련 서류를 관할 지방 조달청에 제출하여 승인을 받는 절차로 진행됨

〈경쟁입찰참가자격 등록 절차〉

단계	주요 내용
1단계: 공인인증서 발급	사업자 범용 공인인증서를 발급받기
2단계: 나라장터 접속 및 신청	나라장터 홈페이지에 접속하여 '신규이용자등록' 메뉴에서 입찰참가자격 등록신청서를 작성하고 송신하기
3단계: 서류 제출	신청서 출력물과 사업자등록증 사본 등 필요 서류를 관할 지방조달청에 우편 또는 방문 제출하기
4단계: 등록 승인 및 공고	조달청 담당자가 서류를 검토하고 이상이 없으면 등록을 승인하고, 나라장터에 공고

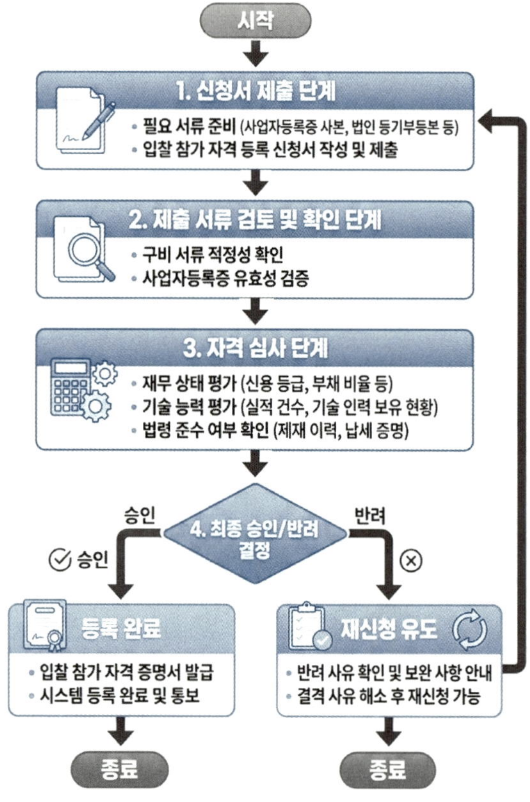

▲ 경쟁입찰참가자격 등록 절차도

② 등록 정보의 변경 및 갱신
- 한 번 등록된 자격은 영구적이지 않으며, 주기적인 갱신이 필요함. 상호, 대표자, 주소, 업종 등 등록 정보에 변경이 발생하면 즉시 나라장터를 통해 변경 등록 신청을 해야 함
- 등록 정보가 변경되었음에도 이를 갱신하지 않을 경우, 입찰 무효 사유에 해당할 수 있으므로 특히 유의해야 함. 예를 들어, 법인의 대표자가 변경되었으나 이를 나라장터에 반영하지 않은 상태에서 입찰에 참가하면 해당 입찰이 무효 처리될 수 있음

2 수요기관 정보요청(RFI) 대응

① 정보제공요청서(RFI)의 의의
  - 정보제공요청서(RFI, Request for Information)는 수요기관이 사업 발주에 앞서 필요한 기술, 시장 동향, 예상 비용 등에 대한 정보를 공급자들로부터 수집하기 위해 발송하는 문서
  - RFI는 입찰 공고 전 단계에서 이루어지며, 공급자에게는 자사의 기술력과 전문성을 잠재 고객에게 알리고 향후 사업 방향에 유리한 영향을 미칠 수 있는 중요한 기회
  - 수요기관은 RFI를 통해 조달사업의 기획 단계에서 시장의 기술 수준, 가격 동향, 공급 가능성 등을 파악하여 보다 합리적인 구매규격과 예산을 수립할 수 있음

② RFI 대응 절차: 효과적인 RFI 대응은 단순히 질문에 답변하는 것을 넘어, 수요기관의 숨은 의도를 파악하고 전문적인 해결책을 제시하는 것이 핵심이며, 이를 통해 기관에 깊은 인상을 남기고 향후 제안요청서(RFP) 단계에서 유리한 고지를 점할 수 있음

단계	주요 내용
1단계: RFI 접수	수요기관으로부터 정보제공요청서를 접수하기
2단계: 참여 여부 결정	자사의 사업 전략, 역량, 기대 효과 등을 고려하여 참여 여부를 결정하기
3단계: 핵심 요구사항 분석	RFI에서 요구하는 정보의 범위와 핵심사항을 분석하기
4단계: 정보 수집 및 분석	자사 보유 기술, 실적, 시장 정보 등을 수집하고 분석하기
5단계: 답변서 초안 작성	수집된 정보를 바탕으로 체계적인 답변서 초안을 작성하기
6단계: 내부 검토 및 보완	관련 부서의 검토를 거쳐 내용을 보완하기
7단계: 최종 답변서 작성	검토 결과를 반영하여 최종 답변서를 완성하기
8단계: 기한 내 제출	정해진 기한 내에 수요기관에 답변서를 제출하기

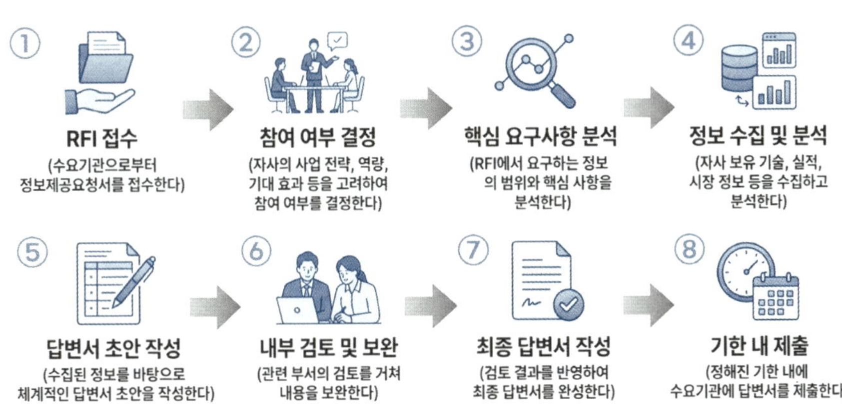

▲ RFI 대응 절차 플로우차트

③ 효과적인 견적서 작성 방법
- 견적요청서(RFQ, Request for Quotation)에 대응하여 견적서를 작성할 때는 제출 요구사항 이해, 평가 절차의 선정기준 파악, 평점과 선택기준 이해의 세 가지에 중점을 두고 진행해야 함
- 첫째, 견적요청서에 제시된 제출 마감일, 견적의 형식과 구조, 필수 서류(재무제표, 증명서 등), 연락처 등 제출 요구사항을 면밀하게 검토하여 모든 기준을 충족해야 함
- 둘째, 견적서가 접수되면 제출 요구사항 준수 여부, 가격경쟁력, 품질과 적합성, 공급업체 경험과 평판 등을 기준으로 평가가 진행되므로 이를 이해하고 작성해야 함
- 셋째, 전자조달시스템을 활용하는 경우 평가와 선정기준이 시스템을 통해 자동으로 처리되므로, 시스템의 평가 방식을 사전에 이해하고 견적서를 작성해야 함

④ 효과적인 제안서 작성 방법: 제안요청서(RFP)는 복잡성과 전문성이 높은 용역(서비스) 등에서 주로 활용되는 낙찰자 선정 방법

단계	주요 내용
1단계: 제안요청서의 포괄적 검토	고객의 목표, 요구사항, 마감일, 제출 지침을 명확히 이해하기
2단계: 핵심 시사점 확보를 위한 연구	외부 연구(고객 산업, 경쟁사 조사)와 내부 조사(자사 제품, 과거 사례 검토)를 수행하기
3단계: 전략적 실행 계획 설계	핵심 주제와 차별화 요소를 식별하고, 팀 구성원에게 섹션을 할당하기
4단계: 역할과 책임 할당	관리자, 기술 전문가, 편집 담당자 등의 역할을 명확히 배분하기
5단계: 보유 콘텐츠의 효과적 활용	기존 자료를 해당 제안요청서의 요구사항에 맞게 수정하여 활용하기
6단계: 맞춤형 제안 작성	수요기관의 질문이나 요구사항을 직접 해결하는 새로운 대안을 제시하기
7단계: 검토 및 재검토	논리적 연계성, 가독성, 용어의 적절성을 확인하며 반복적으로 퇴고하기
8단계: 최종 검토 수행	규정 준수, 일관성, 명확성, 설득력을 최종 점검한 후 제출하기

③ 조달 관련 입법·행정예고 검토 및 의견 제시

① 입법·행정예고의 의의
- 정부 및 공공기관은 법령이나 규정을 제정·개정·폐지할 때 국민의 의견을 수렴하기 위해 입법예고 또는 행정예고를 실시함

- 조달 관련 기업은 이러한 예고 내용을 수시로 확인하여 자사의 사업에 영향을 미칠 수 있는 변경사항을 미리 파악하고, 필요한 경우 적극적으로 의견을 제시하여 불합리한 규제를 개선하거나 자사에 유리한 방향으로 정책이 결정되도록 노력해야 함
- 특히 공공계약법령(국가계약법, 지방계약법)의 시행령·시행규칙 개정, 조달청 계약예규 변경, 중소벤처기업부의 중소기업자 간 경쟁제품 지정 고시 등은 공공조달 참여 기업에 직접적인 영향을 미치므로 면밀한 모니터링이 필요함

> Q: 입법예고 기간은 보통 얼마나 되나요?
> A: 「법제업무 운영규정」에 따라 입법예고 기간은 원칙적으로 40일 이상으로 다만, 긴급하게 입법을 추진해야 하는 경우 등 특별한 사유가 있는 경우에는 단축할 수 있으며, 행정예고의 경우에는 20일 이상을 원칙으로 함

② 의견 제시 방법
- 의견 제시는 정해진 예고 기간 내에 서면, 이메일, 온라인 시스템 등을 통해 제출할 수 있으며, 논리적인 근거와 구체적인 대안을 함께 제시할 때 수용될 가능성이 높아짐
- 의견 제시 시에는 해당 법령 조항의 문제점을 구체적으로 지적하고, 관련 데이터나 사례를 근거로 제시하며, 실현 가능한 대안을 함께 제안하는 것이 효과적임

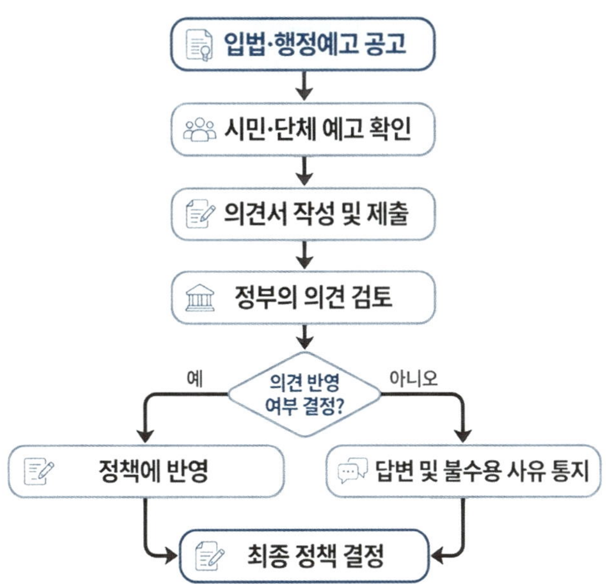

▲ 입법·행정예고 확인 및 의견 제시 절차도

조달 관련 기업이 입법·행정예고를 모니터링해야 하는 이유를 서술하시오.

정답

공공계약법령의 개정, 조달청 계약예규 변경 등이 기업의 입찰참가자격, 낙찰자 선정기준 등에 직접적인 영향을 미칠 수 있으므로, 사전에 변경사항을 파악하고 필요시 의견을 제시하여 불이익을 예방해야 한다.

➕ plus

입법예고 확인 방법
- 대한민국 전자관보(gwanbo.go.kr): 정부의 모든 고시, 공고, 입법예고 게시
- 법제처 국가법령정보센터(law.go.kr): '입법예고' 메뉴에서 현재 진행 중인 모든 법령안 확인 가능
- 각 부처 홈페이지: 기획재정부, 조달청, 중소벤처기업부 등 관련 부처 홈페이지의 '법령정보' 또는 '알림/소식' 메뉴를 통해 확인 가능

📖 학습목표

- 사전규격공개 제도의 목적, 법적 근거 및 적용 대상을 설명할 수 있다.
- 과업내용과 사업예산의 적정성을 검토하는 방법을 이해할 수 있다.
- 관련 법규 준수 여부를 점검하고, 개선·보완 의견을 제시하는 절차를 설명할 수 있다.

1 사전규격공개 제도 개요

① 사전규격공개의 의의

- 사전규격공개(Pre-Disclosed Specification)란, 수요기관이 입찰 공고 전에 구매하려는 물품·용역의 규격서(구매사양, 기술규격, 제안요청서, 설계서, 평가기준 등)를 미리 공개하여 잠재적 입찰참가자들로부터 의견을 수렴하는 제도
- 이 제도는 특정 규격으로 인한 경쟁 제한, 불공정 조달 행위 등을 사전에 방지하고, 다양한 공급자의 의견을 반영하여 더 합리적이고 공정한 규격을 확정하는 것을 목적으로 함
- 수요기관이 내부적인 조사 과정을 통해 수립한 구매규격을 합리적이고 적법한 요건을 갖춘 규격서를 기반으로 입찰을 원활하게 집행하기 위해 잠재적 공급업체에 추가 정보의 제공과 의견 제시를 요청하는 절차

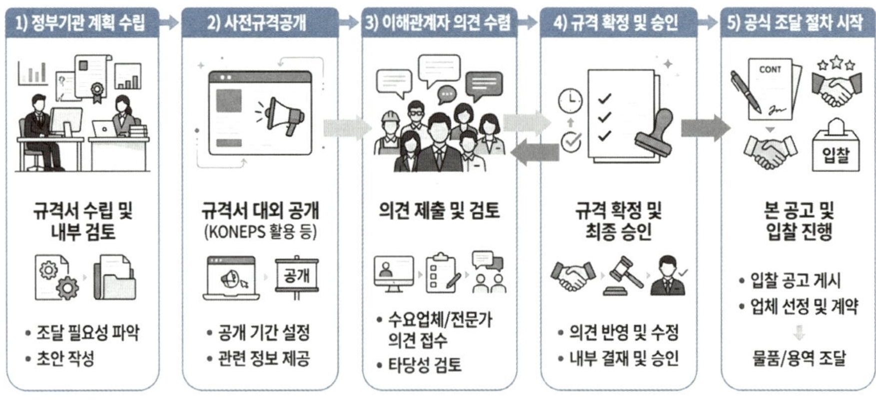

▲ 사전규격공개 제도 개념도

② 법적 근거 및 적용 대상: 국가계약법 적용 입찰의 경우 (계약예규)정부 입찰·계약 집행기준 제77조에 따라, 지방계약법 적용 입찰의 경우 지방계약법 제9조의2에 따라 물품이나 용역(서비스) 계약에서는 법적 의무사항이나, 공사의 경우는 선택적으로 시행 가능

✓ Check Q&A

사전규격공개 제도의 주된 목적 2가지를 서술하시오.

정답

- 특정 규격으로 인한 경쟁 제한 및 불공정 조달 행위의 사전 방지
- 다양한 공급자 의견 수렴을 통한 합리적이고 공정한 규격 확정

지방자치단체를 당사자로 하는 계약에 관한 법률」 제9조의2(구매규격의 사전 공개)
▶ 지방자치단체의 장 또는 계약담당자는 경쟁입찰에 부치고자 할 때에는 입찰공고 전에 미리 구매 규격을 공개하고 이에 대한 의견을 받아야 함
▶ 제1항에 따른 구매규격의 공개 기간은 공개일부터 5일(긴급을 요하는 경우에는 3일) 이상으로 하여야 함

③ 공개 기간 및 면제 대상
- 일반적으로 접수일로부터 5일간 나라장터를 통해 구매규격을 사전에 공개하는 방식을 원칙으로 하나, 긴급한 경우에는 기간을 3일로 단축할 수 있음
- 조달청의 경우 내자구매 업무처리규정(조달청 훈령) 제7조 제2항에 따라 소프트웨어사업은 총사업 규모(추정가격 + 부가가치세)가 5억원 이상인 경우 10일간 공개해야 함

구분	공개 기간
일반	5일 이상
긴급한 경우	3일 이상
소프트웨어사업(5억원 이상, 조달청)	10일 이상

- 다만, 다음의 경우에는 사전규격공개를 시행하지 않을 수 있음(지방계약법 제9조의2, 동법 시행령 제32조의2)

구분	면제 대상
1	긴급한 수요로 구매하는 물품 또는 용역
2	구매를 비밀로 하여야 하는 물품 또는 용역
3	추정가격이 5천만원 미만인 물품 또는 용역
4	해당 연도에 1회 이상 구매규격 사전공개를 실시한 물품 또는 용역
5	수의계약 대상(국가계약법 시행령 제26조, 지방계약법 시행령 제25조)

- 다만, 조달청의 경우는 수의계약에 대해서도 내자구매업무처리규정(조달청 훈령) 제9조에 따라 사전규격공개 대상에 포함하고 있으며, 다수의 수요기관에서도 공공조달 실행 절차의 투명성과 공정성 제고를 위해 면제 대상이 아닌 경우에도 적용하는 경우가 많음

④ 나라장터를 통한 사전규격공개 확인 방법
- 대부분의 사전규격공개는 나라장터를 통해 시행되고 있으며, 나라장터 메인 화면에서 '발주' – '발주목록' – '사전규격공개' 메뉴를 선택하면 확인할 수 있음
- 사전규격공개 메뉴에서는 사업명, 담당자를 검색어로 특정 기간을 지정해 기본 정보 검색이 가능하며, 상세조건을 추가해 수요기관, 공고기관, 조달대상물(업무구분), 사전규격등록번호로 검색할 수 있음

Check Q&A

사전규격공개의 일반적인 공개 기간과 긴급한 경우의 공개 기간을 쓰시오.

정답

일반적으로 5일 이상이며, 긴급한 경우에는 3일 이상이다.

⊕ plus

사전규격공개 모니터링의 실무적 효과
- 일반적으로 규격공개 후 특별한 의견이 없는 한 1 ~ 2일 내외 정식 입찰 공고가 게시되어 진행됨
- 그러나 다수의 조정 의견이 제출된 경우에는 해당 내용을 검토해 입찰공고문 등을 수정해야 하므로 최대 2주일 이내의 기간이 추가로 소요될 수 있음
- 이 기간 동안 공급업체는 제안서, 견적서 작성 등에 필요한 준비기간을 추가로 확보할 수 있다는 장점이 있음

- 잠재적 공급업체로서 조달기업은 공급을 희망하는 상품의 입찰 공고 검색 시 사전규격공개를 우선 확인할 필요가 있으며, 이는 사전규격공개를 통해 문제를 유발하거나 이미 내포하고 있는 구매규격을 바로잡는 효과와 함께, 제안요청서 등 입찰 준비에 많은 시간이 소요되는 경우 조기에 입찰 기회를 식별하고 준비할 수 있는 시간적 여유를 확보할 수 있다는 부가적 효과도 있음

2 과업내용 및 사업예산 적정성 검토

사전규격이 공개되면, 잠재적 입찰참가자는 과업내용과 배정된 사업예산이 적정한지 면밀히 검토해야 함

① 과업내용 적정성 검토
- 과업지시서에 명시된 요구사항이 지나치게 포괄적이거나 불명확하지 않은지, 특정 업체에만 유리한 독소조항은 없는지, 기술적으로 구현이 불가능한 요구사항은 포함되지 않았는지 등을 중심으로 검토함
- 특히 특정 상표나 규격을 명시하여 경쟁을 제한하는 경우, 불필요한 특허·인증 요구로 참여 업체를 제한하는 경우 등은 공정한 경쟁을 저해하는 요소이므로 적극적으로 의견을 개진해야 함

② 사업예산 적정성 검토
- 책정된 예산이 요구되는 과업의 범위와 수준, 기술적 난이도, 투입 인력 등을 고려할 때 현실적으로 실행 가능한 규모인지 분석함
- 예산이 과소하게 책정된 경우, 과업의 품질 저하나 사업 실패로 이어질 수 있으므로 적극적인 의견 개진이 필요함
- 예산이 과다하게 책정된 경우에도 예산 낭비의 문제가 발생할 수 있으므로 적정 예산에 대한 의견을 제시하는 것이 바람직함

③ 관련 법규 준수 여부 점검: 구매규격이 관련 법령에 위배되는 내용을 포함하고 있지 않은지 점검해야 함. 예를 들어, 소프트웨어산업진흥법에 따른 소프트웨어사업 분리발주의무, 중소기업제품 구매촉진법에 따른 중소기업자 간 경쟁제품 적용 여부 등을 확인해야 함

〈사전규격 검토 핵심 체크리스트〉

검토 항목	주요 확인사항
경쟁 제한성	특정 상표·규격 명시, 불필요한 특허·인증 요구 여부
과업 명확성	요구사항이 구체적이고 측정 가능하게 기술되었는지 여부
기술 구현성	현재 기술 수준으로 구현 가능한 요구사항인지 여부
예산 현실성	과업 범위 대비 예산이 적정하게 산정되었는지 여부
법규 부합성	관련 법령(SW산업진흥법, 중소기업제품구매촉진법 등)에 위배되는 내용은 없는지 여부

사전규격공개에서 특정 업체의 제품만 충족할 수 있는 규격이 제시된 경우 어떻게 해야 하는가?

정답

이는 사전규격공개의 가장 주된 검토 사유 중 하나이다. 특정 업체나 제품만 충족할 수 있는 규격을 제시하여 경쟁을 제한하는 경우, 다수 업체의 입찰참가를 제약하고 수의계약 등을 유발할 수 있다. 이러한 경우 구체적인 근거를 들어 경쟁제한 우려를 의견으로 제시하면, 수요기관은 해당 내용을 검토하여 규격을 수정하거나 경쟁제한이 아닌 이유를 상세하게 설명해야 한다.

3 개선 · 보완 필요사항 의견 제시 및 처리

① 의견 제시 방법
- 사전규격 검토 결과, 개선이나 보완이 필요하다고 판단되는 사항에 대해서는 정해진 기간 내에 수요기관에 공식적으로 의견을 제시해야 함
- 의견을 제시할 때는 단순히 문제점을 지적하는 데 그치지 않고, 구체적인 데이터와 논리적인 근거를 바탕으로 합리적인 대안을 함께 제시하는 것이 중요하며, 이는 의견 수용 가능성을 높이는 핵심적인 요소임
- 나라장터를 통해 공개된 사전규격의 경우, 해당 공고의 '의견등록' 버튼을 통해 의견을 작성하고 관련 증빙자료를 첨부하여 제출할 수 있음

② 의견 처리 절차
- 수요기관은 제출된 의견에 대해 의무적으로 검토하고, 그 처리 결과를 의견 제출자에게 통보해야 하며, 타당한 의견은 규격서에 반영되어 최종 입찰공고에 포함됨
- 구매규격을 사전 공개한 결과 의견이 접수된 경우 계약담당자는 해당 조달사업의 목적과 취지를 저해하지 않는 한 적극적으로 의견을 수렴하기 위해 노력해야 하며, 그 결과를 구매규격에 반영해 확정해야 함

03　입찰공고문 분석

📖 학습목표
- 입찰공고문의 주요 구성 항목을 법적 근거에 따라 설명할 수 있다.
- 입찰 공고 내용의 오류나 법령 위반사항을 검토하고 분석할 수 있다.
- 입찰보증금의 제출 방법과 요건을 이해하고 설명할 수 있다.

1　입찰공고문 분석의 중요성

- 입찰공고문은 발주기관이 해당 입찰에 대한 모든 정보(사업 내용, 참가 자격, 계약 조건, 낙찰자 결정 방법 등)를 공식적으로 알리는 문서
- 사전규격공개 단계를 거쳐 확정된 구매규격서 등을 포함해 입찰공고가 진행되면, 입찰공고문과 관련 문서를 통해 입찰참가에 필요한 정보를 분석해 입찰참가 여부와 적정성을 판단하는 과정이 필수
- 입찰공고문에서 요구하는 자격요건에 충족하지 않거나 기술적, 경제적, 법적 요구조건을 충족하지 않는 상황에서 허위 정보로 입찰에 참여해 낙찰자로 선정되어 계약을 체결하면, 허위 사실이 확인될 경우 계약의 해제 · 해지와 손해배상, 부정당업자 제재 조치가 부과될 수 있음

• 또한 경제적인 측면에서 해당 입찰공고의 참여 적정성을 면밀하게 분석하지 않고 입찰참가 후 낙찰되어 계약을 체결하면, 계약 이행 과정에서 자금 부족이나 손실이 발생해 회사가 재정적 어려움에 직면할 수 있음

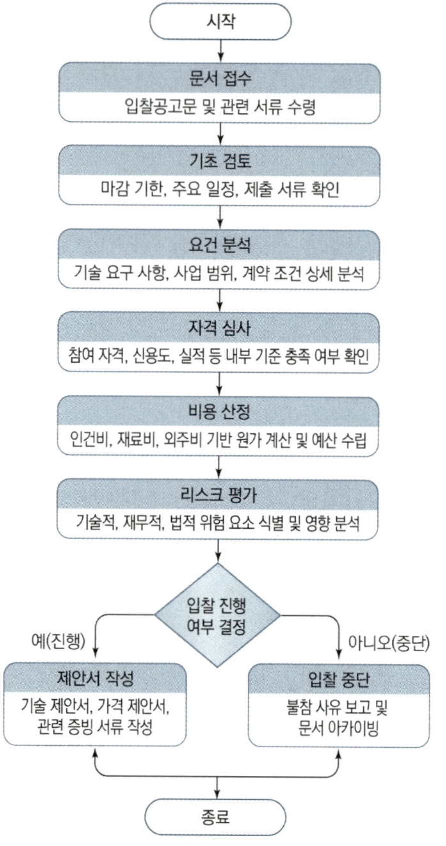

▲ 입찰공고문 분석 프로세스 플로우차트

2 입찰공고의 주요 내용

입찰공고에 포함되어야 할 사항은 「국가를 당사자로 하는 계약에 관한 법률 시행령」 제36조 및 「지방자치단체를 당사자로 하는 계약에 관한 법률 시행령」 제36조에 각각 명시되어 있음

법조문 돋보기

「국가를 당사자로 하는 계약에 관한 법률 시행령」 제36조(입찰공고)
▶ 각 중앙관서의 장 또는 계약담당공무원은 입찰에 부치고자 할 때에는 다음 각 호의 사항을 공고하여야 함

1. 입찰에 부치는 사항
2. 입찰 또는 개찰의 장소와 일시
3. 입찰참가자의 자격에 관한 사항
4. 입찰보증금과 국고귀속에 관한 사항
5. 낙찰자 결정방법
6. 계약의 착수일 및 완료일
7. 입찰무효에 관한 사항
8. 기타 입찰에 관하여 필요한 사항

〈입찰 공고 필수 포함 사항(국가계약법 시행령 제36조 기준)〉

구분	주요 내용	분석 중점
입찰에 부치는 사항	조달대상물, 규격, 수량, 가격, 납기, 납품장소	공급 가능 여부, 예산 적정성 확인
입찰/개찰 장소 · 일시	입찰서 제출 기간, 개찰 일시	마감일 확인, 충분한 여유 확보
현장설명/제안설명회	장소, 일시, 참가자격	협상에 의한 계약 시 필수 확인
입찰참가자격	자격 요건, 제한경쟁 사유	자격 보유 여부 사전 확인
입찰참가등록 · 서류	세부품명번호, 업종코드, 제출 서류	등록 정보 일치 여부 확인
입찰보증금	보증금 납부 또는 면제 여부	보증서 또는 이행각서 준비
낙찰자 결정방법	적격심사, 협상계약, 종합낙찰제 등	낙찰 가능성 자체 평가
계약 착수일 · 완료일	착수일, 완료일, 계약기간	이행 가능 일정 확인
공시장소	나라장터 등 지정정보처리장치	공고 게시 위치 확인
입찰무효 사항	무효 사유, 부정당업자 제재	무효 사유 해당 여부 사전 점검
서류 열람 · 교부	열람 장소, 교부 비용	비밀 유지 필요 서류 확인
추가정보 기관	사업부서, 계약부서 담당자	질의 시 연락처 확인
전자입찰 절차	제출 방법, 서류	나라장터 전자입찰 방식 확인
공동계약	공동이행, 분담이행, 공동 + 분담	공동수급협정서 사전 제출
대안입찰/일괄입찰	해당 여부	입찰 방식 확인
예정가격 결정기준	재료비 · 노무비 · 경비 책정기준	투찰가격 산정 시 참고
기타	추가 정보	특수 조건 확인

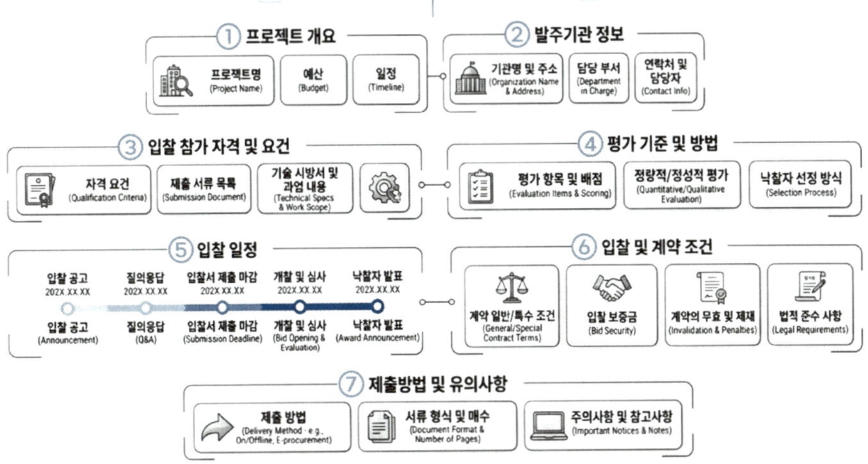

▲ 입찰 공고 필수 포함 사항 구조도

3 입찰참가자격 분석

입찰공고문에서 가장 중요하게 확인해야 할 항목 중 하나가 입찰참가자격이며, 일반경쟁입찰 외에 제한경쟁입찰이나 지명경쟁입찰의 경우에는 기술, 경험, 자격 등 수행 능력을 고려한 입찰참가자격 제한요건이 추가되므로 이를 고려하여 정당한 입찰참가자격 보유 여부를 확인해야 함

① 물품 입찰의 참가자격
- 물품의 경우 기본적으로 공급과 제조입찰로 구분되며, 제조입찰자로 참가자격을 제한하는 입찰인 경우에는 해당 물품을 공급할 수 있는 업체라 해도 제조업체로 등록하지 않은 경우 입찰에 참가할 수 없음
- 중소기업자 간 경쟁제품에 해당하는 경우에는 중기업, 소기업, 소상공인 확인서를 발급받고 해당 물품에 해당하는 중소기업자 간 경쟁제품 직접생산확인증명서를 보유한 업체만 입찰에 참가할 수 있음

② 용역(서비스)·공사 입찰의 참가자격: 용역(서비스)이나 공사의 경우는 해당 수행에 필요한 자격, 면허, 신고, 인허가 요건 등을 충족하면 해당 업종코드로 입찰참가자격을 등록하게 되어 있고, 해당 업종에 해당하는 업종코드로 등록된 업체만 입찰에 참가할 수 있음

③ 기타 제한경쟁 사유: 제한경쟁 사유별 적용기준과 범위가 다르게 설정되어 있으므로 이를 확인해 입찰참가자격 해당 여부 판단 또는 사전 준비가 필요함

제한 사유	내용
실적 제한	동일한 물품 등의 공급 실적으로 제한
기술 보유 제한	특수한 기술·공법 등 기술 보유 여부로 제한
시공능력 제한	공사의 경우 시공능력평가액으로 제한
지역 제한	입찰업체 본점 소재지 기준 지역 제한
설비 보유 제한	특정한 설비 보유 여부로 제한
유자격자명부 제한	유자격자명부 등록 여부로 제한
기업 규모 제한	중소기업자, 소기업, 소상공인, 벤처기업 등으로 제한

4 입찰공고 내용의 오류 및 법령 위반 검토

- 입찰공고문은 사람이 작성하는 문서이므로 간혹 오류가 포함되거나 관련 법령을 위반하는 경우가 발생할 수 있음
- 대표적인 오류로는 입찰 마감일, 사업 기간 등의 날짜나 시간이 잘못 기재된 경우, 요구하는 인증이나 자격 조건이 해당 사업과 무관하거나 과도한 경우, 예정가격 산정 범위의 오류 등이 있음
- 이러한 문제점을 발견했을 경우, 공고 기간 내에 발주기관에 정식으로 정정을 요청해야 하고, 이는 정당한 권리이며, 공정한 경쟁 환경을 만드는 데 기여함

5 입찰보증금 제출 방법 및 요건 분석

① 입찰보증금의 의의
- 입찰보증금은 입찰참가자가 낙찰된 후 계약을 체결하지 않는 등의 불성실한 행위를 방지하기 위한 일종의 보증 장치
- 일반적으로 입찰금액의 5% 이상을 납부해야 하며, 현금 또는 보증보험증권, 은행지급보증서 등의 형태로 제출할 수 있음

> **법조문 돋보기**
>
> 「국가를 당사자로 하는 계약에 관한 법률 시행령」 제37조(입찰보증금)
> ▶ 각 중앙관서의 장 또는 계약담당공무원은 경쟁입찰에 참가하고자 하는 자로 하여금 입찰금액의 100분의 5 이상의 입찰보증금을 납부하게 하여야 함
> ▶ 낙찰자가 소정의 기한 내에 계약을 체결하지 아니한 때에는 당해 입찰보증금은 국고에 귀속됨

② 입찰보증금의 면제
- 대부분의 전자입찰에서는 입찰보증금 납부 의무가 면제되며, 대신 입찰보증금 납부확약 내용이 포함된 전자입찰서의 납부이행각서로 갈음함
- 다만, 납부이행각서로 갈음한 경우라도 낙찰 후 계약을 체결하지 않는 등 입찰보증금 귀속 사유가 발생하면, 납부이행각서에 따라 입찰보증금에 해당하는 금액을 현금으로 납부해야 함

③ 입찰보증금의 반환 및 귀속

구분	내용
반환(비낙찰자)	개찰 완료 후 즉시 반환
반환(낙찰자)	계약 체결 후 반환
국고 귀속	낙찰자가 정당한 이유 없이 계약을 체결하지 않은 경우
부정당업자 제재	국고 귀속과 함께 최대 2년간 입찰참가자격 제한 가능

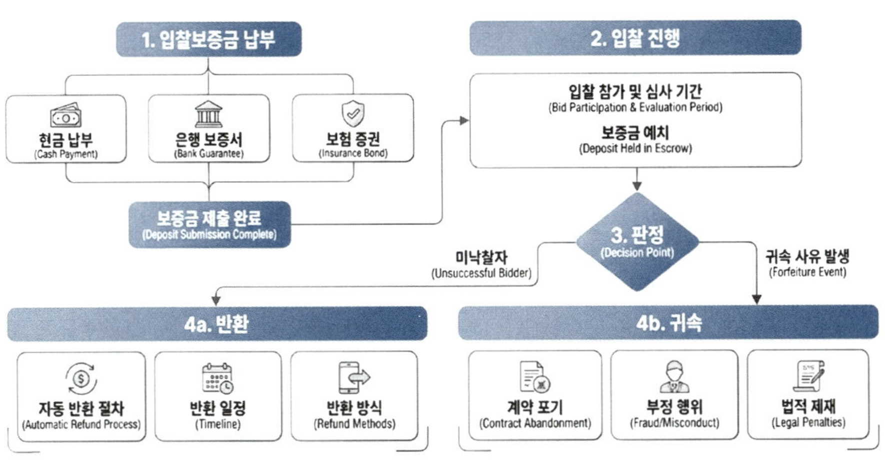

▲ 입찰보증금 납부·반환·귀속 흐름도

> **✓ Check Q&A**
>
> 입찰보증금을 면제받았는데도 불이익을 받을 수 있나요?
>
> **정답**
>
> 그렇다. 입찰보증금이 면제(납부이행각서로 대체)되었더라도, 낙찰 후 계약을 체결하지 않으면 입찰보증금에 해당하는 금액을 현금으로 납부해야 하며, 부정당업자로 제재되어 최대 2년간 입찰참가자격이 제한될 수 있다.

6 낙찰자 결정방법 분석

- 입찰공고문에서 낙찰자 결정방법을 정확히 파악하는 것은 입찰 전략 수립의 핵심으로 물품, 용역(서비스), 공사별로 다양한 낙찰자 선정 방법이 적용됨
- 낙찰자 결정방법에 따라 통과 점수, 획득 가능 점수 등을 자체 평가해 낙찰 가능성과 입찰참가 여부를 결정하는 데 참고할 수 있음
- 투찰가격 결정 시 기초금액 기준 해당 예정가격 산정 범위를 초과 또는 미달하여 투찰하면 예정가격 초과 또는 낙찰하한율 미달로 낙찰자 선정에서 제외될 수 있으므로 유의해야 함

〈예정가격 산정 범위 비교〉

구분	예정가격 산정 범위
국가계약법 적용 입찰	기초금액 ±2% 범위
지방계약법 적용 입찰	기초금액 ±3% 범위

〈조달대상물별 주요 낙찰자 선정 방법〉

구분	선정 방법
물품	물품 적격심사낙찰제, 협상에 의한 계약, 경쟁적 대화에 따른 계약, 종합낙찰제(품질 등에 따른 낙찰제), 희망수량경쟁입찰, 2단계경쟁입찰, 유사물품복수경쟁
용역(서비스)	용역 적격심사낙찰제, 협상에 의한 계약, 경쟁적 대화에 따른 계약, 종합심사(평가)낙찰제
공사	공사 적격심사낙찰제, 종합심사(평가)낙찰제, 일괄입찰·대안입찰·기술제안입찰, 설계공모

7 공동계약 관련 사항 분석

- 공동계약을 허용하는 입찰의 경우, 복수의 업체가 공동수급체를 구성하여 입찰에 참가할 수 있음
- 각 방법에 따라 적용 계약법령(국가 또는 지방)에 따라 공동수급체 구성원 수, 구성원별 최소 지분 등이 상이하므로 이를 확인해 준비해야 함
- 특히 공동계약을 허용하는 경우 입찰마감일, 즉 투찰일 이전에 '공동수급협정서'를 사전에 제출해야 하며, 일반적으로 입찰마감 전일 18시까지를 공동수급협정서 제출마감일로 설정하고 있음
- 공동수급협정서를 제출하지 않으면 공동계약 방식으로 입찰에 참여할 수 없으며, 낙찰 후에도 사적으로 다른 업체와 공동 이행하는 것은 불가능하므로 유의해야 함

〈공동계약 이행 방법〉

유형	내용
공동 이행	공동수급체 구성원 전원이 계약 이행에 공동으로 참여
분담 이행	구성원별로 분담된 부분을 각각 이행
공동 + 분담	공동 이행과 분담 이행을 병행

➕ plus

예정가격의 결정

입찰 공고에서 제시되는 기초금액을 기준으로 예정가격이 결정되며, 예정가격 산정 범위는 적용 법령에 따라 다름

✔ Check Q&A

국가계약법 적용 입찰과 지방계약법 적용 입찰에서 예정가격 산정 범위의 차이를 서술하시오.

정답

국가계약법 적용 입찰은 기초금액 ±2% 범위, 지방계약법 적용 입찰은 기초금액 ±3% 범위에서 예정가격이 결정된다.

✔ Check Q&A

공동계약을 허용하는 입찰에서 공동수급협정서는 언제까지 제출해야 하는가?

정답

일반적으로 입찰마감 전일 18시까지 제출해야 한다.

8 입찰공고문 분석 사례

잠재적 공급업체로서 관심 있는 입찰공고를 검색하면 해당 입찰에 참가 여부의 적정성을 판단하기 위한 과정으로 입찰공고문의 분석은 필수임

〈입찰공고문 분석 방법(물품 제조/설치 입찰공고 예시)〉

입찰공고 항목	내용	분석 중점
건명	OO시 버스정보시스템(BIS) 초정밀 운전자단말기(OBE) 제작 설치	물품구매이나 설치가 복합된 특성 확인. 설치 관련 면허·자격 요건 충족 여부 확인
기초금액	129,680,000원(부가세 포함)	부가세 포함 여부 확인, 수량 대비 예산 적정성 분석
입찰 방법	일반(총액)입찰, 제한경쟁, 전자입찰, 계약이행능력심사 대상	제한경쟁 기준 확인, 계약이행능력심사 세부기준 확인
참가자격	본점 소재지 OO북도, 정보통신공사업(0036), 소프트웨어사업자(1468), 직접생산확인증명서 보유	지역제한, 업종제한, 중소기업자간경쟁제품 요건 충족 여부 확인
입찰보증금	납부이행각서로 갈음	보증서 제출 불필요, 단 계약 미체결 시 현금 납부 의무
낙찰자 결정	예정가격(기초금액 ±3%) 이하, 낙찰하한율 87.995% 이상, 종합평점 88점 이상	낙찰하한율 이상으로 투찰, 이행능력점수 사전 계산 필요
공동계약	불허	단독 참가만 가능, 실질적 생산·설치 역량 보유 필요

→ 위 사례에서 볼 수 있듯이, 입찰공고문의 각 항목은 입찰참가 업체에 기술적, 경제적, 법적인 측면에서 결정적 영향을 미치는 내용을 모두 포함하고 있음

→ 따라서 해당 내용과 근거 법령, 규정, 기준, 지침 등을 확인해 요구조건에 위배되지 않도록 확인하고 사전에 준비할 필요가 있음

실무톡톡

Q: 입찰공고에서 '계약이행능력심사'란 무엇인가요?

A: 계약이행능력심사는 중소기업자 간 경쟁제품에 적용되는 낙찰자 선정 방법으로, 예정가격 이하 입찰자 중 낙찰하한율 이상 최저가격 제출자 순으로 이행능력(경영상태, 기술능력, 신인도 등)을 심사하여 종합평점이 기준 점수 이상인 자를 낙찰자로 결정함. 심사 세부기준은 추정가격 규모에 따라 달리 적용되므로 해당 기준을 사전에 확인해야 함

CHAPTER 02

단원별 핵심문제

01

다음 중 공공입찰에 참여하기 위해 가장 먼저 해야 하는 것은?

① 입찰보증금 납부
② 사전규격공개 의견 제출
③ 나라장터에 경쟁입찰참가자격 등록
④ 제안서 작성

해설

공공입찰에 참여하기 위해서는 먼저 나라장터(KONEPS)에 경쟁입찰참가자격을 등록해야 한다. 이는 공공조달시장 진입의 가장 기본적인 전제 조건이다.

02

정보제공요청서(RFI)에 대한 설명으로 옳지 않은 것은?

① 수요기관이 사업 기획 단계에서 발송하는 문서이다.
② 시장의 기술 수준, 가격 동향 등을 파악하기 위한 목적이다.
③ RFI에 대한 응답은 계약 체결의 의무를 수반한다.
④ 공급자에게는 자사의 역량을 알릴 수 있는 기회이다.

해설

RFI(정보제공요청서)는 사업 기획 단계에서 시장 정보를 수집하기 위한 문서로, 이에 대한 응답은 계약 체결의 의무를 수반하지 않는다. 구속력이 없는 정보 수집 단계의 문서이다.

03

다음 중 RFI, RFQ, RFP를 사업 진행 순서대로 올바르게 나열한 것은?

① RFP → RFQ → RFI
② RFQ → RFI → RFP
③ RFI → RFQ → RFP
④ RFI → RFP → RFQ

해설

일반적으로 사업 기획 초기에 RFI(정보제공요청서)로 시장 정보를 수집하고, 규격 확정 후 RFQ(견적요청서)로 가격을 확인하며, 최종적으로 RFP(제안요청서)로 종합 제안을 요청하는 순서로 진행된다.

04

사전규격공개의 일반적인 공개 기간으로 옳은 것은?

① 3일 이상
② 5일 이상
③ 7일 이상
④ 10일 이상

해설

사전규격공개의 일반적인 공개 기간은 5일 이상이다. 긴급한 경우에는 3일 이상, 조달청 소프트웨어사업(5억원 이상)은 10일 이상이다.

05

사전규격공개 면제 대상에 해당하지 않는 것은?

① 추정가격이 5천만원 미만인 물품
② 구매를 비밀로 하여야 하는 용역
③ 추정가격이 1억원 이상인 물품
④ 해당 연도에 1회 이상 사전공개를 실시한 물품

해설

추정가격이 5천만원 미만, 비밀 구매, 긴급 수요, 해당 연도 1회 이상 공개 실시 등이 면제 대상이다. 추정가격 1억원 이상 물품은 면제 대상이 아니라 오히려 사전규격공개가 필수적인 대상이다.

06

사전규격 검토 시 확인해야 할 핵심사항이 아닌 것은?

① 특정 상표·규격 명시로 인한 경쟁 제한 여부
② 과업 범위 대비 예산의 적정성
③ 입찰참가 업체의 재무상태
④ 관련 법규 준수 여부

해설

사전규격 검토 시에는 경쟁 제한성, 과업 명확성, 기술 구현성, 예산 현실성, 법규 부합성을 중심으로 검토한다. 입찰참가 업체의 재무상태는 사전규격 검토가 아닌 적격심사 단계에서 확인하는 사항이다.

정답　　01 ③　02 ③　03 ③　04 ②　05 ③　06 ③

07

입찰공고에 반드시 포함되어야 하는 사항이 아닌 것은?

① 입찰에 부치는 사항
② 입찰참가자의 자격에 관한 사항
③ 낙찰자의 재무제표
④ 낙찰자 결정방법

해설

국가계약법 시행령 제36조에 따라 입찰공고에는 입찰에 부치는 사항, 입찰참가자격, 입찰보증금, 낙찰자 결정방법 등이 포함되어야 한다. 낙찰자의 재무제표는 입찰공고 포함 사항이 아니다.

08

입찰보증금에 대한 설명으로 옳은 것은?

① 입찰금액의 10% 이상을 납부해야 한다.
② 전자입찰에서는 납부이행각서로 갈음할 수 있다.
③ 낙찰자가 계약을 체결하지 않아도 반환된다.
④ 현금으로만 납부할 수 있다.

해설

입찰보증금은 입찰금액의 5% 이상을 납부해야 하며, 전자입찰에서는 납부이행각서로 갈음할 수 있다. 낙찰자가 계약을 체결하지 않으면 국고에 귀속된다.

09

국가계약법 적용 입찰에서 예정가격 산정 범위로 옳은 것은?

① 기초금액 ±1%
② 기초금액 ±2%
③ 기초금액 ±3%
④ 기초금액 ±5%

해설

국가계약법 적용 입찰에서 예정가격은 기초금액 ±2% 범위에서 결정된다. 지방계약법 적용 입찰은 기초금액 ±3% 범위이다.

10

다음 중 제한경쟁입찰의 참가자격 제한 사유에 해당하지 않는 것은?

① 동일 물품 공급 실적
② 특수 기술·공법 보유
③ 대표자의 학력
④ 시공능력평가액

해설

제한경쟁입찰의 참가자격 제한 사유에는 실적, 기술 보유, 시공능력, 지역, 설비 보유, 유자격자명부, 기업 규모 등이 있다. 대표자의 학력은 제한 사유에 해당하지 않는다.

11

물품 입찰에서 '제조입찰'로 참가자격이 제한된 경우, 해당 물품의 공급업체로만 등록된 업체의 입찰참가 가능 여부는?

① 참가 가능
② 참가 불가
③ 조건부 참가 가능
④ 발주기관 승인 시 참가 가능

해설

제조입찰로 참가자격을 제한하는 경우, 해당 물품의 제조업체로 입찰참가자격을 등록해야만 참가가 가능하다. 공급업체로만 등록된 경우에는 참가할 수 없다.

12

입법예고의 원칙적 기간으로 옳은 것은?

① 20일 이상
② 30일 이상
③ 40일 이상
④ 60일 이상

해설

「법제업무 운영규정」에 따라 입법예고 기간은 원칙적으로 40일 이상이다. 행정예고의 경우에는 20일 이상을 원칙으로 한다.

13

사전규격공개에서 의견이 접수된 경우 계약담당자의 의무로 옳은 것은?

① 모든 의견을 반드시 수용해야 한다.
② 의견을 무시할 수 있다.
③ 조달사업의 목적을 저해하지 않는 한 적극적으로 의견을 수렴해야 한다.
④ 의견 제출자에게 통보할 의무가 없다.

해설

계약담당자는 해당 조달사업의 목적과 취지를 저해하지 않는 한 적극적으로 의견을 수렴하기 위해 노력해야 하며, 그 결과를 구매규격에 반영해 확정해야 한다.

정답 07 ③ 08 ② 09 ② 10 ③ 11 ② 12 ③ 13 ③

14

다음 중 공동계약의 이행 방법이 아닌 것은?

① 공동 이행
② 분담 이행
③ 위탁 이행
④ 공동 + 분담

해설

공동계약의 이행 방법은 공동 이행, 분담 이행, 공동 + 분담의 3가지 유형이다. 위탁 이행은 공동계약의 이행 방법에 해당하지 않는다.

15

공동계약을 허용하는 입찰에서 공동수급협정서의 제출 시한으로 옳은 것은?

① 입찰마감일 당일
② 입찰마감 전일 18시까지
③ 개찰일 이전
④ 계약 체결 시

해설

공동계약을 허용하는 경우 일반적으로 입찰마감 전일 18시까지 공동수급협정서를 사전에 제출해야 한다.

16

효과적인 제안서 작성 8단계 중 첫 번째 단계는?

① 핵심 시사점 확보를 위한 연구
② 제안요청서의 포괄적 검토
③ 전략적 실행 계획 설계
④ 맞춤형 제안 작성

해설

효과적인 제안서 작성의 첫 번째 단계는 '제안요청서의 포괄적 검토'로, 고객의 목표, 요구사항, 마감일, 제출 지침을 명확히 이해하는 것이다.

17

조달청 소프트웨어사업(5억원 이상)의 사전규격공개 기간으로 옳은 것은?

① 3일 이상
② 5일 이상
③ 7일 이상
④ 10일 이상

해설

조달청의 경우 내자구매 업무처리규정에 따라 소프트웨어사업은 총 사업 규모가 5억원 이상인 경우 10일간 사전규격을 공개해야 한다.

18

입찰보증금이 국고에 귀속되는 사유로 옳은 것은?

① 입찰에 참가하지 않은 경우
② 낙찰자가 정당한 이유 없이 계약을 체결하지 않은 경우
③ 입찰가격이 예정가격을 초과한 경우
④ 비낙찰자인 경우

해설

국가계약법 시행령 제37조에 따라 낙찰자가 소정의 기한 내에 계약을 체결하지 아니한 때에는 당해 입찰보증금은 국고에 귀속된다.

19

다음 중 입찰참가자격 등록 정보에 변경이 발생했음에도 갱신하지 않은 경우 발생할 수 있는 불이익은?

① 과태료 부과
② 입찰 무효
③ 형사 처벌
④ 영업 정지

해설

등록 정보가 변경되었음에도 이를 갱신하지 않을 경우 입찰 무효 사유에 해당할 수 있다. 예를 들어 법인의 대표자가 변경되었으나 나라장터에 반영하지 않은 상태에서 입찰에 참가하면 해당 입찰이 무효 처리될 수 있다.

20

사전규격공개 제도의 주된 목적으로 가장 적절한 것은?

① 입찰 절차의 신속한 진행
② 특정 업체에 대한 사전 통보
③ 경쟁 제한 방지 및 공정한 규격 확정
④ 예산 절감

해설

사전규격공개 제도는 특정 규격으로 인한 경쟁 제한, 불공정 조달 행위 등을 사전에 방지하고, 다양한 공급자의 의견을 반영하여 더 합리적이고 공정한 규격을 확정하는 것을 목적으로 한다.

정답 14 ③ 15 ② 16 ② 17 ④ 18 ② 19 ② 20 ③

21

다음 〈보기〉 중 입찰공고 필수 포함 사항을 모두 고른 것은?

┤ 보기 ├

ㄱ. 입찰에 부치는 사항
ㄴ. 낙찰자 결정방법
ㄷ. 입찰참가자의 신용등급
ㄹ. 입찰보증금에 관한 사항

① ㄱ, ㄴ, ㄷ
② ㄱ, ㄴ, ㄹ
③ ㄴ, ㄷ, ㄹ
④ ㄱ, ㄷ, ㄹ

해설

국가계약법 시행령 제36조에 따라 입찰에 부치는 사항(ㄱ), 낙찰자 결정방법(ㄴ), 입찰보증금에 관한 사항(ㄹ)은 필수 포함 사항이다. 입찰참가자의 신용등급(ㄷ)은 필수 포함 사항이 아니다.

22

견적요청서(RFQ) 대응 시 가장 중요한 사항이 아닌 것은?

① 제출 마감일 확인
② 견적의 형식과 구조 파악
③ 경쟁사의 견적 가격 파악
④ 평가 절차의 선정기준 이해

해설

RFQ 대응 시에는 제출 요구사항 이해, 평가 절차의 선정기준 파악, 평점과 선택기준 이해가 핵심이다. 경쟁사의 견적 가격 파악은 불공정 행위에 해당할 수 있으며, RFQ 대응의 핵심사항이 아니다.

23

다음 〈보기〉 중 중소기업자 간 경쟁제품에 해당하는 물품 입찰에 참가하기 위해 필요한 것을 모두 고른 것은?

┤ 보기 ├

ㄱ. 중소기업 확인서
ㄴ. 직접생산확인증명서
ㄷ. 우수조달물품 지정서

① ㄱ
② ㄱ, ㄴ
③ ㄴ, ㄷ
④ ㄱ, ㄴ, ㄷ

해설

중소기업자 간 경쟁제품 입찰에 참가하려면 중소기업 확인서(ㄱ)와 해당 물품의 직접생산확인증명서(ㄴ)를 보유해야 한다. 우수조달물품 지정서(ㄷ)는 별도의 제도로 필수 요건이 아니다.

24

지방계약법 적용 입찰에서 예정가격 산정 범위로 옳은 것은?

① 기초금액 ±1%
② 기초금액 ±2%
③ 기초금액 ±3%
④ 기초금액 ±5%

해설

지방계약법 적용 입찰에서 예정가격은 기초금액 ±3% 범위에서 결정된다. 국가계약법 적용 입찰은 기초금액 ±2% 범위이다.

25

다음 〈보기〉 중 허위 정보로 입찰에 참여하여 낙찰·계약 체결 후 허위 사실이 확인된 경우 받을 수 있는 제재를 모두 고른 것은?

┤ 보기 ├

ㄱ. 계약의 해제·해지
ㄴ. 손해배상
ㄷ. 부정당업자 제재

① ㄱ, ㄴ
② ㄴ, ㄷ
③ ㄱ, ㄷ
④ ㄱ, ㄴ, ㄷ

해설

허위 정보로 입찰에 참여하여 계약을 체결한 후 허위 사실이 확인되면, 계약의 해제·해지(ㄱ), 손해배상(ㄴ), 부정당업자 제재(ㄷ) 조치가 모두 부과될 수 있다.

정답 21 ② 22 ③ 23 ② 24 ③ 25 ④

CHAPTER 02

최종점검 OX 퀴즈

OX 퀴즈 정답 및 해설

01 공공입찰에 참여하려면 나라장터에 경쟁입찰참가자격을 등록해야 한다. (○ , ×)

02 입찰참가자격 등록 정보에 변경이 발생해도 갱신하지 않아도 된다. (○ , ×)

03 RFI(정보제공요청서)에 대한 응답은 계약 체결의 의무를 수반한다. (○ , ×)

04 RFP(제안요청서)는 기술, 방법, 비용 등 종합적 제안을 요청하는 문서이다. (○ , ×)

05 입법예고 기간은 원칙적으로 20일 이상이다. (○ , ×)

06 사전규격공개의 일반적인 공개 기간은 5일 이상이다. (○ , ×)

07 추정가격이 5천만원 미만인 물품은 사전규격공개 면제 대상이다. (○ , ×)

08 사전규격공개에서 특정 업체만 충족할 수 있는 규격 제시는 문제가 없다. (○ , ×)

09 조달청 소프트웨어사업(5억원 이상)의 사전규격공개 기간은 10일 이상이다. (○ , ×)

10 입찰공고에 낙찰자 결정방법을 포함하지 않아도 된다. (○ , ×)

---

01 ○
나라장터에 입찰참가자격을 등록하는 것은 공공입찰참여의 가장 기본적인 전제 조건이다.

02 ×
등록 정보 변경 시 즉시 갱신해야 하며, 미갱신 시 입찰 무효 사유에 해당할 수 있다.

03 ×
RFI는 시장 정보 수집 목적의 문서로, 응답에 대한 계약 체결 의무가 없다(구속력 없음).

04 ○
RFP는 복잡성과 전문성이 높은 용역 등에서 종합적인 제안을 요청하는 문서이다.

05 ×
입법예고 기간은 원칙적으로 40일 이상이다. 행정예고가 20일 이상이다.

06 ○
일반적으로 5일 이상이며, 긴급한 경우 3일 이상이다.

07 ○
지방계약법 시행령 제32조의2에 따라 추정가격 5천만원 미만은 면제 대상이다.

08 ×
특정 업체만 충족할 수 있는 규격은 경쟁을 제한하는 것으로, 의견을 개진하여 시정해야 한다.

09 ○
조달청 내자구매 업무처리규정에 따라 5억원 이상 SW사업은 10일간 공개해야 한다.

10 ×
국가계약법 시행령 제36조에 따라 낙찰자 결정방법은 입찰공고 필수 포함 사항이다.

11 입찰보증금은 입찰금액의 10% 이상을 납부해야 한다. (○ , ×)

12 전자입찰에서 입찰보증금은 납부이행각서로 갈음할 수 있다. (○ , ×)

13 납부이행각서로 갈음한 경우 계약 미체결 시에도 불이익이 없다. (○ , ×)

14 국가계약법 적용 입찰의 예정가격 산정 범위는 기초금액 ±3%이다. (○ , ×)

15 제조입찰로 참가자격이 제한된 경우 공급업체로만 등록된 업체도 참가할 수 있다. (○ , ×)

16 공동계약의 이행 방법에는 공동 이행, 분담 이행, 공동 + 분담이 있다. (○ , ×)

17 공동수급협정서는 계약 체결 시 제출하면 된다. (○ , ×)

18 사전규격공개 기간이 지나면 의견을 제시할 수 없다. (○ , ×)

19 수요기관은 사전규격공개에서 접수된 의견을 반드시 모두 수용해야 한다. (○ , ×)

20 허위 정보로 입찰 참여 후 낙찰되면 부정당업자 제재를 받을 수 있다. (○ , ×)

PART 02

11 ×
입찰보증금은 입찰금액의 5% 이상을 납부해야 한다.

12 ○
대부분의 전자입찰에서는 납부이행각서로 입찰보증금 납부를 갈음한다.

13 ×
납부이행각서로 갈음하더라도 계약 미체결 시 해당 금액을 현금으로 납부해야 하며, 부정당업자 제재를 받을 수 있다.

14 ×
국가계약법은 ±2%, 지방계약법이 ±3%이다.

15 ×
제조입찰 제한 시 제조업체로 등록해야만 참가 가능하다.

16 ○
공동계약은 공동 이행, 분담 이행, 공동 + 분담의 3가지 유형으로 구분된다.

17 ×
일반적으로 입찰마감 전일 18시까지 사전에 제출해야 한다.

18 ○
원칙적으로 정해진 공개 기간 내에만 의견 제시가 가능하다.

19 ×
조달사업의 목적을 저해하지 않는 한 적극적으로 수렴하되, 모든 의견을 반드시 수용할 의무는 없다.

20 ○
허위 사실이 확인되면 계약 해제·해지, 손해배상, 부정당업자 제재 조치가 부과될 수 있다.

21 견적요청서(RFQ)는 사업 기획 초기 단계에서 발송된다. (○ , ×)

22 입찰공고문의 오류를 발견하면 공고 기간 내에 정정을 요청할 수 있다. (○ , ×)

23 조달청의 경우 수의계약도 사전규격공개 대상에 포함된다. (○ , ×)

24 대표자의 학력은 제한경쟁입찰의 참가자격 제한 사유에 해당한다. (○ , ×)

25 효과적인 제안서 작성의 첫 번째 단계는 제안요청서의 포괄적 검토이다. (○ , ×)

CHAPTER
02

단원별 핵심정리

암기 필수사항

CHAPTER 02

1. 경쟁입찰참가자격 등록: 나라장터에 사업자 정보를 등록해야 공공입찰 참여 가능. 등록 정보 변경 시 즉시 갱신 필요
2. RFI(정보제공요청서): 수요기관이 사업 기획 단계에서 시장 정보를 수집하기 위한 문서. 공급자에게는 역량을 알릴 기회
3. RFQ(견적요청서): 규격이 확정된 물품·서비스에 대해 가격 견적을 요청하는 문서. 제출 요구사항, 평가 기준 파악이 핵심
4. RFP(제안요청서): 기술, 방법, 비용 등 종합적 제안을 요청하는 문서. 8단계 작성법 숙지 필요
5. 입법·행정예고 모니터링: 공공계약법령 개정, 조달청 예규 변경 등을 사전에 파악하여 대응. 입법예고 40일, 행정예고 20일 이상
6. 사전규격공개: 입찰공고 전 구매규격을 미리 공개하여 의견 수렴. 일반 5일, 긴급 3일, SW사업(5억원 이상) 10일 공개
7. 사전규격 검토: 경쟁 제한성, 과업 명확성, 기술 구현성, 예산 현실성, 법규 부합성을 중심으로 검토
8. 입찰공고문 분석: 국가계약법 시행령 제36조에 따른 필수 포함 사항 확인. 참가자격, 낙찰자 결정방법이 핵심
9. 입찰보증금: 입찰금액의 5% 이상 납부 원칙. 전자입찰 시 납부이행각서로 갈음 가능. 계약 미체결 시 국고 귀속
10. 예정가격 산정: 국가계약법 기초금액 ±2%, 지방계약법 기초금액 ±3% 범위에서 결정

CHAPTER
03

입찰 실행

01 　입찰 · 제안요청 설명

📖 학습목표
- 입찰설명회(현장설명회)의 개념, 목적, 진행 절차를 이해할 수 있다.
- 입찰설명회에 참석 시 필요한 정보를 식별하며 효과적으로 질의하는 방법을 설명할 수 있다.

입찰공고가 게시되면 공급업체는 입찰참가 여부를 결정하기 위해 공고 내용을 면밀히 분석해야 하며, 이때 수요기관은 공고된 내용만으로는 전달하기 어려운 복잡한 기술적 사양, 과업의 배경, 현장 여건 등을 설명하기 위해 입찰설명회 또는 현장설명회를 개최할 수 있음. 공급업체는 이 과정에 적극적으로 참여하여 입찰 및 제안 준비에 필요한 핵심 정보를 식별하고, 불명확한 부분에 대해 질의함으로써 성공적인 입찰을 위한 초석을 다져야 함

1 　입찰설명회(현장설명) 참석 및 질의

① 입찰설명회의 개념 및 목적
- 입찰설명회(Pre-Bid Conference)란 입찰공고 후 해당 입찰에서 요구하는 제안요청서(RFP) 등과 관련하여 사전에 특별히 대면하여 설명하고 안내해야 할 중요한 내용이 있거나, 공사의 경우 공사가 진행될 현장에서 상세하게 설명하기 위한 목적으로 시행되는 절차를 의미함
- 국내에서는 '입찰설명회' 또는 '현장설명회'라는 용어가 사용되며, 주로 기술적 전문성이 요구되는 용역이나 대규모 공사 입찰에서 활용되며, 특히 지식 · 기술 중심의 용역(서비스) 입찰에서 제안요청의 방법으로 진행되는 경우에는 '사전제안회의'라는 명칭으로 활용되기도 함
- 입찰설명회의 주된 목적은 입찰참가를 희망하는 모든 잠재적 공급업체에게 입찰공고문에 기재된 구매사양, 제안요청 내용, 설계도, 시방서 등과 관련한 세부 사항을 설명하여 동등한 정보를 제공하고, 해당 입찰에서 요구하는 사항을 정확히 이해하고 입찰에 참가하도록 하는 데 있음
- 이를 통해 공급업체는 수요기관이 요구하는 사항을 정확히 이해하고 제안서를 작성할 수 있으며, 수요기관은 요구사항에 부합하는 양질의 결과물을 얻을 수 있음
- 입찰설명회는 단순한 물품구매 입찰이나 복잡하고 난이도가 낮은 용역이나 공사 등의 입찰에서는 대부분 시행하지 않음. 즉, 조달대상물별(물품, 서비스, 공사), 조달요구의 기술적 · 경제적 · 법적 전문성과 난이도별, 공급 방법에서 시공 · 설치 현장의 중요도별로 시행 여부가 달라짐

② 입찰설명회 참가 의무
- 입찰설명회 참석이 의무인지 여부는 입찰공고문에 명시되며, 공고문에 '입찰설명회에 참가한 자에 한하여 입찰에 참가할 수 있다'고 규정된 경우, 해당 설명회에 불참하면 입찰참가자격 자체가 주어지지 않으므로 반드시 참석해야 함. 이는 주로 현장 여건이 계약 이행에 중대한 영향을 미치는 공사 입찰에서 많이 활용됨
- 반면, 참석이 의무가 아닌 경우에는 선택적으로 결정할 수 있지만, 입찰에서 낙찰 가능성을 높이기 위해서는 반드시 참가하여 수요기관에서 요구하는 정확한 입찰 관련 요구사항을 파악하고 제안요청 등을 준비하면 효과를 볼 수 있음. 또한 입찰설명회에는 입찰참가 의지가 강한 다수의 경쟁업체의 정보와 경쟁 수준을 파악할 수 있기 때문에 이를 고려한 입찰참가 여부를 결정하는 기회로도 활용할 수 있음.

〈입찰설명회 참가 의무에 따른 비교〉

구분	의무 참가	임의 참가
근거	입찰공고문에 참가 의무 명시	입찰공고문에 참가 의무 미명시 또는 선택사항 명시
불참 시	입찰참가자격 상실 (입찰 무효 사유)	입찰참가 가능 (단, 정보 부족 리스크 존재)
주요 대상	현장 확인이 필수적인 대규모 공사	일반 물품, 용역, 기술적으로 복잡하지 않은 공사
참가 목적	입찰참가자격 확보, 현장 정보 확인	요구사항 명확화, 질의, 경쟁 동향 파악

실무톡톡

Q: 현장설명회 불참으로 인한 입찰 무효, 구제 방법이 있을까요?

A: - A사는 OO시가 발주한 교량 보수공사 입찰에 참여하여 1순위로 선정되었으나, 현장설명회에 참가하지 않았다는 이유로 입찰 무효 통보를 받았음. 입찰공고문에는 '현장설명회에 참가한 자만이 입찰에 참가할 수 있다'고 명시되어 있었음
- A사는 담당자의 착오로 설명회에 불참했다며 억울함을 호소했지만, 발주처는 공고 조건을 근거로 무효 처리를 고수했으며, 이 경우 A사가 구제받을 방법은 사실상 없음. 법원은 입찰공고는 계약의 청약 또는 청약의 유인에 해당하며, 공고에서 정한 참가자격은 계약의 본질적인 요소라고 봄
- 따라서 현장설명회 참가를 의무로 규정한 경우, 이를 이행하지 않은 입찰은 「국가계약법 시행령」 제39조의 '입찰참가자격이 없는 자가 한 입찰'에 해당하여 무효가 됨
- 이러한 불상사를 막기 위해서는 입찰공고문을 면밀히 확인하고, 담당자 간 교차 확인을 통해 필수 요건을 누락하지 않도록 관리하는 것이 최선임

✓ Check Q&A

입찰설명회 참석이 의무인 입찰에서 불참할 경우 발생하는 결과는?

정답

입찰참가자격이 상실되어 해당 입찰은 무효 처리된다.

③ 입찰설명회 진행 절차 및 시기
  • 입찰설명회는 통상 입찰공고 후 7일 내외, 입찰마감일 최소 2주 전에 개최
    되며, 입찰공고 후 7일 내외의 시간을 경과하고 진행하는 이유는 입찰참가
    를 희망하는 잠재적 공급업체가 입찰공고문, 구매사양, 과업 내용, 설계서
    등의 내용을 읽고 이해한 뒤 필요한 의견을 정리할 수 있는 최소한의 시간
    이 필요하기 때문. 그와 동시에 입찰마감일 기준 최소 2주 전에 진행하는
    이유는 설명회를 통해 확보한 정보를 바탕으로 제안서 등을 준비하기 위한
    충분한 준비시간이 보장되어야 하기 때문
  • 입찰설명회는 수요기관이 주관하여 입찰공고문에 명시한 일시와 장소에서
    진행되며, 일반적인 진행 순서는 다음과 같음

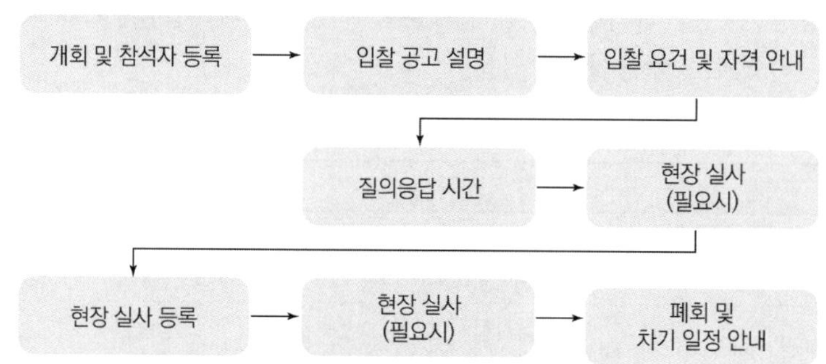

▲ 입찰설명회 표준 진행 절차 6단계 흐름도

④ 입찰설명회에서의 효과적인 질의 방법
  • 공급업체는 설명회에 참석하기 전 입찰공고문과 서류(제안요청서, 과업지시
    서, 규격서, 설계서 등)를 검토하여 불명확하거나 모호한 부분, 상충되는 부
    분, 독소조항 등을 사전에 파악하고 이에 대한 질의 목록을 준비해야 함
  • 현장에서의 질의는 구체적이고 명확하게 해야 하며, 가급적 서면으로 질의
    하여 공식적인 답변을 받는 것이 좋음. 입찰설명회를 통해 제기된 질문과
    답변은 문서화되어 모든 잠재적 입찰참가자에게 공유되며, 만약 질의응답
    과정에서 입찰공고의 내용에 중대한 변경이 필요한 사항이 발생하면, 수요
    기관은 공고 내용을 정정하거나 보완하여 다시 공고해야 함
  • 또한 입찰설명회에서는 기술적 측면과 기타 조달 요구사항 관련 의견을 제
    시하고, 해당 입찰과 관련한 문제점이 있는 경우 개선 의견을 제시하여 입찰
    공고문의 내용을 수정할 수 있는 기회를 확보할 수도 있음. 이는 부적절한
    제안으로 추후 기술적, 경제적, 법적 책임을 부담해야 하는 상황을 예방하는
    데에도 도움이 됨

2 입찰 및 제안 준비에 필요한 정보 식별 및 수집

• 입찰에서 승리하기 위해서는 단순히 가격을 낮추는 것만으로는 부족하므로, 수
  요기관의 요구사항을 정확히 파악하고, 경쟁사보다 한 수 위의 제안을 하기 위

해서는 입찰 및 제안 준비 과정에서 필요한 정보를 적극적으로 식별하고 수집하는 노력이 필수적임
- 정보 식별의 출발점은 입찰공고문과 관련 서류(제안요청서, 과업지시서, 규격서 등)의 면밀한 분석이며, 이 과정에서 다음과 같은 핵심 정보를 식별해야 함

〈입찰 준비를 위한 핵심 식별 정보〉

구분	핵심 식별 정보	정보 요청 포인트
기술적 측면	요구되는 기술 사양, 성능, 품질 수준, 과업의 구체적인 범위와 내용, 필수·선택 요건 구분, 기존 시스템과의 연계 요구사항	규격의 모호성, 과도한 스펙, 특정 업체에 유리한 규격, 기술 구현의 난이도 및 현실성
사업관리 측면	사업 기간 및 상세 일정, 보고 및 검수 절차, 투입 인력의 자격 요건(등급, 경력, 필수 자격증 등), 산출물의 종류 및 제출 시기	비현실적인 사업 기간, 과도한 보고 및 행정 부담, 투입 인력 요건의 적정성
계약·법적 측면	계약 방식(총액, 단가 등), 대금 지급 조건 및 시기, 지체상금률, 하자보수 책임, 지식재산권 귀속 문제	불리한 대금 지급 조건, 과도한 지체상금률, 지식재산권 관련 독소조항
평가 측면	평가 항목 및 배점, 정량·정성 평가 기준, 가격 평가 방식(낙찰하한율 등), 가산점 부여 항목	평가 배점의 의도 파악, 정량평가 항목의 만점 기준, 경쟁사 대비 강·약점 분석

- 정보를 식별하는 과정에서 불명확하거나 불합리한 부분이 발견되면, 반드시 공식적인 절차를 통해 수요기관에 정보 제공을 요청하거나 질의해야 함. 정보 요청은 주로 서면 질의를 통해 이루어지며, 이는 모든 잠재적 입찰자에게 동일한 정보를 제공하고 추후 분쟁의 소지를 없애기 위함이며, 질의 기간은 입찰공고에 명시되어 있으므로, 이 기간을 놓치지 않도록 유의해야 함

02 ▶ 입찰서 제출 및 개찰

📖 학습목표
- 입찰서 제출의 방법과 유의사항을 설명할 수 있다.
- 개찰의 절차와 예정가격 결정 방법 및 낙찰하한율의 개념을 이해할 수 있다.

입찰공고 분석과 설명회를 통해 입찰참가 의사를 결정했다면, 이제는 정해진 절차와 방법에 따라 입찰서를 제출해야 하며, 현대 공공조달은 대부분 나라장터(KONEPS)를 통한 전자입찰로 이루어지므로, 공급업체는 전자입찰서 제출 방법을 정확히 숙지하고 마감 시간을 엄수해야 함. 입찰서 제출이 마감되면 개찰 절차가 진행되며, 이 과정을 통해 낙찰자 결정의 기반이 되는 각 업체의 투찰 가격이 공개됨

☑ **Check Q&A**

입찰공고문에 명시된 질의 기간을 놓쳤다. 추가로 질의할 수 있는 방법이 있는가?

정답

원칙적으로 입찰공고문에 명시된 질의 기간이 지나면 공식적인 질의는 어렵다. 이는 모든 입찰참가자에게 공평한 정보를 제공하고, 특정 업체에만 추가 정보를 제공함으로써 발생할 수 있는 특혜 시비를 막기 위함이다. 입찰의 공정성을 해치지 않는 단순한 오탈자나 명백한 오류에 대한 확인 등은 사업 담당자와 유선으로 확인해 볼 수는 있다. 그러나 계약 조건이나 평가 기준 등 입찰 결과에 영향을 미칠 수 있는 중요한 사항에 대해서는 공식적인 답변을 기대하기 어렵다. 따라서 질의 기간을 준수하는 것이 매우 중요하다.

1 입찰 관련 주요 용어의 이해

용어	한자	의미	후속 절차
입찰(入札)	들 입, 문서 찰	다수의 경쟁하는 업체 등이 가장 유리한 조건을 제시한 업체를 선정하는 과정	입찰 이후 개찰 절차 진행
응찰(應札)	응할 응, 문서 찰	입찰에서 정한 조건에 따라 가격을 제출하는 행위 전반을 포괄하는 의미	입찰에 대한 일반적 호응행위
투찰(投札)	던질 투, 문서 찰	응찰의 구체적 행위로서 입찰에서 요구하는 조건에 따라 가격을 제출하는 특정한 행위	입찰에 대한 구체적 호응행위
개찰(開札)	열 개, 문서 찰	입찰이 완료된 후 투찰된 가격을 공개적인 방법으로 공개하고 비교하는 행위	가격평가기준에 따라 낙찰 또는 유찰 결정
낙찰(落札)	떨어질 낙, 문서 찰	개찰 결과 가장 유리한 가격(최저가 등)으로 투찰한 업체를 낙찰자로 선정	낙찰업체에게 계약 체결 요청
유찰(流札)	흐를 류, 문서 찰	개찰 결과 적합한 투찰업체가 없거나 투찰 자체가 없는 경우에 입찰이 무효화된 결과	재입찰 또는 새로운 입찰 진행

2 전자입찰서 제출 방법 및 유의사항

현재 대부분의 공공조달 입찰은 나라장터 국가종합전자조달시스템(www.g2b.go.kr)을 통해 전자적으로 이루어지며,「전자조달의 이용 및 촉진에 관한 법률」에 따라 국가기관, 지방자치단체, 공공기관 등은 전자조달시스템을 통해 입찰을 진행하는 것이 원칙임

① 전자입찰서 제출 절차: 전자입찰서 제출은 공인인증서를 통해 로그인한 후, 해당 입찰공고 상세 화면에서 '입찰참가신청'을 하고, 입찰서 작성 및 제출 단계를 거쳐 진행됨

단계	절차	주요 내용
1단계	나라장터 로그인	공인인증서(또는 금융인증서)를 이용하여 로그인
2단계	입찰공고 조회 및 선택	참여하고자 하는 입찰공고를 검색하여 상세 내용 확인
3단계	입찰참가신청서작성 · 제출	입찰참가자격 등록 정보를 기반으로 참가신청서 작성 및 제출
4단계	입찰서 작성	투찰금액 입력, 입찰보증금 납부이행각서 제출, 기타 첨부서류 등록
5단계	입찰서 제출	공인인증서 전자서명을 통해 입찰서 최종 제출
6단계	제출 상태 확인	보낸문서함에서 입찰서 '도달' 상태 최종 확인

▲ 나라장터 전자입찰서 제출 절차 7단계 흐름도

② 전자입찰서 제출 시 유의사항
- 마감 시간 엄수: 입찰서 제출 마감 시간에 임박하여 제출할 경우, 인터넷 속도 저하, PC 오류, 공인인증서 오류 등 예기치 못한 문제로 마감 시간을 놓칠 수 있음
  → 따라서 최소 마감 1 ~ 2시간 전에는 제출을 완료하는 것이 안전하며, 마감 시간 이후에는 어떠한 사유로도 입찰서 제출이 불가능함
- 투찰금액 정확한 입력: 투찰금액을 입력할 때 '0'을 하나 더 쓰거나 덜 쓰는 실수는 치명적이며, 금액 입력 후 여러 번 반복하여 확인하는 습관이 필요함
  → 특히 총액입찰과 단가입찰을 혼동하지 않도록 유의해야 하며, 부가가치세 포함 여부도 반드시 확인해야 함
- 공동수급협정서 사전 제출: 공동수급체를 구성하여 입찰에 참여하는 경우, 입찰서 제출 마감일 전일 18시까지 공동수급협정서를 제출해야 함
  → 협정서가 제출되지 않으면 공동수급체 구성원 모두의 입찰이 무효 처리될 수 있음
- 제출 후 상태 확인: 입찰서를 제출한 후에는 반드시 나라장터의 '보낸문서함'에서 해당 입찰서가 정상적으로 '도달'되었는지 최종 확인해야 함
  → '전송 중' 또는 '전송 실패' 상태라면 입찰서가 제출되지 않은 것임

- 입찰서 교환·변경·취소 금지: 「국가계약법 시행령」 제39조 제4항에 따라 제출된 입찰서는 원칙적으로 교환, 변경, 취소가 불가능함
  → 다만, 입찰서에 기재한 중요부분에 오기가 있음을 이유로 개찰현장에서 입찰자가 입찰의 취소의사를 표시한 것으로서 발주기관이 이를 인정하는 경우에는 예외적으로 취소가 가능함

「국가를 당사자로 하는 계약에 관한 법률 시행령」 제39조(입찰서의 제출·접수 및 입찰의 무효)
▶ 제1항부터 제3항까지의 규정에 따라 제출된 입찰서는 교환·변경 또는 취소하지 못함. 다만, 입찰서에 기재한 중요부분에 오기가 있음을 이유로 개찰현장에서 입찰자가 입찰의 취소의사를 표시한 것으로서 발주기관이 이를 인정하는 경우에는 그러하지 아니함
▶ 입찰참가자격이 없는 자가 한 입찰, 입찰보증금의 납부일시까지 소정의 입찰보증금을 납부하지 아니하고 한 입찰 등 기획재정부령으로 정하는 사유에 해당하는 입찰은 무효로 함

③ 공동수급체 구성 및 입찰서 제출

공동수급체(Joint Venture)란 2개 이상의 사업자가 공동으로 입찰에 참여하여 계약을 이행하기 위해 결성한 조직을 말하며, 기술, 자본, 실적 등이 부족한 중소기업이 단독으로 수행하기 어려운 대규모 또는 복합 공종의 사업에 참여할 수 있도록 하는 제도로, 상호 보완을 통해 계약 이행의 신뢰성을 높이는 장점이 있음

① 공동수급체의 유형: 공동수급체의 이행 방법은 크게 공동이행방식, 분담이행방식, 공동·분담 혼합방식으로 구분됨

〈공동수급체 유형별 비교〉

구분	공동이행방식	분담이행방식	혼합방식
개념	구성원이 공동으로 자본, 인력 등을 투자하여 계약을 이행하고, 손익도 공동으로 계산	구성원이 미리 정한 분담 내용에 따라 각자 책임하에 계약의 일부를 이행	공동이행과 분담이행을 혼합하여 적용
책임	구성원 전원이 계약 이행에 대해 연대하여 책임	각자 분담한 부분에 대해서만 책임	공동이행 부분은 연대책임, 분담이행 부분은 개별책임
출자비율	각 구성원의 출자비율 합계 = 100%	각 구성원의 분담 내용 합계 = 전체 사업	혼합 적용
주요 활용	건설공사(동일 공종)	복합 공종 사업 (SW개발 + HW납품 등)	대규모 복합 프로젝트

② 공동수급협정서 작성 및 제출: 공동수급체를 구성하여 입찰에 참여하고자 할 경우, 모든 구성원이 합의하여 공동수급표준협정서를 작성하고, 이를 입찰 마감일 전일 18시까지 나라장터를 통해 전자적으로 제출해야 하며, 이 기한을 준수하지 못하면 공동수급체 구성 자체가 인정되지 않아 입찰이 무효 처리됨

〈공동수급협정서 필수 기재사항〉

항목	내용
공동수급체 명칭	공동수급체의 공식 명칭
구성원 정보	각 구성원의 상호, 대표자, 주소, 사업자등록번호 등
대표자 선정	공동수급체의 대표자(대표사) 지정
출자비율 또는 분담 내용	공동이행: 각 구성원의 출자비율, 분담이행: 각 구성원의 분담 내용
이행 방법	공동이행, 분담이행, 혼합방식 중 선택
권리·의무 관계	구성원 간 권리·의무 관계, 연대책임 여부 등

③ 공동수급체 입찰 시 유의사항
- 대표사의 최소 출자비율: 공동이행방식의 경우, 대표사(대표 구성원)의 출자비율이 일정 비율(통상 30% 이상) 이상이어야 하며, 이는 대표사가 실질적인 사업 수행 능력을 갖추도록 하기 위함
- 구성원의 입찰참가자격: 공동수급체의 모든 구성원은 각각 입찰참가자격을 갖추어야 하며, 한 구성원이라도 자격이 미달되면 공동수급체 전체의 입찰이 무효 처리될 수 있음
- 하도급 제한: 공동수급체 구성원이 자신의 분담 부분을 다시 하도급하는 것은 원칙적으로 제한되며, 이는 공동수급체 제도의 취지를 훼손하는 행위로 간주되기 때문

4 개찰 절차 및 낙찰하한율

① 개찰 절차
- 입찰서 접수가 마감되면 입찰공고에 명시된 일시에 나라장터 시스템을 통해 자동으로 개찰이 이루어짐. 전자입찰의 경우 개찰 과정은 시스템 기능으로 비대면 진행되며, 입찰에 참여한 모든 업체에 실시간으로 공개되어 투명하게 진행됨
- 개찰의 핵심은 예정가격을 결정하고, 각 업체의 투찰가격을 예정가격과 비교하여 낙찰자를 결정하는 기준을 마련하는 것으로 예정가격은 다음과 같은 복수예비가격방식으로 결정됨

국가계약법 적용 입찰에서 예정가격은 기초금액의 어떤 범위 내에서 결정되는가?

정답

기초금액의 ±2% 범위 내에서 생성된 15개의 복수예비가격 중 가장 많이 추첨된 4개를 산술평균하여 결정된다.

〈예정가격 결정 절차(복수예비가격 방식)〉

단계	절차	내용
1단계	기초금액 공개	수요기관이 사전에 조사한 가격을 바탕으로 기초금액을 공개
2단계	복수예비가격 생성	기초금액의 ±2%(국가계약법) 또는 ±3%(지방계약법) 범위 내에서 15개의 예비가격을 무작위 생성
3단계	예비가격 추첨	입찰에 참여한 각 업체가 15개 중 2개씩 예비가격 번호를 추첨
4단계	예정가격 확정	가장 많이 추첨된 4개의 예비가격을 산술평균한 금액이 최종 예정가격으로 확정

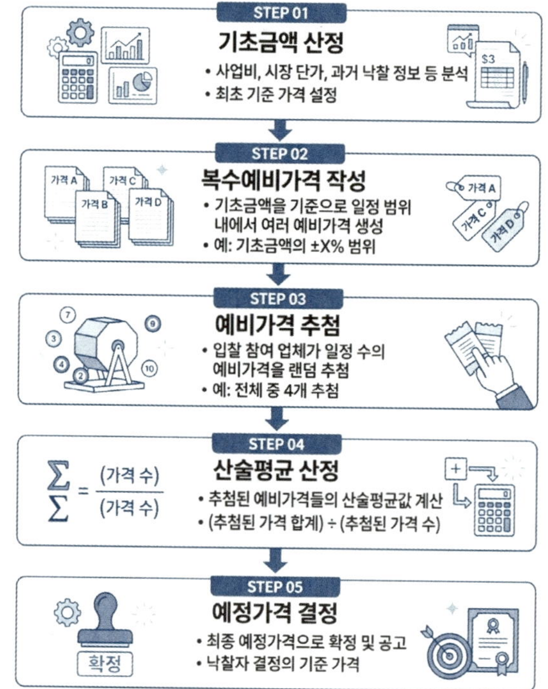

▲ 예정가격 결정 절차(복수예비가격 방식) 5단계 흐름도

② 낙찰하한율

- 낙찰하한율이란 예정가격 대비 낙찰될 수 있는 최저 투찰가격의 비율을 의미하며, 이는 과도한 저가 투찰(덤핑)로 인한 부실 공사나 품질 저하를 방지하기 위한 제도로, 입찰공고에 명시된 낙찰하한율 미만으로 투찰한 업체는 적격심사 대상에서 제외되거나 자동 탈락됨
- 예를 들어, 예정가격이 1억원이고 낙찰하한율이 87.995%인 경우, 87,995,000원 미만으로 투찰한 업체는 아무리 낮은 가격을 썼더라도 낙찰될 수 없음. 따라서 공급업체는 자사의 원가와 이윤을 고려하면서도 낙찰하한율 이상으로 투찰하는 정교한 가격 전략이 필요함
- 낙찰하한율은 조달대상물의 유형과 추정가격 규모에 따라 달리 적용됨

〈조달대상물별 낙찰하한율 기준(국가계약법 기준)〉

구분	추정가격	낙찰하한율
물품	추정가격 5억원 미만	87.995%
	추정가격 5억원 이상	88%
공사	추정가격 300억원 미만	87.745%
	추정가격 300억원 이상	PQ(사전심사) 적용
용역	일반용역	87.995%
	기술용역	별도 기준 적용

③ 조달요구 응답 방법별 낙찰자 결정 흐름: 입찰공고에서 요구하는 구체적 참가 요청 방법에 따라 낙찰자 결정 방식이 달라지며, 견적서, 입찰서, 제안서 각각의 경우를 비교하면 다음과 같음

〈조달요구 응답 방법별 낙찰자 결정 방식 비교〉

구분	견적요청(RFQ)	입찰초청(ITB)	제안요청(RFP)
제출 서류	견적서	입찰서(가격입찰서)	제안서 + 가격제안서
평가 방식	최저가격	최저가격 + 수행역량 심사	제안서 평가 + 가격 평가 종합
낙찰 기준	최저가 투찰자	낙찰하한율 이상 최저가 투찰자 중 심사 통과자	기술·가격 종합 최고 득점자 또는 우선협상대상자
가격 비중	100%	높음 (가격 위주)	낮음 (기술 7 : 가격 3 ~ 기술 9 : 가격 1)
주요 적용	규격 확정 물품	일반 물품·공사	전문 용역·SW사업

03 무효 입찰

📖 학습목표

- 무효 입찰의 사유를 설명할 수 있다.
- 무효 입찰 발생 시 처리 절차와 법적 효과를 이해할 수 있다.

입찰에 참여했더라도 법령이나 입찰공고에서 정한 요건을 갖추지 못한 입찰은 '무효' 처리되며, 입찰이 무효가 되면 해당 입찰은 처음부터 없었던 것과 같은 효력을 가지므로, 아무리 낮은 가격으로 투찰했더라도 낙찰자로 선정될 수 없음. 공급업체는 사소한 실수나 법규 이해 부족으로 입찰 기회를 상실하는 일이 없도록 무효 입찰의 사유를 명확히 숙지하고 사전에 철저히 대비해야 함

1 입찰 무효의 사유

입찰 무효 사유는 「국가를 당사자로 하는 계약에 관한 법률 시행령」 제39조 제5항 및 동법 시행규칙 제44조에 구체적으로 명시되어 있음

법조문 돋보기

「국가를 당사자로 하는 계약에 관한 법률 시행규칙」 제44조(입찰무효)
▶ 법 제10조 및 영 제39조 제5항에서 "기획재정부령으로 정하는 사유에 해당하는 입찰"이란 다음 각 호의 어느 하나에 해당하는 입찰을 말함
 1. 입찰참가자격이 없는 자가 한 입찰
 2. 입찰보증금의 납부일시까지 소정의 입찰보증금을 납부하지 아니하고 한 입찰
 3. 입찰서가 그 도착일시까지 소정의 입찰장소에 도착하지 아니한 입찰
 4. 동일사항에 대하여 동일인이 2통 이상의 입찰서를 제출한 입찰
 5. 입찰참가자격 등록사항의 변경신고를 하지 않고 입찰서를 제출한 입찰
 6. 입찰서의 입찰금액 등 중요부분이 불분명하거나, 정정한 후 정정날인을 누락한 입찰
 7. 담합하거나 타인의 경쟁참가를 방해 또는 관계공무원의 공무집행을 방해한 자의 입찰
 8. 입찰자의 기명날인이 없는 입찰(전자서명이 없는 입찰 포함)
 9. 그 밖에 입찰에 관한 조건을 위반한 입찰

〈주요 입찰 무효 사유 및 구체적 해설〉

무효 사유	구체적 사례 및 해설
입찰참가자격이 없는 자가 한 입찰	• 면허, 실적, 지역 등 입찰공고에서 요구하는 자격 요건을 충족하지 못한 경우 • 입찰설명회(현장설명) 의무 참가 입찰에 불참한 경우 • 부정당업자 제재 기간 중인 업체가 한 입찰 • 경쟁입찰참가자격 등록을 하지 않은 업체가 한 입찰
입찰보증금을 납부하지 않은 입찰	• 입찰보증금 납부 마감 시한까지 보증금을 납부하지 않거나 보증서를 제출하지 않은 경우 • 전자입찰에서 입찰보증금 납부이행각서를 제출하지 않은 경우 • 납부한 입찰보증금이 소정의 금액에 미달하는 경우
입찰서 미도착	• 전자입찰에서 마감 시간까지 입찰서가 시스템에 도달하지 않은 경우 • 직접입찰에서 지정된 장소에 마감 시간까지 도착하지 않은 경우
동일인이 2통 이상의 입찰서 제출	한 업체가 동일한 입찰 건에 대해 가격을 달리하여 2개 이상의 입찰서를 제출하는 경우(고의성 여부 불문, 두 통 모두 무효)
자격 등록사항 변경 미신고	대표자, 상호, 주소 등 나라장터 등록사항이 변경되었음에도 이를 갱신하지 않고 입찰에 참여한 경우
입찰서의 중요부분 불분명	• 입찰금액이 불분명하여 식별이 곤란한 경우 • 정정한 부분에 정정날인을 하지 않은 경우
담합 등 부정행위	• 다른 업체와 사전에 가격을 합의하거나 낙찰자를 미리 정한 경우 • 타인의 입찰참가를 방해한 경우 • 관계공무원의 공무집행을 방해한 경우
기명날인(서명)이 없는 입찰	• 전자입찰에서 공인인증서 전자서명이 누락된 경우 • 직접입찰에서 대표자의 인감 날인이 누락된 경우

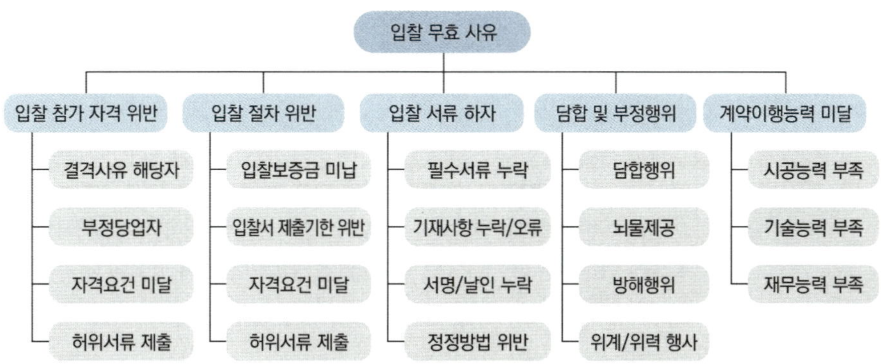

▲ 입찰 무효 사유 분류 체계도

2 무효 입찰 관련 판례 및 유권해석

입찰 무효 사유에 대한 다툼은 소송으로 이어지는 경우가 많음. 법원의 판례와 기획재정부의 유권해석은 무효 여부를 판단하는 중요한 기준이 되며, 주요 사례를 살펴보면 다음과 같음

① 대리인의 입찰참가(대법원 2006. 6. 15. 선고 2004다33606 판결)

사례	A사의 대표이사 B가 아닌, 직원 C가 입찰에 참가하여 A사 명의로 입찰서를 제출했다면 이 경우 입찰은 유효할까?
판례 요지	대법원은 입찰참가자격은 입찰참가자 본인에게만 있으며, 대리인을 통해 입찰에 참가할 수 없다고 봄. 따라서 대표자가 아닌 직원이 입찰에 참가한 경우, 이는 '입찰참가자격이 없는 자가 한 입찰'에 해당하여 원칙적으로 무효. 다만, 입찰 전에 정당한 위임장을 제출하는 등 대리권을 증명한 경우에는 예외적으로 유효성을 인정받을 수 있음

② 공동수급협정서 제출 기한 도과(기획재정부 회계예규)

사례	B사와 C사로 구성된 공동수급체가 입찰에 참여하면서, 입찰서 제출 마감일 전일 18시를 넘겨 공동수급협정서를 제출했음
유권해석	기획재정부는 공동수급협정서 제출 기한은 입찰의 공정성과 행정의 효율성을 위해 설정된 강행규정으로 봄. 따라서 정해진 시한을 준수하지 않고 제출된 공동수급협정서는 효력이 없으며, 이를 기초로 한 입찰은 무효 처리됨

③ 2인 이상의 유효한 입찰이 성립하지 않은 경우

사례	3개 업체가 입찰에 참여했으나, 개찰 결과 1개 업체는 낙찰하한율 미달, 다른 1개 업체는 입찰참가자격 미달로 무효 처리되어 유효한 입찰자가 1인만 남았음
유권해석	「국가계약법 시행령」 제11조에 따라 경쟁입찰은 2인 이상의 유효한 입찰로 성립함. 따라서 유효한 입찰자가 1인밖에 없는 경우에는 경쟁이 성립되지 않으므로 해당 입찰은 유찰되며, 이 경우 재공고 입찰을 부쳐야 함

④ 입찰보증금 납부이행각서 미제출(대법원 2012. 10. 25. 선고 2010다52140 판결)

사례	D사가 전자입찰에 참여하면서 입찰보증금 납부이행각서를 제출하지 않고 입찰서만 제출했음
판례 요지	대법원은 전자입찰에서 입찰보증금 납부이행각서의 제출은 입찰보증금의 납부에 갈음하는 것으로서, 이를 제출하지 않은 입찰은 '입찰보증금을 납부하지 아니하고 한 입찰'에 해당하여 무효라고 판시했음. 나라장터 시스템에서는 입찰서 작성 시 납부이행각서 제출 여부를 확인하는 절차가 있으므로, 이를 반드시 이행해야 함

⑤ 담합에 의한 입찰 무효

사례	E사, F사, G사가 사전에 낙찰자를 E사로 정하고, F사와 G사는 E사보다 높은 가격으로 들러리 입찰을 했음
판례 요지	담합에 의한 입찰은 그 자체로 무효이며, 담합에 참여한 모든 업체의 입찰이 무효 처리됨. 나아가 담합 행위자는 「국가계약법」에 따른 부정당업자 제재(입찰참가자격 제한)와 「공정거래법」에 따른 과징금 부과 등 이중의 제재를 받을 수 있음

CHAPTER 03 단원별 핵심문제

01

입찰설명회에 대한 설명으로 가장 옳지 않은 것은?

① 입찰공고 내용의 이해를 돕고 공정한 경쟁을 유도하기 위해 개최된다.
② 입찰공고문에 참석이 의무로 명시된 경우, 불참 시 입찰이 무효가 될 수 있다.
③ 입찰설명회에서 나온 질의응답 내용은 구두로만 효력을 가지며 문서화되지 않는다.
④ 경쟁사의 동향과 경쟁 수준을 파악하는 기회로 활용될 수 있다.

해설

입찰설명회를 통해 제기된 질문과 답변은 문서화되어 모든 잠재적 입찰참가자에게 공유되어야 한다. 이는 정보의 비대칭성을 해소하고 공정성을 확보하기 위함이다.

02

다음 중 입찰 관련 용어에 대한 설명으로 옳은 것은?

① 투찰(投札)은 입찰에 참여하는 행위 전반을 포괄하는 개념이다.
② 개찰(開札)은 가장 유리한 조건을 제시한 업체를 계약상대자로 선정하는 행위이다.
③ 유찰(流札)은 적합한 투찰업체가 없거나 투찰 자체가 없는 경우 입찰이 무효화된 결과이다.
④ 낙찰(落札)은 제출된 입찰서를 공개적으로 열어 투찰가격을 확인하는 절차이다.

해설

유찰은 유효한 입찰이 성립되지 않거나 낙찰자가 없어 입찰이 무산되는 것을 의미한다.
① 응찰에 대한 설명이다. 투찰은 입찰서를 제출하는 구체적인 행위를 말한다.
② 낙찰에 대한 설명이다.
④ 개찰에 대한 설명이다.

03

나라장터 전자입찰서 제출에 대한 설명으로 옳지 않은 것은?

① 공인인증서(또는 금융인증서)를 이용하여 로그인해야 한다.
② 입찰서 제출 후 보낸문서함에서 '도달' 상태를 확인해야 한다.
③ 마감 시간 이후에도 시스템 오류 등 정당한 사유가 있으면 입찰서를 제출할 수 있다.
④ 투찰금액 입력 시 부가가치세 포함 여부를 반드시 확인해야 한다.

해설

전자입찰에서 마감 시간 이후에는 어떠한 사유로도 입찰서 제출이 불가능하다. 시스템 오류, 인터넷 장애 등은 정당한 사유로 인정되지 않으므로, 마감 시간 전에 여유를 두고 제출해야 한다.

04

「국가계약법 시행령」 제39조 제4항에 따른 입찰서의 교환·변경·취소에 대한 설명으로 옳은 것은?

① 제출된 입찰서는 어떠한 경우에도 교환, 변경, 취소할 수 없다.
② 입찰자가 마감 시간 전에 요청하면 언제든지 입찰서를 변경할 수 있다.
③ 중요부분의 오기를 이유로 개찰현장에서 취소의사를 표시하고 발주기관이 인정하면 취소할 수 있다.
④ 입찰서 취소 시 입찰보증금은 자동으로 반환된다.

해설

제출된 입찰서는 원칙적으로 교환·변경·취소가 불가하나, 예외적으로 중요부분에 오기가 있음을 이유로 개찰현장에서 입찰자가 취소의사를 표시하고 발주기관이 이를 인정하는 경우에 한해 취소가 가능하다.

정답　　　01 ③　02 ③　03 ③　04 ③

05

공동수급체에 대한 설명으로 옳지 않은 것은?

① 2개 이상의 사업자가 공동으로 입찰에 참여하기 위해 결성한 조직이다.
② 공동이행방식에서는 구성원 전원이 연대하여 책임을 진다.
③ 분담이행방식에서는 각 구성원이 전체 계약에 대해 연대책임을 진다.
④ 공동수급협정서는 입찰 마감일 전일 18시까지 제출해야 한다.

해설

분담이행방식에서는 각 구성원이 미리 정한 분담 내용에 따라 각자 책임하에 계약의 일부를 이행하며, 각자 분담한 부분에 대해서만 책임을 진다. 연대책임은 공동이행방식에 해당한다.

06

예정가격 결정에 대한 설명으로 옳은 것은?

① 예정가격은 기초금액과 동일하게 결정된다.
② 국가계약법 적용 시 기초금액의 ±3% 범위 내에서 복수예비가격이 생성된다.
③ 15개의 복수예비가격 중 가장 많이 추첨된 4개를 산술평균하여 예정가격을 확정한다.
④ 예정가격은 입찰 공고 시 사전에 공개된다.

해설

예정가격은 기초금액의 ±2%(국가계약법) 범위 내에서 생성된 15개의 복수예비가격 중 가장 많이 추첨된 4개를 산술평균하여 확정한다.
② ±3%는 지방계약법 기준이다.
④ 예정가격은 개찰 시 결정되며 사전에 공개되지 않는다.

07

낙찰하한율에 대한 설명으로 옳지 않은 것은?

① 과도한 저가 투찰(덤핑)을 방지하기 위한 제도이다.
② 예정가격 대비 낙찰될 수 있는 최저 투찰가격의 비율을 의미한다.
③ 낙찰하한율 미만으로 투찰한 업체는 적격심사 대상에서 제외된다.
④ 낙찰하한율은 모든 조달대상물에 동일하게 적용된다.

해설

낙찰하한율은 물품(5억원 미만)은 87.995%, 공사(300억원 미만)는 87.745% 등으로 차등 적용된다.

08

다음 중 입찰 무효 사유에 해당하지 않는 것은?

① 입찰참가자격이 없는 자가 한 입찰
② 입찰보증금을 납부 마감 시간까지 납부하지 않은 입찰
③ 예정가격보다 높은 금액으로 투찰한 입찰
④ 동일인이 동일한 입찰 건에 대해 2통의 입찰서를 제출한 입찰

해설

예정가격보다 높은 금액으로 투찰한 경우, 이는 입찰 무효 사유가 아니라 낙찰 대상에서 제외되는 사유(탈락)이다. 입찰 무효는 입찰의 성립 요건 자체를 갖추지 못한 경우에 해당한다.

09

담합에 의한 입찰에 대한 설명으로 옳지 않은 것은?

① 담합에 참여한 모든 업체의 입찰이 무효 처리된다.
② 부정당업자로 제재되어 입찰참가자격이 제한될 수 있다.
③ 공정거래법에 따라 과징금이 부과될 수 있다.
④ 담합에 가담했더라도 최저가로 투찰한 업체는 낙찰자로 인정된다.

해설

담합에 의한 입찰은 그 자체로 무효이며, 담합에 참여한 모든 업체의 입찰이 무효 처리된다. 최저가로 투찰했더라도 담합에 가담한 사실이 확인되면 낙찰자로 인정되지 않는다.

10

경쟁입찰의 성립 요건에 대한 설명으로 옳은 것은?

① 1인 이상의 유효한 입찰이 있으면 경쟁입찰이 성립한다.
② 2인 이상의 유효한 입찰이 있어야 경쟁입찰이 성립한다.
③ 3인 이상의 유효한 입찰이 있어야 경쟁입찰이 성립한다.
④ 유효한 입찰자 수와 관계없이 입찰은 항상 성립한다.

해설

「국가계약법 시행령」 제11조에 따라 경쟁입찰은 2인 이상의 유효한 입찰로 성립한다. 유효한 입찰자가 1인분인 경우에는 유찰되어 재공고 입찰을 진행해야 한다.

정답 05 ③ 06 ③ 07 ④ 08 ③ 09 ④ 10 ②

11

입찰설명회에서 질의응답 과정 중 입찰공고 내용에 중대한 변경이 필요한 사항이 발생한 경우, 수요기관이 취해야 할 조치로 옳은 것은?

① 설명회 참석자에게만 구두로 변경사항을 안내한다.
② 공고 내용을 정정하거나 보완하여 다시 공고한다.
③ 변경사항 없이 기존 공고대로 입찰을 진행한다.
④ 해당 입찰을 취소하고 새로운 입찰을 공고한다.

해설

질의응답 과정에서 입찰공고의 내용에 중대한 변경이 필요한 사항이 발생하면, 수요기관은 공고 내용을 정정하거나 보완하여 다시 공고해야 한다. 이는 모든 참가자에게 공평한 기회를 보장하기 위한 필수적인 절차이다.

12

다음 중 공동수급협정서에 반드시 포함되어야 하는 사항이 아닌 것은?

① 공동수급체의 명칭 및 구성원 정보
② 대표자(대표사) 선정
③ 각 구성원의 과거 3년간 매출액
④ 출자비율 또는 분담 내용

해설

공동수급협정서에는 공동수급체 명칭, 구성원 정보, 대표자 선정, 출자비율 또는 분담 내용, 이행 방법, 권리·의무 관계 등이 포함되어야 한다. 과거 매출액은 필수 기재사항이 아니다.

13

전자입찰에서 입찰보증금 납부이행각서를 제출하지 않고 입찰서만 제출한 경우에 대한 설명으로 옳은 것은?

① 입찰서가 유효하므로 낙찰 대상에 포함된다.
② 입찰보증금 미납에 해당하여 입찰이 무효 처리된다.
③ 개찰 후 보증금을 추가 납부하면 유효한 입찰로 인정된다.
④ 발주기관의 재량에 따라 유효 여부가 결정된다.

해설

대법원 판례에 따르면 전자입찰에서 입찰보증금 납부이행각서의 제출은 입찰보증금의 납부에 갈음하는 것으로서, 이를 제출하지 않은 입찰은 '입찰보증금을 납부하지 아니하고 한 입찰'에 해당하여 무효이다.

14

입찰 준비 시 식별해야 할 핵심 정보 중 '계약·법적 측면'에 해당하는 것은?

① 요구되는 기술 사양 및 성능 수준
② 사업 기간 및 상세 일정
③ 지체상금률 및 하자보수 책임
④ 평가 항목 및 배점

해설

지체상금률 및 하자보수 책임은 계약·법적 측면에 해당하는 핵심 식별 정보이다. ①은 기술적 측면, ②는 사업관리 측면, ④는 평가 측면에 해당한다.

15

복수예비가격 방식에 의한 예정가격 결정 절차를 순서대로 바르게 나열한 것은?

> ㄱ. 가장 많이 추첨된 4개의 예비가격을 산술평균
> ㄴ. 기초금액의 ±2% 범위 내에서 15개 예비가격 생성
> ㄷ. 기초금액 공개
> ㄹ. 입찰참여 업체가 2개씩 예비가격 번호 추첨

① ㄷ → ㄴ → ㄹ → ㄱ   ② ㄴ → ㄷ → ㄹ → ㄱ
③ ㄷ → ㄹ → ㄴ → ㄱ   ④ ㄴ → ㄹ → ㄷ → ㄱ

해설

예정가격 결정 절차는 기초금액 공개(ㄷ) → 15개 복수예비가격 생성(ㄴ) → 업체별 2개 추첨(ㄹ) → 최다 추첨 4개 산술평균(ㄱ)의 순서로 진행된다.

16

다음 중 입찰설명회가 주로 시행되는 경우로 가장 적절한 것은?

① 단순한 물품구매 입찰
② 기술적으로 복잡하지 않은 소규모 용역
③ 기술적 전문성이 요구되는 대규모 공사 입찰
④ 규격이 확정된 표준 물품 입찰

해설

입찰설명회는 단순한 물품구매나 복잡하지 않은 용역에서는 대부분 시행하지 않으며, 기술적 전문성이 요구되는 용역이나 대규모 공사 입찰에서 주로 활용된다.

정답   11 ②   12 ③   13 ②   14 ③   15 ①   16 ③

17

공동이행방식의 공동수급체에 대한 설명으로 옳은 것은?

① 각 구성원이 분담한 부분에 대해서만 책임을 진다.
② 구성원이 공동으로 자본, 인력 등을 투자하여 계약을 이행한다.
③ 대표사의 출자비율에 대한 최소 요건이 없다.
④ 주로 복합 공종 사업에서 활용된다.

해설

공동이행방식은 구성원이 공동으로 자본, 인력 등을 투자하여 계약을 이행하고, 손익도 공동으로 계산하는 방식이다. ①은 분담이행방식, ④는 분담이행방식의 주요 활용 분야이다.

18

다음 중 입찰 무효와 유찰의 차이에 대한 설명으로 옳은 것은?

① 무효는 입찰 성립 후 효력을 잃는 것이고, 유찰은 처음부터 효력이 없는 것이다.
② 무효는 입찰의 성립 요건을 갖추지 못한 것이고, 유찰은 낙찰자를 결정할 수 없는 상태이다.
③ 무효와 유찰은 동일한 개념이다.
④ 유찰된 입찰은 재입찰이 불가능하다.

해설

무효는 법령이나 공고 조건을 갖추지 못하여 입찰이 처음부터 효력이 없는 것이고, 유찰은 입찰은 유효하게 성립했으나 낙찰 조건을 충족하는 업체가 없어 낙찰자를 결정할 수 없는 상태이다. 유찰 시에는 재입찰 또는 재공고 입찰을 진행한다.

19

입찰참가자격 등록사항 중 대표자가 변경되었음에도 나라장터 정보를 갱신하지 않고 입찰에 참여한 경우에 대한 설명으로 옳은 것은?

① 입찰은 유효하나 계약 체결 시 정보를 갱신하면 된다.
② 입찰 무효 사유에 해당한다.
③ 발주기관의 재량에 따라 유효 여부가 결정된다.
④ 과태료 부과 대상이나 입찰은 유효하다.

해설

「국가계약법 시행규칙」 제44조 제5호에 따라 입찰참가자격 등록사항의 변경신고를 하지 않고 입찰서를 제출한 입찰은 무효 사유에 해당한다.

20

제안요청(RFP)에 의한 입찰에서 기술 평가와 가격 평가의 일반적인 비중으로 가장 적절한 것은?

① 기술 3 : 가격 7
② 기술 5 : 가격 5
③ 기술 7 : 가격 3 ~ 기술 9 : 가격 1
④ 기술 1 : 가격 9

해설

제안요청(RFP)에 의한 입찰에서는 제안서 평가(기술 평가)와 가격 평가를 종합하여 낙찰자를 결정하며, 일반적으로 기술 7 : 가격 3에서 기술 9 : 가격 1 수준의 비중으로 기술 평가에 더 높은 가중치를 부여한다.

21

입찰설명회의 일반적인 개최 시기에 대한 설명으로 옳은 것은?

① 입찰공고 당일에 즉시 개최한다.
② 입찰공고 후 7일 내외, 입찰마감일 최소 2주 전에 개최한다.
③ 입찰마감일 3일 전에 개최한다.
④ 개찰일 이후에 개최한다.

해설

입찰설명회는 통상 입찰공고 후 7일 내외에 개최되며, 입찰마감일 최소 2주 전에 진행된다. 이는 공급업체가 공고 내용을 숙지하고 질의사항을 준비할 시간과 설명회 후 제안서를 작성할 충분한 시간을 확보하기 위함이다.

22

다음 중 견적요청(RFQ)에 의한 입찰의 특징으로 옳은 것은?

① 제안서 평가와 가격 평가를 종합하여 낙찰자를 결정한다.
② 가격 비중이 100%로 최저가 투찰자가 낙찰된다.
③ 주로 전문 용역이나 SW사업에 적용된다.
④ 기술적 역량이나 수행 역량을 중점적으로 심사한다.

해설

견적요청(RFQ)은 규격이 확정된 물품·서비스에 대한 가격 견적을 요청하는 것으로, 가격 비중이 100%이며 최저가 투찰자가 낙찰된다. ①과 ③은 제안요청(RFP), ④는 입찰초청(ITB)의 특징이다.

정답 17 ② 18 ② 19 ② 20 ③ 21 ② 22 ②

23

공동수급체의 구성원 중 1인이 입찰참가자격을 갖추지 못한 경우에 대한 설명으로 옳은 것은?

① 해당 구성원만 제외하고 나머지 구성원으로 입찰을 진행할 수 있다.
② 공동수급체 전체의 입찰이 무효 처리될 수 있다.
③ 대표사가 자격을 갖추었으면 유효한 입찰로 인정된다.
④ 자격 미달 구성원의 출자비율만 조정하면 된다.

해설

공동수급체의 모든 구성원은 각각 입찰참가자격을 갖추어야 한다. 한 구성원이라도 자격이 미달되면 공동수급체 전체의 입찰이 무효 처리될 수 있다.

24

「국가계약법 시행규칙」 제44조에 규정된 입찰 무효 사유가 아닌 것은?

① 입찰자의 기명날인이 없는 입찰
② 입찰참가자격 등록사항의 변경신고를 하지 않고 한 입찰
③ 예정가격을 초과하여 투찰한 입찰
④ 담합하거나 타인의 경쟁참가를 방해한 자의 입찰

해설

예정가격을 초과하여 투찰한 입찰은 시행규칙 제44조에 규정된 입찰 무효 사유에 해당하지 않는다. 이는 낙찰 대상에서 제외되는 사유일 뿐이다.

25

다음 사례에서 입찰의 효력에 대한 판단으로 옳은 것은?

> "A사의 대표이사가 아닌 직원 B가 정당한 위임장 없이 A사 명의로 입찰서를 제출하였다."

① 입찰은 유효하며 A사가 낙찰 대상이 된다.
② 직원 B 개인의 입찰로 간주되어 B가 낙찰 대상이 된다.
③ 입찰참가자격이 없는 자가 한 입찰에 해당하여 무효이다.
④ 발주기관이 사후에 위임장을 제출받으면 유효한 입찰로 인정된다.

해설

대법원 판례에 따르면 입찰참가자격은 본인에게만 있으며, 정당한 위임장 없이 대리인이 참가한 입찰은 '입찰참가자격이 없는 자가 한 입찰'에 해당하여 무효이다. 사후에 위임장을 제출하더라도 소급하여 유효한 입찰로 인정되지 않는다.

정답   23 ②   24 ③   25 ③

CHAPTER 03 최종점검 OX 퀴즈

01 입찰공고문에 참석이 의무로 명시된 경우, 현장설명회에 불참하면 입찰참가자격이 상실된다. (○ , ×)

02 입찰설명회에서 구두로 답변받은 내용은 공식적인 효력을 가진다. (○ , ×)

03 제출된 입찰서는 어떤 경우에도 교환, 변경, 취소할 수 없다. (○ , ×)

04 공동수급체를 구성할 경우, 공동수급협정서는 입찰서 제출 시 함께 제출하면 된다. (○ , ×)

05 예정가격은 기초금액과 동일한 금액으로 결정된다. (○ , ×)

06 낙찰하한율보다 낮은 금액으로 투찰하면 적격심사 대상에서 제외된다. (○ , ×)

07 대표자가 변경되었으나 나라장터 정보를 갱신하지 않고 입찰에 참여해도 유효하다. (○ , ×)

08 동일인이 2통의 입찰서를 제출하면, 더 낮은 가격을 제시한 입찰서가 유효하다. (○ , ×)

09 유효한 입찰자가 1인뿐인 경우, 해당 1인이 자동으로 낙찰된다. (○ , ×)

10 입찰보증금을 납부하지 않고 한 입찰은 유찰 사유에 해당한다. (○ , ×)

OX 퀴즈 정답 및 해설

01 ○
현장설명회 참가가 의무인 경우, 불참은 '입찰참가자격이 없는 자가 한 입찰'에 해당하여 입찰 무효 사유이다.

02 ×
공식적인 효력을 갖기 위해서는 질의응답 내용이 문서화되어 모든 참가자에게 공유되어야 한다.

03 ×
중요부분의 명백한 오기를 이유로 개찰현장에서 취소의사를 표시하고 발주기관이 인정하면 예외적으로 취소 가능하다.

04 ×
입찰 마감일 전일 18시까지 사전에 전자적으로 제출해야 한다.

05 ×
예정가격은 기초금액의 ±2%(국가) 또는 ±3%(지방) 범위 내에서 생성된 복수예비가격 중 추첨된 4개를 산술평균하여 결정된다.

06 ○
낙찰하한율은 과도한 저가 투찰 방지를 위한 최저선으로, 이보다 낮게 투찰하면 평가 대상에서 제외된다.

07 ×
등록사항 변경 미신고는 「국가계약법 시행규칙」 제44조 제5호에 따른 입찰 무효 사유에 해당한다.

08 ×
동일인이 2통 이상의 입찰서를 제출하면 2통 모두 무효 처리된다.

09 ×
경쟁입찰은 2인 이상의 유효한 입찰로 성립하므로, 1인만 남은 경우 유찰된다.

10 ×
입찰보증금 미납은 '유찰'이 아니라 '입찰 무효' 사유에 해당한다.

11　입찰설명회는 모든 입찰에서 반드시 시행해야 한다.　(○ , ×)

12　전자입찰에서 마감 시간 이후에도 시스템 오류가 있었다면 입찰서를 제출할 수 있다.　(○ , ×)

13　공동이행방식의 공동수급체 구성원은 각자 분담한 부분에 대해서만 책임을 진다.　(○ , ×)

14　국가계약법 적용 시 복수예비가격은 기초금액의 ±3% 범위 내에서 생성된다.　(○ , ×)

15　담합에 가담한 업체는 입찰 무효 외에 부정당업자 제재, 과징금, 형사처벌 등 다중의 제재를 받을 수 있다.　(○ , ×)

16　입찰서에 기재한 금액의 정정 시 정정날인을 하지 않으면 입찰이 무효가 된다.　(○ , ×)

17　전자입찰에서 입찰보증금 납부이행각서를 제출하지 않아도 입찰서가 유효하다.　(○ , ×)

18　입찰설명회에서 제기된 의견으로 입찰공고문의 내용이 수정될 수 있다.　(○ , ×)

19　정당한 위임장 없이 직원이 대표자 대신 입찰에 참가한 경우 입찰은 유효하다.　(○ , ×)

11　×
입찰설명회는 기술적 전문성이 요구되는 용역이나 대규모 공사 등에서 선택적으로 시행되며, 단순 물품 구매 등에서는 대부분 시행하지 않는다.

12　×
마감 시간 이후에는 어떠한 사유로도 입찰서 제출이 불가능하다.

13　×
공동이행방식의 구성원은 계약 이행에 대해 연대하여 책임을 진다. 분담이행방식이 각자 분담 부분에 대해 책임진다.

14　×
국가계약법 적용 시 ±2%, 지방계약법 적용 시 ±3% 범위 내에서 생성된다.

15　○
담합 행위자는 입찰 무효, 부정당업자 제재(입찰참가자격 제한), 공정거래법상 과징금, 형법상 입찰방해죄 등의 제재를 받을 수 있다.

16　○
「국가계약법 시행규칙」 제44조 제6호에 따라 정정 후 정정날인을 누락한 입찰은 무효 사유에 해당한다.

17　×
대법원 판례에 따르면 납부이행각서 미제출은 입찰보증금 미납에 해당하여 입찰이 무효이다.

18　○
입찰설명회에서 문제점이 발견되면 수요기관은 공고 내용을 정정하거나 보완하여 다시 공고할 수 있다.

19　×
대법원 판례에 따르면 정당한 위임장 없이 대리인이 참가한 입찰은 '입찰참가자격이 없는 자가 한 입찰'에 해당하여 무효이다.

PART 02

20　견적요청(RFQ)에 의한 입찰에서는 가격 비중이 100%이다.　(○ , ×)

21　예정가격은 입찰 공고 시 사전에 공개된다.　(○ , ×)

22　입찰서 제출 후 보낸문서함에서 '전송 중' 상태라면 입찰서가 정상적　(○ , ×)
으로 제출된 것이다.

23　공동수급체의 대표사는 출자비율에 관계없이 자유롭게 선정할 수　(○ , ×)
있다.

24　입찰 무효는 누구의 주장도 필요 없이 처음부터 효력이 없는 것이다.　(○ , ×)

25　낙찰하한율은 모든 조달대상물에 동일하게 적용된다.　(○ , ×)

20 ○
견적요청(RFQ)은 규격이 확정된 물품·서비스에 대한 가격 견적을 요청하는 것으로, 최저가 투찰자가 낙찰된다.

21 ×
예정가격은 개찰 시 복수예비가격 추첨을 통해 결정되며, 사전에 공개되지 않는다.

22 ×
'전송 중' 상태는 입찰서가 아직 도달하지 않은 것이므로, 반드시 '도달' 상태를 확인해야 한다.

23 ×
공동이행방식의 경우 대표사의 출자비율이 일정 비율(통상 30%) 이상이어야 한다.

24 ○
무효는 법률행위가 성립 당초부터 당연히 효력이 없는 것으로, 별도의 주장이나 의사표시 없이도 효력이 발생하지 않는다.

25 ×
낙찰하한율은 조달대상물의 유형(물품, 공사, 용역)과 추정가격 규모에 따라 차등 적용된다.

CHAPTER 03

단원별 핵심정리

암기 필수사항

CHAPTER 03

1. 입찰설명회(현장설명회)는 입찰공고 후 수요기관이 기술적 사양, 과업 배경, 현장 여건 등을 설명하기 위해 개최하는 절차로, 공고문에 참석이 의무로 명시된 경우 불참 시 입찰 무효 사유에 해당함
2. 정보 식별 및 수집: 입찰 준비 시 기술적 측면, 사업관리 측면, 계약/법적 측면, 평가 측면의 정보를 체계적으로 식별하고, 불명확한 부분은 공식 질의 기간 내에 서면으로 질의해야 함
3. 투찰(入札書 提出): 나라장터 전자입찰 시 마감 시간을 엄수하고, 투찰금액을 정확히 입력하며, 제출 후 '보낸문서함'에서 '도달' 상태를 최종 확인해야 함
4. 입찰서 교환·변경·취소 금지: 「국가계약법 시행령」 제39조 제4항에 따라 제출된 입찰서는 원칙적으로 수정이 불가하나, 명백한 오기를 발주기관이 인정하는 경우에 한해 예외적으로 취소할 수 있음
5. 공동수급체: 2개 이상 사업자가 공동으로 입찰에 참여하는 조직으로, 공동이행방식(연대책임)과 분담이행방식(개별책임)이 있으며, 공동수급협정서를 입찰 마감일 전일 18시까지 제출해야 함
6. 예정가격 결정: 기초금액의 ±2%(국가) 또는 ±3%(지방) 범위 내에서 생성된 15개의 복수예비가격 중 가장 많이 추첨된 4개를 산술평균하여 확정함
7. 낙찰하한율: 예정가격 대비 낙찰 가능한 최저 투찰가격의 비율로, 과도한 저가 투찰(덤핑)을 방지하기 위한 제도이며, 이보다 낮게 투찰하면 적격심사 대상에서 제외됨
8. 입찰 무효 사유: 「국가계약법 시행규칙」 제44조에 명시된 9가지 사유(참가자격 미달, 보증금 미납, 2통 이상 제출, 담합 등)에 해당하면 입찰이 처음부터 효력이 없음
9. 담합의 제재: 담합에 가담한 업체는 입찰 무효, 부정당업자 제재(입찰참가자격 제한), 공정거래법상 과징금, 형법상 입찰방해죄 등 다중의 제재를 받음
10. 경쟁입찰 성립 요건: 경쟁입찰은 2인 이상의 유효한 입찰로 성립하며, 유효한 입찰자가 1인뿐이라면 유찰되어 재공고 입찰을 진행해야 함

CHAPTER
04

입찰 · 제안평가

01　입찰 · 제안평가 절차

📖 학습목표
- 경쟁입찰 및 수의계약의 평가 절차를 이해하고 설명할 수 있다.
- 제안서의 정량평가와 정성평가 항목을 구분하고 평가 절차를 설명할 수 있다.

1　경쟁입찰 평가 절차

① 적격심사제

- 적격심사제는 입찰가격 외에 계약이행능력을 함께 심사하여 낙찰자를 결정하는 제도로, 주로 추정가격 고시금액 미만인 공사, 용역, 물품구매 입찰에 적용되며, 최저가 입찰의 덤핑 입찰을 방지하고, 일정 수준 이상의 품질과 계약 이행 능력을 갖춘 업체를 선정하기 위한 제도
- 평가항목은 크게 수행능력 평가와 입찰가격 평가로 나뉘며, 합산 점수가 일정 점수(예 95점) 이상인 최저가 입찰자를 낙찰자로 선정함
- 수행능력 평가는 이행실적, 경영상태, 신인도 등을 종합적으로 평가하며, 이행실적은 유사한 사업을 성공적으로 수행한 경험을 평가하고, 경영상태는 재무건전성과 신용평가등급을, 신인도는 산업재해율, 임금체불 여부 등을 반영함

〈적격심사 평가항목 예시(일반용역)〉

평가 분야	세부 평가항목	배점 한도
수행능력 평가	이행실적	30점
	경영상태	20점
	신인도	10점
입찰가격 평가	입찰가격	40점
합계		100점

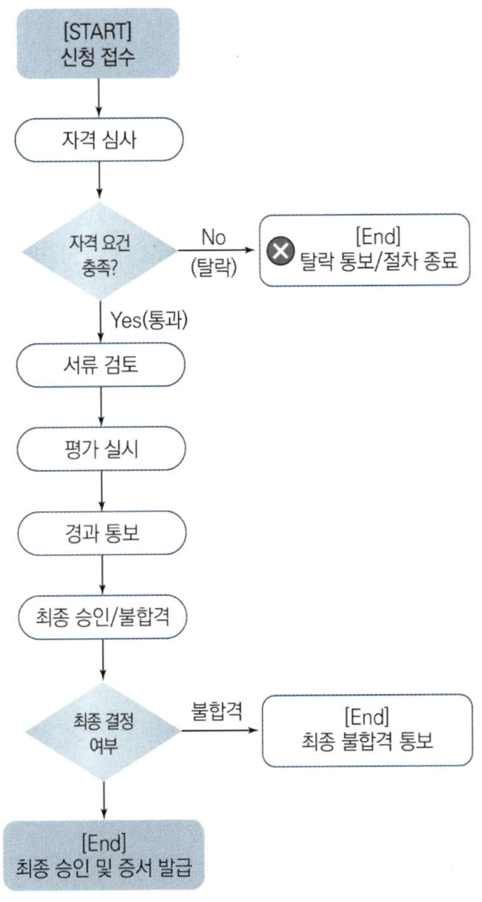

▲ 적격심사제 평가 프로세스 플로우차트

② 종합심사낙찰제

- 종합심사낙찰제는 추정가격 고시금액 이상인 공사 입찰에 적용되는 제도로, 기존 최저가낙찰제의 문제점을 보완하여 2016년 도입되었음
- 입찰가격 외에 공사 수행능력, 사회적 책임, 자재·장비 적정성등을 종합적으로 평가하여 낙찰자를 선정함
- 가격만으로 낙찰자를 결정하던 최저가낙찰제와 달리, 다양한 비가격 요소를 함께 평가하여 부실 공사를 방지하고 우수한 시공 능력을 갖춘 업체를 선정하는 것이 목적

〈종합심사낙찰제 평가항목 예시〉

평가 분야	세부 평가항목	배점 한도
공사 수행능력	시공실적, 기술능력, 경영상태	30점
사회적 책임	하도급 보호, 산업재해 예방, 고용 안정	10점
입찰가격	입찰가격	60점
합계		100점

✓ Check Q&A

종합심사낙찰제에서 입찰가격 외에 함께 평가하는 비가격 요소 2가지를 쓰시오.

정답
공사 수행능력, 사회적 책임

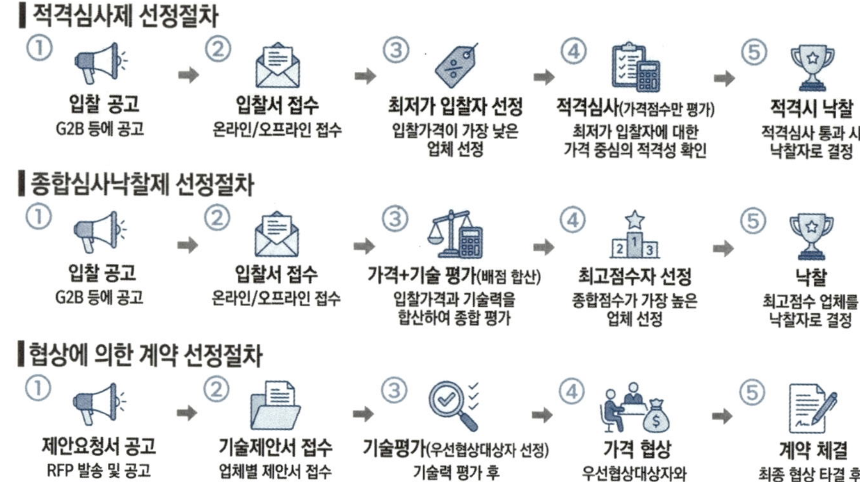

▲ 낙찰자 결정 방식 선정 절차

2 수의계약 평가 절차

- 수의계약은 경쟁입찰을 통하지 않고 임의로 계약상대자를 선정하는 방식으로, 주로 금액이 소액이거나 계약의 목적, 성질상 경쟁이 부적합한 경우에 활용됨
- 1인 견적 수의계약의 경우 별도의 평가는 없으나, 2인 이상 견적을 받는 경우에는 예정가격 이하 최저가격 제출자를 계약상대자로 결정함
- 이때, 기획재정부 계약예규에 따라 예정가격의 88% 이상(지방계약법 90% 이상)으로 견적서를 제출한 자 중에서 최저가격을 제시한 자를 선정하는 등 제한을 두어 과도한 저가 계약을 방지함

3 협상대상자 선정 및 협상 절차

① 협상대상자 선정
  - 기술평가와 가격평가 점수를 합산하여 고득점자 순으로 협상 순서를 정함
  - 1순위 협상대상자와 먼저 협상을 진행하며, 협상이 성립되면 다른 협상대상자와는 협상을 실시하지 않음
  - 1순위 업체와 협상이 결렬되면, 동일한 기준과 절차에 따라 차순위 협상대상자와 협상을 진행함
② 협상 내용
  - 협상의 주요 대상: 제안서 내용, 가격
  - 제안서 내용 협상: 제안서 내용 중 불명확한 부분, 누락된 사항, 수정이 필요한 부분에 대해 협의하며, 수요기관은 제안 내용의 변경을 요구할 수 있고, 이 경우 제안 가격도 조정될 수 있음
  - 가격 협상: 제안 가격이 예정가격(또는 사업예산)을 초과하는 경우, 가격을 조정하기 위한 협상을 진행하며, 가격 협상의 기준은 제안 내용의 가감 범위임

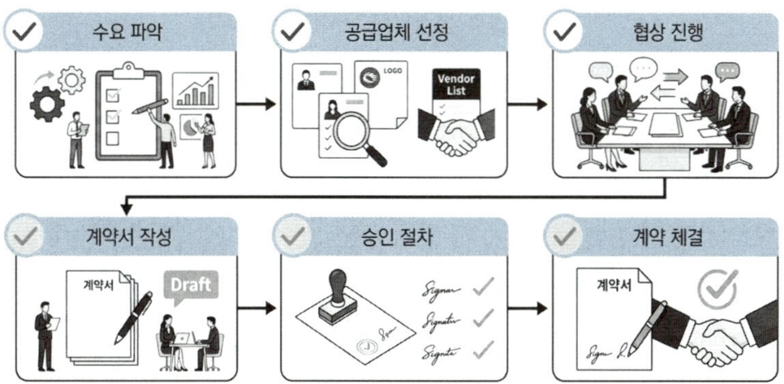

▲ 협상에 의한 계약 절차 개요

③ 협상 결렬 및 재협상
- 협상 기간 내에 협상이 성립되지 않으면 협상은 결렬된 것으로 봄
- 수요기관은 결렬 사유를 명확히 하고, 차순위 협상대상자와 협상을 개시함
- 모든 협상대상자와의 협상이 결렬되면 재공고 입찰에 부칠 수 있음
- 이 과정은 평가의 공정성과 투명성을 확보하기 위해 체계적으로 구성되어 있음

4 제안서 평가 방법

① 평가 절차
- 공공조달에서 제안요청서(RFP)에 따라 제출된 제안서를 평가하는 절차는 계약의 성패를 좌우하는 매우 중요한 과정이며, 특히 협상에 의한 계약 방식에서 제안서 평가는 낙찰자 선정의 핵심 단계로, 기술적 전문성과 공정성이 고도로 요구됨
- 제안서 평가 절차는 크게 제안요청서 작성 → 입찰공고 → 제안서 제출 → 제안서 평가(기술 + 가격) → 협상대상자 선정 → 협상 → 계약 체결의 7단계로 진행되며, 이 중 공급업체의 입장에서 가장 중요한 단계는 제안서 평가와 협상 단계임

〈제안서 평가의 12단계 세부 절차〉

단계	주요 내용	비고
1	평가위원 선정	평가 전일, 조달청 평가위원시스템 등에서 무작위로 선정
2	평가위원 출석 확인	평가 당일, 위원 명단 확인 및 청렴서약서 작성
3	위원장 선출	외부위원 중에서 호선 또는 추첨으로 선출
4	평가회의 개최	평가 개요, 방법, 주의사항 등 전달
5	사업 설명	수요기관 담당자가 사업의 주요 내용과 요구사항 설명
6	평가위원 사전 검토	입찰 규모에 따라 60분 ~ 180분 이상 제안서 검토 시간 부여
7	공급업체 제안 발표	접수 순서 또는 추첨 순서로 발표(업체별 15 ~ 20분 내외)
8	제안서 평가	정량평가(수요기관)와 정성평가(평가위원) 실시
9	평가 결과표 서명	평가위원들이 평가 항목별 점수와 의견을 기재하고 서명
10	가격제안서 평가(개찰)	기술평가 후 가격 개찰 및 정해진 산식에 따라 평가
11	우선협상대상자 선정	기술 + 가격 합산 점수 고득점자 순으로 선정
12	협상 및 계약	1순위 업체부터 순차적으로 협상 후 최종 계약 체결

② 평가 분야 및 배점

- 제안서 평가는 크게 기술능력 평가와 입찰가격 평가로 구분되며, 사업의 특성에 따라 두 분야의 배점 비중이 달라짐. 이는 가격보다는 기술력이 중요한 사업, 또는 그 반대의 경우를 유연하게 반영하기 위함
- 국가계약법적용 시, 기술 : 가격 배점은 70 : 30을 기준으로 최대 ±20점 범위에서 조정 가능함. 예를 들어, 고도의 기술력이 필요한 R&D 사업은 90 : 10으로, 상용화된 솔루션 도입 사업은 60 : 40으로 조정할 수 있음
- 지방계약법적용 시, 기술 : 가격 배점은 80 : 20을 기준으로 최대 ±10점 범위에서 조정 가능함. 국가계약법에 비해 기술의 기본 비중이 높고 조정 범위는 좁음

〈계약 유형별 기술·가격 평가 배점 한도 비교〉

구분	국가계약법(기재부 예규)	지방계약법(행안부 예규)
기준 배점(기술 : 가격)	70 : 30	80 : 20
조정 범위	±20점	±10점
기술 강조형(예시)	90 : 10	90 : 10
균형형(예시)	80 : 20	80 : 20
가격 강조형(예시)	60 : 40	70 : 30

실무톡톡

Q: 기술평가 점수가 아무리 높아도 탈락할 수 있나요?

A: 국가계약법을 적용하는 '협상에 의한 계약'의 경우, 기술능력 평가점수가 해당 분야 배점 한도의 85% 미만이면 가격점수와 상관없이 협상적격자에서 제외됨. 예를 들어, 기술평가 배점이 80점이라면, 최소 68점 이상을 받아야 협상 대상이 될 수 있으며, 이는 최소한의 기술력을 확보하지 못한 업체가 가격만으로 낙찰되는 것을 막기 위한 중요한 안전장치. 따라서 기술평가에서 최소 기준 점수 이상을 획득하는 것이 매우 중요

Check Q&A

국가계약법 적용 '협상에 의한 계약'에서 기술평가 배점이 90점일 경우, 협상적격자가 되기 위한 최소 기술평가 점수는?

정답

76.5점(90점 × 85%)

③ 정량평가와 정성평가
- 기술능력 평가는 다시 정량적 평가와 정성적 평가로 구분되며, 이는 평가의 객관성과 전문성을 동시에 확보하기 위한 장치
- 정량평가는 수행실적, 경영상태(재무비율, 신용등급), 신인도(인증, 수상) 등 객관적인 자료와 증빙서류를 바탕으로 정해진 기준에 따라 점수를 산정하는 방식으로, 평가자(주로 수요기관 계약담당자)의 주관이 개입될 여지가 거의 없으며, 입찰참가업체는 공고된 기준에 따라 사전에 자신의 점수를 예측할 수 있음. 조달청 기준에 따르면 정량평가의 총 배점은 20점을 초과할 수 없음
- 정성평가는 사업 이해도, 기술 및 기능, 성능, 사업관리 방안 등 제안서의 내용을 평가위원들이 전문성과 경험을 바탕으로 주관적으로 평가하는 방식으로, 평가의 공정성을 위해 외부 전문가가 다수 포함된 평가위원회에서 수행하며, 제안의 논리성, 구체성, 실현가능성 등이 주요 평가 요소가 됨

④ 기술능력 평가항목: 기술능력 평가항목은 사업의 특성을 고려하여 구성되며, 특정 항목의 배점이 30점을 초과할 수 없음. 이는 특정 항목에 의해 평가 결과가 왜곡되는 것을 방지하기 위함

〈기술능력 평가 주요 항목 예시(SW사업)〉

평가 분야	세부 평가항목	주요 평가요소	평가 방식
정량적 평가	참여인력 기술상태	기술자 등급, 경력	정량
	수행실적	유사 사업 수행 경험	정량
	경영상태	신용평가등급	정량
	상호협력	중소기업 참여, 공동수급체 구성	정량
정성적 평가	전략 및 방법론	사업 이해도, 추진전략, 적용기술	정성
	기술 및 기능	시스템 기능, 성능, 품질, 보안	정성
	사업관리	일정, 인력, 위험, 품질 관리 방안	정성
	사업수행 지원	교육, 기술, 하자보수 지원 방안	정성

⑤ 가격제안서 평가
- 기술제안서 평가가 완료된 후, 가격제안서를 개찰하여 평가하며, 가격평가는 최저가 입찰이 아닌, 정해진 산식에 따라 점수화됨
- 입찰가격이 예정가격의 80% 이상인 경우, [가격평가 배점한도 × (최저입찰가격 ÷ 해당 입찰가격)] 산식으로 점수를 계산하며, 이는 과도한 저가 투찰을 방지하고 기술력 있는 업체가 적정 대가를 받을 수 있도록 하기 위함
- 입찰가격이 예정가격의 80% 미만인 경우, 80%에 해당하는 가격으로 계산함(예 예정가격 100억, 입찰가 70억 → 80억으로 간주하여 평가)

5 제안 발표 전략

① 제안 발표의 중요성
- 제안 발표는 제안서의 핵심내용을 평가위원에게 직접 전달하고, 질의응답을 통해 제안의 우수성을 어필할 수 있는 유일한 기회
- 제안 발표는 통상 업체당 15분, 질의응답 5~10분으로 구성됨
- 사업책임자(PM)가 발표하는 것이 원칙이며, 사업에 대한 이해도와 수행 의지를 동시에 보여줄 수 있음

② 효과적인 제안 발표 전략
- 두괄식 구성: 핵심 메시지를 먼저 제시하고 세부 내용을 설명하는 방식으로, 제한된 시간 내에 평가위원의 이해를 도움
- 시각 자료 활용: 도표, 다이어그램, 인포그래픽 등을 적극 활용하여 복잡한 내용을 직관적으로 전달
- 차별화 포인트 강조: 경쟁업체와 구별되는 자사만의 강점을 명확히 제시
- 예상 질문 대비: 평가위원이 할 수 있는 질문을 미리 준비하고, 간결하고 정확한 답변 연습

02 평가위원회 및 이해충돌

📖 **학습목표**
- 제안서 평가위원회의 구성 및 운영 방법을 이해하고 설명할 수 있다.
- 이해상충 평가위원의 제척·기피·회피 제도를 구분하고 설명할 수 있다.
- 평가위원 사전접촉 금지 및 공정 평가 기준을 설명할 수 있다.

1 평가위원회 구성 및 운영

① 평가위원의 자격 요건: 평가위원은 해당 사업 분야에 대한 전문적 지식과 경험을 갖춘 자로 선정해야 함. 주요 자격 요건으로는 대학교수, 기술사, 박사 학위 소지자, 연구원, 해당 분야 10년 이상 실무경력자 등이 있으며, 조달청은 전문가 인력풀을 운영하여 사업 분야별로 적합한 평가위원을 선정할 수 있도록 지원하고 있음

〈평가위원 자격 요건 예시〉

구분	자격 요건	비고
대학교수	해당 분야 전임교원 이상	외부위원
기술사	해당 분야 기술사 자격 소지자	외부위원
연구원	국공립 연구기관 소속 연구원	외부위원
실무경력자	해당 분야 10년 이상 경력	외부 또는 내부위원
내부 전문가	수요기관 소속 담당자	내부위원 (1/3 이하)

② 평가위원회의 의의와 중요성
- 제안서 평가는 객관적인 정량평가와 함께 평가위원의 전문성에 기반한 정성평가가 포함되므로, 평가 과정의 공정성과 신뢰성 확보가 무엇보다 중요함
- 이를 위해 수요기관은 관련 분야의 내·외부 전문가로 구성된 '제안서 평가위원회'를 구성하여 평가를 진행하며, 평가위원회의 공정한 운영은 전체 조달 과정의 투명성을 담보하는 핵심 요소

③ 평가위원회 구성 기준
- 평가위원회는 사업 규모에 따라 적정 인원으로 구성하며, 조달청 기준으로 추정가격 50억원 미만은 5명 이상, 50억원 이상은 9명 이상으로 구성함
- 평가의 공정성을 위해 위원의 3분의 2 이상을 해당 기관 외부의 전문가로 구성하여야 함
- 위원장은 외부위원 중에서 호선 또는 추첨으로 선출하며, 예비위원을 2 ~ 3명 선정하여 불참 시 대체할 수 있도록 함

〈사업 규모별 평가위원회 구성 기준(조달청)〉

추정가격	평가위원 수	외부위원 비율	예비위원
10억원 미만	5명 이상	2/3 이상	2명
10억원 ~ 50억원	7명 이상	2/3 이상	2 ~ 3명
50억원 이상	9명 이상	2/3 이상	3명

법조문 돋보기

「국가를 당사자로 하는 계약에 관한 법률 시행령」 제8조(제안서평가위원회)
▶ 각 중앙관서의 장 또는 계약담당공무원은 제안서를 평가하기 위하여 제안서평가위원회를 구성·운영하여야 함. 이 경우 평가의 공정성을 위하여 위원의 3분의 2 이상을 해당 기관 외부의 전문가로 구성하여야 함

④ 평가위원 선정 및 운영 절차
- 평가위원은 평가 전일에 조달청 평가위원시스템 등에서 무작위로 선정하는 것을 원칙으로 하며, 선정된 평가위원 명단은 평가 시작 30분 전에 공개하여 사전 접촉을 원천적으로 차단함
- 평가 당일, 평가위원은 출석 확인 후 청렴서약서를 작성하여 이해충돌 관계가 없음을 확인하고, 평가 종료 후 평가위원들은 평가 결과표에 서명하여 평가 과정에서 알게 된 모든 정보에 대해 비밀유지 의무를 가짐

2 평가위원의 제척·기피·회피

① 이해충돌 방지 제도의 의의: 평가위원이 특정 입찰참가업체와 이해관계가 있을 경우 평가의 공정성을 기대하기 어려우므로, 이를 방지하기 위해 제척·기피·회피라는 이해충돌 방지 제도를 운영하고 있으며, 평가 과정의 투명성과 결과의 신뢰성을 확보하기 위한 최소한의 제도적 장치

● plus

기관별 평가위원회 구성 기준 비교
- 국가기관(기재부 소관)은 추정가격 1억원 미만 5명, 1억원 이상 7명 이상이며, 지방자치단체(행안부 소관)는 금액과 무관하게 7 ~ 10명으로 구성함
- 조달청은 사업 규모에 따라 세분화하여 운영함

● plus

'평가위원은 어떻게 제안서를 검토할까?'
- 평가위원에게는 다수의 제안서를 검토할 시간이 제한적으로 주어짐(100억원 이상 사업도 180분 이상). 따라서, 평가위원은 평가 항목별 배점이 높은 핵심 항목을 중심으로 제안서를 검토하게 됨
- 공급업체는 제안서 작성 시, 평가위원이 짧은 시간 안에 제안의 핵심 강점을 파악할 수 있도록 도표, 다이어그램 등 시각 자료를 적극 활용하고, 두괄식으로 내용을 구성하는 것이 효과적임
- 또한, 평가위원이 쉽게 이해할 수 있도록 전문 용어 사용을 지양하고 평이한 언어로 작성하는 것이 좋음

② 제척(Recusal): 법률에서 정한 특정 사유에 해당하는 위원을 당연히 평가에서 배제하는 제도로, 위원 본인이나 수요기관의 의사와 관계없이 법적 요건에 해당하면 자동적으로 배제됨

「조달청 협상에 의한 계약 제안서평가 세부기준」 제5조(평가위원의 제척 및 회피)
▶ 다음 각 호의 어느 하나에 해당하는 평가위원은 해당 사업의 평가에서 제척됨
1. 위원 또는 그 배우자나 배우자이었던 사람이 평가대상업체의 임직원이거나 임직원이었던 경우
2. 위원이 평가대상업체의 임직원과 「민법」 제777조에 따른 친족관계에 있는 경우
3. 위원이 최근 3년 이내에 해당 평가대상업체에 재직한 경우
4. 위원이 해당 평가대상업체로부터 자문, 연구, 용역 등을 수행한 경우
5. 그 밖에 위원이 평가대상업체와 이해관계가 있다고 인정되는 경우

③ 기피(Challenge) 및 회피(Avoidance)
- 기피는 입찰참가업체가 특정 평가위원이 불공정한 평가를 할 우려가 있다고 판단될 때, 해당 위원을 평가에서 제외해달라고 요청하는 권리로, 기피 신청이 접수되면 위원장은 해당 위원의 의견을 듣고 기피 여부를 결정함
- 회피는 평가위원 스스로가 제척 사유에 해당하거나 공정한 평가를 수행하기 어렵다고 판단될 때, 자발적으로 평가를 포기하는 것으로, 평가위원은 평가 시작 전 청렴서약서를 통해 이해충돌 여부를 밝히고 스스로 회피해야 할 의무가 있음

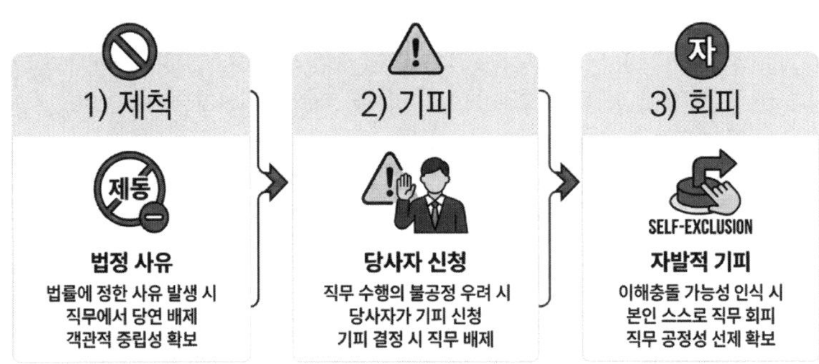

▲ 이해충돌 방지 제도(제척 · 기피 · 회피) 개념도

3 공정 평가 기준

① 평가위원 사전접촉 금지 및 처벌
- 입찰참가업체가 평가위원에게 사전접촉하여 자사에 유리한 영향을 미치려는 행위는 평가의 공정성을 심각하게 훼손하는 행위이며, 이는 입찰방해 행위로 간주되어 부정당업자 제재 등 강력한 처벌을 받을 수 있음
- 조달청은 사전접촉 행위가 적발될 경우 해당 입찰에서 해당 업체를 배제하고, 평가위원 역시 영구적으로 위원 자격을 박탈하는 등 엄격하게 관리하고 있음

평가위원 기피 신청 사례
- A업체는 평가위원 중 1명이 경쟁업체 B사의 자문역을 수행한 사실을 확인하고 기피 신청을 제출하였음
- 위원장은 해당 위원의 의견을 듣고 사실관계를 확인한 결과, 기피 신청을 받아들여 해당 위원을 평가에서 배제하고 예비위원으로 교체하였음
- 이처럼 기피 신청은 구체적인 사유와 증거가 있을 때 효과적임

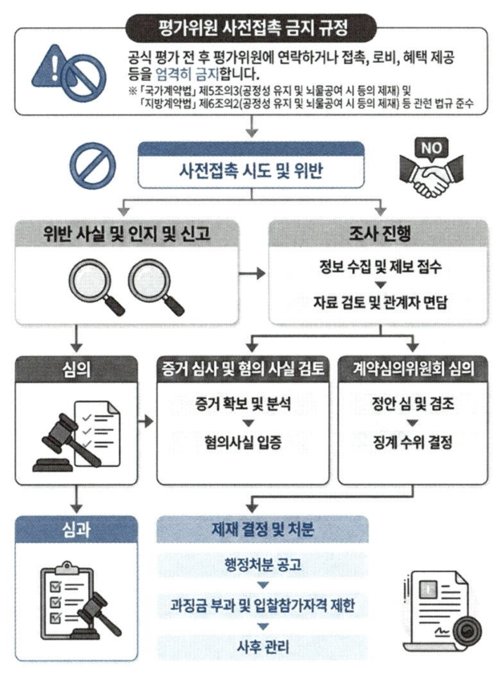

▲ 평가위원 사전접촉 금지 및 제재 절차도

② 평가 결과 이의신청

- 평가 결과에 이의가 있는 업체는 정해진 기간과 절차에 따라 이의신청을 할 수 있음. 다만, 이의신청은 평가위원의 평가점수 자체보다는 명백한 법령 위반, 평가 오류, 계산 착오 등 절차상의 하자가 있을 경우에만 받아들여짐
- 평가위원의 전문적 판단에 기초한 정성평가 점수에 대한 이의는 대부분 기각됨

③ 평가점수 산정의 공정성 확보

- 평가위원의 주관이 개입되는 정성평가에서 특정 업체에 점수가 편중되는 것을 막기 위해, 평가위원별 평가점수 중 최고점수와 최저점수를 각 1개씩 제외하고 나머지 점수를 산술평균하여 최종 점수를 산정함(최고/최저점이 2개 이상인 경우 1개씩만 제외)
- 또한, 평가 대상 업체 수에 따라 평가 방식을 달리하여 평가 왜곡을 방지하기도 함. 예를 들어, 소수 업체만 참여한 경우 점수 편차를 제한하고, 다수 업체가 참여한 경우 상/중/하 그룹으로 나누어 평가하는 방식을 사용함

④ 동점자 처리 기준: 기술평가와 가격평가 합산 점수가 동일한 업체가 발생할 경우, 다음의 순서에 따라 우선순위를 결정함

〈동점자 처리 우선순위〉

순위	판단 기준	설명
1순위	기술평가 점수 고득점자	기술력이 더 우수한 업체 우선
2순위	배점이 큰 항목의 점수 고득점자	중요 평가항목에서 더 높은 점수를 받은 업체
3순위	추첨	위 기준으로도 구분이 안 될 때 최후의 수단

CHAPTER 04

단원별 핵심문제

01

다음 중 '협상에 의한 계약'의 제안서 평가 절차를 가장 올바르게 나열한 것은?

① 입찰공고 → 제안서 평가 → 제안서 제출 → 협상 → 계약 체결
② 제안서 제출 → 입찰공고 → 제안서 평가 → 협상 → 계약 체결
③ 입찰공고 → 제안서 제출 → 제안서 평가 → 협상 → 계약 체결
④ 제안서 제출 → 제안서 평가 → 입찰공고 → 협상 → 계약 체결

해설

협상에 의한 계약은 수요기관이 입찰공고를 하면 공급업체가 제안서를 제출하고, 수요기관은 제출된 제안서를 평가(기술 + 가격)하여 협상대상자를 선정한 후 협상을 통해 최종 계약을 체결하는 순서로 진행된다.

02

국가계약법령에 따른 '협상에 의한 계약'에서 기술능력 평가와 입찰가격 평가의 기본 배점 한도로 옳은 것은?

① 기술 80점, 가격 20점
② 기술 70점, 가격 30점
③ 기술 90점, 가격 10점
④ 기술 60점, 가격 40점

해설

국가를 당사자로 하는 계약에 관한 법률 시행규칙에 따라, 협상에 의한 계약의 경우 기술능력 평가와 입찰가격 평가의 배점 한도는 각각 70%와 30%를 기준으로 하되, 사업의 특성에 따라 ±20% 범위에서 조정할 수 있다.

03

제안서의 기술능력 평가 중, 객관적인 증빙자료를 바탕으로 평가하는 분야는 무엇인가?

① 정성적 평가
② 정량적 평가
③ 상대 평가
④ 절대 평가

해설

정량적 평가는 수행실적, 경영상태, 신인도 등 객관적인 자료와 증빙서류를 바탕으로 정해진 기준에 따라 점수를 산정하는 방식이다.

04

국가계약법령상 '협상에 의한 계약'에서 협상적격자가 되기 위한 기술능력 평가점수 기준으로 옳은 것은?

① 해당 분야 배점 한도의 70% 이상
② 해당 분야 배점 한도의 80% 이상
③ 해당 분야 배점 한도의 85% 이상
④ 해당 분야 배점 한도의 90% 이상

해설

기획재정부 계약예규 「협상에 의한 계약체결기준」에 따라, 기술능력 평가점수가 해당 분야 배점 한도의 85% 이상인 자를 협상적격자로 선정한다. 이 기준을 통과하지 못하면 가격점수와 무관하게 협상 대상에서 제외된다.

05

다음 중 정량평가 항목으로 보기 어려운 것은?

① 업체의 재무상태
② 유사 사업 수행 실적
③ 사업 추진 전략의 타당성
④ 보유 기술 인력의 등급

해설

사업 추진 전략의 타당성은 평가위원의 전문적 지식과 경험에 기반한 주관적 판단이 필요한 정성평가 항목이다.

정답   01 ③   02 ②   03 ②   04 ③   05 ③

06

다음 중 제안서 평가위원회의 구성에 대한 설명으로 옳지 않은 것은?

① 사업의 규모와 전문성을 고려하여 구성한다.
② 위원 중 과반수는 반드시 외부 전문가로 구성해야 한다.
③ 위원장은 반드시 수요기관의 내부위원이 맡아야 한다.
④ 조달청의 경우 추정가격 50억원 이상 사업은 9명 이상으로 구성한다.

해설

평가의 공정성과 객관성을 확보하기 위해 위원장은 외부 평가위원 중에서 호선 또는 추첨으로 선출하는 것을 원칙으로 한다.

07

다음 중 평가위원이 법률상 당연히 평가에서 배제되는 제도는?

① 기피
② 회피
③ 제척
④ 위촉

해설

제척은 법률에서 정한 특정 사유(친족 관계, 재직 경력 등)에 해당하는 위원을 당연히 평가에서 배제하는 제도이다.

08

입찰참가업체가 특정 평가위원이 불공정한 평가를 할 우려가 있다고 판단하여 평가에서 제외해달라고 요청하는 권리는?

① 제척
② 기피
③ 회피
④ 거부

해설

기피는 입찰참가업체가 특정 평가위원에게 공정한 평가를 기대하기 어려운 사정이 있을 때 해당 위원의 배제를 신청하는 제도이다.

09

제안서 평가 시, 평가위원 스스로 공정한 평가가 어렵다고 판단하여 평가를 포기하는 행위는?

① 제척
② 기피
③ 회피
④ 사퇴

해설

회피는 평가위원 스스로 제척 사유에 해당하거나 공정한 직무 수행이 어렵다고 판단될 때 자발적으로 평가를 포기하는 행위이다.

10

평가위원 명단이 평가 시작 30분 전에 공개되는 주된 이유는 무엇인가?

① 평가위원의 신변 보호
② 평가의 공정성 확보 및 사전접촉 방지
③ 평가의 신속한 진행
④ 입찰참가업체의 편의 제공

해설

평가위원과 입찰참가업체 간의 사전접촉을 원천적으로 차단하여 평가의 공정성을 확보하기 위함이다.

11

지방계약법령에 따른 협상에 의한 계약에서 기술능력 평가와 입찰가격 평가의 기본 배점 한도로 옳은 것은?

① 기술 70점, 가격 30점
② 기술 80점, 가격 20점
③ 기술 90점, 가격 10점
④ 기술 60점, 가격 40점

해설

지방계약법령에서는 기술 : 가격 배점을 80 : 20을 기준으로 하며, ±10점 범위에서 조정할 수 있다.

12

가격평가 산식에서 최저입찰가격을 분자에 두는 이유는 무엇인가?

① 저가 투찰 유도
② 과도한 저가 투찰 방지
③ 계산의 단순화
④ 기술력 높은 업체 우대

해설

가격평가 산식은 낮은 가격을 제시할수록 높은 점수를 받도록 설계되어 있지만, 최저입찰가격을 기준으로 나누어 줌으로써 가격 하락에 따른 점수 상승 폭을 제한하여 과도한 저가 경쟁을 방지하는 역할을 한다.

정답   06 ③   07 ③   08 ②   09 ③   10 ②   11 ②   12 ②

13

다음 중 평가위원이 제척되는 사유에 해당하지 않는 것은?

① 위원이 평가 대상 업체의 경쟁사에 재직 중인 경우
② 위원이 평가 대상 업체의 임직원과 친족 관계인 경우
③ 위원이 최근 3년 이내에 평가 대상 업체에 재직한 경우
④ 위원이 해당 평가 용역과 관련하여 자문을 수행한 경우

해설

경쟁사에 재직 중인 것은 직접적인 이해관계로 보기 어려워 제척 사유에 해당하지 않는다. 다만, 공정한 평가가 어렵다고 판단되면 기피 신청의 대상이 되거나 스스로 회피할 수는 있다.

14

제안서 발표에 정당한 사유 없이 불참했을 경우 받게 되는 불이익으로 옳지 않은 것은?

① 제출된 제안서만으로 서면 평가를 받는다.
② 평가 규정에 따라 감점 처리될 수 있다.
③ 즉시 입찰 무효 처리된다.
④ 질의응답을 통해 제안의 우수성을 어필할 기회를 잃는다.

해설

제안 발표 불참 시 불이익은 있지만, 즉시 입찰 무효 사유가 되는 것은 아니다. 서면 평가 및 감점 처리 등의 불이익을 받게 된다.

15

평가점수 집계 시 최고점수와 최저점수가 각각 2개 이상일 경우 어떻게 처리하는가?

① 모두 제외한다.
② 모두 포함하여 평균을 낸다.
③ 각각 1개씩만 제외한다.
④ 위원장이 임의로 1개씩 선택하여 제외한다.

해설

최고점수 또는 최저점수가 2개 이상이라도 각각 1개씩만 제외하고 나머지 점수를 산술평균한다.

16

다음 중 제안서 평가위원회의 역할로 가장 거리가 먼 것은?

① 정성적 항목 평가
② 제안 내용의 기술적 검토
③ 입찰 가격의 적정성 심사
④ 제안 발표 청취 및 질의응답

해설

입찰 가격의 적정성 심사(가격평가)는 정해진 산식에 따라 계약담당자가 수행하며, 평가위원회의 주된 역할은 제안 내용의 기술적, 전문적 측면을 평가하는 것이다.

17

조달청에서 추정가격 70억원인 SW사업의 제안서 평가위원회를 구성할 때, 최소 위원 수로 옳은 것은?

① 5명　　　　　　② 7명
③ 8명　　　　　　④ 9명

해설

조달청 기준에 따르면 추정가격 50억원 이상인 사업의 경우 최소 9명 이상의 평가위원으로 평가위원회를 구성해야 한다.

18

평가위원이 청렴서약서를 작성하는 가장 주된 이유는?

① 평가 수당 수령
② 평가위원 위촉 동의
③ 이해충돌 관계 사전 확인 및 공정한 평가 약속
④ 제안 내용에 대한 비밀 유지 서약

해설

청렴서약서는 평가위원이 해당 입찰과 어떠한 이해관계도 없으며, 공정하고 청렴하게 평가에 임할 것을 서약하는 문서로, 이해충돌 방지 제도의 핵심적인 부분이다.

정답　　13 ①　14 ③　15 ③　16 ③　17 ④　18 ③

19

기술능력 평가항목 중 특정 항목의 배점 한도는 최대 몇 점을 초과할 수 없는가?

① 20점
② 30점
③ 40점
④ 50점

해설

특정 평가항목의 배점이 지나치게 높아 평가 결과가 왜곡되는 것을 방지하기 위해, 한 항목의 배점은 30점을 초과하여 설정할 수 없다.

20

입찰참가업체가 평가위원에게 사전접촉을 시도한 사실이 발각될 경우 받을 수 있는 제재로 옳지 않은 것은?

① 해당 입찰에서 배제
② 부정당업자 입찰참가자격 제한
③ 평가위원 자격 영구 박탈
④ 과징금 부과

해설

평가위원 자격 박탈은 해당 평가위원에게 가해지는 제재이며, 사전접촉을 시도한 업체에게 가해지는 제재가 아니다.

21

다음 중 정성평가의 특징으로 가장 적절한 것은?

① 객관적 증빙서류로 평가한다.
② 평가위원의 주관적 판단이 배제된다.
③ 제안서의 논리성, 명확성, 설득력이 중요하다.
④ 사전에 점수를 정확히 예측할 수 있다.

해설

정성평가는 평가위원의 전문성과 경험을 바탕으로 제안 내용의 우수성을 주관적으로 평가하는 것이므로, 제안서의 논리성과 설득력이 높은 점수를 받는 데 결정적인 역할을 한다.

22

제안서 평가의 12단계 세부 절차 중 가장 먼저 진행되는 것은?

① 사업 설명
② 평가위원 선정
③ 공급업체 제안 발표
④ 위원장 선출

해설

공정한 평가를 위해 가장 먼저 외부와 차단된 상태에서 평가위원을 선정하는 절차가 진행된다.

23

평가위원이 제안서를 사전 검토하는 시간은 무엇에 따라 차등 부여되는가?

① 평가위원의 경력
② 입찰참가업체의 수
③ 입찰 규모(추정가격)
④ 제안서의 페이지 수

해설

사업의 규모가 클수록 제안 내용이 복잡하고 검토할 분량이 많아지므로, 입찰 규모(추정가격)에 따라 사전 검토 시간을 60분에서 180분 이상까지 차등적으로 부여한다.

24

'협상에 의한 계약'에서 동점자 발생 시 우선순위 결정 방법으로 옳지 않은 것은?

① 기술능력 평가점수가 높은 업체를 우선한다.
② 기술능력 평가항목 중 배점이 큰 항목에서 높은 점수를 얻은 업체를 우선한다.
③ 가격 점수가 높은 업체를 우선한다.
④ 모든 조건이 동일할 경우 추첨으로 결정할 수 있다.

해설

협상에 의한 계약은 기술 중심의 평가 방식이므로, 동점자 처리 시 가격보다는 기술능력 평가 점수를 우선적으로 고려한다.

25

제안서 평가가 완료된 후, 평가점수 집계 시 최고점수와 최저점수를 제외하는 이유로 가장 적절한 것은?

① 평가 시간 단축
② 평가의 공정성 및 신뢰성 확보
③ 평가위원의 부담 경감
④ 계산의 편의성 증대

해설

평가위원 개인의 극단적인 평가(지나치게 높거나 낮은 점수)가 전체 평가 결과에 미치는 영향을 최소화하고, 평가의 공정성과 신뢰성을 확보하기 위해 최고점수와 최저점수를 제외하고 평균을 산정한다.

정답 19 ② 20 ③ 21 ③ 22 ② 23 ③ 24 ③ 25 ②

CHAPTER 04 최종점검 OX 퀴즈

01 협상에 의한 계약에서 기술평가보다 가격평가가 항상 더 중요하다.　(○ , ×)

02 정량평가는 평가위원의 주관적 판단에 따라 점수가 결정된다.　(○ , ×)

03 국가계약법상 기술평가에서 84점을 받으면(배점 100점 만점) 협상적　(○ , ×)
격자가 될 수 없다.

04 평가위원회의 위원장은 반드시 외부 전문가 중에서 선출해야 한다.　(○ , ×)

05 입찰참가업체는 평가 시작 전에 평가위원 명단을 확인할 수 있다.　(○ , ×)

06 평가위원이 평가대상업체에 최근 3년 이내에 재직한 경우, 해당 위원　(○ , ×)
은 평가에서 제척된다.

07 입찰참가업체는 모든 평가위원에 대해 기피 신청을 할 수 있다.　(○ , ×)

08 정성평가 점수는 평가위원들의 점수를 모두 합산하여 평균을 낸다.　(○ , ×)

09 제안서 발표에 불참하면 무조건 탈락 처리된다.　(○ , ×)

---

01 ×
사업의 특성에 따라 기술과 가격의 중요도가 달라진다. 고도의 기술력이 필요한 사업은 기술평가 비중이 90%까지 높아질 수 있다.

02 ×
정량평가는 수행실적, 경영상태 등 객관적 자료에 근거하여 정해진 기준에 따라 평가된다. 주관적 판단이 개입되는 것은 정성평가이다.

03 ○
기술평가 배점 한도의 85% 이상을 득점해야 협상적격자가 되므로, 100점 만점 기준에서 85점 이상을 받아야 한다.

04 ○
평가의 공정성을 위해 위원장은 외부위원 중에서 선출하는 것을 원칙으로 한다.

05 ×
평가위원 명단은 사전접촉을 방지하기 위해 평가 시작 30분 전에 공개된다.

06 ○
이는 법률상 당연 배제 사유인 제척에 해당한다.

07 ×
기피 신청은 공정한 평가를 기대하기 어려운 명백한 사유가 있을 때 가능하며, 무분별한 기피 신청은 받아들여지지 않는다.

08 ×
평가의 공정성을 위해 평가위원별 점수 중 최고점수와 최저점수를 제외하고 산술평균한다.

09 ×
탈락 처리되는 것은 아니지만, 서면평가만으로 진행되고 감점을 받을 수 있어 매우 불리하다.

10　평가위원은 평가가 끝난 후 입찰참가업체와 평가 결과에 대해 논의할 수 있다.　(○ , ×)

11　지방계약법은 국가계약법보다 기술평가의 비중을 더 중요하게 본다.　(○ , ×)

12　가격평가 시 입찰가격이 예정가격의 80% 미만이면 0점 처리된다.　(○ , ×)

13　평가위원으로 선정되면 반드시 평가에 참여해야 할 법적 의무가 있다.　(○ , ×)

14　모든 공공조달 입찰은 제안서 평가를 거쳐야 한다.　(○ , ×)

15　평가위원의 전문성이 부족하다고 판단되면 입찰참가업체가 평가위원을 교체할 수 있다.　(○ , ×)

16　정량평가 항목은 입찰공고에 명시되지 않을 수 있다.　(○ , ×)

17　평가위원장은 평가 점수에 가산점을 줄 수 있는 권한이 있다.　(○ , ×)

10　×
평가위원은 평가 과정에서 알게 된 모든 정보에 대해 비밀을 유지할 의무가 있다.

11　○
지방계약법의 기술 : 가격 기본 배점은 80 : 20으로, 국가계약법의 70 : 30보다 기술 비중이 높다.

12　×
0점 처리되는 것이 아니라, 예정가격의 80%에 해당하는 가격으로 입찰한 것으로 간주하여 점수를 계산한다.

13　×
평가위원은 제척, 기피, 회피 사유에 해당하거나 개인적인 사정이 있을 경우 평가에 불참할 수 있다.

14　×
제안서 평가는 주로 협상에 의한 계약이나 기술평가 대상 공사 등에서 이루어지며, 최저가낙찰제 등 다른 방식도 있다.

15　×
평가위원의 전문성 판단은 수요기관의 권한이며, 입찰참가업체는 위원의 불공정 우려 시 기피 신청만 할 수 있다.

16　×
정량평가는 객관적 기준에 따라 평가되므로, 모든 평가항목과 배점 기준은 입찰공고에 명확히 공개되어야 한다.

17　×
위원장은 평가회의를 공정하게 진행할 의무만 있을 뿐, 평가 점수에 영향을 미칠 수 있는 이떠한 권한도 없다.

18 평가위원은 반드시 해당 분야의 박사 학위 소지자여야 한다.　　　(○ , ×)

19 동점자 발생 시, 추첨을 가장 먼저 고려한다.　　　(○ , ×)

20 평가 결과에 이의가 있을 경우, 언제든지 재심사를 요청할 수 있다.　　　(○ , ×)

21 평가위원의 회피는 강제적인 조치이다.　　　(○ , ×)

22 기술능력평가 배점이 90점인 사업에서 76점을 받으면 협상적격자가 될 수 있다.　　　(○ , ×)

23 평가위원회는 반드시 수요기관 내부 장소에서 개최되어야 한다.　　　(○ , ×)

24 정량평가는 수요기관의 계약담당자가 평가하는 것이 원칙이다.　　　(○ , ×)

25 평가위원이 평가대상업체에 최근 3년 이내에 재직한 경우, 해당 위원은 스스로 평가를 회피해야 한다.　　　(○ , ×)

18 ×
박사 학위 소지자 외에도 기술사, 대학교수, 연구원, 실무경력자 등 다양한 전문가가 평가위원으로 위촉될 수 있다.

19 ×
동점자 발생 시에는 기술평가 점수, 배점이 큰 항목의 점수 순으로 우선순위를 정하며, 추첨은 최후의 수단이다.

20 ×
평가 결과에 대한 이의신청은 정해진 기간과 절차에 따라서만 가능하며, 명백한 법령 위반이나 평가 오류가 없는 한 재심사는 거의 받아들여지지 않는다.

21 ×
회피는 평가위원 스스로 공정한 평가가 어렵다고 판단하여 자발적으로 평가를 포기하는 것이다. 강제적인 조치는 제척이다.

22 ×
배점 한도의 85% 이상을 받아야 하므로, 90점 × 0.85 = 76.5점 이상을 받아야 한다.

23 ×
보안 유지가 가능한 외부 장소에서도 평가위원회는 개최될 수 있다.

24 ○
정량평가는 객관적인 서류를 바탕으로 정해진 기준에 따라 점수를 산정하므로, 통상적으로 수요기관의 계약담당자가 평가를 수행한다.

25 ○
이는 명백한 제척 사유에 해당하며, 평가위원은 청렴서약서에 따라 스스로 평가를 회피할 의무가 있다.

CHAPTER 04

단원별 핵심정리

암기 필수사항

CHAPTER 04

1. 제안서 평가는 기술능력 평가와 '입찰가격 평가'로 구성되며, 협상에 의한 계약의 핵심 단계
2. 국가계약법은 기술 : 가격 비중을 70 : 30(±20), 지방계약법은 80 : 20(±10)을 기준으로 함
3. 기술평가는 객관적 지표 기반의 '정량평가'와 평가위원의 전문적 판단에 따른 '정성평가'로 구분함
4. 국가계약법상 기술평가 점수가 배점 한도의 85% 이상이어야 협상적격자로 선정됨
5. [배점한도 × (최저입찰가 ÷ 해당입찰가)] 산식으로 과도한 저가 투찰을 방지함
6. 평가위원은 5 ~ 10명으로 구성되며, 공정성을 위해 과반수 이상을 외부 전문가로 위촉해야 함
7. 평가위원 명단은 평가 시작 30분 전에 공개하여 사전접촉을 원천적으로 차단함
8. 제척(당연 배제), 기피(업체 요청), 회피(위원 스스로 포기) 제도를 운영함
9. 정성평가에서는 평가위원별 점수 중 최고점수와 최저점수를 제외하고 산술평균하여 극단적 평가를 보정함
10. 제안 발표는 제안서의 핵심 강점을 어필하고 질의응답을 통해 평가에 긍정적 영향을 미칠 수 있는 중요한 기회

낙찰자 결정 및 계약

CHAPTER 05

01　낙찰자 선정 절차

📖 학습목표
- 우선협상대상자 및 기술(규격)적합자 선정 기준을 이해하고 설명할 수 있다.
- 기술협상 및 가격협상 절차를 이해하고 실무에 적용할 수 있다.
- 협상 결렬 시 차순위 협상 진행 절차를 설명할 수 있다.

1 우선협상대상자 및 기술(규격)적합자 선정

① 우선협상대상자의 개념
- 우선협상대상자란 제안서 평가 결과, 기술능력과 가격 점수를 합산하여 가장 높은 점수를 받은 제안사를 의미하며, 수요기관은 이 우선협상대상자와 가장 먼저 계약 조건을 협상할 권리를 가짐
- 협상에 의한 계약에서 우선협상대상자 선정은 매우 중요한 절차이며, 단순히 최저가로 입찰한 자가 아닌, 사업을 가장 성공적으로 수행할 수 있는 능력을 갖춘 업체를 선정하는 데 그 목적이 있음
- 우선협상대상자 선정은 기술 평가와 가격 평가를 종합한 결과에 따르며, 이 과정에서 기술력의 비중이 가격보다 높게 설정되어 있어 기술 중심의 공정한 경쟁을 유도하고 있음

② 선정 기준
- 기술평가 통과: 우선, 제안서의 기술능력 평가점수가 배점 한도의 85% 이상이어야 협상적격자로서 협상 테이블에 앉을 자격이 주어짐(국가계약법 기준)
- 종합평점 1위: 기술평가를 통과한 협상적격자들 중에서 기술능력 평가점수와 입찰가격 평가점수를 합산하여 종합 평점이 가장 높은 제안사를 우선협상대상자로 선정함
- 동점자 처리: 종합평점이 동일한 경우에는 기술능력 평가점수가 높은 자를 우선협상대상자로 선정하며, 기술능력 평가점수도 동일한 경우에는 입찰가격이 낮은 자를 우선함

<기술 및 가격 평가 배점 기준>

구분	국가계약법(기획재정부 예규)	지방계약법(행정안전부 예규)
기본 배점	기술 70 : 가격 30	기술 80 : 가격 20
조정 범위	사업 특성에 따라 ±20점 범위 내 조정 가능 (예 기술 90 : 가격 10)	사업 특성에 따라 ±10점 범위 내 조정 가능 (예 기술 90 : 가격 10)
기술평가 최소 점수	배점 한도의 85% 이상	배점 한도의 85% 이상

법조문 돋보기

「기획재정부 예규「협상에 의한 계약체결기준 제7조(우선협상대상자의 선정)
▶ 각 중앙관서의 장 또는 계약담당공무원은 기술능력평가 결과 기술능력 평가 배점한도의 85퍼센트 이상을 얻은 자를 협상적격자로 함
▶ 협상적격자 중에서 종합평점(기술능력 평가점수 + 입찰가격 평가점수)이 가장 높은 자를 우선협상대상자로 선정함

③ 기술(규격)적합자 선정
• 적격심사제나 최저가낙찰제에서는 '우선협상대상자'가 아닌 기술(규격)적합자를 먼저 선정하며, 이는 입찰 물품이나 용역이 발주기관이 요구한 기술 규격에 부합하는지 여부를 판단하는 절차
• 기술(규격) 적합 판정을 받은 입찰자들만이 가격 평가 단계로 진행할 수 있으며, 부적합 판정을 받은 입찰자는 가격과 관계없이 탈락함

실무톡톡 85%의 벽, 그리고 1순위의 중요성

▶ 아무리 가격을 낮게 써내도 기술 평가점수가 85점(100점 만점 기준)을 넘지 못하면 협상 기회조차 얻지 못하고 탈락함. 많은 기업들이 가격 경쟁에만 몰두하다가 이 '85%의 벽'을 넘지 못해 고배를 마시는 경우가 많음
▶ 또한, 1순위 우선협상대상자와 협상이 결렬되어야만 2순위에게 기회가 돌아가므로, 제안서 작성 단계에서부터 1순위가 되는 것을 목표로 모든 역량을 집중해야 함

2 기술협상 및 가격협상 절차

① 협상 절차 개요
• 협상은 우선협상대상자로 선정된 1순위 업체부터 순차적으로 진행하며, 1순위 업체와 협상이 성립되면 계약을 체결하고, 결렬되면 동일한 방식으로 2순위, 3순위 업체와 차례로 협상을 진행함
• 모든 협상적격자와의 협상이 결렬된 경우에는 해당 입찰을 무효로 하고 재공고 입찰을 실시할 수 있음

✓ Check Q&A

협상에 의한 계약에서 기술능력 평가 점수가 배점 한도의 몇 % 이상이어야 협상적격자가 되는가?

정답
85% 이상

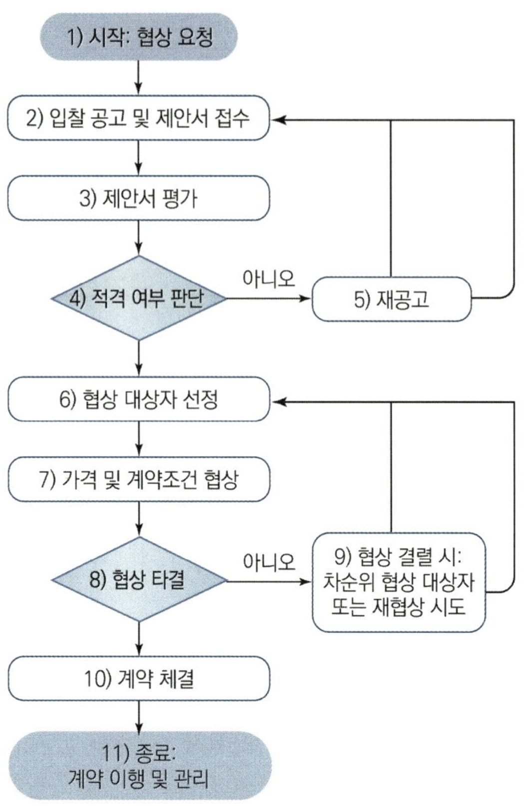

▲ 계약협상 진행 절차 플로우차트

② 기술협상

- 협상 대상: 제안서 평가 과정에서 평가위원들이 보완을 요구했거나, 제안 내용 중 불명확한 부분, 수정이 필요한 부분 등을 중심으로 협상이 이루어짐
- 협상 범위: 제안요청서(RFP)에서 요구한 과업의 범위와 내용을 증감시키는 협상은 원칙적으로 불가능하며, 제안 내용의 본질을 바꾸지 않는 범위 내에서만 수정, 보완, 변경이 가능함
- 협상 방법: 수요기관은 기술협상 시 서면 또는 대면 방식으로 진행할 수 있으며, 협상 과정에서 합의된 내용은 반드시 문서화하여 상호 확인해야 함
- 핵심 전략: 수요기관의 요구사항을 명확히 이해하고, 제안 내용의 강점을 부각하며, 기술적으로 구현 가능한 대안을 제시하는 것이 중요

〈기술협상 주요 항목 및 유의사항〉

협상 항목	주요 내용	유의사항
과업 범위	제안서에 기술된 과업 범위의 명확화	과업 범위의 증감은 원칙적으로 불가
기술 방법론	제안된 기술 방법론의 적정성 검토	발주기관 요구에 부합하는 대안 제시
투입 인력	투입 인력의 자격 및 경력 확인	핵심 인력 교체 시 사전 협의 필요
일정 계획	사업 수행 일정의 현실성 검토	마일스톤별 산출물 명확화
품질 관리	품질 보증 방안의 구체성 확인	검수 기준 및 하자보수 조건 명시

③ 가격협상
- 협상 시점: 기술협상이 완료된 후에 가격협상을 진행하는 것이 원칙이며, 기술협상을 통해 과업 내용이 확정되어야 정확한 가격 산정이 가능하기 때문임
- 기준 가격: 가격협상의 기준이 되는 가격은 해당 사업의 예정가격이며, 우선협상대상자의 제안 가격이 예정가격 이하인 경우, 대부분 그 가격으로 계약이 체결됨
- 가격 조정: 만약 제안 가격이 예정가격을 초과한 경우에는, 예산 범위 내에서 가격을 조정하기 위한 협상을 진행하며, 이 과정에서 사업 범위의 조정 없이 가격만 낮출 것을 요구받는 경우가 많으므로, 최초 제안 가격 산정 시 신중을 기해야 함
- 협상 결렬: 가격협상이 결렬되면, 해당 업체와의 협상은 종료되고 차순위 협상적격자와 새로운 협상을 개시함

④ 협상 결렬 시 차순위 협상 절차
- 1순위 우선협상대상자와의 기술협상 또는 가격협상이 결렬되면, 발주기관은 결렬 사유를 문서로 통보하고 2순위 협상적격자와 새로운 협상을 개시함
- 차순위 협상은 1순위와 동일한 기준과 절차에 따라 진행되며, 1순위 업체와의 협상 내용이나 조건은 차순위 업체에게 공개되지 않음
- 모든 협상적격자와의 협상이 결렬된 경우에는 해당 입찰을 무효로 처리하고, 재공고 입찰을 실시할 수 있음

〈협상 결렬 시 후속 조치〉

상황	후속 조치	비고
1순위 결렬	2순위 협상적격자와 협상 개시	동일 기준·절차 적용
2순위 결렬	3순위 협상적격자와 협상 개시	순차적 진행
전원 결렬	입찰 무효 처리 후 재공고 입찰	입찰조건 재검토 필요
재공고 1인 입찰	수의계약 체결 가능	시행령 제27조

⑤ 수의계약에서의 견적서 평가
- 수의계약은 경쟁입찰에 의하지 않고 특정 업체와 직접 계약을 체결하는 방식으로, 수의계약에서도 적정한 가격 결정을 위해 2인 이상의 견적서를 받아 비교하는 것이 원칙
- 추정가격 2천만원 이하: 1인 견적서로 수의계약이 가능함
- 추정가격 2천만원 초과 5천만원 이하: 2인 이상의 견적서를 받아 비교해야 함
- 긴급 수의계약: 천재지변, 작전상 병력이동 등 긴급한 경우에는 1인 견적서로 수의계약이 가능함

Check Q&A

협상에 의한 계약에서 기술협상과 가격협상 중 어느 것을 먼저 진행해야 하는가?

정답

기술협상을 먼저 진행하고, 과업 내용이 확정된 후에 가격협상을 진행한다.

plus

협상 차수와 협상 기간

기획재정부 예규에 따르면, 협상은 원칙적으로 3회 이내에서 진행하도록 권고하고 있음. 다만, 사업의 특수성 등을 고려하여 발주기관이 필요하다고 판단하면 횟수를 조정할 수 있으며, 협상 기간은 통상 우선협상대상자 선정 통보일로부터 30일 이내로 하되, 양 당사자의 합의에 따라 연장 가능함

Check Q&A

1순위 업체와 기술협상은 합의되었으나 가격협상에서 결렬된 경우, 2순위 업체와는 기술협상부터 다시 시작해야 하는가?

정답

각 협상적격자와의 협상은 독립적으로 진행되므로, 2순위 업체와도 기술협상부터 새롭게 시작해야 한다. 1순위 업체와의 기술협상 결과가 2순위 업체에게 적용되지 않는다.

Check Q&A

수의계약에서 추정가격이 2천만원을 초과하는 경우, 최소 몇 인의 견적서를 받아야 하는가?

정답 2인 이상

〈수의계약 유형별 견적서 요건〉

수의계약 유형	견적서 요건	근거
추정가격 2천만원 이하	1인 견적서 가능	시행령 제30조
추정가격 2천만원 초과	2인 이상 견적서 비교	시행령 제30조
긴급 수의계약	1인 견적서 가능	시행령 제26조
특정 물품·용역	해당 업체 1인 견적서	시행령 제26조

02 낙찰자 결정 방법

📖 학습목표

- 적격심사, 협상에 의한 계약 등 주요 낙찰자 결정 방법을 비교하여 설명할 수 있다.
- 종합심사낙찰제(시설공사)의 절차와 평가 항목을 이해할 수 있다.
- 희망수량경쟁입찰의 낙찰자 결정 방법을 이해할 수 있다.

1 주요 낙찰자 결정 방법 비교

- 공공조달에서는 사업의 종류, 규모, 특성에 따라 다양한 낙찰자 결정 방법을 사용하며, 각 방식의 특징을 이해하고 입찰공고문을 정확히 분석하여 어떤 방식이 적용되는지 파악하는 것이 중요함
- 낙찰자 결정 방법은 크게 가격 중심 방식(최저가낙찰제, 적격심사제)과 기술 중심 방식(협상에 의한 계약), 그리고 종합 평가 방식(종합심사낙찰제)으로 구분할 수 있음

〈주요 낙찰자 결정 방법 비교〉

구분	최저가낙찰제	적격심사낙찰제	협상에 의한 계약	종합심사낙찰제
적용 대상	추정가격 고시금액 이상 물품·용역	추정가격 고시금액 미만인 공사·물품·용역	기술·전문성 요구 용역, SW사업 등	추정가격 300억원 이상 대형 공사
평가 요소	입찰가격만 평가	계약이행능력 + 입찰가격	기술능력 + 입찰가격	공사수행능력 + 입찰가격 + 사회적 책임
낙찰자 결정	예정가격 이하 최저가 입찰자	심사 통과자 중 최저가 입찰자	종합평점 1위와 협상 후 계약	종합심사 점수 최고자
특징	단순·신속	저가 투찰 방지	기술력 중심, 제안 내용 협의	가격 외 종합 평가
장점	예산 절감 효과	기본 자격 검증 가능	우수 기술력 업체 선정	부실 공사 방지
단점	품질 저하 우려	서류 심사 부담	평가 기간 장기화	평가 복잡성

2 적격심사낙찰제

① 개념 및 적용 대상
- 적격심사낙찰제는 최저가 입찰자부터 순서대로 계약이행능력을 심사하여, 일정 기준점 이상을 통과한 최초의 입찰자를 낙찰자로 결정하는 방식
- 추정가격이 고시금액 미만인 공사, 물품, 용역에 적용되며, 공공조달에서 가장 널리 사용되는 낙찰자 결정 방법

② 심사 항목 및 배점
- 적격심사는 가격 부문과 이행능력 부문으로 나뉘어 평가됨
- 심사 결과 합산 점수가 기준점(통상 92점 내외) 이상인 경우 적격으로 판정하며, 최저가 입찰자부터 순서대로 심사하여 최초로 적격 판정을 받은 자를 낙찰자로 결정함

〈적격심사 심사 항목(물품 기준)〉

심사 부문	심사 항목	배점
가격 부문	입찰가격의 적정성	90점
이행능력 부문	납품실적, 경영상태, 기술능력, 신인도 등	10점
합계	100점	

③ 낙찰하한율
- 적격심사제에서는 과도한 저가 투찰을 방지하기 위해 낙찰하한율을 설정하며, 예정가격 대비 일정 비율 이하로 투찰한 업체는 심사 대상에서 제외됨
- 낙찰하한율은 조달대상물의 종류와 추정가격 규모에 따라 차등 적용되며, 이는 저가 수주로 인한 부실 이행을 방지하고, 적정 품질을 확보하기 위한 안전장치

〈조달대상물별 낙찰하한율〉

조달대상물	낙찰하한율
물품	예정가격의 88%
용역	예정가격의 88%
공사(추정가격 10억원 미만)	예정가격의 87.745%
공사(추정가격 10억원 이상 50억원 미만)	예정가격의 87.745%

법조문 돋보기

「국가를 당사자로 하는 계약에 관한 법률 시행규칙」 제44조(적격심사기준)
▶ 적격심사를 할 때에는 입찰가격이 예정가격 이하이면서 낙찰하한율 이상인 자를 심사 대상으로 함. 낙찰하한율 미만으로 입찰한 자는 심사 대상에서 제외함

④ 적격심사제 절차
- (1단계: 입찰서 접수 및 개찰) 전자입찰시스템을 통해 입찰서를 접수하고, 예정가격 이하·낙찰하한율 이상인 유효 입찰자 확인
- (2단계: 최저가 순 정렬) 유효 입찰자를 입찰가격이 낮은 순서대로 정렬
- (3단계: 1순위 심사) 최저가 입찰자의 계약이행능력(납품실적, 경영상태, 기술능력, 신인도 등) 심사
- (4단계: 적격 판정) 가격 부문과 이행능력 부문의 합산 점수가 기준점(통상 92점) 이상이면 적격으로 판정하여 낙찰자로 결정
- (5단계: 부적격 시) 1순위가 부적격이면 2순위 최저가 입찰자를 대상으로 동일한 심사 진행

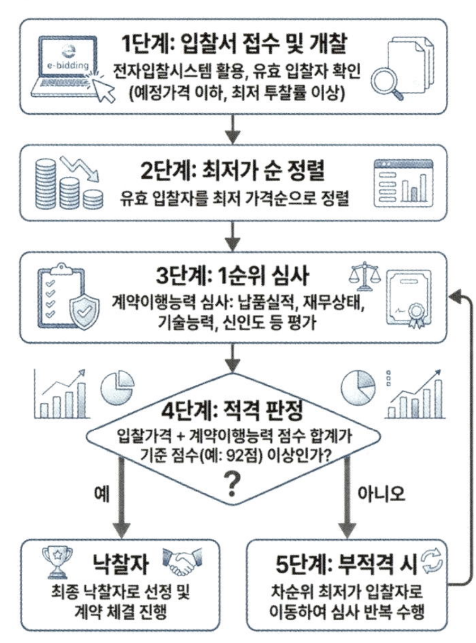

▲ 적격심사낙찰제 절차 플로우차트

③ 종합심사낙찰제(시설공사)

① 도입 배경
- 과거 최저가낙찰제가 과도한 가격 경쟁으로 인한 부실 공사, 안전 문제 등을 유발한다는 비판에 따라, 2016년부터 추정가격 300억원 이상의 대형 공사에 종합심사낙찰제가 도입되었음
- 가격뿐만 아니라 시공 품질, 안전, 사회적 책임 등 다양한 비가격 요소를 종합적으로 평가하여 기술력 있는 우수 기업이 선정될 수 있도록 하는 제도

② 심사 항목 및 배점

심사 부문	세부 항목	배점 비중
입찰가격	가격 점수	30 ~ 60점
공사수행능력	시공경험, 기술능력, 경영상태, 신인도	20 ~ 50점
사회적 책임	고용, 산업안전, 환경, 지역경제 기여 등	10 ~ 20점
합계		100점

③ 심사 절차
- 입찰서 제출: 입찰자는 입찰서와 함께 공사수행능력 자기심사서 제출
- 종합심사: 발주기관은 제출된 서류를 바탕으로 입찰가격 점수, 공사수행능력 점수, 사회적 책임 점수를 합산하여 종합심사 점수 산출
- 낙찰자 결정: 종합심사 점수가 가장 높은 자를 낙찰자로 결정하며, 동점인 경우에는 공사수행능력 점수가 높은 자를 우선함

4 희망수량경쟁입찰

① 개념
- 희망수량경쟁입찰은 다량의 동일 물품을 구매할 때, 여러 공급자로부터 필요한 수량을 나누어 구매하는 방식
- 입찰자는 자신이 공급할 수 있는 희망 수량과 단가를 함께 제출함

② 낙찰자 결정 방법
- 최저가 순 정렬: 예정가격 이하로 입찰한 업체들을 단가가 낮은 순서대로 정렬함
- 수량 누적: 최저가 업체부터 순서대로 희망 수량을 더해가며, 발주기관이 구매하려는 총 수량에 도달할 때까지의 업체들을 모두 낙찰자로 선정함
- 잔여 수량 처리: 마지막 낙찰자의 희망 수량이 잔여 수량보다 많은 경우, 잔여 수량만큼만 계약함

03 입찰결과 분석 및 계약 체결

📖 학습목표
- 입찰 및 낙찰 과정의 오류와 문제점을 분석하는 방법을 이해할 수 있다.
- 분석 결과에 대한 이의제기 절차를 설명할 수 있다.
- 계약 체결 절차와 구비 서류를 이해하고 설명할 수 있다.
- 계약 이행 관련 주요 제도(선금, 대가 지급, 지체상금 등)를 설명할 수 있다.

① 입찰결과 분석의 필요성: 입찰에서 탈락한 경우, 그 원인을 정확히 분석하는 것은 다음 입찰의 성공을 위한 필수 과정으로, 단순히 '이번에는 운이 없었다'고 넘기기보다, 객관적인 데이터를 통해 패배 요인을 분석하고 개선점을 찾아야 함

② 분석 방법

- 평가점수 확인: 나라장터 등 전자조달시스템을 통해 공개된 낙찰업체의 기술 및 가격 평가점수와 자사의 점수를 항목별로 상세히 비교 분석
- 탈락 사유 파악: 어떤 평가 항목에서 점수 차이가 크게 발생했는지, 가격 점수는 적정했는지 등을 파악하여 제안서의 취약점이나 가격 전략의 문제점 도출
- 경쟁사 분석: 낙찰업체의 강점을 분석하고, 자사와의 차이점을 파악하여 향후 경쟁력 강화 방안 수립
- 시장 동향 반영: 해당 분야의 시장 가격 동향, 기술 트렌드 등을 반영하여 다음 입찰 전략 수립

〈입찰결과 분석 체크리스트〉

분석 항목	세부 내용	확인 방법
기술 평가점수	항목별 점수 비교, 취약 항목 도출	나라장터 평가 결과 공개
가격 평가점수	투찰률 적정성, 경쟁사 대비 가격 수준	개찰 결과 확인
참가자격 충족	자격 요건 미달 여부	입찰공고문 재검토
제안서 품질	제안 내용의 구체성, 차별성	내부 평가 및 피드백
입찰 절차	서류 누락, 제출 기한 준수 여부	입찰 이력 확인

2 이의제기 절차

① 이의제기 대상

- 입찰 과정이나 평가 결과에 명백한 오류나 불공정 행위가 있었다고 판단될 경우, 공식적으로 이의를 제기할 수 있음
- 이의제기 가능: 평가 기준의 사전 미공개, 평가위원의 이해충돌, 법령 위반, 명백한 절차상 하자 등
- 이의제기 곤란: 평가위원의 주관적 판단에 따른 정성평가 점수 자체, 예정가격의 적정성 등

② 이의제기 방법

- 국가계약 분쟁조정위원회: 국가계약법에 따른 분쟁조정위원회에 조정을 신청할 수 있으며, 이는 소송보다 신속하고 저렴하게 분쟁을 해결할 수 있는 제도
- 감사원 심사청구: 국가기관의 위법·부당한 처분에 대해 감사원에 심사를 청구할 수 있음
- 행정소송: 위 방법으로 해결되지 않는 경우, 법원에 행정소송을 제기할 수 있음

3 계약 체결 절차 및 구비 서류

① 계약 체결 절차: 낙찰자로 선정되면, 정해진 기한 내에 발주기관과 계약을 체결 해야 함. 정당한 이유 없이 계약을 체결하지 않으면 입찰보증금이 국고로 귀 속되고 부정당업자 제재를 받을 수 있음

단계	주요 내용	비고
1단계	낙찰자 선정 통보	발주기관이 낙찰자에게 공식적으로 통보
2단계	계약서 초안 송부 및 검토	발주기관이 계약서 초안을 보내면, 낙찰자는 내용을 검토
3단계	계약보증금 및 인지세 납부	낙찰자는 계약이행보증을 위한 보증금을 납부
4단계	계약서 날인	양 당사자가 계약서에 기명날인(또는 서명)
5단계	계약 성립	계약서 날인 시점에 계약이 최종 성립

▲ 계약 체결 5단계 프로세스

② 계약서의 필수 기재사항: 계약서에는 계약의 핵심적인 내용을 명확히 담아야 하 며, 법에서 정한 필수 기재사항이 누락되어서는 안 됨

> **법조문 돋보기**
>
> 「국가를 당사자로 하는 계약에 관한 법률」 제11조(계약서의 작성)
> ▶계약을 체결할 때에는 다음 각 호의 사항을 명백히 기재한 계약서를 작성하여야 함
> 1. 계약의 목적
> 2. 계약금액
> 3. 이행기간
> 4. 계약보증금
> 5. 위험부담
> 6. 지체상금(遲滯償金)
> 7. 그 밖에 필요한 사항

> **실무톡톡**
>
> Q: 계약금액이 소액인 경우에도 반드시 계약서를 작성해야 하나요?
> A: 예외가 있으며, 국가계약법상 계약금액이 3,000만원 이하인 경우 등 특정 사유에 해당하면 계약서 작성을 생략할 수 있음. 이 경우, 계약 내용이 담긴 승낙서나 청구서 등으로 계약서를 갈음할 수 있음

③ 계약보증금
- 계약보증금은 계약상대자가 계약을 성실히 이행할 것을 보증하기 위해 납부하는 금액으로, 입찰보증금과는 별개의 개념
- 계약보증금은 계약금액의 10% 이상을 납부해야 하며, 보증보험증권, 이행보증보험증권 등으로 대체할 수 있음

〈입찰보증금과 계약보증금 비교〉

구분	입찰보증금	계약보증금
납부 시점	입찰 참가 시	계약 체결 시
납부 금액	입찰금액의 5% 이상	계약금액의 10% 이상
목적	낙찰자의 계약 체결 이행 보증	계약상대자의 계약 이행 보증
귀속 사유	낙찰 후 계약 미체결 시	계약 불이행 시
반환 시점	계약 체결 후 반환	계약 이행 완료 후 반환

4 계약의 이행

① 선금
- 계약상대자는 계약 이행에 필요한 자금을 미리 지급받는 선금을 신청할 수 있으며, 선금은 계약금액의 70% 범위 내에서 지급이 가능하고, 원활한 사업 착수를 돕는 중요한 제도
- 선금을 지급받은 계약상대자는 선금보증서를 제출해야 하며, 선금은 기성금 지급 시 비율에 따라 정산됨

② 대가 지급
- 계약상대자가 계약 의무를 완료하고 검사에 합격하면, 청구를 받은 날로부터 5일 이내에 대가를 지급받음
- 장기계속계약이나 계속비계약의 경우에는 기성 부분에 대한 기성금을 지급받을 수 있음

③ 지체상금: 정당한 이유 없이 계약 이행을 지체한 경우, 지연된 일수만큼 계약금액의 일정 비율을 지체상금으로 납부해야 함

〈조달대상물별 지체상금률〉

조달대상물	지체상금률(1일당)
공사	계약금액의 0.05%
물품의 제조·구매	계약금액의 0.075%
물품의 수리·가공·대여, 용역	계약금액의 0.075%

④ 계약의 해제·해지
- 계약상대자가 계약 조건을 이행하지 않거나, 계약 이행이 불가능하다고 판단될 경우, 발주기관은 계약을 해제 또는 해지할 수 있음
- 해제는 계약의 효력을 소급하여 소멸시키는 것이고, 해지는 장래에 향하여 계약의 효력을 소멸시키는 것을 의미함

5 계약 변경 및 클레임

① 계약 변경
- 계약 체결 후에도 설계변경, 물가변동, 공기 연장 등의 사유로 계약 내용을 변경해야 하는 경우가 발생하며, 계약 변경은 반드시 서면으로 합의해야 하고 구두 합의는 효력이 없음
- 계약금액 조정: 설계 변경 등으로 공사량이 증감하면 계약금액도 조정됨. 다만, 계약금액의 10%이상 증가하는 설계 변경은 원칙적으로 불가능함
- 물가변동 조정: 계약 체결 후 일정 기간이 경과하고 물가가 3% 이상 변동한 경우, 계약금액을 조정할 수 있음

〈계약 변경 주요 사유〉

변경 사유	내용	조건
설계변경	공사량 증감, 공법 변경 등	계약금액 10% 이내
물가변동	자재비, 노무비 등 변동	3% 이상 변동 시
공기 연장	천재지변, 발주기관 사유 등	정당한 사유 입증
기타 조건 변경	계약 조건의 실질적 변경	양 당사자 합의

② 클레임(Claim)
- 클레임이란 계약 이행 과정에서 발생한 손해나 추가 비용에 대해 계약상대자가 발주기관에 보상을 청구하는 것을 의미함
- 클레임 사유: 발주기관의 설계 오류, 예기치 못한 지반 조건, 법령 변경으로 인한 추가 비용 발생 등이 대표적임
- 클레임 절차: 계약상대자는 클레임 사유 발생 시 지체 없이 발주기관에 서면으로 통지해야 하며, 관련 증빙 자료를 체계적으로 관리해야 함

6 계약 이행 완료 및 검사

① 검사의 종류: 계약상대자가 계약 의무를 완료하면, 발주기관은 검사를 실시하여 계약 내용대로 이행되었는지 확인함

검사 종류	내용	적용 사례
완성검사	계약 이행 완료 후 전체 검사	물품 납품, 공사 준공
중간검사	이행 중간에 실시하는 검사	장기계속공사, 대형 용역
부분검사	일부 분리 가능한 부분의 검사	분할 납품, 기성 부분

② 하자보수
- 계약상대자는 검사 합격 후에도 일정 기간 동안 하자보수의무를 가짐
- 하자보수 기간은 조달대상물의 종류에 따라 상이함
  - 공사: 목적물의 종류에 따라 1년 ~ 10년
  - 물품: 납품 후 통상 6개월 ~ 1년
  - 용역: 용역 완료 후 통상 6개월 ~ 1년

CHAPTER 05 단원별 핵심문제

01

다음 중 '협상에 의한 계약'에서 우선협상대상자 선정 기준으로 가장 올바른 것은?

① 입찰가격이 가장 낮은 자
② 기술능력 평가점수가 가장 높은 자
③ 기술능력 평가점수가 배점 한도의 85% 이상인 자 중에서 종합평점(기술 + 가격)이 가장 높은 자
④ 추첨을 통해 선정된 자

해설

협상에 의한 계약은 기술평가 85% 이상이라는 최소 자격 요건을 통과한 업체들 중에서 기술과 가격을 종합적으로 평가하여 가장 점수가 높은 업체를 우선협상대상자로 선정한다.

02

1순위 우선협상대상자와의 협상이 결렬되었을 때, 발주기관이 가장 먼저 취해야 할 조치는?

① 입찰을 재공고한다.
② 1순위 업체에게 협상 재개를 요청한다.
③ 2순위 협상적격자와 협상을 개시한다.
④ 모든 협상적격자에게 가격을 다시 제출받는다.

해설

선순위 업체와의 협상이 결렬되면, 별도의 절차 없이 차순위 협상적격자와 동일한 기준과 절차에 따라 협상을 진행한다.

03

계약 체결 시 계약서에 반드시 명시하지 않아도 되는 사항은?

① 계약금액
② 이행기간
③ 지체상금
④ 담당 공무원의 연락처

해설

계약의 목적, 계약금액, 이행기간, 계약보증금, 위험부담, 지체상금 등은 법률로 정한 계약서의 필수 기재사항이지만, 담당 공무원의 연락처는 필수 사항이 아니다.

04

계약상대자가 정당한 이유 없이 계약 이행을 지체했을 때 부과하는 손해배상 성격의 금액은 무엇인가?

① 계약보증금
② 입찰보증금
③ 선금
④ 지체상금

해설

지체상금은 계약상 의무를 정해진 기한 내에 이행하지 않았을 때, 그 지연에 대한 페널티로 부과되는 금액이다.

05

다음 중 추정가격 300억원 이상 대형 공사에 주로 적용되는 낙찰자 결정 방식은?

① 적격심사낙찰제
② 최저가낙찰제
③ 종합심사낙찰제
④ 희망수량경쟁입찰

해설

종합심사낙찰제는 과도한 가격 경쟁을 막고 기술력과 사회적 책임 등을 종합적으로 평가하기 위해 대형 공사에 도입된 제도이다.

06

적격심사낙찰제에서 낙찰자를 결정하는 방법으로 올바른 것은?

① 기술평가 점수가 가장 높은 자
② 최저가 입찰자부터 계약이행능력을 심사하여 기준점 이상인 최초 통과자
③ 모든 입찰자를 동시에 심사하여 최고점자
④ 추첨을 통해 결정

해설

적격심사제는 최저가 입찰자부터 순서대로 계약이행능력을 심사하여, 기준점(통상 92점 내외) 이상을 통과한 최초의 입찰자를 낙찰자로 결정한다.

정답　　　01 ③　02 ③　03 ④　04 ④　05 ③　06 ②

07

협상에 의한 계약에서 기술협상과 가격협상의 진행 순서로 올바른 것은?

① 가격협상을 먼저 진행한 후 기술협상을 진행한다.
② 기술협상과 가격협상을 동시에 진행한다.
③ 기술협상을 먼저 진행하고, 과업 내용 확정 후 가격협상을 진행한다.
④ 발주기관이 자유롭게 순서를 정할 수 있다.

해설

기술협상을 통해 과업 내용이 확정되어야 정확한 가격 산정이 가능하므로, 기술협상을 먼저 완료한 후 가격협상을 진행하는 것이 원칙이다.

08

선금에 대한 설명으로 올바르지 않은 것은?

① 계약 이행에 필요한 자금을 미리 지급받는 제도이다.
② 계약금액의 70% 범위 내에서 지급이 가능하다.
③ 선금을 지급받으면 선금보증서를 제출해야 한다.
④ 선금은 계약 완료 후 일시에 정산한다.

해설

선금은 기성금 지급 시 비율에 따라 정산되며, 계약 완료 후 일시에 정산하는 것이 아니다.

09

계약보증금에 대한 설명으로 올바른 것은?

① 입찰참가 시 납부하는 금액이다.
② 계약금액의 5% 이상을 납부해야 한다.
③ 계약금액의 10% 이상을 납부해야 한다.
④ 현금으로만 납부할 수 있다.

해설

계약보증금은 계약 체결 시 계약금액의 10% 이상을 납부해야 하며, 보증보험증권 등으로 대체할 수 있다.

10

희망수량경쟁입찰에서 낙찰자를 결정하는 방법으로 올바른 것은?

① 최고가 입찰자 1인만 선정
② 최저가 입찰자 1인만 선정
③ 최저가 업체부터 희망수량을 누적하여 총 수량에 도달할 때까지 복수 선정
④ 모든 입찰자를 낙찰자로 선정

해설

희망수량경쟁입찰은 최저가 업체부터 순서대로 희망수량을 누적하여, 발주기관이 필요로 하는 총 수량에 도달할 때까지의 업체들을 모두 낙찰자로 선정한다.

11

입찰결과에 대한 이의제기 방법으로 올바르지 않은 것은?

① 국가계약 분쟁조정위원회에 조정 신청
② 감사원에 심사청구
③ 행정소송 제기
④ 평가위원에게 직접 항의

해설

이의제기는 분쟁조정위원회 조정 신청, 감사원 심사청구, 행정소송 등 공식적인 절차를 통해 이루어져야 하며, 평가위원에게 직접 항의하는 것은 적절한 이의제기 방법이 아니다.

12

계약의 해제와 해지에 대한 설명으로 올바른 것은?

① 해제는 장래에 향하여 계약의 효력을 소멸시키는 것이다.
② 해지는 계약의 효력을 소급하여 소멸시키는 것이다.
③ 해제는 계약의 효력을 소급하여 소멸시키고, 해지는 장래에 향하여 효력을 소멸시킨다.
④ 해제와 해지는 동일한 법적 효과를 가진다.

해설

해제는 계약의 효력을 소급하여(처음부터) 소멸시키는 것이고, 해지는 장래에 향하여(앞으로만) 계약의 효력을 소멸시키는 것이다.

정답　　07 ③　08 ④　09 ③　10 ③　11 ④　12 ③

13

지체상금에 대한 설명으로 올바르지 않은 것은?

① 정당한 이유 없이 계약 이행을 지체한 경우 부과된다.
② 지연된 일수만큼 계약금액의 일정 비율로 산정된다.
③ 공사의 지체상금률은 1일당 계약금액의 0.05%이다.
④ 천재지변으로 인한 지체에도 지체상금이 부과된다.

해설

천재지변 등 불가항력적 사유로 인한 지체는 정당한 이유에 해당하므로 지체상금이 부과되지 않는다.

14

대가 지급에 대한 설명으로 올바른 것은?

① 계약 이행 완료 후 30일 이내에 지급한다.
② 검사에 합격한 후 청구를 받은 날로부터 5일 이내에 지급한다.
③ 계약 체결 즉시 전액을 지급한다.
④ 발주기관이 자유롭게 지급 시기를 결정한다.

해설

계약상대자가 계약 의무를 완료하고 검사에 합격하면, 청구를 받은 날로부터 5일 이내에 대가를 지급해야 한다.

15

다음 중 기술협상의 범위에 해당하지 않는 것은?

① 제안 내용 중 불명확한 부분의 명확화
② 평가위원이 보완을 요구한 사항의 수정
③ 제안요청서에 없던 새로운 과업의 추가
④ 기술 방법론의 적정성 검토 및 보완

해설

기술협상은 제안 내용의 본질을 변경하지 않는 범위 내에서만 이루어져야 하며, 제안요청서에 없던 새로운 과업을 추가하는 것은 과업 범위를 증감시키는 것으로 원칙적으로 불가능하다.

16

종합심사낙찰제의 심사 항목에 해당하지 않는 것은?

① 입찰가격
② 공사수행능력
③ 사회적 책임
④ 제안서 발표 점수

해설

종합심사낙찰제는 입찰가격, 공사수행능력, 사회적 책임을 종합적으로 평가하며, 제안서 발표는 협상에 의한 계약에서 사용되는 평가 방법이다.

17

계약서 작성을 생략할 수 있는 경우는?

① 계약금액이 1억원 이하인 경우
② 계약금액이 5,000만원 이하인 경우
③ 계약금액이 3,000만원 이하인 경우
④ 계약금액에 관계없이 생략 가능

해설

국가계약법상 계약금액이 3,000만원 이하인 경우 등 특정 사유에 해당하면 계약서 작성을 생략할 수 있다.

18

적격심사제에서 물품의 낙찰하한율은?

① 예정가격의 80%
② 예정가격의 85%
③ 예정가격의 88%
④ 예정가격의 90%

해설

적격심사제에서 물품의 낙찰하한율은 예정가격의 88%이다. 이 비율 이하로 투찰한 업체는 심사 대상에서 제외된다.

19

낙찰자로 선정된 후 정당한 이유 없이 계약을 체결하지 않으면 어떤 제재를 받는가?

① 과태료 부과
② 입찰보증금 국고 귀속 및 부정당업자 제재
③ 형사 처벌
④ 별도의 제재 없음

해설

낙찰자가 정당한 이유 없이 계약을 체결하지 않으면 입찰보증금이 국고로 귀속되며, 부정당업자로 제재를 받을 수 있다.

정답   13 ④   14 ②   15 ③   16 ④   17 ③   18 ③   19 ②

20

협상에 의한 계약에서 국가계약법상 기본 배점 비율은?

① 기술 50 : 가격 50
② 기술 60 : 가격 40
③ 기술 70 : 가격 30
④ 기술 80 : 가격 20

해설

국가계약법(기획재정부 예규)에서 협상에 의한 계약의 기본 배점은 기술 70 : 가격 30이며, 사업 특성에 따라 ±20점 범위 내에서 조정이 가능하다.

21

다음 중 입찰결과 분석 시 확인해야 할 사항으로 가장 거리가 먼 것은?

① 항목별 기술평가 점수 비교
② 투찰률의 적정성
③ 평가위원의 개인 연락처
④ 제안서의 차별성 및 구체성

해설

입찰결과 분석 시에는 기술평가 점수, 가격평가 점수, 참가자격 충족 여부, 제안서 품질 등을 확인해야 하며, 평가위원의 개인 연락처는 분석 대상이 아니다.

22

종합심사낙찰제에서 동점자가 발생한 경우의 처리 방법은?

① 추첨으로 결정
② 입찰가격이 낮은 자를 우선
③ 공사수행능력 점수가 높은 자를 우선
④ 사회적 책임 점수가 높은 자를 우선

해설

종합심사낙찰제에서 동점자가 발생한 경우에는 공사수행능력 점수가 높은 자를 우선 낙찰자로 결정한다.

23

협상에 의한 계약에서 종합평점이 동일한 경우 우선협상대상자 선정 기준은?

① 입찰가격이 낮은 자
② 기술능력 평가점수가 높은 자
③ 사업 경력이 긴 자
④ 추첨으로 결정

해설

종합평점이 동일한 경우에는 기술능력 평가점수가 높은 자를 우선협상대상자로 선정하며, 기술능력 평가점수도 동일한 경우에는 입찰가격이 낮은 자를 우선한다.

24

재공고 입찰에서도 1인만 입찰한 경우 취할 수 있는 조치는?

① 다시 재공고 입찰을 실시한다.
② 해당 입찰을 취소한다.
③ 그 1인과 수의계약을 체결할 수 있다.
④ 추정가격을 인상하여 재공고한다.

해설

국가계약법 시행령 제27조에 따라, 재공고 입찰에서도 1인만 입찰한 경우에는 예외적으로 그 1인과 수의계약을 체결할 수 있다.

25

물품의 제조 · 구매 계약에서 1일당 지체상금률은?

① 계약금액의 0.01%
② 계약금액의 0.05%
③ 계약금액의 0.075%
④ 계약금액의 0.1%

해설

물품의 제조 · 구매 계약에서 지체상금률은 1일당 계약금액의 0.075%이다. 공사의 경우는 0.05%가 적용된다.

정답 20 ③ 21 ③ 22 ③ 23 ② 24 ③ 25 ③

CHAPTER 05　최종점검 OX 퀴즈

01 기술협상이 완료되기 전이라도 가격협상을 먼저 진행할 수 있다.　(○ , ×)

02 우선협상대상자의 제안 가격이 예정가격을 초과하면 무조건 탈락이다.　(○ , ×)

03 적격심사제는 최저가로 입찰한 자를 무조건 낙찰자로 결정하는 제도이다.　(○ , ×)

04 계약금액이 1,000만원인 소액 계약의 경우 계약서 작성을 생략할 수 있다.　(○ , ×)

05 선금은 계약금액의 100%까지 신청하여 지급받을 수 있다.　(○ , ×)

06 계약 이행을 완료하고 검사에 합격하면, 30일 이내에 대가를 지급받는다.　(○ , ×)

07 분쟁조정위원회에 조정을 신청하면 법원에 소송을 제기할 수 없다.　(○ , ×)

08 희망수량경쟁입찰은 1개의 업체만 낙찰자로 선정될 수 있다.　(○ , ×)

09 낙찰자로 선정된 후 정당한 이유 없이 계약을 체결하지 않으면 입찰보증금은 반환된다.　(○ , ×)

OX 퀴즈　정답 및 해설

01 ×
원칙적으로 기술협상을 완료하여 과업 내용을 확정한 후에 가격협상을 진행해야 한다.

02 ×
예정가격을 초과하더라도 예산 범위 내에서 가격을 조정하기 위한 협상을 진행할 수 있다.

03 ×
최저가 입찰자 순으로 계약이행능력을 심사하여 기준점 이상을 통과해야 낙찰자로 결정된다.

04 ○
국가계약법상 계약금액 3,000만원 이하 등 특정 사유에 해당하면 계약서 작성을 생략할 수 있다.

05 ×
선금은 원칙적으로 계약금액의 70%를 초과할 수 없다.

06 ×
발주기관은 계약상대자의 청구를 받은 날로부터 5일 이내에 대가를 지급해야 한다.

07 ×
분쟁조정위원회 조정과 별개로 법원에 행정소송을 제기할 수 있다.

08 ×
발주기관이 필요로 하는 총 수량에 도달할 때까지 여러 업체를 낙찰자로 선정할 수 있다.

09 ×
정당한 이유 없이 계약을 미체결할 경우, 입찰보증금은 국고로 귀속되며 부정당업자 제재를 받을 수 있다.

10 기술협상 과정에서 제안요청서에 없던 새로운 과업을 추가할 수 있다.　　(○ , ×)

11 계약보증금은 계약금액의 5% 이상을 납부해야 한다.　　(○ , ×)

12 종합심사낙찰제는 추정가격 100억원 이상 공사에 적용된다.　　(○ , ×)

13 협상에 의한 계약에서 기술평가 점수가 80%인 업체도 협상적격자가 될 수 있다.　　(○ , ×)

14 계약의 해제는 장래에 향하여 계약의 효력을 소멸시키는 것이다.　　(○ , ×)

15 적격심사제에서 물품의 낙찰하한율은 예정가격의 88%이다.　　(○ , ×)

16 지방계약법에서 협상에 의한 계약의 기본 배점은 기술 70 : 가격 30이다.　　(○ , ×)

17 선금을 지급받은 계약상대자는 선금보증서를 제출해야 한다.　　(○ , ×)

18 공사의 지체상금률은 1일당 계약금액의 0.075%이다.　　(○ , ×)

---

10 ×
기술협상은 제안 내용의 본질을 변경하지 않는 범위 내에서만 이루어져야 하며, 과업 범위를 증감시키는 것은 원칙적으로 불가능하다.

11 ×
계약보증금은 계약금액의 10% 이상을 납부해야 한다. 5%는 입찰보증금의 기준이다.

12 ×
종합심사낙찰제는 추정가격 300억원 이상 대형 공사에 적용된다.

13 ×
기술능력 평가점수가 배점 한도의 85% 이상이어야 협상적격자가 된다.

14 ×
해제는 계약의 효력을 소급하여(처음부터) 소멸시키는 것이고, 장래에 향하여 효력을 소멸시키는 것은 해지이다.

15 ○
적격심사제에서 물품의 낙찰하한율은 예정가격의 88%로 설정되어 있다.

16 ×
지방계약법(행정안전부 예규)의 기본 배점은 기술 80 : 가격 20이다. 기술 70 : 가격 30은 국가계약법 기준이다.

17 ○
선금을 지급받은 경우 선금보증서를 제출하여 선금의 반환을 보증해야 한다.

18 ×
공사의 지체상금률은 1일당 계약금액의 0.05%이다. 0.075%는 물품의 제조·구매에 적용되는 비율이다.

19　재공고 입찰에서 1인만 입찰한 경우 수의계약을 체결할 수 있다.　(○ , ×)

20　종합심사낙찰제에서 동점자 발생 시 입찰가격이 낮은 자를 우선한다.　(○ , ×)

21　입찰보증금과 계약보증금은 동일한 개념이다.　(○ , ×)

22　협상에 의한 계약에서 모든 협상적격자와 협상이 결렬되면 재공고 입찰을 실시할 수 있다.　(○ , ×)

23　적격심사제에서는 모든 입찰자를 동시에 심사한다.　(○ , ×)

24　계약보증금은 현금으로만 납부할 수 있다.　(○ , ×)

25　협상에 의한 계약에서 종합평점이 동일한 경우 기술능력 평가점수가 높은 자를 우선한다.　(○ , ×)

19 ○
국가계약법 시행령 제27조에 따라 재공고 입찰에서 1인만 입찰한 경우 예외적으로 수의계약이 가능하다.

20 ×
동점자 발생 시 공사수행능력 점수가 높은 자를 우선 낙찰자로 결정한다.

21 ×
입찰보증금은 입찰참가 시 납부하는 것이고, 계약보증금은 계약 체결 시 납부하는 것으로 별개의 개념이다.

22 ○
모든 협상적격자와의 협상이 결렬된 경우 해당 입찰을 무효로 하고 재공고 입찰을 실시할 수 있다.

23 ×
최저가 입찰자부터 순서대로 심사하여 최초로 적격 판정을 받은 자를 낙찰자로 결정한다.

24 ×
계약보증금은 현금 외에도 보증보험증권, 이행보증보험증권 등으로 대체하여 납부할 수 있다.

25 ○
종합평점이 동일한 경우에는 기술능력 평가점수가 높은 자를 우선협상대상자로 선정한다.

CHAPTER 05

단원별 핵심정리

암기 필수사항

CHAPTER 05

1. 우선협상대상자: 기술평가 85% 이상 득점자 중 종합평점(기술 + 가격) 1위 업체로 선정됨
2. 협상 절차: 1순위 업체부터 기술협상 완료 후 가격협상을 진행하며, 결렬 시 차순위자와 협상함
3. 기술협상 범위: 제안 내용의 본질을 변경하지 않는 범위 내에서만 수정·보완이 가능함
4. 적격심사제: 최저가 입찰자부터 계약이행능력을 심사하여 기준점 이상인 최초 통과자를 낙찰자로 결정함
5. 종합심사낙찰제: 300억원 이상 대형 공사에 적용, 가격 외 공사수행능력·사회적 책임 등을 종합 평가함
6. 희망수량경쟁입찰: 최저가 업체부터 희망수량을 누적하여 총 수량에 도달할 때까지 복수 낙찰자를 선정함
7. 이의제기: 분쟁조정위원회 조정 신청, 감사원 심사청구, 행정소송 등의 방법이 있음
8. 계약 체결: 낙찰자는 정해진 기한 내에 계약보증금(계약금액의 10% 이상)을 납부하고 계약서에 날인해야 함
9. 선금: 계약금액의 70% 범위 내에서 미리 지급받아 원활한 계약 이행을 도모할 수 있음
10. 지체상금: 계약 이행 지체 시 1일당 계약금액의 일정 비율(공사 0.05%, 물품 0.075%)로 부과됨

03

공공계약관리

ALL
Q-PASS
공공조달관리사
필기 · 실기

CHAPTER 01

계약관리 일반 절차

01 계약관리 계획 및 착수

📖 학습목표

- 계약관리 계획의 수립 절차와 착수 협의의 중요성을 이해하고 설명할 수 있다.
- 계약 이행에 필요한 소요자원 투입 계획을 수립할 수 있다.
- 하도급계약의 승인 절차와 변경 계획을 이해하고 실무에 적용할 수 있다.

1 계약관리 계획 수립 및 착수 협의

① 계약관리의 개념과 원칙
- 계약관리(Contract Management)란 계약 체결 이후부터 계약이 종료될 때까지 계약의 성공적인 이행을 보장하기 위해 수행하는 모든 관리 활동을 총칭함
- 계약관리의 궁극적인 목적은 계약서에 명시된 요구사항을 충족하는 결과물을 정해진 기한 내에, 합의된 예산 범위 내에서, 요구되는 품질 수준으로 제공하는 것
- 효과적인 계약관리를 위해서는 다음과 같은 기본 원칙을 준수해야 함

원칙	설명
계약 준수의 원칙	계약서에 명시된 모든 조건과 의무를 성실하게 이행해야 함
신의성실의 원칙	계약 당사자는 상호 신뢰를 바탕으로 성실하게 계약을 이행해야 함
문서화의 원칙	모든 협의, 변경, 보고사항은 서면으로 기록하여 공식적인 증빙자료로 관리함
투명성의 원칙	계약 이행 과정에서의 의사결정과 집행은 투명하게 이루어져야 함
적시성의 원칙	문제 발생 시 즉시 보고하고, 적시에 대응 조치를 취해야 함
상호 협력의 원칙	발주기관과 계약상대자는 공동의 목표 달성을 위해 적극적으로 협력함

법조문 돋보기

「국가를 당사자로 하는 계약에 관한 법률」 제5조(계약의 원칙)
▶ 계약은 상호 대등한 입장에서 당사자의 합의에 따라 체결되어야 하며, 당사자는 계약의 내용을 신의성실의 원칙에 따라 이행하여야 함
▶ 각 중앙관서의 장 또는 계약담당공무원은 이 법 및 관계 법령에 규정된 계약상대자의 계약상 이익을 부당하게 제한하는 특약 또는 조건을 정하여서는 안 됨

② 계약관리 계획(CMP) 수립

- 계약관리 계획(Contract Management Plan, CMP)이란 계약 체결 이후부터 계약이 종료될 때까지 계약의 성공적인 이행을 보장하기 위한 체계적인 활동 계획을 의미함
- 계약서, 과업지시서, 제안서 등의 내용을 바탕으로 작업분류체계(Work Breakdown Structure, WBS)를 수립하고, 각 작업 단위별로 일정, 담당자, 산출물, 위험요소 등을 정의함
- 효과적인 계약관리 계획은 계약 이행 과정에서 발생할 수 있는 다양한 리스크를 사전에 식별하고, 이해관계자 간의 원활한 의사소통을 촉진하며, 최종적으로 계약 목표를 성공적으로 달성하는 데 핵심적인 역할을 함
- CMP는 계약의 규모와 복잡도에 따라 간략하게 또는 상세하게 작성할 수 있으며, 계약 이행 중 환경 변화에 따라 지속적으로 갱신(Update)해야 함

〈계약관리 계획(CMP)의 주요 구성요소〉

구분	주요 내용	설명
개요	계약의 목적, 범위, 배경, 계약 당사자 정보	계약의 전반적인 내용을 요약
범위 관리	WBS, 주요 산출물 목록, 변경관리 절차	계약의 범위를 명확히 하고 변경을 통제
일정 관리	마일스톤, 간트 차트, 핵심 경로 분석(CPM)	계약 이행 일정을 계획하고 진척도를 관리
비용 관리	예산, 기성금 신청 및 지급 계획, 원가 관리	계약 예산을 효율적으로 집행하고 통제
품질 관리	품질 목표, 검사 및 검수 기준, 품질보증 활동	요구되는 품질 수준을 달성하기 위한 활동
인력 관리	조직도, 역할 및 책임(R&R), 투입인력 계획	계약 이행에 필요한 인력을 확보하고 관리
의사소통 관리	보고 체계, 회의체 운영 계획, 정보 공유 방법	이해관계자 간의 원활한 정보 교류를 계획
위험 관리	위험 식별, 위험 분석, 위험 대응 계획	잠재적 위험을 관리하고 대응 방안을 수립
하도급 관리	하도급 업체 선정, 하도급 계약, 하도급 이행 관리	하도급 관련 법규를 준수하고 이행을 관리
변경 관리	변경 요청 절차, 변경 승인 기준, 변경 이력 관리	계약 변경을 체계적으로 관리

실무톡톡

Q: 계약관리 계획(CMP)은 반드시 수립해야 하는 법적 의무가 있나요?

A: 국가계약법에서 CMP 수립을 직접적으로 의무화하고 있지는 않으나, 「조달사업에 관한 법률 시행령」 등에서 대규모 사업의 경우 사업관리 계획 수립을 요구하고 있으며, 실무적으로도 계약의 성공적인 이행을 위해 CMP 수립은 필수적임

특히 정보화사업의 경우 「소프트웨어 진흥법」에 따라 사업수행계획서 제출이 의무화되어 있는데, 이것이 CMP의 역할을 수행함

＋ plus

작업분류체계(WBS)의 이해

- WBS(Work Breakdown Structure)는 프로젝트의 전체 범위를 관리 가능한 작은 단위로 계층적으로 분할한 구조이며, 최상위 수준에는 프로젝트 전체가 위치하고, 하위로 갈수록 구체적인 작업 패키지(Work Package)로 세분화됨
- WBS는 일정 산정, 원가 산정, 자원 배분, 위험 식별 등 프로젝트 관리의 모든 영역에서 기초 자료로 활용됨
- 예를 들어, 'SW 개발 용역'이라는 프로젝트는 '요구분석 → 설계 → 개발 → 테스트 → 이관'으로 1차 분할하고, '개발' 단계는 다시 'DB 설계', '서버 개발', '화면 개발', 'API 개발' 등으로 2차 분할할 수 있음
- 각 작업 패키지에 대해 담당자, 소요 기간, 산출물을 정의하면 체계적인 관리가 가능해짐

✓ Check Q&A

계약관리 계획(CMP)에서 프로젝트의 전체 범위를 계층적으로 분할한 구조를 무엇이라 하는가?

정답

작업분류체계(WBS, Work Breakdown Structure)가 CMP의 역할을 수행한다.

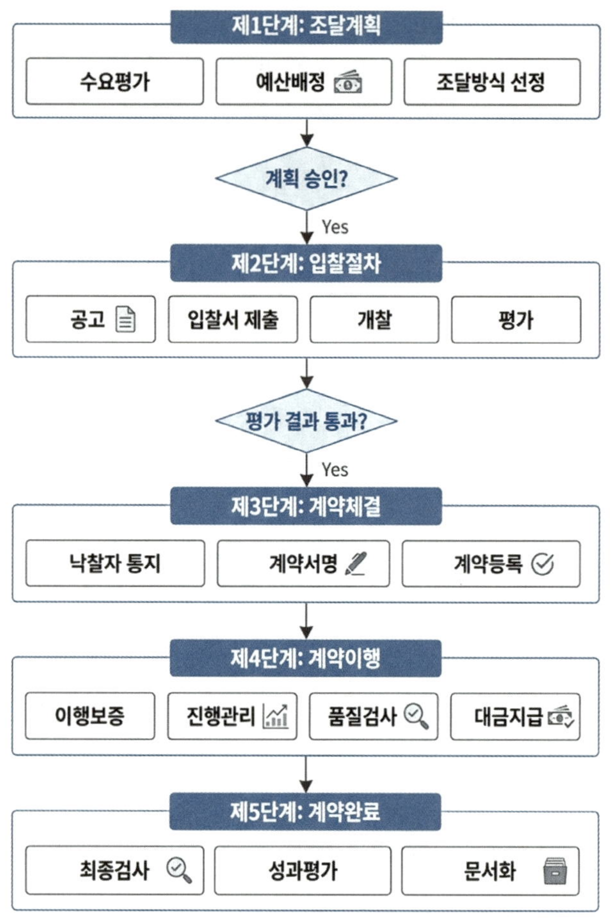

▲ 계약관리 프로세스 플로우차트

③ 착수 협의(Kick-off Meeting)

- 착수 협의(Kick-off Meeting)는 계약 체결 후 발주기관과 계약상대자가 공식적으로 처음 만나 계약 이행에 관한 전반적인 사항을 협의하고 공유하는 자리
- 계약관리 계획(CMP)을 공유하고, 주요 과업 내용, 일정, 산출물, 협력 방안 등을 최종적으로 확인하며, 양측의 담당자 및 의사소통 채널을 명확히 함
- 성공적인 착수 협의는 프로젝트 초기에 발생할 수 있는 오해와 혼선을 방지하고, 상호 신뢰를 바탕으로 원활한 계약 이행의 기틀을 마련함

〈착수회의 주요 협의 사항〉

협의사항	세부 내용
과업 범위 확인	과업지시서 및 제안서 기반 과업 범위 최종 확인, 해석 차이 조율
일정 확인	주요 마일스톤, 중간보고/최종보고 일정, 산출물 제출 일정 확인
투입인력 확인	PM 및 핵심인력 소개, 역할 및 책임(R&R) 확인
보고 체계	정기보고 주기(주간/월간), 보고 양식, 보고 대상 확정
회의체 운영	정기 회의 일정, 참석 범위, 회의록 작성 및 공유 방법
의사소통 채널	공식 연락 창구, 비상연락망, 이메일/협업도구 등 소통 수단 확정
변경 관리	과업 범위 변경 시 절차, 변경 승인 권한자 확인
위험 요소	예상되는 위험 요소 공유 및 대응 방안 협의
보안사항	보안서약서 징구, 보안 등급, 자료 관리 방법 등

실무톡톡 　**착수회의, 단순한 인사가 아님**

- ▶ 많은 실무자들이 착수회의를 단순히 양측 담당자들이 처음 만나 인사하는 자리로 가볍게 생각하는 경향이 있지만 착수회의는 계약의 성패를 좌우할 수 있는 매우 중요한 과정
- ▶ 이 자리에서 과업 범위에 대한 해석 차이를 조율하고, 예상되는 위험요소를 솔직하게 공유하며, 의사소통 규칙을 명확히 정해야 함
- ▶ 예를 들어, 보고는 서면으로 할지 구두로 할지, 정기 회의는 매주 할지 또는 격주로 할지, 긴급 상황 발생 시 비상연락망은 어떻게 되는지 등을 구체적으로 합의해 회의록으로 남겨두는 것이 좋음
- ▶ 초반에 꼼꼼하게 단추를 꿰어야 나중에 옷을 잘못 만드는 일을 막을 수 있음

2 계약 이행 소요자원 투입 계획

① 투입인력 계획
- 계약 이행에 필요한 소요자원(인력, 장비, 자재 등)의 투입 계획을 구체적으로 수립하는 단계
- 투입인력 계획은 과업 수행에 필요한 인력의 등급, 인원수, 역할, 투입 기간 등을 명시함
- 특히 제안서에 명시된 핵심 인력(PM, 기술책임자 등)은 발주기관의 승인 없이 임의로 변경할 수 없으며, 변경 시에는 동등 이상의 자격을 갖춘 인력으로 대체하고 사전 승인을 받아야 함
- 투입인력 계획은 M/M(Man-Month) 단위로 산정하며, 과업 단계별 투입인력의 규모와 시기를 구체적으로 명시해야 함

PART 03

☑ **Check Q&A**

제안서에 명시했던 PM(프로젝트 관리자)이 갑자기 퇴사했다. 어떻게 해야 하는가?

정답

즉시 발주기관에 해당 사실을 서면으로 통보하고, 대체 인력에 대한 승인을 요청해야 한다. 이때 대체 인력은 기존 PM과 동등하거나 그 이상의 자격, 경력, 기술력을 보유하고 있음을 객관적인 자료(경력증명서, 자격증 등)로 증명해야 한다.
발주기관의 사전 승인 없이 임의로 PM을 교체할 경우 계약 불이행으로 간주되어 계약해지나 부정당업자 제재 등의 불이익을 받을 수 있다.

☑ **Check Q&A**

투입인력 계획에서 인력의 투입 규모를 산정하는 단위는?

정답

M/M(Man-Month)

〈투입인력 계획 예시(SW 개발 용역)〉

직급/등급	성명	역할	투입기간	투입률(%)	비고
특급기술자	김OO	PM(프로젝트관리자)	전 기간	100%	핵심인력
고급기술자	이XX	설계 및 개발 총괄	전 기간	100%	핵심인력
중급기술자	박OO	DB 설계 및 개발	2~6개월차	100%	
중급기술자	최XX	화면 개발	3~7개월차	100%	
초급기술자	정OO	테스트 및 QA	5~8개월차	100%	

② 장비 및 자재 투입 계획
- 장비 투입 계획: 계약 이행에 필요한 장비의 사양, 수량, 투입 시점을 산정하며, 예를 들어, 공사 계약의 경우 굴착기, 크레인 등 중장비의 투입 시기와 기간을 계획함
- 자재 조달 계획: 자재의 종류, 규격, 소요량, 조달 방법(직접 구매/하도급 포함), 납품 일정 등을 계획함
- 자재의 품질은 계약서 및 시방서에 명시된 기준을 충족해야 하며, 발주기관이 지정한 자재를 사용해야 하는 경우도 있음

③ 보고(점검) 일정 수립
- 계약 이행 기간 중 발주기관에 대한 보고 일정을 사전에 수립하고 합의해야 함
- 보고의 종류에는 정기보고(주간보고, 월간보고), 수시보고(긴급 이슈 발생 시), 단계별 보고(중간보고, 최종보고) 등이 있음
- 각 보고의 시기, 양식, 보고 대상, 보고 방법(서면/대면/온라인) 등을 구체적으로 정하여 착수회의 시 합의함

〈보고 유형별 특성〉

보고 유형	주기	주요 내용	보고 방법
주간보고	매주	금주 실적, 차주 계획, 이슈사항	서면(이메일)
월간보고	매월	월간 실적, 공정률, 위험 현황, 예산 집행 현황	서면 + 대면
중간보고	과업 중간	중간 산출물 발표, 과업 방향 점검	대면 발표
최종보고	과업 종료 시	최종 산출물 발표, 성과 보고	대면 발표
수시보고	이슈 발생 시	긴급 이슈, 변경 요청, 위험 발생	즉시(전화/이메일)

3 하도급계약 승인 및 변경 계획

① 하도급의 개념과 법적 근거
- 계약상대자가 계약의 일부를 제3자에게 위탁하여 수행하게 하는 것을 하도급이라 함
- 「국가를 당사자로 하는 계약에 관한 법률」 제21조에 따라, 계약상대자는 계약된 물품의 제조·가공 또는 용역의 수행에 대한 전부를 제3자에게 하도급할 수 없음. 다만, 대통령령으로 정하는 바에 따라 계약의 일부를 하도급하는 것은 허용됨

> 「국가를 당사자로 하는 계약에 관한 법률」 제21조(하도급의 제한)
> ▶ 계약상대자는 계약된 물품의 제조·가공 또는 용역의 수행에 대한 전부를 제3자에게 하도급 할 수 없음. 다만, 대통령령으로 정하는 바에 따라 계약의 일부를 하도급하는 경우에는 그러하지 아니함

② 하도급계약 승인 절차

- 건설공사, 소프트웨어사업 등 법령에서 정한 특정 분야의 경우, 계약상대자는 하도급 계약을 체결하기 전에 발주기관의 서면 승인을 받아야 함
- 발주기관은 하수급인의 자격(시공능력, 기술능력, 재무상태 등)과 하도급 계약 내용의 적정성(하도급 비율, 하도급 대금 지급 조건 등)을 검토하여 승인 여부를 결정함

〈하도급 승인 시 발주기관 검토사항〉

검토 항목	세부 내용
하수급인 자격	해당 업종 등록/면허 보유 여부, 시공능력평가액, 기술인력 보유 현황
하도급 비율	법정 하도급 비율 준수 여부(건설공사: 50% 이내 등)
하도급 대금	하도급 대금의 적정성, 부당 감액 여부
하도급 범위	하도급 대상 과업의 적정성, 핵심 부분의 하도급 여부
대금 지급 조건	하도급 대금 지급 기한, 현금 비율 등

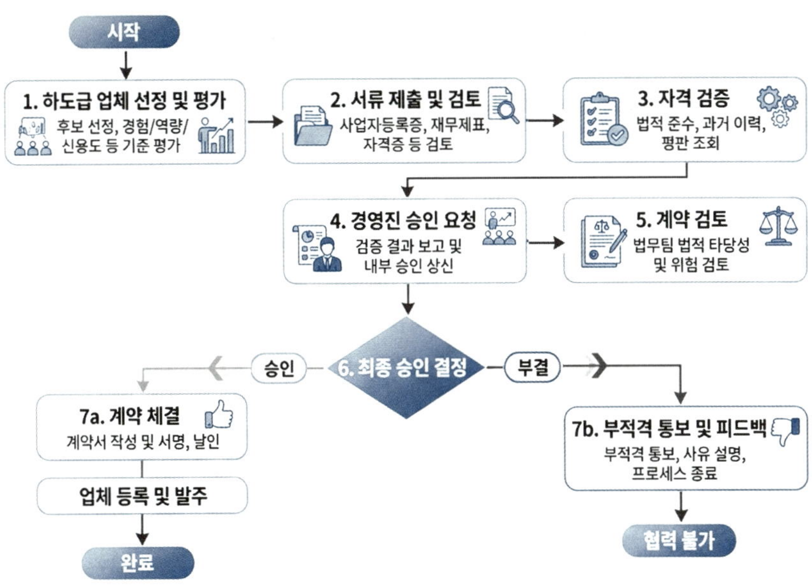

▲ 하도급 승인 절차 플로우차트

③ 하도급계약 변경 계획

- 하도급 계약 체결 후 하수급인, 계약금액, 계약기간 등 중요한 사항을 변경하고자 할 때에도 발주기관의 사전 승인을 받아야 함

- 특히, 하도급 대금을 부당하게 감액하거나, 정당한 사유 없이 하수급인을 교체하는 행위는 엄격히 금지됨
- 하도급 대금은 원도급 대금 지급일로부터 15일 이내에 하수급인에게 지급해야 하며, 이를 위반할 경우 지연이자를 지급해야 함

> **실무톡톡 하도급 대금 직접 지급 제도**
>
> ▶ 발주기관은 하수급인을 보호하기 위해, 일정한 요건이 충족되면 하도급 대금을 원사업자(계약상대자)를 거치지 않고 하수급인에게 직접 지급할 수 있음
> ▶ 직접 지급 사유
>   - 원사업자의 지급 정지·파산 등으로 하도급 대금 지급이 불가능한 경우
>   - 하수급인이 직접 지급을 요청하고 원사업자가 동의한 경우
>   - 원사업자가 2회 이상 하도급 대금을 지급하지 않은 경우 등
> ▶ 이 제도는 하수급인의 경영 안정과 근로자의 임금 보호를 위한 중요한 안전장치

02 계약 이행 관리

📖 학습목표

- 계약 대상물의 유형별 공급 절차를 이해하고 이행 과정을 관리할 수 있다.
- 계약조건의 이행 여부를 점검하고 성과를 관리하는 방법을 설명할 수 있다.
- 계약 이행 과정에서 발생하는 지연 및 위험 요소를 식별하고 관리할 수 있다.

1 계약 대상물 공급 절차

계약 대상물의 유형(물품, 용역, 공사)에 따라 공급 및 이행 절차에 차이가 있으며, 각 유형별 이행 절차를 정확히 이해하고, 계약서에 명시된 조건에 따라 체계적으로 관리하는 것이 중요함

① 물품 공급(납품) 절차

- 제조/구매: 계약서에 명시된 규격과 수량에 따라 물품을 제조하거나 구매하며, 이때 사용되는 원자재 및 부품은 계약서 또는 시방서에 명시된 품질 기준을 충족해야 함
- 중간검사: 필요한 경우, 제작 과정에서 발주기관의 중간검사를 받으며, 중간검사는 최종 납품 전에 품질 문제를 조기에 발견하고 시정하기 위한 것임
- 납품: 지정된 장소와 기한 내에 물품을 납품하며, 납품 시 납품서, 시험성적서, 품질보증서 등 관련 서류를 함께 제출함
- 검사/검수: 발주기관의 검사 및 검수를 통해 규격, 성능, 수량 등의 일치 여부를 확인받음
- 설치/교육: 계약 조건에 따라 물품의 설치 및 사용자 교육을 실시함

Q: 물품 납품 시 검사에서 불합격 판정을 받으면 어떻게 되나요?
A: • 검사에서 불합격 판정을 받은 경우, 발주기관은 계약상대자에게 보완 또는 교체를 요구하며, 계약상대자는 지정된 기한 내에 불합격 사유를 시정하여 재검사를 받아야 함
   • 이 과정에서 발생하는 지연은 계약상대자의 귀책사유로 간주되어 지체상금이 부과될 수 있으며, 반복적인 불합격이나 시정 불가능한 경우에는 계약해지 사유가 될 수도 있음

법조문 돋보기

「국가를 당사자로 하는 계약에 관한 법률」 제13조(계약의 이행)
▶ 각 중앙관서의 장 또는 계약담당공무원은 계약상대자가 계약의 전부 또는 일부를 이행한 경우에는 대통령령으로 정하는 바에 따라 이를 확인하기 위하여 검사를 하거나 검사를 대행하게 하여야 함

② 용역 과업 이행 절차
• 착수: 착수계, 과업수행계획서 등을 제출하고 과업에 착수하며, 과업수행계획서에는 수행 방법론, 일정, 투입인력, 산출물 목록 등이 포함됨
• 정기/수시보고: 계약서에 정해진 주기에 따라 주간/월간보고 등 정기보고를 수행하고, 주요 이슈 발생 시 수시보고를 함
• 중간/최종보고: 과업 단계별로 중간보고회 및 최종보고회를 개최하여 산출물을 발표하고 검토받으며, 중간보고 시 발주기관의 피드백을 반영하여 과업 방향을 조정함
• 산출물 제출: 최종 산출물(보고서, 시스템 등)을 제출함
• 검사/검수: 발주기관은 제출된 산출물이 과업지시서의 요구사항을 모두 충족하는지 검사하며, 검사 결과 부적합 사항이 있으면 보완을 요구할 수 있음

③ 공사 시공 절차
• 착공: 착공신고서, 공사예정공정표, 현장대리인계 등을 제출하고 공사에 착수함
• 공정 관리: 예정공정표에 따라 공사를 진행하고, 공정 현황을 주기적으로 보고하며, 공정률이 계획 대비 일정 비율 이상 지연되면 만회 대책을 수립해야 함
• 품질/안전/환경 관리: 시방서 및 관련 법규에 따라 품질시험, 안전점검, 환경관리 활동을 수행하며, 특히 산업안전보건법에 따른 안전 관리는 시공사의 1차적 책임
• 기성/준공검사: 공사의 일부 또는 전체가 완료되면 발주기관(또는 감리단)의 기성검사 또는 준공검사를 받음
• 준공: 준공검사에 합격하면 공사가 완료되며, 하자보수보증금을 납부하고 하자담보책임 기간이 시작됨

✓ **Check Q&A**

공사 계약에서 착공 시 발주기관에 제출해야 하는 3가지 서류는?

정답
착공신고서, 공사예정공정표, 현장대리인계

〈계약 대상물 유형별 이행 절차 비교〉

단계	물품	용역	공사
착수	제조/구매 개시	착수계, 과업수행계획서 제출	착공신고서, 공정표 제출
이행	제조, 중간검사	정기보고, 중간보고	시공, 공정 관리, 안전 관리
완료	납품, 설치/교육	최종보고, 산출물 제출	준공신고
검사	검사/검수	검사/검수	기성/준공검사
사후관리	하자보수	하자보수, 유지보수	하자보수(하자담보책임)

2 계약조건 이행 점검 및 성과 관리

① 계약조건 이행 점검(Checklist 활용)
- 계약 이행 과정에서 계약서, 과업지시서, 제안서 등에 명시된 주요 계약조건들이 제대로 이행되고 있는지 주기적으로 점검해야 함
- 점검항목 체크리스트를 활용하면 누락 없이 체계적인 점검이 가능함
- 점검 결과 미비사항이 발견되면 즉시 시정 조치를 요구하고, 시정 결과를 확인해야 함

〈계약 이행 점검 체크리스트 예시(SW 개발 용역)〉

점검 분야	점검 항목	점검 결과	비고
일정	주간/월간 보고서가 기한 내에 제출되었는가?		
	주요 마일스톤(중간보고 등)이 계획대로 달성되었는가?	△	1주 지연
산출물	산출물이 요구되는 양식과 목차를 준수하였는가?		
	산출물의 내용이 과업지시서의 요구사항을 충족하는가?		
품질	단위 테스트가 완료되었고, 결함률이 목표치 이내인가?		
	코드 리뷰가 수행되었는가?		
인력	핵심 투입인력이 변경 없이 과업을 수행하고 있는가?		
	투입인력의 투입률이 계획대로 유지되고 있는가?	△	PM 80%
보안	보안서약서 제출 등 보안 요구사항을 준수하고 있는가?	일부 인력 미제출	
예산	기성금 신청이 적정하게 이루어지고 있는가?		

② 성과 관리
- 성과 관리는 계약 이행 결과를 객관적인 지표로 측정하고 평가하여 계약의 목표 달성도를 관리하는 활동
- 핵심성과지표(KPI, Key Performance Indicator)를 설정하고, 이를 주기적으로 측정하여 목표 대비 실적을 분석함
- 성과 분석 결과, 부진한 항목에 대해서는 원인을 파악하고 개선 조치를 실행하여 성과를 향상시켜야 함

〈KPI 설정 예시(공사 계약)〉

KPI 항목	측정 지표	목표치	측정 주기
공정률	실제 공정률 / 계획 공정률 × 100	95% 이상	월간
품질	시공 불량 건수	월 3건 이내	월간
안전	산업재해 발생률	0건	월간
환경	환경법규 위반 건수	0건	분기
원가	실제 원가 / 계획 원가 × 100	100% 이내	월간

③ 계약 이행 지연 및 위험 관리

① 계약 이행 지연 관리
- 계약상대자의 귀책사유로 계약 이행이 지체된 경우, 발주기관은 지체일수에 지체상금률과 계약금액을 곱하여 산출한 지체상금을 부과함
- 지체상금은 계약보증금에서 우선적으로 공제할 수 있으며, 계약상대자에게 별도로 현금 납부를 요구할 수도 있음. 다만, 천재지변, 발주기관의 귀책사유 등 불가항력적 사유로 인한 지연은 지체상금 면제 대상이 됨
- 지체상금의 총액은 계약금액의 일정 한도(통상 30%)를 초과할 수 없으며, 지체상금이 계약보증금을 초과하는 경우, 계약해지 사유가 될 수 있음

〈지체상금률 비교〉

계약 유형	지체상금률(1일당)	예시(계약금액 10억원, 10일 지연)
공사	계약금액의 0.5/1,000	10억 × 0.5/1,000 × 10일 = 500만원
물품의 제조·구매	계약금액의 0.75/1,000	10억 × 0.75/1,000 × 10일 = 750만원
용역 및 기타	계약금액의 1.25/1,000	10억 × 1.25/1,000 × 10일 = 1,250만원

법조문 돋보기

「국가를 당사자로 하는 계약에 관한 법률 시행령」 제74조(지체상금)
- ▶ 각 중앙관서의 장 또는 계약담당공무원은 정당한 이유 없이 계약의 이행을 지체한 계약상대자로 하여금 지체상금을 내도록 하여야 함
- ▶ 제1항에 따른 지체상금률은 다음 각 호의 구분에 따름
  1. 공사: 계약금액의 1천분의 0.5
  2. 물품의 제조·구매: 계약금액의 1천분의 0.75
  3. 물품의 수리·가공·대여, 용역 및 그 밖의 계약: 계약금액의 1천분의 1.25

➕ plus
EVM(Earned Value Management, 획득가치관리)
- EVM은 프로젝트의 범위, 일정, 원가를 통합적으로 관리하는 성과 측정 기법
- 주요 지표는 다음과 같음
  - PV(계획가치): 특정 시점까지 계획된 작업의 예산
  - EV(획득가치): 특정 시점까지 실제 완료된 작업의 예산
  - AC(실제원가): 특정 시점까지 실제 투입된 비용
- 이를 통해 SPI(일정성과지수) = EV/PV(1 이상이면 일정 앞섬), CPI(원가성과지수) = EV/AC(1 이상이면 예산 절감)를 산출하여 프로젝트의 건강 상태를 진단할 수 있음
- 대규모 공공사업에서는 EVM 적용이 점차 확대되고 있음

✔ **Check Q&A**

프로젝트의 범위, 일정, 원가를 통합적으로 관리하는 성과 측정 기법의 명칭은?

정답

EVM(Earned Value Management, 획득가치관리)

✔ **Check Q&A**

발주기관의 설계 변경으로 인해 공사가 지연된 경우에도 지체상금이 부과되는가?

정답

발주기관의 귀책사유(설계 변경, 자재 지급 지연 등)로 인한 지연은 계약상대자의 책임이 아니므로 지체상금이 면제된다.
이 경우 계약상대자는 지체 사유와 지연 기간을 구체적으로 입증하는 서류를 발주기관에 제출하여 지체상금 면제를 요청해야 한다.
다만, 발주기관의 귀책사유와 계약상대자의 귀책사유가 복합적으로 작용한 경우에는 각각의 기여도를 산정하여 지체상금을 조정할 수 있다.

② 위험 관리(Risk Management)

- 위험 관리는 계약 이행 과정에서 발생할 수 있는 불확실한 사건(위험)을 사전에 식별, 분석, 평가하고, 이에 대한 대응 전략을 수립하여 실행하는 체계적인 과정
- 위험 관리는 위험 식별 → 위험 분석 → 위험 평가 → 위험 대응 → 위험 모니터링의 5단계로 이루어짐

단계	활동	산출물
위험 식별	브레인스토밍, 체크리스트, 과거 사례 분석 등을 통해 잠재적 위험을 도출	위험 목록
위험 분석	각 위험의 발생 가능성과 영향도를 정성적/정량적으로 분석	위험 분석 결과
위험 평가	위험 관리 매트릭스를 활용하여 위험의 우선순위를 결정	위험 우선순위 목록
위험 대응	위험별 대응 전략(회피, 전가, 완화, 수용)을 수립하고 실행	위험 대응 계획
위험 모니터링	위험의 변화를 지속적으로 추적하고, 새로운 위험을 식별	위험 관리 대장 갱신

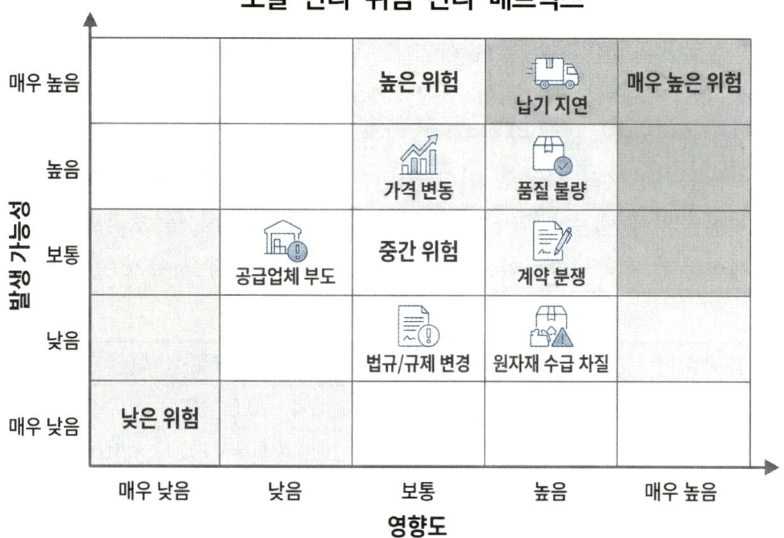

▲ 위험 관리 매트릭스

전략	내용	예시
회피 (Avoidance)	위험의 원인을 제거하여 위험 자체가 발생하지 않도록 함	검증되지 않은 신기술 대신 검증된 기술 사용
전가 (Transfer)	위험의 영향을 제3자에게 이전	보험 가입, 하도급 계약 시 위험 조항 포함
완화 (Mitigation)	위험의 발생 가능성이나 영향도를 줄이는 조치	핵심인력 백업 인력 확보, 정기 교육 실시
수용 (Acceptance)	위험을 인지하되 별도의 조치 없이 감수	발생 가능성이 매우 낮고 영향도도 낮은 위험

〈위험 관리 대장 예시〉

위험 ID	위험 내용	발생 가능성	영향도	위험 등급	대응 전략	담당자	현재 상태
R-01	핵심 개발자의 갑작스러운 퇴사	중간	높음	높음	완화: 대체인력 확보, 기술 내재화	박OO	모니터링 중
R-02	고객의 잦은 요구사항 변경	높음	중간	높음	완화: 변경통제 절차 강화	이XX	발생 (대응 중)
R-03	신기술(AI) 적용 실패	낮음	높음	중간	회피: PoC 우선 수행	김XX	해소
R-04	하수급인의 부도/폐업	낮음	높음	중간	전가: 이행보증보험 징구	최XX	모니터링 중
R-05	자재 수급 지연	중간	중간	중간	완화: 대체 자재 확보, 조기 발주	정OO	모니터링 중

실무톡톡 위험 관리, 처음부터 끝까지 하기

▶ 위험 관리를 프로젝트 초기에 한 번 수행하고 끝내는 경우가 많음. 하지만 위험은 프로젝트 전 과정에 걸쳐 새롭게 발생하거나 기존 위험의 성격이 변할 수 있음
▶ 예를 들어, 프로젝트 초기에는 '요구사항 불명확'이 주요 위험이었지만, 개발 단계에서는 '핵심인력 이탈'이나 '기술적 난제'가 새로운 위험으로 부상할 수 있음
▶ 따라서 위험관리 대장은 최소 월 1회 이상 갱신하고, 정기 회의에서 위험 현황을 공유하며, 새로운 위험이 식별되면 즉시 대응 전략을 수립하는 것이 바람직함
▶ "위험은 관리하면 기회가 되고, 방치하면 위기가 된다"는 말을 기억해야 함

☑ **Check Q&A**

위험 대응 전략 중, 보험 가입을 통해 위험의 재무적 영향을 제3자에게 이전하는 전략은?

정답 전가(Transfer)

PART 03

[4] **검사 및 검수**

① 검사의 개념과 유형
- 검사란 계약상대자가 계약의 전부 또는 일부를 이행한 경우, 발주기관이 계약 내용대로 이행되었는지를 확인하는 절차
- 검사는 계약 유형과 이행 단계에 따라 다양한 유형으로 구분함

유형	시기	설명
중간검사 (기성검사)	이행 중	계약의 일부가 완료된 시점에서 실시하는 검사로 기성금 지급의 근거가 됨
완성검사 (준공검사)	이행 완료 시	계약의 전부가 완료된 시점에서 실시하는 최종 검사
수시검사	필요시	품질 확인, 공정 확인 등을 위해 수시로 실시하는 검사
확인검사	보완 후	불합격 판정 후 보완 조치가 완료된 경우 재실시하는 검사

- 검사는 계약담당공무원 또는 그가 지정한 검사관이 실시하며, 전문성이 필요한 경우 전문기관에 검사를 대행하게 할 수 있음
- 검사 결과는 검사조서로 작성하여 공식적으로 기록함

> **법조문 · 돋보기**
>
> 국가를 당사자로 하는 계약에 관한 법률 시행령」 제55조(검사)
> ▶ 각 중앙관서의 장 또는 계약담당공무원은 계약상대자가 계약의 전부 또는 일부의 이행을 완료한 때에는 계약서·설계서 및 그 밖의 관계 서류에 의하여 이를 확인하기 위한 검사를 하여야 함
> ▶ 제1항에 따른 검사는 검사를 하는 자(이하 "검사관"이라 함)가 계약상대자의 이행 완료 통지를 받은 날부터 14일 이내에 완료하여야 함

② 검수 절차
- 검수는 검사에 합격한 물품이나 산출물을 발주기관이 공식적으로 인수(수령)하는 절차
- 검수가 완료되면 검수조서를 작성하고, 이를 근거로 대금 지급 절차가 진행됨
- 검수 시에는 수량, 규격, 품질, 포장 상태 등을 최종적으로 확인함

〈검사·검수 절차 요약〉

단계	주체	활동	산출물
1. 이행 완료 통보	계약상대자	이행 완료 사실을 서면으로 통보	이행완료 통보서
2. 검사 실시	검사관 (발주기관)	계약 내용 대비 이행 결과 확인	검사조서
3. 합격/불합격 판정	검사관	적합 여부 판정, 불합격 시 보완 요구	검사 결과 통보
4. 검수	발주기관	합격 물품/산출물의 공식 인수	검수조서
5. 대금 지급	발주기관	검수조서를 근거로 대금 지급	지급 결의서

5 대금 지급 및 기성금 관리

① 대금 지급 절차
  - 검수가 완료되면 계약상대자는 대금 청구서를 발주기관에 제출하고, 발주기관은 청구일로부터 5일 이내에 대금을 지급해야 함
  - 다만, 예산 사정 등으로 5일 이내 지급이 어려운 경우에는 계약상대자에게 그 사유를 통보하고, 지연이자를 지급해야 함

〈대금 지급 유형〉

지급 유형	시기	비율	설명
선금 (선급금)	계약 체결 후	계약금액의 70% 이내	계약 이행에 필요한 자금을 사전에 지급
기성금 (중간금)	이행 중	기성 부분에 해당하는 금액	계약의 일부 이행 완료 시 중간 지급
잔금 (준공금)	이행 완료 후	잔여 금액	최종 검수 완료 후 잔여 대금 지급

법조문 돋보기

「국가를 당사자로 하는 계약에 관한 법률」 제15조(대가의 지급)
- ▶ 각 중앙관서의 장 또는 계약담당공무원은 검사를 완료한 후 계약상대자가 대가의 지급을 청구하면 그 청구를 받은 날부터 5일 이내에 대가를 지급하여야 함
- ▶ 이 경우 각 중앙관서의 장 또는 계약담당공무원이 대가를 지급 기한까지 지급하지 못하는 경우에는 지연일수에 대하여 대통령령으로 정하는 이율에 따른 이자를 지급하여야 함

② 기성금 관리
  - 기성금은 계약의 일부가 이행된 경우 그 이행 부분에 대해 중간에 지급하는 대금으로, 기성금 청구 시에는 기성내역서, 기성검사 요청서 등을 제출해야 함
  - 기성금 지급을 위해서는 기성검사를 실시하여 실제 이행된 부분을 확인해야 함
  - 기성금은 기성률(공정률)에 따라 산정하며, 기성검사 결과를 근거로 지급함

〈기성금 산정 방식〉

방식	설명	적용
공정률 기준	전체 공정 대비 실제 완료된 공정의 비율로 산정	공사 계약
산출물 기준	제출된 산출물의 비율로 산정	용역 계약
투입인력 기준	실제 투입된 인력의 M/M 비율로 산정	용역 계약
수량 기준	납품된 수량의 비율로 산정	물품 계약

▶ 기성금은 계약상대자의 현금 흐름에 직접적인 영향을 미치는 중요한 사항이며, 특히 중소기업의 경우 기성금 지급이 지연되면 자금난에 빠질 수 있으므로, 기성검사 요청과 기성금 청구를 적시에 수행하는 것이 중요함

▶ 기성금 청구 시에는 기성내역서를 정확하게 작성하고, 실제 이행 실적을 객관적으로 증빙할 수 있는 자료(사진, 보고서, 산출물 등)를 함께 제출하면 검사 및 지급 절차가 원활하게 진행됨

▶ 또한, 발주기관이 대금 지급을 지연하는 경우에는 지연이자를 청구할 수 있다는 점도 알아 두면 좋음

6 계약 변경 관리

① 계약 변경의 개념과 사유
- 계약 변경이란 계약 체결 이후 계약 내용(범위, 금액, 기간 등)을 수정하는 것을 의미함
- 계약 변경은 발주기관과 계약상대자 간의 합의에 의해 이루어지며, 반드시 서면으로 체결해야 함

〈계약 변경 사유〉

변경 사유	설명	예시
설계변경	설계서의 내용이 변경되는 경우	공사 설계변경, 시스템 설계변경
물가변동	물가변동으로 계약금액 조정이 필요한 경우	자재비 급등, 인건비 상승
기타 계약 내용 변경	공사기간 연장, 과업 범위 변경 등	천재지변으로 인한 공기 연장
신규 비목 추가	당초 계약에 포함되지 않은 새로운 항목 추가	추가 기능 개발 요청

② 계약금액 조정
- 계약금액의 조정은 설계변경, 물가변동, 기타 계약 내용 변경 등의 사유로 이루어짐
- 물가변동에 의한 계약금액 조정(에스컬레이션)은 계약 체결일로부터 90일 이상 경과하고, 물가변동률이 3% 이상 변동된 경우에 적용됨

「국가를 당사자로 하는 계약에 관한 법률 시행령」 제64조(물가변동으로 인한 계약금액의 조정)
▶ 각 중앙관서의 장 또는 계약담당공무원은 국고의 부담이 되는 계약을 체결한 후 물가의 변동으로
 인하여 계약금액을 조정할 필요가 있는 때에는 대통령령이 정하는 바에 따라 그 계약금액을
 조정함
▶ 제1항의 규정에 의한 계약금액의 조정은 계약을 체결한 날부터 90일 이상 경과하고 동시에
 품목조정률 또는 지수조정률이 100분의 3 이상인 때에 함

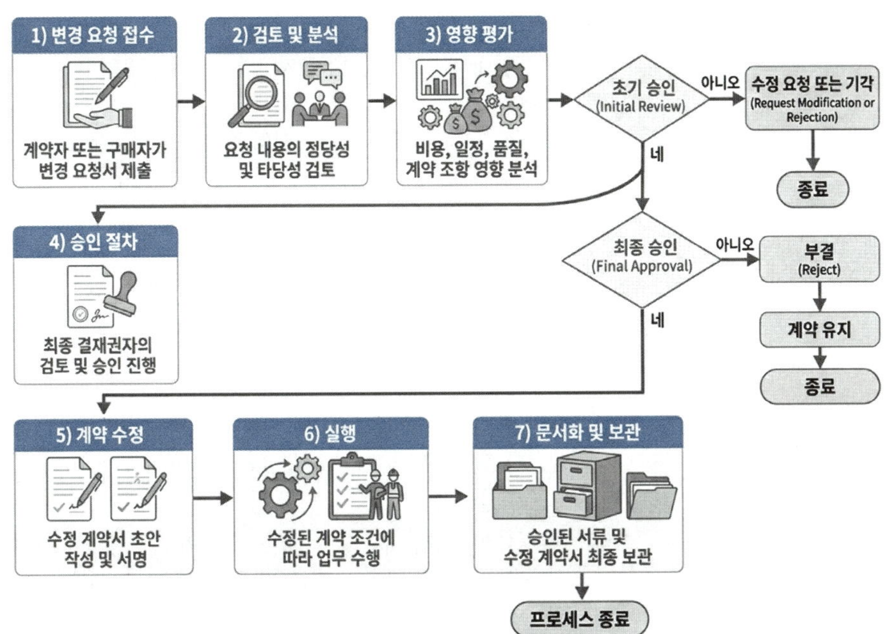

▲ 계약 변경 관리 프로세스

CHAPTER 01

단원별 핵심문제

01

계약관리 계획(CMP)의 구성요소에 해당하지 않는 것은?

① 범위 관리
② 일정 관리
③ 입찰참가자격 관리
④ 위험 관리

해설

계약관리 계획(CMP)은 계약 체결 이후의 이행 관리를 위한 계획으로, 범위, 일정, 비용, 품질, 인력, 의사소통, 위험, 하도급, 변경 관리 등을 포함한다. 입찰참가자격 관리는 계약 체결 이전 단계의 활동이다.

02

착수 협의(Kick-off Meeting)에서 반드시 합의해야 할 사항으로 가장 거리가 먼 것은?

① 과업 범위 확인 및 해석 차이 조율
② 보고 체계 및 회의체 운영 계획
③ 계약상대자의 재무제표 분석
④ 투입인력 확인 및 역할 분담

해설

착수 협의에서는 과업 범위, 일정, 투입인력, 보고 체계, 회의체 운영, 의사소통 채널, 변경 관리, 위험 요소, 보안사항 등을 협의한다. 재무제표 분석은 입찰 평가 단계에서 수행하는 활동이다.

03

투입인력 계획에서 인력의 투입 규모를 산정하는 단위로 올바른 것은?

① M/D(Man-Day)
② M/M(Man-Month)
③ M/Y(Man-Year)
④ FTE(Full-Time Equivalent)

해설

공공조달 계약에서 투입인력 계획은 통상 M/M(Man-Month) 단위로 산정한다. M/D는 일 단위, M/Y는 연 단위로 사용되기도 하지만, 계약서 및 제안서에서 가장 일반적으로 사용되는 단위는 M/M이다.

04

하도급에 관한 설명으로 옳지 않은 것은?

① 계약상대자는 계약의 전부를 제3자에게 하도급할 수 없다.
② 일부 하도급 시 발주기관의 서면 승인이 필요하다.
③ 하도급 대금은 원도급 대금 지급일로부터 30일 이내에 지급해야 한다.
④ 하수급인의 자격과 하도급 대금의 적정성을 검토해야 한다.

해설

하도급 대금은 원도급 대금 지급일로부터 15일 이내에 하수급인에게 지급해야 한다. 30일이 아니라 15일이 정확한 기한이다.

05

하도급 대금 직접 지급 사유에 해당하지 않는 것은?

① 원사업자의 지급 정지·파산 등으로 하도급 대금 지급이 불가능한 경우
② 하수급인이 직접 지급을 요청하고 원사업자가 동의한 경우
③ 원사업자가 1회 하도급 대금을 지급하지 않은 경우
④ 원사업자가 2회 이상 하도급 대금을 지급하지 않은 경우

해설

하도급 대금 직접 지급 사유로 원사업자가 2회 이상 하도급 대금을 지급하지 않은 경우가 있다. 1회 미지급만으로는 직접 지급 사유에 해당하지 않는다.

06

계약 대상물의 유형별 이행 절차에 관한 설명으로 옳은 것은?

① 물품 계약에서는 착공신고서를 제출한다.
② 용역 계약에서는 착수계와 과업수행계획서를 제출한다.
③ 공사 계약에서는 중간보고회를 개최하지 않는다.
④ 모든 유형의 계약에서 기성검사를 실시한다.

해설

용역 계약에서는 착수계와 과업수행계획서를 제출하고 과업에 착수한다. 착공신고서는 공사 계약에서 제출하며, 공사 계약에서도 중간(기성)검사를 실시한다.

정답   01 ③ 02 ③ 03 ② 04 ③ 05 ③ 06 ②

07

지체상금률이 가장 높은 계약 유형은?

① 공사
② 물품의 제조·구매
③ 용역
④ 모두 동일

해설

공사: 계약금액의 0.5/1,000, 물품의 제조·구매: 계약금액의 0.75/1,000, 용역 및 기타: 계약금액의 1.25/1,000

08

계약금액 5억원인 용역 계약에서 20일 지체 시 지체상금은?

① 1,000만원
② 1,250만원
③ 2,000만원
④ 2,500만원

해설

용역의 지체상금률은 1.25/1,000이므로, 5억원 × 1.25/1,000 × 20일 = 1,250만원이다.

09

지체상금이 면제되는 사유에 해당하는 것은?

① 계약상대자의 자금 부족
② 하수급인의 시공 지연
③ 발주기관의 설계변경으로 인한 지연
④ 계약상대자의 인력 부족

해설

발주기관의 귀책사유(설계변경, 자재 지급 지연 등)로 인한 지연은 계약상대자의 책임이 아니므로 지체상금이 면제된다. 계약상대자의 자금 부족, 인력 부족, 하수급인의 시공 지연은 계약상대자의 귀책사유에 해당한다.

10

위험 관리 5단계의 순서로 올바른 것은?

① 식별 → 평가 → 분석 → 대응 → 모니터링
② 식별 → 분석 → 평가 → 대응 → 모니터링
③ 분석 → 식별 → 평가 → 대응 → 모니터링
④ 식별 → 분석 → 대응 → 평가 → 모니터링

해설

위험 관리는 위험 식별 → 위험 분석 → 위험 평가 → 위험 대응 → 위험 모니터링의 5단계로 이루어진다.

11

위험 대응 전략 중 보험 가입을 통해 위험의 재무적 영향을 제3자에게 이전하는 전략은?

① 회피(Avoidance)
② 전가(Transfer)
③ 완화(Mitigation)
④ 수용(Acceptance)

해설

전가(Transfer)는 위험의 영향을 제3자에게 이전하는 전략으로, 보험 가입이 대표적인 예이다.

12

위험 대응 전략 중 검증되지 않은 신기술 대신 검증된 기술을 사용하는 것은?

① 회피(Avoidance)
② 전가(Transfer)
③ 완화(Mitigation)
④ 수용(Acceptance)

해설

회피(Avoidance)는 위험의 원인을 제거하여 위험 자체가 발생하지 않도록 하는 전략이다. 검증되지 않은 신기술 대신 검증된 기술을 사용하는 것은 기술적 위험의 원인 자체를 제거하는 회피 전략에 해당한다.

13

EVM(획득가치관리)에서 SPI(일정성과지수)의 산출 공식은?

① EV / PV
② EV / AC
③ PV / AC
④ AC / EV

해설

SPI(Schedule Performance Index) = EV(획득가치) / PV(계획가치)이다. SPI가 1 이상이면 일정이 앞서고 있음을 의미한다.

정답   07 ③   08 ②   09 ③   10 ②   11 ②   12 ①   13 ①

14

EVM에서 CPI(원가성과지수)가 0.8이라면 이것이 의미하는 바는?

① 예산보다 20% 절감되고 있다.
② 예산보다 20% 초과 지출되고 있다.
③ 일정보다 20% 앞서고 있다.
④ 일정보다 20% 지연되고 있다.

해설

CPI = EV/AC이며, CPI가 1 미만이면 예산 초과를 의미한다. CPI 0.8은 획득한 가치 대비 실제 원가가 더 많이 투입되었으므로 예산보다 약 20% 초과 지출되고 있음을 나타낸다.

15

계약관리의 기본 원칙에 해당하지 않는 것은?

① 계약 준수의 원칙
② 문서화의 원칙
③ 경쟁의 원칙
④ 신의성실의 원칙

해설

계약관리의 기본 원칙에는 계약 준수, 신의성실, 문서화, 투명성, 적시성, 상호 협력의 원칙이 있다. 경쟁의 원칙은 입찰 단계의 원칙이지 계약관리의 원칙은 아니다.

16

WBS(작업분류체계)에 대한 설명으로 옳지 않은 것은?

① 프로젝트의 전체 범위를 계층적으로 분할한 구조이다.
② 최하위 수준의 작업 단위를 작업 패키지(Work Package)라 한다.
③ 일정 산정, 원가 산정, 자원 배분의 기초 자료로 활용된다.
④ WBS는 계약 체결 이후에는 변경할 수 없다.

해설

WBS는 계약 이행 중 환경 변화에 따라 변경 관리 절차를 거쳐 수정될 수 있다. 다만, 변경 시에는 발주기관의 승인을 받아야 한다.

17

다음 중 정기 보고에 해당하는 것은?

① 긴급 이슈 발생 시 보고
② 주간보고
③ 변경 요청 보고
④ 민원 발생 보고

해설

정기보고에는 주간보고, 월간보고 등이 해당한다. 긴급 이슈, 변경 요청, 민원 발생 등은 수시보고에 해당한다.

18

물품 납품 시 함께 제출해야 하는 서류로 가장 거리가 먼 것은?

① 납품서
② 시험성적서
③ 품질보증서
④ 착공신고서

해설

물품 납품 시에는 납품서, 시험성적서, 품질보증서 등을 함께 제출한다. 착공신고서는 공사 계약에서 제출하는 서류이다.

19

공사 계약에서 준공검사에 합격한 후 계약상대자가 납부해야 하는 것은?

① 계약보증금
② 입찰보증금
③ 하자보수보증금
④ 선금보증금

해설

공사가 준공되면 계약상대자는 하자보수보증금을 납부하고, 하자담보책임 기간이 시작된다.

정답　　14 ②　15 ③　16 ④　17 ②　18 ④　19 ③

20

계약 이행 점검 체크리스트의 점검 분야에 해당하지 않는 것은?

① 일정
② 품질
③ 입찰참가자격
④ 보안

계약 이행 점검 체크리스트의 점검 분야에는 일정, 산출물, 품질, 인력, 보안, 예산 등이 포함된다. 입찰참가자격은 계약 체결 이전 단계의 사항이다.

21

「국가를 당사자로 하는 계약에 관한 법률」 제5조에서 규정하는 계약의 원칙으로 옳은 것은?

① 계약은 발주기관의 우월적 지위에서 체결되어야 한다.
② 계약은 상호 대등한 입장에서 당사자의 합의에 따라 체결되어야 한다.
③ 계약은 최저가격을 제시한 자와 체결해야 한다.
④ 계약은 공개경쟁입찰에 의해서만 체결해야 한다.

국가계약법 제5조는 "계약은 상호 대등한 입장에서 당사자의 합의에 따라 체결되어야 하며, 당사자는 계약의 내용을 신의성실의 원칙에 따라 이행하여야 한다"고 규정하고 있다.

22

핵심성과지표(KPI)에 대한 설명으로 옳지 않은 것은?

① 계약 이행 결과를 객관적으로 측정하기 위한 지표이다.
② 주기적으로 측정하여 목표 대비 실적을 분석한다.
③ 한 번 설정하면 계약 종료 시까지 변경할 수 없다.
④ 부진한 항목에 대해서는 원인을 파악하고 개선 조치를 실행한다.

KPI는 계약 이행 환경의 변화에 따라 조정될 수 있다. 다만, 변경 시에는 발주기관과 협의하여 합의해야 한다.

23

하도급 승인 시 발주기관이 검토하는 사항으로 가장 거리가 먼 것은?

① 하수급인의 해당 업종 등록/면허 보유 여부
② 하도급 비율의 법정 한도 준수 여부
③ 하수급인의 주주 구성
④ 하도급 대금의 적정성

하도급 승인 시 발주기관은 하수급인의 자격(등록/면허), 하도급 비율, 하도급 대금의 적정성, 하도급 범위, 대금 지급 조건 등을 검토한다. 하수급인의 주주 구성은 일반적인 검토사항이 아니다.

24

계약금액 20억원인 공사 계약에서 15일 지체 시 지체상금은?

① 1,500만원
② 3,000만원
③ 4,500만원
④ 7,500만원

공사의 지체상금률은 0.5/1,000이므로, 20억원 × 0.5/1,000 × 15일 = 1,500만원이다.

25

위험 관리 매트릭스에서 '발생 가능성 높음, 영향도 높음'에 해당하는 위험의 적절한 대응 전략은?

① 수용(Acceptance)
② 회피(Avoidance) 또는 완화(Mitigation)
③ 무시
④ 모니터링만 수행

발생 가능성과 영향도가 모두 높은 위험은 가장 높은 우선순위로 관리해야 하며, 회피 또는 완화 전략을 적극적으로 적용해야 한다. 수용이나 단순 모니터링은 위험 등급이 낮은 경우에 적합하다.

정답   20 ③   21 ②   22 ③   23 ③   24 ①   25 ②

CHAPTER
01

최종점검 OX 퀴즈

OX 퀴즈 / **정답 및 해설**

01 계약관리 계획(CMP)은 계약 체결 전에 수립해야 한다. (○ , ×)

02 착수 협의(Kick-off Meeting)에서는 과업 범위, 일정, 투입인력 등을 합의한다. (○ , ×)

03 WBS(작업분류체계)는 프로젝트의 전체 범위를 계층적으로 분할한 구조이다. (○ , ×)

04 제안서에 명시된 핵심인력은 발주기관의 승인 없이 변경할 수 있다. (○ , ×)

05 투입인력 계획은 M/M(Man-Month) 단위로 산정한다. (○ , ×)

06 계약상대자는 계약의 전부를 제3자에게 하도급할 수 있다. (○ , ×)

07 하도급 대금은 원도급 대금 지급일로부터 15일 이내에 지급해야 한다. (○ , ×)

08 하도급 대금 직접 지급은 원사업자가 1회 미지급 시 가능하다. (○ , ×)

09 물품 계약에서는 착공신고서를 제출한다. (○ , ×)

---

01 ×
CMP는 계약 체결 이후에 수립하는 계획이다. 계약 체결 전에는 입찰 및 제안 활동이 이루어진다.

02 ○
착수 협의에서는 과업 범위, 일정, 투입인력, 보고 체계, 의사소통 채널, 변경 관리 절차 등을 합의한다.

03 ○
WBS는 프로젝트의 전체 범위를 관리 가능한 작은 단위로 계층적으로 분할한 구조이다.

04 ×
핵심인력은 발주기관의 사전 승인 없이 임의로 변경할 수 없으며, 동등 이상의 자격을 갖춘 인력으로 대체하고 사전 승인을 받아야 한다.

05 ○
공공조달 계약에서 투입인력 계획은 통상 M/M(Man-Month) 단위로 산정한다.

06 ×
국가계약법 제21조에 따라 계약의 전부를 제3자에게 하도급할 수 없다. 일부만 하도급이 가능하다.

07 ○
하도급 대금은 원도급 대금 지급일로부터 15일 이내에 하수급인에게 지급해야 한다.

08 ×
원사업자가 2회 이상 하도급 대금을 지급하지 않은 경우에 직접 지급이 가능하다.

09 ×
착공신고서는 공사 계약에서 제출하는 서류이다. 물품 계약에서는 납품서, 시험성적서 등을 제출한다.

10 용역 계약에서는 착수계와 과업수행계획서를 제출하고 과업에 착수한다.　(○ , ×)

11 공사 계약에서 준공검사 합격 후 하자보수보증금을 납부해야 한다.　(○ , ×)

12 지체상금률은 모든 계약 유형에서 동일하다.　(○ , ×)

13 용역 계약의 지체상금률은 계약금액의 1,000분의 2.50이다.　(○ , ×)

14 발주기관의 설계변경으로 인한 공사 지연에도 지체상금이 부과된다.　(○ , ×)

15 지체상금의 총액은 계약금액의 30%를 초과할 수 없다.　(○ , ×)

16 위험 관리는 프로젝트 초기에 한 번만 수행하면 된다.　(○ , ×)

17 위험 대응 전략 중 '전가'는 보험 가입이 대표적인 예이다.　(○ , ×)

18 위험 대응 전략 중 '수용'은 위험을 인지하되 별도의 조치 없이 감수하는 것이다.　(○ , ×)

19 EVM에서 SPI가 1 미만이면 일정이 앞서고 있음을 의미한다.　(○ , ×)

---

10 ○
용역 계약에서는 착수계, 과업수행계획서 등을 제출하고 과업에 착수한다.

11 ○
공사가 준공되면 계약상대자는 하자보수보증금을 납부하고 하자담보책임 기간이 시작된다.

12 ×
지체상금률은 공사 0.5/1,000, 물품의 제조·구매 0.75/1,000, 용역 및 기타 1.25/1,000로 유형별로 상이하다.

13 ×
용역 및 기타 계약의 지체상금률은 계약금액의 1,000분의 1.25이다.

14 ×
발주기관의 귀책사유로 인한 지연은 지체상금이 면제된다.

15 ○
지체상금의 총액은 계약금액의 일정 한도(통상 30%)를 초과할 수 없다.

16 ×
위험은 프로젝트 전 과정에 걸쳐 새롭게 발생하거나 변할 수 있으므로 지속적으로 관리해야 한다.

17 ○
전가(Transfer)는 위험의 영향을 제3자에게 이전하는 전략으로, 보험 가입이 대표적이다.

18 ○
수용(Acceptance)은 발생 가능성이 매우 낮고 영향도도 낮은 위험에 대해 별도의 조치 없이 감수하는 전략이다.

19 ×
SPI(일정성과지수) = EV/PV이며, SPI가 1 미만이면 일정이 지연되고 있음을 의미한다. 1 이상이면 앞서고 있다.

PART 03

20 EVM에서 CPI가 1 이상이면 예산이 절감되고 있음을 의미한다. (○ , ×)

21 국가계약법 제5조에 따르면 계약은 상호 대등한 입장에서 체결되어야 한다. (○ , ×)

22 계약 이행 점검 체크리스트에는 일정, 산출물, 품질, 인력, 보안 등이 포함된다. (○ , ×)

23 건설공사의 하도급 비율은 전체 공사금액의 70%까지 가능하다. (○ , ×)

24 물품 검사에서 불합격 시 발생하는 지연은 계약상대자의 귀책사유이다. (○ , ×)

25 하도급계약 변경 시에는 발주기관의 사전 승인이 필요하지 않다. (○ , ×)

CHAPTER
01

단원별 핵심정리

암기 필수사항

CHAPTER 01

1. 계약관리(Contract Management)란 계약 체결 이후부터 종료까지 계약의 성공적 이행을 보장하기 위한 모든 관리 활동 총칭
2. 계약관리 계획(CMP)은 WBS를 기반으로 일정, 비용, 품질, 인력, 위험 등을 체계적으로 관리하기 위한 계획
3. 착수 협의(Kick-off Meeting)에서는 과업 범위, 일정, 투입인력, 보고 체계, 의사소통 채널, 변경 관리 절차 등을 합의함
4. 투입인력 계획은 M/M(Man-Month) 단위로 산정하며, 핵심인력은 발주기관의 사전 승인 없이 변경할 수 없음
5. 하도급은 계약의 전부를 제3자에게 위탁할 수 없으며, 일부 하도급 시 발주기관의 서면 승인이 필요함
6. 하도급 대금은 원도급 대금 지급일로부터 15일 이내에 하수급인에게 지급해야 함
7. 계약 대상물은 물품(납품), 용역(과업 이행), 공사(시공)로 구분되며, 유형별 이행 절차가 상이함
8. 지체상금률은 공사 0.5/1,000, 물품의 제조·구매 0.75/1,000, 용역 및 기타 1.25/1,000
9. 위험 관리는 위험 식별 → 분석 → 평가 → 대응 → 모니터링의 5단계로 이루어짐
10. 위험 대응 전략에는 회피(Avoidance), 전가(Transfer), 완화(Mitigation), 수용(Acceptance)의 4가지가 있음

계약변경 및 종결 관리

01 계약변경 관리

📖 학습목표
- 계약금액 조정 등 변경계약의 일반 절차와 실행 방법을 이해하고 설명할 수 있다.
- 계약의 해제·해지 절차와 사후 조치 방법을 이해하고 실무에 적용할 수 있다.
- 계약 이행 중 발생하는 분쟁의 해결 절차와 손해배상 절차를 이해하고 설명할 수 있다.

1 변경계약 관리 일반 절차 및 실행

① 계약금액 조정(설계변경, 물가변동 등)
- 계약금액 조정이란 계약 체결 후 계약 이행 중에 발생하는 특정 사유로 인해 당초 계약한 금액을 증액하거나 감액하는 절차로 계약상대자의 이익을 보호하는 동시에, 발주기관의 예산을 효율적으로 운용하기 위한 제도적 장치
- 계약금액 조정은 계약 당사자 간의 합의를 통해 이루어지는 것이 원칙이나, 법령이나 계약조건에 정해진 요건과 절차에 따라 일방 또는 쌍방의 청구에 의해 이루어지기도 하며, 주요 계약금액 조정 사유는 설계변경, 물가변동, 기타 계약내용의 변경 등이 있음

〈총액계약과 단가계약의 비교〉

구분	총액계약(Lump-sum Contract)	단가계약(Unit Price Contract)
개념	계약 목적물 전체에 대하여 총액을 확정하여 체결하는 계약	개별 비목의 단가와 예정수량을 곱하여 계약을 체결하고, 실제 이행된 수량에 따라 대가를 확정하는 계약
특징	• 계약금액이 사전에 확정되어 예산 관리 용이 • 설계변경 외의 사유로는 금액 조정이 제한적	• 실제 이행 수량에 따라 정산하므로 정밀한 계약 이행 가능 • 수량 변동이 잦은 공사, 용역 등에 적합
적용	일반적인 물품 구매, 대부분의 건설공사	수량 측정이 어려운 공사, 장기계속계약, 제3자를 위한 단가 계약
금액 조정	설계변경, 물가변동 등 법령상 요건 충족 시 조정	실제 이행 수량 확정 후 단가를 곱하여 정산(설계변경 개념이 상대적으로 약함)

〈주요 계약금액 조정 사유〉

구분	주요 내용	법적 근거 (국가계약법)
설계변경	설계서의 내용이 불분명하거나 누락·오류가 있는 경우, 발주기관의 필요에 의한 설계변경, 신기술·신공법에 의한 설계변경 등	시행령 제64조
물가변동	계약 체결 후 90일 이상 경과하고, 품목조정률 또는 지수조정률이 3% 이상 증감한 경우	시행령 제64조
기타 계약내용 변경	과업 내용 변경, 계약기간 변경, 운반거리 변경 등 계약 이행에 중대한 영향을 미치는 계약내용의 변경	시행령 제66조

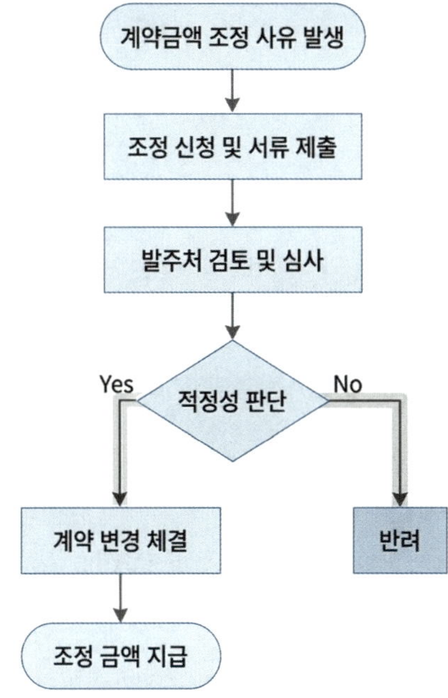

▲ 계약금액 조정 절차 플로우차트

- 설계변경으로 인한 계약금액 조정
  - 설계변경은 공사계약에서 가장 빈번하게 발생하는 계약금액 조정 사유이며, 발주기관이 당초의 설계 내용을 변경할 필요가 있다고 인정하는 경우, 계약상대자는 변경된 설계서에 따라 계약금액 조정을 요청할 수 있음
  - 설계변경은 계약상대자가 일방적으로 할 수 없으며, 반드시 발주기관의 승인을 받아야 함
  - 설계변경으로 인한 계약금액 조정 시 적용 단가는 다음과 같음
    → 증감된 공사량의 단가: 계약단가를 적용함. 다만, 계약단가가 예정가격 단가보다 높은 경우로서 물량이 증가하게 되는 경우, 그 증가된 물량에 대한 적용단가는 예정가격 단가로 함
    → 신규비목의 단가: 계약서에 없는 신규비목은 설계변경 당시를 기준으로 산정한 단가에 낙찰률을 곱한 금액으로 함

☑ **Check Q&A**

설계변경으로 공사량이 증가한 경우, 증가된 물량에 대한 적용단가는 항상 계약단가인가?

정답

원칙적으로 계약단가를 적용하지만, 계약단가가 예정가격 단가보다 높은 경우에는 증가된 물량에 대해 예정가격 단가를 적용한다. 이는 발주기관의 예산을 보호하기 위한 규정이다.

☑ **Check Q&A**

설계변경 시 계약서에 없는 신규비목의 단가 산정 방법은?

정답

설계변경 당시를 기준으로 산정한 단가에 낙찰률을 곱한 금액

〈설계변경의 유형〉

유형	설명	적용 단가
발주기관의 필요에 의한 설계변경	발주기관의 사업계획 변경, 예산 사정 등으로 설계를 변경하는 경우	계약단가 (증가분은 예정가격단가)
설계서의 불분명·누락·오류	설계서 내용이 명확하지 않거나, 필수 항목이 누락되었거나, 상호 모순되는 점이 발견된 경우	계약단가
신기술·신공법에 의한 설계변경	계약상대자가 새로운 기술이나 공법을 제안하여 공사비 절감, 공기 단축 등의 효과가 인정되는 경우	설계변경 당시 산정단가 × 낙찰률

법조문   돋보기

「국가를 당사자로 하는 계약에 관한 법률 시행령」 제64조(설계변경 등으로 인한 계약금액의 조정)

▶ 공사계약에 있어서 설계변경으로 공사량의 증감이 발생하는 때에는 다음 각호의 1에 의하여 계약금액을 조정함

  1. 증감된 공사량의 단가는 계약단가로 함. 다만, 계약단가가 예정가격 단가보다 높은 경우로서 물량이 증가하게 되는 경우 그 증가된 물량에 대한 적용단가는 예정가격 단가로 함
  2. 계약서에 없는 신규비목의 단가는 설계변경 당시를 기준으로 산정한 단가에 낙찰률을 곱한 금액으로 함

실무톡톡   설계변경 실무 사례

▶ A기관은 B건설사와 ○○청사 신축공사 계약(총공사비 100억)을 체결했음. 공사 진행 중, A기관은 에너지 효율을 높이기 위해 당초 설계에 없던 고효율 단열재를 추가하기로 결정했음
▶ 이는 발주기관의 필요에 의한 설계변경에 해당하므로, B건설사는 변경된 설계에 따라 추가 자재비와 노무비가 발생함을 A기관에 통보하고 계약금액 조정을 요청했음
▶ A기관은 해당 요청을 검토하여 타당성을 확인한 후, 증가된 공사량에 대해서는 계약단가를, 신규로 추가된 고효율 단열재 비목에 대해서는 설계변경 당시를 기준으로 산정한 단가에 낙찰률을 곱한 금액을 적용하여 총 2억원의 증액 변경계약을 체결했음

- 물가변동으로 인한 계약금액 조정(Escalation)
  - 계약 체결 후 일정 기간이 경과한 뒤 품목 또는 지수의 변동률이 일정 수준 이상일 때 계약금액을 조정하는 제도이며, 이는 인플레이션 등 예측 불가능한 경제 상황 변화로부터 계약상대자의 손실을 보전하고, 계약의 안정적인 이행을 도모하기 위함
  - 물가변동 조정은 계약상대자뿐만 아니라 발주기관도 청구할 수 있음. 즉, 물가가 하락한 경우에는 발주기관이 계약금액 감액을 청구할 수 있음

<물가변동 계약금액 조정 요건>

요건	내용
기간 요건	계약을 체결한 날(조정기준일)부터 90일 이상 경과
변동률 요건	품목조정률 또는 지수조정률이 100분의 3(3%) 이상 증감
조정 신청	계약상대자 또는 발주기관이 계약금액 조정을 청구
조정 시기	조정기준일 이후에 이행되는 부분의 대가에 대해 적용

- 조정 방식에는 품목조정률 방식과 지수조정률 방식이 있으며, 계약상대자
  는 둘 중 하나를 선택하여 조정을 청구할 수 있음
  → 품목조정률: 계약금액을 구성하는 모든 비목을 대상으로 등락률을 산
    정하여 조정하며, 정확하지만 조사에 시간과 비용이 소요됨
  → 지수조정률: 계약금액 중 특정 비목(노무비, 재료비 등)에 대해 한국은
    행이 발표하는 생산자물가지수를 적용하여 조정하며, 간편하지만 실제
    변동과 차이가 있을 수 있음

<물가변동 조정률 산정 방식 상세>

구분	산정 방식	상세 내용
품목 조정률	등락률 산정 → 등락폭 산정 → 품목조정률 산정	• 등락률 산정: 계약단가 대비 변동시점의 가격 변동률을 품목별로 산출 • 등락폭 산정: 각 품목의 등락률에 해당 품목이 계약금액에서 차지하는 비중을 곱하여 산출 • 품목조정률 산정: 모든 품목의 등락폭을 합산하여 산출(Σ(품목별 등락률 × 비중))
지수 조정률	비목군 분류 → 가중치 산정 → 지수변동률 산정 → 지수조정률 산정	• 비목군 분류: 계약금액 산출내역서의 비목을 재료비, 노무비, 경비 등으로 분류 • 가중치(A) 산정: 각 비목군이 계약금액(대가)에서 차지하는 비중 산출 • 지수변동률(K) 산정: 조정기준일 당시의 지수 대비 변동시점의 지수변동률 산출 • 지수조정률 산정: 각 비목군의 가중치와 지수변동률을 곱하여 합산(Σ(비목군별 가중치 × 지수변동률))

<품목조정률과 지수조정률 비교>

구분	품목조정률	지수조정률
산정 방법	개별 품목의 실제 가격 변동 조사	한국은행 생산자물가지수 적용
정확성	높음(실제 가격 반영)	보통(지수 기반 추정)
소요 시간	많음(개별 조사 필요)	적음(지수 자동 적용)
적용 대상	품목 수가 적은 계약	품목 수가 많은 대규모 계약
선택	계약상대자가 선택 가능	계약상대자가 선택 가능

✓ **Check Q&A**

계약 체결 후 60일이 지났고, 지수조정률이 4% 상승했다. 계약금액 조정이 가능한가?

정답

물가변동으로 인한 계약금액 조정은 계약 체결 후 90일 이상 경과해야 하고, 변동률이 3% 이상이어야 한다. 이 경우 기간 요건(90일)을 충족하지 못했기 때문에 조정 신청을 할 수 없다.

➕ plus

지수조정률 산출 방식
- 지수조정률 방식은 계약금액 산출내역서에 포함된 모든 품목의 가격 변동을 일일이 조사하기 어려운 경우에 사용됨
- 계약금액 중 노무비, 경비, 일반관리비, 이윤 등 특정 비목에 대해 해당 비목의 가중치(A)와 지수변동률(K)을 곱하여 조정금액을 산출함
- 예를 들어, 재료비 비중이 40%이고 재료비 지수가 10% 상승했다면, 재료비로 인한 조정금액은 계약금액 × 0.4 × 0.1이 됨. 지수조정률(K)은 각 비목별 가중치와 해당 지수변동률의 가중평균으로 산출됨

➕ plus

지수조정률 산출 공식
- K = (재료비 가중치 × 재료비 지수변동률) + (노무비 가중치 × 노무비 지수변동률) + (경비 가중치 × 경비 지수변동률) + ⋯
  여기서, 각 비목의 가중치(A)는 계약금액 산출내역서상의 금액을 기준으로 산정하며, 지수변동률은 한국은행이 발표하는 생산자물가지수 등 계약예규에서 정한 지수를 사용함
- 예를 들어, 계약금액 10억 중 재료비가 4억(가중치 0.4), 노무비가 3억(가중치 0.3)이고, 조정시점의 재료비 지수가 5% 상승, 노무비 지수가 2% 상승했다면, 지수조정률 K 는 (0.4 × 0.05) + (0.3 × 0.02) = 0.02 + 0.006 = 0.026, 즉 2.6%가 됨. 여기에 다른 비목군의 변동률을 합산하여 최종 지수조정률을 구함

• 기타 계약내용 변경으로 인한 계약금액 조정
  - 설계변경이나 물가변동 이외에도 계약 이행에 중대한 영향을 미치는 계약 내용의 변경이 있는 경우 계약금액을 조정할 수 있음
  - 주요 사유로는 과업 내용 변경, 계약기간 변경, 운반거리 변경, 공사 현장의 상태가 설계서와 다른 경우 등이 있으며, 이 경우 실비를 초과하지 않는 범위에서 계약금액을 조정함

〈기타 계약내용 변경 사유〉

사유	내용	조정 기준
과업 내용 변경	발주기관의 요구에 의해 과업의 범위나 수준이 변경된 경우	변경된 과업에 소요되는 실비
계약기간 변경	발주기관의 사정으로 계약기간이 연장된 경우	연장기간 중 추가 소요 경비
운반거리 변경	자재 운반 거리가 당초 설계와 달라진 경우	변경된 운반거리에 따른 실 비
현장 상태 불일 치	공사 현장의 지질, 용수 등이 설계서와 다른 경우	실제 현장 조건에 따른 실비

법조문　돋보기

「국가를 당사자로 하는 계약에 관한 법률 시행령」 제66조(기타 계약내용의 변경으로 인한 계약금액의 조정)
▶ 각 중앙관서의 장 또는 계약담당공무원은 공사계약·물품제조계약 및 용역계약에 있어서 물가변동 및 설계변경 이외의 계약내용의 변경으로 인하여 계약금액을 조정하여야 할 필요가 있는 때에는 그 변경된 내용에 따라 실비를 초과하지 아니하는 범위 안에서 이를 조정함

② **변경계약 체결**
• 계약금액 조정 사유가 발생하면, 계약상대자 또는 발주기관은 상대방에게 조정을 청구하고, 양 당사자 간 협의를 거쳐 변경계약을 체결함
• 변경계약은 당초 계약의 내용을 변경하는 것이므로, 변경사항을 명확히 기재한 변경계약서를 작성해야 함

〈변경계약 체결 절차〉

단계	주체	주요 활동
1. 조정 사유 발생	–	설계변경, 물가변동, 기타 계약내용 변경 등
2. 조정 청구	계약상대자/발주기관	조정 사유와 조정금액을 명시하여 상대방에게 청구
3. 조정 검토	발주기관	조정 사유의 적정성, 조정금액의 타당성 검토
4. 조정금액 산정	발주기관	법령에 정해진 기준에 따라 조정금액 산정
5. 협의	양 당사자	조정금액에 대한 협의
6. 변경계약 체결	양 당사자	변경계약서 작성 및 서명·날인

 계약변경, 이렇게 대응하기

계약변경은 실무에서 매우 빈번하게 발생하며, 어떻게 대응하느냐에 따라 기업의 수익에 큰 영향을 미치므로, 계약담당자는 다음 사항을 숙지하여 적극적으로 대응해야 함

▶ 변경 사유의 문서화: 발주기관의 구두 지시나 협의 내용도 반드시 회의록, 공문 등의 서면으로 기록을 남겨야 하며, 이는 향후 발생할 수 있는 분쟁에서 중요한 증거 자료가 됨

▶ 신속한 조정 요청: 계약금액 조정 사유가 발생하면 즉시 관련 자료(비용 산출 내역 등)를 구비 하여 발주기관에 조정을 요청해야 하며, 조정 요청이 늦어지면 이미 이행된 부분에 대해 보상받기 어려울 수 있음

▶ 내역서 관리 철저: 계약 체결 시 산출내역서를 꼼꼼하게 작성하고 관리해야 하며, 특히 단가, 수량, 품목 등이 명확해야 설계변경 시 증감되는 공사량을 정확하게 산출하고 정당한 대가를 받을 수 있음

▶ 전문가 활용: 계약금액 조정, 클레임 제기는 법률 및 기술적 전문성이 요구되는 분야이므로, 내부 전문가가 없다면 외부의 조달·계약 전문가나 변호사의 자문을 받는 것을 적극 고려해야 함

③ 계약금액 조정의 제한 및 특례

- 계약금액 조정에는 일정한 제한이 있음. 설계변경의 경우 총공사비의 10% 범위를 초과하는 증액은 원칙적으로 불가하며, 이를 초과하는 경우에는 별도의 계약을 체결해야 함
- 물가변동 조정의 경우, 조정기준일 이전에 이미 이행이 완료된 부분에 대해서는 조정을 적용하지 않음
- 장기계속계약의 경우, 각 차수별 계약에 대해 별도로 물가변동 조정을 적용할 수 있음

〈계약금액 조정의 제한 사항〉

구분	제한 내용	비고
설계변경 증액 한도	총공사비의 10% 범위 초과 불가	초과 시 별도 계약
물가변동 소급 적용	조정기준일 이전 이행 부분 미적용	장래 이행분만 적용
이중 조정 금지	동일 사유로 중복 조정 불가	설계변경 + 물가변동 별도 적용 가능
감액 조정	물가 하락 시 발주기관도 감액 청구 가능	쌍방 청구 가능

- 특례: 긴급한 재해복구 공사 등 특수한 상황에서는 변경계약 절차를 간소화할 수 있으며, 개산계약(槪算契約)의 경우에는 사후 정산을 통해 계약금액을 확정함

✓ Check Q&A

설계변경으로 총공사비의 15%가 증가하는 경우 어떻게 처리하는가?

정답

총공사비의 10%를 초과하는 증액은 원칙적으로 기존 계약의 변경으로 처리할 수 없다. 이 경우 10% 범위까지는 변경계약으로 처리하고, 초과분은 별도의 계약을 체결하여 처리해야 한다.

〈장기계속계약과 계속비계약의 비교〉

구분	장기계속계약(Long-term Continuing Contract)	계속비계약(Continuing Expenditure Contract)
개념	총 사업예산 범위 내에서 각 회계연도 예산에 따라 차수별로 계약을 체결하는 방식	국회의 의결을 얻은 계속비 예산 총액 범위 내에서 전체 사업에 대해 하나의 계약을 체결하는 방식
법적 근거	국가계약법 제21조	국가재정법 제23조
계약의 효력	각 차수별 계약이 독립적으로 성립(차수별 계약 불이행은 전체 계약 불이행이 아님)	전체 사업에 대해 단일한 계약으로 성립(총괄계약)
계약금액 조정	각 차수별 계약금액을 기준으로 물가변동, 설계변경 등 조정 사유를 개별적으로 검토	총 계약금액을 기준으로 조정 사유를 검토하고, 잔여 이행 부분 전체에 대해 조정금액 산정
특징	• 연부액(연차별 예산)이 확정되지 않아도 계약 가능 • 예산 확보의 불확실성 존재	• 수년간의 예산이 총액으로 확보되어 안정적인 사업 추진 가능 • 국회의 사전 의결 필요

2 계약의 해제·해지 절차 및 사후 조치

① 계약 해제와 해지의 개념 및 구별

- 계약의 해제는 계약의 효력을 소급하여 소멸시키는 것이고, 계약의 해지는 장래에 대하여 계약의 효력을 소멸시키는 것
- 해제는 계약이 처음부터 없었던 것으로 되돌리는 것이므로 원상회복의무가 발생하고, 해지는 이미 이행된 부분은 유효하게 남기고 장래의 이행만 중단하는 것
- 공공계약에서는 계약상대자의 귀책사유, 발주기관의 불가피한 사유 등으로 계약을 더 이상 유지할 수 없을 때 해제 또는 해지 절차를 진행함

〈계약 해제와 해지의 비교〉

구분	계약 해제	계약 해지
효력	소급적 소멸(처음부터 없었던 것)	장래적 소멸(이후부터 효력 상실)
원상회복	원상회복 의무 발생	이미 이행된 부분은 유효
적용 대상	이행 전 또는 이행 초기 단계	이행 중 또는 계속적 계약
대금 정산	이미 지급된 대금 반환	기성 부분에 대한 대가 정산

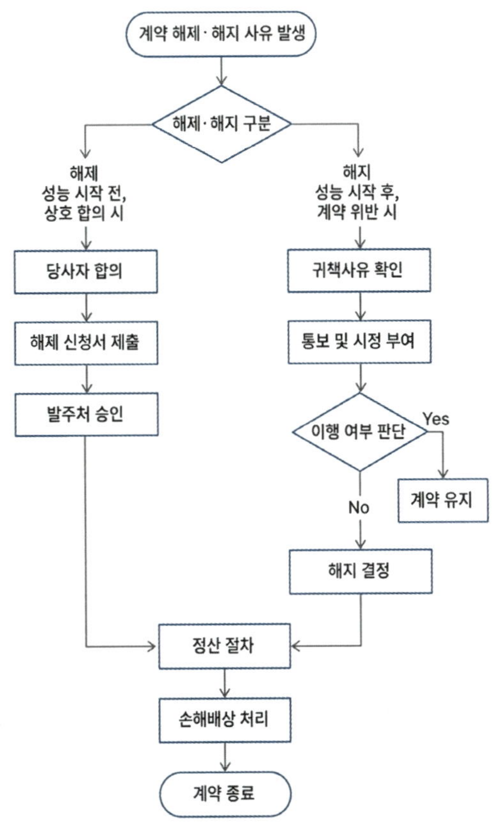

▲ 계약 해제 · 해지 절차 플로우차트

② 계약상대자의 귀책사유로 인한 해제 · 해지

- 계약상대자가 정당한 이유 없이 계약 이행을 거부하거나, 계약 이행이 불가능하다고 인정될 때, 또는 입찰/계약 관련 서류를 위조 · 변조하는 등 중대한 계약조건을 위반했을 때 발주기관은 계약을 해제 또는 해지할 수 있음
- 사후 조치: 계약 해제 · 해지 시 발주기관은 계약보증금을 국고에 귀속시키고, 해당 계약상대자를 부정당업자로 입찰참가자격을 제한할 수 있으며, 계약보증금으로 손해를 보전하기에 부족한 경우, 발주기관은 별도로 손해배상을 청구할 수 있음

〈계약상대자의 귀책사유에 의한 계약 해제 · 해지 사유〉

구분	주요 사유	사후 조치
이행 지체	정당한 이유 없이 약정한 착수기일을 경과하고도 착수하지 않거나, 계약 이행이 현저히 지연되어 계약기간 내 완성이 불가능하다고 인정될 때	계약보증금 국고 귀속
이행 불능	계약상대자의 파산, 부도, 해산 등으로 계약 이행이 불가능한 경우	계약보증금 국고 귀속
불완전 이행	계약의 주요 부분을 이행하지 않거나, 시정요구에 불응하는 경우	계약보증금 국고 귀속
부정 행위	입찰 · 계약 서류 위조 · 변조, 담합 등 부정당업자 제재 사유에 해당하는 행위를 한 경우	계약보증금 국고 귀속 + 부정당업자 제재

⊕ **plus**

타절준공(부분준공)

- 계약이 중도에 해지 또는 해제되었으나, 이미 이행된 부분이 발주기관에 상당한 이익을 주는 경우, 해당 부분에 대해 준공 처리를 하는 것을 타절준공이라고 함
- 예를 들어, 10km 도로 포장 공사 중 7km가 완료된 상태에서 계약이 해지되었고, 그 7km 구간이 독립적으로 사용 가능한 경우 발주기관은 해당 부분에 대해 타절준공을 하고 기성대가를 지급할 수 있음
- 타절준공은 계약상대자의 귀책사유, 발주기관의 사정, 또는 쌍방의 합의에 의해 계약이 해지된 경우 모두 가능하며, 타절준공이 인정되면, 해당 부분에 대해서는 하자담보책임이 발생하고 계약상대자는 하자보수보증금을 납부해야 함

✓ **Check Q&A**

계약상대자의 귀책사유로 계약이 해지된 경우, 이미 이행한 부분에 대한 대가는 어떻게 되는가?

정답

계약상대자의 귀책사유로 해지된 경우에도 이미 이행이 완료된 부분에 대한 대가는 정산하여 지급한다. 다만, 계약보증금은 국고에 귀속되며, 발주기관의 손해가 보증금을 초과하는 경우 별도의 손해배상을 청구할 수 있다.

법조문　돋보기

「국가를 당사자로 하는 계약에 관한 법률」 제12조(계약의 해제·해지)
▶ 각 중앙관서의 장 또는 계약담당공무원은 계약상대자가 계약을 이행하지 아니하거나 계약을 이행할 수 없음이 명백하다고 인정될 때에는 해당 계약의 전부 또는 일부를 해제 또는 해지할 수 있음

③ 발주기관의 사정으로 인한 해제·해지
- 발주기관의 사업계획 변경, 예산 삭감 등 불가피한 사유로 계약을 계속 이행할 필요가 없어진 경우 계약을 해제 또는 해지할 수 있음
- 이 경우 발주기관은 계약상대자가 이미 이행한 부분에 대한 대가를 지급해야 하고, 계약 해제로 인해 계약상대자에게 발생한 손실을 보상해야 하며, 계약보증금은 계약상대자에게 반환함

실무톡톡 　계약 해지 분쟁, 이렇게 대응하기

계약 해지는 양 당사자에게 큰 손실을 초래하며, 종종 심각한 분쟁으로 이어지므로, 계약 해지 통보를 받거나 고려할 경우, 다음과 같이 체계적으로 대응해야 함
▶ 해지 사유의 적법성 검토: 상대방이 통보한 해지 사유가 계약서 및 법령에 근거한 정당한 사유인지를 먼저 면밀히 검토해야 하며, 부당한 사유일 경우, 내용증명을 통해 해지의 부당함을 알리고 계약 이행 의사가 있음을 명확히 밝혀야 함
▶ 증거 자료 확보: 계약 이행 과정의 모든 기록(공문, 회의록, 작업일지, 사진 등)을 확보하고, 해지 사유와 관련된 증거를 체계적으로 정리해야 하며, 특히 상대방의 귀책사유를 입증할 자료는 매우 중요함
▶ 손실액 산정: 계약 해지로 인해 발생한 손실(기성금, 추가 투입 비용, 철수 비용, 일실이익 등)을 객관적인 자료에 근거하여 정확하게 산정해야 함
▶ 협상 및 분쟁 해결: 우선 당사자 간의 협상을 통해 원만한 해결을 시도하되, 합의가 어려운 경우 신속하게 분쟁조정, 중재, 소송 등 법적 절차를 준비해야 하며, 소멸시효를 놓치지 않도록 주의해야 함

④ 부정당업자 제재
- 계약상대자가 계약 이행과 관련하여 부정한 행위를 하거나, 계약을 이행하지 않는 경우 발주기관은 해당 업체를 부정당업자로 지정하여 일정 기간 입찰참가자격을 제한할 수 있음
- 부정당업자 제재는 공공조달 시장의 공정성과 투명성을 확보하기 위한 핵심적인 제도이며, 입찰참가자격 제한 기간은 위반 행위의 경중에 따라 1개월 이상 2년 이하의 범위에서 결정됨

법조문　돋보기

「국가를 당사자로 하는 계약에 관한 법률」 제27조(부정당업자의 입찰참가자격 제한)
▶ 각 중앙관서의 장은 경쟁의 공정한 집행 또는 계약의 적정한 이행을 해칠 염려가 있거나 기타 입찰에 참가시키는 것이 적합하지 아니하다고 인정되는 자에 대하여는 2년 이내의 범위에서 대통령령이 정하는 바에 따라 입찰참가자격을 제한하여야 함

 부정당업자 제재 사유 및 기간

「국가계약법 시행규칙」 [별표 2]는 부정당업자 입찰참가자격 제한의 기준을 상세히 규정하고 있으며, 주요 위반 행위 및 제한 기간은 다음과 같음

〈주요 부정당업자 제재 사유 및 제한 기간〉

위반 행위 유형	세부 내용	제한 기간
입찰/계약 방해	담합, 위계 또는 위력 행사 등 공정한 경쟁을 방해한 경우	1년 이상 2년 이하
뇌물 공여	입찰, 계약체결, 계약 이행 관련 뇌물을 제공한 경우	1년 이상 2년 이하
부실 이행	정당한 이유 없이 계약을 이행하지 않거나, 부실·조잡하게 이행한 경우	6개월 이상 1년 미만
문서 위조/변조	입찰 또는 계약에 관한 서류를 위조, 변조, 부정하게 행사한 경우	6개월 이상 1년 미만
계약 미체결	낙찰 후 정당한 이유 없이 계약을 체결하지 않은 경우	3개월 이상 6개월 미만
안전 조치 소홀	계약 이행 중 안전 조치를 소홀히 하여 인명 피해를 발생시킨 경우	1년 이상 2년 이하

3 손해배상 및 분쟁해결 절차

① 손해배상

- 계약 당사자 일방의 귀책사유로 인해 상대방에게 손해가 발생한 경우, 귀책 당사자는 그 손해를 배상할 책임이 있으며, 대표적인 손해배상으로는 계약 상대자의 계약 이행 지체 시 부과하는 지체상금이 있음
- 반대로 발주기관의 귀책사유로 계약 이행이 지연된 경우, 계약상대자는 추가적으로 발생 한 비용(간접노무비, 장비유휴비 등)에 대해 손해배상을 청구할 수 있음

〈손해배상의 유형〉

유형	청구 주체	주요 사유	배상 범위
지체상금	발주기관 → 계약상대자	계약 이행 지체	지체일수 × 계약금액 × 지체상금률
손해배상	계약상대자 → 발주기관	발주기관의 귀책으로 이행 지연	추가 발생 비용 (간접비, 유휴비 등)
계약보증금 귀속	발주기관	계약 불이행	계약보증금 전액
하자보수	발주기관 → 계약상대자	하자 발생	하자보수비용 또는 하자보수보증금

➕ plus

채권자지체(Creditor's Delay)와 계약상대자의 권리

- 채권자지체란, 채무자(계약상대자)가 계약 내용에 따라 이행을 제공하였음에도 불구하고 채권자(발주기관)가 이를 수령하지 않거나 협력의무를 이행하지 않아 계약 이행이 지연되는 상태를 말함
- 예를 들어, 계약상대자가 납품 준비를 완료했으나 발주기관이 창고 부족 등의 이유로 인수를 거부하는 경우, 또는 발주기관이 제공해야 할 설계도서나 자재의 제공이 늦어져 후속 공정이 지연되는 경우가 이에 해당함
- 채권자지체가 성립하면 계약상대자는 다음과 같은 권리를 주장할 수 있음
  - 계약기간 연장: 발주기관의 귀책사유로 지연된 기간만큼 계약기간 연장을 청구할 수 있음
  - 추가 비용 청구: 지연기간 동안 발생한 추가 비용(유휴장비 임대료, 현장 유지관리비, 간접노무비 등)에 대해 손해배상을 청구할 수 있음
  - 지체상금 면제: 채권자지체 기간은 계약상대자의 지체일수에서 제외되므로 해당 기간에 대한 지체상금이 면제됨
  - 계약 해지: 채권자지체로 인해 더 이상 계약 목적을 달성할 수 없다고 판단될 경우, 계약을 해지하고 손해배상을 청구할 수 있음

공사대금 채권의 소멸시효

- 공사대금 채권은 상사채권으로, 원칙적으로 5년의 소멸시효가 적용됨. 그러나 「민법」 제163조 제3호는 도급받은 자의 공사에 관한 채권에 대해 3년의 단기 소멸시효를 규정하고 있음
- 판례는 공공공사 계약도 도급계약의 일종으로 보아 3년의 단기 소멸시효를 적용하는 경우가 많으므로, 계약상대자는 대금 청구권이 시효로 소멸되지 않도록 각별히 유의해야 함
- 소멸시효는 권리자가 권리를 행사할 수 있음을 안 날로부터 진행되므로, 통상 기성고가 발생한 시점 또는 준공검사 합격 시점부터 기산됨
- 시효 중단을 위해서는 내용증명 발송, 가압류·가처분 신청, 소송 제기 등의 조치를 취해야 함

✅ **Check Q&A**

대한상사중재원의 중재 판정은 어떤 효력을 갖는가?

정답

법원의 확정판결과 동일한 효력

국가계약분쟁조정위원회의 구성과 운영

- 국가계약분쟁조정위원회는 위원장 1인을 포함하여 15인 이내의 위원으로 구성되며, 위원은 법률, 건설, 회계, 조달 등 관련 분야의 전문가 중에서 기획재정부장관이 위촉함
- 조정 신청은 분쟁 당사자 일방 또는 쌍방이 할 수 있으며, 조정위원회는 신청일로부터 60일 이내에 조정안을 작성하여 당사자에게 제시해야 함
- 당사자가 조정안을 수락하면 재판상 화해와 동일한 효력이 발생함

---

② 분쟁해결 절차
- 계약 이행 중 발생하는 분쟁은 우선적으로 당사자 간의 협의를 통해 해결하는 것이 원칙이며, 협의가 이루어지지 않을 경우, 법령에 정해진 분쟁해결 절차를 따를 수 있음

〈공공조달 분쟁해결 절차〉

절차	기관	특징	법적 구속력
당사자 협의	–	가장 우선적인 해결 방법, 비용과 시간이 적게 소요	합의 시 구속력
이의신청	해당 발주기관, 기획재정부	입찰 및 낙찰자 결정 등 특정 단계에 대한 불복 절차	결정에 대한 구속력
분쟁조정	국가계약분쟁조정위원회, 지방계약분쟁조정위원회	제3자인 전문가 위원회가 조정을 통해 해결을 유도(준사법적 절차)	수락 시 구속력
중재	대한상사중재원	중재인의 판정에 법원의 확정판결과 동일한 효력 부여(신속한 해결)	확정판결의 효력
소송	법원	최후의 수단으로 시간과 비용이 많이 소요 됨	확정판결의 효력

〈이의신청 대상 및 처리 절차〉

구분	내용
신청 대상	입찰참가자격 사전심사(PQ), 적격심사, 낙찰자 결정 등 입찰 및 계약 과정에서의 불이익 처분
신청 기관	해당 처분을 한 발주기관 또는 기획재정부(국가계약), 행정안전부(지방계약)
신청 기한	처분이 있음을 안 날로부터 15일, 처분이 있은 날로부터 30일 이내
처리 절차	발주기관은 접수 후 10일 이내 심사 및 결과 통보, 기재부/행안부는 15일 이내 심사 및 시정 권고
효력	발주기관은 특별한 사유가 없는 한 심사 결과 또는 시정 권고에 따라야 함

- 국가계약분쟁조정위원회는 기획재정부에 설치되고, 국가계약에 관한 분쟁을 조정하며, 조정 대상은 주로 계약의 해석, 계약금액 조정, 대금 지급, 지체상금 부과, 계약 해지 등 계약 이행과 관련된 분쟁이 해당됨
- 국가계약분쟁조정위원회의 조정 절차는 조정 신청 접수 → 사실 조사 및 당사자 의견 청취 → 조정안 작성 및 제시 → 당사자의 수락 여부 확인 순으로 진행됨
- 지방계약분쟁조정위원회는 행정안전부에 설치되고, 지방자치단체 계약에 관한 분쟁을 조정함
- 조정위원회의 조정안은 양 당사자가 수락해야 효력이 발생함

〈국가계약분쟁조정위원회의 조정 절차〉

단계	주요 내용	처리 기한
1. 조정 신청	분쟁 당사자가 위원회에 조정신청서와 관련 자료 제출	–
2. 피신청인 답변	위원회는 피신청인에게 신청서 부본을 송달하고, 답변서 제출 요구	답변서 제출 (10일 이내)
3. 사실 조사	위원회는 현장 조사, 관련 서류 검토, 참고인 진술 청취 등 사실관계 조사	–
4. 의견 청취	당사자 또는 이해관계인을 위원회에 출석시켜 의견 진술 기회 부여	–
5. 조정안 작성	위원회는 조사와 심의를 거쳐 조정안을 작성하여 당사자에게 제시	조정 신청일로부터 60일 이내 (필요시 30일 연장 가능)
6. 수락 및 효력	양 당사자가 조정안을 수락하면 조정조서를 작성하고, 재판상 화해와 동일한 효력 발생	조정안 제시 후 15일 이내 수락 여부 통보

이의신청
- 발주기관 내부 처리
- 신속한 해결
- 비용 무료
- 기간: 14일 이내

조정
- 조달청 국가계약분쟁조정위원회
- 합의 도출
- 양측 수용 필요
- 기간: 60일 이내

중재
- 대한상사중재원
- 구속력 있는 판정
- 법원 판결과 동일 효력
- 기간: 6개월 내외

소송
- 법원 제기
- 법적 강제력
- 최종적 해결
- 기간: 1-2년

▲ 공공조달 분쟁해결 절차 유형

Check Q&A

국가계약분쟁조정위원회의 조정안을 한쪽 당사자만 수락하면 효력이 발생하는가?

정답

조정안은 양 당사자 모두가 수락해야 효력이 발생한다. 한쪽이라도 거부하면 조정은 불성립되며, 다른 분쟁해결 절차(중재, 소송 등)를 이용해야 한다.

Check Q&A

이의신청과 분쟁조정은 어떻게 다른가?

정답

이의신청은 입찰 및 낙찰자 선정 과정 등 특정 단계의 결정에 대한 불복 절차로, 해당 발주기관이나 상급기관(기획재정부)에 제기한다.

반면, 분쟁조정은 계약 이행 과정에서 발생하는 다양한 분쟁을 제3자인 분쟁조정위원회가 개입하여 해결을 유도하는 준사법적 절차이다.

이의신청은 절차의 위법·부당함을 다투는 것이고, 분쟁조정은 계약 내용의 해석, 대금 지급 등 보다 넓은 범위의 분쟁을 다룬다.

1 납품검사·검수 및 대금 지급 절차

① 납품검사 및 검수
- 검사(Inspection)는 계약상대자가 계약의무를 모두 이행했는지 여부를 확인하는 절차이며, 검수(Acceptance)는 검사에 합격한 목적물을 최종적으로 인수하는 절차
- 검사는 계약서, 규격서, 과업지시서 등 관계 서류에 따라 엄정하게 실시해야 하며, 발주기관은 계약상대자로부터 검사 요청을 받은 날로부터 14일 이내에 검사를 완료해야 함
- 검사는 소속 공무원(검사공무원) 또는 전문기관에 의뢰하여 실시할 수 있음

Check Q&A

검사와 감리는 어떻게 다른가?

정답

검사는 발주기관이 계약상대자의 계약 이행 완료 상태를 확인하고 인수를 결정하는 행정 절차이다. 반면, 감리(Supervision)는 주로 건설공사에서 제3자인 감리 전문회사가 설계도서 및 관련 규정에 따라 시공이 적절히 이루어지는지 관리·감독하는 기술적인 활동이다.
검사는 결과를 확인하는 것이고, 감리는 과정을 관리하는 것이라는 점에서 차이가 있다.

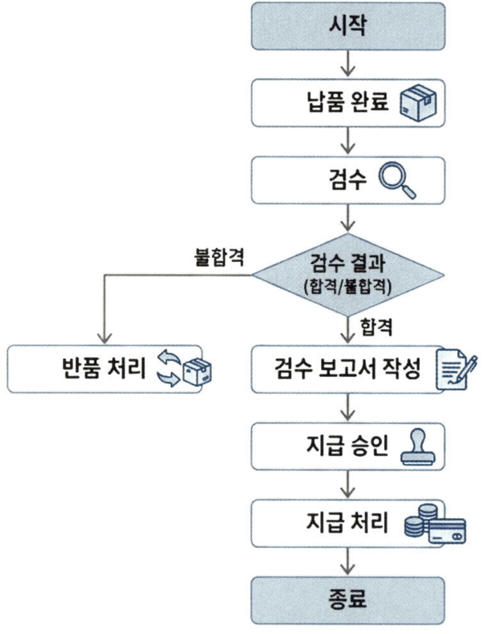

▲ 검사·검수 및 대금 지급 프로세스 플로우차트

〈검사 및 검수 절차〉

단계	주체	주요 활동	기한
1. 완료 보고	계약상대자	계약 이행 완료 후 관련 서류를 첨부하여 발주기관에 완료 보고 및 검사 요청	–
2. 검사 실시	발주기관 (검사공무원)	계약서 및 규격서대로 이행되었는지 여부 검사(필요시 전문기관에 의뢰)	요청 후 14일 이내
3. 합격/불합격 통보	발주기관	검사 결과에 따라 합격 또는 불합격 통보	–
4. 시정/보완	계약상대자	불합격 시 지정된 기간 내에 시정 또는 보완 조치 후 재검사 요청	지정 기간 내
5. 검수 및 인수	발주기관 (물품출납 공무원)	검사에 합격한 목적물을 최종적으로 인수하고 검수 조서 작성	–

〈검사의 종류 및 특징〉

종류	대상 및 시점	주요 특징	관련 대가 지급
기성부분 검사	공사, 장기계속계약 등에서 부분 이행 완료 시	• 계약수량, 이행 전망, 이행기간 등을 고려하여 실시 • 검사에 합격한 부분에 대해 기성대가 지급 가능	기성대가
중간검사	계약 목적물의 가공, 조립, 제작 과정 등 중간 단계	• 필요시 계약서에 중간검사 조항 명시 • 품질 확보 및 공정 관리 목적	–
분할납품 검사	계약 목적물을 여러 번에 나누어 납품하는 경우	• 각 분할납품분에 대해 독립적으로 검사 실시 • 합격한 납품분에 대해 분할대가 지급 가능	분할대가
최종검사 (준공/ 완납검사)	계약의무 전체가 이행 완료된 후	• 계약의 최종 종결을 위한 필수 절차 • 검사 합격 후 최종 대가(준공/완납 대가) 지급	준공(완납) 대가

법조문 **돋보기**

「국가를 당사자로 하는 계약에 관한 법률 시행령」 제55조(검사)
▶ 각 중앙관서의 장 또는 계약담당공무원은 계약상대자가 계약의 전부 또는 일부의 이행을 완료한 때에는 계약서・설계서 기타 관계서류에 의하여 이를 확인하기 위한 검사를 하여야 함
▶ 제1항의 규정에 의한 검사는 검사를 요청받은 날부터 14일 이내에 완료하여야 함

② 대금 지급
- 발주기관은 검사에 합격하고 계약상대자로부터 대금 청구를 받은 날로부터 5일(공휴일, 토요일 제외) 이내에 대가를 지급해야 함
- 대금 지급 지연 시에는 지연일수에 따라 지연이자를 지급해야 함

〈대금 지급 유형별 비교〉

구분	기성대가	준공(완납)대가
지급 시점	계약 이행 중(기성 검사 합격 후)	계약 이행 완료 후(최종 검사 합격 후)
적용 대상	공사, 장기계속계약, 대규모 용역	물품 구매, 단기 용역 등
지급 기한	대금 청구 후 5일 이내	대금 청구 후 5일 이내
검사 방법	기성 부분에 대한 중간검사	전체 목적물에 대한 최종검사

- 선금: 계약상대자의 자금 부담을 경감하기 위해 계약 체결 후 계약 이행 전에 일정 금액을 미리 지급하는 것
  - 선금은 계약금액의 70% 이내에서 지급할 수 있음
  - 선금을 지급받은 계약상대자는 선금 사용 내역을 정산하여 보고해야 하며, 선금은 기성대가 또는 준공대가 지급 시 정산(공제)함

실무톡톡   **선금, 제대로 알고 활용하기**

선금은 계약상대자의 초기 자금 부담을 덜어주는 유용한 제도이지만, 잘못 사용하면 오히려 독이 될 수 있으며, 선금 신청 및 사용 시 다음 사항에 유의해야 함
- ▶ 사용 목적의 제한: 선금은 해당 계약의 목적 달성을 위한 용도(노무비, 자재 확보, 장비 대여료 등)로만 사용해야 하며, 다른 공사대금으로 유용하거나 회사 운영비로 사용하는 것은 금지됨
- ▶ 사용 내역서 제출: 계약상대자는 선금 사용 내역서를 작성하여 발주기관에 제출해야 하며, 발주기관은 사용 내역을 검토하여 목적 외 사용이 확인되면 선금 잔액을 회수하고, 향후 선금 지급을 제한할 수 있음
- ▶ 정산 및 보증 관리: 선금은 대가 지급 시마다 정산(공제)되며, 정산 비율에 따라 선금보증금도 감액 신청을 해야 불필요한 보증 수수료 부담을 줄일 수 있음

2️⃣ 각종 보증금 관리 및 지체상금 부과

① 각종 보증금 관리
- 공공계약에서는 계약의 성실한 이행을 담보하고, 계약 불이행 시 발생할 수 있는 손해를 보전하기 위해 계약 단계별로 계약상대자로부터 각종 보증금을 징수함
- 보증금은 원칙적으로 현금으로 납부해야 하지만, 계약상대자의 부담을 덜어주기 위해 보증보험증권, 건설공제조합 등 공제조합의 보증서, 은행의 지급보증서 등 보증서로 갈음하는 것이 일반적임

〈주요 보증금의 종류 및 목적〉

보증금 종류	납부 시점	목적	보증금률	귀속/반환 조건
입찰 보증금	입찰 참가 시	낙찰 후 계약 미체결 방지	5% 이상	계약 체결 시 반환, 미체결 시 국고 귀속
계약 보증금	계약 체결 시	계약의 성실한 이행 담보	10% 이상 (공사 15%)	계약 이행 완료 시 반환, 불이행 시 국고 귀속
선금 보증금	선금 신청 시	선금의 목적 외 사용 및 미반환 방지	선금액 + 이자	선금 정산 완료 시 반환
하자보수 보증금	준공(납품) 후	하자담보책임기간 내 하자보수 이행 담보	2% ~ 5%	하자담보책임기간 종료 시 반환

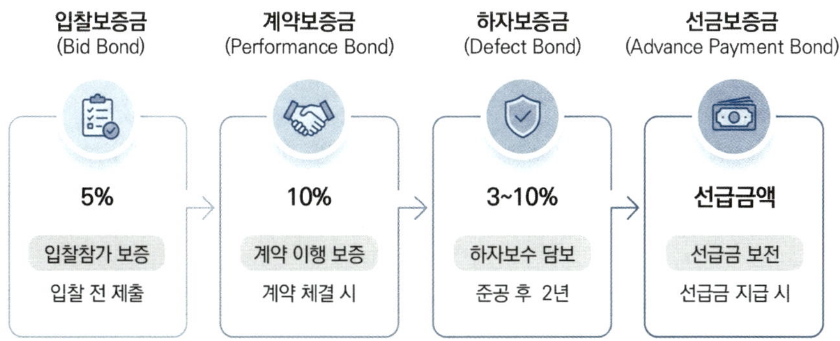

▲ 공공계약 4대 보증금 비교

 현금 납부 vs 보증서 납부

▶ 보증금을 현금으로 납부하면 계약 기간 동안 해당 자금이 묶이게 되어 기업의 현금 유동성에 부담을 줄 수 있음
▶ 반면, 보증서를 이용하면 소정의 수수료만으로 보증 효과를 얻을 수 있어 대부분의 기업이 선호하지만 보증사고(계약 불이행 등)가 발생하여 발주기관이 보증기관에 보험금을 청구하면, 보증기관은 계약상대자에게 구상권을 행사하여 지급한 보험금을 회수하므로 계약상대자의 최종 책임이 면제되는 것은 아님

② 지체상금 부과 및 계산
- 지체상금은 계약상대자가 정당한 이유 없이 계약 이행을 지체한 경우, 지체 일수에 따라 계약금액 에 일정 비율(지체상금률)을 곱하여 징수하는 일종의 손해배상액
- 지체상금은 계약상대자에게 지급할 대가에서 우선적으로 상계할 수 있으며, 지체상금의 누계액은 계약보증금 상당액을 초과할 수 없음
- 지체상금 계산 공식: 지체상금 = 계약금액 × 지체상금률 × 지체일수

➕ plus

4대 보증금의 역할과 기능
- 입찰보증금(Bid Bond): 입찰 과정의 성실성을 담보하는 보증금으로, 낙찰자로 선정된 자가 정당한 이유 없이 계약을 체결하지 않을 경우, 발주기관은 입찰보증금을 귀속시켜 입찰 절차의 지연 및 무산에 따른 손해를 보전함. 이는 무분별한 입찰참가를 방지하고 경쟁의 공정성을 확보하는 역할
- 계약보증금(Performance Bond): 계약 체결 후 계약상대자의 성실한 계약 이행을 담보하는 가장 핵심적인 보증금으로, 계약상대자가 계약을 이행하지 않거나 중도에 포기하는 경우, 발주기관은 계약보증금을 귀속시켜 손해를 보전하고 새로운 계약자를 선정하는 데 소요되는 비용 등에 충당함
- 선금보증금(Advance Payment Bond): 발주기관이 지급한 선금이 계약 목적 외로 사용되거나, 계약 해지 시 미정산 선금을 반환하지 않을 경우를 대비한 보증금으로, 선금 지급액 전액에 소정의 이자를 더한 금액으로 설정되며, 선금이 정산될 때마다 보증금액도 감액됨
- 하자보수보증금(Warranty Bond): 계약 목적물이 인도된 후, 정해진 하자담보책임기간 동안 발생하는 하자에 대한 보수 이행을 담보하는 보증금으로, 계약상대자가 정당한 이유 없이 하자보수 요구에 응하지 않을 경우, 발주기관은 이 보증금을 사용하여 직접 하자를 보수하거나 제3자에게 위탁할 수 있음

➕ plus

계약보증금의 면제 및 감면
- 일정 요건을 충족하는 경우 계약보증금의 전부 또는 일부를 면제하거나 감면할 수 있음
  - 국가기관 또는 지방자치단체와 계약하는 경우
  - 「조달사업에 관한 법률」에 따른 비축물자를 구매하는 경우
  - 추정가격이 5천만원 이하인 계약의 경우
- 다만, 계약보증금을 면제받은 경우에도 계약상대자의 계약 불이행 시에는 계약보증금에 해당하는 금액을 손해배상으로 청구할 수 있음

〈계약 유형별 지체상금률〉

계약 유형	지체상금률(1일당)	비고
공사	1,000분의 0.5	개정(과거 1/1,000)
물품의 제조·구매	1,000분의 0.75	개정(과거 1.5/1,000)
용역 및 기타	1,000분의 1.25	개정(과거 2.5/1,000)

〈지체상금 계산 예시〉

구분	내용
계약 유형	용역 계약
계약금액	1억원
지체상금률	1,000분의 1.25(1일당)
지체일수	10일
지체상금	1억 × 0.00125 × 10 = 125만원

실무톡톡 지체상금 계산 시 유의사항

▶ 지체상금은 계약금액 전체에 대해 부과되는 것이 원칙이나, 기성 부분이 있는 경우에는 기성 부분을 공제한 잔여 금액에 대해 부과할 수 있음
▶ 또한, 지체상금의 누계액이 계약보증금 상당액을 초과하면 계약을 해제 또는 해지할 수 있음
▶ 실무에서는 지체상금 부과 전에 계약상대자에게 이행 촉구 공문을 발송하고, 정당한 사유가 있는지 확인하는 절차를 거치는 것이 일반적임

- 계약상대자는 불가항력 사유 발생 시, 즉시 발주기관에 해당 사실을 통지하고, 계약기간 연장 및 지체상금 면제 등을 신청해야 하며, 이때 사유를 입증할 수 있는 객관적인 자료(기상청 증명서, 언론 보도 등)를 함께 제출해야 함
  - 천재지변 등 불가항력적 사유로 이행이 지연된 경우
  - 발주기관의 귀책사유로 이행이 지연된 경우
  - 검사 또는 검수에 소요된 기간

3 하자보증 및 사후관리 이행

① 하자보수
- 계약상대자는 계약 목적물에 대해 일정 기간 동안 발생하는 하자에 대해 보수할 책임을 지며, 이를 하자담보책임이라 함
- 하자담보책임기간은 계약 목적물의 종류와 중요도에 따라 법령에서 정하고 있으며, 통상 1년에서 10년 사이로 함

＋plus

보증금의 국고 귀속 절차

보증금을 국고에 귀속시키는 경우, 발주기관은 → 귀속 사유 발생 확인 → 계약상대자에게 귀속 사유 통지 및 의견 진술 기회 부여 → 귀속 결정 및 통보 → 보증금 또는 보증서에 의한 보험금 청구의 절차를 거쳐야 하며, 보증서로 납부된 경우에는 보증기관에 보험금을 청구하며, 보증기관은 보험금 지급 후 계약상대자에게 구상권을 행사할 수 있음

✔ Check Q&A

지체상금의 누계액이 계약보증금 상당액을 초과하면 어떻게 되는가?

정답

지체상금의 누계액이 계약보증금 상당액을 초과하면, 발주기관은 해당 계약을 해제 또는 해지할 수 있다. 이는 계약상대자의 이행 의사나 능력이 없다고 판단할 수 있는 근거가 된다.

✔ Check Q&A

용역 계약의 지체상금률은 1일당 얼마인가?

정답

1,000분의 1.25

＋plus

불가항력(Force Majeure)의 인정 기준

불가항력이란 계약당사자의 통제 범위를 벗어난 사건으로, 계약 이행을 불가능하게 하거나 지연시키는 사유를 말함. 천재지변, 전쟁, 전염병, 테러 등이 대표적인 예이며, 불가항력으로 인정받기 위해서는 다음 요건을 충족해야 함
- 외래성: 원인이 계약 당사자의 외부에서 발생해야 함
- 예측 불가능성: 계약 체결 당시 해당 사건의 발생을 예측할 수 없었어야 함
- 불가피성: 당사자가 합리적인 주의를 기울였음에도 불구하고 사건의 발생을 피할 수 없었어야 함

〈하자담보책임기간(주요 공종별)〉

공종	하자담보책임기간	비고
건축물의 주요 구조부	10년	기둥, 보, 내력벽, 기초 등
지붕, 방수	5년	방수층, 지붕 마감 등
일반 건축 마감	23년	도장, 타일, 창호 등
기계설비	2년	냉난방, 급배수 등
전기설비	2년	전력, 통신, 소방 등
물품	1년 이내	납품 후 1년 이내

- 발주기관은 하자담보책임기간 내에 하자가 발생하면 계약상대자에게 하자보수를 요구할 수 있으며, 계약상대자는 정당한 사유가 없는 한 이에 응해야 함
- 계약상대자가 하자보수 요구에 응하지 않을 경우, 발주기관은 하자보수보증금으로 직접 보수하거나 제3자에게 보수를 의뢰할 수 있음
- 하자보수 절차: 하자 발견 → 하자보수 요구(발주기관) → 하자보수 실시(계약상대자) → 하자보수 확인(발주기관)

법조문 돋보기

「국가를 당사자로 하는 계약에 관한 법률 시행령」 제70조(하자보수보증금)
- ▶ 각 중앙관서의 장 또는 계약담당공무원은 공사의 준공검사 또는 물품의 납품검사 후 그 목적물의 하자보수를 보증하기 위하여 계약상대자로 하여금 하자보수보증금을 납부하게 하여야 함
- ▶ 하자보수보증금은 계약금액의 100분의 2 이상 100분의 5 이하의 범위에서 정함

실무톡톡 하자보수, 꼼꼼하게 챙겨야 할 것들

하자보수는 계약이 종료된 후에도 기업의 평판과 수익에 영향을 미치는 중요한 관리 포인트이므로, 담당자는 다음 사항을 유의하여 하자보수 관련 분쟁을 예방하고 신속하게 처리해야 함
- ▶ 하자 여부의 명확한 판단: 발주기관으로부터 하자보수 요구를 받으면, 그것이 정말 하자에 해 당하는지, 아니면 발주기관의 관리 부실이나 자연적인 노후화에 의한 것인지 명확히 판단해야 하며, 부당한 요구에 대해서는 객관적인 근거를 들어 이의를 제기할 수 있음
- ▶ 신속한 현장 확인 및 조치: 하자보수 요구가 타당하다고 판단되면, 신속하게 현장을 확인하고 보수 계획을 수립하여 발주기관과 협의해야 하며, 신속한 대응은 발주기관과의 신뢰 관계를 유지하고, 하자가 확대되는 것을 막는 최선의 방법임
- ▶ 보수 완료 확인서 징구: 하자보수를 완료한 후에는 반드시 발주기관 담당자로부터 하자보수 완료 확인서를 받아두어야 하며, 이는 동일한 사안으로 다시 분쟁이 발생하는 것을 막는 중요한 증거가 됨
- ▶ 하자보수 이력 관리: 발생한 하자의 종류, 원인, 조치 내역, 비용 등을 체계적으로 기록하고 관리해야 하며, 이는 향후 유사한 하자의 재발을 방지하고, 제품이나 시공 품질을 개선하는 데 귀중한 데이터가 됨

➕ plus

하자보수보증금과 하자보수의무의 관계

하자보수보증금은 계약상대자가 하자보수의무를 이행하지 않을 경우를 대비한 금전적 담보일 뿐, 하자보수의무 자체를 대체하는 것은 아님. 즉, 하자보수 비용이 보증금액을 초과하더라도 계약상대자는 자신의 비용으로 하자를 완전히 보수해야 할 의무가 있으며, 또한 발주기관이 보증금을 사용하여 직접 하자를 보수했더라도, 추가적인 하자가 발생하면 계약상대자에게 다시 보수를 요구할 수 있음

✓ Check Q&A

하자담보책임기간이 종료되면 하자보수보증금은 자동으로 반환되는가?

정답

자동으로 반환되는 것은 아니며, 하자담보책임기간이 종료되면 발주기관은 하자 유무를 확인한 후, 미보수 하자가 없는 경우에 보증금을 반환한다. 미보수 하자가 있으면 보수 완료 후 반환한다.

② 사후관리

- 계약이 종결된 이후에도 발주기관은 계약 목적물의 운영, 유지보수, 성과 평가 등 사후관리를 수행함
- 특히 시스템 구축 등 정보화 사업의 경우, 안정적인 운영을 위한 유지관리 계약을 별도로 체결하는 경우가 많음

〈사후관리의 주요 내용〉

구분	주요 활동
목적물 운영 관리	계약 목적물의 정상적인 운영 상태 유지, 운영 매뉴얼 관리
유지보수 관리	정기적인 점검 및 유지보수 실시, 유지보수 계약 체결
성과 평가	계약 목적물의 성과 목표 달성 여부 평가, 개선사항 도출
보증금 관리	하자담보책임기간 종료 시 하자보수보증금 반환
기록 관리	계약 이행 관련 서류 보관, 감사 대비 자료 정리

CHAPTER 02

단원별 핵심문제

01

다음 중 계약금액 조정 사유로 가장 거리가 먼 것은?

① 설계서의 내용이 불분명하여 공사량이 증감한 경우
② 계약 체결 후 60일이 경과하고 품목조정률이 4% 상승한 경우
③ 발주기관의 사업계획 변경으로 과업 내용이 변경된 경우
④ 계약상대자의 제안으로 신공법을 사용하여 공사비가 절감된 경우

해설

물가변동으로 인한 계약금액 조정은 계약 체결 후 90일 이상 경과해야 하는 기간 요건이 있다. 60일만 경과했으므로 조정 사유에 해당하지 않는다.

02

물가변동으로 인한 계약금액 조정(Escalation)의 요건으로 옳은 것은?

① 계약 체결 후 60일 이상 경과, 변동률 3% 이상
② 계약 체결 후 90일 이상 경과, 변동률 3% 이상
③ 계약 체결 후 60일 이상 경과, 변동률 5% 이상
④ 계약 체결 후 90일 이상 경과, 변동률 5% 이상

해설

물가변동으로 인한 계약금액 조정은 계약 체결 후 90일 이상 경과하고, 품목조정률 또는 지수조정률이 3% 이상 증감한 경우에 가능하다.

03

계약상대자의 귀책사유로 계약이 해지될 경우, 발주기관이 취할 수 있는 조치로 옳지 않은 것은?

① 계약보증금을 국고에 귀속시킨다.
② 해당 계약상대자를 부정당업자로 입찰참가자격을 제한한다.
③ 계약상대자에게 손실보상금을 지급한다.
④ 기성 부분에 대한 대가는 정산 후 지급한다.

해설

손실보상금은 발주기관의 사정으로 계약이 해지될 경우에 계약상대자에게 지급하는 것이다. 계약상대자의 귀책사유 시에는 해당하지 않는다.

04

공공조달 계약의 분쟁해결 절차에 대한 설명으로 옳지 않은 것은?

① 분쟁 발생 시 당사자 간의 협의를 통해 우선적으로 해결해야 한다.
② 국가계약분쟁조정위원회의 조정안은 당사자가 수락해야 효력이 발생한다.
③ 대한상사중재원의 중재 판정은 법원의 확정판결과 동일한 효력을 갖는다.
④ 법원을 통한 소송은 가장 신속하고 비용이 적게 드는 해결 방법이다.

해설

법원을 통한 소송은 시간과 비용이 많이 소요되므로 일반적으로 최후의 수단으로 고려된다.

05

납품 검사에 대한 설명으로 옳은 것은?

① 검사는 계약상대자가 자체적으로 실시하는 절차이다.
② 발주기관은 검사 요청을 받은 날로부터 30일 이내에 검사를 완료해야 한다.
③ 검사에 불합격하면 계약은 즉시 해지된다.
④ 검사는 계약서, 규격서 등에 따라 계약의무 이행 여부를 확인하는 절차이다.

해설

검사는 발주기관이 계약서, 규격서 등에 따라 계약상대자의 계약의무 이행 여부를 확인하는 공식적인 절차이다.
① 검사는 발주기관이 실시한다.
② 검사는 14일 이내에 완료해야 한다.
③ 불합격 시 시정/보완 후 재검사를 받는다.

정답　　　01 ②　02 ②　03 ③　04 ④　05 ④

06

발주기관이 계약상대자로부터 대금 청구를 받은 후 며칠 이내에 대가를 지급해야 하는가? (단, 공휴일과 토요일은 제외)

① 3일   ② 5일
③ 7일   ④ 14일

해설

국가계약법 시행령 제58조에 따라, 발주기관은 대금 청구를 받은 날로부터 5일(공휴 일, 토요일 제외) 이내에 대가를 지급해야 한다.

07

다음 중 계약의 성실한 이행을 담보하기 위한 보증금이 아닌 것은?

① 입찰보증금   ② 계약보증금
③ 지체상금   ④ 하자보수보증금

해설

지체상금은 계약 이행 지체에 대한 손해배상액의 성격을 가지며, 계약 이행을 담보하기 위해 사전에 납부하는 보증금이 아니다.

08

공사 계약의 계약보증금률로 옳은 것은?

① 계약금액의 100분의 5 이상
② 계약금액의 100분의 10 이상
③ 계약금액의 100분의 15 이상
④ 계약금액의 100분의 20 이상

해설

국가계약법 시행령 제50조에 따라 공사 계약의 경우 계약보증금은 계약금액의 100분의 15 이상으로 한다. 일반 용역·물품 계약은 100분의 10 이상이다.

09

용역 계약의 지체상금률로 옳은 것은? (1일당)

① 1,000분의 0.5   ② 1,000분의 0.75
③ 1,000분의 1.25   ④ 1,000분의 1.5

해설

국가계약법 시행규칙 제75조에 따라 용역 계약의 지체상금률은 1,000분의 1.25이다.

10

하자담보책임에 대한 설명으로 옳지 않은 것은?

① 계약상대자는 하자담보책임기간 동안 발생한 하자를 보수할 책임이 있다.
② 하자보수보증금을 납부하면 하자보수의무가 면제된다.
③ 하자담보책임기간은 계약 목적물의 종류에 따라 법령으로 정해진다.
④ 발주기관은 하자 발생 시 계약상대자에게 하자보수를 요구할 수 있다.

해설

하자보수보증금은 하자보수의무 불이행에 대비한 금전적 담보일 뿐, 의무 자체를 면제시키는 것은 아니다.

11

설계변경으로 인한 계약금액 조정 시, 계약서에 없는 신규비목의 단가 산정 방법으로 옳은 것은?

① 계약단가를 적용한다.
② 예정가격단가를 적용한다.
③ 설계변경 당시 산정단가에 낙찰률을 곱한 금액으로 한다.
④ 설계변경 당시 시장가격을 그대로 적용한다.

해설

국가계약법 시행령 제64조에 따라, 계약서에 없는 신규비목의 단가는 설계변경 당시를 기준으로 산정한 단가에 낙찰률을 곱한 금액으로 한다.

12

국가계약분쟁조정위원회에 대한 설명으로 옳지 않은 것은?

① 기획재정부에 설치된다.
② 조정안은 양 당사자가 수락해야 효력이 발생한다.
③ 조정 신청은 분쟁 당사자 일방만 할 수 있다.
④ 위원장 1인을 포함하여 15인 이내의 위원으로 구성된다.

해설

조정 신청은 분쟁 당사자 일방 또는 쌍방이 할 수 있다.

정답   06 ②   07 ③   08 ③   09 ③   10 ②   11 ③   12 ③

13

계약의 해제와 해지에 대한 설명으로 옳은 것은?

① 해제는 장래에 대하여 계약의 효력을 소멸시키는 것이다.
② 해지는 계약의 효력을 소급하여 소멸시키는 것이다.
③ 해제 시에는 원상회복의무가 발생한다.
④ 해지 시에는 이미 이행된 부분도 무효가 된다.

해설

계약 해제는 소급적으로 계약의 효력을 소멸시키므로 원상회복의무가 발생한다.
① 해제는 소급적 소멸이다.
② 해지는 장래적 소멸이다.
④ 해지 시 이미 이행된 부분은 유효하게 남는다.

14

발주기관의 사정으로 계약이 해지될 경우의 조치로 옳지 않은 것은?

① 계약보증금을 계약상대자에게 반환한다.
② 이미 이행한 부분에 대한 대가를 지급한다.
③ 계약상대자에게 발생한 손실을 보상한다.
④ 해당 계약상대자를 부정당업자로 제재한다.

해설

부정당업자 제재는 계약상대자의 귀책사유로 해지될 경우에 해당하는 조치이다. 발주기관 사정으로 해지 시에는 보증금 반환, 대가 지급, 손실 보상을 해야 한다.

15

물가변동 조정 방식 중 품목조정률 방식에 대한 설명으로 옳은 것은?

① 한국은행이 발표하는 생산자물가지수를 적용한다.
② 계약금액을 구성하는 모든 비목의 실제 가격 변동을 조사하여 산정한다.
③ 품목 수가 많은 대규모 계약에 적합하다.
④ 발주기관이 일방적으로 선택한다.

해설

품목조정률 방식은 계약금액을 구성하는 모든 비목을 대상으로 실제 가격 변동을 조사하여 등락률을 산정하는 방식이다.
① 지수조정률 방식의 설명이다.
③ 품목조정률 방식은 품목 수가 적은 계약에 적합하다.
④ 계약상대자가 선택할 수 있다.

16

검사의 종류에 대한 설명으로 옳지 않은 것은?

① 중간검사는 이행 중간 단계에 실시하는 검사이다.
② 부분검사는 계약 목적물의 일부분에 대해 실시하는 검사이다.
③ 최종검사는 계약 이행이 완전히 종료된 후 실시하는 검사이다.
④ 모든 검사는 반드시 전문기관에 의뢰하여 실시해야 한다.

해설

검사는 소속 공무원(검사공무원)이 실시하는 것이 원칙이며, 필요한 경우에만 전문기관에 의뢰할 수 있다.

17

선금에 대한 설명으로 옳은 것은?

① 선금은 계약금액의 100%까지 지급할 수 있다.
② 선금은 계약 이행 완료 후에 지급한다.
③ 선금은 기성대가 또는 준공대가 지급 시 정산한다.
④ 선금을 받으면 선금보증금을 납부할 필요가 없다.

해설

선금은 기성대가 또는 준공대가 지급 시 정산(공제)한다.
① 선금은 계약금액의 70% 이내에서 지급한다.
② 선금은 계약 이행 전에 미리 지급한다.
④ 선금을 받으면 선금보증금을 납부해야 한다.

18

입찰보증금에 대한 설명으로 옳은 것은?

① 입찰보증금은 계약금액의 10% 이상이다.
② 입찰보증금은 계약의 성실한 이행을 담보한다.
③ 낙찰자가 계약을 체결하지 않으면 국고에 귀속된다.
④ 입찰보증금은 현금으로만 납부할 수 있다.

해설

낙찰자가 정당한 이유 없이 계약을 체결하지 않으면 입찰보증금은 국고에 귀속된다.
① 입찰보증금은 5% 이상이다.
② 계약 이행 담보는 계약보증금의 목적이다.
④ 보증서로도 납부할 수 있다.

정답 　13 ③　14 ④　15 ②　16 ④　17 ③　18 ③

19

지체상금에 대한 설명으로 옳지 않은 것은?

① 지체상금은 지체일수에 따라 산정한다.
② 지체상금은 계약상대자에게 지급할 대가에서 상계할 수 있다.
③ 천재지변으로 이행이 지연된 경우에도 지체상금을 부과한다.
④ 지체상금의 누계액은 계약보증금 상당액을 초과할 수 없다.

천재지변 등 불가항력적 사유로 이행이 지연된 경우에는 지체상금을 부과하지 않거나 지체일수에서 제외한다.

20

물품 제조 계약의 지체상금률로 옳은 것은? (1일당)

① 1,000분의 0.5　　　　② 1,000분의 0.75
③ 1,000분의 1.25　　　④ 1,000분의 1.5

물품의 제조·구매 계약의 지체상금률은 1,000분의 0.75이다.

21

하자보수보증금에 대한 설명으로 옳은 것은?

① 계약 체결 시 납부한다.
② 계약금액의 10% 이상으로 한다.
③ 하자담보책임기간 종료 시 반환한다.
④ 하자보수보증금을 납부하면 하자보수의무가 면제된다.

하자보수보증금은 하자담보책임기간이 종료되고 미보수 하자가 없는 경우에 반환한다.
① 준공(납품) 후에 납부한다.
② 계약금액의 2~5% 범위이다.
④ 보증금 납부와 의무 면제는 별개이다.

22

계약보증금의 면제가 가능한 경우로 옳지 않은 것은?

① 국가기관과 계약하는 경우
② 추정가격이 5천만원 이하인 계약의 경우
③ 조달사업에 관한 법률에 따른 비축물자를 구매하는 경우
④ 계약상대자가 대기업인 경우

계약상대자가 대기업이라는 이유만으로 계약보증금이 면제되지는 않는다.

23

건축물의 주요 구조부(기둥, 보, 내력벽 등)의 하자담보책임 기간은?

① 1년　　　　　　　② 3년
③ 5년　　　　　　　④ 10년

건축물의 주요 구조부(기둥, 보, 내력벽, 기초 등)의 하자담보책임기간은 10년이다.

24

다음 중 지체상금 면제 사유에 해당하지 않는 것은?

① 천재지변으로 이행이 지연된 경우
② 발주기관의 귀책사유로 이행이 지연된 경우
③ 검사 또는 검수에 소요된 기간
④ 계약상대자의 자금 사정이 어려운 경우

계약상대자의 자금 사정은 정당한 지체 사유에 해당하지 않으므로 지체상금이 면제되지 않는다.

25

보증금의 국고 귀속 절차로 옳은 순서는?

① 귀속 사유 확인 → 의견 진술 기회 부여 → 귀속 결정 → 보험금 청구
② 보험금 청구 → 귀속 사유 확인 → 귀속 결정 → 의견 진술 기회 부여
③ 귀속 결정 → 귀속 사유 확인 → 의견 진술 기회 부여 → 보험금 청구
④ 의견 진술 기회 부여 → 귀속 사유 확인 → 보험금 청구 → 귀속 결정

보증금의 국고 귀속은 귀속 사유 발생 확인 → 계약상대자에게 의견 진술 기회 부여 → 귀속 결정 및 통보 → 보증금 또는 보증서에 의한 보험금 청구의 순서로 진행된다.

정답　　19 ③　20 ②　21 ③　22 ④　23 ④　24 ④　25 ①

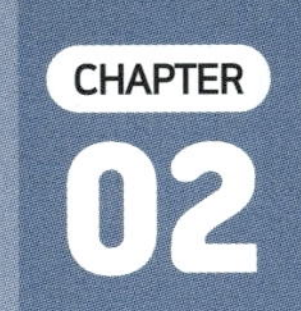

CHAPTER 02 최종점검 OX 퀴즈

OX 퀴즈 · **정답 및 해설**

01 설계변경은 계약상대자의 요청이 있을 때에만 가능하다. (○ , ×)

01 ×
발주기관의 필요에 의해서도 설계변경이 가능하다.

02 물가변동으로 인한 계약금액 조정은 계약 체결 후 90일이 지나야 신청할 수 있다. (○ , ×)

02 ○
기간 요건은 계약 체결 후 90일 이상 경과이다.

03 지수조정률이 3% 미만으로 상승한 경우에는 계약금액을 조정할 수 없다. (○ , ×)

03 ○
변동률 요건은 3% 이상 증감이다.

04 계약상대자의 부도로 계약 이행이 불가능해지면 발주기관은 계약을 해지할 수 있다. (○ , ×)

04 ○
이행 불능은 계약상대자의 귀책사유에 의한 계약 해지 사유에 해당한다.

05 발주기관의 사정으로 계약을 해지하는 경우, 계약보증금은 국고에 귀속된다. (○ , ×)

05 ×
발주기관 사정으로 해지 시 계약보증금은 반환되며, 계약상대자의 손실을 보상해야 한다.

06 계약 분쟁 발생 시 소송을 통해 해결하는 것이 가장 바람직하다. (○ , ×)

06 ×
당사자 간 협의를 통해 우선 해결하는 것이 원칙이며, 소송은 최후의 수단이다.

07 발주기관은 검사 요청을 받은 날로부터 14일 이내에 검사를 완료해야 한다. (○ , ×)

07 ○
국가계약법 시행령 제55조에 따른 규정이다.

08 검사에 불합격하면 계약상대자는 즉시 지체상금을 납부해야 한다. (○ , ×)

08 ×
불합격 시 지정된 기간 내에 시정 또는 보완 후 재검사를 받아야 하며, 최종 납기일을 초과하면 지체상금이 부과된다.

09 대금 청구 후 7일 이내에 대가를 지급하는 것이 원칙이다. (○ , ×)

09 ×
대금 청구 후 5일 이내(공휴일, 토요일 제외)에 지급해야 한다.

10 입찰보증금은 계약의 성실한 이행을 담보하기 위해 납부한다. (○ , ×)

10 ×
입찰보증금은 낙찰 후 계약 미체결을 방지하기 위한 것이고, 계약 이행 담보는 계약보증금의 목적이다.

11 공사 계약의 계약보증금률은 계약금액의 10% 이상이다. (○ , ×)

11 ×
공사 계약은 15% 이상이다.

12 지체상금은 계약상대자에게 지급할 대가에서 상계할 수 없다. (○ , ×)

12 ×
지체상금은 지급할 대가에서 우선적으로 상계할 수 있다.

13 물품 제조 계약의 지체상금률은 1일당 1,000분의 0.75이다. (○ , ×)

13 ○
물품의 제조·구매 계약의 지체상금률은 1일당 1,000분의 0.75이다.

14 하자담보책임기간은 모든 계약에서 동일하게 1년이다. (○ , ×)

15 하자보수 비용이 하자보수보증금액을 초과하면 계약상대자의 책임은 면제된다. (○ , ×)

16 물가변동 조정은 계약상대자만 청구할 수 있다. (○ , ×)

17 변경계약은 구두 합의만으로도 법적 효력이 인정된다. (○ , ×)

18 계약금액 조정은 이미 이행이 완료된 부분에 대해서도 소급 적용된다. (○ , ×)

19 계약 해제 시에는 원상회복의무가 발생한다. (○ , ×)

20 대한상사중재원의 중재 판정은 법원의 확정판결과 동일한 효력을 갖는다. (○ , ×)

21 선금은 계약금액의 50% 이내에서 지급할 수 있다. (○ , ×)

22 검사는 소속 공무원 또는 전문기관에 의뢰하여 실시할 수 있다. (○ , ×)

23 지체상금의 누계액은 계약금액 전체를 초과할 수 있다. (○ , ×)

24 하자보수보증금은 계약금액의 2% 이상 5% 이하 범위에서 정한다. (○ , ×)

25 국가계약분쟁조정위원회의 조정안은 한 쪽 당사자만 수락해도 효력이 발생한다. (○ , ×)

14 ×
계약 목적물의 종류와 중요도에 따라 1년에서 10년까지 다양하게 정해진다.

15 ×
보증금액을 초과하더라도 계약상대자는 자신의 비용으로 하자를 완전히 보수해야 한다.

16 ×
물가가 하락한 경우 발주기관도 계약금액 감액을 청구할 수 있다.

17 ×
변경계약은 반드시 서면으로 체결해야 하며, 구두 합의만으로는 법적 효력이 인정되지 않는다.

18 ×
조정기준일 이후에 이행되는 부분에 대해서만 적용되며, 소급 적용되지 않는다.

19 ○
해제는 소급적으로 계약의 효력을 소멸시키므로 원상회복의무가 발생한다.

20 ○
중재법에 따라 중재 판정은 확정판결과 동일한 효력이 있다.

21 ×
선금은 계약금액의 70% 이내에서 지급할 수 있다.

22 ○
검사는 소속 공무원(검사공무원)이 실시하거나, 필요한 경우 전문기관에 의뢰할 수 있다.

23 ×
지체상금의 누계액은 계약보증금 상당액을 초과할 수 없다.

24 ○
국가계약법 시행령 제70조에 따른 규정이다.

25 ×
조정안은 양 당사자 모두가 수락해야 효력이 발생한다.

CHAPTER
02

단원별 핵심정리

암기 필수사항

CHAPTER 02

1. 설계변경, 물가변동(계약 후 90일 경과, 3% 이상 변동), 기타 계약내용 변경 시 가능
2. 증감 물량은 계약단가, 계약단가 > 예정가격단가이면 증가분은 예정가격단가, 신규비목은 산정단가 × 낙찰률
3. 물가변동 조정 방식에는 품목조정률(개별 품목 조사) 또는 지수조정률(생산자물가지수 적용) 방식 사용
4. 해제는 소급적 소멸, 해지는 장래적 소멸이며, 귀책사유별 사후조치 상이
5. 계약상대자 귀책 시 계약보증금 국고 귀속 + 부정당업자 제재, 발주기관 사정 시 손실 보상
6. 분쟁해결은 당사자 협의 → 이의신청 → 분쟁조정 → 중재 → 소송 순으로 진행
7. 검사는 이행 여부 확인(14일 이내), 중간/부분/최종검사. 검수는 합격품 인수
8. 대금 청구 후 5일 이내 지급 원칙, 선금은 계약금액의 70% 이내
9. 주요 보증금은 입찰(5% 이상), 계약(10% 이상/공사 15%), 하자보수(2 ~ 5%), 선금(선금액 + 이자)보증금으로 구분
10. 지체상금률(1일당)은 공사 0.5 / 1,000, 물품 0.75 / 1,000, 용역 1.25 / 1,000. 누계액은 계약보증금 상당액 초과 불가

CHAPTER 03 물품 계약관리

01   물품계약 절차 및 이행

📖 학습목표

- 물품구매 계약의 유형과 전체 절차를 이해하고 설명할 수 있다.
- 적격심사, 협상에 의한 계약 등 다양한 낙찰자 결정 방법의 특징을 비교하고 실무에 적용할 수 있다.
- 외자구매계약의 특징과 인코텀즈(Incoterms)의 주요 조건을 이해하고 설명할 수 있다.

1 물품계약의 이해

① 물품계약의 개념과 중요성
- 물품계약이란 정부, 지방자치단체, 공공기관 등 국가기관이 행정 목적을 수행하거나 공공서비스를 제공하는 데 필요한 각종 물품의 제조, 구매, 수리, 가공 등을 위해 민간 부문의 공급자와 체결하는 계약을 의미함
- 이는 국가 예산을 사용하여 재화와 서비스를 확보하는 핵심적인 조달 활동으로, 공공 부문의 효율적이고 투명한 운영을 위한 기반이 됨
- 공공기관이 사용하는 사무용품부터 첨단 의료장비, 무기체계에 이르기까지 그 범위는 매우 넓으며, 계약의 규모와 성격 또한 다양함
- 따라서 물품 계약관리는 단순히 물건을 사는 행위를 넘어 공정한 경쟁을 보장하고, 예산의 효율적 집행을 도모하며, 국가 경제 정책적 목표(중소기업 지원, 기술 혁신 촉진 등)를 달성하는 중요한 수단으로서의 의미를 갖음
② 물품계약의 유형: 물품계약은 구매 대상의 출처, 계약 방식, 대금 지급 방식 등에 따라 다음과 같이 다양하게 분류할 수 있음

〈구매 대상에 따른 분류〉

구분	설명	특징
내자(內資)구매	국내에서 생산되거나 공급되는 물품을 구매하는 계약	국내법(국가계약법, 지방계약법 등) 적용, 원화(KRW) 결제
외자(外資)구매	외국으로부터 물품을 도입(수입)하는 계약	국제상거래법규(인코텀즈 등) 준용, 외화(USD 등) 결제, 통관 절차 수반

☑ Check Q&A

추정가격, 예정가격, 기초금액은 어떻게 다른가?

정답

- 추정가격: 사업 계획 단계에서 예산 확보를 위해 산정하는 개략적인 금액임. 부가가치세와 관급자재비가 제외된 금액으로, 입찰 종류(적격심사, 규격·가격 동시입찰 등)를 결정하는 기준이 됨
- 기초금액: 발주기관이 입찰공고 시 예정가격 산정의 기초자료로 공개하는 금액임. 통상 추정가격에 부가가치세를 더한 금액과 유사하며, 입찰 참가자는 이 기초금액을 기준으로 투찰가격을 결정하게 됨
- 예정가격: 낙찰자 결정의 기준이 되는 최종 가격임. 입찰 당일, 기초금액의 ±2~3% 범위 내에서 생성되는 15개의 복수예비가격 중 입찰 참가자들이 가장 많이 선택한 4개를 산술평균하여 결정됨. 이 과정은 투명성을 위해 전자적으로 처리되며, 예정가격은 개찰 전까지 공개되지 않음

〈계약 방식에 따른 분류〉

구분	설명	주요 고려사항
제조계약	발주기관이 제시하는 특정 규격, 사양에 따라 물품을 새롭게 제작하여 납품하는 계약	계약상대자의 기술력, 생산능력, 품질관리 능력이 중요
구매계약	이미 생산되어 시중에 유통되는 완제품(상용품)을 구매하는 계약	규격의 표준화, 신속한 납품, 가격 경쟁력이 중요

〈대금 지급 방식에 따른 분류〉

구분	설명	장단점
총액계약	계약 목적물 전체에 대해 총액을 확정하여 체결하는 계약	장점: 계약관리 및 정산 간편 단점: 물량 변동 시 계약금액 조정 필요
단가계약	일정 기간 반복적으로 구매가 예상되는 품목에 대해 품목별 단가만 정하고, 실제 납품 수량에 따라 대가를 지급하는 계약	장점: 수요 변동에 유연하게 대처 가능 단점: 정확한 수요 예측 부재 시 비효율 발생 가능

2 물품계약 절차

물품계약은 일반적으로 계획 수립 → 입찰 공고 → 입찰참가 및 낙찰자 선정 → 계약 체결 → 계약 이행 → 검사 및 대금 지급의 순서로 진행되며, 조달기업 입장에서 각 절차의 핵심 내용을 이해하는 것은 성공적인 입찰 참여의 첫걸음이 됨

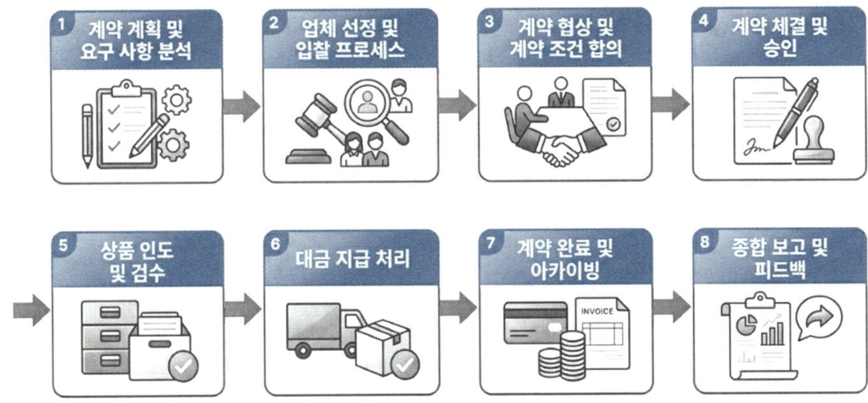

▲ 물품계약 전체 절차도

① 입찰참가자격 등록
- 공공조달 입찰에 참여하고자 하는 기업은 가장 먼저 국가종합전자조달시스템(나라장터, www.g2b.go.kr)에 경쟁입찰참가자격 등록을 해야 하며, 이는 일종의 '선수 등록'과 같은 개념으로, 한 번 등록해두면 유효기간(통상 3년) 동안 조달청 및 대부분의 공공기관 입찰에 계속 참여할 수 있음

PART 03

⊕ plus

다수공급자계약(MAS) 제도란?

- 다수공급자계약(Multiple Award Schedule, MAS)은 조달청이 품질, 성능, 효율 등이 같거나 비슷한 종류의 상용 물품에 대해 다수의 공급자와 미리 단가계약(3자 단가계약)을 체결해두고, 공공기관이 필요할 때 나라장터 쇼핑몰을 통해 손쉽게 구매할 수 있도록 하는 제도임
- 특징: 일반적인 경쟁입찰 절차를 생략하고, 카탈로그 쇼핑처럼 간편하게 구매할 수 있어 신속성과 편의성이 매우 높음
- 계약 방식: 1단계로 조달청이 다수의 공급자와 단가계약을 체결하고(쇼핑몰 등록), 2단계로 각 공공기관이 쇼핑몰에서 여러 업체의 제품을 비교하여 원하는 물품을 선택, 주문(제2단계 경쟁)하는 방식으로 이루어짐
- 장점: 수요기관은 구매 절차를 대폭 단축할 수 있고, 조달기업은 안정적인 판로를 확보할 수 있으며, 사무용 가구, PC, 복사기 등 표준화된 상용품 시장에서 널리 활용되고 있음

• 주요 등록 정보: 사업자등록증, 법인등기부등본(법인), 관련 면허 · 허가 · 등록증 등
• 핵심 증명 서류
  - 제조업체: 직접생산확인증명서(중소기업중앙회 발급)로 해당 물품을 직접 생산할 수 있는 설비, 인력, 공정을 갖추었음을 증명하는 가장 중요한 서류
  - 공급업체: 공급물품확약서로 제조사로부터 물품을 공급받아 납품할 수 있음을 증명하는 서류

② 입찰공고 확인 및 분석
  • 발주기관은 나라장터를 통해 입찰 정보를 공고하며, 입찰공고문에는 사업명, 예산액(또는 추정가격), 납품기한, 참가자격, 과업내용서(규격서), 낙찰자 결정 방법 등 입찰에 관한 모든 핵심 정보가 담겨 있으므로 꼼꼼히 분석해야 함
  • 과업내용서(규격서) 분석: 계약 이행의 기준이 되는 가장 중요한 문서로, 요구되는 물품의 사양, 성능, 수량, 품질 기준, 시험 방법, 납품 조건 등을 명확히 파악하고 자사의 이행 가능 여부를 면밀히 검토해야 함

③ 물품구매 낙찰자 결정 방법: 물품구매 계약의 낙찰자 결정 방법은 계약의 종류, 금액, 특성 등에 따라 다양하게 적용되며, 어떤 방식이 적용되는지에 따라 입찰 전략이 완전히 달라지므로, 입찰공고에 명시된 낙찰자 결정 방식을 정확히 이해하는 것이 매우 중요함

▲ 주요 낙찰자 결정 방법 비교

• 적격심사낙찰제
  - 가장 일반적인 물품구매 낙찰자 결정 방식으로, 입찰가격과 계약이행능력을 종합적으로 심사하여 예정가격 이하 최저가 입찰자 순으로 심사, 일정 점수(통상 85점 또는 95점) 이상을 받은 자를 낙찰자로 결정함
  - 적용 대상: 추정가격 고시금액(현재 2.1억원) 이상인 물품의 제조 · 구매 입찰
  - 평가 항목: 계약이행능력(납품실적, 기술능력, 경영상태, 신인도), 입찰가격

- 핵심 전략: 가격만 낮게 투찰한다고 낙찰되는 것이 아니므로, 자사의 이행 능력 점수를 정확히 계산하고, 이를 바탕으로 예상 1순위 업체의 투찰률을 분석하여 최적의 입찰가격을 산정하는 것이 관건임

- 2단계 경쟁입찰
  - 규격(기술)입찰과 가격입찰을 분리하여 2단계로 진행하는 방식으로, 먼저 규격(기술)제안서를 제출받아 평가하고, 여기서 통과한 업체들만을 대상으로 가격경쟁을 통해 낙찰자를 결정함
  - 적용 대상: 규격의 종류가 다양하거나 기술적인 검토가 특히 중요한 물품 (⑩ 특수 차량, 실험 장비)
  - 진행 절차: 규격입찰서 제출 → 규격 심사(Pass/Fail) → 규격 적격자 대상 가격입찰 → 최저가 투찰자 낙찰
  - 핵심 전략: 1단계 규격 심사를 통과하는 것이 최우선 과제이며, 요구되는 규격 조건을 모두 충족하는 제안서를 작성하는 데 집중해야 함

- 협상에 의한 계약
  - 기술과 가격을 분리하여 종합적으로 평가한 후, 고득점자 순으로 협상을 통해 최종 낙찰자를 결정하는 방식으로, 기술의 비중이 매우 중요한 계약에 적용됨
  - 적용 대상: 정보통신장비, 소프트웨어(SW), 시스템 통합(SI) 등 기술적 요구사항이 복잡하고 창의성이 요구되는 물품 또는 용역
  - 평가 비중: 기술능력평가(90%), 입찰가격평가(10%) (일반적 경우)
  - 진행 절차: 제안서 및 가격입찰서 제출 → 기술/가격 평가 → 협상적격자 선정 → 고득점자 순으로 기술 및 가격 협상 → 최종 낙찰자 결정
  - 핵심 전략: 가격보다는 제안서의 기술적 완성도가 당락을 좌우하며, 발주 기관의 요구사항을 정확히 이해하고, 이를 뛰어넘는 창의적이고 구체적인 해결책을 제시하는 것이 중요함

- 소액수의계약
  - 경쟁입찰에 부치기에는 계약 규모가 작은 경우, 절차를 간소화하여 2인 이상으로부터 견적서를 받아 계약상대자를 결정하는 방식
  - 적용 대상: 추정가격 2천만원 초과 1억원 이하의 소기업·소상공인 물품·용역, 추정가격 2천만원 이하의 물품 제조·구매, 임차·용역(일반) 등(국가계약법 시행령 제26조 제5호 가목)
  - 절차: 나라장터에 3 ~ 5일간 견적 제출을 안내 공고하고, 2인 이상으로부터 견적서를 제출받아 예정가격의 88% 이상 최저가 제출자를 낙찰자로 결정함
  - 핵심 전략: 소액수의계약은 실적 제한이 없는 경우가 많아 진입장벽이 낮고, 그만큼 경쟁이 치열하지는 않으나, 낮은 가격으로 투찰해야 하므로 원가 관리가 핵심이고, 꾸준히 참여하여 실적을 쌓는 것이 중요함

③ 외자구매계약 절차 및 특징

① 외자구매의 개념과 주요 차이점: 외자구매란 외국에서 생산·제조된 물품을 국내로 도입하는 계약을 말하며, 국제 상거래 관습과 법규가 적용되어 내자구매보다 절차가 복잡하고 고려해야 할 사항이 많음. 외자구매는 주로 조달청을 통해 대행계약 방식으로 이루어지며, 계약상대자는 국내의 오퍼상(Offer Agent)이 되거나 외국의 수출자(Exporter)가 직접 되기도 함

구분	내자구매	외자구매
적용 법규	국가계약법, 지방계약법 등 국내법 우선 적용	국제상거래법, 통일 상법, 인코텀즈 등 국제규범 및 외국법 준용
사용 언어/통화	한국어/원화(KRW)	영어/미국 달러(USD) 등 외화
운송/보험	국내 운송 위주	국제 운송, 해상/항공 보험 필수
대금 결제	납품 완료 후 현금 지급 (계좌 이체)	신용장(L/C), 송금(T/T) 등 국제 결제 방식 활용
분쟁 해결	국내 법원의 재판, 대한상사중재원의 중재	국제상사중재원의 중재, 지정된 국가의 법원

② 핵심 국제규범: 인코텀즈(Incoterms) 2020

• 인코텀즈(Incoterms)는 국제상업회의소(ICC)가 제정한 국제 무역 거래 조건에 관한 규칙으로, 매도인(수출자)과 매수인(수입자) 간의 위험 이전 시점, 비용 부담 범위, 주요 의무 등을 명확하게 규정함
• 외자구매 시 어떤 인코텀즈 조건을 사용하느냐에 따라 운송비, 보험료, 통관 책임 등 부대비용과 책임의 주체가 달라지므로, 각 조건의 의미를 정확히 이해하는 것이 매우 중요함

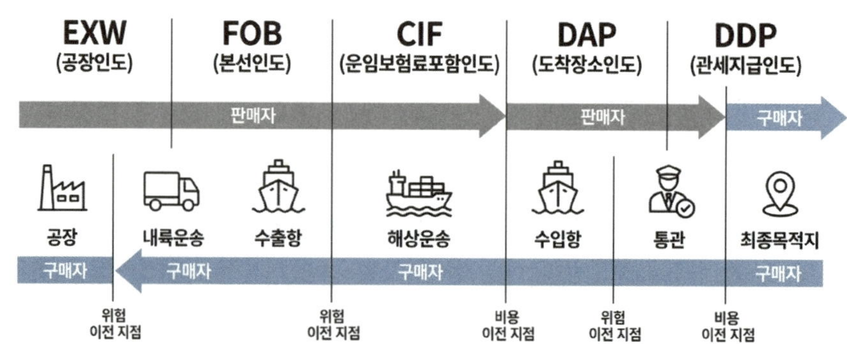

▲ 인코텀즈 2020 주요 조건별 위험 및 비용 이전 지점

<외자구매에서 자주 사용되는 인코텀즈 조건 비교>

조건	명칭	위험 이전 시점	비용 부담 범위 (매도인 기준)	핵심 특징
EXW	EXWorks (공장인도조건)	매도인의 구내에서 물품을 인도하는 때	없음(물품 가격만)	매도인에게 최소 의무, 매수인에게 최대 의무 부여
FOB	Free on Board (본선인도조건)	지정 선적항에서 **물품을 본선에 적재**한 때	선적항 본선 적재까지의 모든 비용	해상운송에 전통적으로 가장 널리 사용되는 조건
CIF	Cost, Insurance and Freight (운임 · 보험료포함 인도조건)	지정 선적항에서 **물품을 본선에 적재**한 때	목적항까지의 **운임과 해상보험료** 포함	위험 이전(FOB)과 비용 부담 구간이 다른 점에 유의
DDP	Delivered Duty Paid (관세지급인도조건)	지정 목적지에서 물품을 인도하는 때	목적지까지의 모든 비용 및 **수입 관세** 포함	매도인에게 최대 의무, 매수인에게 최소 의무 부여

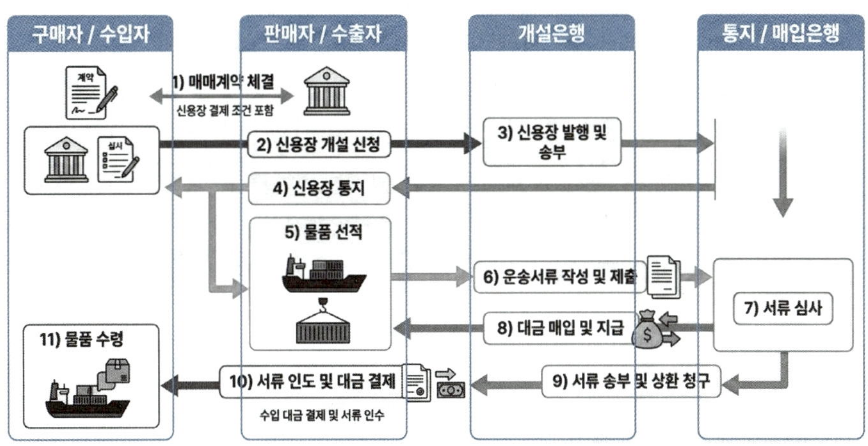

▲ 신용장(L/C) 거래 절차도

학습목표

- 물품계약의 이행관리(선금, 검사, 대가 지급, 하자보수 등) 및 설계변경, 계약 해제·해지 절차를 이해하고 관리할 수 있다.
- 재고관리, 국방 조달 등 특수 물품계약의 특징을 이해하고 설명할 수 있다.

1 물품계약 이행관리 및 설계변경

계약 체결은 끝이 아니라 시작이며, 계약서에 명시된 대로 물품을 정해진 기한 내에, 요구되는 품질 수준으로 납품하기 위한 체계적인 이행관리가 필수임

① 공정, 품질 및 안전관리
- 공정관리: 계약상대자는 계약서에 명시된 납품기한을 준수하기 위해 생산 및 납품 일정을 체계적으로 관리해야 함. 발주기관은 계약상대자에게 착수계, 공정계획표 등의 제출을 요구할 수 있으며, 이행 과정에서 주기적으로 진척 상황을 점검하고 지체 시 지체상금을 부과할 수 있음
- 품질관리: 계약상대자는 규격서에 명시된 품질 조건과 성능을 보장할 최종적인 책임을 지며, 자체적인 품질검사(QC)를 통해 불량품 발생을 최소화해야 하고, 발주기관은 납품 시 공인시험기관의 시험성적서를 요구하거나, 담당 공무원이 직접 또는 전문기관에 위임하여 검사를 통해 품질을 확인함
- 안전관리: 물품의 제조, 운송, 설치 과정에서 발생할 수 있는 안전사고를 예방하기 위한 관리 활동이며, 특히 중장비, 화학물질 등 위험물을 다루는 계약에서는 「산업안전보건법」 등 관련 법규에 따른 안전관리 계획을 수립하고 준수해야 할 의무가 있음

② 설계변경 및 계약금액 조정
- 물품계약에서도 공사계약과 마찬가지로 설계변경이 발생할 수 있으며, 여기서 설계란 물품의 규격, 사양, 성능 등을 정의한 규격서(Specification)를 의미함
- 설계변경은 계약 이행의 기준이 바뀌는 중요한 사안이므로, 그 사유와 절차, 금액 조정 방법을 명확히 이해해야 함
- 계약금액 조정: 설계변경으로 인해 계약 이행 물량이 증감하거나 새로운 비목이 추가되는 경우, 계약 당사자 간의 협의를 통해 계약금액을 조정함. 조정금액은 원칙적으로 설계변경 당시를 기준으로 산정한 단가와 증감된 물량을 곱하여 산정하며, 계약 체결 당시의 단가를 적용하지 않는 점에 유의해야 함

➕ plus

설계변경과 물가변동에 의한 계약금액 조정의 차이

계약금액을 조정한다는 점은 같지만, 두 제도는 근거와 요건, 조정 방식에서 명확한 차이가 있음

구분	설계변경	물가변동 (Escalation)
조정 사유	과업 내용(규격, 수량 등)의 변경	계약 체결 후 물가(품목, 지수)의 변동
조정 요건	규격서 오류, 발주기관 필요 등 사유 발생 시	계약 체결 후 90일 이상 경과, 품목조정률 또는 지수조정률이 3% 이상 증감
조정 대상	증감된 물량 또는 추가된 비목	조정기준일 이후의 잔여 이행 부분
조정 단가	설계변경 당시의 단가	물가변동 시점의 단가

〈물품계약의 주요 설계변경 유형〉

유형	설명	예시
규격서의 불분명, 누락, 오류	규격서의 내용만으로는 명확한 계약 이행이 어렵거나 상호 모순되는 점이 있는 경우	규격서에 A 부품으로 명시되었으나, 도면에는 B 부품으로 표시된 경우
발주기관의 필요에 의한 변경	발주기관의 정책 변경, 예산 사정, 기술 발전 등으로 인해 당초 규격을 변경할 필요가 생긴 경우	당초 100Mbps 속도의 장비를 요구했으나, 기관의 망 고도화 계획에 따라 1Gbps로 상향 변경
신기술·신공법에 의한 변경	계약상대자가 새로운 기술이나 공법을 적용하여 비용을 절감하고 품질을 향상시킬 수 있다고 제안하고, 발주기관이 이를 승인하는 경우	기존의 절삭 가공 방식보다 더 저렴하고 정밀한 3D 프린팅 기술 적용을 제안

2 계약의 이행 및 종결

① 선금(Advance Payment)의 지급 및 정산
- 선금이란 계약의 원활한 이행을 위해 발주기관이 계약상대자에게 대가의 일부를 미리 지급하는 제도이며, 계약상대자는 선금을 통해 자재 확보, 노무비 지급 등 초기 비용 부담을 덜고 안정적으로 계약을 이행할 수 있음
- 지급 요건: 계약 체결 후 계약상대자의 신청에 의해 지급
- 지급 한도: 계약금액의 최대 70% 범위 내(단, 계약의 종류 및 규모에 따라 상이)
- 사용 및 정산: 선금은 해당 계약 목적 달성을 위한 용도(재료비, 노무비 등)로만 사용해야 하며, 대가 지급 시마다(기성부분 대가 × 선금지급률)에 해당하는 금액을 정산(상계)함
- 채권 확보: 발주기관은 선금 지급 시 계약상대자로부터 선금보증서를 제출받아 채권을 확보함

② 검사(Inspection) 및 검수(Acceptance)
- 계약상대자가 납품을 완료하면, 발주기관은 계약서에 명시된 대로 물품이 제대로 이행되었는지 확인하는 검사 및 검수 절차를 진행함
- 검사(Inspection): 계약상대자가 납품한 물품이 규격서 등 계약서에 명시된 대로 요구되는 성능과 규격을 모두 충족하는지 여부를 확인하는 기술적인 과정으로, 주로 발주기관의 사업 부서나 전문 검사기관이 담당하며, 시험성적서 확인, 성능 테스트 등을 포함함
- 검수(Acceptance): 검사에 합격한 물품에 대해 계약 이행이 완료되었음을 최종적으로 확인하고 인수하는 행정적인 절차로, 계약담당공무원이 검사 결과를 바탕으로 검수조서를 작성하고 날인함으로써 완료되며, 검수가 끝나야 대금 지급 절차가 진행될 수 있음
- 검사 기간: 발주기관은 납품 완료 통지를 받은 날로부터 14일 이내에 검사를 완료해야 함

③ 대가 지급 및 지체상금
- 대가 지급: 검수가 완료되면 계약상대자는 대가 지급을 청구할 수 있으며, 발주기관은 청구를 받은 날로부터 5일(공휴일 제외) 이내에 대가를 지급해야 함
- 지체상금(Liquidated Damages): 계약상대자가 정당한 이유 없이 계약서에 정한 납품기한을 지키지 못하고 지체한 경우, 발주기관은 지체일수 1일당 계약금액의 일정 비율(통상 0.075%)에 해당하는 금액을 대가에서 공제하며, 이는 계약 이행을 강제하고 지연으로 인한 손해를 배상받기 위한 중요한 수단

④ 하자보수 및 보증
물품 납품 후에도 일정 기간 동안 발생한 하자에 대해 계약상대자는 무상으로 보수할 책임을 지며, 이를 하자담보책임이라 함
- 하자담보책임기간: 물품의 종류에 따라 1년 ~ 3년의 범위에서 계약예규로 정해져 있음(예 PC, 서버 등 1년, 차량 2년, 냉난방기 3년)
- 하자보수보증금: 발주기관은 계약상대자로부터 계약금액의 2% ~ 5%에 해당하는 하자보수보증금을 받고, 하자 발생 시 계약상대자가 보수를 이행하지 않으면 이 보증금으로 직접 보수하거나 손해배상에 충당함

⑤ 계약의 해제 및 해지
- 계약상대자의 귀책사유로 더 이상 정상적인 계약 이행을 기대하기 어려운 경우, 발주기관은 계약의 전부 또는 일부를 해제하거나 해지할 수 있음
- 주요 해제·해지 사유
  - 정당한 이유 없이 계약 이행을 거부하거나 착수하지 않는 경우
  - 납품기한 내에 납품할 가능성이 명백히 없다고 인정될 경우
  - 계약상대자의 부도, 파산 등으로 계약 목적 달성이 불가능한 경우
  - 계약조건을 위반하여 계약의 목적을 달성할 수 없다고 인정될 경우
- 효과: 계약이 해제·해지되면 계약은 소급하여 효력을 잃거나 장래에 대하여 효력을 잃게 되며, 발주기관은 계약보증금을 국고에 귀속시키고, 계약상대자를 부정당업자로 입찰참가자격을 제한하는 제재를 가할 수 있음

3 특수 물품 계약관리

① 물품 재고관리
- 공공기관은 비축물자, 정부물품 등 다양한 형태의 물품을 재고로 보유하고 관리하며, 효율적인 재고관리는 불필요한 예산 낭비를 막고, 필요한 시점에 물품을 원활히 공급하기 위해 필수임
- 주요 활동: 물품의 입고, 출고, 보관, 상태 점검, 불용품 처분 등

- 관리 시스템: 조달청의 정부물품관리시스템(RF-ID 기반) 등을 활용하여 물품의 이력을 체계적으로 추적하고 관리함
  - 불용품 처리: 내용연수가 경과했거나, 파손되어 사용할 수 없거나, 활용 가치가 없는 물품은 불용 결정을 거쳐 매각, 양여, 폐기 등의 절차로 처분함
② 국방물자 조달
  - 국방물자는 군의 전투력 유지와 직결되는 특수성을 가지므로, 일반 물품과 다른 별도의 법령(「방위사업법」)과 절차에 따라 조달되며, 방위사업청이 국방물자 조달을 총괄하는 기관임
  - 특징: 높은 수준의 보안 요구, 특수 규격(국방규격), 엄격한 품질보증 활동(국방기술품질원), 장기적인 군수지원(ILS) 보장 등
  - 주요 계약 방식: 일반경쟁 외에 연구개발, 기술협력생산, 절충교역 등 방위산업 고유의 계약 방식이 활용됨

4 조달혁신 및 최신 동향

① 혁신 조달
  - 공공부문이 혁신적인 기술과 제품의 첫 번째 구매자(First Mover)가 되어, 초기 시장을 창출하고 민간의 기술혁신을 촉진하는 정책이며, 단순히 최저가로 물품을 구매하는 것을 넘어, 기술력과 사회적 가치를 평가하여 미래 성장동력을 발굴하는 데 목적이 있음
  - 주요 제도
    - 혁신제품 시범구매: 상용화 전 단계의 혁신제품을 정부 예산으로 구매하여 공공기관에서 시범적으로 사용하고, 그 결과를 피드백하여 제품 상용화를 지원
    - 디지털서비스 전문계약제도: 클라우드 컴퓨팅, AI, 빅데이터 등 기술 변화 속도가 빠른 디지털 서비스를 수의계약 등 간소화된 절차로 신속하게 도입할 수 있도록 하는 제도
② ESG 및 사회적 책임 조달
  - 최근 공공조달은 경제적 효율성뿐만 아니라, 환경(Environment), 사회(Social), 지배구조(Governance) 등 ESG 가치를 실현하는 방향으로 진화하고 있음
  - 입찰 시 환경친화적 제품, 사회적기업 제품, 장애인기업 제품 등에 가점을 부여하거나 우선구매하는 제도를 통해 사회적 책임을 다하는 기업을 우대함

CHAPTER 03 단원별 핵심문제

01

다음 중 물품계약의 유형에 대한 설명으로 가장 옳지 않은 것은?

① 내자구매는 국내에서 생산되거나 공급되는 물품을 원화로 구매하는 계약이다.
② 외자구매는 외국으로부터 물품을 도입하는 계약으로, 인코텀즈 등 국제규범이 준용된다.
③ 제조계약은 이미 생산되어 시중에 유통되는 완제품을 구매하는 계약이다.
④ 단가계약은 품목별 단가만 정하고, 실제 납품 수량에 따라 대가를 지급하는 방식이다.

해설

제조계약은 수요기관의 규격에 맞춰 새로 생산(제조)하는 계약이다. 이미 시중에 유통되는 완제품을 구매하는 것은 '구매계약'에 해당한다.

02

공공조달 입찰에 참여하기 위해 나라장터에 등록해야 하는 핵심 증명 서류로 바르게 짝지어진 것은?

① 제조업체 – 직접생산확인증명서, 공급업체 – 사업자등록증
② 제조업체 – 직접생산확인증명서, 공급업체 – 공급물품확약서
③ 제조업체 – 법인등기부등본, 공급업체 – 공급물품확약서
④ 제조업체 – 사업자등록증, 공급업체 – 직접생산확인증명서

해설

제조업체는 직접생산확인증명서로 직접 생산능력을 증명하고, 공급업체는 공급물품확약서로 물품 공급 능력을 확인받아야 한다.

03

발주기관이 입찰공고 전 규격서를 미리 공개하여 이해관계자의 의견을 듣는 제도는 무엇인가?

① 사전심사(PQ)
② 사전규격공개
③ 2단계 경쟁입찰
④ 규격·가격 동시입찰

해설

사전규격공개는 입찰 전 규격서를 공개하여 특정 업체에 유리한 규격 설정을 방지하고, 다양한 이해관계자의 의견을 반영하기 위한 제도이다.

04

다음 중 적격심사낙찰제에 대한 설명으로 가장 거리가 먼 것은?

① 입찰가격과 계약이행능력을 종합적으로 심사한다.
② 기술의 비중이 절대적으로 중요한 계약에 주로 적용된다.
③ 평가 항목에는 납품실적, 기술능력, 경영상태, 신인도 등이 포함된다.
④ 예정가격 이하 최저가 입찰자 순으로 심사하여 낙찰자를 결정한다.

해설

기술 비중이 절대적으로 중요한 계약에는 '협상에 의한 계약'이 적용된다. 적격심사낙찰제는 가격과 이행능력을 종합 심사하는 방식이다.

05

기술능력평가(90%)와 입찰가격평가(10%)를 종합하여 고득점자 순으로 협상을 통해 낙찰자를 결정하는 방식은?

① 적격심사낙찰제
② 2단계 경쟁입찰
③ 협상에 의한 계약
④ 소액수의계약

해설

협상에 의한 계약은 기술능력평가 비중이 90%로 매우 높고, 고득점자 순으로 협상하여 낙찰자를 결정하는 방식이다.

정답   01 ③   02 ②   03 ②   04 ②   05 ③

06

국제 무역 거래 조건에 관한 규칙인 인코텀즈(Incoterms)에서 매도인(수출자)에게 최소 의무, 매수인(수입자)에게 최대 의무를 부여하는 조건은?

① EXW(공장인도조건)
② FOB(본선인도조건)
③ CIF(운임·보험료포함인도조건)
④ DDP(관세지급인도조건)

해설

EXW(공장인도조건)는 매도인이 자신의 공장에서 물품을 인도하면 의무가 끝나므로 매도인에게 최소 의무, 매수인에게 최대 의무를 부여한다.

07

인코텀즈(Incoterms) 조건 중, 매도인이 목적항까지의 운임과 해상보험료를 부담하지만, 위험의 이전은 선적항에서 물품을 본선에 적재할 때 이루어지는 조건은?

① EXW
② FOB
③ CIF
④ DDP

해설

CIF는 운임(Cost)과 보험료(Insurance), 운송비(Freight)를 매도인이 부담하지만, 위험 이전 시점은 선적항 본선 적재 시점이다. 비용 부담과 위험 이전 시점이 다른 것이 특징이다.

08

물품계약의 설계변경에 대한 설명으로 옳지 않은 것은?

① 규격서의 내용이 불분명하거나 오류가 있을 때 발생할 수 있다.
② 발주기관의 필요에 의해서도 규격을 변경할 수 있다.
③ 설계변경으로 증감된 물량에 대한 대가는 계약 체결 당시의 단가를 적용한다.
④ 계약상대자가 신기술을 제안하여 비용을 절감하고 품질을 향상시키는 경우도 포함된다.

해설

설계변경으로 증감된 물량 중 기존 비목은 계약단가를 적용하지만, 신규 비목은 설계변경 당시를 기준으로 산정한 단가를 적용한다. ③은 신규 비목의 경우를 고려하지 않아 옳지 않다.

09

물가변동으로 인한 계약금액 조정(Escalation)의 요건으로 옳은 것은?

① 계약 체결 후 30일 이상 경과, 품목조정률 또는 지수조정률 5% 이상 증감
② 계약 체결 후 60일 이상 경과, 품목조정률 또는 지수조정률 3% 이상 증감
③ 계약 체결 후 90일 이상 경과, 품목조정률 또는 지수조정률 3% 이상 증감
④ 계약 체결 후 90일 이상 경과, 품목조정률 또는 지수조정률 5% 이상 증감

해설

국가계약법 시행령 제64조에 따라, 계약 체결 후 90일 이상 경과하고 품목조정률 또는 지수조정률이 3% 이상 증감한 경우 계약금액 조정을 신청할 수 있다.

10

계약의 원활한 이행을 위해 발주기관이 대가의 일부를 미리 지급하는 제도는 무엇이며, 이때 채권 확보를 위해 계약상대자로부터 제출받는 서류는 무엇인가?

① 선수금 - 계약보증서
② 선금 - 선금보증서
③ 기성금 - 이행보증서
④ 착수금 – 지급각서

해설

선금은 계약 이행 착수에 필요한 자금을 미리 지급하는 것이며, 발주기관은 선금 반환을 보증받기 위해 선금보증서를 제출받는다.

11

계약상대자가 납품을 완료했을 때, 발주기관이 계약서대로 이행되었는지 확인하는 절차에 대한 설명으로 옳은 것은?

① 검사는 행정적 절차이며, 검수는 기술적 과정이다.
② 발주기관은 납품 완료 통지를 받은 날로부터 30일 이내에 검사를 완료해야 한다.
③ 검수에 합격해야만 대금 지급 절차가 진행될 수 있다.
④ 검사는 계약담당공무원이, 검수는 사업 부서가 담당한다.

해설

검사(기술적 확인)와 검수(행정적 확인)를 모두 통과하면 대금 지급이 가능하다. 발주기관은 납품 완료 통지 후 14일 이내에 검사를 완료해야 한다.

정답　　06 ①　07 ③　08 ③　09 ③　10 ②　11 ③

12

계약상대자가 정당한 이유 없이 납품기한을 지체했을 때 부과하는 것은 무엇인가?

① 과징금
② 이행강제금
③ 지체상금
④ 위약별

지체상금은 계약상대자가 납품기한을 정당한 사유 없이 지체한 경우, 지체일수에 비례하여 부과하는 금전적 제재이다.

13

물품 납품 후 일정 기간 발생한 하자에 대해 계약상대자가 무상 보수 책임을 지는 것을 무엇이라 하는가?

① 제조물 책임
② 하자담보책임
③ 채무불이행 책임
④ 불법행위 책임

하자담보책임은 납품 후 일정 기간 내 발생한 하자에 대해 계약상대자가 무상으로 보수할 책임을 지는 것이다. 물품 종류에 따라 책임 기간이 다르다.

14

계약의 효력을 처음부터 없었던 것으로 소급하여 무효화시키는 것은 무엇인가?

① 해제   ② 해지
③ 취소   ④ 철회

해제는 계약의 효력을 소급하여 처음부터 없었던 것으로 만드는 것이다. 해지는 장래에 대해서만 효력을 소멸시킨다.

15

다음 중 낙찰자 결정 방법과 주요 적용 대상을 연결한 것으로 가장 옳지 않은 것은?

① 적격심사낙찰제 - 추정가격 고시금액 이상 일반 물품 제조
② 2단계 경쟁입찰 - 규격이 다양하고 기술 검토가 중요한 물품
③ 협상에 의한 계약 - 사무용품, 가구 등 표준화된 상용품
④ 소액수의계약 - 추정가격 1억원 이하 소규모 물품 구매

협상에 의한 계약은 기술력이 중요한 고도의 전문 물품에 적용된다. 사무용품, 가구 등 표준화된 상용품은 MAS나 적격심사로 구매한다.

16

외자구매계약에 대한 설명으로 옳지 않은 것은?

① 주로 조달청을 통해 대행계약 방식으로 이루어진다.
② 국내법인 국가계약법이 국제규범보다 항상 우선하여 적용된다.
③ 대금 결제 방식으로 신용장(L/C)이 널리 사용된다.
④ 계약상대자는 국내의 오퍼상이 되거나 외국의 수출자가 직접 될 수 있다.

외자구매계약에서는 국내법과 국제규범(인코텀즈 등)이 함께 적용되며, 국가계약법을 항상 우선하는 것은 아니다.

17

신용장(L/C) 거래의 기본 원칙으로 가장 중요한 것은?

① 구두 합의의 원칙
② 실물 거래의 원칙
③ 서류 거래의 원칙
④ 신뢰 거래의 원칙

신용장(L/C) 거래는 서류 거래의 원칙에 기반한다. 은행은 실제 물품이 아닌 서류의 일치 여부만 확인하여 대금을 지급한다.

18

다음 중 국방물자 조달을 총괄하는 기관과 적용되는 주요 법령으로 바르게 짝지어진 것은?

① 국방부 – 국가계약법
② 방위사업청 – 방위사업법
③ 조달청 – 조달사업법
④ 국방기술품질원 – 국방과학기술혁신 촉진법

해설

국방물자 조달은 방위사업청이 총괄하며, 방위사업법에 따라 별도의 절차로 진행된다.

19

공공부문이 혁신적인 기술과 제품의 첫 번째 구매자가 되어 초기 시장을 창출하고 민간의 기술혁신을 촉진하는 조달 정책은?

① ESG 조달
② 녹색 조달
③ 사회적 책임 조달
④ 혁신 조달

해설

혁신조달은 공공부문이 혁신 제품의 첫 구매자가 되어 초기 시장을 창출하고, 민간의 기술혁신을 촉진하는 정책이다.

20

다음 중 계약금액 조정 사유가 다른 하나는?

① 규격서의 내용이 불분명하여 새로운 부품이 추가되었다.
② 발주기관의 요청으로 장비의 성능을 한 단계 상향 조정하였다.
③ 계약 체결 후 90일이 지나 원자재 가격이 5% 상승하였다.
④ 계약상대자의 신기술 제안이 채택되어 일부 부품이 변경되었다.

해설

①, ②, ④는 설계변경에 의한 계약금액 조정 사유이고, ③은 물가변동(Escalation)에 의한 조정 사유이다.

21

발주기관이 계약상대자의 대금 청구를 받은 날로부터 며칠 이내에 대가를 지급해야 하는가? (공휴일 제외)

① 3일   ② 5일
③ 7일   ④ 14일

해설

발주기관은 계약상대자의 대금 청구를 받은 날로부터 5일(공휴일 제외) 이내에 대가를 지급해야 한다.

22

다음 중 계약의 해제·해지 사유에 해당한다고 보기 어려운 것은?

① 계약상대자가 정당한 이유 없이 계약 이행을 거부하는 경우
② 계약상대자의 부도로 계약 목적 달성이 불가능한 경우
③ 계약상대자가 경미한 과실로 규격서의 일부 내용을 잘못 해석한 경우
④ 납품기한 내에 납품할 가능성이 명백히 없다고 인정될 경우

해설

경미한 과실에 의한 규격서 해석 오류는 시정이 가능한 사안으로, 계약 해제·해지의 사유로 보기 어렵다.

23

정부물품관리법에 따라, 아직 사용할 수 있지만 해당 기관에서는 필요 없게 된 불용품을 다른 기관에서 재활용할 수 있도록 하는 제도는?

① 관리 전환 및 양여
② 불용품 매각
③ 국고 귀속
④ 물품 폐기

해설

관리 전환 및 양여는 불용품을 다른 기관으로 이전하여 재활용하는 제도로, 예산 절감과 자원 순환에 기여한다.

정답   18 ②   19 ④   20 ③   21 ②   22 ③   23 ①

CHAPTER 03

최종점검 OX 퀴즈

OX 퀴즈 / 정답 및 해설

01 추정가격은 부가가치세와 관급자재비가 포함된 금액으로, 입찰 종류를 결정하는 기준이 된다. (○ , ×)

02 다수공급자계약(MAS)은 일반경쟁입찰 절차를 거쳐야 하므로 신속성이 떨어진다. (○ , ×)

03 입찰참가자격 등록 정보에 변경이 발생하면 즉시 변경 등록을 해야 하며, 이를 위반 시 입찰무효 사유가 될 수 있다. (○ , ×)

04 사전규격공개 기간 동안에는 공개된 규격서에 대해 의견을 제시할 수 없다. (○ , ×)

05 적격심사낙찰제는 가격 점수만으로 낙찰자를 결정하는 방식이다. (○ , ×)

06 협상에 의한 계약은 기술보다는 가격의 비중이 더 중요한 계약에 적용된다. (○ , ×)

07 소액수의계약은 원가 관리가 핵심 전략이다. (○ , ×)

08 외자구매계약은 국내법인 국가계약법이 항상 최우선으로 적용된다. (○ , ×)

09 인코텀즈(Incoterms)에서 DDP(관세지급인도조건)는 매도인에게 최대 의무를 부여하는 조건이다. (○ , ×)

---

01 ×
추정가격은 부가가치세와 관급자재비를 제외한 금액이다.

02 ×
MAS는 사전에 단가계약이 체결되어 있어 별도 입찰 없이 나라장터 쇼핑몰에서 간편하게 구매할 수 있다.

03 ○
등록 정보의 정확성은 입찰참가의 기본 요건이므로, 변경 시 즉시 갱신해야 한다.

04 ×
사전규격공개의 목적 자체가 이해관계자의 의견을 수렴하는 것이다.

05 ×
적격심사낙찰제는 가격뿐 아니라 납품실적, 기술능력, 경영상태 등을 종합 심사한다.

06 ×
협상에 의한 계약은 기술능력평가 비중이 90%로, 기술이 가격보다 훨씬 중요하다.

07 ○
소액수의계약은 경쟁입찰 없이 직접 계약하므로 경쟁이 치열하지는 않으나, 적정 원가 관리는 중요하다.

08 ×
외자구매에서는 국내법과 국제규범(인코텀즈 등)이 함께 적용되며, 항상 국가계약법을 우선하는 것은 아니다.

09 ○
DDP는 매도인이 목적지까지 운송, 보험, 관세 등 모든 비용과 위험을 부담하는 조건이다.

10 신용장(L/C) 거래에서 은행은 실제 물품의 상태를 보고 대금을 지급한다. (○ , ×)

11 설계변경으로 인한 계약금액 조정 시, 원칙적으로 계약 체결 당시의 단가를 적용한다. (○ , ×)

12 물가변동으로 인한 계약금액 조정은 계약 체결 후 30일이 경과해야 신청할 수 있다. (○ , ×)

13 선금은 계약금액의 최대 80% 범위 내에서 신청할 수 있다. (○ , ×)

14 발주기관은 계약상대자의 납품 완료 통지를 받은 날로부터 14일 이내에 검사를 완료해야 한다. (○ , ×)

15 계약상대자가 납품기한을 지체하면 발주기관은 지체일수 1일당 계약금액의 1.5%에 해당하는 지체상금을 부과한다. (○ , ×)

16 하자담보책임기간은 물품의 종류와 관계없이 일괄적으로 1년으로 정해져 있다. (○ , ×)

17 계약의 '해지'는 계약의 효력을 소급하여 처음부터 없었던 것으로 만드는 것이다. (○ , ×)

18 계약보증금은 입찰참가자의 성실한 입찰참여를 보증하기 위한 것이다. (○ , ×)

19 국방물자 조달은 일반 물품과 동일하게 조달청을 통해 국가계약법에 따라 이루어진다. (○ , ×)

---

10 ×
L/C 거래는 서류 거래의 원칙에 따라, 은행은 서류의 일치 여부만 확인하고 대금을 지급한다.

11 ×
기존 비목은 계약단가를 적용하지만, 신규 비목은 설계변경 당시를 기준으로 산정한 단가를 적용한다.

12 ×
물가변동(ES) 조정은 계약 체결 후 90일 이상 경과해야 신청할 수 있다.

13 ×
선금은 계약금액의 70% 이내에서 지급할 수 있다.

14 ○
발주기관은 납품 완료 통지를 받은 날로부터 14일 이내에 검사를 완료해야 한다.

15 ×
지체상금률은 물품의 경우 지체일수 1일당 계약금액의 0.5/1000 (0.05%)이다.

16 ×
하자담보책임기간은 물품의 종류에 따라 다르게 적용된다.

17 ×
소급하여 무효화하는 것은 '해제'이다. '해지'는 장래에 대해서만 효력을 소멸시킨다.

18 ×
입찰참여를 보증하는 것은 '입찰보증금'이다. 계약보증금은 계약 이행을 보증한다.

19 ×
국방물자는 방위사업청이 총괄하며, 방위사업법에 따라 별도 절차로 조달된다.

20 혁신조달 제도는 공공부문이 혁신제품의 첫 번째 구매자가 되어 민간의 기술혁신을 촉진하는 정책이다.　(○ , ×)

21 2단계 경쟁입찰은 규격 입찰서와 가격 입찰서를 동시에 제출하는 방식이다.　(○ , ×)

22 기초금액은 예정가격 산정의 기초자료로 공개되는 금액이다.　(○ , ×)

23 인코텀즈(Incoterms)에서 FOB 조건은 위험 이전 시점과 비용 부담 구간이 다르다.　(○ , ×)

24 계약상대자의 부도, 파산 등은 계약 해지 사유에 해당할 수 있다.　(○ , ×)

25 정부물품 재활용 제도는 예산 절감과 자원 순환에 기여한다.　(○ , ×)

20 ○
공공부문이 초기 시장을 형성하여 민간의 기술혁신을 선도하는 정책이다.

21 ×
2단계 경쟁입찰은 1단계(규격 입찰)와 2단계(가격 입찰)를 분리하여 순차적으로 진행한다.

22 ○
기초금액은 예정가격을 산정하기 위한 기초자료로 공개되며, 예정가격 자체는 비공개이다.

23 ×
FOB는 위험 이전 시점과 비용 부담 구간이 모두 선적항 본선 적재 시점으로 동일하다.

24 ○
부도, 파산 등으로 계약 목적 달성이 불가능한 경우 계약 해지 사유에 해당한다.

25 ○
관리 전환 및 양여 등을 통해 불용품을 재활용하여 예산 절감과 자원 순환에 기여한다.

CHAPTER 03

단원별 핵심정리

암기 필수사항

CHAPTER 03

1. 물품계약의 개념과 전체 절차
   - 물품계약: 공공기관이 필요한 물품의 제조, 구매, 수리 등을 위해 체결하는 계약으로, 공정성, 효율성, 정책적 목표 달성의 수단
   - 기본 절차: 입찰참가자격 등록(나라장터) → 입찰 공고 확인 및 규격서 분석(사전규격공개 활용) → 입찰 및 낙찰 → 계약 체결 → 이행 → 검사 및 대금 지급

2. 다양한 낙찰자 결정 방법
   - 적격심사낙찰제: 이행능력(실적, 기술, 경영상태)과 입찰가격을 종합 평가하는 가장 일반적인 방식
   - 2단계 경쟁입찰: 기술(규격) 평가를 먼저 통과한 업체들만 가격경쟁을 하는 방식으로, 기술적 우위 확보가 관건임
   - 협상에 의한 계약: 기술(90%)과 가격(10%)을 종합 평가 후 협상하는 방식으로, SW, 정보시스템 등 기술 중심 계약에 적용되며, 제안서의 가독성, 객관성, 차별성이 평가의 핵심
   - 소액수의계약: 계약형태별 정해진 금액의 소규모 계약 시 꾸준한 참여가 중요함

3. 외자구매계약의 특징과 인코텀즈
   - 외자구매: 외국 물품 도입 계약으로, 국제상거래법규(인코텀즈 등)가 적용되고 영어, 외화, 신용장(L/C) 등이 사용되어 절차가 복잡함
   - 인코텀즈(Incoterms) 2020: 매도인과 매수인 간 위험과 비용 부담을 정한 국제 규칙으로, EXW(매도인 최소의무), FOB(본선인도), CIF(운임·보험료포함), DDP(매도인 최대의무) 등 주요 조건의 차이점을 명확히 이해해야 함

4. 계약 이행관리 및 금액 조정
   - 이행관리 3요소: 납기 준수를 위한 공정관리, 규격서 기준을 충족하는 품질관리, 사고 예방을 위한 안전관리가 핵심
   - 설계변경에서 계약금액은 설계변경 시점의 단가를 기준으로 조정하며, 물가변동(Escalation)은 계약 후 90일 경과 및 품목/지수조정률 3% 이상 증감 시 잔여 이행분에 대해 계약금액을 조정할 수 있음

5. 계약의 종결 절차
   - 선금: 원활한 계약 이행을 위해 대가의 일부(최대 70%)를 미리 지급하는 제도로, 선금보증서 제출이 필요함
   - 검사 및 검수: 납품 완료 후 14일 이내에 규격 및 성능 충족 여부를 확인(검사)하고 최종 인수(검수)하는 절차
   - 대가 지급 및 지체상금: 검수 완료 후 5일 이내에 대가를 지급해야 하며, 납기 지연 시 1일당 계약금액의 0.075%에 해당하는 지체상금을 부과함
   - 하자보수: 납품 후 일정 기간 발생한 하자에 대해 무상 보수 책임을 지며, 이를 담보하기 위해 하자보수보증금(계약금액의 2 ~ 5%)을 예치함
   - 계약 해제/해지: 계약상대자의 귀책사유 발생 시 계약을 종결시키고, 계약보증금 국고 귀속 및 부정당업자 제재 조치를 취할 수 있음

6. 특수 물품계약 및 최신 동향
   - 재고관리 및 국방조달: 정부물품관리시스템을 통해 물품 이력을 관리하고, 국방물자는 방위사업법에 따라 별도의 절차로 조달됨
   - 혁신조달 및 ESG 조달: 공공부문이 혁신제품의 첫 구매자가 되어 기술혁신을 선도(혁신 조달)하고, 환경·사회적 가치를 고려하여 사회적 책임 기업 제품을 우대(ESG 조달)하는 추세가 강화되고 있음

용역계약 절차 및 이행

CHAPTER 04

01 용역계약 절차 및 이행

학습목표

- 용역계약의 유형과 특성을 이해하고, 기술용역과 일반용역을 구분하여 설명할 수 있다.
- 제안요청서(RFP)의 핵심 구성요소를 분석하고, 평가 기준에 부합하는 제안서를 작성할 수 있다.
- 협상에 의한 계약 절차를 이해하고, 기술협상 및 가격협상의 주요 쟁점과 대응 전략을 설명할 수 있다.
- 경쟁적 대화 방식 계약의 특징과 절차를 이해하고, 일반 협상계약과 비교하여 설명할 수 있다.
- e-발주 시스템을 활용한 과업 변경 및 대금 지급 관리 등 용역계약의 이행 및 종결 절차를 관리할 수 있다.

1 용역계약의 이해

① 용역계약의 개념과 유형
- 용역(Service)계약이란 공공기관이 행정 목적을 달성하기 위해 필요한 전문 지식, 기술, 서비스 등 형태가 없는 노동력을 제공받고 그 대가를 지급하는 계약을 의미함
- 이는 시설공사나 물품구매와 달리, 사람의 전문성과 경험이 핵심적인 역할을 하는 계약 형태로 컨설팅, 연구, 정보시스템 개발, 시설물 유지보수, 청소, 경비 등이 모두 용역계약에 해당함
- 용역계약은 그 성격에 따라 크게 기술용역과 일반용역으로 구분됨

구분	설명	주요 예시
기술용역	건설기술 진흥법, 엔지니어링산업 진흥법 등 관련 법령에 따른 기술적 전문성을 바탕으로 하는 용역	설계, 감리, 타당성 조사, 영향평가, 정보시스템 개발 및 유지보수 등
일반용역	기술용역을 제외한 모든 용역으로, 주로 노무를 통해 계약 목적을 달성하는 용역	청소, 경비, 시설물 관리, 운송, 행사 보조, 폐기물 처리 등

 **기술용역**

- **종합심사낙찰제 원칙**
- **가격 + 기술력 + 실적 평가**
- **총점 최고점자 낙찰**

 **일반용역**

- **최저가낙찰제 원칙**
- **가격 중심 평가**
- **최저가 제안자 낙찰**

▲ 기술용역 vs 일반용역 비교

2 제안서 작성 및 평가

① 제안요청서(RFP) 분석
- 제안요청서(Request For Proposal, RFP)는 발주기관이 필요한 용역의 내용, 요구사항, 평가 기준 등을 상세히 기술하여 입찰 참가자들에게 제안서 제출을 요청하는 문서
- RFP는 발주기관이 무엇을 원하는지를 담은 '설계도'와 같으므로, 제안서 작성에 앞서 가장 먼저, 그리고 가장 꼼꼼하게 분석해야 할 문서
- RFP 핵심 분석 포인트
  - 과업 내용(Scope of Work): 발주기관이 요구하는 구체적인 업무 범위, 산출물, 수행 기간 등을 파악함
  - 평가 항목 및 배점: 기술평가와 가격평가의 비중, 각 평가 항목별 세부 내용과 배점을 확인하여 제안서 작성의 강약을 조절함
  - 참가 자격: 사업자등록증, 실적, 면허, 신용등급 등 입찰 참가에 필요한 자격 요건을 확인함
  - 제안서 작성 지침: 제안서의 목차, 분량, 작성 양식, 제출 방법 등 발주기관이 제시한 가이드라인을 철저히 준수해야 함

기획재정부 계약예규 「용역계약 일반조건」 제3조(계약문서)
▶ 계약문서는 계약서, 설계서, 유의서, 과업지시서, 입찰유의서, 제안요청서, 이 조건 및 관계 법령에 의한 것으로 상호 보완의 효력을 가짐. 다만, 그 내용이 서로 다른 경우에는 계약서, 과업지시서, 설계서, 유의서, 입찰유의서, 제안요청서, 이 조건의 순으로 효력을 가짐

실무톡톡 평가자를 사로잡는 제안서 작성 팁

▶ RFP 목차를 그대로 활용하라: 평가자는 RFP 평가 항목 순서대로 채점하므로, 제안서 목차를 RFP 목차와 동일하게 구성하면 평가자가 내용을 찾기 쉽고 논리적으로 인지하게 됨
▶ 정량적 지표로 강점을 증명하라: 뛰어난 기술력과 같은 추상적인 표현 대신, 유사 사업 수행 실적 5건, 전문 인력 10명 보유(기술사 2명, 석사 이상 5명) 등 구체적인 숫자로 강점을 제시해야 신뢰를 얻을 수 있음
▶ 도표와 그림을 적극 활용하라: 복잡한 개념이나 수행 체계는 텍스트로만 설명하기보다 다이어그램, 순서도, 표 등을 활용하여 시각적으로 표현하는 것이 이해도를 높이는 데 효과적임
▶ 차별화된 수행 전략을 제시하라: 모든 경쟁사가 비슷한 역량을 가지고 있다면, 우리만의 차별화된 사업 수행 전략, 위기관리 방안, 추가적인 가치 제공 계획 등을 제시하는 것이 결정적인 한 방이 될 수 있음

② 제안서 작성 전략: 제안서는 단순히 발주기관의 요구사항에 답변하는 것을 넘어, 우리 회사가 왜 이 사업을 가장 잘 수행할 수 있는 최적의 파트너인지를 설득하는 문서로, 평가 항목에 맞춰 자사의 강점을 논리적이고 체계적으로 부각해야 함

구분	사업수행능력평가(PQ)	제안서 평가
평가 시점	입찰참가자격 심사 단계	제안서 제출 후 평가 단계
평가 대상	업체의 일반적 역량(실적, 인력, 재무)	해당 사업에 대한 구체적 수행 계획
평가 목적	입찰 참가 자격 충족 여부 판단	최적의 수행자 선정
통과 기준	일정 점수 이상 시 입찰참가자격 부여	고득점자 순으로 협상적격자 선정
적용 사업	대규모 기술용역(설계, 감리 등)	협상에 의한 계약 대상 전체

3 협상에 의한 계약 및 경쟁적 대화 방식

① 협상에 의한 계약

- 협상에 의한 계약은 전문성, 기술성, 창의성이 요구되는 용역계약에서 다수의 입찰자로부터 제안서를 제출받아 기술과 가격을 종합적으로 평가한 후, 고득점자 순으로 협상을 통해 최종 낙찰자를 결정하는 방식(국가계약법 시행령 제43조)
- 절차: 입찰공고 → 제안서 접수 → 제안서 평가(기술 + 가격) → 협상적격자 선정 → 기술 및 가격 협상 → 계약 체결
- 제안서 평가: 기술평가(80 ~ 90%)와 가격평가(10 ~ 20%)로 구성되며, 기술평가의 비중이 절대적으로 높음
- 협상: 기술평가 점수가 일정 점수 이상인 자를 협상적격자로 선정하고, 1순위 협상적격자와 먼저 협상을 진행하며, 1순위와 협상이 성립되면 계약을 체결하고, 결렬되면 차순위자와 동일한 방식으로 협상을 진행함

▲ 협상에 의한 계약 절차도

실무톡톡 기술협상 및 가격협상 시 주요 쟁점 및 대응 전략

- ▶ 기술협상: 주로 제안 내용의 구체화, 과업 범위 조정, 이행 기간, 추가 요구사항 등이 쟁점이 되며, 발주기관의 요구를 무조건 수용하기보다, 제안 내용의 본질을 훼손하지 않는 범위 내에서 상호 수용가능한 대안을 제시하는 협상력이 필요함. 특히, 과업 범위가 추가될 경우 이에 상응하는 대가(비용, 기간) 조정을 명확히 요구해야 함
- ▶ 가격협상: 협상 기준가격(예정가격 이하로 입찰한 자의 입찰가격)을 기준으로 진행되며, 발주기관은 예산 절감을 위해 가격 인하를 요구하는 경우가 많음. 이때는 제안 가격의 산출 근거(인건비, 직접경비 등)를 명확히 제시하고, 과도한 할인 요구에 대해서는 기술 서비스의 품질 저하 가능성을 근거로 논리적으로 방어해야 함

사이드바

➕ plus

협상에 의한 계약 vs 적격심사

구분	협상에 의한 계약	적격심사
적용 대상	기술성·창의성이 요구되는 용역	일반용역, 물품, 소규모 공사
평가 방식	기술평가(80 ~ 90%) + 가격평가(10 ~ 20%)	이행실적, 경영상태, 입찰가격 등 종합
핵심 절차	제안서 평가 → 협상적격자 선정 → 협상	최저가 입찰자부터 적격 여부 심사
낙찰 기준	기술 + 가격 종합 고득점자순	적격심사 기준 충족 여부
가격 결정	협상을 통해 최종 가격 확정	입찰가격이 곧 계약가격

✔ Check Q&A

제안서 평가에서 '기술평가'와 '가격평가'의 비중은 어떻게 결정되나요?

정답

협상에 의한 계약에서 기술평가와 가격평가의 비중은 사업의 성격에 따라 달라진다. 일반적으로 기술평가 80 ~ 90%, 가격평가 10 ~ 20%로 구성되지만, 고도의 전문성이 요구되는 사업(예 국방 R&D, 첨단 IT 시스템 개발)에서는 기술평가 비중이 90% 이상으로 설정되기도 한다. 반대로, 상대적으로 표준화된 용역(예 유지보수)의 경우 가격평가 비중이 다소 높아질 수 있다. 핵심은 RFP에 명시된 평가 비중을 정확히 파악하고, 그에 맞는 전략을 수립하는 것이다.

국가를 당사자로 하는 계약에 관한 법률 시행령 제43조(협상에 의한 계약체결)
▶ 각 중앙관서의 장 또는 계약담당공무원은 지식기반사업 등 지적 능력 또는 창의성이 필요한 용역계약의 경우에는 제36조의 규정에 불구하고 제1항의 규정에 의하여 제안서를 제출받아 평가한 후 협상 절차를 거쳐 계약을 체결할 수 있음

② 경쟁적 대화 방식 계약
- 경쟁적 대화 방식 계약은 복잡하고 난이도가 높은 용역 사업에서 발주기관이 여러 입찰자와 기술적인 대화를 통해 과업 내용을 확정하고 최적의 제안을 받아 계약을 체결하는 방식(국가계약법 시행령 제43조의3). 즉, 발주기관이 처음부터 완벽한 RFP를 만들기 어려울 때, 시장의 전문가인 입찰자들과 함께 최적의 솔루션을 찾아가는 과정임
- 절차: 입찰공고 → 제안서 접수 → 대화 참가자 선정 → 경쟁적 대화 → 최종 제안서 제출 → 낙찰자 선정 → 계약 체결
- 경쟁적 대화: 발주기관과 선정된 입찰자들이 사업의 기술적 해결 방안, 과업 내용 구체화 등을 주제로 자유롭게 대화하고 아이디어를 발전시키는 핵심 단계

③ 차이점: 협상에 의한 계약은 발주기관이 제시한 RFP에 맞춰 제안하는 방식이지만, 경쟁적 대화 방식은 발주기관과 입찰자가 함께 RFP를 완성해나가는 방식이라는 점에서 근본적인 차이가 있음

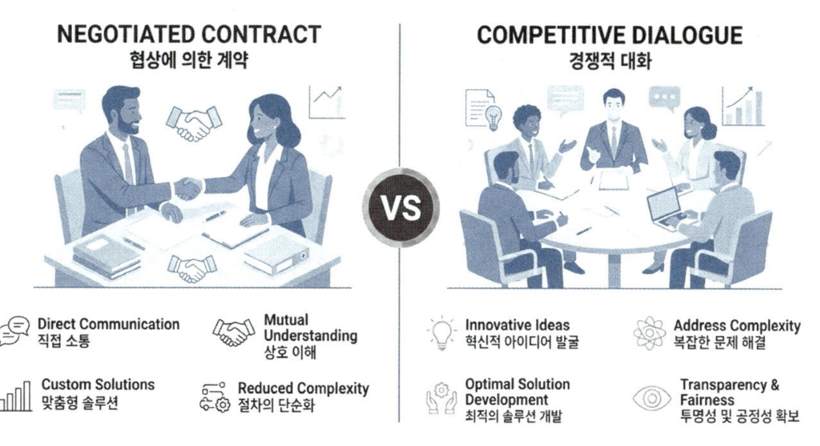

▲ 협상에 의한 계약 vs 경쟁적 대화 방식 계약 비교

 경쟁적 대화 참여 시 유의사항

▶ 영업비밀 보호: 경쟁적 대화 과정에서 제시한 아이디어나 기술 정보가 다른 입찰자에게 유출되지 않도록 발주기관에 비밀유지의무를 확인해야 함
▶ 대화 내용의 문서화: 대화 과정에서 합의된 내용은 반드시 서면으로 기록하고, 최종 제안서에 정확히 반영해야 하며, 구두 합의만으로는 법적 효력이 제한적임
▶ 비용 부담: 경쟁적 대화 과정에서 발생하는 제안 준비 비용은 원칙적으로 입찰자가 부담하므로, 참여 여부를 신중히 결정해야 함

경쟁적 대화 방식 계약은 어떤 사업에 적합한가?

경쟁적 대화 방식은 발주기관이 사업의 기술적 해결 방안을 사전에 명확히 정의하기 어려운 경우에 적합하다. 예를 들어, 신기술 기반의 스마트시티 구축 사업, AI·빅데이터 활용 행정 혁신 사업, 복합 인프라 구축 사업 등이 대표적이다. 이러한 사업은 시장의 최신 기술 동향과 전문가의 창의적 아이디어가 과업 설계에 반영되어야 하므로, 입찰자와의 대화를 통해 최적의 솔루션을 도출하는 경쟁적 대화 방식이 효과적이다.

PART 03

4 **e - 발주시스템 활용 및 계약 이행**

e - 발주시스템은 소프트웨어(SW) 개발, 유지보수 등 정보화 사업의 제안, 계약, 과업 수행, 대금 지급 등 전 과정을 온라인으로 통합 관리하는 시스템이며, 과거 수작업으로 관리되던 과업 변경, 산출물 제출, 검사 및 대금 지급 절차를 투명하고 효율적으로 처리할 수 있음

실무톡톡 e - 발주시스템을 통한 과업 변경 및 대금 지급 관리 실무

▶ 과업 변경: 사업 수행 중 발생하는 과업 내용 변경, 일정 조정 등을 시스템을 통해 공식적으로 요청하고 승인받으며, 모든 이력이 시스템에 기록되므로, 향후 분쟁 발생 시 중요한 근거 자료가 됨
▶ 산출물 관리: 주간/월간보고, 중간/최종 결과물 등 모든 산출물을 시스템에 등록하고 발주기관의 검토 및 승인을 받음
▶ 대금 지급: 계약에 따라 선금, 중도금, 잔금 신청을 시스템으로 처리하며, 검사가 완료되면 대금 청구서를 발행하고, 발주기관은 시스템을 통해 지급 처리 내역을 관리함

5 **용역계약의 이행 및 종결**

① 용역계약 이행의 특수성: 용역계약의 이행은 물품이나 공사와 달리 '과정' 자체가 중요한 경우가 많으며, 계약에 따라 성실히 과업을 수행하고, 정기적으로 진행 상황을 보고해야 함

〈용역계약 이행의 주요 단계〉

단계	주요 내용	유의사항
착수	착수계 제출(계약 체결 후 7일 이내), 사업수행계획서 제출	착수 지연 시 지체상금 발생 가능
수행	과업지시서에 따른 성실한 과업 수행, 정기보고	과업 범위 변경 시 서면 합의 필수
중간보고	주간/월간보고, 중간 산출물 제출	발주기관의 검토 의견 반영
최종보고	최종 산출물 제출, 완료 보고서 작성	계약서에 명시된 산출물 목록 확인
검사	발주기관의 검사 (계약 내용 이행 여부 확인)	검사 불합격 시 보완 후 재검사
대가 지급	검사 합격 후 대금 청구 및 지급	14일 이내 지급 원칙
하자보수	하자보수 기간 중 하자 발생 시 무상 보수	하자보수보증금 예치

법조문 돋보기

기획재정부 계약예규 「용역계약 일반조건」 제8조(착수 및 수행)
▶ 계약상대자는 계약 체결 후 지체 없이 과업에 착수하여야 하며, 착수일로부터 7일 이내에 착수계를 제출하여야 함
▶ 계약상대자는 과업지시서 및 계약서에 따라 성실히 과업을 수행하여야 하며, 발주기관의 요구가 있을 때에는 과업 수행 상황을 보고하여야 함

▲ 용역계약 이행의 단계

② 용역계약의 선금 및 대가 지급: 선금은 계약상대자의 원활한 계약 이행을 위해 계약 체결 후 지급하는 자금으로, 용역계약의 경우 계약금액의 70% 이내에서 선금을 지급할 수 있음

〈대가 지급 방식〉

지급 유형	내용	지급 시기
선금	계약 이행을 위한 사전 자금 지원	계약 체결 후
중도금	계약서에 명시된 단계별 과업 완료 시	중간 검사 합격 후
잔금	최종 과업 완료 후 나머지 대금	최종 검사 합격 후
개산급	개산계약의 경우 개략적 대가 지급	과업 수행 중

법조문 돋보기

국가계약법 시행령 제58조(선금)
▶ 각 중앙관서의 장 또는 계약담당공무원은 계약상대자에게 계약금액의 100분의 70 이내에서 선금을 지급할 수 있음

③ 용역계약의 검사 및 하자보수
• 검사는 계약상대자가 제출한 최종 산출물에 대해 발주기관이 계약 내용대로 과업이 완료되었는지를 확인하는 절차이며, 검사에 합격해야 대금을 청구할 수 있음
• 하자보수는 검사 합격 후 일정 기간동안 발생한 하자에 대해 계약상대자가 무상으로 보수할 책임을 지는 것으로, 하자보수기간은 일반적으로 6개월 ~ 2년이며 용역의 종류에 따라 차이가 있음

법조문 돋보기

기획재정부 계약예규 「용역계약 일반조건」 제18조(검사)
▶ 계약상대자는 과업이 완료된 때에는 그 사실을 발주기관에 통지하여야 함
▶ 발주기관은 제1항의 통지를 받은 날부터 14일 이내에 검사를 완료하여야 함

✓ Check Q&A

용역계약에서 대금 지급이 지연되면 어떻게 되는가?

정답

발주기관이 정당한 사유 없이 대금 지급을 지연하면, 계약상대자는 지연일수에 대해 지연이자를 청구할 수 있다. 지연이자율은 국가계약법 시행규칙에서 정한 이율(한국은행 통화안정증권 할인율 등)을 적용한다. 또한, 대금 지급 지연이 장기화되면 계약상대자는 계약해지를 요청할 수도 있다.

➕ plus

용역 검사 시 자주 발생하는 문제와 대응 방안
• 산출물 누락: 계약서에 명시된 산출물 목록과 실제 제출 산출물을 대조하여 누락 여부를 사전에 확인하기
• 품질 미달: 발주기관의 검사 기준을 사전에 파악하고, 내부 품질 검토(QA)를 거친 후 제출하기
• 검사 지연: 발주기관이 14일 이내에 검사를 완료하지 않으면, 검사에 합격한 것으로 간주됨(묵시적 합격)
• 보완 요청: 검사 결과 보완이 필요한 경우, 보완 범위와 기한을 서면으로 명확히 합의하기

④ 용역계약의 지식재산권: 용역계약에서 생산된 결과물(보고서, 소프트웨어, 설계도 등)에 대한 지식재산권 귀속은 중요한 쟁점임

기획재정부 계약예규 「용역계약 일반조건」 제19조(지식재산권)
▶ 계약 목적물에 대한 지식재산권은 발주기관과 계약상대자가 공동으로 소유함. 다만, 계약 당사자 간의 별도 합의가 있는 경우에는 그에 따름

구분	내용
원칙	발주기관과 계약상대자 공동 소유
예외	별도 합의 시 단독 귀속 가능
제3자 권리	기존 지식재산권(배경 IP)은 원 권리자에게 귀속
실무 유의	계약 체결 시 지식재산권 귀속 조항을 명확히 협의해야 함

⑤ 용역계약의 해제·해지 및 손해배상
- 용역계약도 일정한 사유가 발생하면 해제 또는 해지할 수 있음
- 발주기관의 해지 사유
  - 계약상대자가 정당한 이유 없이 과업에 착수하지 않거나 과업 수행을 중단한 경우
  - 계약상대자가 계약 내용을 위반하여 계약 목적을 달성할 수 없다고 인정되는 경우
  - 부정당업자로 제재를 받은 경우
- 계약상대자의 해지 사유
  - 발주기관이 정당한 사유 없이 과업 내용을 현저히 변경한 경우
  - 발주기관의 귀책사유로 과업 수행이 불가능해진 경우
  - 대금 지급이 장기간 지연된 경우

〈해제·해지 비교〉

구분	해제	해지
의미	계약을 소급하여 무효로 만듦	장래에 대해서만 계약 효력 소멸
효과	원상회복 의무 발생	기이행 부분은 유효, 잔여 부분만 소멸
적용	계약 이행 전 또는 초기 단계	계약 이행 중 또는 상당 부분 이행 후

CHAPTER 04

단원별 핵심문제

01

다음 중 용역계약의 유형에 대한 설명으로 가장 옳지 않은 것은?

① 기술용역은 설계, 감리 등 기술적 전문성을 바탕으로 하는 용역이다.
② 일반용역은 청소, 경비 등 주로 노무를 통해 계약 목적을 달성하는 용역이다.
③ 기술용역과 일반용역은 낙찰자 결정 방식에서 차이가 없다.
④ 정보시스템 개발은 기술용역에 해당한다.

해설

기술용역은 주로 기술력 평가가 중요한 '협상에 의한 계약 방식'이, 일반용역은 가격 경쟁 비중이 높은 '적격심사' 방식이 적용되는 등 낙찰자 결정 방식에 차이가 있다.

02

발주기관이 제안서 제출을 요청하며 과업 내용, 평가 기준 등을 상세히 기술한 문서는 무엇인가?

① 과업지시서(Task Instruction)
② 제안요청서(RFP)
③ 입찰유의서(Bidding Instructions)
④ 계약특수조건(Special Conditions of Contract)

해설

제안요청서(RFP, Request For Proposal)는 발주기관이 필요한 용역의 내용, 요구사항, 평가 기준 등을 상세히 기술하여 입찰 참가자들에게 제안서 제출을 요청하는 문서이다.

03

제안서 평가에서 가장 높은 비중을 차지하는 것은 일반적으로 무엇인가?

① 입찰 가격
② 기술 능력
③ 제안사의 재무상태
④ 과거 계약 이행 실적

해설

협상에 의한 계약에서 제안서 평가는 통상 기술평가(80 ~ 90%)와 가격평가(10 ~ 20%)로 구성되어, 기술 능력 평가의 비중이 절대적으로 높다.

04

다음 중 협상에 의한 계약 방식이 주로 적용되는 용역은?

① 단순 시설물 청소 용역
② 전문 컨설팅 용역
③ 사무용품 운송 용역
④ 건물 경비 용역

해설

협상에 의한 계약은 전문성, 기술성, 창의성이 요구되는 용역에 주로 적용되므로, 전문 컨설팅 용역이 가장 적합하다.

05

협상에 의한 계약의 절차를 바르게 나열한 것은?

| ㄱ. 제안서 평가 | ㄴ. 기술 및 가격 협상 |
| ㄷ. 입찰 공고 | ㄹ. 협상적격자 선정 |

① ㄷ → ㄱ → ㄴ → ㄹ
② ㄷ → ㄱ → ㄹ → ㄴ
③ ㄱ → ㄷ → ㄹ → ㄴ
④ ㄱ → ㄹ → ㄷ → ㄴ

해설

협상에 의한 계약은 입찰 공고 → 제안서 접수 → 제안서 평가 → 협상 적격자 선정 → 기술 및 가격 협상 → 계약 체결의 순서로 진행된다.

06

제안서 기술평가 점수가 일정 점수 이상인 자를 대상으로 협상을 진행하는 자격을 무엇이라 하는가?

① 낙찰예정자
② 적격심사대상자
③ 협상적격자
④ 수의계약대상자

해설

기술평가 점수가 일정 점수 이상인 자를 협상적격자로 선정하고, 이들을 대상으로 고득점자 순으로 협상을 진행한다.

정답 01 ③ 02 ② 03 ② 04 ② 05 ② 06 ③

07

발주기관이 완벽한 RFP를 만들기 어려울 때, 여러 입찰자와의 기술적 대화를 통해 과업 내용을 확정해나가는 계약 방식은?

① 수의계약　　　　　② 일반경쟁계약
③ 협상에 의한 계약　④ 경쟁적 대화 방식 계약

해설

경쟁적 대화 방식 계약은 발주기관과 입찰자가 함께 대화를 통해 최적의 솔루션을 찾아가며 과업 내용을 확정하는 방식이다.

08

다음 중 제안서 작성 전략으로 가장 바람직하지 않은 것은?

① RFP의 목차와 평가 항목 순서에 맞춰 작성한다.
② 자사의 강점을 최고, 뛰어남 등 추상적인 용어로 강조한다.
③ 복잡한 수행 체계는 다이어그램 등 시각 자료를 활용한다.
④ 경쟁사와 차별화되는 우리만의 고유한 수행 전략을 제시한다.

해설

뛰어난 기술력과 같은 추상적 표현보다는 '유사 사업 실적 5건'등 구체적이고 정량적인 데이터로 강점을 증명해야 신뢰를 얻을 수 있다.

09

협상에 의한 계약에서 가격 협상의 기준이 되는 가격은?

① 예정가격　　　　② 기초금액
③ 협상 기준가격　④ 추정가격

해설

가격 협상은 협상 기준가격(해당 사업예산 이하로서 협상대상자가 제안한 가격)을 기준으로 진행된다.

10

SW 개발 사업의 제안, 계약, 과업 수행 등 전 과정을 온라인으로 통합 관리하는 시스템은 무엇인가?

① 나라장터　　　　② 조달정보개방포털
③ e-발주시스템　④ 온비드

해설

e-발주시스템은 소프트웨어(SW) 개발 등 정보화 사업의 전 과정을 온라인으로 통합 관리하는 시스템이다.

11

다음 중 용역계약의 기술용역에 해당하지 않는 것은?

① 건설공사의 설계
② 정보시스템 개발
③ 시설물 안전 진단
④ 폐기물 처리 용역

해설

폐기물 처리 용역은 주로 노무를 통해 계약 목적을 달성하므로 기술용역이 아닌 일반용역으로 분류된다.

12

제안요청서(RFP) 분석 시 가장 중요하게 확인해야 할 항목이 아닌 것은?

① 과업 내용 및 범위
② 평가 항목 및 배점
③ 경쟁사의 입찰 참여 여부
④ 제안서 작성 지침 및 양식

해설

경쟁사의 입찰 참여 여부는 RFP에 명시되는 정보가 아니며, 사전에 파악하기 어렵다. RFP 자체의 내용인 과업 내용, 평가 기준, 작성 지침 등을 분석하는 것이 중요하다.

13

경쟁적 대화 방식 계약과 협상에 의한 계약의 가장 큰 차이점은?

① 가격평가 비중
② 기술적 대화를 통한 과업 내용 확정 여부
③ 계약 이행 기간
④ 입찰 참가 자격

해설

경쟁적 대화 방식 계약의 가장 큰 특징은 발주기관과 입찰자가 경쟁적 대화를 통해 함께 과업 내용을 구체화하고 확정해나간다는 점이다.

정답　　07 ④　08 ②　09 ③　10 ③　11 ④　12 ③　13 ②

14

협상에 의한 계약에서 1순위 협상대상자와의 협상이 결렬될 경우, 발주기관이 취해야 할 조치는?

① 즉시 재공고 입찰을 진행한다.
② 1순위 대상자와 가격을 다시 협상한다.
③ 차순위 협상적격자와 협상을 진행한다.
④ 수의계약으로 전환하여 원하는 업체와 계약한다.

1순위 협상대상자와의 협상이 결렬되면, 동일한 기준과 절차에 따라 차순위 협상적격자와 협상을 진행한다.

15

e-발주시스템을 사용하는 주된 목적으로 보기 어려운 것은?

① 과업 관리의 투명성 증대
② 산출물 관리의 효율성 향상
③ 대금 지급 절차의 간소화
④ 입찰참가 기업 수의 제한

e-발주시스템은 계약 이행 과정의 투명성과 효율성을 높이기 위한 시스템이며, 입찰참가 기업 수를 제한하는 기능과는 관련이 없다.

16

용역계약의 이행이 완료되었음을 최종적으로 확인하는 절차는?

① 착수계 제출　　　② 선금 신청
③ 검사　　　④ 하자보수

검사는 계약상대자가 제출한 최종 산출물에 대해 발주기관이 계약 내용대로 과업이 완료되었는지를 확인하는 최종 절차이다.

17

다음 중 제안서의 기술평가 항목으로 가장 거리가 먼 것은?

① 과업에 대한 이해도
② 제안사의 신용평가등급
③ 사업 수행 조직 및 인력 구성
④ 기술적 해결 방안의 적절성

신용평가등급은 통상 입찰참가자격이나 적격심사 시 경영상태 평가 항목으로 활용되며, 협상에 의한 계약의 기술평가 항목과는 거리가 멀다.

18

기술협상 과정에서 발주기관이 과업 내용 추가를 요구할 때, 제안사가 가장 먼저 고려해야 할 대응은?

① 무조건 수용하여 좋은 관계를 유지한다.
② 과업 추가에 따른 대가(비용, 기간) 조정을 요구한다.
③ 기술적으로 불가능하다고 주장하며 거부한다.
④ 협상 결렬을 선언하고 협상을 중단한다.

정당한 과업 범위 변경 및 추가 요구에는 응해야 하지만, 이에 상응하는 대가(비용 증액, 기간 연장 등) 조정을 명확히 요구하여 권리를 확보해야 한다.

19

다음 중 일반용역 적격심사에서 주로 평가하는 항목이 아닌 것은?

① 이행실적　　　② 경영상태
③ 입찰가격　　　④ 제안 기술의 혁신성

제안 기술의 혁신성은 주로 기술용역의 협상에 의한 계약에서 중요하게 평가하는 항목이다. 일반용역 적격심사는 이행실적, 경영상태, 입찰가격 등을 중심으로 평가한다.

20

용역계약에서 계약 목적물의 지식재산권 귀속은 어떻게 결정되는가?

① 원칙적으로 발주기관에 단독 귀속된다.
② 원칙적으로 계약상대자에게 단독 귀속된다.
③ 발주기관과 계약상대자가 협의하여 결정하며, 공동 귀속이 원칙이다.
④ 법원에 소송을 통해 결정한다.

계약예규 「용역계약 일반조건」에 따라, 계약 목적물에 대한 지식재산권은 발주기관과 계약상대자가 공동으로 소유하는 것이 원칙이며, 세부 내용은 계약 시 협의하여 정할 수 있다.

14 ③　15 ④　16 ③　17 ②　18 ②　19 ④　20 ③

21

제안서 평가를 위해 외부 전문가를 포함하여 구성하는 조직은?

① 계약심의위원회
② 기술자문위원회
③ 제안서 평가위원회
④ 일상감사위원회

해설

제안서 평가는 공정성과 전문성을 확보하기 위해 관련 분야의 내·외부 전문가로 구성된 제안서 평가위원회를 통해 이루어진다.

22

다음 중 용역계약의 특성으로 가장 적절하지 않은 것은?

① 결과물뿐만 아니라 수행 과정도 중요하다.
② 계약 목적물이 무형의 서비스인 경우가 많다.
③ 표준화가 용이하여 품질 관리가 수월하다.
④ 투입되는 인력의 전문성과 경험이 품질을 좌우한다.

해설

용역은 사람의 노동력과 지식에 의존하므로 표준화가 어렵고, 동일한 과업이라도 수행자에 따라 품질 편차가 발생하기 쉽다.

23

가격협상 시 제안사가 가격 인하 요구에 대응하는 전략으로 가장 바람직한 것은?

① 경쟁사도 할인할 것이므로 일단 수용한다.
② 인건비, 경비 등 구체적인 원가 산출 근거를 제시하며 방어한다.
③ 회사의 어려운 사정을 감정적으로 호소한다.
④ 가격을 인하하는 대신 기술 지원 범위를 축소하겠다고 역제안한다.

해설

제안 가격이 합리적인 원가 계산에 따라 산출되었음을 구체적인 근거를 통해 논리적으로 설명하고, 과도한 할인은 품질 저하로 이어질 수 있음을 설득하는 것이 가장 바람직하다.

24

다음 중 용역계약의 대가 지급 방식에 대한 설명으로 옳지 않은 것은?

① 선금은 계약 이행 전 자금 지원을 위해 지급될 수 있다.
② 중도금은 계약서에 명시된 과업 단계별로 지급될 수 있다.
③ 잔금은 최종 검사에 합격한 후 청구에 따라 지급된다.
④ 모든 용역계약은 반드시 선금, 중도금, 잔금으로 나누어 지급해야 한다.

해설

대가 지급 방식은 계약의 성격, 기간, 규모에 따라 달라지며, 전액 일시불로 지급하거나 선금과 잔금으로만 구성될 수도 있다. 반드시 세 단계로 나누어 지급해야 하는 것은 아니다.

25

계약 이행이 완료된 후, 일정 기간 동안 발생한 과업의 하자나 결함에 대해 계약상대자가 책임을 지는 것을 무엇이라 하는가?

① 지체상금
② 계약보증
③ 손해배상
④ 하자담보책임

해설

하자담보책임은 계약 목적물이 인도된 후 일정 기간 내에 발생한 하자에 대해 계약상대자가 무상으로 보수하거나 손해를 배상할 책임을 지는 것을 의미한다.

CHAPTER 04 최종점검 OX 퀴즈

01 기술용역과 일반용역은 계약 방식과 평가 기준에서 본질적인 차이가 없다. （ ○ , × ）

02 제안요청서(RFP)는 발주기관의 요구사항을 담고 있으므로 제안서 작성의 가장 중요한 지침서이다. （ ○ , × ）

03 협상에 의한 계약에서 가격평가는 기술평가보다 항상 더 높은 비중을 차지한다. （ ○ , × ）

04 제안서의 목차는 평가의 편의를 위해 RFP의 목차와 다르게 구성하는 것이 좋다. （ ○ , × ）

05 협상에 의한 계약은 1순위 협상대상자와 협상이 결렬되면 즉시 재공고해야 한다. （ ○ , × ）

06 경쟁적 대화 방식 계약은 발주기관이 처음부터 완벽한 과업 내용을 제시해야만 가능 하다. （ ○ , × ）

07 e-발주시스템은 SW사업의 투명성과 효율성을 높이기 위해 사용된다. （ ○ , × ）

08 용역계약에서 최종 산출물만 완벽하다면, 수행 과정은 중요하게 평가되지 않는다. （ ○ , × ）

09 협상에 의한 계약은 전문성과 창의성이 요구되는 용역에 주로 적용된다. （ ○ , × ）

---

01 ✕
기술용역은 협상에 의한 계약이 원칙이고 기술평가 비중이 높으나, 일반용역은 적격심사 등 가격 중심으로 평가한다.

02 ○
RFP에는 과업 범위, 평가 기준, 제출 요건 등이 명시되어 있어 제안서 작성의 핵심 기준이 된다.

03 ✕
협상에 의한 계약은 기술평가 비중이 높다(통상 기술 90%, 가격 10%). 가격보다 기술이 우선이다.

04 ✕
제안서 목차는 RFP의 평가 항목 순서에 맞추어 구성해야 평가위원이 쉽게 확인할 수 있다.

05 ✕
1순위와 결렬 시 차순위 협상대상자와 순차적으로 협상을 진행한다.

06 ✕
경쟁적 대화는 과업 내용이 불명확할 때 입찰자와 대화를 통해 요구사항을 구체화하는 방식이다.

07 ○
e-발주시스템은 SW사업의 발주·계약·관리 전 과정을 전자적으로 처리하여 투명성과 효율성을 확보한다.

08 ✕
용역계약은 수행 과정(중간보고, 품질관리 등)도 중요한 평가 요소이며, 과정 관리가 결과 품질에 직결된다.

09 ○
기술용역, 학술연구 등 전문성·창의성이 핵심인 사업에 협상에 의한 계약 방식을 적용한다.

10　기술협상 시 과업 내용이 추가되더라도 계약금액은 변경할 수 없다.　(○ , ×)

11　일반용역은 주로 협상에 의한 계약 방식으로 낙찰자를 결정한다.　(○ , ×)

12　제안서에 최고의 기술력과 같이 정성적이고 추상적인 표현을 사용하는 것이 효과적이다.　(○ , ×)

13　경쟁적 대화 방식 계약은 입찰자와 발주기관이 함께 해결책을 찾아가는 협력적 방식이다.　(○ , ×)

14　제안서 평가는 발주기관 내부 직원만으로 구성된 평가위원회에서 진행해야 한다.　(○ , ×)

15　가격협상은 발주기관의 예산 범위 내에서 자유롭게 진행된다.　(○ , ×)

16　용역계약의 결과물에 대한 지식재산권은 원칙적으로 발주기관에 단독 귀속된다.　(○ , ×)

17　e-발주시스템을 통해 과업 변경 이력을 관리하는 것은 분쟁 예방에 도움이 된다.　(○ , ×)

18　용역계약의 최종 완료 시점은 계약상대자가 최종 보고서를 제출한 날이다.　(○ , ×)

19　제안서의 모든 내용은 반드시 텍스트로만 작성해야 하며, 도표나 그림 사용은 지양해야 한다.　(○ , ×)

---

10 ×
기술협상 과정에서 과업 내용이 변경·추가되면 이에 따라 계약금액도 조정할 수 있다.

11 ×
일반용역은 주로 적격심사 또는 최저 가낙찰제 방식을 적용하며, 협상에 의한 계약은 기술용역에 적용된다.

12 ×
제안서는 구체적인 수치, 실적, 방법론 등 정량적·객관적 근거를 제시해야 설득력이 있다.

13 ○
경쟁적 대화는 발주기관과 입찰자가 대화를 통해 최적의 해결방안을 공동으로 도출하는 방식이다.

14 ×
평가위원회는 외부 전문가를 포함하여 구성하며, 공정성과 전문성을 확보해야 한다.

15 ×
가격협상은 예정가격 이내에서 진행되며, 원가 산출 근거에 기반한 합리적 협상이 이루어져야 한다.

16 ×
지식재산권은 계약조건에 따라 공동 귀속 또는 계약상대자 귀속이 가능하며, 반드시 발주기관 단독 귀속은 아니다.

17 ○
과업 변경 이력이 시스템에 기록되므로 향후 분쟁 발생 시 객관적 증거로 활용할 수 있다.

18 ×
최종 완료 시점은 발주기관의 검수(검사) 완료일이며, 보고서 제출만으로 완료되지 않는다.

19 ×
도표, 그림, 다이어그램 등 시각 자료를 활용하면 이해도와 가독성이 높아져 평가에 유리하다.

20 협상적격자는 기술평가 점수와 관계없이 입찰가격이 낮은 순으로 선정된다. (○ , ×)

21 경쟁적 대화 절차는 최종 제안서를 제출 받은 후에 진행된다. (○ , ×)

22 용역계약은 무형의 서비스를 대상으로 하므로 하자담보책임이 발생하지 않는다. (○ , ×)

23 제안서 작성 지침을 따르지 않아도 제안 내용만 우수하면 평가에 영향을 미치지 않는다. (○ , ×)

24 가격협상 시 합리적인 원가 산출 근거를 제시하는 것은 가격 방어에 효과적이다. (○ , ×)

25 모든 용역계약은 반드시 e-발주시스템을 통해 계약을 체결해야 한다. (○ , ×)

20 ×
협상적격자는 기술평가 점수가 일정 기준 이상인 자 중에서 종합평점(기술 + 가격) 순으로 선정된다.

21 ×
경쟁적 대화는 최종 제안서 제출 이전에 진행되며, 대화 결과를 반영하여 최종 제안서를 제출한다.

22 ×
용역계약도 결과물의 하자에 대해 하자담보책임이 발생하며, 계약서에 하자보수 조건을 명시한다.

23 ×
작성 지침 미준수 시 감점 또는 평가 제외 사유가 될 수 있으므로 반드시 지침을 준수해야 한다.

24 ○
인건비, 경비 등 항목별 원가 산출 근거를 명확히 제시하면 가격 삭감을 방어할 수 있다.

25 ×
e-발주시스템은 주로 SW사업에 적용되며, 모든 용역계약에 의무적으로 적용되는 것은 아니다.

PART 03

CHAPTER
04
단원별 핵심정리

암기 필수사항

CHAPTER 04

1. **용역계약의 구분**: 용역은 전문 기술 중심의 '기술용역'과 노무 중심의 '일반용역'으로 구분되며, 이에 따라 낙찰자 결정 방식이 달라짐. 기술용역은 주로 협상에 의한 계약, 일반용역은 적격심사 방식이 적용됨

2. **RFP 분석의 중요성**: 제안요청서(RFP)는 발주기관의 요구사항과 평가 기준을 담은 핵심 문서이므로, 과업 내용, 평가 항목 및 배점, 참가 자격, 작성 지침을 철저히 분석해야 함

3. **제안서 작성 핵심**: RFP 목차 준수, 정량적 데이터 제시, 시각화 자료 활용, 차별화된 수행 전략 제시가 평가에서 높은 점수를 받는 비결이며, 추상적 표현보다 구체적 수치로 강점을 증명해야 함

4. **협상에 의한 계약**: 기술평가(80~90%) 비중이 절대적으로 높은 계약 방식으로, 기술협상과 가격협상을 통해 최종 계약 내용을 확정하며, 1순위 협상대상자와 결렬 시 차순위자와 협상함

5. **경쟁적 대화 방식 계약**: 발주기관과 입찰자가 대화를 통해 과업 내용을 함께 만들어가는 방식으로, 복잡하고 난이도가 높은 사업에 적용되며, 협상에 의한 계약과 달리 RFP를 함께 완성해나감

6. **e-발주시스템**: SW사업의 계약, 수행, 관리 전 과정을 온라인으로 처리하여 투명성과 효율성을 높이는 시스템으로 과업 변경, 산출물 관리, 대금 지급 등을 체계적으로 관리함

7. **선금 및 대가 지급**: 용역계약 선금은 계약금액의 70% 이내, 대금은 검사 합격 후 14일 이내 지급이 원칙이며, 지연 시 지연이자를 청구할 수 있음

8. **검사와 검수 및 하자보수**: 과업 완료 통지 후 14일 이내 검사 완료가 원칙이며, 중간/부분/최종검사, 검수는 합격품 인수. 하자보수 기간은 용역 종류에 따라 6개월~2년

9. **지식재산권**: 용역 결과물의 지식재산권은 원칙적으로 발주기관과 계약상대자가 공동 소유하며, 별도 합의로 변경 가능함

10. **해제·해지**: 해제는 소급 무효, 해지는 장래 효력 소멸이며, 발주기관과 계약상대자 모두 일정 사유 발생 시 해제·해지를 요구할 수 있음

CHAPTER 05 다수공급자계약(MAS) 관리

01   MAS 제도 개요

> **📖 학습목표**
> - 다수공급자계약(MAS)의 개념과 법적 근거를 이해하고, 일반 총액계약과의 차이점을 설명할 수 있다.
> - MAS 계약의 전체 절차를 설명할 수 있다.
> - MAS 2단계 경쟁의 개념과 적용 기준을 이해하고, 제안 요청 및 평가 절차를 설명할 수 있다.
> - 계약이행실적 평가의 목적과 평가 항목을 이해하고, 평가 결과의 활용 방안을 설명할 수 있다.

1 다수공급자계약(MAS)의 이해

① MAS의 개념과 특징

- 다수공급자계약(Multiple Award Schedule, MAS)이란 공공기관의 다양한 수요를 충족하기 위해, 품질, 성능, 효율 등에서 동등하거나 유사한 종류의 물품 및 서비스를 공급하는 2인 이상의 계약상대자와 단가계약을 체결하고, 조달청 종합쇼핑몰에 등록하여 공공기관이 별도의 계약 절차 없이 쉽게 구매할 수 있도록 하는 제도(조달사업에 관한 법률 시행령 제19조)
- 쉽게 말해, 정부가 검증한 여러 업체의 제품을 온라인 쇼핑몰에 올려두고, 공공기관이 필요할 때마다 간편하게 골라 살 수 있도록 만든 정부 전용 오픈마켓이라고 할 수 있음
- MAS의 주요 특징
  - 다수 계약: 하나의 품목에 대해 2개 이상의 업체와 계약하여 경쟁 유도
  - 단가 계약: 정해진 기간 동안 특정 단가로 물품을 공급하는 계약
  - 쇼핑몰 거래: 조달청 종합쇼핑몰(shop.g2b.go.kr)을 통해 거래 이행
  - 상시 수요 충족: 공공기관이 필요로 하는 상용품 및 일반 서비스의 수요에 신속하게 대응 가능

➕ plus

MAS 계약 vs 일반 총액계약

구분	다수공급자계약 (MAS)	일반 총액계약
계약 상대자	2인 이상(다수)	1인 (단수)
계약 방식	단가 계약	총액 계약
구매 방식	종합쇼핑몰에서 선택	입찰/수의계약 후 직접 계약
계약 기간	장기 (통상 3년)	단기(해당 사업 기간)
주요 대상	규격화된 상용품, 일반 서비스	특정 과업, 비규격품, 공사 등

법조문 돋보기

조달사업에 관한 법률 시행령 제19조(다수공급자계약)

▶ 조달청장은 각 수요기관에서 공통적으로 필요로 하는 수요물자 중 품질·성능 또는 효율 등에서 동등하거나 유사한 종류의 수요물자를 수요기관이 구매하려는 경우에는 제18조에도 불구하고 미리 2인 이상을 계약상대자로 하는 계약(이하 "다수공급자계약"이라 함)을 체결할 수 있음

② MAS 계약 체결 절차

① 계약 절차 개요

• MAS 계약은 일반 입찰과 달리, 조달청이 정한 기준을 통과한 업체들을 풀 (Pool)로 구성하는 방식으로 진행됨
• 절차: 구매입찰공고 → 적격성 평가 신청 → 적격성 평가(통과) → 가격 협상 → 계약 체결 → 종합쇼핑몰 상품 등록

▲ MAS 계약 체결 절차도

② 적격성 평가 및 사전심사

• 적격성 평가는 MAS 계약에 참여하려는 기업이 최소한의 자격 요건을 갖추었는지 심사하는 절차이며, 신용평가등급, 납품실적, 관련 법규 준수 여부 등을 평가함
• 주요 평가 항목
  - 신용평가등급: 기업의 재무 건전성 평가(B- 이상 요구)
  - 납품실적: 최근 3년 내 공공 또는 민간에 해당 품목을 납품한 실적 확인
  - 인증: KC 인증, 환경표지 등 해당 품목에 요구되는 필수 인증 보유 여부 확인
• 사전심사는 적격성 평가를 통과한 업체를 대상으로, 제안된 가격의 적정성을 검토하는 단계이며, 조달청은 제출된 가격자료(세금계산서, 원가계산서 등)를 바탕으로 가격의 합리성을 심사하고 이를 토대로 가격 협상을 진행함

③ 가격 협상 및 우대가격 유지의무

• 가격 협상은 적격성 평가를 통과한 업체를 대상으로 조달청과 계약 가격을 결정하는 절차이며, 조달청은 업체가 제출한 가격자료와 시장 거래가격을 비교 검토하여 합리적인 협상 기준가격을 설정하고, 이를 바탕으로 업체와 협상을 진행함
• 우대가격 유지의무(Best Price Clause)는 MAS 계약의 핵심 원칙 중 하나로, 계약업체는 MAS 계약가격이 시중에서 거래되는 가격보다 불리하지 않도록 유지해야 할 의무를 말함
• 만약 계약 기간 중 시중 가격을 인하하여 판매하는 경우, 즉시 조달청에 통보하여 MAS 계약가격을 인하해야 하며, 이를 위반할 경우 부당이익 환수, 거래 정지 등 강력한 제재를 받게 됨

3 MAS 계약 이행 및 관리

① 2단계 경쟁
- 수요기관이 일정 금액 이상을 구매할 경우, 쇼핑몰에 등록된 업체들을 대상으로 2단계 경쟁을 실시하여 최종 납품업체를 선정하므로, MAS 계약을 통해 종합쇼핑몰에 상품을 등록했다고 해서 바로 매출이 발생하는 것은 아님
- 2단계 경쟁은 MAS 계약업체 중 5인 이상을 대상으로 제안서를 제출받아 기술, 가격, 납기 등을 종합적으로 평가하여 최종 납품업체를 선정하는 방식
- 적용 기준
  - 물품: 1억원 이상 구매 시
  - 서비스: 5천만원 이상 구매 시

② 계약이행실적 평가
- 계약이행실적 평가는 MAS 계약업체가 계약 기간 동안 납기, 품질, 수요기관 만족도 등을 얼마나 성실하게 이행했는지를 종합적으로 평가하는 제도이며, 평가 결과는 차기 계약 연장, 2단계 경쟁 시 가점 부여 등에 활용됨
- 주요 평가 항목
  - 납기 준수율: 정해진 납기를 얼마나 잘 지켰는가?
  - 품질 만족도: 납품된 제품의 품질에 문제가 없었는가?
    → 수요기관 만족도: 제품 사용 과정에서 수요기관의 만족도는 어떠했는가?
    → 계약조건 준수: 가격, 규격 등 계약 조건을 성실히 이행했는가?

③ 중간점검 및 거래정지
- 중간점검은 조달청이 MAS 계약 기간 중 업체의 계약 이행 실태를 점검하는 제도이며, 우대가격 유지의무 준수 여부, 직접생산 위반 여부, 불법 하도급 여부 등을 집중적으로 점검함
- 거래정지는 계약업체가 계약조건을 위반하거나 관련 법규를 준수하지 않았을 때 내려지는 제재 조치이며, 거래정지 처분을 받으면 일정 기간 동안 종합쇼핑몰을 통한 판매가 중단됨
- 주요 거래정지 사유는 다음과 같음
  - 우대가격 유지의무 위반
  - 직접생산 위반
  - 품질 불량 및 납기 지연 반복
  - 허위 서류 제출

2단계 경쟁은 왜 하는 것인가?

정답

MAS는 이미 검증된 업체들을 모아놓은 것이지만, 그 안에서도 수요기관의 특수한 요구(추가 기능, 빠른 납기 등)를 가장 잘 충족하는 업체를 가려내고, 업체 간 경쟁을 통해 예산을 절감하기 위해 2단계 경쟁을 실시한다.
즉, 1단계(MAS 계약)에서 선수 풀(Pool)을 구성하고, 2단계(2단계 경쟁)에서 실제 구매 시 최종 선수를 선발하는 개념이다.

➕ plus
계약이행실적 평가, 어떻게 관리해야 할까?
- 평가에서 좋은 등급을 받기 위해서는 평소 관리가 중요함
- 납기 관리가 최우선. 불가피하게 납기가 지연될 경우, 사전에 수요기관에 양해를 구하고 조달청에 관련 서류를 제출해야 함
- 품질 관리에 만전을 기해야 함. 납품 전 자체 검수를 강화하고, 사소한 하자라도 발생 시 신속하게 대응해야 함
- 수요기관과의 소통이 중요함. 납품 후에도 정기적으로 연락하여 사용상 불편함은 없는지 확인하고, 긍정적인 평가를 받을 수 있도록 노력해야 함

➕ plus
직접생산 확인제도
- 중소기업이 해당 제품을 직접 생산하는지 여부를 중소벤처기업부 장관이 확인하여 증명서를 발급하는 제도
- MAS 계약을 포함한 대부분의 중소기업 간 경쟁제품 입찰에 참여하기 위해서는 직접생산확인증명서가 필수임
- 이는 페이퍼컴퍼니 등 서류상으로만 존재하는 기업의 입찰참여를 막고, 실제 생산 능력을 갖춘 중소기업을 보호하기 위한 장치

PART 03

일반 MAS vs 카탈로그 계약

구분	일반 MAS	카탈로그 계약
대상 품목	규격화된 품목(예 사무용 의자)	비규격화된 품목(예 디자인 가구)
가격 제시	단일 품목별 가격 제시	카탈로그 내 다수 품목 가격 제시
특징	소품종 대량생산에 유리	다품종 소량생산에 유리

✓ Check Q&A

디지털서비스 계약, 왜 필요한가?

정답

기존의 용역계약 방식으로는 클라우드 서비스처럼 빠르게 발전하고 표준화되기 어려운 서비스를 구매하기 어렵다. 디지털서비스 계약은 이러한 신기술 서비스를 전문가위원회가 사전에 심사하여 성능과 안정성을 검증하고, 카탈로그 형태로 종합쇼핑몰에 등록하여 수요기관이 마치 구독 서비스를 신청하듯 간편하게 이용할 수 있도록 길을 열어준 것이다. 이는 공공부문의 디지털 전환을 가속화하는 중요한 역할을 한다.

✓ Check Q&A

디지털서비스 계약에 대한 설명으로 가장 거리가 먼 것은?
① 클라우드, AI 등 디지털 신기술 서비스를 대상으로 한다.
② 전문가로 구성된 심사위원회가 사전에 서비스를 심사한다.
③ 일반 용역계약과 동일한 입찰 및 평가 절차를 거친다.
④ 수요기관이 종합쇼핑몰에서 간편하게 선택하여 이용할 수 있다.

정답 ③

디지털서비스 계약은 신속한 도입을 위해 기존의 복잡한 입찰 및 평가 절차를 간소화하고, 전문가 심사와 카탈로그 계약 방식을 적용한 것이 핵심 특징이다.

02　MAS 관련 제도 및 최신 동향

📖 학습목표
- 다수공급자계약(MAS) 관련 주요 제도의 내용을 설명할 수 있다.
- MAS 제도의 최신 개정 동향과 정책 방향을 파악할 수 있다.

1　MAS 관련 제도

① 카탈로그 계약
- 공급자가 다양한 상품 정보를 담은 전자 카탈로그를 제시하면, 조달청이 이를 심사하여 종합쇼핑몰에 등록하고 수요기관이 자유롭게 선택하여 구매할 수 있도록 하는 계약 방식
- 이는 규격이 표준화되기 어려운 다양한 품목을 MAS 방식으로 공급하기 위해 도입되었음

② 디지털서비스 계약
- 클라우드 컴퓨팅 서비스, AI 서비스, 데이터 분석 서비스 등 디지털 신기술 분야의 서비스를 공공부문이 신속하고 간편하게 도입할 수 있도록 마련된 MAS 기반의 계약 제도
- 급변하는 디지털 기술 환경에 정부가 빠르게 대응할 수 있도록 기존의 복잡한 계약 절차를 대폭 간소화한 것이 특징
- 절차: 디지털서비스 심사위원회 심사 → 카탈로그 계약 체결 → 디지털서비스 전용몰 등록

③ 우수조달물품 지정 제도
- 조달물자의 품질 향상과 중소·벤처기업의 판로를 지원하기 위해, 성능·기술 또는 품질이 뛰어난 물품을 우수조달물품으로 지정하여 수의계약 등을 통해 공공기관에 우선 공급하는 제도
- 우수조달물품으로 지정되면 MAS 계약과 유사하게 종합쇼핑몰을 통해 판매할 수 있지만, 2단계 경쟁 없이 수의계약이 가능하다는 점에서 더 큰 혜택을 받음

MAS　vs　우수조달물품

▲ MAS 계약 vs 우수조달물품 제도

📖 학습목표

- MAS 계약 체결 및 이행 과정에서의 주요 유의사항을 이해할 수 있다.
- MAS 계약에서 발생할 수 있는 주요 쟁점을 분석할 수 있다.

1 MAS 계약 주요 법령

MAS 계약을 이해하기 위해서는 관련 법령의 체계를 파악하는 것이 중요하며 MAS 계약에 적용되는 주요 법령을 정리하면 다음과 같음

법령	주요 내용
조달사업에 관한 법률	MAS 제도의 법적 근거, 조달청의 권한 및 역할
조달사업에 관한 법률 시행령	MAS 계약 체결 요건, 절차 등 세부 사항
다수공급자계약 업무처리규정	적격성 평가, 가격 협상, 우대가격, 2단계 경쟁 등 실무 규정
국가를 당사자로 하는 계약에 관한 법률	계약 일반원칙, 입찰 및 계약 절차
중소기업제품 구매촉진 및 판로지원에 관한 법률	직접생산확인제도, 중소기업 간 경쟁제품
녹색제품 구매촉진에 관한 법률	녹색제품 우선구매 의무
혁신제품 지정 및 구매촉진에 관한 규정	혁신제품 지정 기준 및 의무구매

실무톡톡　MAS 계약 실무에서 꼭 알아야 할 핵심 법령

- ▶ MAS 계약 실무에서 가장 빈번하게 참조하는 법령은 다수공급자계약 업무처리규정
- ▶ 이 규정에는 적격성 평가 기준, 가격 협상 방법, 우대가격 유지의무의 구체적 적용 범위, 2단계 경쟁의 세부 절차, 계약이행실적 평가 기준 등 MAS 계약의 모든 실무적 사항이 담겨 있음
- ▶ 또한, 직접생산확인제도는 중소기업 간 경쟁제품에 해당하는 MAS 품목에 참여하려면 반드시 받아야 하는 인증이므로, 기업 입장에서는 유효기간 관리가 필수임
- ▶ 수요기관 입장에서는 녹색제품 구매촉진에 관한 법률에 따른 우선구매 의무를 인지하고, 종합쇼핑몰의 녹색제품 필터 기능을 적극 활용하는 것이 바람직함

2 종합쇼핑몰 운영 및 활용

① 나라장터 종합쇼핑몰의 구조
- 나라장터 종합쇼핑몰(shopping.g2b.go.kr)은 조달청이 운영하는 공공 전자상거래 플랫폼으로, MAS 계약을 통해 등록된 물품과 서비스를 수요기관이 온라인으로 검색, 비교, 주문할 수 있는 시스템
- 쇼핑몰은 크게 일반 쇼핑몰, 디지털서비스몰, 혁신장터등으로 구분되며, 각 몰의 특성에 맞는 상품이 등록되어 있음

✅ Check Q&A

나라장터 종합쇼핑몰에 대한 설명으로 가장 옳지 않은 것은?

① 조달청이 운영하는 공공 전자상거래 플랫폼이다.
② MAS 계약을 통해 등록된 물품과 서비스를 수요기관이 구매할 수 있다.
③ 일반 국민도 회원가입 후 자유롭게 물품을 구매할 수 있다.
④ 수요기관은 납품 완료 후 만족도 평가를 입력할 수 있다.

정답 ③

나라장터 종합쇼핑몰은 공공기관의 수요를 위한 플랫폼으로, 일반 국민이 직접 물품을 구매할 수 있는 시스템이 아니다.

구분	공급자 중심 MAS	수요연계형 MAS
출발점	공급자가 상품을 등록	수요기관이 수요를 제시
상품 결정	공급자가 제안한 상품	수요기관의 요구에 맞춘 상품
장점	다양한 상품 확보	수요 맞춤형 조달 가능
적합 상황	범용 상용품	특정 규격·기능 요구 상품

〈종합쇼핑몰의 주요 기능〉

기능	설명
상품 검색	품명, 규격, 제조사 등 다양한 조건으로 상품 검색 가능
가격 비교	동일·유사 상품의 가격을 한눈에 비교 가능
온라인 주문	수요기관이 직접 온라인으로 주문·결제 가능
납품 추적	주문 후 납품 상태를 실시간으로 확인 가능
평가 시스템	납품 완료 후 수요기관이 만족도 평가를 입력
2단계 경쟁 지원	일정 금액 이상 구매 시 2단계 경쟁 절차를 시스템에서 지원

실무톡톡 **종합쇼핑몰에서 '잘 팔리는' 상품의 비결**

종합쇼핑몰에 등록했다고 해서 자동으로 매출이 발생하는 것은 아니며, 실무적으로 '잘 팔리는'
상품이 되려면 몇 가지 전략이 필요함
▶ 상품 정보의 충실도가 핵심. 상세한 규격, 고해상도 이미지, 인증 정보 등을 빠짐없이 등록해야
  수요기관 담당자의 눈에 띔
▶ 적정 가격 설정이 중요. 시장 가격 대비 지나치게 높으면 선택받기 어렵고, 지나치게 낮으면
  수익성이 떨어짐
▶ 납기 준수와 A/S 대응이 평판을 결정. 수요기관 만족도 평가가 쌓이면 다른 기관의 구매 결정에
  도 영향을 미치기 때문임

② 수요기관의 구매 절차
  • 수요기관이 종합쇼핑몰을 통해 물품을 구매하는 절차는 다음과 같음
  • 절차: 수요 파악 및 예산 확보 → 종합쇼핑몰 상품 검색·비교 → 구매 방식
    결정(직접 구매 or 2단계 경쟁) → 주문·계약 → 납품·검수 → 대금 지급
    → 만족도 평가
③ 수요연계형 MAS
  • 수요연계형 MAS는 수요기관의 구체적인 수요를 사전에 파악하여, 해당 수
    요에 맞는 업체를 모집하고 계약을 체결하는 방식
  • 기존 MAS가 공급자 중심으로 상품을 등록하는 방식이라면, 수요연계형
    MAS는 수요기관의 필요에 맞춰 상품을 조달하는 수요자 중심 방식이라는
    점에서 차이가 있음

3 MAS 가격 관리 심화

① 가격 조정 제도
  • MAS 계약 기간 중에도 원자재 가격 변동, 환율 변동 등의 사유가 발생하면
    계약가격을 조정할 수 있으며, 가격 조정은 인상과 인하 모두 가능하고, 조
    달청에 관련 증빙자료를 제출하여 승인을 받아야 함

- 가격 인상 요건
  - 원자재 가격이 일정 비율 이상 상승한 경우
  - 환율이 일정 비율 이상 변동한 경우
  - 법령 개정으로 인한 원가 상승이 발생한 경우
- 가격 인하 의무
  - 시중 판매가격을 인하한 경우(우대가격 유지의무)
  - 원자재 가격이 하락한 경우
  - 조달청의 가격 모니터링 결과 시중가 대비 높은 경우

법조문 **돋보기**

다수공급자계약 업무처리규정 제14조(가격의 조정)
▶ 계약상대자는 계약기간 중 계약물품의 가격을 인상 또는 인하하고자 하는 경우에는 가격조정 신청서에 관련 증빙자료를 첨부하여 조달청장에게 제출하여야 함

---

② 부당이익 환수: MAS 계약업체가 우대가격 유지의무를 위반하여 시중가보다 높은 가격으로 공공기관에 판매한 경우, 그 차액(부당이익)을 환수하는 제도이며, 환수 금액은 위반 기간 동안의 판매 실적을 기준으로 산정되고, 이자를 포함하여 환수됨

실무톡톡 **부당이익 환수, 이렇게 대비하자**

부당이익 환수는 기업에게 큰 재정적 부담이 될 수 있으므로, 이를 예방해야 함
▶ 가격 관리 전담자를 지정하여 시중 판매가격과 MAS 계약가격을 상시 비교·관리해야 함
▶ 할인 행사 시 반드시 사전에 조달청에 통보하고 MAS 가격도 동시에 인하해야 함
▶ 온라인 판매 채널(자사몰, 오픈마켓 등)의 가격도 MAS 계약가격과 일치하도록 관리해야 하며, 특히 쿠폰 할인이나 적립금 할인도 실질적인 가격 인하로 간주될 수 있으므로 주의가 필요함

---

4 우수조달물품 및 혁신제품 지정 심화

① 우수조달물품 지정 절차
- 우수조달물품으로 지정받는 절차는 다음과 같음
- 절차: 지정 신청(업체) → 서류 심사(조달청) → 기술·품질 심사(전문기관) → 심의위원회 심의 → 우수조달물품 지정 → 종합쇼핑몰 등록
- 주요 심사 항목
  - 기술성: 신기술, 특허 등 기술적 우수성
  - 품질성: 품질 인증(KS, ISO 등), 시험성적서
  - 경제성: 가격 대비 성능(가성비)
  - 친환경성: 환경표지 인증, 에너지 효율 등급

실무톡톡 **우수조달물품 지정, 어떤 혜택이 있나?**

우수조달물품으로 지정되면 다음과 같은 혜택을 받을 수 있음
▶ 수의계약 가능: 수요기관이 2단계 경쟁 없이 직접 수의계약으로 구매할 수 있어 판매 기회가 크게 늘어남
▶ 우선구매 대상: 공공기관의 우선구매 대상으로 지정되어 구매 확률이 높아짐
▶ 마케팅 효과: '조달청 우수조달물품' 지정 마크를 활용하여 민간 시장에서도 브랜드 신뢰도를 높일 수 있음
▶ 지정 기간: 통상 3년이며, 재심사를 통해 연장할 수 있음

② 혁신제품 지정 제도: 혁신성이 인정된 제품(기술, 서비스 포함)을 '혁신제품'으로 지정하여, 공공기관이 의무적으로 일정 비율 이상 구매하도록 하는 제도이며, 이는 혁신 중소기업의 초기 시장 창출을 지원하고, 공공부문의 혁신을 촉진하기 위해 도입되었음

법조항 돋보기

혁신제품 지정 및 구매촉진에 관한 규정 제3조(혁신제품의 지정)
▶ 조달청장은 혁신성이 인정되는 제품을 혁신제품으로 지정할 수 있음
▶ 공공기관의 장은 매년 물품 구매액의 일정 비율 이상을 혁신제품으로 구매하여야 함

5 녹색제품 및 사회적기업 제품 우선구매

공공기관은 MAS 계약 물품 구매 시 녹색제품과 사회적기업 제품을 우선적으로 구매해야 할 의무가 있음. 녹색제품이란 환경표지 인증을 받은 제품, 에너지 고효율 제품, 저탄소 인증 제품 등을 의미하며, 사회적기업 제품이란 사회적기업, 장애인기업, 자활기업 등 사회적 가치를 실현하는 기업의 제품을 의미함

6 MAS 계약의 분쟁 및 구제

① MAS 계약 관련 주요 분쟁 유형

분쟁 유형	주요 내용
적격성 평가 이의	적격성 평가 탈락에 대한 이의신청
가격 협상 분쟁	협상 기준가격의 적정성에 대한 이견
우대가격 위반 분쟁	우대가격 유지의무 위반 여부에 대한 다툼
거래정지 이의	거래정지 처분의 적법성에 대한 이의
2단계 경쟁 이의	2단계 경쟁 평가 결과에 대한 이의
부당이익 환수 분쟁	환수 금액의 적정성에 대한 다툼

② **구제 절차**: MAS 계약 관련 분쟁이 발생한 경우, 업체는 다음과 같은 구제 절차를 활용할 수 있음

- 이의신청: 조달청에 직접 이의를 제기하는 방법으로, 처분 통보를 받은 날로부터 일정 기간 내에 이의신청서를 제출해야 함
- 국민권익위원회 고충민원: 행정기관의 처분에 대해 국민권익위원회에 고충민원을 제기할 수 있음
- 행정심판: 조달청의 처분에 불복하는 경우, 중앙행정심판위원회에 행정심판을 청구할 수 있음
- 행정소송: 행정심판 결과에도 불복하는 경우, 법원에 행정소송을 제기할 수 있음

실무톡톡 MAS 거래정지 처분, 어떻게 대응해야 할까?

거래정지 처분을 받으면 즉시 종합쇼핑몰 판매가 중단되므로 기업에게 큰 타격이 되며, 대응 전략은 다음과 같음

▶ 처분 사유를 정확히 파악. 처분 통지서를 꼼꼼히 확인하여 위반 사실의 구체적 내용과 근거 법령을 파악해야 함

▶ 소명 자료 준비. 위반 사실이 오해에 의한 것이거나 불가피한 사유가 있었다면, 이를 입증할 수 있는 자료를 최대한 확보해야 함

▶ 이의신청 기한 엄수. 이의신청 기한을 넘기면 구제받기 어려우므로, 처분 통보를 받은 즉시 대응에 착수해야 함

▶ 전문가 자문을 구함. 법률적 쟁점이 복잡한 경우, 행정사나 변호사 등 전문가의 자문을 받는 것이 바람직함

7 MAS 계약의 갱신·연장 및 종료

① 계약 기간 및 갱신
- MAS 계약의 기본 계약 기간은 통상 3년이고, 계약이행실적 평가 결과에 따라 갱신(연장)이 가능하며, 갱신은 자동으로 이루어지는 것이 아니라 조달청의 평가를 거쳐 승인되는 방식
- 갱신 요건
  - 계약이행실적 평가에서 일정 등급 이상을 받아야 함
  - 계약 기간 중 거래정지 등 중대한 제재를 받은 이력이 없어야 함
  - 우대가격 유지의무를 성실히 이행해야 함
  - 직접생산확인증명서 등 필수 자격을 유지해야 함

② 계약 종료 사유

종료 사유	설명
계약 기간 만료	기본 계약 기간(3년)이 만료되고 갱신되지 않은 경우
자발적 철회	계약업체가 자발적으로 계약 철회를 신청한 경우
거래정지 누적	거래정지 처분이 누적되어 계약 해지 사유에 해당하는 경우
부정당업자 제재	부정당업자 제재를 받아 입찰 참가자격이 제한된 경우
직접생산 위반	직접생산확인증명서가 취소된 경우
폐업/파산	계약업체가 폐업하거나 파산한 경우

PART 03

+ plus

MAS 계약 갱신, 미리 준비해야 할 것들
- 계약 만료 6개월 전부터 갱신 준비를 시작하는 것이 바람직함
- 계약이행실적 평가 결과 점검. 평가 등급이 낮은 경우 갱신이 거부될 수 있으므로, 납기 준수율, 품질 불만 건수 등을 미리 확인하고 개선해야 함
- 직접생산확인증명서의 유효기간 확인. 증명서가 만료되면 계약 자체가 무효가 될 수 있으므로 사전에 갱신해야 함
- 가격 조정 필요성 검토. 계약 갱신 시 가격 재협상이 이루어지므로, 원가 변동사항을 반영한 적정 가격을 사전에 산정해 두어야 함

✓ Check Q&A

거래정지 기간 중에도 기존 계약은 유효한가?

정답

거래정지는 새로운 주문의 접수를 중단하는 것이지, 거래정지 이전에 이미 체결된 계약(기존 주문)까지 무효로 만드는 것은 아니다. 따라서 거래정지 이전에 접수된 주문에 대해서는 계속 이행해야 하며, 이를 이행하지 않으면 별도의 계약 불이행 책임을 질 수 있다.

✓ Check Q&A

MAS 계약이 종료되면 기존 주문은 어떻게 되는가?

정답

MAS 계약이 종료되더라도 종료 이전에 이미 접수된 주문에 대해서는 납품 의무가 유지된다. 다만, 새로운 주문은 더 이상 접수할 수 없다. 또한, 하자보수기간이 남아 있는 경우에는 계약 종료 후에도 하자보수의무는 계속 이행해야 한다.

8 전자조달시스템과 MAS의 연계

① 나라장터(G2B)와 MAS
- 나라장터(G2B, www.g2b.go.kr)는 조달청이 운영하는 국가종합전자조달시스템으로, 공공조달의 전 과정을 전자적으로 처리하는 플랫폼
- MAS 계약도 나라장터를 통해 전 과정이 전자적으로 처리됨

〈나라장터와 MAS의 연계 구조〉

단계	나라장터 기능
MAS 공고	입찰공고 게시 및 업체 신청 접수
적격성 평가	전자서류 제출 및 평가 결과 통보
가격 협상	전자적 가격 협상 지원
계약 체결	전자계약 체결 및 계약서 발급
쇼핑몰 등록	상품 정보 등록 및 관리
주문·납품	수요기관 주문 및 납품 확인
대금 지급	전자적 대금 지급 처리
평가	계약이행실적 평가 및 만족도 조사

② 디지털 조달의 미래: 조달청은 MAS 제도를 더욱 발전시키기 위해 디지털 조달 전환을 추진하고 있으며, 주요 방향은 다음과 같음
- AI 기반 상품 추천: 수요기관의 과거 구매 이력과 수요 특성을 분석하여 최적의 상품을 자동으로 추천하는 시스템을 개발하고 있음
- 블록체인 기반 계약 관리: 계약의 투명성과 신뢰성을 높이기 위해 블록체인 기술을 활용한 계약 관리 시스템을 검토하고 있음
- 빅데이터 기반 수요 예측: 공공기관의 구매 데이터를 분석하여 미래 수요를 예측하고, 이를 MAS 공고에 반영하는 시스템을 구축하고 있음
- 모바일 조달: 수요기관 담당자가 모바일 기기를 통해서도 종합쇼핑몰에서 상품을 검색하고 주문할 수 있도록 모바일 플랫폼을 강화하고 있음

단원별 핵심문제

CHAPTER 05

01

다수공급자계약(MAS)에 대한 설명으로 가장 옳지 않은 것은?

① 품질, 성능, 효율 등에서 동등하거나 유사한 종류의 수요물자를 대상으로 한다.
② 2인 이상을 계약상대자로 하여 단가계약을 체결하는 제도이다.
③ 계약 체결 후에는 조달청 종합쇼핑몰에 상품이 등록된다.
④ 수요기관은 반드시 2단계 경쟁을 거쳐야만 물품을 구매할 수 있다.

해설

일정 금액 이하(물품 1억원 미만, 서비스 5천만원 미만)의 구매 시에는 2단계 경쟁 없이 종합쇼핑몰에서 바로 구매할 수 있다.

02

다음 중 MAS 계약의 주요 특징으로 보기 어려운 것은?

① 다수 계약
② 총액 계약
③ 쇼핑몰 거래
④ 상시 수요 충족

해설

MAS 계약은 정해진 기간 동안 특정 단가로 공급하는 단가 계약이다. 총액 계약은 1회성 사업 전체에 대해 총액으로 계약하는 방식이다.

03

MAS 적격성 평가 시 주요 평가 항목이 아닌 것은?

① 신용평가등급
② 납품실적
③ 입찰가격
④ 필수 인증 보유 여부

해설

입찰가격은 적격성 평가 단계가 아닌, 평가 통과 후 진행되는 가격 협상 단계에서 검토된다.

04

MAS 2단계 경쟁에 대한 설명으로 가장 옳은 것은?

① 물품 구매 시 5천만원 이상일 경우 의무적으로 실시한다.
② MAS 계약업체 중 3인 이상을 대상으로 제안서를 제출받는다.
③ 기술, 가격, 납기 등을 종합적으로 평가하여 최종 납품업체를 선정한다.
④ 2단계 경쟁에서 탈락한 업체는 MAS 계약이 즉시 해지된다.

해설

2단계 경쟁은 MAS 계약업체 중 5인 이상을 대상으로 제안서를 받아 기술, 가격 등을 종합 평가하는 방식이다. ① 물품은 1억원 이상, ② 5인 이상, ④ 탈락해도 MAS 계약 자격은 유지된다.

05

MAS 계약이행실적 평가의 평가 항목과 가장 거리가 먼 것은?

① 납기 준수율
② 업체의 영업이익률
③ 품질 만족도
④ 수요기관 만족도

해설

업체의 영업이익률은 계약 이행 성실도와 직접적인 관련이 없으므로 평가 항목에 포함되지 않는다.

06

MAS 계약의 유효기간에 대한 설명으로 가장 옳은 것은?

① 유효기간은 1년이며 연장이 불가하다.
② 유효기간은 통상 3년이며, 계약이행실적 평가에 따라 연장할 수 있다.
③ 유효기간에 제한이 없으며 영구적으로 유지된다.
④ 유효기간은 수요기관이 임의로 결정한다.

해설

MAS 계약의 유효기간은 통상 3년이며, 계약이행실적 평가 결과에 따라 연장 여부가 결정된다.

정답 01 ④ 02 ② 03 ③ 04 ③ 05 ② 06 ②

07

MAS 종합쇼핑몰에 대한 설명으로 가장 옳지 않은 것은?

① 조달청이 운영하는 온라인 구매 플랫폼이다.
② 수요기관은 쇼핑몰에서 제품의 규격과 가격을 비교할 수 있다.
③ 일반 국민도 자유롭게 구매할 수 있다.
④ MAS 계약이 체결된 상품이 등록되어 있다.

해설

종합쇼핑몰(나라장터 쇼핑몰)은 공공기관의 수요를 위한 플랫폼으로, 일반 국민이 직접 구매할 수 있는 시스템이 아니다.

08

MAS 가격 협상에 대한 설명으로 가장 옳은 것은?

① 적격성 평가 전에 가격 협상이 먼저 이루어진다.
② 업체가 제시한 가격을 조달청이 무조건 수용한다.
③ 조달청은 세금계산서, 원가계산서 등 가격자료를 바탕으로 가격의 합리성을 심사한다.
④ 가격 협상은 1회만 진행되며 재협상은 불가하다.

해설

가격 협상 시 조달청은 업체가 제출한 가격자료(세금계산서, 원가계산서 등)를 바탕으로 가격의 합리성을 심사하고 이를 토대로 협상을 진행한다.

09

계약이행실적 평가에서 '납기 준수율'이 중요한 이유로 가장 적절한 것은?

① 납기 지연 시 자동으로 계약이 해지되기 때문이다.
② 공공기관의 행정 일정과 예산 집행에 직접적인 영향을 미치기 때문이다.
③ 납기 준수율이 높으면 가격 인상이 자동으로 승인되기 때문이다.
④ 납기 준수율은 신용평가등급에 직접 반영되기 때문이다.

해설

공공기관은 정해진 행정 일정과 예산 집행 계획에 따라 운영되므로, 납기 지연은 수요기관의 업무 차질과 예산 이월 등 심각한 문제를 야기할 수 있다.

10

2단계 경쟁 시 제안서 평가에 포함되지 않는 항목은?

① 기술 점수
② 가격 점수
③ 업체 대표이사의 학력
④ 납기 조건

해설

2단계 경쟁 시 제안서 평가는 기술, 가격, 납기 등을 종합적으로 평가하며, 업체 대표이사의 학력은 평가 항목이 아니다.

11

2단계 경쟁의 적용 기준으로 옳은 것은?

① 물품 5천만원 이상, 서비스 3천만원 이상
② 물품 1억원 이상, 서비스 5천만원 이상
③ 물품 2억원 이상, 서비스 1억원 이상
④ 금액과 관계없이 모든 MAS 구매에 적용

해설

2단계 경쟁은 물품 1억원 이상, 서비스 5천만원 이상 구매 시 의무적으로 실시된다.

12

카탈로그 계약이 도입된 주된 이유로 가장 적절한 것은?

① 대량 구매를 통한 가격 할인을 극대화하기 위해
② 규격이 표준화되기 어려운 다양한 품목을 MAS 방식으로 공급하기 위해
③ 외국 제품의 수입을 촉진하기 위해
④ 소규모 업체의 참여를 제한하기 위해

해설

카탈로그 계약은 규격이 표준화되기 어려운 다양한 품목(예: 디자인 가구, 특수 장비 등)을 MAS 방식으로 공급하기 위해 도입되었다.

정답   07 ③   08 ③   09 ②   10 ③   11 ②   12 ②

13

다음 중 디지털서비스 계약의 대상이 아닌 것은?

① 클라우드 컴퓨팅 서비스
② AI 기반 데이터 분석 서비스
③ 사무용 가구 납품
④ SaaS(Software as a Service)

해설

사무용 가구 납품은 물품계약에 해당하며, 디지털서비스 계약의 대상이 아니다. 디지털서비스 계약은 클라우드, AI, SaaS 등 디지털 신기술 서비스를 대상으로 한다.

14

MAS 계약업체가 계약 기간 중 가격을 변경하려면 어떻게 해야 하는가?

① 수요기관에 직접 통보하면 된다.
② 조달청에 가격 변경 신청을 하고 승인을 받아야 한다.
③ 계약 기간 중에는 어떠한 경우에도 가격 변경이 불가하다.
④ 다른 MAS 계약업체들의 동의를 받아야 한다.

해설

MAS 계약업체가 가격을 변경하려면 조달청에 가격 변경 신청을 하고, 관련 증빙자료를 제출하여 승인을 받아야 한다.

15

MAS 계약에서 '단가계약'의 의미로 가장 옳은 것은?

① 1회에 한정하여 특정 수량을 납품하는 계약
② 정해진 기간 동안 특정 단가로 물품을 공급하는 계약
③ 총 계약금액을 미리 확정하고 분할 납품하는 계약
④ 최저가로 입찰한 업체와 체결하는 계약

해설

단가계약이란 정해진 기간 동안 특정 단가(가격)로 물품이나 서비스를 공급하기로 약정하는 계약으로, 수량은 수요에 따라 변동될 수 있다.

16

MAS 적격성 평가에서 '신용평가등급'을 확인하는 주된 이유는?

① 업체의 기술력을 평가하기 위해
② 업체의 재무 건전성과 계약 이행 능력을 확인하기 위해
③ 업체의 시장 점유율을 파악하기 위해
④ 업체의 종업원 수를 확인하기 위해

해설

신용평가등급은 업체의 재무 건전성을 나타내는 지표로, 계약 기간 동안 안정적으로 물품을 공급할 수 있는 능력이 있는지를 확인하기 위해 평가한다.

17

2단계 경쟁에서 탈락한 MAS 계약업체에 대한 설명으로 옳은 것은?

① MAS 계약 자격이 즉시 박탈된다.
② 해당 수요기관과의 거래만 제한된다.
③ MAS 계약 자격은 유지되며, 다른 구매 건에 참여할 수 있다.
④ 1년간 2단계 경쟁 참여가 금지된다.

해설

2단계 경쟁에서 탈락하더라도 MAS 계약 자격 자체는 유지되며, 다른 수요기관의 구매 건이나 다른 2단계 경쟁에 참여할 수 있다.

18

계약이행실적 평가 결과의 활용 방안이 아닌 것은?

① 차기 계약 연장 심사 시 반영
② 2단계 경쟁 시 가점 부여
③ 업체 대표이사의 포상 추천
④ 부실 업체에 대한 계약 해지 근거

해설

업체 대표이사의 포상 추천은 계약이행실적 평가 결과의 활용 방안에 해당하지 않는다.

19

카탈로그 계약과 일반 MAS의 차이점으로 옳지 않은 것은?

① 카탈로그 계약은 비규격화된 품목에 적합하다.
② 카탈로그 계약은 카탈로그 내 다수 품목의 가격을 제시한다.
③ 카탈로그 계약은 다품종 소량생산에 유리하다.
④ 카탈로그 계약은 2단계 경쟁이 면제된다.

해설

카탈로그 계약도 일정 금액 이상 구매 시 2단계 경쟁을 거쳐야 한다.

정답　13 ③　14 ②　15 ②　16 ②　17 ③　18 ③　19 ④

20

MAS 계약의 '우대가격 유지의무'에 대한 설명으로 가장 옳은 것은?

① 계약 체결 시점의 가격을 계약 종료 시까지 유지해야 하는 의무이다.
② 조달청에만 특별히 저렴한 가격을 제공해야 하는 의무이다.
③ 시중 거래가격보다 불리하지 않은 가격을 유지해야 하는 의무이다.
④ 매년 물가상승률을 반영하여 가격을 인상해야 하는 의무이다.

해설

우대가격 유지의무는 계약업체가 조달청에 제공하는 계약가격이 시중에서 거래되는 가격보다 불리하지 않도록(더 비싸지 않도록) 유지해야 할 의무를 말한다.

21

다음 중 우수조달물품 지정 제도의 특징으로 가장 옳은 것은?

① 모든 중소기업 제품은 자동으로 지정된다.
② 지정된 제품은 MAS 계약과 동일하게 2단계 경쟁을 거친다.
③ 기술/품질이 뛰어난 제품을 지정하여 수의계약 등 판로를 지원한다.
④ 대기업 제품을 대상으로 한다.

해설

우수조달물품 지정 제도는 기술/품질이 뛰어난 중소·벤처기업의 제품을 지정하여 수의계약 등 판로를 우선 지원하는 제도이다.

22

MAS 계약업체가 우대가격 유지의무를 위반했을 때 받을 수 있는 제재가 아닌 것은?

① 부당이익 환수
② 계약 보증금 추가 납부
③ 종합쇼핑몰 거래 정지
④ 계약 해지

해설

계약 보증금 추가 납부는 우대가격 유지의무 위반에 대한 직접적인 제재 조치가 아니다. 일반적으로 부당이익 환수, 거래 정지, 계약 해지 등의 조치가 취해진다.

23

디지털서비스 계약 심사위원회의 주요 역할로 가장 적절한 것은?

① 서비스 가격의 최저가를 결정한다.
② 서비스의 기술성, 보안성, 안정성 등을 사전에 심사한다.
③ 서비스 제공 업체의 재무 상태를 평가한다.
④ 수요기관의 만족도를 조사한다.

해설

디지털서비스 심사위원회는 해당 서비스가 공공부문에 공급되기에 적합한지 기술성, 보안성, 안정성 등을 사전에 전문적으로 심사하는 역할을 한다.

24

MAS 계약의 갱신(연장) 여부를 결정하는 가장 중요한 요소는?

① 업체의 매출액 증가율
② 계약이행실적 평가 결과
③ 업체의 광고 및 홍보 활동
④ 대표이사의 대외 활동

해설

MAS 계약의 갱신(연장)은 계약 기간 동안의 계약이행실적 평가 결과를 바탕으로 결정된다. 평가 결과가 우수한 업체는 계약을 연장할 수 있다.

25

수요기관이 종합쇼핑몰에서 1억 5천만원 상당의 물품을 구매하려고 할 때, 가장 먼저 취해야 할 조치는?

① 가장 저렴한 제품을 즉시 구매한다.
② 3개 업체를 선정하여 가격 협상을 진행한다.
③ 5인 이상의 MAS 계약업체를 대상으로 2단계 경쟁을 실시한다.
④ 조달청에 수의계약 승인을 요청한다.

해설

물품 구매 금액이 1억원을 초과하므로, 수요기관은 종합쇼핑몰에 등록된 5인 이상의 MAS 계약업체를 대상으로 2단계 경쟁을 실시하여 최종 납품업체를 선정해야 한다.

정답   20 ③ 21 ③ 22 ② 23 ② 24 ② 25 ③

CHAPTER 05 최종점검 OX 퀴즈

01 다수공급자계약은 반드시 1개의 업체와만 체결해야 한다. （ ○ ， × ）

02 MAS 계약은 총액계약이 아닌 단가계약 방식이다. （ ○ ， × ）

03 MAS 적격성 평가 시 가장 중요한 항목은 업체의 대표이사 경력이다. （ ○ ， × ）

04 신용평가등급이 B- 미만이라도 MAS 계약을 체결할 수 있다. （ ○ ， × ）

05 적격성 평가를 통과하면 가격 협상 없이 바로 종합쇼핑몰에 등록된다. （ ○ ， × ）

06 우대가격 유지의무는 계약 체결 시점의 가격만 유지하면 되는 의무이다. （ ○ ， × ）

07 시중에서 할인 행사를 하는 것은 우대가격 유지의무와 관련이 없다. （ ○ ， × ）

08 2단계 경쟁은 물품 1억원 이상 구매 시 의무적으로 실시된다. （ ○ ， × ）

---

01 ×
다수공급자계약(Multiple Award Schedule)은 이름 그대로 2인 이상의 적격 업체와 계약을 체결하여 공공기관이 선택할 수 있도록 하는 제도이다.

02 ○
MAS는 정해진 기간 동안 특정 단가로 공급하는 단가계약이며, 수요기관은 필요할 때마다 해당 단가로 구매한다.

03 ×
적격성 평가는 신용평가등급, 납품실적 등 객관적인 지표를 중심으로 업체의 계약 이행 능력을 평가한다.

04 ×
다수공급자계약 업무처리규정에 따라 적격성 평가 통과를 위해서는 최소 B- 이상의 신용평가등급이 요구된다.

05 ×
적격성 평가 통과 후, 조달청과 가격 협상을 거쳐 최종 계약 가격을 확정한 뒤에 쇼핑몰에 등록된다.

06 ×
계약 기간 동안 시중 거래가격보다 불리하지 않게(더 비싸지 않게) 가격을 유지해야 하는 의무이다.

07 ×
시중에서 할인 행사를 하여 조달 계약 가격보다 저렴하게 판매하는 경우, 우대가격 유지의무 위반에 해당할 수 있다.

08 ○
물품은 1억원, 서비스는 5천만원 이상 구매 시 5인 이상의 MAS 계약업체를 대상으로 2단계 경쟁을 실시해야 한다.

09 2단계 경쟁은 3인 이상의 업체를 대상으로 제안서를 받는다. (○ , ×)

10 계약이행실적 평가 결과는 차기 계약 연장에 영향을 미친다. (○ , ×)

11 계약이행실적 평가에서 가장 중요한 항목은 업체의 광고비 지출액 (○ , ×)
이다.

12 납기 지연이 예상될 경우, 사전에 수요기관에 양해를 구해야 한다. (○ , ×)

13 카탈로그 계약은 규격화된 품목에 주로 적용된다. (○ , ×)

14 디지털서비스 계약은 클라우드, AI 등 신기술 서비스를 대상으로 (○ , ×)
한다.

15 디지털서비스 계약은 일반 용역계약과 동일한 절차를 거친다. (○ , ×)

16 우수조달물품으로 지정되면 2단계 경쟁을 반드시 거쳐야 한다. (○ , ×)

17 우수조달물품은 기술력이 우수한 중소·벤처기업 제품의 판로를 지 (○ , ×)
원하는 제도이다.

18 MAS 계약 기간 중에는 절대로 가격을 변경할 수 없다. (○ , ×)

19 2단계 경쟁에서 탈락하면 MAS 계약 자격이 즉시 박탈된다. (○ , ×)

20 수요기관은 종합쇼핑몰에서 여러 제품의 규격과 가격을 비교할 수 있다. (○ , ×)

21 일반 국민도 나라장터 종합쇼핑몰에서 자유롭게 물건을 구매할 수 있다. (○ , ×)

22 계약이행실적 평가 결과가 나쁘더라도 계약 연장에는 아무런 불이익이 없다. (○ , ×)

23 MAS 계약의 유효기간은 통상 10년이다. (○ , ×)

24 가격 협상 시 조달청은 업체의 제안 가격을 그대로 수용해야 한다. (○ , ×)

25 MAS 제도는 기업에게 안정적인 공공 판로를 제공하는 긍정적 효과가 있다. (○ , ×)

18 ×
원자재 가격 변동 등 정당한 사유가 있는 경우, 조달청에 가격 변경을 신청하고 승인을 받아 가격을 조정할 수 있다.

19 ×
2단계 경쟁에서 탈락하더라도 MAS 계약 자격 자체는 유지되며, 다른 구매 건에 참여할 수 있다.

20 ○
종합쇼핑몰은 수요기관이 다양한 제품의 규격, 가격, 납기 등을 쉽게 비교하고 선택할 수 있도록 지원하는 온라인 플랫폼이다.

21 ×
나라장터 종합쇼핑몰은 공공기관의 조달 업무를 위한 시스템으로, 일반 국민이 개인적으로 구매할 수는 없다.

22 ×
평가 결과가 일정 기준에 미달하면 계약 연장이 거부되거나, 거래정지 등의 불이익을 받을 수 있다.

23 ×
MAS 계약의 유효기간은 통상 3년이며, 계약이행실적 평가 결과에 따라 연장(갱신)할 수 있다.

24 ×
조달청은 세금계산서, 원가계산서 등 가격자료를 바탕으로 가격의 합리성을 심사하고 협상을 통해 최종 가격을 결정한다.

25 ○
MAS 제도는 기업에게 전국 공공기관을 대상으로 하는 안정적인 판로를 제공하여 성장의 발판이 될 수 있다.

CHAPTER 05

단원별 핵심정리

암기 필수사항

CHAPTER 05

1. **MAS(다수공급자계약)**: 2인 이상의 업체와 단가계약을 맺고 종합쇼핑몰에 등록하여 공공기관이 쉽게 구매하도록 하는 정부 전용 오픈마켓

2. **MAS 계약 절차**: 구매입찰공고 → 적격성 평가(신용등급, 납품실적) → 가격 협상 → 계약 체결 → 쇼핑몰 등록

3. **우대가격 유지의무**: 계약가격이 시중 거래가격보다 불리하지 않도록 유지해야 할 의무이며, 위반 시 강력한 제재를 받음

4. **2단계 경쟁**: 물품 1억원, 서비스 5천만원 이상 구매 시, 5인 이상의 MAS 계약업체를 대상으로 제안서를 받아 기술, 가격 등을 종합 평가하여 최종 납품업체를 선정하는 절차

5. **계약이행실적 평가**: 납기, 품질, 만족도 등을 평가하여 차기 계약 연장 및 2단계 경쟁 가점 등에 활용함

6. **중간점검 및 거래정지**: 우대가격 유지의무 위반, 직접생산 위반 등을 점검하며, 위반 시 거래정지 등 제재를 받음

7. **카탈로그 계약**: 비규격화된 다양한 품목을 전자 카탈로그 형태로 등록하여 공급하는 방식

8. **디지털서비스 계약**: 클라우드, AI 등 디지털 신기술 서비스를 전문가 심사를 거쳐 카탈로그 형태로 간편하게 공급하는 제도

9. **우수조달물품**: 기술/품질이 뛰어난 제품을 지정하여 수의계약 등 판로를 지원하는 제도로, MAS와 달리 경쟁이 면제될 수 있음

10. **혁신제품 지정**: 혁신성이 인정된 제품을 지정하여 공공기관의 의무구매를 통해 초기 시장 창출을 지원하는 제도

11. **종합쇼핑몰**: 조달청이 운영하는 공공 전자상거래 플랫폼으로, 상품 검색, 가격 비교, 온라인 주문, 납품 추적, 만족도 평가 등의 기능 제공

12. **가격 조정 제도**: 계약 기간 중 원자재 가격 변동, 환율 변동 등의 사유로 계약가격을 인상 또는 인하할 수 있으며, 조달청에 증빙자료를 제출하여 승인을 받아야 함

13. **부당이익 환수**: 우대가격 유지의무 위반 시 시중가와의 차액(부당이익)을 이자를 포함하여 환수하는 제도

14. **녹색제품 우선구매**: 공공기관은 환경표지 인증 제품 등 녹색제품을 의무적으로 우선구매해야 하며, 매년 실적을 환경부에 보고해야 함

15. **MAS 계약 갱신**: 기본 계약 기간(3년) 만료 후 계약이행실적 평가 등을 거쳐 승인되는 방식이며, 자동 갱신이 아님

16. **디지털 조달 전환**: AI 기반 상품 추천, 블록체인 기반 계약 관리, 빅데이터 기반 수요 예측 등이 MAS 제도의 미래 발전 방향

CHAPTER 06 공사계약관리

01 공사계약 일반개요

📖 학습목표
- 공사계약의 개념과 유형을 이해할 수 있다.
- 공사계약 관련 주요 법령의 체계를 이해할 수 있다.

1 공사계약 개요

① 공사계약: 국가 또는 지방자치단체가 건설공사를 시행하기 위해 민간 건설업체와 체결하는 계약

특징	내용
대규모	금액이 크며, 수십억 ~ 수천억원 규모가 일반적임
장기간	공사 기간이 길며, 수개월 ~ 수년이 소요됨
위험성	부실시공 시 국민 안전에 직결됨
복잡성	설계, 시공, 감리, 하도급 등 다양한 이해관계자가 참여함

② 공사계약 관련 주요 법령

〈법령의 핵심 역할〉

구분	법령명	핵심 역할
기본법	건설산업기본법	건설산업 등록 기준, 도급 · 하도급 기본 원칙 (가장 기본!)
기술법	건설기술진흥법	건설기술 연구 · 개발, 기술인력 관리, 품질 · 안전 확보
절차법	국가계약법, 지방계약법	입찰, 낙찰, 계약 체결 등 절차규정
하도급법	하도급거래 공정화에 관한 법률	원사업자–수급사업자 간 불공정 거래 방지, 대금 지급 보장
안전법	건설안전특별법	건설현장 안전관리 강화, 중대재해 예방

〈주요 법령의 핵심 내용〉

법령명	핵심 조항	주요 내용
건설산업기본법	제9조	건설업 등록 기준
	제29조	하도급의 제한
	제34조	하도급대금 직접 지급
건설기술진흥법	제49조	건설공사 안전관리
	제55조	품질관리 계획
	제62조	건설사고 조사
국가계약법 시행령	제42조	적격심사 기준
	제13조	입찰참가자격 사전심사(PQ)
	제97조	하자보수보증금
하도급법	제13조	하도급대금 지급 기한
	제14조	하도급대금 직접 지급
공사계약 일반조건	제19조	설계변경
	제22조	물가변동으로 인한 계약금액 조정
	제44조	하자보수

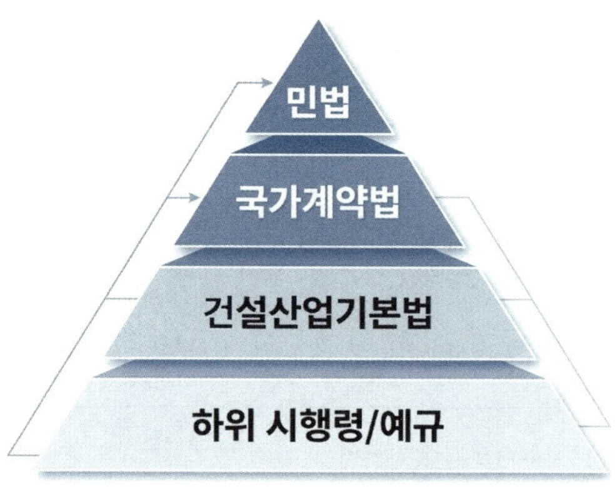

▲ 공사계약 관련 법령의 위계 체계

③ 건설공사의 종류

종류	내용	예시
종합공사	여러 공종이 포함된 복합 공사	아파트 건설, 도로 건설
전문공사	특정 분야의 단일 공사	도장공사, 철근콘크리트공사
전기 · 통신 · 소방	각 분야 전문 법령에 따라 별도 발주	전기설비, 소방설비

④ 공사계약의 유형

유형	핵심 내용	특징
총액계약	총 공사금액을 확정하여 계약	가장 일반적이며, 물량 변동 위험은 시공자 부담
단가계약	단위당 가격만 정하고, 실제 물량에 따라 정산	물량 변동이 큰 공사에 적합
실비정산계약	실제 투입된 비용 + 일정 비율의 이윤을 지급	긴급공사, 설계 미확정 공사에 사용
장기계속계약	여러 해에 걸쳐 분할 계약	대규모 공사에서 예산 분할 편성 시 활용
계속비계약	총 사업비를 확정하고 연차별로 집행	국회 의결 필요, 총 사업비 변경 곤란

> **실무톡톡** 총액계약 vs 단가계약, 어떤 것이 유리한가?
>
> 발주기관 입장에서 예산 관리가 쉽기 때문에 물량이 확정된 공사는 총액계약이 유리하며, 도로 보수공사처럼 물량이 변동될 수 있는 공사는 단가계약이 적합함

02 공사계약 절차 및 평가

📖 학습목표

- 공사계약에서의 낙찰자 평가 기준과 결정 방법을 이해할 수 있다.
- 공사계약 낙찰 방식을 상세하게 이해할 수 있다.

1 공사계약 낙찰자 결정 방법

① 낙찰자 결정 방법: 공사계약은 금액이 크고 안전이 중요하기 때문에 다음과 같은 낙찰자 결정 방식을 사용함

방식	핵심 내용	적용 대상
PQ(사전심사)	입찰 전 시공경험·기술력 심사	300억원 이상 대형공사
적격심사	가격 + 수행능력 종합 평가	가장 일반적이며, 중소규모 공사
종합심사낙찰제	가격 + 수행능력 + 사회적 책임	300억원 이상 초대형공사
일괄입찰	설계 + 시공을 한 업체가 담당	턴키(Turn-key) 방식
대안입찰	원안 설계 외에 대안 제출 가능	기술 혁신이 필요한 공사
기술제안입찰	시공 방법의 개선안을 제안	공법 개선이 가능한 공사

구분	장기계속계약	계속비계약
총 사업비	확정 안 됨 (연차별 계약)	확정됨 (국회 의결)
계약 체결	매년 새로 체결	최초 1회 체결
물가변동	연차별 반영 가능	반영 곤란
예산 편성	연차별 편성	총액 편성

설계변경이 매우 빈번하거나 규모를 예측하기 어려운 경우, 실제 투입된 비용을 사후에 정산하는 실비정산 방식으로 계약금액을 조정하기도 함. 다만, 이는 예외적인 경우에 적용됨

- 장점: 설계와 시공의 책임이 한 곳에 집중되어 책임 소재가 명확함
- 단점: 발주기관의 설계 통제력이 약해질 수 있고, 입찰 비용이 큼

☑ Check Q&A

설계와 시공을 하나의 업체가 모두 담당하는 공사 입찰 방식은?

① 적격심사
② 대안입찰
③ 일괄입찰(턴키)
④ 기술제안입찰

정답 ③

일괄입찰(턴키)은 설계와 시공을 한 업체가 모두 책임지는 방식이다. 대안입찰은 원안 설계에 대한 대안을 제출하는 것이다.

구분	PQ (사전심사)	적격심사
목적	입찰참가자 격부여	낙찰자 결정
시점	입찰 전	입찰 후 (개찰 후)
핵심	시공경험, 기술력 등 수행능력 중심	가격 + 수행능력 종합 평가
결과	통과 / 탈락	적격 / 부적격 (낙찰 / 탈락)

〈공사계약 낙찰 방식의 상세 설명〉

낙찰방식	특징	적용대상	평가핵심
PQ (사전적격심사)	• 사전에 업체의 수행 능력(PQ)을 평가하여 입찰 참여 자격 부여 • 대형 공사에 적격한 우수 업체 선별 • 경쟁력 평가 위주	• 대규모 및 고난도 건설 프로젝트 • 공사비 300억원 이상 대형 공사 • 특수 기술이나 고도의 전문성이 필요한 공사	• 경영 상태 및 재무 건전성 • 동일 및 유사 공사 시공 경험 • 보유 기술 인력 및 장비
적격심사	• 최저가 낙찰 후, 적격성(경험, 신용 등) 심사 • 입찰 가격 경쟁력 중심 • 절차적 간소화 및 신속한 선정	• 일반적인 공사 및 소규모 프로젝트 • 공사비 300억원 이하 건설공사 • 기술적 난도가 비교적 낮은 표준화된 공사	• 최저 입찰 가격 • 계약 이행 능력 및 재무 상태 • 과거 시공 경험 및 부정당업자 여부
종합심사 낙찰제	• 가격과 기술적 요소를 종합적으로 평가하여 낙찰자 선정 • 가격 50~90% + 기술/사회적 가치 10~50% 비율 적용(탄력적) • 저가 수주 방지 및 품질 확보 유도	• 고도의 기술력과 복합적인 관리가 필요한 프로젝트 • 대형 공사 중 PQ 통과 후 선정 방식 • 설계 변경 가능성이 높거나 유지관리 중요도가 높은 공사	• 최저의 균형을 맞춘 가격 제안 • 수행 능력 및 시공 계획의 구성 • 사회적 책임(고용창출, 안전 등) 이행 실적
일괄입찰	• 설계와 시공을 동시에 일괄적으로 계약 및 수행 • 공기 단축 및 책임 소재 일원화 • 발주자의 관리 부담 감소	• 긴급성이 요구되는 대규모 공사 • 복잡하고 난이도가 높은 대규모 인프라 프로젝트 • 민간 투자사업 및 신기술 도입 공사	• 설계의 창의성 및 혁신성 • 공기 단축 및 공사비 절감 가능성 • 시공성 및 유지관리의 용이성
대안/ 기술제안입찰	• 기본 설계 또는 입찰 조건에 대한 대안이나 기술적 제안 평가 • 창의적 아이디어 및 신공법 활용 유도 • 발주자의 특정 요구 사항 충족	• 특별한 기술적 요구 사항이나 비용 절감 가능성을 높이기 위한 설계형 프로젝트 • 토목, 플랜트, 환경 공사 등 기술적 요소가 큰 공사 • 대형 프로젝트에서 차별화된 기술 제안 필요	• 제안서 대안의 타당성 및 구체성 • 기술적 우위 및 품질 향상 효과 • 공기 단축 및 비용 절감의 실현성

② 입찰참가자격 사전심사(PQ): PQ는 '자격시험'에 비유할 수 있으며, 본 입찰에 참여할 자격이 있는 우수 업체를 미리 걸러내는 절차로 90점 이상을 받아야 통과함

〈PQ심사 절차〉

단계	내용
1단계	사전심사 공고(나라장터 게시)
2단계	신청서 제출(시공경험, 기술능력, 경영상태 등 증빙)
3단계	서류심사(발주기관 심사위원회)
4단계	통과업체 선정(기준 점수 이상)
5단계	입찰 참가 통보(통과업체에게만 입찰 기회 부여)

〈PQ 주요 평가 항목〉

평가 항목	핵심 내용	비중
시공경험	유사 공사 수행 실적	가장 높음
기술능력	기술자 보유, 신기술 보유	높음
경영상태	재무 건전성(부채비율 등)	보통
신인도	제재 이력, 기술 개발 투자	가감점

Q: PQ심사에서 시공경험이 왜 가장 중요한가요?
A: 300억원 이상의 대형공사는 실패하면 막대한 손실이 발생하므로, '비슷한 공사를 성공적으로 해본 경험'이 가장 확실한 능력 증명이 됨. 교량 공사 PQ에서는 교량 시공 경험이, 터널 공사 PQ에서는 터널 시공 경험이 핵심

③ 적격심사
- 적격심사는 '최종 합격자'를 가리는 절차로, 입찰가격을 낮게 쓴 순서대로 심사함
- 적격심사 평가 구조: 종합 평점 = 수행능력 점수 + 입찰가격 점수

평가 영역	세부 항목	배점 기준
수행능력	시공경험, 경영상태, 신인도	공사 규모에 따라 30 ~ 50점
입찰가격	예정가격 대비 투찰률	공사 규모에 따라 50 ~ 70점

Q: 적격심사에서 가격이 낮으면 무조건 유리한가요?
A: 지나치게 낮은 가격(저가 투찰)은 오히려 감점 요인이 될 수 있으며, 예정가격의 일정 비율 이하로 투찰하면 수행능력 심사에서 불이익을 받음. 이를 저가심사제도라고 함

PQ 제도의 주된 목적으로 가장 옳은 것은?

① 최저가로 입찰할 업체를 선정하기 위해
② 입찰참가 업체의 수를 늘리기 위해
③ 고난도 공사의 시공 품질을 확보하기 위해
④ 신생 업체의 입찰참여를 독려하기 위해

정답 ③
PQ는 기술력이 중요한 고난도 공사에서 시공 능력이 검증된 업체에게만 입찰 기회를 주어 품질을 확보하기 위한 제도이다.

PQ 통과 기준은?

정답
100점 만점에 90점 또는 95점 이상을 받아야 통과한다. 통과 업체들에게만 입찰(가격 투찰)에 참여할 기회를 준다.

➕ plus

적격심사 vs 종합심사낙찰제

구분	적격심사	종합심사 낙찰제
적용 대상	300억원 미만 공사	300억원 이상 공사
심사 방식	1순위부터 순차적 심사	모든 업체를 동시 평가
평가 결과	합격 또는 불합격	최고 점수 업체 낙찰
핵심 평가 항목	가격, 이행실적, 경영상태	가격, 수행능력, 사회적 책임
가격 비중	높음 (60~80%)	중간 (40~60%)
기술력 반영	제한적	적극적

④ 종합심사낙찰제: 종합심사낙찰제는 적격심사의 '확대판'으로, 가격 외에 공사수행능력과 사회적 책임까지 평가함

평가 항목	내용	비중
입찰가격	예정가격 대비 투찰률	40 ~ 60%
공사수행능력	시공경험, 기술능력, 경영상태	30 ~ 40%
사회적 책임	고용 창출, 안전 관리, 하도급 관리 등	10 ~ 20%

⑤ 일괄입찰·대안입찰·기술제안입찰: '기술력 경쟁'이 핵심인 입찰 방식

구분	일괄입찰(턴키)	대안입찰	기술제안입찰
설계 주체	시공자가 설계	발주자 설계 + 시공자 대안	발주자 설계
핵심	설계 + 시공 일괄 수행	더 나은 대안 제시	시공 방법 개선안 제시
적용	대형 복합 공사	기술 혁신 가능 공사	공법 개선 가능 공사

03 공사계약 이행 및 관리

📖 학습목표

- 공사계약 이행 단계의 주요 관리사항을 설명할 수 있다.
- 계약 이행 중 발생하는 변경·분쟁 등의 처리 방법을 이해할 수 있다.

1 공사계약 이행 및 관리

① 착공 및 공정관리: 낙찰 후 계약을 체결하면, 계약상대자는 정해진 기간 내에 착공신고서를 제출해야 함

서류	내용	제출 시기
착공신고서	공사 시작을 알리는 공식 문서	계약 체결 후 14일 이내
공정예정표	전체 공사의 시간 계획표	착공신고서와 함께
시공계획서	공사 방법, 장비, 인력투입 계획	착공 전

〈공정관리의 핵심 도구〉

도구	내용
바 차트 (Bar Chart)	가장 기본적인 도구이며, 각 공정의 시작·종료 시점을 막대로 표시함
네트워크 공정표 (CPM)	공정 간 선후 관계를 네트워크로 표현하며, 주공정(Critical Path) 파악 가능
PERT	불확실한 공기를 확률적으로 추정하며, 연구개발형 공사에 적합함

1. 계약	2. 착공	3. 공정관리	4. 기성검사	5. 준공검사	6. 하자보수
• 도급계약 체결 • 공사비 확정 • 설계도서 검토	• 현장 개설 • 가설물 설치 • 장비 반입	• 공정표 관리 및 업데이트 • 시공 및 현장 관리 • 품질 및 안전 관리	• 기성 신청 및 검토 • 기성금 지급 처리 • 공사 진행상황 확인	• 준공 서류 제출 • 발주처 및 감리단 검사 • 준공 승인 및 정산	• 하자 보수 요청 처리 • 정기 점검 수행 • 하자 보수 완료 확인

▲ 공사계약 이행 절차도

② 공사 감독 및 감리: 공사가 설계도서대로 시공되는지 확인하는 것

구분	공사감독관	감리원
소속	발주기관 직원	전문 감리업체 소속 기술자
역할	시공이 설계대로 되는지 감독	품질, 안전, 공정 전반을 전문적으로 관리
독립성	발주기관 소속	법규에 따른 전문성과 독립성 보장
비유	주인(발주기관)	주인이 고용한 전문가

실무톡톡 감독관과 감리원이 동시에 있으면?

대형공사에서는 감독관과 감리원이 모두 배치되며, 이 경우 감리원이 현장 관리를 주도하고, 감독관은 감리원의 업무를 총괄 관리하는 역할을 함

③ 기성검사와 준공검사

구분	기성검사	준공검사
시점	공사 진행 중 (매월 또는 공정별)	공사 완료 후
목적	완성된 부분에 대한 중간 정산	전체 공사의 최종 정산
검사 내용	기성 부분의 수량, 품질 확인	설계도서 대비 전체 시공 상태 확인
대가 지급	기성금 지급	잔금 지급

④ 공사대금 지급

종류	내용	지급 시기
선금	공사 착수 전 지급하는 선급금으로, 자재 구입, 장비 확보 등에 사용	계약 후 청구 시 14일 이내
기성금	공사 진행 중 완성 부분에 대한 중간 대금	기성검사 후 14일 이내
잔금	준공검사 합격 후 지급하는 최종 대금	준공검사 후 14일 이내

✓ Check Q&A

기성검사를 왜 하는가?

정답

공사 기간이 길기 때문에 시공자가 수 개월~수년간 대금을 받지 못하면 자금난에 빠진다. 따라서 완성된 부분에 대해 중간중간 대금을 지급하여 원활한 공사 진행을 돕는 것이다.

⊕ plus

선금의 사용 제한
• 선금은 반드시 해당 공사에만 사용해야 하며, 다른 공사에 유용하면 선금 반환 청구 및 부정당업자 제재 대상이 됨
• 선금 사용 내역은 정산 시 증빙해야 함

물가변동에 의한 계약금액 조정(ES)의
요건으로 옳은 것은?

① 계약 후 30일 이상 경과 + 물가변동
　률 5% 이상
② 계약 후 60일 이상 경과 + 물가변동
　률 3% 이상
③ 계약 후 90일 이상 경과 + 물가변동
　률 3% 이상
④ 계약 후 90일 이상 경과 + 물가변동
　률 5% 이상

정답　③

물가변동 조정의 요건은 계약 후 90일
이상 경과하고, 물가변동률이 3% 이
상인 경우이다.

하도급 대금의 직접 지급 사유에 해당
하지 않는 것은?

① 원사업자의 파산
② 원사업자가 하도급 대금을 2회 이
　상 미지급
③ 하수급자가 공사를 지연한 경우
④ 원사업자와 하수급자가 직접 지급
　에 합의한 경우

정답　③

하수급자의 공사 지연은 직접 지급 사
유가 아니다. 직접 지급은 원사업자의
귀책 사유(파산, 미지급 등)로 하수급
자를 보호하기 위한 제도이다.

➕ plus

하자담보책임기간이 가장 긴 공사
구조물 공사로, 교량, 터널 등의 주
요 구조부는 10년까지 하자담보책
임을 지는 반면, 도장공사 등은 1
~ 2년으로 짧음

⑤ 설계변경과 물가변동: 공사 중 설계가 바뀌거나 물가가 변동되면 계약금액을 조
　정해야 함

구분	설계변경	물가변동(ES)
사유	설계 오류, 현장 여건 변경, 발주자 요구	물가 상승 또는 하락
요건	발주기관의 승인 필요	계약 후 90일 이상 경과 + 물가변동률 3% 이상
조정 방법	변경된 물량 × 단가	품목조정률법 또는 지수조정률법
핵심	물량 변동에 따른 금액 조정	가격 변동에 따른 금액 조정

실무톡톡

Q: 설계변경과 물가변동, 동시에 발생하면 어떻게 되나요?
A: 동시에 발생할 수 있음. 이 경우 설계변경에 따른 금액 조정과 물가변동에 따른 금액
　　조정을 각각 별도로 산정하여 합산하며, 이중 조정은 허용되지 않음

⑥ 하도급 관리

항목	내용
하도급 통지	하도급 계약 체결 후 30일 이내에 발주자에게 통지
하도급 대금 지급	원사업자는 기성금 수령 후 15일 이내에 하수급자에게 지급
재하도급 제한	원칙적으로 재하도급(하도급의 하도급)은 금지
직접 지급	하수급자가 발주자에게 직접 대금 지급을 요청할 수 있는 경우 있음

⑦ 하자보수: 준공 후에도 일정 기간 동안 하자가 발생하면 시공자가 보수해야 함

항목	내용
하자보수보증금	계약금액의 2 ~ 5%(공사 종류에 따라 다름)
하자담보책임기간	1 ~ 10년(공사 종류에 따라 다름)
하자 범위	시공 불량, 자재 불량 등 시공자 귀책 사유에 의한 하자

2 공사계약 심화 주제

① 건설업 등록 기준: 건설공사를 수행하려면 건설산업기본법에 따라 건설업 등록을 해야 함

구분	종합건설업	전문건설업
역할	종합적인 계획·관리·조정	특정 공종의 시공
등록 기준	자본금, 기술인력, 시설·장비 등	자본금, 기술인력, 시설·장비 등
업종 수	토목, 건축, 산업·환경설비, 조경 등	실내건축, 토공, 미장·방수, 석공, 도장 등
하도급	전문건설업자에게 하도급 가능	원칙적으로 재하도급 불가

② 공동도급(공동계약): 건설공사에서는 여러 업체가 공동으로 참여하는 경우가 많음

유형	내용	특징
공동이행방식	모든 구성원이 공사 전체를 공동 수행	가장 일반적으로 연대 책임
분담이행방식	각 구성원이 담당 부분을 독립 수행	전문 분야 분담으로 각자 책임
혼합방식	공동이행 + 분담이행 혼합	대형 복합 공사에 활용

실무톡톡

Q: 공동도급의 출자비율은 왜 중요한가요?
A: 출자비율은 곧 책임비율로 하자 발생 시 출자비율에 따라 보수 책임을 지며, 시공실적도 출자비율만큼만 인정됨. 따라서 PQ 심사를 위해 시공실적을 확보하려면 출자비율을 높여야 함

③ 건설공사 안전관리: 건설현장은 사고 위험이 높으므로 안전관리는 법적 의무임

항목	내용
안전관리계획서	일정 규모 이상 공사에서 착공 전 작성·제출
안전관리비	공사금액의 일정 비율을 안전관리에 의무 사용
안전점검	정기점검(월 1회), 수시점검(위험 발견 시)
중대재해	사망 1명 이상 또는 부상 3명 이상 시 공사 중지 가능

실무톡톡

Q: 안전관리비를 다른 용도로 사용하면 어떻게 되나요?
A: 안전관리비는 목적 외 사용이 금지되며, 위반 시 과태료 부과 및 부정당업자 제재 대상이 됨. 안전관리비는 안전장비 구입, 안전교육, 안전시설 설치 등에만 사용해야 함

구분	공동이행 방식	분담이행 방식
책임	연대 책임 (전체에 대해)	각자 책임 (담당 부분만)
시공 실적	출자비율 만큼 인정	담당 부분 100% 인정
대표사	선정 필수	불필요
적용	일반적인 대형공사	전문 분야가 다른 공사

구분	클레임 (Claim)	변경지시 (Change Order)
주체	시공자가 발주자에게 요구	발주자가 시공자에게 지시
성격	분쟁적 (합의 필요)	일방적 지시 (시공자 이행 의무)
절차	서면 통지 → 협의 → 조정	지시 → 이행 → 정산

④ 건설공사 품질관리: 품질관리는 설계도서대로 시공되었는지 확인하는 과정

구분	내용
품질시험	자재의 강도, 밀도 등을 시험하여 기준 충족 여부 확인
품질검사	시공 과정 및 완성물의 품질을 검사
품질관리계획서	일정 규모 이상 공사에서 착공 전 작성
시험기관	공인 시험기관에서 시험 실시

⑤ 클레임(Claim) 관리: 공사 중 예상하지 못한 상황이 발생하면 추가 비용이나 공기 연장을 요구하는 것

항목	내용
클레임 사유	설계 오류, 현장 여건 변경, 불가항력(천재지변), 발주자 지시 변경 등
클레임 절차	사유 발생 → 서면 통지 → 자료 제출 → 협의 → 계약금액/공기 조정
핵심 원칙	반드시 서면으로 통지해야 하며, 구두 통지는 효력이 없음
입증 책임	클레임을 제기하는 측(주로 시공자)이 입증해야 함

⑥ 건설폐기물 및 환경관리: 건설현장에서는 대량의 폐기물이 발생하므로 환경관리도 법적 의무임

항목	내용
건설폐기물 처리	건설폐기물의 재활용에 관한 법률에 따라 적법하게 처리
소음·진동 관리	주거지역 인접 공사 시 소음·진동 기준 준수
비산먼지 관리	비산먼지 발생 억제 시설 설치 의무
환경영향평가	대규모 공사 시 환경영향평가 실시

⑦ 공사보험: 대형공사에서는 각종 위험에 대비한 보험 가입이 필수임

보험 종류	내용	가입 의무
건설공사보험	공사 중 발생하는 재산 손해 보상	일정 규모 이상 의무
산업재해보상보험	근로자 업무상 재해 보상	전 공사 의무
제3자 배상책임보험	공사로 인한 제3자 피해 보상	일정 규모 이상 의무
하자보수보증보험	준공 후 하자보수 이행 보증	전 공사 의무

단원별 핵심문제

01

건설산업의 등록 기준, 도급 계약의 기본 원칙 등을 규정하는 가장 기본적인 법령은?

① 국가를 당사자로 하는 계약에 관한 법률
② 건설기술진흥법
③ 건설산업기본법
④ 하도급거래 공정화에 관한 법률

해설

건설산업기본법은 건설산업의 등록 기준, 도급 및 하도급 계약의 기본 원칙을 규정하는 가장 기본적인 법령이다.

02

고난도 기술이 요구되는 대형공사에서, 입찰참여자격을 미리 심사하는 제도는?

① 적격심사
② 종합심사낙찰제
③ 입찰참가자격 사전심사(PQ)
④ 최저가낙찰제

해설

PQ는 300억원 이상의 고난도 대형공사에서 시공 능력이 검증된 업체에게만 입찰 기회를 부여하는 사전심사 제도이다.

03

공사 적격심사에 대한 설명으로 옳지 않은 것은?

① 입찰 후 가격이 낮은 순서대로 심사한다.
② 입찰가격과 수행능력을 종합 평가한다.
③ 주로 중소규모 공사에 적용된다.
④ 입찰가격 점수가 수행능력 점수보다 항상 높다.

해설

적격심사에서 입찰가격과 수행능력의 배점 비중은 공사 규모에 따라 달라진다. 항상 가격이 높은 것은 아니다.

04

PQ 심사에서 가장 높은 비중을 차지하는 평가항목은?

① 시공경험
② 기술능력
③ 경영상태
④ 신인도

해설

PQ는 고난도 공사의 수행능력을 검증하는 것이 목적이므로, 유사 공사 수행 경험인 시공경험이 가장 높은 비중을 차지한다.

05

다음 중 종합심사낙찰제에서 평가하는 항목이 아닌 것은?

① 입찰가격
② 환경영향평가 결과
③ 공사수행능력
④ 사회적 책임

해설

종합심사낙찰제는 입찰가격, 공사수행능력, 사회적 책임을 종합 평가한다. 환경영향평가 결과는 별도의 절차이다.

06

설계와 시공을 하나의 업체가 모두 담당하는 입찰 방식은?

① 일괄입찰(턴키)
② 대안입찰
③ 기술제안입찰
④ 적격심사

해설

일괄입찰(턴키)은 설계와 시공을 한 업체가 모두 책임지는 방식이다.

정답   01 ③   02 ③   03 ④   04 ①   05 ②   06 ①

07

공사계약 체결 후 착공신고서를 제출해야 하는 기한은?

① 계약 체결 후 7일 이내
② 계약 체결 후 14일 이내
③ 계약 체결 후 21일 이내
④ 계약 체결 후 30일 이내

해설

계약상대자는 계약 체결 후 14일 이내에 착공신고서를 제출해야 한다.

08

장기계속계약과 계속비계약의 차이로 옳은 것은?

① 장기계속계약은 총 사업비가 확정된다.
② 계속비계약은 매년 새로 계약을 체결한다.
③ 장기계속계약은 연차별로 계약을 체결한다.
④ 계속비계약은 물가변동 반영이 용이하다.

해설

장기계속계약은 매년 연차별로 계약을 체결하며, 계속비계약은 최초 1회 계약 후 총 사업비가 확정된다.

09

공사감독관과 감리원에 대한 설명으로 옳은 것은?

① 감독관은 전문 감리업체 소속이다.
② 감리원은 발주기관 직원이다.
③ 감리원은 법규에 따라 전문성과 독립성을 가진다.
④ 감독관과 감리원은 동일한 역할을 수행한다.

해설

감리원은 전문 감리업체 소속의 기술자로, 법규에 따라 전문성과 독립성을 가지고 감독 업무를 수행한다.

10

기성검사의 목적으로 가장 옳은 것은?

① 완성된 부분에 대한 중간 대금 지급
② 전체 공사의 최종 합격 판정
③ 하자보수 범위 확정
④ 설계변경 승인

해설

기성검사는 공사 진행 중 완성된 부분에 대해 대가를 지급하기 위해 실시하는 중간 검사이다.

11

공사대금 중 공사 착수 전에 지급하는 것은?

① 기성금
② 잔금
③ 하자보수보증금
④ 선금

해설

선금은 공사 착수 전에 지급하는 선급금으로, 자재 구입, 장비 확보 등에 사용된다.

12

물가변동에 의한 계약금액 조정(ES)의 요건으로 옳은 것은?

① 계약 후 30일 이상 + 물가변동률 5% 이상
② 계약 후 60일 이상 + 물가변동률 3% 이상
③ 계약 후 90일 이상 + 물가변동률 3% 이상
④ 계약 후 90일 이상 + 물가변동률 5% 이상

해설

물가변동 조정의 요건은 계약 후 90일 이상 경과하고, 물가변동률이 3% 이상인 경우이다.

13

하도급 계약 체결 후 발주자에게 통지해야 하는 기한은?

① 30일 이내
② 15일 이내
③ 7일 이내
④ 즉시

해설

하도급 계약 체결 후 30일 이내에 발주자에게 통지해야 한다.

14

원사업자가 기성금 수령 후 하수급자에게 대금을 지급해야 하는 기한은?

① 7일 이내
② 30일 이내
③ 21일 이내
④ 15일 이내

해설

원사업자는 기성금 수령 후 15일 이내에 하수급자에게 하도급 대금을 지급해야 한다.

정답　07 ②　08 ③　09 ③　10 ①　11 ④　12 ③　13 ①　14 ④

15

하도급 대금 직접 지급 사유에 해당하지 않는 것은?

① 원사업자의 파산
② 하수급자의 공사 지연
③ 원사업자의 2회 이상 대금 미지급
④ 원사업자와 하수급자의 직접 지급 합의

해설

하수급자의 공사 지연은 직접 지급 사유가 아니다. 직접 지급은 원사업자의 귀책 사유로 하수급자를 보호하기 위한 제도이다.

16

하자담보책임기간이 가장 긴 공사 유형은?

① 도장공사　　　② 구조물 공사
③ 방수공사　　　④ 미장공사

해설

교량, 터널 등 주요 구조물 공사는 하자담보책임기간이 최대 10년으로 가장 길다.

17

총액계약에 대한 설명으로 옳은 것은?

① 총 공사금액을 확정하여 계약하는 방식이다.
② 단위당 가격만 정하고 실제 물량에 따라 정산한다.
③ 실제 투입 비용에 이윤을 더해 지급한다.
④ 매년 새로 계약을 체결한다.

해설

총액계약은 총 공사금액을 확정하여 계약하는 가장 일반적인 방식이다.

18

공정 간 선후 관계를 네트워크로 표현하여 주공정을 파악하는 도구는?

① 바 차트　　　② 간트 차트
③ PERT　　　④ CPM

해설

CPM(Critical Path Method)은 공정 간 선후 관계를 네트워크로 표현하여 주공정(Critical Path)을 파악하는 도구이다.

19

설계변경에 의한 계약금액 조정의 주된 사유가 아닌 것은?

① 설계 오류 발견
② 물가 상승
③ 현장 여건 변경
④ 발주자의 요구

해설

물가 상승은 물가변동(ES)에 의한 조정 사유이다. 설계변경은 설계 오류, 현장 여건 변경, 발주자 요구 등이 주된 사유이다.

20

선금의 사용에 대한 설명으로 옳지 않은 것은?

① 해당 공사에만 사용해야 한다.
② 자재 구입, 장비 확보 등에 사용한다.
③ 사용 내역을 정산 시 증빙해야 한다.
④ 다른 공사에 유용해도 제재 대상이 아니다.

해설

선금을 다른 공사에 유용하면 선금 반환 청구 및 부정당업자 제재 대상이 된다.

21

PERT 공정관리 기법의 특징으로 옳은 것은?

① 공정을 막대로 표시하는 방법이다.
② 주공정(Critical Path)을 파악하는 데 특화되어 있다.
③ 불확실한 공기를 확률적으로 추정한다.
④ 가장 기본적인 공정관리 도구이다.

해설

PERT는 불확실한 공기를 확률적으로 추정하는 기법으로, 연구개발형 공사에 적합하다.

정답　15 ② 　16 ② 　17 ① 　18 ④ 　19 ② 　20 ④ 　21 ③

22

준공검사에 대한 설명으로 옳지 않은 것은?

① 모든 공사가 완료된 후 실시한다.
② 설계도서 대비 전체 시공 상태를 확인한다.
③ 합격해야 잔금을 받을 수 있다.
④ 매월 정기적으로 실시한다.

해설

매월 정기적으로 실시하는 것은 기성검사이다. 준공검사는 모든 공사가 완료된 후 1회 실시하는 최종 검사이다.

23

대안입찰에 대한 설명으로 옳은 것은?

① 설계와 시공을 한 업체가 모두 담당한다.
② 발주자의 원안 설계에 대해 더 나은 대안을 제출할 수 있다.
③ 시공 방법의 개선안만 제안할 수 있다.
④ 가격 경쟁만으로 낙찰자를 결정한다.

해설

대안입찰은 발주자의 원안 설계에 대해 시공자가 더 나은 대안을 제출할 수 있는 방식이다.

24

재하도급(하도급의 하도급)에 대한 원칙은?

① 원칙적으로 금지된다.
② 발주자의 승인 없이 자유롭게 가능하다.
③ 전문공사에 한해 허용된다.
④ 금액이 소액인 경우에만 허용된다.

해설

재하도급은 원칙적으로 금지된다. 이는 시공 책임의 분산과 품질 저하를 방지하기 위함이다.

25

실비정산계약이 주로 사용되는 경우는?

① 물량이 확정된 일반 공사
② 대규모 장기 공사
③ 긴급공사 또는 설계가 미확정된 공사
④ 소규모 단순 공사

해설

실비정산계약은 실제 투입된 비용에 일정 비율의 이윤을 더해 지급하는 방식으로, 긴급공사나 설계가 미확정된 공사에 주로 사용된다.

정답   22 ④   23 ②   24 ①   25 ③

CHAPTER 06

최종점검 OX 퀴즈

01 건설산업기본법은 공사계약의 절차를 규정하는 법이다. (○ , ×)

02 총액계약은 공사 물량의 증감이 예상될 때 주로 사용된다. (○ , ×)

03 입찰참가자격 사전심사(PQ)는 입찰 후 낙찰자를 결정하기 위한 심사이다. (○ , ×)

04 적격심사에서 가장 중요한 평가항목은 시공경험이다. (○ , ×)

05 종합심사낙찰제는 고난도 기술이 요구되는 초대형 공사에 적용된다. (○ , ×)

06 일괄입찰(Turn-key)은 발주기관이 제시한 기본계획을 바탕으로 시공사가 설계와 시공을 모두 책임지는 방식이다. (○ , ×)

07 공정관리 기법 중 CPM은 주공정(Critical Path)을 파악하는 데 유용하다. (○ , ×)

08 감리원은 발주기관의 직원으로서 공사를 감독하는 자를 말한다. (○ , ×)

---

01 ✕
공사계약의 절차는 국가계약법/지방계약법에서 규정한다. 건설산업기본법은 건설업 등록, 도급·하도급의 기본 원칙을 다룬다.

02 ✕
물량 증감이 예상될 때는 단가계약을 사용한다. 총액계약은 계약 체결 시 총액을 확정하는 방식이다.

03 ✕
PQ는 입찰 전에 입찰참가자격을 미리 심사하는 제도이다. 입찰 후 낙찰자를 결정하는 것은 적격심사이다.

04 ✕
적격심사에서는 가격과 수행능력을 종합적으로 평가한다. 시공경험이 가장 중요한 것은 PQ 심사이다.

05 ○
종합심사낙찰제는 추정가격 300억 원 이상의 고난도 공사에 적용되며, 기술력과 가격을 종합적으로 심사한다.

06 ○
설계와 시공을 일괄하여 계약하므로 턴키(Turn-key) 계약이라고도 한다. 창의성과 기술력이 요구되는 공사에 적합하다.

07 ○
CPM은 각 작업의 소요시간을 분석하여 전체 공사 기간에 영향을 미치는 주공정을 찾아내고 관리하는 기법이다.

08 ✕
발주기관의 직원은 감독관이다. 감리원은 전문 감리업체에 소속된 기술자로서 독립적으로 감리 업무를 수행한다.

09 선금은 계약금액의 70% 범위 내에서 지급할 수 있다. （ ○ , × ）

10 설계변경으로 공사량이 증가하면 계약금액을 감액해야 한다. （ ○ , × ）

11 물가변동으로 인한 계약금액 조정(ESC)은 계약 체결 후 60일이 경과해야 신청할 수 있다. （ ○ , × ）

12 하도급 계약은 원칙적으로 서면으로 통지할 의무가 없다. （ ○ , × ）

13 하도급대금은 원사업자가 발주자로부터 대금을 받은 날부터 30일 이내에 지급해야 한다. （ ○ , × ）

14 하자담보책임기간은 공사의 종류와 관계없이 모두 동일하다. （ ○ , × ）

15 종합건설업자는 전문공사를 직접 시공할 수 없다. （ ○ , × ）

16 공동이행방식에서 각 구성원은 자신이 담당한 부분에 대해서만 책임을 진다. （ ○ , × ）

17 안전관리비는 공사비가 부족할 경우 다른 용도로 전용할 수 있다. （ ○ , × ）

18 클레임은 구두로 통지해도 법적 효력이 발생한다. （ ○ , × ）

---

09 ○
선금은 계약 체결 후 원활한 공사 착수를 위해 지급하며, 계약금액의 100분의 70을 초과할 수 없다.

10 ×
설계변경으로 공사량이 증가하면 계약금액을 증액해야 한다. 공사량이 감소할 때 감액한다.

11 ×
계약 체결 후 90일이 경과하고, 품목조정률 또는 지수조정률이 3% 이상 증감해야 신청할 수 있다.

12 ×
원사업자는 하도급 계약을 체결한 날부터 30일 이내에 발주자에게 서면으로 통지해야 한다.

13 ×
하도급대금은 목적물 인수일로부터 60일 이내, 또는 발주자로부터 대금을 받은 날부터 15일 이내에 지급해야 한다.

14 ×
하자담보책임기간은 공사의 종류, 구조, 중요도에 따라 1년부터 10년까지 다르게 규정되어 있다.

15 ○
원칙적으로 전문공사는 해당 전문건설업 등록을 한 업체가 시공해야 한다. 종합건설업자는 종합적인 관리·조정을 담당한다.

16 ×
공동이행방식은 모든 구성원이 공사 전체에 대해 연대 책임을 진다. 각자 책임을 지는 것은 분담이행방식이다.

17 ×
안전관리비는 목적 외 사용이 절대 금지된다. 위반 시 과태료 부과 및 부정당업자 제재 대상이 된다.

18 ×
클레임은 반드시 서면으로 통지해야 하며, 구두 통지는 효력이 없다.

19　변경지시(Change Order)는 시공자가 발주자에게 요구하는 것이다.　(○ , ×)

20　건설폐기물을 무단 투기하면 과태료만 부과된다.　(○ , ×)

21　적격심사에서 가격점수와 수행능력 점수를 합산하여 95점 이상이면 낙찰자로 결정된다.　(○ , ×)

22　PERT 기법은 작업 소요시간이 불확실한 신규 사업에 주로 사용된다.　(○ , ×)

23　기성금은 공사 진행률과 관계없이 매월 일정 금액을 지급한다.　(○ , ×)

24　분담이행방식의 경우, 시공실적은 각 구성원의 출자비율만큼만 인정된다.　(○ , ×)

25　공사계약에서 하자보수보증금은 현금으로만 납부해야 한다.　(○ , ×)

19 ×
변경지시는 발주자가 시공자에게 일방적으로 지시하는 것이다. 시공자가 요구하는 것은 클레임이다.

20 ×
건설폐기물 무단 투기는 과태료는 물론, 형사 처벌대상이며 영업정지까지 받을 수 있다.

21 ○
추정가격에 따라 다소 차이가 있지만, 일반적으로 입찰가격이 예정가격 이하로서 최저가 입찰자 순으로 심사하여 종합평점이 95점 이상인 자를 낙찰자로 결정한다.

22 ○
PERT는 확률적 모델을 사용하여 작업 시간을 추정하므로, 경험이 부족한 신규 프로젝트나 연구개발 사업에 적합하다.

23 ×
기성금은 공사의 진행률(기성고)에 따라 지급하는 대금이다. 진행률을 검사하여 확정된 금액을 지급한다.

24 ×
분담이행방식에서는 각 구성원이 자신이 담당한 부분의 시공실적을 100% 인정받는다. 출자비율만큼 인정되는 것은 공동이행방식이다.

25 ×
하자보수보증금은 현금뿐만 아니라 보증서, 증권 등 다양한 방법으로 납부할 수 있다.

CHAPTER 06

단원별 핵심정리

암기 필수사항

CHAPTER 06

1. 공사계약 법령: 건설산업기본법(기본), 건설기술진흥법(기술), 국가/지방계약법(절차)이 핵심
2. 공사계약 유형: 총액계약(일반), 단가계약(물량 변동), 실비정산(긴급), 장기계속/계속비(대규모)
3. 낙찰 방식: 적격심사(일반), PQ(대형), 종합심사(초대형), 일괄/대안/기술제안(기술 경쟁)
4. PQ: 입찰 전 자격심사. 시공경험이 가장 중요한 평가항목
5. 적격심사: 입찰 후 낙찰자 결정. 가격＋수행능력 종합 평가
6. PQ vs 적격심사: '입찰 전 자격심사'냐, '입찰 후 낙찰심사'냐가 핵심 차이
7. 공정관리: 바 차트(기본), CPM(주공정 파악), PERT(확률적 추정)
8. 감독 vs 감리: 감독관(발주기관 직원), 감리원(전문 감리업체 기술자)
9. 공사대금: 선금(착수 전), 기성금(진행 중), 잔금(준공 후)
10. 설계변경 vs 물가변동: 설계변경(물량 변동), 물가변동(가격 변동). 각각 별도 산정
11. 하도급 관리: 통지(30일), 대금 지급(15일), 재하도급 원칙 금지
12. 하자보수: 하자보수보증금, 하자담보책임기간. 하자담보책임기간은 구조물 공사가 2년～10년으로 가장 김
13. 건설업 등록: 종합건설업(종합 관리) vs 전문건설업(특정 공종 시공). 전문공사 재하도급 원칙 금지
14. 공동도급: 공동이행(연대 책임, 출자비율만큼 실적 인정) vs 분담이행(각자 책임, 100% 실적 인정)
15. 안전관리: 안전관리계획서(50억 이상), 안전관리비 목적 외 사용 금지, 중대재해 시 공사 중지
16. 클레임: 반드시 서면 통지, 입증책임은 제기자에게 있음. 클레임(시공자 → 발주자) vs 변경지시(발주자 → 시공자)
17. 공사보험: 건설공사보험(재산), 산재보상(근로자), 제3자 배상(피해), 하자보증(준공 후)
18. 환경관리: 건설폐기물 적법 처리 의무, 무단 투기 시 형사 처벌 대상

CHAPTER 07 공사계약 특화 절차 및 하도급 관리

01 공사계약 특화 절차

📖 학습목표

- 종합심사낙찰제의 평가항목과 절차를 설명할 수 있다.
- 일괄입찰, 대안입찰, 기술제안입찰의 차이점을 비교 설명할 수 있다.
- 공사계약의 설계변경 및 계약금액 조정 요건과 절차를 설명할 수 있다.

1 공사계약 특화 절차 개요

공사계약은 그 규모와 복잡성으로 인해 일반적인 계약과는 다른 특화된 절차를 따르며, 특히 대형공사에서는 기술력과 사회적 책임을 종합적으로 평가하는 방식이 적용됨

① 공사계약의 특수성
- 공사계약은 물품이나 용역 계약과 비교할 때 다음과 같은 특수성이 있음
- 이러한 특수성 때문에 공사계약에는 종합심사낙찰제, 일괄입찰, 대안입찰, 설계변경, 하도급 관리 등 고유한 절차와 제도가 마련되어 있음

구분	물품·용역 계약	공사계약
계약 기간	비교적 단기	수개월 ~ 수년의 장기
계약 금액	비교적 소규모	수십억 ~ 수천억원 대규모
설계변경	드묾	빈번하게 발생
하도급	제한적	다수의 전문 공종별 하도급 필수
현장 여건	통제 가능	지질, 기상 등 예측 불가능한 변수 다수
품질 관리	완성품 검수	공정별 단계적 검사 필요

〈공사 규모별 낙찰자 결정 방식〉

공사 규모	낙찰자 결정 방식	핵심 특징
300억원 이상	종합심사낙찰제	가격 + 수행능력 + 사회적 책임 종합 평가
300억원 미만	적격심사	가격 순위별 순차 심사, 합격/불합격 결정
추정가격 2억원 이하	최저가낙찰제	예정가격 이하 최저가 입찰자 낙찰

✓ Check Q&A

300억원 이상 대형공사에서 가격, 공사수행능력, 사회적 책임을 종합 평가하여 낙찰자를 결정하는 제도는?

① 적격심사
② 입찰참가자격 사전심사(PQ)
③ 종합심사낙찰제
④ 대안입찰

정답 ③

종합심사낙찰제는 300억원 이상 대형공사에 적용되며, 가격 외에 공사수행능력과 사회적 책임(건설안전, 고용 등)을 종합적으로 평가하는 제도이다.

② 종합심사낙찰제
- 종합심사낙찰제는 300억원 이상 대형공사에 적용되는 제도이며, 가격뿐만 아니라 공사수행능력, 사회적 책임까지 종합적으로 평가하여 낙찰자를 결정함
- 도입 배경: 최저가낙찰제에서는 과당경쟁과 덤핑입찰이 만연했으며, 무리하게 낮은 가격으로 수주한 업체가 부실시공을 하거나, 하도급 업체에 저가 하도급을 강요하는 문제가 반복되었음. 이를 해결하기 위해 가격 외에 기술력과 사회적 책임까지 종합적으로 평가하는 종합심사낙찰제가 도입되었음

〈평가 항목 및 배점 기준〉

평가 분야	주요 심사 항목	비중
공사수행능력	시공경험, 기술능력, 시공평가 결과, 배치기술자	30 ~ 40%
입찰가격	예정가격 대비 입찰가격의 적정성	40 ~ 60%
사회적 책임	건설안전, 건설인력 고용, 공정거래, 지역경제 기여	10 ~ 20%

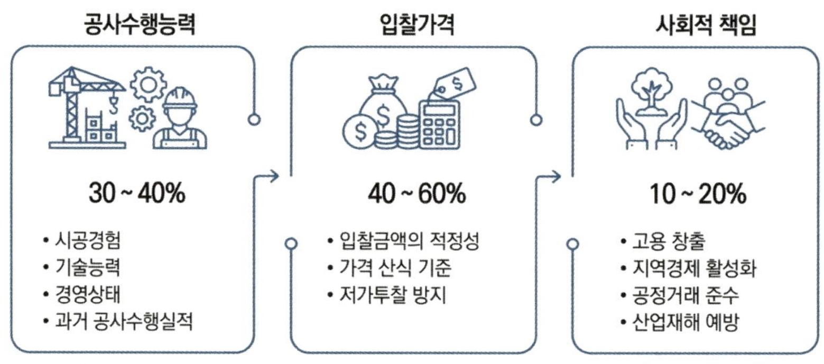

▲ 종합심사낙찰제 평가 항목 및 배점기준

〈공사수행능력 세부 평가 항목〉

세부 항목	평가 내용
시공경험	최근 10년간 유사 공사 수행 실적, 규모와 난이도를 고려하여 평가
기술능력	건설기술인 보유 현황, 신기술·신공법 보유 여부
시공평가 결과	과거 공사에서 받은 시공능력 평가 등급
배치기술자	해당 공사에 투입할 현장대리인 및 핵심 기술자의 경력과 역량

〈사회적 책임 세부 평가 항목〉

세부 항목	평가 내용
건설안전	산업재해율, 안전관리 투자 실적, 안전교육 이수 현황
건설인력 고용	정규직 고용 비율, 건설근로자 퇴직공제 가입 현황
공정거래	하도급 대금 지급 실적, 불공정 거래 제재 이력
지역경제 기여	지역 업체 하도급 비율, 지역 자재 사용 비율

③ 일괄입찰·대안입찰·기술제안입찰: 발주기관이 제시한 기본 설계에 더해, 입찰자가 자신의 기술력을 활용하여 더 나은 방안을 제시하도록 유도하는 기술 경쟁 입찰

구분	일괄입찰 (턴키, Turn-key)	대안입찰	기술제안입찰
개념	설계부터 시공까지 모두 책임	발주기관의 원안 설계에 대안을 제시	원안 설계는 그대로 두고 시공 방법만 개선 제안
책임	설계·시공 책임 일원화	원안(발주처), 대안(입찰자) 책임 구분	설계(발주처), 시공(입찰자) 책임 구분
장점	공기 단축, 책임소재 명확	설계 혁신 유도	시공 효율성 증대
단점	발주처 통제력 약화, 입찰 비용 과다	대안 설계 심사 부담	기술제안 평가의 어려움
적용	창의적 기술이 필요한 대형 복합공사	기술 혁신이 필요한 공사	공법 개선이 가능한 공사

〈일괄입찰의 절차〉

단계	내용
1. 기본계획 수립	발주기관이 사업의 기본 방향, 규모, 예산 등 기본계획을 수립
2. 입찰 공고	기본계획을 공개하고 입찰 참가자를 모집
3. 설계서 제출	입찰자가 자체적으로 설계를 완성하여 설계서와 입찰가격을 제출
4. 설계 심사	설계 적격자 심사위원회가 제출된 설계의 기술성, 창의성 등을 평가
5. 낙찰자 결정	설계 점수와 가격 점수를 합산하여 최고점자를 낙찰자로 선정

실무톡톡

Q: 기술제안입찰은 언제 사용할까요?

A: 설계는 이미 완성되어 있지만, 시공 과정에서 더 효율적인 공법을 적용할 수 있는 경우에 사용하며, 교량 상판 시공 시 기존 공법 대신 프리캐스트(Pre-cast) 공법을 제안하여 공기를 단축하는 것이 대표적인 사례임

➕ plus

대안입찰의 원안과 대안

- 대안입찰에서 입찰자는 반드시 원안 설계에 의한 입찰서도 함께 제출해야 하며, 대안이 채택되지 않으면 원안으로 경쟁에 참여하게 됨
- 대안이 채택되려면 원안 대비 동등 이상의 기능을 가지면서 공사비 절감 또는 공기 단축 효과가 있어야 함

✓ Check Q&A

턴키라는 말은 어디서 유래했는가?

정답

'열쇠(Key)를 돌리면(Turn) 바로 사용할 수 있다'는 의미에서 유래했다. 즉, 발주자는 열쇠만 받아서 돌리면 바로 시설을 이용할 수 있을 정도로 시공자가 모든 것을 책임지고 완성한다는 뜻이다.

④ 공사 설계변경 및 계약금액 조정

- 공사 기간은 길고, 현장 상황은 예측 불가능한 경우가 많으므로, 공사 도중 설계를 변경해야 하는 일이 빈번하게 발생하며, 이는 계약금액 조정으로 이어짐

〈설계변경의 주요 사유〉

구분	내용
설계서의 불분명·누락·오류	설계도면과 공사시방서가 서로 다르거나, 중요한 항목이 빠진 경우
현장 상태와 설계서의 상이	실제 지질 상태가 설계서와 다른 경우 등
발주기관의 필요에 의한 변경	발주기관이 새로운 시설물을 추가하거나, 공법을 변경하도록 요구하는 경우
신기술·신공법의 적용	시공자가 새로운 기술이나 공법을 제안하여 공사비 절감 및 성능 개선 효과가 클 경우

〈설계변경 절차〉

단계	내용
1. 사유 발생	설계 오류 발견, 현장 여건 변경, 발주기관 요구 등
2. 서면 통지	시공자 또는 발주기관이 상대방에게 설계변경 사유를 서면으로 통지
3. 설계변경 협의	변경 범위, 공법, 물량 등을 양측이 협의
4. 설계변경 승인	발주기관이 변경 내용을 검토하고 승인
5. 계약금액 조정	증감된 물량에 계약단가를 적용하여 금액 산정
6. 변경 계약 체결	조정된 금액으로 변경 계약서를 작성하고 체결

〈설계변경 사례〉

사례	설계변경 사유	조치 내용
도로 공사 중 예상치 못한 암반 출현	현장 여건과 설계서 상이	발파 공법 추가, 공사비 증액
발주기관이 주차장 증설 요구	발주기관의 필요에 의한 변경	신규 공종 추가, 공기 연장
설계도면의 철근 배근 오류 발견	설계서의 오류	설계 수정 후 재시공

- 계약금액 조정의 원칙: 계약금액 조정은 증감된 공사량의 계약단가를 기본으로 하지만 모든 경우에 금액이 조정되는 것은 아님

조정 유형	내용
물량 증감	설계변경으로 공사 물량이 늘거나 줄면, 계약단가를 곱하여 금액 조정
신규 비목	설계에 없던 새로운 공종이 추가되면, 설계변경 당시 단가를 기준으로 협의하여 결정
ES(물가변동)	계약 후 90일 경과 + 품목조정률 또는 지수조정률 3% 이상 변동 시 조정

⑤ 기술용역 계약 절차: 공사계약에는 시공뿐만 아니라 설계, 감리 등 전문적인 기술서비스가 필요하며, 이를 기술용역이라 하고, 별도의 계약 절차를 따름

용역 종류	내용	예시
건설엔지니어링	건설공사에 관한 계획, 조사, 설계, 감리, 유지관리 등	도로 설계, 교량 감리
측량용역	지형, 지질 등을 측량하고 도면을 작성	지적측량, 수치지형도 작성
안전진단용역	시설물의 안전 상태를 점검하고 보수·보강 방안 제시	교량 안전점검, 건물 내진 진단
환경영향평가	건설공사가 환경에 미치는 영향을 사전에 조사·평가	대규모 택지개발 환경평가

〈기술용역 계약의 협상 절차〉

단계	내용
1. 제안요청서(RFP) 발송	발주기관이 용역의 범위, 기간, 평가기준 등을 명시한 제안요청서를 발송
2. 기술제안서 제출	입찰자가 수행 방법론, 투입 인력, 일정 계획 등을 담은 기술제안서를 제출
3. 기술 평가	평가위원회가 기술제안서를 평가하여 기술 점수를 산정
4. 가격 평가	기술 점수 상위 업체의 가격을 평가
5. 우선협상대상자 선정	기술 점수와 가격 점수를 합산하여 최고점자를 우선협상대상자로 선정
6. 협상 및 계약 체결	우선협상대상자와 세부 조건을 협상하여 계약 체결

다음 중 설계변경으로 인한 계약금액 조정 사유로 보기 어려운 것은?

① 설계도면에 누락된 부분이 발견된 경우
② 발주기관이 새로운 기능 추가를 요구한 경우
③ 계약 체결 후 90일이 지나고 물가가 3% 상승한 경우
④ 실제 현장의 암반층이 설계서와 다르게 나타난 경우

정답 ③

③은 물가변동(ES)으로 인한 계약금액 조정 사유이다. 설계변경은 설계 자체의 문제나 현장 여건 변화, 발주기관의 요구 등으로 인해 발생하는 물량 변동에 따른 조정이다.

⑥ 기술용역 낙찰자 결정 방식: 기술용역은 가격보다는 기술력이 중요하므로, 다음
과 같은 평가 방식을 주로 사용함

평가 방식	핵심 내용
사업수행 능력평가(PQ)	용역 수행 실적, 기술자 경력, 재무상태 등을 평가하여 입찰참가자 선정
기술자평가 (SOQ)	해당 용역에 투입될 기술자의 역량(경력, 전문성)을 심층 평가
기술제안서평가 (TP)	용역 수행 계획, 방법론 등 기술제안서를 평가하여 기술 점수 산정
협상에 의한 계약	기술 점수와 가격 점수를 합산하여 고득점자 순으로 협상하여 낙찰자 결정

⑦ 기술용역 계약의 기술·가격 배점 비율: 기술력이 중요한 설계, 감리 등의 용역
은 기술 점수 비중이 80 ~ 90%로 압도적으로 높은 반면, 단순 측량 등 기술적
차별화가 적은 용역은 가격 점수 비중이 상대적으로 높음

구분	기술 점수	가격 점수
일반적인 기술용역	80 ~ 90점	10 ~ 20점
단순 용역	60 ~ 70점	30 ~ 40점

02 공사 하도급 관리

📖 학습목표

- 공사 하도급의 개념과 법적 요건을 설명할 수 있다.
- 하도급 관리의 주요 의무사항과 위반 시 제재 내용을 파악할 수 있다.

1 하도급 관리

건설공사는 여러 전문 공종이 결합된 복합체이므로, 원사업자가 수주한 공사의
일부를 전문성을 갖춘 다른 사업자에게 맡기는 하도급이 필수적이지만, 이 과정
에서 불공정 거래가 발생하기 쉬워 법으로 엄격하게 규제하고 있음

① 하도급의 개념과 당사자

용어	정의
하도급	원사업자가 수주한 공사의 전부 또는 일부를 다른 사업자에게 위탁하는 것
원사업자	발주자로부터 공사를 직접 수주한 사업자(원도급자, 원청)
하수급자	원사업자로부터 공사의 일부를 위탁받아 수행하는 사업자(하도급자, 하청)
발주자	공사를 발주한 공공기관 또는 민간사업주
재하수급자	하수급자로부터 다시 공사를 위탁받은 사업(원칙적 금지)

② 하도급의 필요성과 문제점

구분	내용
필요성	건설공사는 토공, 철근, 콘크리트, 전기, 설비 등 다양한 전문 공종으로 구성되어 있어, 각 분야의 전문 업체에 하도급하는 것이 효율적임
문제점	원사업자가 우월적 지위를 이용하여 저가 하도급, 대금 미지급, 부당한 특약 강요 등 불공정 거래를 하는 사례가 빈번함

③ 하도급의 제한: 건설산업기본법은 공사의 일괄 하도급을 금지하고 있음. 즉, 원사업자가 수주한 공사 전부를 하나의 업체에 다시 맡기는 것은 허용되지 않음

구분	내용
일괄 하도급 금지	수주한 공사 전부를 하도급하는 것은 금지
부분 하도급	전문 공종별로 부분적으로 하도급하는 것은 허용
하도급 비율 제한	공공공사의 경우 하도급 비율이 일정 비율을 초과하지 않도록 관리
재하도급 금지	하수급자가 다시 제3자에게 하도급하는 것은 원칙적으로 금지

④ 하도급 관련 법규 및 관리: 하도급 거래의 공정성을 확보하기 위한 핵심 법령은 「하도급거래 공정화에 관한 법률」(이하 하도급법)으로, 공공조달 계약에서는 하도급법과 더불어 국가계약법, 건설산업기본법 등이 함께 적용됨

〈하도급 계약 체결 시 유의사항〉

항목	내용
서면 계약	하도급 계약은 반드시 서면으로 체결해야 하며, 구두 계약은 인정되지 않음
적정 대금	하도급 대금은 원도급 대비 적정한 수준이어야 하며, 부당하게 낮은 대금은 금지됨
공사 범위 명시	하도급 공사의 범위, 기간, 대금 등을 계약서에 명확히 기재해야 함
보증서 발급	원사업자는 하도급 대금 지급보증서를 의무적으로 발급해야 함
발주자 통지	계약 체결 후 30일 이내에 발주자에게 서면으로 통지해야 함

건설산업의 공정 거래 및 상생 협력을 위한 핵심 규정

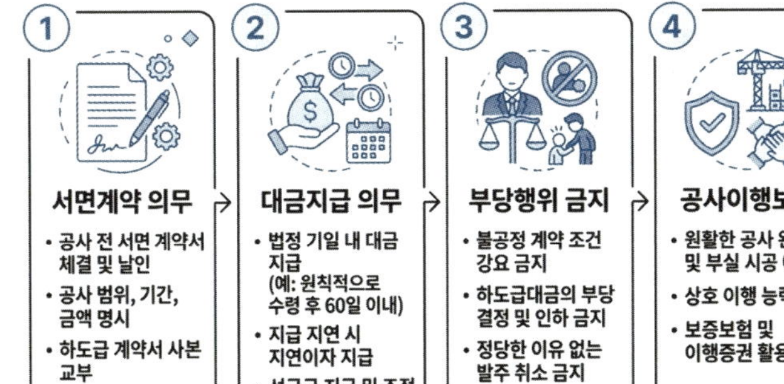

▲ 하도급 계약의 주요 법적 의무

☑ **Check Q&A**

하도급 대금 지급에 관한 설명으로 옳은 것은?

① 원사업자는 발주자로부터 대금을 받은 후 30일 이내에 하수급자에게 지급해야 한다.
② 원사업자가 발주자로부터 대금을 받지 못하면 하수급자에게 지급할 의무가 없다.
③ 원사업자는 발주자로부터 대금을 받은 후 15일 이내에 하수급자에게 지급해야 한다.
④ 하도급 대금의 지급 기한은 당사자 간 합의로 자유롭게 정할 수 있다.

정답 ③
원사업자가 발주자로부터 대금을 수령한 경우 15일 이내에 하수급자에게 지급해야 한다. 발주자로부터 대금을 받지 못한 경우에도 하수급자의 청구일로부터 60일 이내에 지급해야 한다.

〈하도급 관련 주요 법령 체계〉

법령	핵심 규정
하도급거래 공정화에 관한 법률	하도급 대금 지급, 부당 특약 금지, 기술 유용 금지 등 공정거래 규정
건설산업기본법	하도급의 제한(제29조), 하도급대금 직접 지급(제34조), 재하도급 제한
국가계약법 시행령	하도급 관련 계약 조건, 하도급 승인 절차
공사계약 일반조건	하도급 통지 의무, 하도급 대금 지급 확인 의무

〈하도급 관리 핵심 사항〉

구분	내용
하도급 통지	원사업자는 하도급 계약 후 30일 이내에 발주자에게 통지해야 함
대금 지급 보증	원사업자는 하수급자에게 하도급대금 지급보증서를 의무적으로 발급해야 함
부당한 특약 금지	하수급자에게 불리한 계약 조건(예 부당한 감액, 민원 처리 비용 전가)은 무효가 됨
재하도급 제한	원칙적으로 재하도급(하도급의 하도급)은 금지됨(예외적 허용)

〈하도급 대금 지급 기한〉

구분	기한
원사업자가 발주자로부터 대금을 받은 경우	수령일로부터 15일 이내
원사업자가 발주자로부터 대금을 받지 못한 경우	하수급자의 청구일로부터 60일 이내
지연이자	지급 기한 초과 시 연 15.5%의 지연이자 부과

〈하도급법 위반 유형과 제재〉

위반 유형	내용	제재 수준
부당한 하도급대금 결정	정당한 사유 없이 통상적인 대금보다 현저히 낮은 금액으로 결정	시정명령, 과징금
부당한 대금 감액	계약 후 정당한 사유 없이 대금을 감액	시정명령, 과징금
부당 반품	하수급자의 귀책 사유 없이 납품된 물건을 반품	시정명령, 과징금
기술 자료 유용	하수급자의 기술 자료를 유출하거나 부당하게 사용	형사처벌 (3년 이하 징역)
보복 조치	하수급자가 신고한 것을 이유로 불이익을 주는 행위	형사처벌

⑤ 하도급대금 지급시스템(하도급지킴이)

- 하도급지킴이는 공공발주사업에서 원사업자의 하도급 대금 미지급, 유용 등 불공정 행위를 막기 위해 조달청에서 운영하는 전자시스템
- 발주자, 원사업자, 하수급자, 장비/자재업자가 모두 시스템을 통해 대금 청구 및 지급 과정을 투명하게 관리

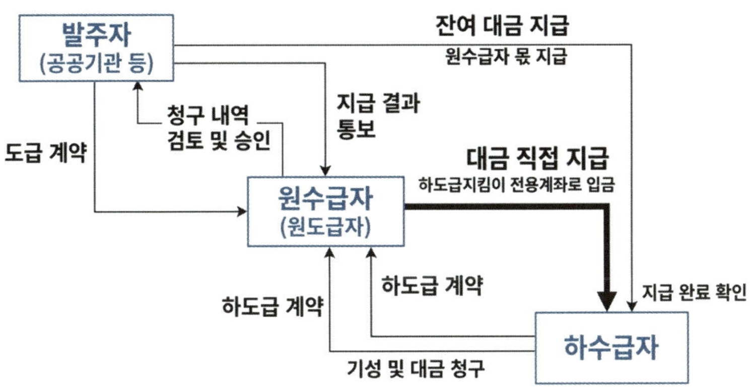

▲ 하도급지킴이 대금 지급 절차도

〈하도급지킴이 운영 방식〉

단계	주체	내용
1. 약정 계좌 개설	원사업자, 하수급자	하도급지킴이와 연계된 은행에 전용 계좌 개설
2. 대금 청구	하수급자 → 원사업자	시스템을 통해 기성금 등 대금 청구
3. 대금 지급 요청	원사업자 → 발주자	하수급자의 청구 내역을 포함하여 발주자에게 대금 요청
4. 대금 지급	발주자 → 하수급자/원사업자	발주자가 원사업자 몫과 하수급자 몫을 구분하여 각자의 계좌로 직접 입금(인출 제한)

〈하도급지킴이 적용 대상〉

구분	내용
의무 적용	조달청 발주 공사, 국가기관 발주 공사(일정 금액 이상)
자율 적용	지방자치단체, 공공기관 발주 공사 중 자체 규정에 따라 적용
적용 제외	소규모 공사, 하도급이 없는 공사

Check Q&A

하도급지킴이를 사용하면 대금을 떼일 염려가 없는가?

정답

발주자가 하수급자의 계좌로 직접 대금을 입금하고, 원사업자는 이 돈을 인출할 수 없도록 인출이 제한된다. 따라서 원사업자의 부도나 자금 유용과 상관없이 하수급자는 안정적으로 대금을 받을 수 있다.

Check Q&A

하도급지킴이 시스템에 대한 설명으로 옳지 않은 것은?

① 조달청에서 운영하는 전자 대금 지급 시스템이다.
② 발주자가 하수급자 계좌로 대금을 직접 입금한다.
③ 원사업자는 하수급자 몫의 대금을 자유롭게 인출할 수 있다.
④ 하도급 대금 미지급 문제를 예방하기 위한 제도이다.

정답 ③

하도급지킴이의 핵심 기능은 발주자가 하수급자에게 대금을 직접 지급하고, 원사업자는 해당 금액을 인출할 수 없도록 제한하여 대금 유용을 원천적으로 차단하는 것이다.

〈공사계약 특화 절차 및 하도급 관련 주요 법령 정리〉

법령명	핵심 조항	주요 내용
국가계약법 시행령	제79조	종합심사낙찰제 적용 기준
	제85조	일괄입찰(턴키) 절차
	제86조	대안입찰 절차
	제64조	설계변경으로 인한 계약금액 조정
	제65조	기타 계약내용의 변경으로 인한 계약금액 조정
건설산업기본법	제29조	하도급의 제한
	제34조	하도급대금의 직접 지급
하도급법	제3조	서면의 발급 및 서류의 보존
	제4조	부당한 하도급대금의 결정 금지
	제11조	부당한 대금 감액의 금지
	제13조	하도급대금의 지급 등
	제14조	하도급대금의 직접 지급
공사계약 일반조건	제19조	설계변경
	제22조	물가변동으로 인한 계약금액 조정

단원별 핵심문제

01

종합심사낙찰제에 대한 설명으로 가장 옳은 것은?

① 100억원 미만 소규모 공사에 적용된다.
② 입찰가격 점수만으로 낙찰자를 결정한다.
③ 입찰에 참여한 모든 업체를 동시에 심사하여 최고점자를 낙찰자로 선정한다.
④ 1순위 업체부터 순차적으로 심사하여 합격 여부를 결정한다.

해설

종합심사낙찰제는 300억원 이상 대형공사에 적용되며, 입찰에 참여한 모든 업체를 동시에 심사하여 공사수행능력, 입찰가격, 사회적 책임 등을 종합 평가해 최고점자를 낙찰자로 결정한다. 순차적으로 심사하는 것은 적격심사 방식이다.

02

다음 중 종합심사낙찰제의 주요 평가 분야가 아닌 것은?

① 공사수행능력
② 입찰가격
③ 사회적 책임
④ 계약 이행 성실도

해설

종합심사낙찰제는 크게 공사수행능력, 입찰가격, 사회적 책임의 세 분야를 평가한다. 계약 이행 성실도는 적격심사 등에서 평가하는 항목이다.

03

설계부터 시공까지 전 과정을 하나의 업체가 책임지고 수행하는 입찰 방식은?

① 대안입찰
② 기술제안입찰
③ 일괄입찰(턴키)
④ 종합심사낙찰제

해설

일괄입찰(턴키)은 발주처가 기본계획만 제시하면 입찰자가 설계부터 시공까지 모든 과정을 책임지고 완성하는 방식이다.

04

발주기관이 제시한 원안 설계에 대해 입찰자가 더 효율적인 대안 설계를 제시할 수 있는 입찰 방식은?

① 대안입찰
② 기술제안입찰
③ 일괄입찰(턴키)
④ 실비정산계약

해설

대안입찰은 발주기관의 원안 설계가 있는 상태에서 입찰자가 공기 단축, 비용 절감 등을 위해 더 나은 대안을 제시하여 경쟁하는 방식이다.

05

설계변경으로 인한 계약금액 조정 사유로 보기 어려운 것은?

① 설계도면과 시방서의 내용이 서로 다른 경우
② 계약 체결 후 100일이 지나고 물가가 5% 하락한 경우
③ 발주기관의 요구로 새로운 공종이 추가된 경우
④ 실제 현장의 지질 조건이 설계서와 현저히 다른 경우

해설

②는 물가변동(ES)으로 인한 계약금액 조정 사유에 해당한다. 설계변경은 설계 자체의 문제나 현장 여건 변화, 발주자 요구 등에 따른 물량 변동이 원인이다.

06

설계변경 시 설계도면에 없던 새로운 공종(신규 비목)의 단가는 어떻게 결정하는가?

① 계약 체결 당시의 단가
② 설계변경 당시를 기준으로 산정한 단가
③ 입찰 시 제출한 단가
④ 계약 단가와 설계변경 당시 단가의 평균

해설

신규 비목의 단가는 계약단가가 없으므로, 설계변경 당시를 기준으로 산정한 단가에 낙찰률을 곱한 금액 범위 내에서 발주자와 시공자가 협의하여 결정한다.

 **정답**

01 ③ 02 ④ 03 ③ 04 ① 05 ② 06 ②

07

건설공사의 설계, 감리 등 전문적인 기술서비스를 의미하는 용어는?

① 시설대여
② 기술용역
③ 물품제조
④ 단순노무

해설

건설공사에 관한 계획, 조사, 설계, 감리, 유지관리 등 전문적인 기술 서비스를 통칭하여 기술용역 또는 건설엔지니어링이라 한다.

08

기술용역 계약에서 입찰참가 업체의 수행 실적, 기술자, 재무 상태 등을 평가하는 절차는?

① 기술제안서평가(TP)
② 기술자평가(SOQ)
③ 사업수행능력평가(PQ)
④ 가격평가

해설

사업수행능력평가(PQ)는 기술용역 입찰에서 참가 업체의 실적, 기술 인력, 재무상태 등을 종합적으로 평가하여 입찰참가자격을 부여하는 절차이다.

09

하도급 계약 체결 후 원사업자가 발주자에게 통지해야 하는 법정 기한은?

① 7일 이내
② 15일 이내
③ 30일 이내
④ 60일 이내

해설

원사업자는 하도급 계약을 체결한 날부터 30일 이내에 발주자에게 그 내용을 서면으로 통지해야 한다.

10

하도급법에서 규정하는 부당한 특약에 해당할 가능성이 가장 높은 것은?

① 하도급 대금은 현금으로 지급한다.
② 자재 검수 기준은 원도급 계약과 동일하게 적용한다.
③ 원사업자의 지시에 의하지 않은 설계변경 비용은 하수급인이 부담한다.
④ 공사 중 발생하는 모든 민원 처리 비용을 하수급인이 부담한다.

해설

원사업자가 부담해야 할 위험(민원 처리 등)을 하수급자에게 일방적으로 전가하는 계약 조건은 대표적인 부당 특약으로 무효가 될 수 있다.

11

건설공사에서 재하도급에 대한 설명으로 옳은 것은?

① 원칙적으로 금지된다.
② 원사업자의 구두 동의가 있으면 가능하다.
③ 모든 전문공사에 대해 자유롭게 허용된다.
④ 하수급인이 원하면 언제든지 할 수 있다.

해설

건설공사에서 재하도급은 시공 책임의 불분명, 품질 저하, 저가 하도급 등의 문제를 야기할 수 있어 원칙적으로 금지된다. 발주자의 서면 동의 등 예외적인 경우에만 허용된다.

12

하도급지킴이 시스템의 핵심 기능으로 가장 적합한 것은?

① 원사업자의 신용도 평가
② 하수급자의 기술력 평가
③ 하도급 대금의 지급 보증 및 유용 방지
④ 건설공사의 공정률 관리

해설

하도급지킴이는 발주자가 하도급 대금을 하수급자에게 직접 지급하고 원사업자의 인출을 제한함으로써, 대금 미지급이나 유용을 원천적으로 차단하는 시스템이다.

정답 07 ② 08 ③ 09 ③ 10 ④ 11 ① 12 ③

13

하도급지킴이를 통해 대금이 지급될 때, 발주자는 대금을 어떻게 처리하는가?

① 원사업자 계좌에 전액 입금한다.
② 하수급자 계좌에 전액 입금한다.
③ 원사업자와 하수급자 몫을 분리하여 각자의 계좌로 직접 입금한다.
④ 조달청의 중앙 계좌에 예치한다.

해설

발주자는 원사업자가 청구한 내역에 따라 원사업자 몫과 하수급자, 장비/자재업자 몫을 분리하여 각각의 전용 계좌로 직접 입금한다.

14

원사업자가 하수급자에게 의무적으로 발급해야 하는 것은?

① 선금지급보증서
② 계약이행보증서
③ 하자보수보증서
④ 하도급대금 지급보증서

해설

원사업자는 하도급법에 따라 하수급자에게 하도급 대금의 지급을 보증하는 보증서를 의무적으로 발급해야 한다.

15

기술제안입찰에 대한 설명으로 가장 적합한 것은?

① 설계와 시공을 모두 입찰자가 책임진다.
② 원안 설계에 대한 더 나은 대안 설계를 제시한다.
③ 원안 설계는 그대로 두고 시공 방법의 개선안을 제안한다.
④ 가격이 가장 낮은 자를 낙찰자로 결정한다.

해설

기술제안입찰은 발주자가 제공한 원안 설계를 변경하지 않는 범위 내에서, 공기 단축이나 비용 절감이 가능한 더 효율적인 시공 방법을 제안하는 방식이다.

16

종합심사낙찰제와 적격심사제의 가장 큰 차이점은?

① 평가항목의 종류
② 적용 대상 공사 규모
③ 심사 방식
④ 가격 점수의 반영 여부

해설

가장 본질적인 차이는 심사 방식이다. 적격심사는 1순위부터 순차적으로 심사하지만, 종합심사낙찰제는 모든 입찰자를 동시에 종합 평가하여 최고점자를 선정한다. 적용 대상 규모나 평가 항목도 차이가 있지만 심사 방식이 더 근본적인 차이이다.

17

다음 중 기술용역 계약의 낙찰자 결정 방식으로 가장 많이 사용되는 것은?

① 최저가낙찰제
② 적격심사
③ 협상에 의한 계약
④ 수의계약

해설

기술용역은 가격보다 기술력이 중요하므로, 기술제안서 등을 평가하여 기술 점수와 가격 점수를 합산한 후 고득점자부터 협상을 통해 낙찰자를 결정하는 '협상에 의한 계약' 방식이 주로 사용된다.

18

하도급지킴이 시스템에서 원사업자가 하수급자 몫의 대금을 인출할 수 없는 이유는?

① 법원의 지급정지 명령이 있기 때문에
② 시스템에서 인출이 제한되기 때문에
③ 하수급자의 동의가 없기 때문에
④ 발주자의 승인이 없기 때문에

해설

하도급지킴이 시스템은 하수급자에게 지급될 대금이 원사업자의 일반 계좌가 아닌 인출이 제한된 전용 계좌로 입금되도록 설계되어 원사업자가 임의로 유용하는 것을 원천적으로 차단한다.

정답 13 ③ 14 ④ 15 ③ 16 ③ 17 ③ 18 ②

19

발주기관의 필요에 의해 설계를 변경하여 공사 물량이 증가했을 때, 계약금액 조정의 기준이 되는 단가는?

① 계약단가
② 설계변경 당시 단가
③ 최초 입찰 시 단가
④ 시중노임단가

해설

기존 공종의 물량이 증감하는 경우, 원칙적으로 계약 체결 시 정한 계약단가를 기준으로 조정금액을 산정한다.

20

다음 중 하도급법의 주된 목적으로 가장 옳은 것은?

① 건설 기술의 발전 촉진
② 대기업과 중소기업 간의 공정한 거래 질서 확립
③ 공공공사의 예산 절감
④ 신속한 공사 진행

해설

하도급법은 상대적으로 우월한 지위에 있는 원사업자가 하수급자에게 부당한 요구를 하지 못하도록 규제함으로써 공정한 거래 질서를 확립하고, 경제적 약자인 하수급자를 보호하는 데 주된 목적이 있다.

21

일괄입찰(턴키) 방식의 가장 큰 장점은?

① 입찰 비용이 저렴하다.
② 발주기관의 설계 통제력이 강화된다.
③ 설계와 시공의 책임소재가 명확하다.
④ 소규모 업체들의 참여가 용이하다.

해설

설계와 시공을 하나의 업체가 모두 책임지므로, 공사 과정에서 문제가 발생했을 때 책임소재가 명확하다는 장점이 있다. 또한 설계와 시공을 병행하여 공사 기간을 단축할 수 있다.

22

하도급 계약 통지 의무를 이행해야 하는 주체는 누구인가?

① 발주자
② 감리자
③ 원사업자
④ 하수급자

해설

하도급 계약을 체결한 원사업자는 그 내용을 발주자에게 통지할 의무가 있다.

23

종합심사낙찰제의 사회적 책임 평가항목에 포함되지 않는 것은?

① 건설안전 활동
② 건설인력 고용
③ 자재 국산화 비율
④ 공정거래 관행 준수

해설

종합심사낙찰제의 사회적 책임 분야는 건설안전, 건설인력 고용, 공정거래, 지역경제 기여도 등을 평가한다. 자재 국산화 비율은 평가항목에 포함되지 않는다.

24

기술용역 계약에서 특정 과업에 투입될 기술자의 경력과 전문성을 심층 평가하는 절차는?

① 사업수행능력평가(PQ)
② 기술자평가(SOQ)
③ 기술제안서평가(TP)
④ 입찰가격평가

해설

기술자평가(SOQ, Statement of Qualifications)는 해당 용역에 참여할 책임기술자 및 분야별 기술자의 경력, 실적, 전문성 등 개인의 역량을 평가하는 절차이다.

25

하도급지킴이 시스템을 의무적으로 사용해야 하는 대상은?

① 모든 민간 건설공사
② 조달청을 통해 발주되는 모든 공공공사
③ 10억원 이상의 모든 건설공사
④ 해외 건설공사

해설

하도급지킴이는 현재 조달청에서 발주하는 대부분의 공공공사 및 일부 다른 공공기관의 공사에서 의무적으로 사용하도록 되어 있다.

정답 19 ① 20 ② 21 ③ 22 ③ 23 ③ 24 ② 25 ②

CHAPTER
07

최종점검 OX 퀴즈

01 종합심사낙찰제는 1순위 업체부터 순차적으로 심사하여 낙찰자를 결정한다. (○ , ×)

02 일괄입찰(턴키)은 발주처의 책임하에 설계를 진행하고, 시공만 입찰자가 책임진다. (○ , ×)

03 대안입찰은 발주처의 원안 설계보다 더 효율적인 대안을 입찰자가 제시하는 방식이다. (○ , ×)

04 기술제안입찰은 설계 자체를 변경하는 것을 목표로 한다. (○ , ×)

05 설계도면과 공사시방서의 내용이 서로 다를 경우, 설계변경 사유가 될 수 있다. (○ , ×)

06 물가변동으로 인한 계약금액 조정은 계약 체결 후 60일이 지나야 신청할 수 있다. (○ , ×)

07 기술용역 계약은 주로 최저가낙찰제를 통해 낙찰자를 결정한다. (○ , ×)

08 사업수행능력평가(PQ)는 기술용역에 참여할 기술자 개인의 역량을 평가하는 절차이다. (○ , ×)

09 하도급 계약을 체결한 원사업자는 15일 이내에 발주자에게 통지해야 한다. (○ , ×)

01 ×
순차적으로 심사하는 것은 적격심사 방식이다. 종합심사낙찰제는 모든 입찰자를 동시에 종합 평가하여 최고점자를 낙찰자로 선정한다.

02 ×
일괄입찰은 설계와 시공 모두를 입찰자가 책임지고 수행하는 방식이다.

03 ○
대안입찰은 원안 설계의 장점을 살리면서 공기 단축, 비용 절감 등이 가능한 대안을 제시하여 기술력을 경쟁하는 방식이다.

04 ×
기술제안입찰은 원안 설계는 그대로 두고, 더 효율적인 시공 방법이나 공법을 제안하는 방식이다.

05 ○
설계서의 불분명, 누락, 오류는 대표적인 설계변경 사유에 해당한다.

06 ×
물가변동(ES) 조정은 계약 체결 후 90일 이상 경과하고, 품목조정률 또는 지수조정률이 3% 이상 변동했을 때 신청할 수 있다.

07 ×
기술용역은 가격보다 기술력이 중요하므로, 기술력을 평가하고 협상을 통해 계약자를 결정하는 '협상에 의한 계약' 방식이 주로 사용된다.

08 ×
PQ는 용역을 수행할 '회사'의 실적, 재무상태 등을 평가하는 절차이다. 기술자 개인의 역량을 평가하는 것은 기술자평가(SOQ)이다.

09 ×
원사업자는 하도급 계약 체결 후 30일 이내에 발주자에게 서면으로 통지해야 한다.

10 원사업자가 하수급자에게 부당한 감액을 요구하는 특약은 유효하다.　(○ , ×)

11 건설공사에서 재하도급은 원칙적으로 금지된다.　(○ , ×)

12 하도급지킴이는 원사업자의 자금 유용을 막기 위한 전자적 대금 지급 시스템이다.　(○ , ×)

13 하도급지킴이 시스템에서 원사업자는 하수급자 몫의 대금을 자유롭게 인출할 수 있다.　(○ , ×)

14 발주자의 서면 동의가 있으면 재하도급이 가능하다.　(○ , ×)

15 종합심사낙찰제는 사회적 책임 분야를 평가에 포함한다.　(○ , ×)

16 설계변경 시 추가된 신규 비목의 단가는 계약 체결 당시 단가를 적용한다.　(○ , ×)

17 하도급법은 원사업자와 하수급자 간의 공정한 거래 질서 확립을 목적으로 한다.　(○ , ×)

18 원사업자는 하수급자에게 하도급대금 지급보증서를 발급할 의무가 없다.　(○ , ×)

---

10 ×
하수급자에게 일방적으로 불리한 부당 특약은 하도급법에 따라 무효이다.

11 ○
시공 책임의 분산, 품질 저하 등을 막기 위해 재하도급은 법으로 원칙적으로 금지하고, 예외적인 경우에만 허용한다.

12 ○
하도급지킴이는 발주자가 하수급자에게 대금을 직접 지급하고 인출을 제한함으로써 원사업자의 대금 유용을 원천적으로 차단한다.

13 ×
하도급지킴이의 핵심은 원사업자가 하수급자 몫의 대금을 인출할 수 없도록 제한하여 대금 지급을 보장하는 것이다.

14 ○
재하도급은 원칙적으로 금지되지만, 발주자가 서면으로 동의하는 등 법에서 정한 예외적인 경우에는 허용된다.

15 ○
종합심사낙찰제는 가격, 수행능력뿐만 아니라 건설안전, 고용 등 사회적 책임 이행 노력을 평가에 반영한다.

16 ×
신규 비목은 계약 당시 단가가 없으므로, 설계변경 당시를 기준으로 산정한 단가를 기초로 협의하여 결정한다.

17 ○
하도급법은 경제적 약자인 하수급자를 보호하고 대등한 거래 관계를 형성하는 것을 주된 목적으로 한다.

18 ×
원사업자는 하도급법에 따라 하수급자에게 하도급대금의 지급을 보증하는 보증서를 의무적으로 발급해야 한다.

19 협상에 의한 계약 방식은 기술 점수와 가격 점수를 합산하여 평가한다.　（　○　,　×　）

20 하도급지킴이를 사용하면 원사업자의 부도 시에도 하수급자는 대금을 받을 수 있다.　（　○　,　×　）

21 일괄입찰 방식은 발주기관의 설계 통제력이 강화되는 장점이 있다.　（　○　,　×　）

22 모든 공사계약은 종합심사낙찰제로 낙찰자를 결정해야 한다.　（　○　,　×　）

23 하도급 계약 내용은 구두로 통지해도 법적 효력이 있다.　（　○　,　×　）

24 기술용역 계약에서 기술자평가(SOQ)는 회사의 재무상태를 평가하는 것이다.　（　○　,　×　）

25 하도급지킴이 시스템의 계좌는 일반 입출금 통장과 동일하다.　（　○　,　×　）

19 ○
협상에 의한 계약은 기술제안서 등을 평가한 기술 점수와 입찰가격을 평가한 가격 점수를 합산하여 고득점자 순으로 협상을 진행한다.

20 ○
발주자가 하수급자 계좌로 직접 대금을 지급하므로, 원사업자의 재정 상태와 무관하게 하수급자는 대금을 안정적으로 확보할 수 있다.

21 ×
설계와 시공을 모두 입찰자에게 맡기므로, 오히려 발주기관의 설계 통제력이 약화될 수 있다는 단점이 있다.

22 ×
종합심사낙찰제는 300억원 이상의 대형공사에 적용되며, 공사 규모와 종류에 따라 적격심사 등 다른 방식이 적용된다.

23 ×
하도급 계약 통지를 포함하여 계약 관련 중요 의사 표시는 분쟁 예방을 위해 반드시 서면으로 해야 한다.

24 ×
SOQ는 용역에 참여할 '기술자 개인'의 역량을 평가하는 것이다. 회사의 재무상태는 사업수행능력평가 (PQ)에서 평가한다.

25 ×
하도급지킴이 계좌는 대금의 목적 외 사용을 막기 위해 인출이 제한되는 등 특별한 기능이 있는 전용 계좌이다.

PART 03

CHAPTER 07 단원별 핵심정리

암기 필수사항

CHAPTER 07

1. 종합심사낙찰제: 300억원 이상 공사. 가격 + 수행능력 + 사회적 책임을 동시 평가하여 최고점자 낙찰
2. 종합심사 vs 적격심사: 종합심사(동시 평가, 최고점자), 적격심사(순차 심사, 합격/불합격)
3. 일괄입찰(턴키): 설계 + 시공을 일괄 책임. 공기 단축 장점, 발주처 통제력 약화 단점
4. 대안/기술제안: 대안입찰(설계 대안 제시), 기술제안입찰(시공 방법 개선 제안)
5. 설계변경 사유: 설계 오류, 현장 상이, 발주자 요구, 신기술 적용 등
6. 계약금액 조정: 증감된 물량 × 계약단가 원칙. 신규 비목은 설계변경 당시 단가로 협의
7. 물가변동(ES): 90일 경과 + 3% 이상 변동. 품목조정률법 또는 지수조정률법 적용
8. 기술용역 계약: PQ(회사), SOQ(기술자), TP(제안서) 평가 후 협상에 의한 계약
9. 하도급법: 하도급 거래의 공정성 확보가 목적. 부당 특약 금지, 재하도급 원칙 금지
10. 하도급 관리: 하도급 계약 후 30일 내 발주자 통지, 하도급대금 지급보증서 발급 의무
11. 하도급 대금 지급: 대금 수령 후 15일 이내 지급, 미수령 시 청구일로부터 60일 이내
12. 하도급지킴이: 발주자가 하수급자에게 대금을 직접 지급하고 인출을 제한하는 시스템
13. 직접 지급 vs 하도급지킴이: 직접 지급(사후적 구제), 하도급지킴이(사전적 예방)

가장 위대한 영광은 한 번도 실패하지 않음이 아니라
실패할 때마다 다시 일어서는 데 있다.

공자(孔子)

제2편

공공조달관리사 실기

실기 출제기준

직무분야	사업관리	중직무분야	사업관리	자격종목	공공조달 관리사	적용기간	2026.3.1.~ 2028.12.31.
실기검정방법		필답형		시험시간			2시간 30분

실기과목명	주요항목	세부항목
공공조달 관리실무	1. 공공조달 입찰 참가 준비	1. 공공조달 참여 준비하기 2. 입찰자격 정보 관리하기 3. 경쟁입찰참가자격 신청하기
	2. 공공조달 입찰계획 수립	1. 환경분석하기 2. 조달 수요정보 수집하기 3. 공급계획 수립하기
	3. 입찰실행 관리	1. 입찰서류 작성하기 2. 입찰평가 기준 검증하기 3. 협상 관리하기
	4. 계약일반 관리	1. 계약 체결 관리하기 2. 계약 이행 관리하기 3. 계약 변경 관리하리 4. 계약 종결 관리하기
	5. 공급대상물 유형별 계약 관리	1. 공사계약 관리하기 2. 물품계약 관리하기 3. 용역계약 관리하기
	6. 공공조달 리스크 관리	1. 공급리스크 식별하기 2. 위험도 평가하기 3. 리스크 대응계획 수립하기 4. 리스크 발생 모니터링하기
	7. 공공조달 법제도 활용	1. 법령 활용하기 2. 분쟁 대응하기 3. 우대제도 활용하기
	8. 전자조달시스템 활용	1. 전자조달시스템 이용하기 2. 조달데이터 활용하기

조달행정 기초 및 시스템 등록 실무

공공조달 실무의 시작은 나라장터(KONEPS) 시스템에 대한 완벽한 이해에서 출발한다. 본 PART1에서는 모든 조달 절차의 기초가 되는 사용자 등록부터 물품 등록까지, 실무에 즉시 활용할 수 있는 단계별 절차를 상세히 학습하여 전자조달시스템 활용 역량을 강화한다.

구분	학습 내용	핵심 역량
CHAPTER 01	• 회원가입, 인증서 등록 • 입찰참가자격 등록 및 변경 • 입찰대리인 등록 등 사용자 등록 전반	• 전자조달시스템 활용 능력 • 입찰참가자격 관리 능력
CHAPTER 02	• 물품식별번호 체계 이해 • 물품목록정보 등록 및 관리 등 목록화 실무	• 조달물품 분류 및 관리 능력 • 목록정보시스템 활용 능력

1. 나라장터(KONEPS)의 회원가입부터 인증서 등록까지 전체 사용자 등록 절차를 완벽히 숙지하고 실무에 적용할 수 있다.
2. 입찰참가자격 등록 및 변경, 입찰대리인 등록 등 기업 정보 관리 실무 능력을 배양한다.
3. 물품목록화 제도를 이해하고, 물품식별번호를 활용한 물품 등록 실무 능력을 강화한다.

CHAPTER **01**

나라장터(KONEPS) 사용자 등록 실무

01　나라장터 개요

1　나라장터 개념 및 현황

① 나라장터(KONEPS)
- Korea ON-line E-Procurement System 영문 약자
- 대한민국 정부가 운영하는 전자조달시스템
- 공공기관의 물품·공사·용역 구매를 온라인으로 통합 관리하는 플랫폼

② 법적 근거
- 국가를 당사자로 하는 계약에 관한 법률 제7조
- 지방자치단체를 당사자로 하는 계약에 관한 법률
- 전자조달의 이용 및 촉진에 관한 법률

③ 나라장터 주요 통계(2024년 기준)

구분	수치	비고
공공조달 총규모	225조원	전년대비 7.9%↑
나라장터 거래액	145조원	공공조달의 64.5%
등록 업체	약 64만개	중소기업 95%
수요기관	약 7만개	중앙·지방·공공
일평균 접속	약 50만명	업체 + 공무원
시스템 가동률	99.9%	24시간 운영

2　나라장터 의무화 범위 및 운영 시간

① 의무화 범위
- 추정가격 2천만원 이상: 전자입찰 의무
- 추정가격 2천만원 미만: 수의계약 가능
- 긴급계약: 예외 인정

② 시스템 운영시간
- 운영기관: 조달청
- 운영시간: 365일 24시간
- 점검시간: 매일 01:00 ~ 05:00(4시간)
- 고객센터: 국번없이 1588-0800

> **➕ plus**
>
> 〈나라장터 시스템 점검 시간 피하기!〉
> ▶ 매일 01:00 ~ 05:00(4시간)은 시스템 점검 시간
> ▶ 이 시간에는 다음 작업이 불가능
> - 회원가입 불가, 입찰참가 신청 불가, 물품등록 불가, 계약서 작성 불가
> - 권장 작업 시간: 오전 9시 ~ 자정
>
> 〈특히 입찰 마감일에 주의!〉
> ▶ 마감 전날 밤 작업하다가 01시 넘어가면 시스템 접속 불가 → 입찰참가 실패!

3 나라장터 주요 기능

① 나라장터 주요 메뉴별 기능

대메뉴	중메뉴	주요 기능	이용 대상
입찰정보	입찰공고 검색	공고 조회, 상세보기	전체
	낙찰자 정보	낙찰 결과 조회	전체
	입찰참가 신청	전자입찰 신청	조달업체
조달물품	쇼핑몰	MAS, 단가계약 물품 구매	수요기관
	물품목록	물품 검색 및 등록	조달업체
계약관리	계약현황	계약 체결 현황 조회	조달업체
	대금청구	대금 청구서 제출	조달업체
업체관리	업체정보 관리	기본정보, 업종 수정	조달업체
	인증서 관리	공인인증서 등록	조달업체
	실적 관리	납품·시공 실적 등록	조달업체

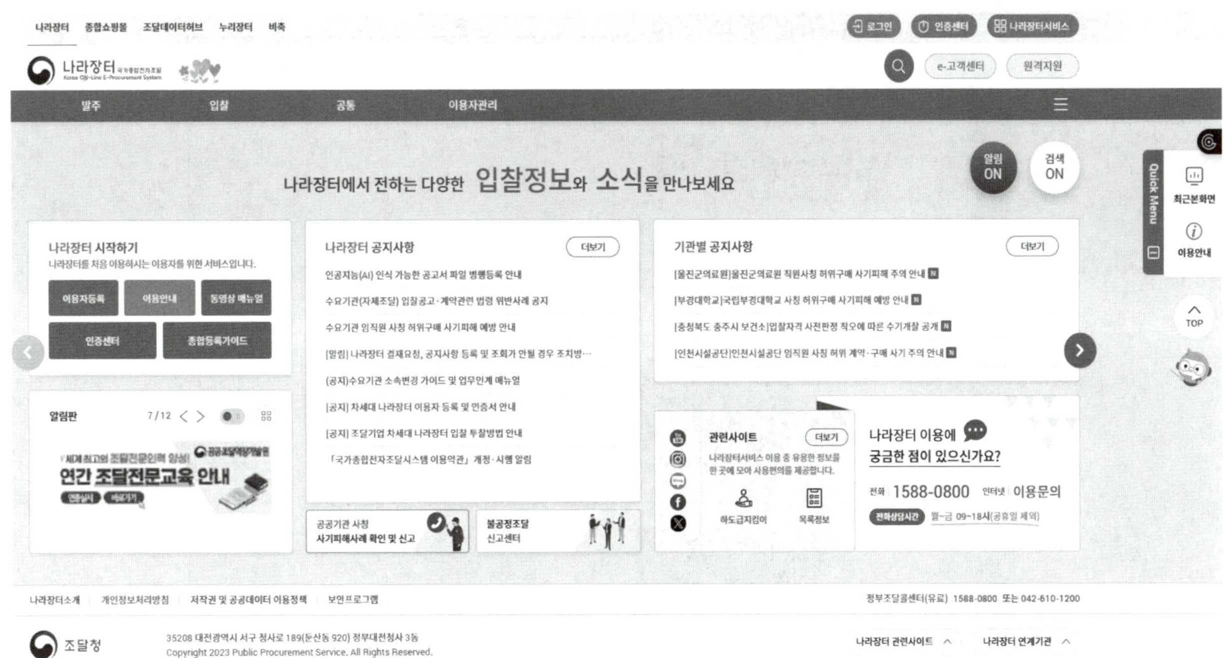

▲ 나라장터(www.g2b.go.kr) 홈페이지 화면

② 나라장터 입찰자격 기능

개요	• 입찰참가자격등록은 입찰참여 업체가 필요한 자격 정보를 제출 • 해당 정보가 입찰참여 자격요건에 부합하는지 검증하는 시스템
등록 분야	공공입찰참가를 통해 수요기관에 물품·공사·용역을 공급하려는 사업자
관련 규정	국가종합전자조달시스템 입찰참가자격등록 규정
규정 확인	• 조달청 웹사이트: 조달청 또는 관련 정부 기관의 웹사이트에서 조달 관련 규정을 제공 • 산업 협회 및 전문 기관: 특정 산업의 규정 및 업데이트를 제공하는 산업 협회나 전문 기관을 통해 확인
유의 사항	• 등록에 참여하기 위해 제출하는 모든 정보는 정확하고 사실에 기반 • 잘못된 정보 제공은 입찰참가자격 상실 또는 해지와 같은 법적 조치를 초래 • 사업 운영상 발생하는 변경사항을 시스템에 지속적으로 업데이트해야 함

③ 입찰참가자격등록 신청 전체 업무 흐름도

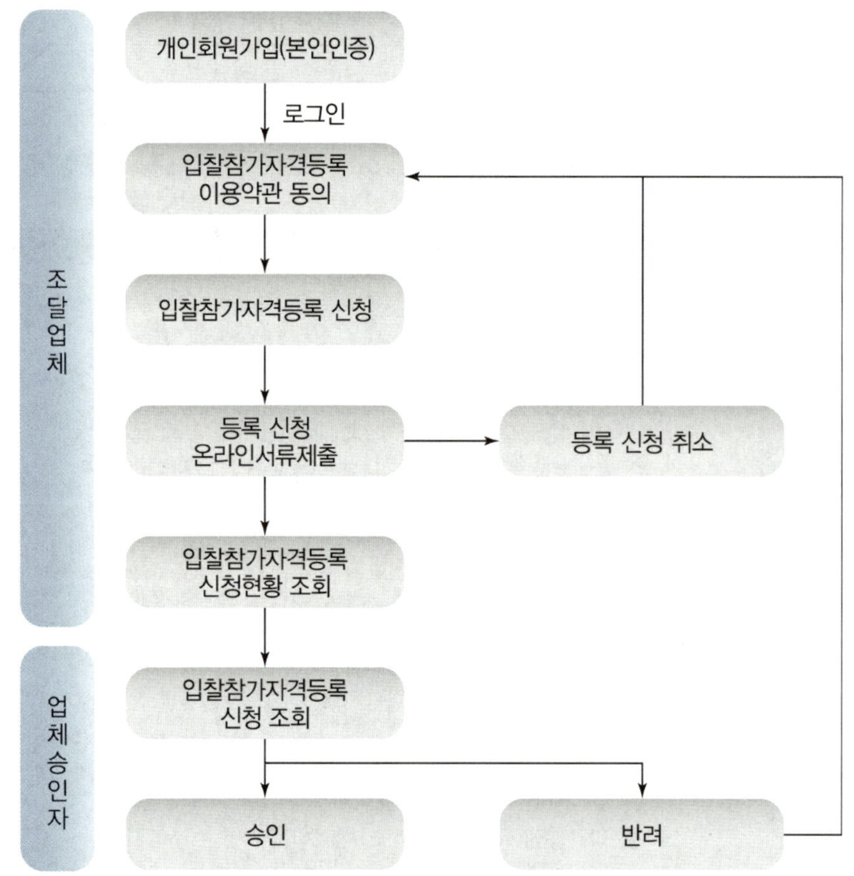

▲ 입찰참가자격등록 신청 전체 업무 흐름도

1 　나라장터 회원가입(PC버전)

① 회원가입 전 준비사항

〈필수 준비물 체크리스트〉

회원가입 전 필수 준비물	주요 내역
사업자등록증(사본 또는 스캔본)	PDF, JPG 형식
법인: 법인등기부등본	대법원 인터넷등기소 발급
공인인증서(범용)	은행용 사용 불가!
업종별 면허증(해당 시)	건설업등록증, 제조업등록증 등
대표자 신분증	주민등록증, 운전면허증
휴대폰(본인인증용)	본인 명의 필수

➕ plus

〈공인인증서 준비 시 주의사항〉
- ▶ 공인인증서 반드시 '범용'으로 발급!
  - 은행용 공인인증서 → 나라장터 입찰참가 불가
    → 금융거래만 가능
  - 범용 공인인증서 → 나라장터 입찰참가 가능
    → 금융거래도 가능
- ▶ 발급처: 은행, 우체국, 증권사
- ▶ 수수료: 연 4,400원
- ▶ 유효기간: 1년(갱신 필요)
- ▶ 이미 은행용 인증서가 있다면?
  - 범용 인증서를 추가로 발급받아야 한다(기존 은행용은 그대로 사용 가능).

실무톡톡　**지문인식 투찰이란?**

공인인증서 대신 지문으로 본인확인 후 입찰하는 방식
- ▶ 장점
  - 빠르고 편리(손가락만 대면 즉시 인증)
  - 비밀번호 입력 불필요
  - 인증서 USB 휴대 불필요
- ▶ 단점
  - 사전 등록 필요(조달청 방문)
  - 등록한 PC에서만 사용 가능
  - 지문인식기 필수
- ▶ 나라장터 지문등록센터 방문 예약
  - 나라장터 → [마이페이지] → [지문등록 예약]
  - 전국 13개 조달청 지사 중 선택

② 회원가입 화면별 상세 절차
- 실제 입찰참가자격등록을 하기 위해서는 나라장터(www.g2b.go.kr)에 접속
- 메뉴 중 '이용자관리'에서 조달업체로 등록하기 위한 세부 절차를 진행
- 이용자관리 → 신규이용자등록 → 개인 → 회원가입 순서로 진행

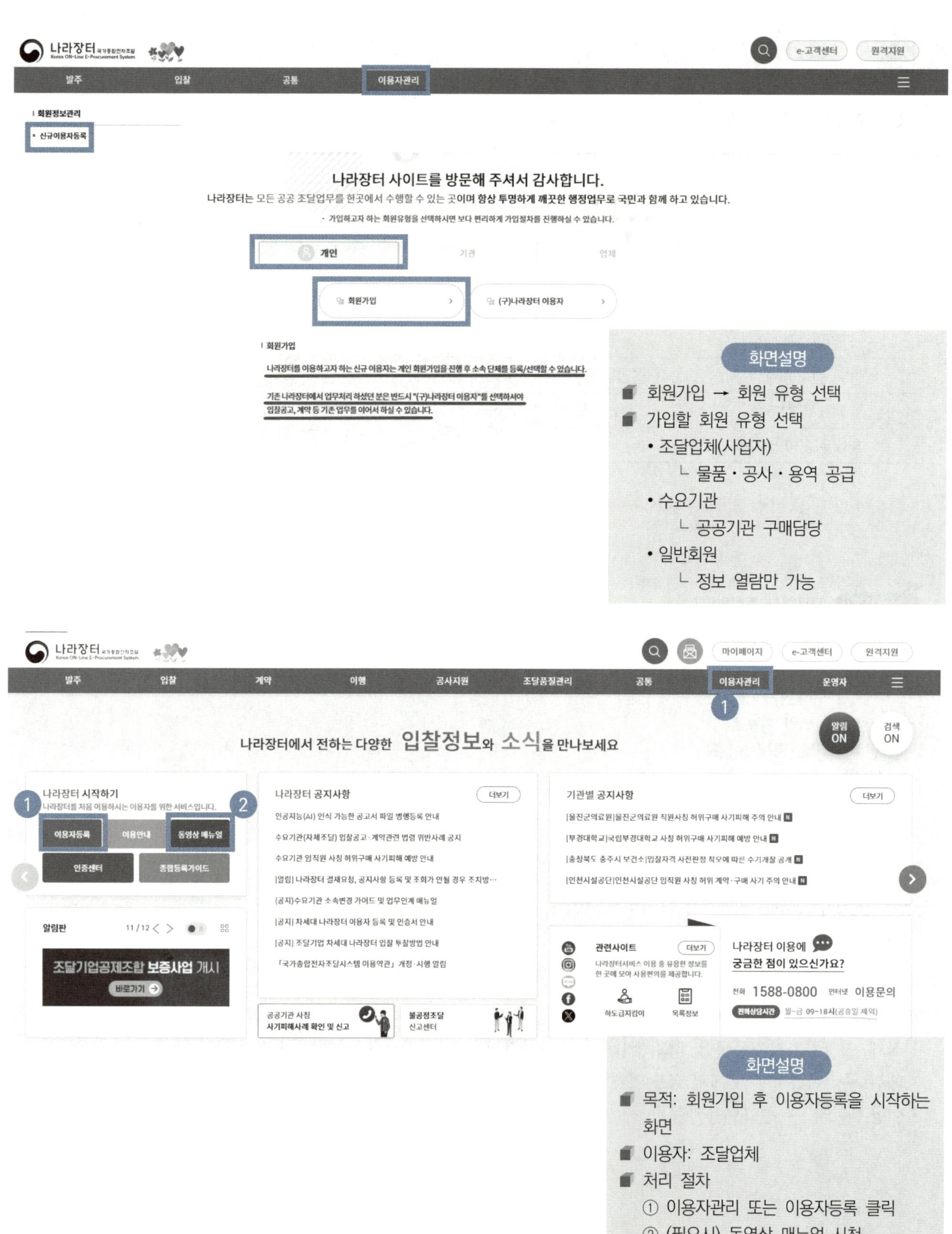
나라장터 Korea On-Line E-Procurement System
e-고객센터   원격지원
발주   입찰   공통   이용자관리
| 회원정보관리
• 신규이용자등록
나라장터 사이트를 방문해 주셔서 감사합니다.
나라장터는 모든 공공 조달업무를 한곳에서 수행할 수 있는 곳이며 항상 투명하게 깨끗한 행정업무로 국민과 함께 하고 있습니다.
· 가입하고자 하는 회원유형을 선택하시면 보다 편리하게 가입절차를 진행하실 수 있습니다.
개인   기관   업체
회원가입   (구)나라장터 이용자
| 회원가입
나라장터를 이용하고자 하는 신규 이용자는 개인 회원가입을 진행 후 소속 단체를 등록/선택할 수 있습니다.
기존 나라장터에서 업무처리 하셨던 분은 반드시 "(구)나라장터 이용자"를 선택하셔야 입찰공고, 계약 등 기존 업무를 이어서 하실 수 있습니다.
화면설명
회원가입 → 회원 유형 선택
가입할 회원 유형 선택
• 조달업체(사업자)
  └ 물품·공사·용역 공급
• 수요기관
  └ 공공기관 구매담당
• 일반회원
  └ 정보 열람만 가능
나라장터 Korea On-Line E-Procurement System
마이페이지   e-고객센터   원격지원
발주   입찰   계약   이행   공사지원   조달품질관리   공통   이용자관리   운영자
1
나라장터에서 전하는 다양한 입찰정보와 소식을 만나보세요
알림 ON   검색 ON
나라장터 시작하기
나라장터를 처음 이용하시는 이용자를 위한 서비스입니다.
1   2
이용자등록   이용안내   동영상 매뉴얼
인증센터   종합등록가이드
나라장터 공지사항   더보기
인공지능(AI) 인식 가능한 공고서 파일 병행등록 안내
수요기관(자체조달) 입찰공고·계약관련 법령 위반사례 공지
수요기관 임직원 사칭 허위구매 사기피해 예방 안내
[알림] 나라장터 결재요청, 공지사항 등록 및 조회가 안될 경우 조치방…
(공지)수요기관 소속변경 가이드 및 업무인계 매뉴얼
(공지) 차세대 나라장터 이용자 등록 및 인증서 안내
(공지) 조달기업 차세대 나라장터 입찰 투찰방법 안내
「국가종합전자조달시스템 이용약관」 개정·시행 알림
기관별 공지사항   더보기
[울진군의료원]울진군의료원 직원사칭 허위구매 사기피해 주의 안내
[부경대학교]국립부경대학교 사칭 허위구매 사기피해 예방 안내
[충청북도 충주시 보건소]입찰자격 사전판정 착오에 따른 수기개찰 공개
[인천시설공단]인천시설공단 임직원 사칭 허위 계약·구매 사기 주의 안내
알림판   11 / 12
조달기업공제조합 보증사업 개시
바로가기
관련사이트   더보기
나라장터서비스 이용 중 유용한 정보를 한 곳에 모아 사용편의를 제공합니다.
하도급지킴이   목록정보
나라장터 이용에 궁금한 점이 있으신가요?
전화 1588-0800   인터넷 이용문의
전화상담시간   월~금 09~18시(공휴일 제외)
공공기관 사칭 사기피해사례 확인 및 신고
불공정조달 신고센터
화면설명
목적: 회원가입 후 이용자등록을 시작하는 화면
이용자: 조달업체
처리 절차
① 이용자관리 또는 이용자등록 클릭
② (필요시) 동영상 매뉴얼 시청

2 조달업체 신규등록 절차

① 조달업체 선택

- '업체' 선택 → [조달업체 신규등록] 클릭

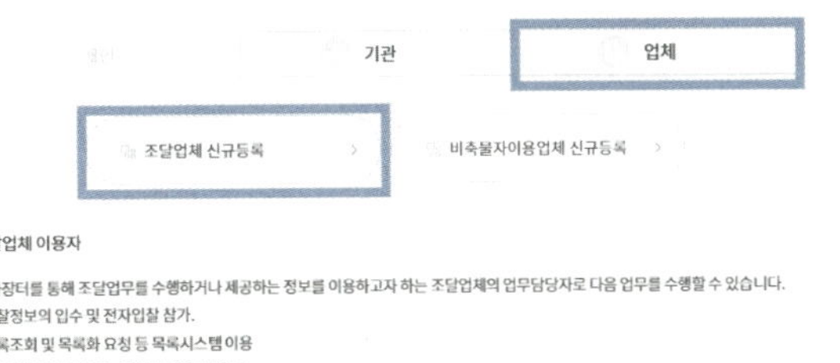

② 시스템 이용약관 동의

• 필수 약관 3개 체크 → 동의 후 [계속진행] 클릭

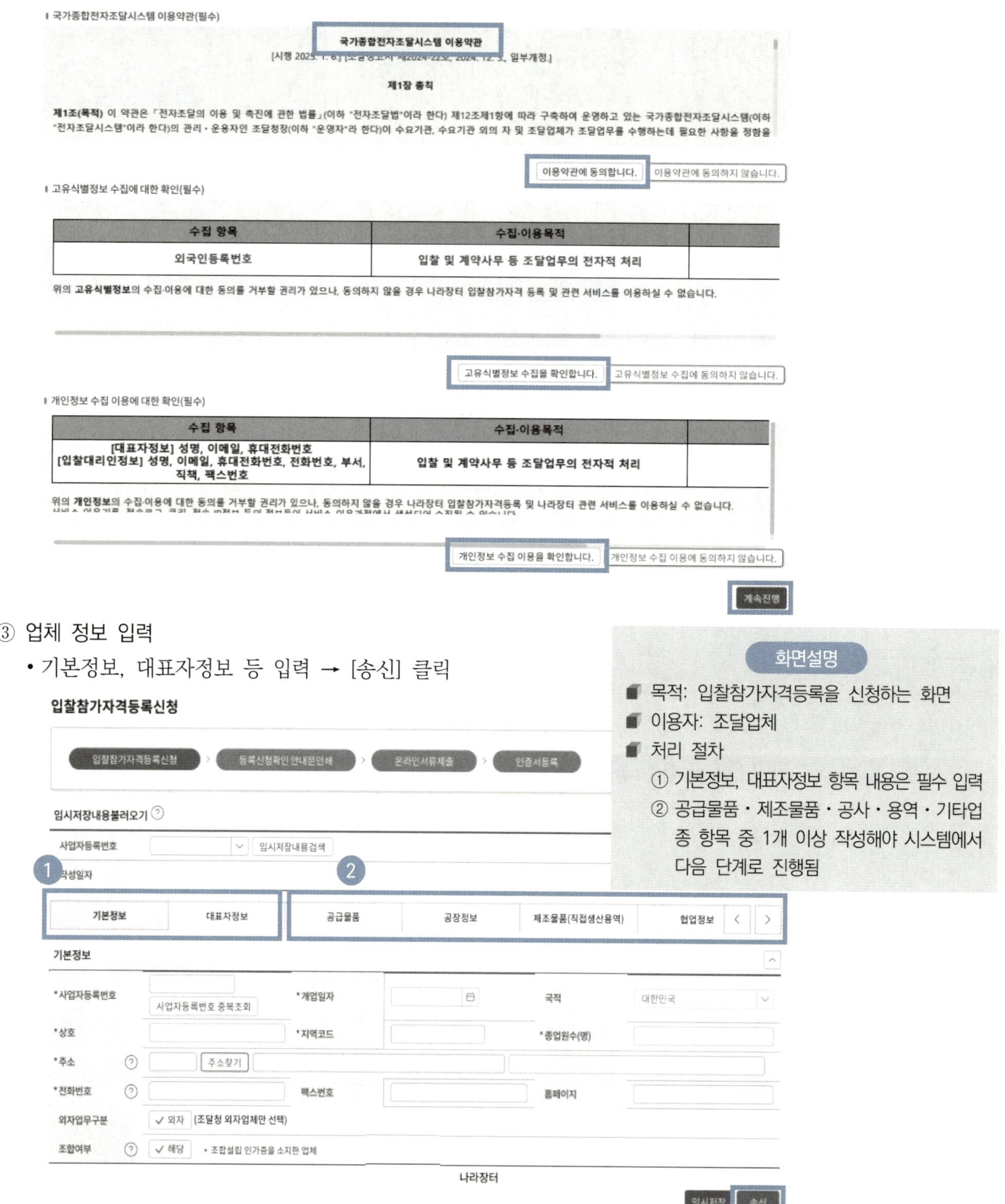

③ 업체 정보 입력

• 기본정보, 대표자정보 등 입력 → [송신] 클릭

④ 사업자등록번호 중복조회

• 기본정보 등 입력 → [다음] 클릭

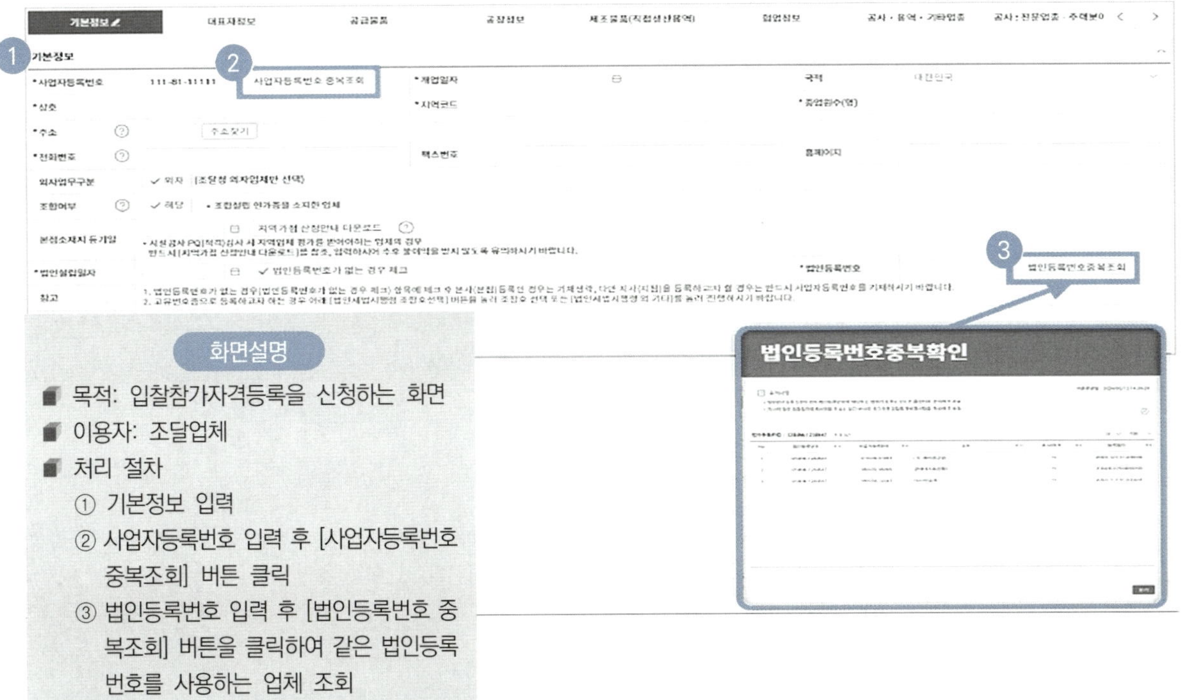

➕ plus

| 〈회원가입 시 자주 발생하는 오류와 해결법 1〉 | 〈회원가입 시 자주 발생하는 오류와 해결법 2〉 |

＊ 오류 1: 사업자번호 검증 실패!

⊘ "사업자번호가 국세청 자료와 일치하지 않습니다."

원인

• 사업자등록증상의 번호와 다르게 입력
• 폐업 또는 휴업 상태
• 최근 개업하여 국세청 DB 미반영

해결 방법

① 사업자등록증 재확인(하이픈 포함)
　　예 123-45-67890
② 국세청 홈택스에서 사업자 상태 확인
　　(www.hometax.go.kr)
③ 최근 개업: 2~3일 후 재시도

＊ 오류 2: 업종코드 검색 실패!

⊘ "해당 업종을 찾을 수 없습니다."

원인

• 검색어가 너무 구체적이거나 부정확
• 업종 분류 체계를 몰라서 잘못 검색

해결 방법

① 키워드를 단순화
　　• ✕: "고층 건물 철골공사"
　　• ○: "철골"
② 트리 구조로 탐색
　　• 건설 → 건축 → 철골공사
③ 면허증의 업종명을 그대로 입력

〈회원가입 시 자주 발생하는 오류와 해결법 3〉

✻ 오류 3: 공인인증서 등록 실패!

⊘ "인증서를 읽을 수 없습니다."

원인

- 은행용 인증서 사용(나라장터 불가)
- 인증서 만료
- 브라우저 보안 프로그램 미설치

해결 방법

① 범용 공인인증서 발급 필수
- 은행 방문 또는 온라인 발급
- 수수료: 연 4,400원
② 유효기간 확인
- 만료 전 갱신(보통 1년)
③ 보안 프로그램 설치
- 나라장터 첫 접속 시 자동 안내
- 팝업 허용 필수

⑤ 대표자 번호 및 조회담당자 실명인증

- 대표자 본인인증, 조회담당자 실명인증 → [다음] 클릭

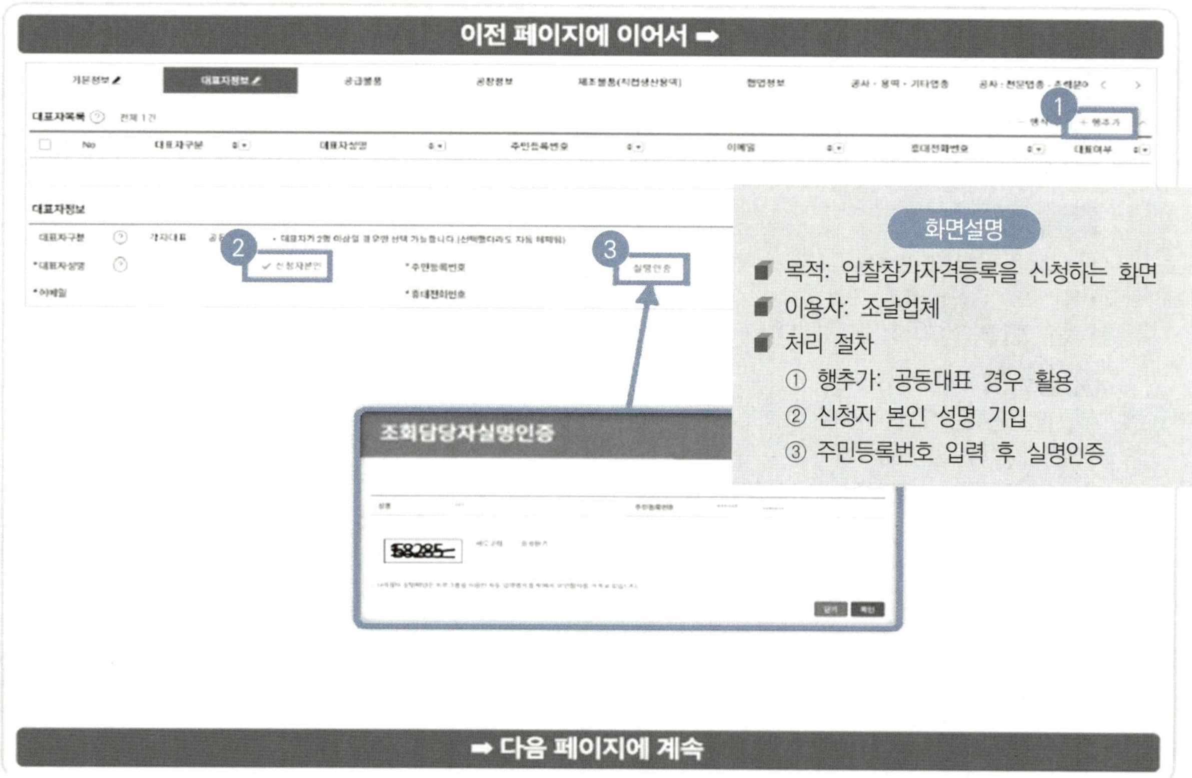

⑥ 등록기관 검색 후 지청 선택

• 등록기관 검색 → 지청 검색 → 담당자 입력 → 사전동의서 및 청렴계약서 동의 후 [다음] 클릭

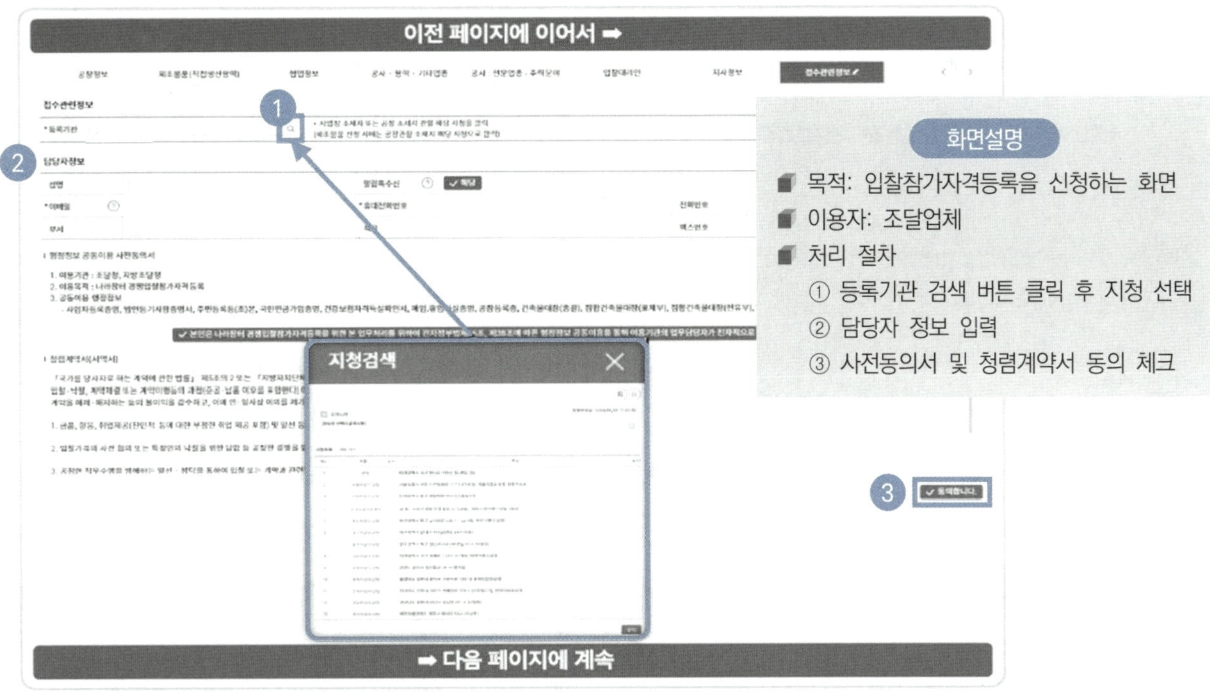

⑦ 공동인증서 서명

• 송신 → 공동인증서 서명 → 등록 신청

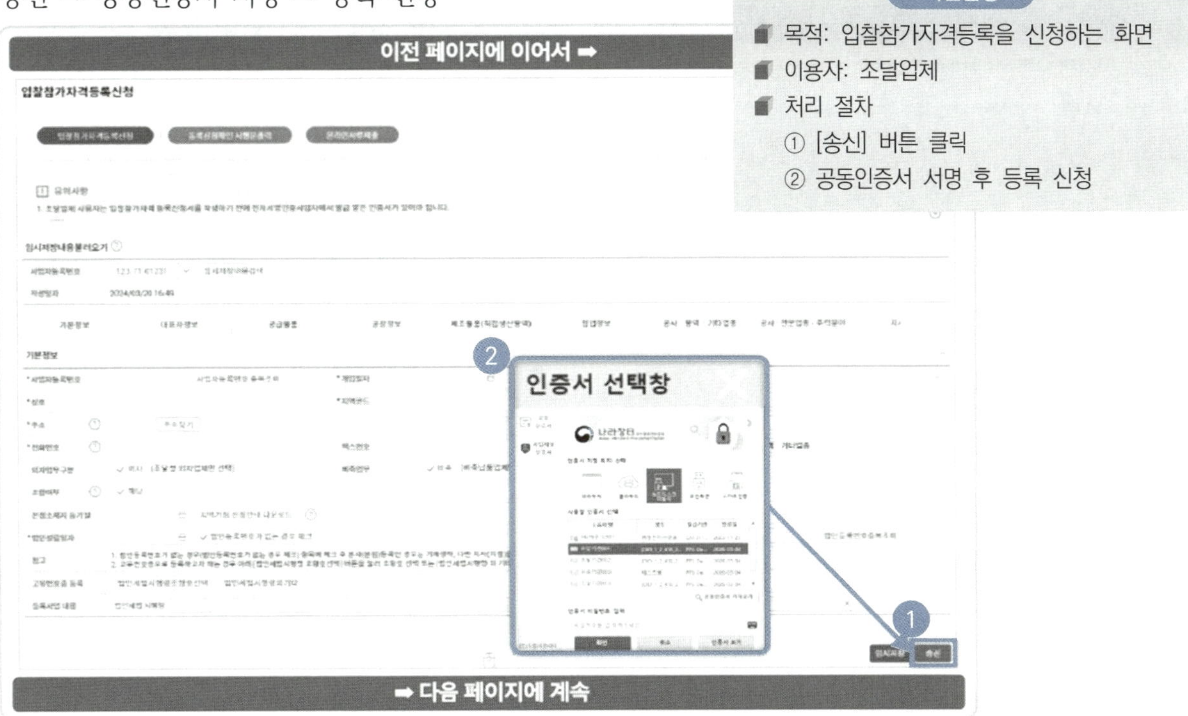

⑧ 온라인 서류 제출

• 안내문인쇄 → 해당서류 준비 → 온라인첨부 → 첨부서류 제출

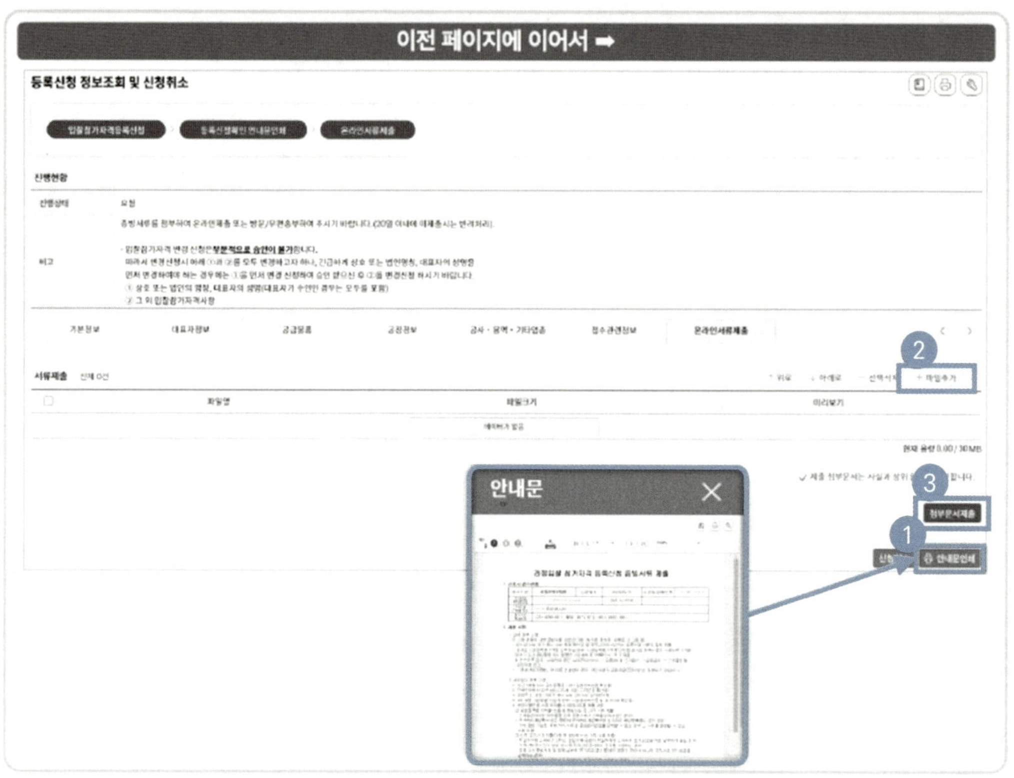

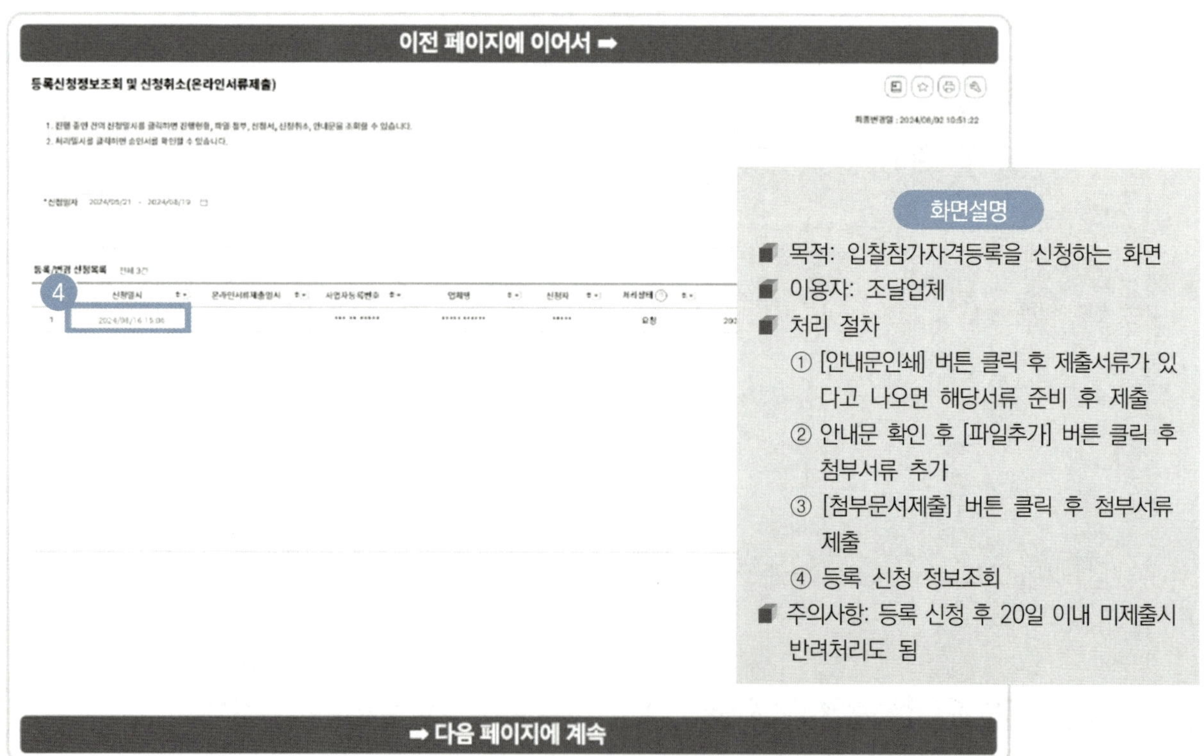

⑨ 등록신청 정보조회 및 신청취소
  • 파일추가 → 제출 문서 이상없음 → 첨부문서제출

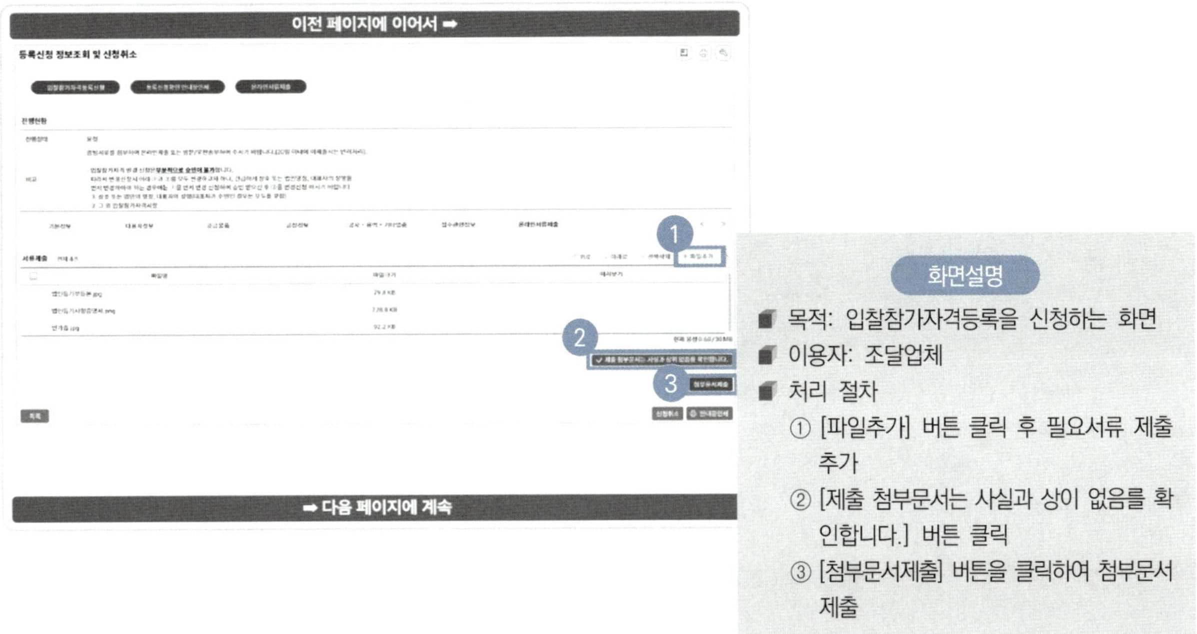

⑩ 등록/변경신청 정보조회 및 신청취소
  • 요청 → 승인요청으로 변경 확인

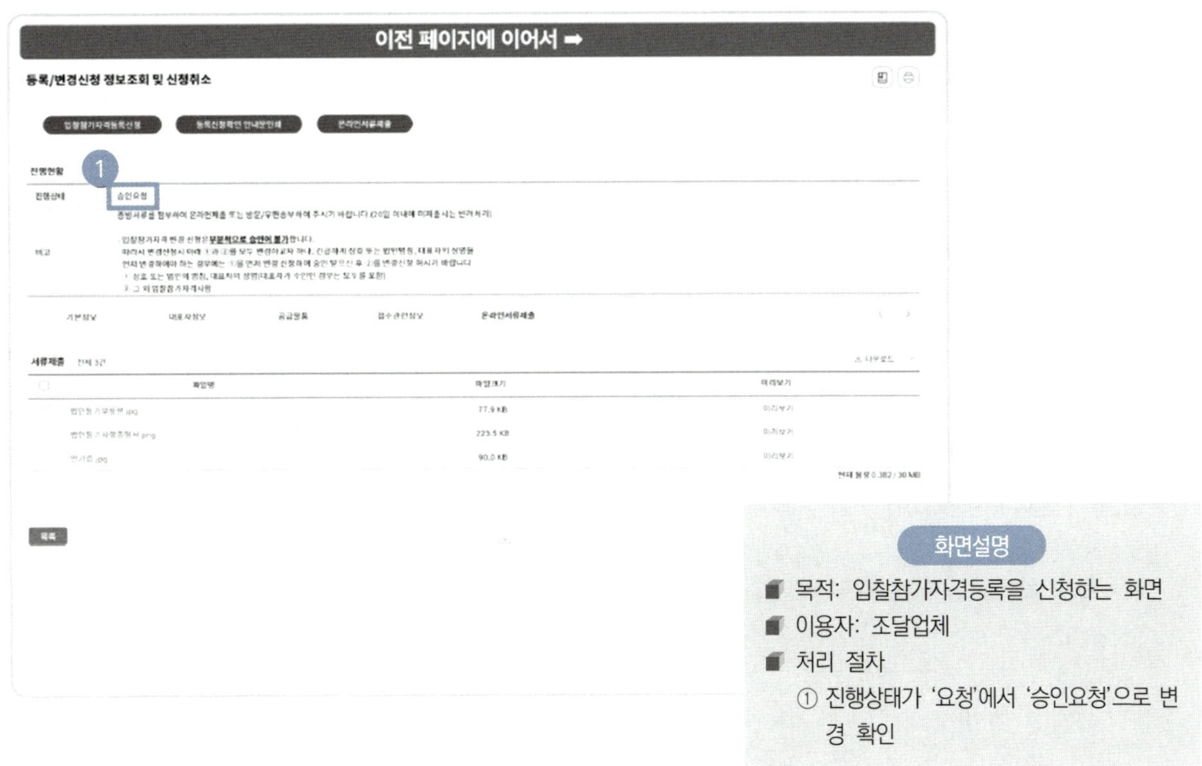

⑪ 등록신청확인 및 안내문인쇄
  • 입찰참가자격등록 신청 진행상태 확인

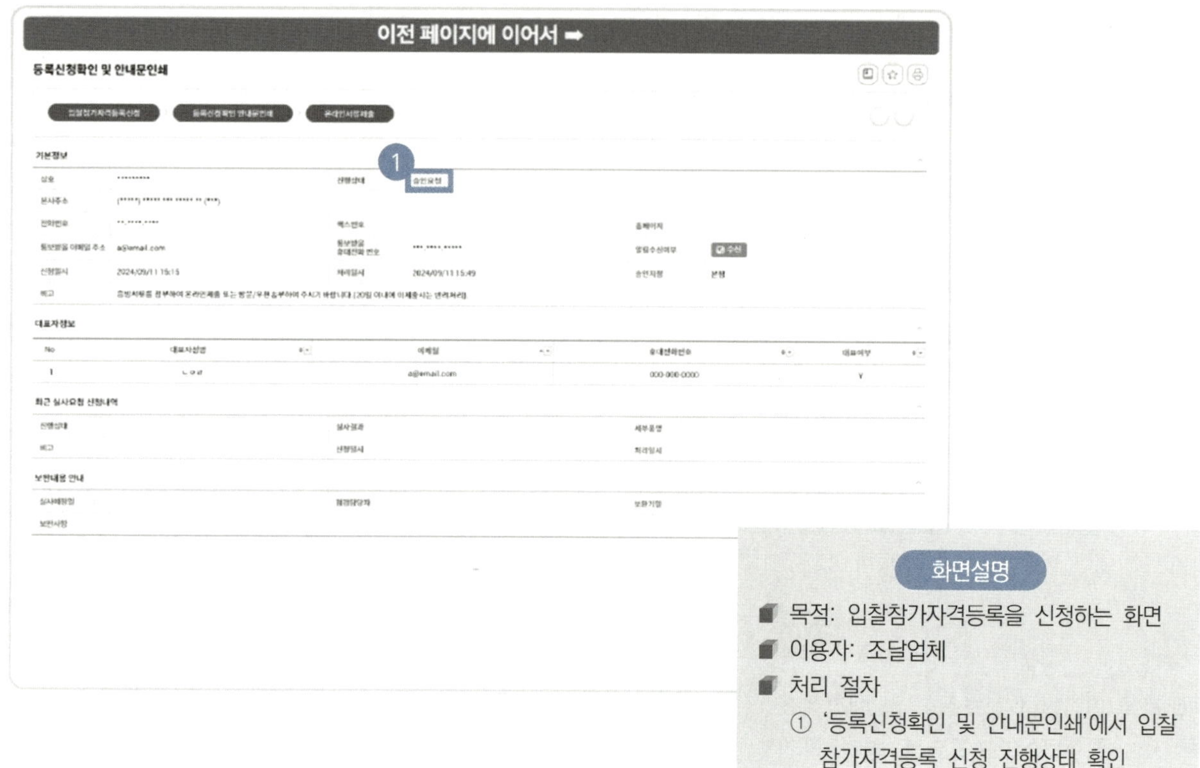

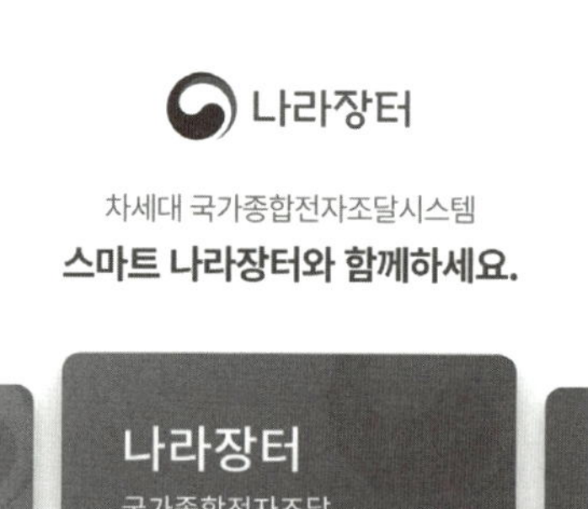

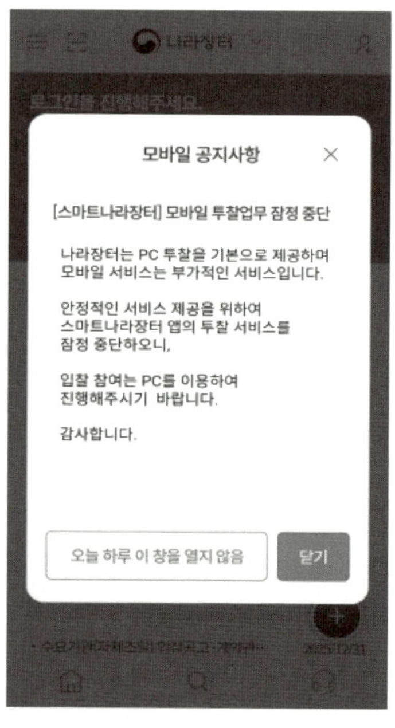

> **화면설명**
> 🔲 목적: 입찰참가자격등록을 신청하는 화면
> 🔲 이용자: 조달업체
> 🔲 처리 절차
>   ① '등록신청확인 및 안내문인쇄'에서 입찰
>   참가자격등록 신청 진행상태 확인

③ 스마트폰 회원가입 실무

① 모바일 나라장터 앱 설치
  • 앱 다운로드
  • Android: 구글 플레이스토어
  • iOS: 앱스토어
  • 검색어: "나라장터"

② 회원가입 절차(스마트폰)
  • Step 1. [이용자 등록]
  • Step 2. 약관동의
    └ 약관 전체동의 체크
  • Step 3. 본인인증
    └ 휴대폰 인증(가장 간편)
      - 본인 명의 휴대폰 필수
      - 인증번호 SMS 수신

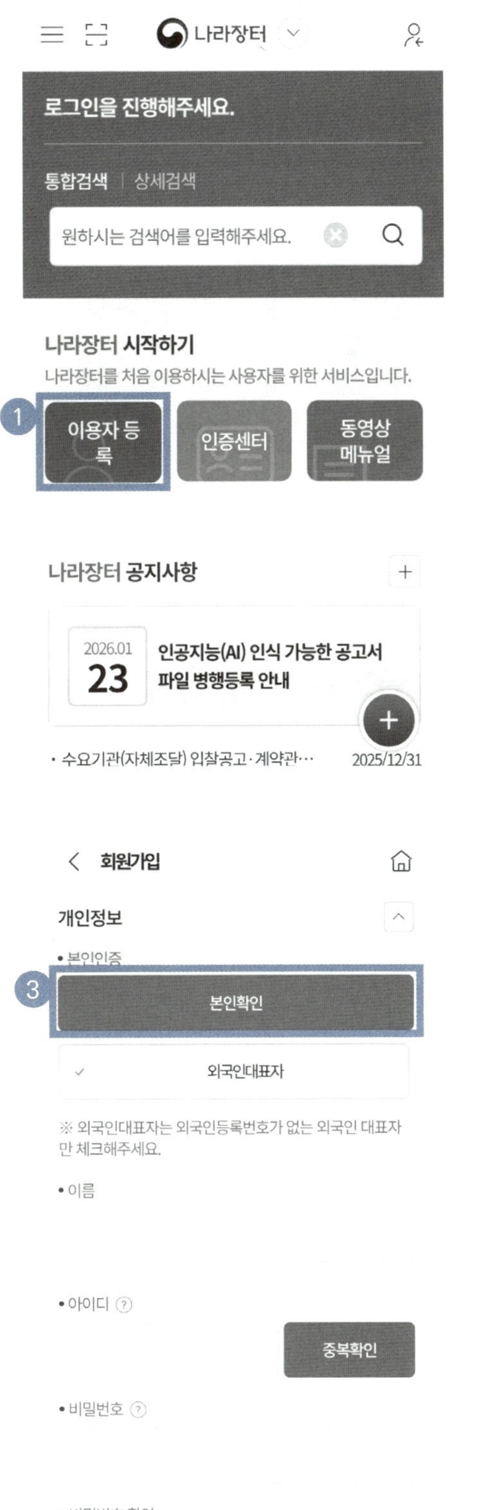

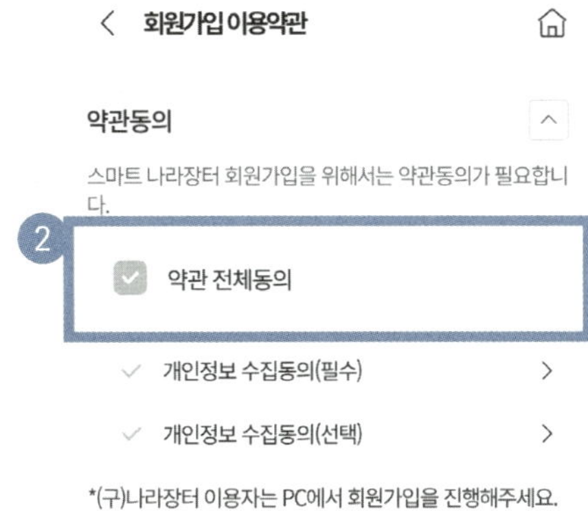

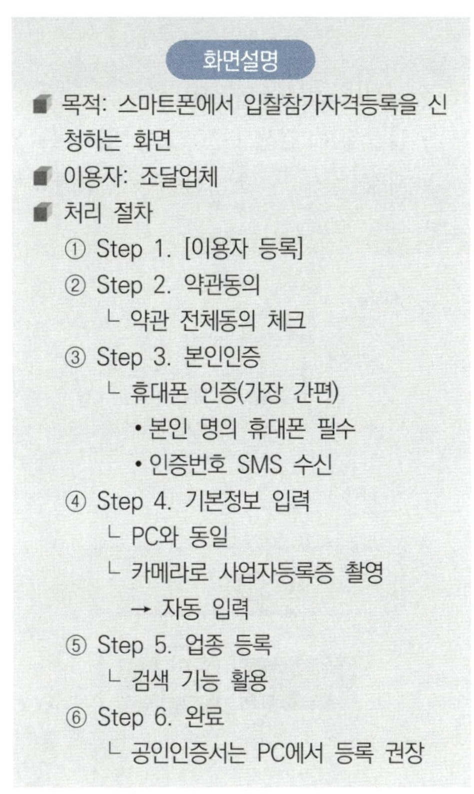
화면설명
목적: 스마트폰에서 입찰참가자격등록을 신청하는 화면
이용자: 조달업체
처리 절차
① Step 1. [이용자 등록]
② Step 2. 약관동의
  └ 약관 전체동의 체크
③ Step 3. 본인인증
  └ 휴대폰 인증(가장 간편)
    • 본인 명의 휴대폰 필수
    • 인증번호 SMS 수신
④ Step 4. 기본정보 입력
  └ PC와 동일
  └ 카메라로 사업자등록증 촬영
    → 자동 입력
⑤ Step 5. 업종 등록
  └ 검색 기능 활용
⑥ Step 6. 완료
  └ 공인인증서는 PC에서 등록 권장

4 나라장터 주요 메뉴 활용 실무

① 입찰정보 검색(PC)
- 입찰정보 검색 → 공고명 입력 → 입찰공고목록 [엑셀다운로드]
- 재검색 시 → 초기화 → 검색(필요시 상세조건)

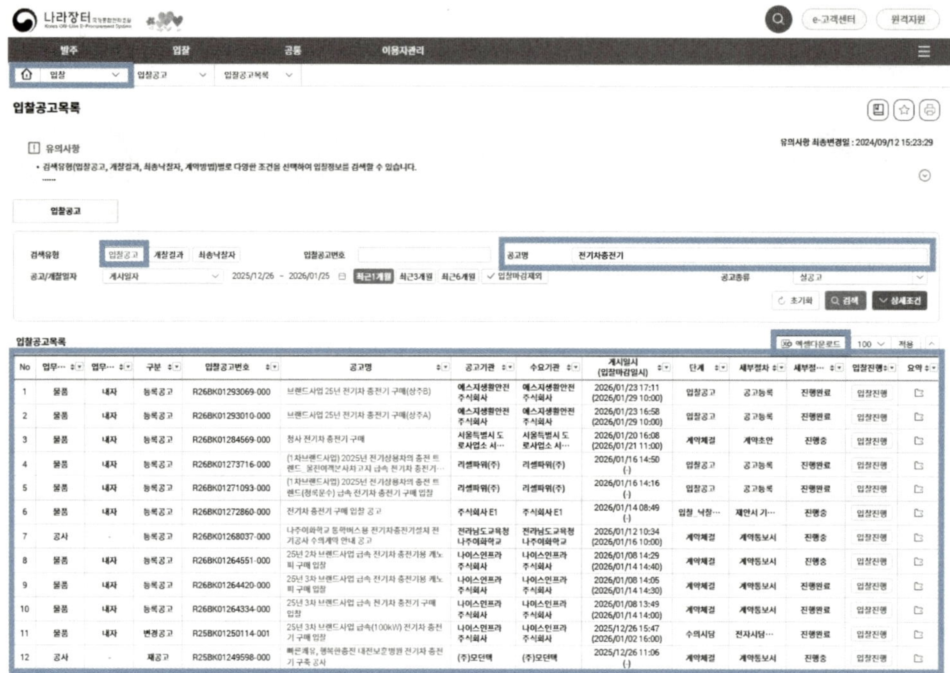

② 입찰정보 검색(스마트폰)
- 입찰정보 검색 → 공고명 입력 → 입찰공고목록 [다운로드]
- 재검색 시 → 초기화 → 검색(필요시 상세조건)

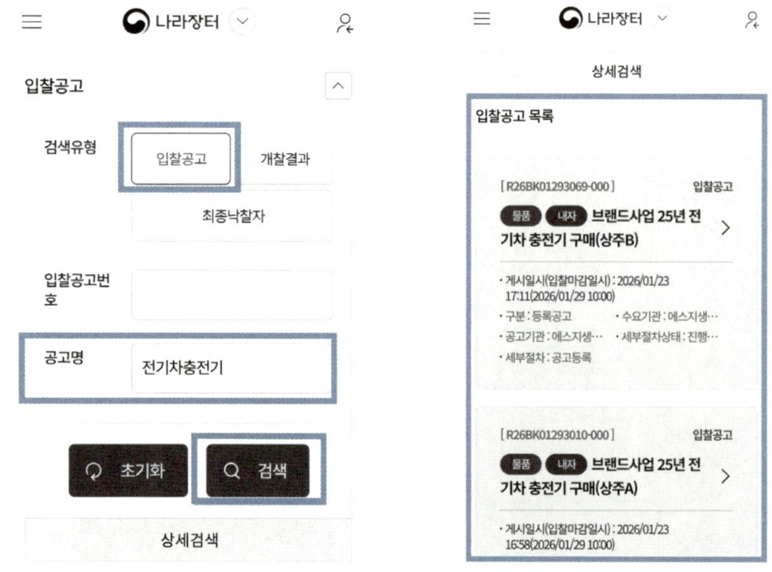

③ 입찰참가 신청 실무

- 입찰참가 신청 절차

Step 1 입찰공고 선택
　└ 입찰정보 검색 → 공고 클릭

↓

Step 2 참가자격 확인
　└ 업종, 면허, 실적 등 자동 검증
　└ 부적격 시 참가 불가 안내

↓

Step 3 입찰참가 신청서 작성
├ 입찰금액 입력
　└ 예정가격 이하 입력 필수
　└ 부가세 별도/포함 확인
├ 제출서류 첨부
　└ 필수: 사업자등록증, 면허증
　└ 선택: 실적증명서, 기술자격증명서
├ 입찰보증금 처리
　└ 현금 납부
　└ 보증서 제출(보증기관 발급)
　└ 면제(해당 시)

↓

Step 4 제출 완료
　└ 접수증 출력(보관 필수)
　└ 제출 시각 확인

↓

Step 5 제출 현황 확인
　└ [마이페이지] → [입찰참가 현황]

▲ 입찰참가 신청 전체 프로세스

⊕ plus

〈입찰 마감 시간 관리 팁〉

【시간 관리가 생명!】

⏰ 입찰 마감 30분 전
　→ 더 이상 신규 접속 곤란
　→ 이미 작성 중이면 가능

⏰ 입찰 마감 10분 전
　→ 시스템 부하 급증
　→ 접속 지연 가능성 ↑

⏰ 입찰 마감 시간
　→ 정확히 마감(초 단위)
　→ 1초라도 늦으면 무효

【스마트한 투찰 시간】

- 최소 1시간 전: 여유있게 준비
- 30 ~ 10분 전: 최종 검토 및 제출
- 10분 전 이후: 긴급 상황만

CHAPTER 01 단원별 핵심문제

01
(단답형)

2024년 기준 대한민국 공공조달 총규모는 약 얼마인가?

> **정답** 약 225조원
>
> **해설** 2024년 우리나라 공공조달 총규모는 225조 1천억원이며, 이 중 나라장터 거래액은 145조 1천억원(64.5%)이다. (조달청 통계)

02
(단답형)

나라장터 전자입찰이 의무화되는 추정가격 기준은?

> **정답** 2천만원 이상
>
> **해설** 추정가격 2천만원 이상인 계약은 나라장터 전자입찰이 의무화되어 있다. (전자조달법)

03
(서술형)

나라장터 회원가입 시 필수로 준비해야 할 서류 5가지를 쓰고, 각각의 용도를 설명하시오.

> **정답**
>
> 1. 사업자등록증
>   - 용도: 업체명, 사업자번호, 대표자명 확인
>   - 국세청 조회를 통한 자동 입력
> 2. 법인등기부등본(법인인 경우)
>   - 용도: 법인 설립 및 대표자 적법성 확인
>   - 대법원 인터넷등기소에서 발급
> 3. 범용 공인인증서
>   - 용도: 전자입찰참가 시 본인 확인 및 전자서명
>   - 은행용 인증서는 사용 불가
> 4. 업종별 면허증(해당 시)
>   - 용도: 건설업등록증, 제조업등록증 등
>   - 해당 업종 자격 확인
> 5. 대표자 신분증
>   - 용도: 본인인증 및 지문등록 시 신원 확인
>   - 주민등록증, 운전면허증
>
> * 회원가입 전 모든 서류를 스캔 또는 PDF로 준비하면 빠른 등록이 가능하다.

04
(서술형)

범용 공인인증서와 은행용 공인인증서의 차이점을 설명하고, 나라장터에서 범용 인증서만 사용 가능한 이유를 서술하시오.

【차이점】
1. 범용 공인인증서
   - 용도: 전자입찰, 금융거래, 민원, 전자상거래 모두 가능
   - 발급처: 은행, 우체국, 증권사
   - 수수료: 연 4,400원
   - 사용범위: 모든 전자거래
2. 은행용 공인인증서
   - 용도: 금융거래만 가능
   - 발급처: 은행
   - 수수료: 무료
   - 사용범위: 해당 은행 인터넷뱅킹

【나라장터에서 범용만 가능한 이유】
1. 법적 효력
   - 공공조달계약은 법적 구속력이 있는 계약
   - 범용 인증서만 법률행위 전자서명 인정
2. 보안 수준
   - 범용 인증서는 더 높은 보안 기준 적용
   - 본인확인 절차가 더 엄격함
3. 전자서명법
   - 전자서명법상 공인인증서 분류
   - 공공입찰은 범용 인증서 의무화
4. 책임 소재
   - 계약 분쟁 시 명확한 책임 소재 필요
   - 범용 인증서만 법적 증거력 인정

05
(서술형)

지문인식 투찰과 공인인증서 투찰의 장단점을 비교하고, 각각 어떤 상황에서 사용하는 것이 적합한지 서술하시오.

【지문인식 투찰】
- 장점
  - 빠르고 편리(손가락만 대면 즉시 인증)
  - 비밀번호 입력 불필요
  - USB 휴대 불필요
  - 인증서 만료 걱정 없음
- 단점
  - 사전 조달청 방문 등록 필요
  - 등록한 PC에서만 사용 가능
  - 지문인식기 필수(미설치 시 사용 불가)
  - 손가락 부상 시 사용 불가
- 적합한 상황
  - 회사 PC에서 정기적으로 입찰하는 경우
  - 빠른 처리가 필요한 경우
  - 여러 직원이 번갈아 입찰하는 경우

【공인인증서 투찰】
- 장점
  - 어디서나 사용 가능(USB만 있으면)
  - PC 제약 없음
  - 별도 등록 절차 불필요
  - 예외 투찰 신청 없이 바로 사용
- 단점
  - USB 휴대 필요
  - 비밀번호 입력 필요
  - 인증서 만료 시 갱신 필요
  - 분실 위험
- 적합한 상황
  - 출장 중 입찰참가
  - 여러 장소에서 입찰하는 경우
  - 지문인식 불가능한 상황
  - 긴급 입찰참가

【실무 권장사항】
회사 PC에는 지문인식 등록, USB에는 범용 인증서 보관
→ 평소: 지문인식 / 출장 시: 공인인증서

PART 01

06 다음 상황에서 발생한 문제점을 분석하고, 올바른 해결 방법을 단계별로 서술하시오.

(서술형)

A업체 직원 박OO씨는 나라장터 회원가입을 시도했으나 다음과 같은 문제가 발생했습니다.
- 사업자번호 입력 후 "국세청 조회 실패" 메시지
- 은행용 공인인증서로 등록 시도 → "입찰참가 불가" 안내
- 휴대폰 본인인증 시도 → "타인 명의 휴대폰" 오류

정답

【문제점 분석】
[문제 1] 사업자번호 국세청 조회 실패
- 원인
  - 최근 개업(2~3일 이내) → 국세청 DB 미반영
  - 휴업 또는 폐업 상태
  - 사업자번호 오입력(하이픈 누락 등)

[문제 2] 은행용 인증서 사용
- 원인
  - 범용 인증서와 은행용 인증서 구분 몰랐음
  - 은행용은 금융거래만 가능, 입찰 불가

[문제 3] 타인 명의 휴대폰
- 원인
  - 회사 명의 또는 가족 명의 휴대폰 사용
  - 본인인증은 반드시 본인 명의만 가능

【단계별 해결 방법】
[Step 1] 사업자 상태 확인
1. 국세청 홈택스 접속(www.hometax.go.kr)
2. 사업자등록 상태 조회
3. 정상: 2~3일 후 재시도
   휴업/폐업: 사업자 재등록 또는 정상화

[Step 2] 범용 공인인증서 발급
1. 은행 방문 또는 온라인 발급
2. 신분증 지참
3. "범용 인증서" 명시하여 신청
4. 수수료 4,400원 납부
5. USB에 저장

[Step 3] 본인 명의 휴대폰 준비
1. 본인 명의 휴대폰으로 변경 또는
2. 아이핀(I-PIN) 발급 활용 또는
3. 공인인증서(개인용)로 본인인증

[Step 4] 재가입 시도
1. 사업자번호 정확히 입력(123-45-67890)
2. [국세청 조회] 클릭 → 자동입력 확인
3. 범용 인증서로 인증서 등록
4. 본인 명의 휴대폰으로 본인인증
5. 가입 완료

【예방책】
- 회원가입 전 준비물 체크리스트 확인
- 범용 인증서 사전 발급
- 본인 명의 휴대폰 준비

07

나라장터 시스템 점검 시간과 관련하여 다음 물음에 답하시오.

(1) 나라장터 시스템 점검 시간과 그 시간대에 불가능한 작업을 나열하시오.

> **정답**
>
> 【시스템 점검 시간】
> 매일 01:00 ~ 05:00(4시간)
>
> 【불가능한 작업】
> 1. 회원가입 불가
> 2. 입찰참가 신청 불가
> 3. 물품등록 불가
> 4. 계약서 작성 불가
> 5. 대금청구 불가
> 6. 서류 제출 불가
> 7. 전자서명 불가
> 8. 파일 업로드 불가
>
> 【가능한 작업】
> 1. 입찰공고 조회(일부 가능)
> 2. 계약 현황 조회(일부 가능)

(2) C업체는 입찰 마감일 전날 밤 작업하다가 01시가 넘어 시스템 접속이 끊겨 입찰참가를 하지 못했다. 이러한 상황을 예방하기 위한 대책을 구체적으로 서술하시오.

> **정답**
>
> 【예방 대책】
> [대책 1] 입찰 마감 시간 역산 계획
> • 마감일 전날 자정까지 제출 완료 목표
> • 최소한 22시까지는 제출
> • 여유 시간 확보(2 ~ 3시간)
> • 예시) 마감일: 2026.1.30(목) 14:00
>   → 전날(1.29) 22:00까지 제출 완료
>
> [대책 2] 서류 사전 준비
> • 입찰공고 발표 즉시 필요 서류 확인
> • 서류 스캔 및 PDF 변환(마감 3일 전)
> • 입찰가격 사전 검토(마감 2일 전)
> • 입찰참가 신청서 작성(마감 1일 전 오후)
>
> [대책 3] 시스템 점검 시간 숙지
> • 점검 시간(01:00 ~ 05:00) 달력에 표시
> • 팀원 전체 공유
> • 작업 스케줄 수립 시 필수 고려
>
> [대책 4] 알람 설정
> • 23시 알람: "시스템 점검 2시간 전"
> • 23시 30분 알람: "긴급 제출 필요"
> • 00시 알람: "점검 1시간 전 최종 확인"
>
> [대책 5] 여유 있는 일정 관리
> • 입찰 마감일 당일 제출 지양
> • 최소 1일 전 제출 원칙
> • 중요 입찰은 3일 전 제출
>
> [대책 6] 긴급 상황 대응
> • 00시 30분까지 미제출 시
>   → 다음날 아침 5시 이후 제출
> • 마감 시간 9시간 이상 여유 확보
>   (05시 종료 + 14시 마감 = 9시간)
>
> [대책 7] 담당자 복수 지정
> • 주담당 + 부담당 2명 체제
> • 한 명이 작업 못할 경우 대비
> • 역할 분담 및 체크리스트 공유
>
> 【실무 체크리스트】
> ☐ 입찰공고 확인 즉시 달력 등록
> ☐ 마감 3일 전: 서류 준비 완료
> ☐ 마감 2일 전: 입찰가 검토
> ☐ 마감 1일 전 22시: 제출 완료
> ☐ 시스템 점검 시간 절대 작업 금지
> ☐ 접수증 출력 및 보관

PART 01

08 다음 상황을 읽고 물음에 답하시오.

(서술형)

> B업체 김OO 대표는 내일 오후 2시 마감하는 중요한 입찰에 참가하려고 합니다.
> - 현재 시각: 오늘 오후 11시
> - 상황: 지방 출장 중(호텔 투숙)
> - 보유: 지문인식(본사 PC 등록), 공인인증서(회사 금고에 보관)
> - 스마트폰: 모바일 인증서 미발급
> - 내일 일정: 오전 9시 거래처 미팅, 오후 1시 본사 도착 예정

(1) 김OO 대표가 오늘 밤 11시에 할 수 있는 조치를 모두 서술하시오.

정답

【오늘 밤 11시에 가능한 조치】
[조치 1] 긴급 모바일 인증서 발급 시도
1. 은행 앱 실행
2. 모바일 공인인증서 발급 메뉴
3. 본인인증(휴대폰, 카드 등)
4. 발급 완료(약 10분 소요)
5. 주의: 야간(23시)에는 발급 불가능할 수 있음

[조치 2] 지문인식 예외 투찰 신청
1. 나라장터 모바일 앱 로그인
2. [마이페이지] → [지문인식 관리]
3. [예외 투찰 신청]
4. 사유: "출장 중"
5. 증빙 첨부: 호텔 예약 확인서(사진 촬영)
6. 신청 기간: 내일 1일
7. 주의: 승인까지 1~3일 소요
　　　→ 내일 마감까지는 시간 부족

[조치 3] 회사 직원에게 연락
1. 공인인증서 소재 확인
2. 신뢰할 수 있는 직원에게 대리 투찰 요청 검토
3. 주의: 대리 투찰은 위임장 필요,
　　　밤 11시에는 연락 어려움

[조치 4] 내일 일정 조정 검토
1. 거래처에 미팅 시간 변경 요청
2. 오전 중 본사 복귀 가능성 확인
3. 주의: 밤 11시에는 연락 어려움

【현실적 판단】
오늘 밤에는 [조치 1(모바일 인증서 발급)]만 가능하며
나머지는 시간상 불가능

(2) 모바일 인증서 발급이 불가능할 경우, 내일 오후 2시 마감까지 입찰에 참가할 수 있는 최선의 방법을 시간순
으로 서술하시오.

【시간별 최선의 시나리오】
[05:00 AM – 기상 및 상황 점검]
• 모바일 인증서 발급 재시도
• 예외 투찰 승인 여부 확인
• 본사 직원에게 연락(출근 시간)

[06:00 AM – 거래처 미팅 조정]
• 거래처 담당자에게 연락
• "긴급한 입찰 건으로 미팅 시간 조정 요청"
• 오후로 변경 또는 화상회의 제안

[07:00 AM – 이동 준비]
• 호텔 체크아웃
• 본사로 즉시 출발
• 예상 도착: 오전 11시(4시간 소요)

[11:00 AM – 본사 도착]
• 회사 PC에서 지문인식으로 로그인
• 입찰서류 최종 확인
• 입찰금액 검토

[12:00 PM – 입찰 준비]
• 입찰참가 신청서 작성
• 필수서류 첨부 확인
• 입찰금액 최종 결정

[01:00 PM – 입찰 제출]
• 지문인식으로 전자서명
• 입찰 제출 완료
• 접수증 출력 및 보관

[01:30 PM – 확인]
• 제출 현황 확인
• 정상 접수 여부 확인
• 마감 시간까지 대기

【리스크 관리】
[백업 플랜 1] 교통 체증 대비
• 06시 30분 출발로 앞당기기
• 10시 30분 도착 목표

[백업 플랜 2] 차량 고장 등 비상상황
• 회사 직원에게 사전 연락
• 긴급 시 직원이 대신 투찰
• 위임장 사전 작성(팩스 발송)

[백업 플랜 3] 본사 도착 지연
• 마감 30분 전까지는 도착 필수
• 그 이후는 신규 접속 곤란

【성공 확률 높이기】
• 거래처 미팅 과감히 조정
• 새벽 일찍 출발
• 마감 최소 1시간 전 도착
• 회사 직원과 긴밀히 소통

(3) 이번 사례를 통해 배울 수 있는 입찰 준비의 교훈을 3가지 서술하시오.

【입찰 준비의 교훈】
[교훈 1] 모바일 인증서 사전 발급 필수
평소에 모바일 인증서를 발급받아 놓으면, 출장 중에도 스마트
폰으로 입찰참가 가능
• 대책
  – 회사 대표 및 담당자 모두 모바일 인증서 발급
  – 나라장터 앱 설치 및 인증서 등록
  – 정기적으로 유효기간 확인(1년)

[교훈 2] 입찰 일정 사전 확인 및 조정
중요한 입찰 마감일에는 출장 일정을 잡지 않거나 최소한 마감
전날까지는 복귀 일정 확보

• 대책
  – 입찰 공고 달력 작성
  – 중요 입찰 마감일 전후 출장 자제
  – 부득이한 경우 대리인 지정 제도 활용

[교훈 3] 비상 대응 체계 구축
예상하지 못한 상황에 대비한 백업 플랜 필요
• 대책
  – 복수의 인증 수단 보유
    (지문인식 + 공인인증서 + 모바일 인증서)
  – 신뢰할 수 있는 직원에게 대리 투찰 가능하도록 사전 교육
    및 위임장 양식 준비
  – 입찰 마감 최소 2 ~ 3시간 전 제출 원칙
    (마감 직전 시스템 접속 폭주 대비)

CHAPTER 02　공급 유형별 물품목록화 실무

01　물품목록화 제도 개요

1　정의 및 목적

① 정의: 나라장터에서 거래되는 모든 물품에 고유번호를 부여하여 체계적으로 관리하는 제도

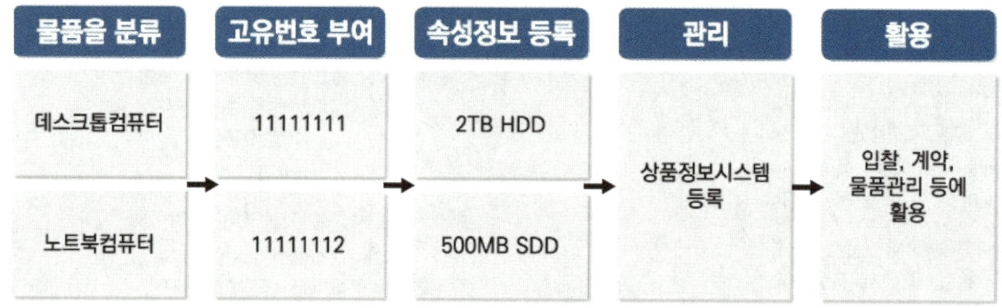

② 목적
  • 거래 표준화
    → 같은 물품을 동일하게 식별
  • 가격 투명성
    → 유사 물품 가격 비교 용이
  • 검색 편의성
    → 수요기관이 필요 물품 쉽게 검색
  • 통계 관리
    → 물품별 거래량·금액 집계

③ 대상
  • 나라장터에서 거래되는 모든 물품
  • 제조물품, 판매물품 모두 포함
  • 공사·용역은 별도 분류 체계

④ 등록의무
  • 조달물품 공급 희망 업체: 필수 등록
  • 등록하지 않으면 나라장터 판매 불가

1 물품식별번호 구성

① 물품식별번호 16자리 구성
  • 물품식별번호(총 16자리)
  • [물품분류번호]: 8자리, [물품식별번호]: 8자리

② 물품분류번호 8자리 상세
  • 대분류 중분류 소분류 세분류
    [42] [01] [01] [01]
      └ 2자리씩 4단계 분류
  • 물품을 기능, 용도, 성질에 따라 대, 중, 소, 세분류로 나누어 번호를 매긴 것을 물품분류번호라고 하며, 그 분류의 이름을 품명이라 함
    예 42010101 = 사무용 의자
      42 → 사무용품(대분류)
        01 → 가구(중분류)
          01 → 의자(소분류)
            01 → 사무용 의자(세분류)

③ 물품식별번호 8자리 상세
  • 일련번호   규격코드   변동코드
    [0001]   [A]   [0]
    4자리   3자리   1자리
  • 일련번호: 같은 품목 내 순번
  • 규격코드: 세부 규격 구분(A ~ Z, AA ~ ZZ)
  • 변동코드: 개정 이력 관리(0 ~ 9)

④ 전체 조합 예시

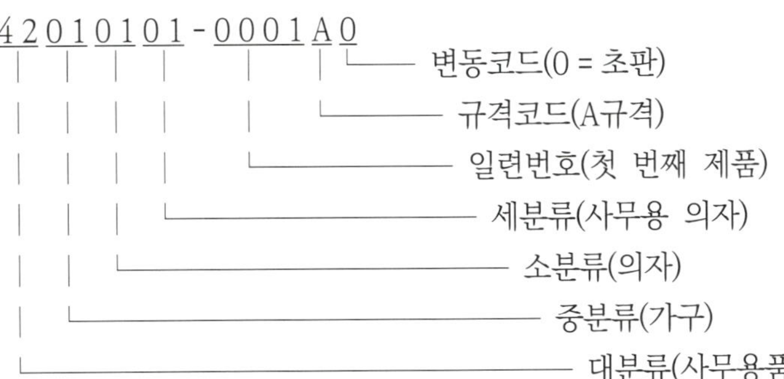

  → 의미: 사무용품 > 가구 > 의자 > 사무용 의자의 첫 번째 제품, A규격, 초판

⑤ 변종코드 활용 예시

42010101-0001A0(초판)

    ↓ 규격 변경(높이 조정)

42010101-0001A1(1차 개정)

    ↓ 소재 변경(메쉬 → 가죽)

42010101-0001A2(2차 개정)

2 물품 분류 체계 상세

① 물품 대분류 코드(2자리) 전체 목록

〈물품 대분류 코드 체계〉

대분류 코드	분류명	주요 물품 예시	비고
31	농수산물	쌀, 채소, 과일, 수산물	신선식품
32	축산물	육류, 계란, 유제품	
33	임산물	목재, 버섯, 산나물	
39	광산물	석탄, 광석, 골재	
40	섬유제품	의류, 직물, 침구	
41	인쇄·출판물	도서, 교재, 인쇄물	
42	사무용품	의자, 책상, 문구류, 사무기기	가장 흔함
43	의료용품	의약품, 의료기기, 위생용품	엄격 규제
44	산업용품	기계, 공구, 설비	
45	전기·전자	컴퓨터, 가전제품, 통신장비	IT 제품
46	차량·운송	자동차, 버스, 선박, 항공기	
47	건설자재	시멘트, 철근, 목재, 창호재	공사 자재
48	화학제품	화학약품, 비료, 페인트	
49	기타 물품	상기 미분류 물품	

② 물품 분류 트리 구조(42. 사무용품)

```
42 사무용품(대분류)
 │
 ├─ 01 가구(중분류)
 │   ├─ 01 의자(소분류)
 │   │   ├─ 01 사무용 의자(세분류)
 │   │   ├─ 02 회의용 의자(세분류)
 │   │   ├─ 03 휴게용 의자(세분류)
 │   │   └─ 04 특수 의자(세분류)
 │   │
 │   ├─ 02 책상(소분류)
 │   │   ├─ 01 사무용 책상(세분류)
 │   │   ├─ 02 회의용 책상(세분류)
 │   │   └─ 03 보조 책상(세분류)
 │   │
 │   └─ 03 수납 가구(소분류)
 │       ├─ 01 서랍장(세분류)
 │       ├─ 02 캐비닛(세분류)
 │       └─ 03 보관함(세분류)
 │
 ├─ 02 문구류(중분류)
 │   ├─ 01 필기구(소분류)
 │   │   ├─ 01 볼펜(세분류)
 │   │   ├─ 02 연필(세분류)
 │   │   └─ 03 마카(세분류)
 │   │
 │   └─ 02 종이류(소분류)
 │       ├─ 01 복사지(세분류)
 │       └─ 02 노트(세분류)
 │
 └─ 03 사무기기(중분류)
     ├─ 01 프린터(소분류)
     ├─ 02 복사기(소분류)
     └─ 03 팩스(소분류)
```

3 **물품등록 실무**

① 나라장터 물품등록 절차
　【Step 1】로그인
　　└ 조달업체 ID로 로그인

　【Step 2】메뉴 접속
　　└ [조달물품 등록관리]
　　└ [신규 물품 등록]

　【Step 3】물품분류 검색
　　└ 방법 2: 트리 탐색
　　　└ 42(사무용품) → 01(가구) → 01(의자)

　【Step 4】물품정보 입력
　　├ 기본정보
　　│　├── 물품명: "사무용 메쉬의자"
　　│　├── 규격: "W600×D600×H900~1000mm"
　　│　├── 단위: "EA"(개, 대, 식 등)
　　│　├── 제조사: "(주)○○가구"
　　│　└── 모델명: "DH-2000"
　　├ 가격정보
　　│　├── 공급가격: 150,000원
　　│　├── 부가세: 15,000원(별도)
　　│　└── 최종가격: 165,000원
　　└ 제조정보
　　　　├── 원산지: "국산"
　　　　├── 제조국: "대한민국"
　　　　└── 제조사: "(주)○○가구"

　【Step 5】증빙서류 첨부
　　├ 제품 사진(3장 이상 권장)
　　│　└ 정면, 측면, 세부 이미지
　　├ 카탈로그(PDF)
　　│　└ 제품 상세 설명서
　　├ 시험성적서(해당 시)
　　│　└ KS, KC 등 시험 결과
　　└ 인증서(해당 시)
　　　　└ KS 인증, KC 인증, ISO 등

【Step 6】직접생산확인 신청(제조품)
  └ 제조물품인 경우 필수

【Step 7】등록 승인 대기
  └ 조달청 검토: 3 ~ 5일 소요
  └ 보완 요청 시 수정 후 재제출

【Step 8】승인 완료
  └ 이메일/SMS 통보
  └ 나라장터 판매 개시 가능

② 물품등록 입력 항목 상세

〈물품등록 필수 입력 항목〉

구분	필수 항목	입력 예시	주의사항
기본정보	물품명 규격 단위 제조사 모델명	사무용 메쉬의자 W600×D600×H900 EA (주)○○가구 DH-2000	정확한 규격 필수 단위 표준화
가격정보	공급가격 부가세 납품가격	150,000원 15,000원 165,000원	VAT 별도 명시 천원 단위 입력
제조정보	원산지 제조국 제조사	국산 대한민국 (주)○○가구	원산지 표기법 준수 제조사 정확히
품질정보	인증서 시험성적서 품질보증	KC 인증 KS G 2006 1년 A/S	해당 시 필수 첨부
이미지	제품사진	JPG, PNG 최대 5MB	3장 이상 권장 고해상도

1 물품목록화 시작

① 물품목록화 요청
- 조달청 목록정보시스템 로그인
- 목록화 요청 주요 서비스 → 품목등록

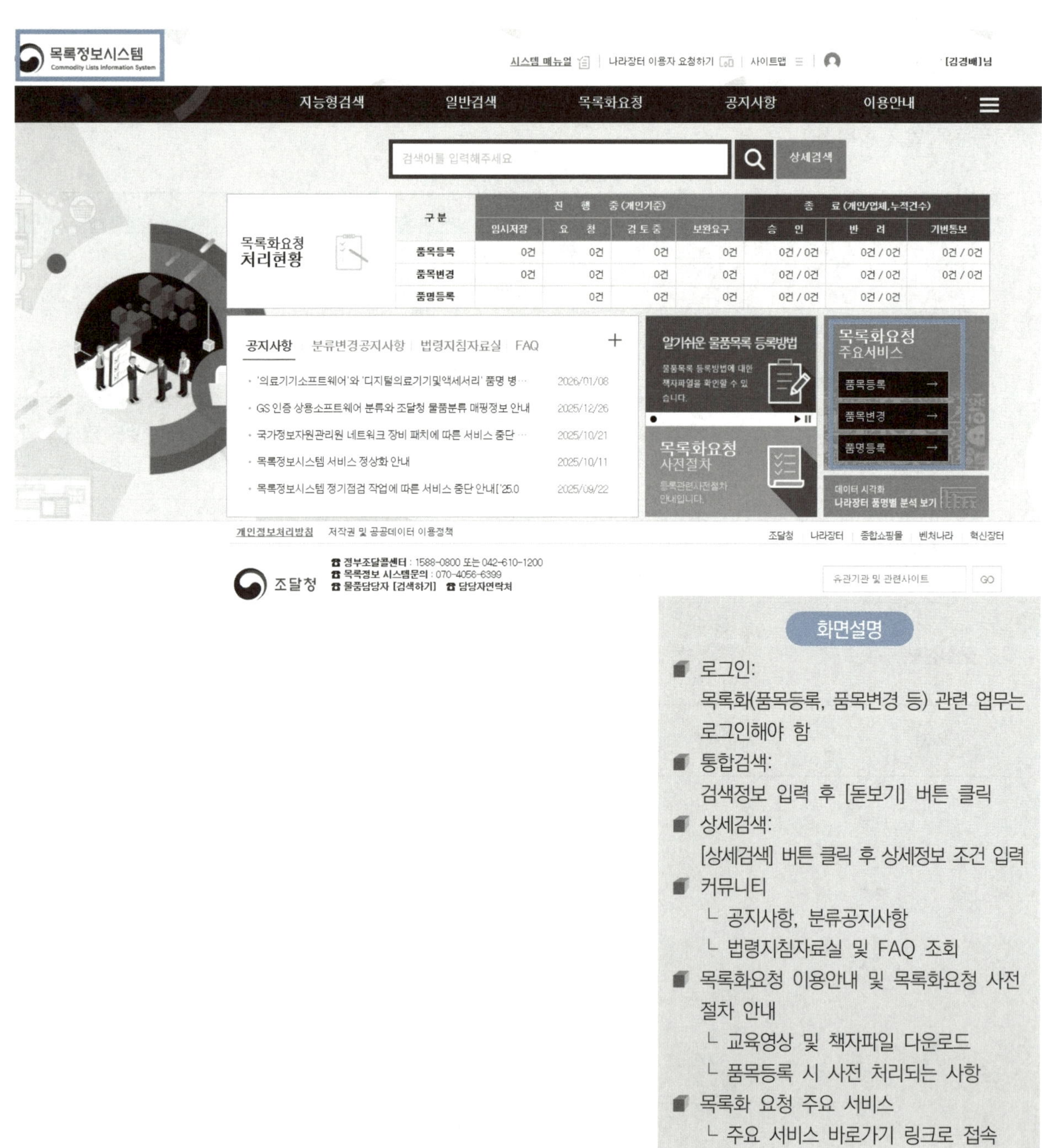

② 로그인
  • 조달청 ID/PW로 로그인

③ 메뉴 안내
  • 지능형검색, 일반검색, 목록화요청, 공지사항, 이용안내 메뉴로 구성

2 품목등록 요청 화면

① 개별등록

• 개별등록_목록정보 입력

화면설명

• 품목등록 및 처리결과에 대한 유의사항 안내 및 동의
• 개인정보 수집 및 이용 동의
• 기존자료 불러오기(선택사항)
※ 품목등록 매뉴얼 다운로드하여 학습 후 진행도 가능

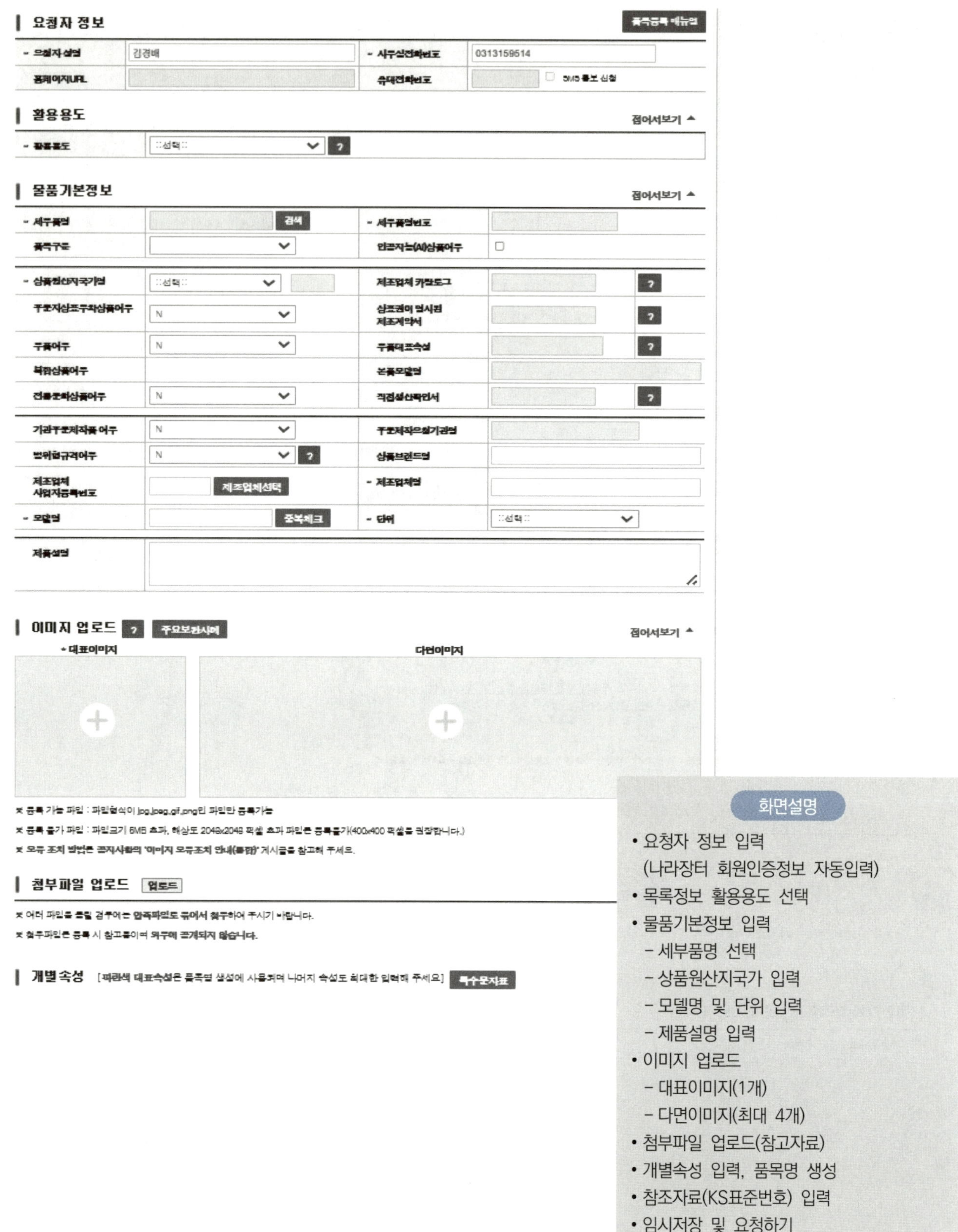
화면설명
• 요청자 정보 입력
  (나라장터 회원인증정보 자동입력)
• 목록정보 활용용도 선택
• 물품기본정보 입력
  – 세부품명 선택
  – 상품원산지국가 입력
  – 모델명 및 단위 입력
  – 제품설명 입력
• 이미지 업로드
  – 대표이미지(1개)
  – 다면이미지(최대 4개)
• 첨부파일 업로드(참고자료)
• 개별속성 입력, 품목명 생성
• 참조자료(KS표준번호) 입력
• 임시저장 및 요청하기

② 품목등록요청 내역 검색하기
  • 목록화요청 → 품목등록(식별번호 발급)

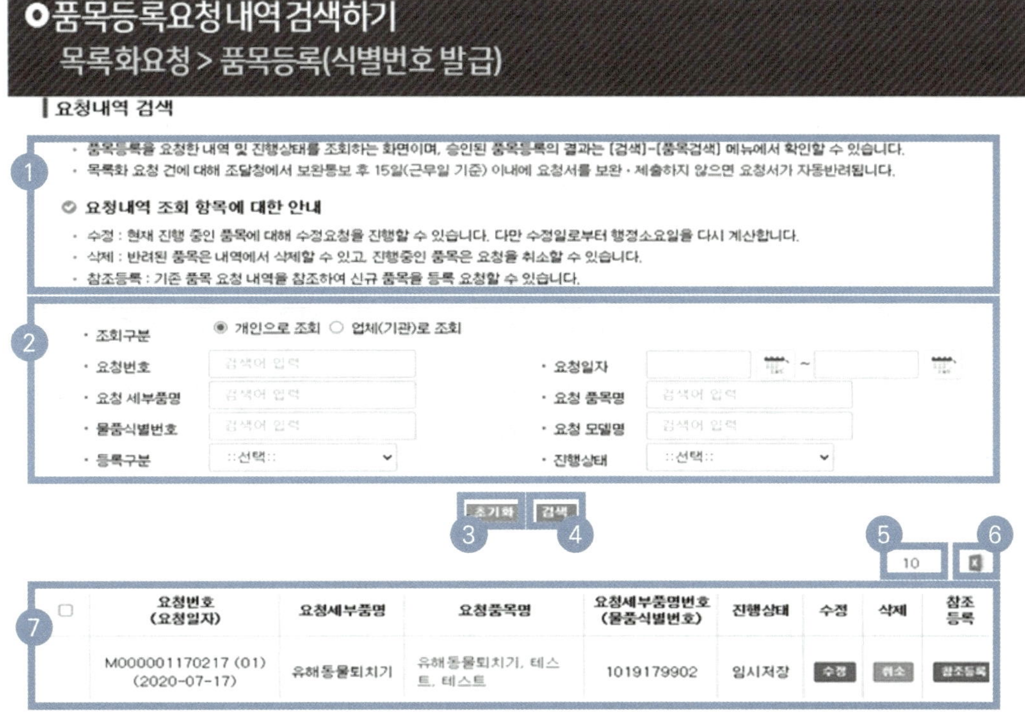

요청번호 (요청일자)	요청세부품명	요청품목명	요청세부품명번호 (물품식별번호)	진행상태	수정	삭제	참조등록
M000001170217 (01) (2020-07-17)	유해동물퇴치기	유해동물퇴치기, 테스트, 테스트	1019179902	임시저장	수정	취소	참조등록

화면설명

① 품목등록요청 검색 안내: 요청내역 검색에 대한 안내
② 검색조건: 요청정보에 대한 검색어 입력한 후 요청내역 검색
③ 검색조건 초기화: 입력된 검색조건 초기화
④ 검색조건으로 검색: 검색조건 입력 후 검색
⑤ 페이지당 검색자료 표출: 검색결과 페이지당 노출 건수(최대 100건)
⑥ 엑셀다운로드: 엑셀로 다운로드 가능
⑦ 검색결과: 검색결과 표출
※ 요청품목명: 요청 당시 품목명 표출, 실제 승인 품목과 일치하지 않을 수 있음
※ 진행상태: 요청한 품목등록에 대한 결재상태 확인 가능

③ 일괄등록요청 목록정보 입력

• 목록화요청 → 품목등록(식별번호 발급) → 일괄요청

○ 품목일괄등록

❙ 목록화 요청에 대한 유의사항 동의

접어서보기 ▲ **품목등록 매뉴얼**

※ 품목등록 및 처리결과에 대한 유의사항 안내

- 목록정보시스템에 입력한 정보는 "물품목록정보의 관리 및 이용에 관한 법률"에 의해 관리되는 자료로서 객관성이 확보되어야 합니다.
거짓 정보, 타인의 이미지 도용 등 중대한 흠이 있거나 중복으로 등록하는 경우 「목록화지침」 제38조 에 따라 삭제될 수 있습니다.
특히, 구매공급, 시설공사 등 조달업무에 사용될 목적의 물품목록정보를 거짓으로 입력으로 하는 경우 관련 법령에 따라
민, 형사상 책임과 불이익을 받을 수 있으니 등록 요청하는 상품에 대한 정보를 사실대로 입력하여 주시기 바랍니다.

- 조달청은 물품목록정보의 이용을 확대하기 위해 「물품목록정보의 관리 및 이용에 관한 법률」 제16조에 따라 각 기관, 기업, 단체 등에
물품목록자료를 제공할 수 있으며, 물품목록시스템 공개 정보는 「공공데이터의 제공 및 이용 활성화에 관한 법률」 제17조에 따라
조달데이터허브에서 조회될 수 있습니다.

(필수) 위의 내용을 확인하였으며, 요청 시 입력하는 내용은 사실과 상위 없음을 확인합니다.

◉ 동의함   ○ 동의하지않음

❙ 목록화 요청 관련 개인정보 수집 및 이용 동의

「개인정보 수집 및 이용동의」 관련 내용 살펴보기 ▼

조달청은 목록정보시스템의 목록화 요청처리, 서비스 신청 등을 위해 개인정보를 수집·이용하는 경우에는 개인정보보호법에 따라 본인의 동의를
얻고 있습니다. 이에 목록정보시스템에 목록화 요청을 하는 본인은 조달청이 다음의 내용과 같이 본인의 개인정보를 수집·이용하는 것에 동의합니
다.

[조달청 개인정보 처리방침 보기]

✅ **(필수)** 개인정보 수집 및 이용에 관한 사항

수집 항목	수집·이용 목적	보유·이용기간
이름, 사무실 전화번호	목록정보시스템은 **목록화 요청 자료의 검토 및 확인, 목록화 요청의 처리, 서비스 신청** 등을 위해 개인정보를 수집 및 활용합니다.	<u>준영구</u>

★ 위의 **개인정보**의 수집·이용에 대한 동의를 거부할 권리가 있으나, 동의하지 않을 경우 목록정보 관련 서비스를 이용하실 수 없습니다.

◉ 동의함   ○ 동의하지않음

✅ **(선택)** 개인정보 수집 및 이용에 관한 사항

수집 항목	수집·이용 목적	보유·이용기간
홈페이지 URL. 휴대전화번호	**목록화 요청 처리 및 목록화 요청 처리결과 SMS 송신**	<u>준영구</u>

★ 위의 개인정보의 수집·이용에 대한 동의를 거부하더라도 목록정보시스템 이용에 지장은 없으나, **목록화 요청 처리 결과 SMS 통보**를 받으실 수 없습니다.

◉ 동의함   ○ 동의하지않음

화면설명

• 품목등록 및 처리결과에 대한 유의사항 안내 및 동의
• 개인정보 수집 및 이용 동의
※ 품목등록 매뉴얼 다운로드하여 학습 후 진행도 가능

요청자 정보   접어서보기 ▲

| * 요청자성명 | 김경배 | * 사무실전화번호 | 0313159514 |
| 홈페이지URL | | 유대전화번호 | □ SMS 통보 신청 |

활용용도

| * 활용용도 | 벤처나라 신청용 ∨ |

세부품명번호 선택

| * 세부품명 | 개 [검색] | * 세부품명번호 | 1010150201 |

일괄등록 자료 다운로드

[X] 등록양식   [X] 속성표준자료   (?) 작성요령

물품기본정보 입력

| * 상품원산지국가명 | ::선택:: ∨ | * 주문자 상표부착상품어부 | N ∨ |
| 제조업체 사업자등록번호 | [검색] | * 제조업체명 | |

일괄등록 요청자료 업로드 [업로드]

* 일괄등록 요청양식(엑셀)	
* 물품이미지	
규격서		도면	
매뉴얼		기타첨부파일	
제조업체 카탈로그	
제조계약서	

화면설명

- 요청자 정보 입력
  (나라장터 회원인증정보 자동입력)
- 목록정보 활용용도 선택
- 세부품명번호 선택
- 등록양식, 속성표준자료 다운로드 및 작성요령 안내
- 물품기본정보 입력
- 일괄등록 요청자료 업로드
  - 업로드 버튼을 통해 각 자료를 업로드
  - 물품이미지는 각 물품당 1개씩(대표이미지)만 올리기

일괄등록이란

- 10개 이상의 품목을 동일 세부품명에 요청하는 경우
- 요청양식(엑셀)에 의거하여 요청하는 기능(최대 500건)

④ 일괄등록양식 엑셀다운로드

• 세부 정보 입력 → 일괄등록 자료 다운로드

❖ 세부 정보 입력(일괄등록 자료 다운로드(1/2))

| 일괄등록 자료 다운로드

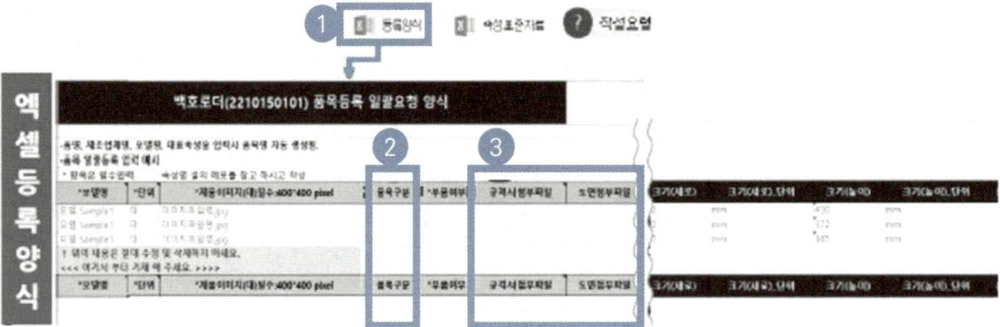

화면설명

① 등록양식
  • 등록양식을 엑셀 다운로드 받는 버튼
  • 세부품명에 따라 양식이 수정되므로 세부품명번호를 선택 후 다운로드
  • 양식을 편집할 경우 오류가 발생할 수 있음(데이터 검증 오류 발생 시 요청 불가)
② 품목구분
  • 일반용 품목: 물품관리, 계약 등 모든 분야에 사용 가능한 물품
  • 계약용 품목: 계약서 작성용으로만 사용 가능하며 물품관리에 사용할 수 없음(복합상품, 시스템장비, 서비스 등)
  • 시설자재용 품목: 시설공사 원가계산 용도로만 사용 가능하며 물품관리에 사용할 수 없음
  • 입찰공고용 품목: 나라장터 공고 용도로만 사용 가능하며 물품관리에 사용할 수 없음(새부품명당 1개)
  • 물품관리용 품목: 각 기관의 물품관리에 한정하여 사용할 수 있음(주문제작 물품 등)
③ 일괄등록 시 첨부파일 입력 예시
  • 이미지: 파일명.확장자(img.jpg)
  • 규격서: 파일명.확장자(sampleFile.hwp)
  • 매뉴얼: 파일명.확장자(매뉴얼1.docx)
  • 도면: 파일명.확장자(도면1.pdf)
  • 기타 첨부파일: 파일명.zip(etcfile.zip)

⑤ 최종 일괄등록 방법
  • 세부 정보 입력(요청) → 확인

❖ 세부 정보 입력(요청)

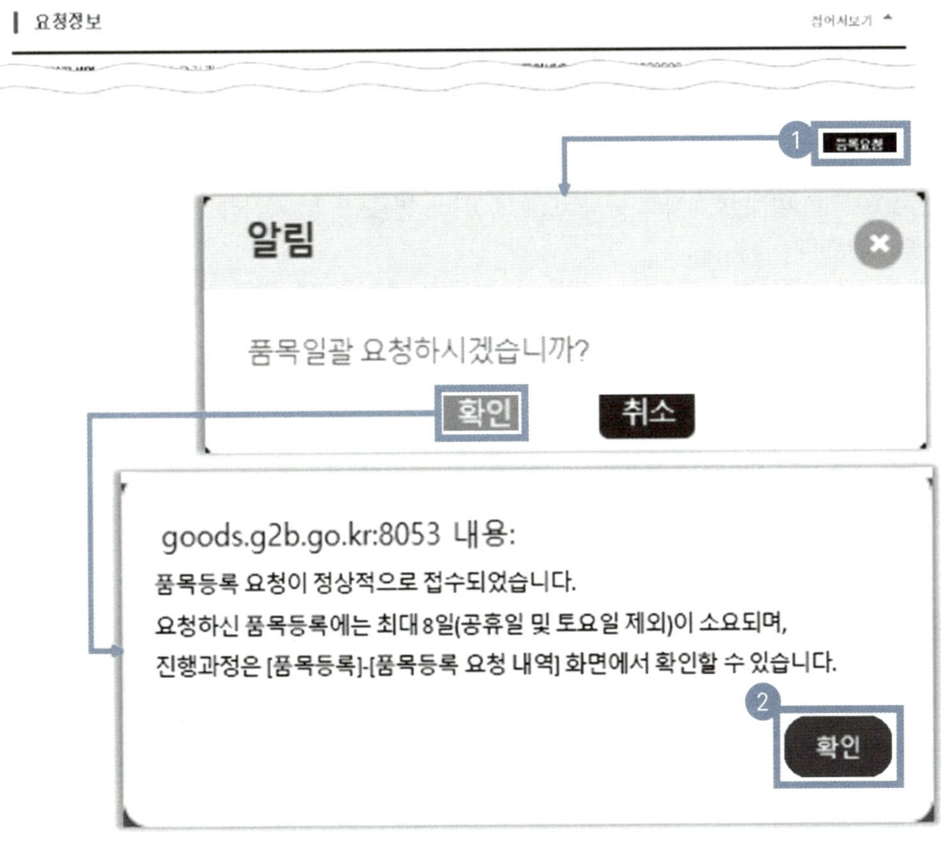

화면설명
① 등록요청: 입력사항을 모두 입력 후 요청 진행
② 확인: 요청이 완료되어 속성등록 요청 1단계
  화면으로 이동

단원별 핵심문제

01
(괄호형)

다음은 나라장터 물품식별번호 체계에 관한 설명이다. 괄호 안에 알맞은 단어를 쓰시오.

- 물품식별번호는 총 (①)자리로 구성되며, 앞 (②)자리는 물품분류번호, 뒤 (③)자리는 물품식별번호이다.
- 물품분류번호는 대분류·중분류·소분류·세분류 각 (④)자리씩 구성된다. 예를 들어 '42010101'에서 '42'는 (⑤), '01'은 (⑥), 나머지 '0101'은 소분류·세분류인 (⑦)을(를) 의미한다.
- 물품식별번호 8자리는 일련번호 4자리, 규격코드 (⑧)자리, 변동코드 (⑨)자리로 구성된다. 변동코드 '0'은 (⑩)을(를) 의미한다.
- 나라장터에 물품을 공급하려는 조달업체는 물품목록화 등록이 (⑪)이며, 등록 승인까지는 통상 (⑫)일이 소요된다.

> **정답** ① 16 ② 8 ③ 8 ④ 2 ⑤ 사무용품(대분류) ⑥ 가구(중분류) ⑦ 의자·사무용 의자(소분류·세분류) ⑧ 3 ⑨ 1
> ⑩ 초판(최초 등록) ⑪ 필수(의무) ⑫ 3 ~ 5

02
(단답형)

물품식별번호는 총 몇 자리로 구성되는가?

> **정답** 16자리
> **해설** 물품분류번호 8자리 + 물품식별번호 8자리 = 총 16자리

03
(서술형)

물품식별번호 16자리의 구성 체계를 상세히 설명하시오.

> **정답**
【물품식별번호 16자리 구성】
전체 구조: [8자리] – [8자리]
　　　　　물품분류번호 – 물품식별번호

[1부: 물품분류번호 8자리]
구성: 대분류(2) + 중분류(2) + 소분류(2) + 세분류(2)
예시: 42010101
- 42: 사무용품(대분류)
- 01: 가구(중분류)
- 01: 의자(소분류)
- 01: 사무용 의자(세분류)

[2부: 물품식별번호 8자리]
구성: 일련번호(4) + 규격코드(3) + 변동코드(1)
예시: 0001A0
- 0001: 일련번호(같은 세분류 내 첫 번째 제품)
- A: 규격코드(A규격, A ~ Z, AA ~ ZZ 사용)
- 0: 변동코드(0=초판, 1=1차 개정, …)

[전체 예시]
42010101-0001A0
의미: 사무용품 > 가구 > 의자 > 사무용 의자의 첫 번째 제품, A규격, 초판

[변동 예시]
- 42010101-0001A0(초판)
- 42010101-0001A1(1차 개정: 규격 변경)
- 42010101-0001A2(2차 개정: 소재 변경)

04 물품 대분류 코드 중 주요 5가지를 쓰고 각각의 대표적인 물품 예시를 드시오.
(서술형)

> **정답**

1. 42 – 사무용품
   예시: 의자, 책상, 문구류, 사무기기
2. 43 – 의료용품
   예시: 의약품, 의료기기, 위생용품
3. 45 – 전기·전자
   예시: 컴퓨터, 가전제품, 통신장비
4. 46 – 차량·운송
   예시: 자동차, 버스, 선박, 항공기
5. 47 – 건설자재
   예시: 시멘트, 철근, 목재, 창호재

05 나라장터에 물품을 등록하는 전체 절차를 8단계로 나누어 설명하시오.
(서술형)

> **정답**

【Step 1】 로그인
- 조달업체 ID로 나라장터 접속
- 공인인증서 또는 ID/PW 로그인

【Step 2】 메뉴 접속
- [조달물품 등록관리] 선택
- [신규물품 등록] 클릭

【Step 3】 물품분류 검색
- 방법 1: 키워드 검색
  → "의자" 입력 → 검색 결과에서 선택
- 방법 2: 트리 탐색
  → 42(사무용품) > 01(가구) > 01(의자) 선택

【Step 4】 기본정보 입력
- 물품명: 사무용 메쉬의자
- 규격: W600×D600×H900 ~ 1000mm
- 단위: EA
- 제조사: (주)○○가구
- 모델명: DH-2000
- 원산지: 국산

【Step 5】 가격정보 입력
- 공급가격: 150,000원(VAT 별도)
- 부가세: 15,000원(자동계산)
- 최종가격: 165,000원

【Step 6】 증빙서류 첨부
- 필수 서류
  - 제품 사진(정면, 측면, 세부 – 최소 3장)
  - 카탈로그(PDF)
- 선택 서류
  - 시험성적서(KS, KC 등)
  - 인증서(ISO, KS 인증 등)

【Step 7】 직접생산확인 신청(제조품인 경우)
- 직접생산확인 신청 선택
- 필수 서류 제출
  - 생산시설 목록 및 사진
  - 기술인력 현황 및 4대보험 확인서
  - 생산실적 증빙(출하증명서)
  - 품질관리 증빙(ISO 또는 매뉴얼)

【Step 8】 등록 승인 대기
- 조달청 검토: 3 ~ 5일 소요
- 보완 요청 시 수정 후 재제출
- 승인 완료 시 이메일/SMS 통보
- 나라장터 판매 개시 가능

06 나라장터 물품등록 시 제품 사진 촬영 요령과 카탈로그 작성 방법을 구체적으로 서술하시오.
(서술형)

정답

【제품 사진 촬영 요령】
- 기본 원칙
  - 최소 3장(정면, 측면, 세부)
  - 권장 5장 이상
  - 형식: JPG, PNG
  - 용량: 각 5MB 이하
  - 해상도: 1200×900px 이상
- 사진 1: 정면 사진(필수)
- 목적: 제품 전체 모습 확인
- 촬영 방법:
  - 제품이 화면 가득 차도록
  - 배경: 단색(흰색 또는 회색)
  - 조명: 정면 + 측면에서 밝게
  - 그림자 최소화
  - 브랜드 로고 보이도록
- NG 사례
  - 배경에 다른 물건
  - 제품이 너무 작음
  - 어둡거나 흐릿함
  - 각도가 기울어짐
- 사진 2: 측면 사진(필수)
- 목적: 제품 깊이, 높이 확인
- 촬영 방법
  - 좌측 또는 우측 한 쪽
  - 높이와 깊이가 명확히 보이도록
  - 의자 예시: 등받이 높이, 좌판 깊이
- 사진 3: 세부 사진(필수)
- 목적: 특징적인 부분 강조

- 촬영할 부분
  - 브랜드 로고(클로즈업)
  - 특징적 기능(회전, 높이 조절 등)
  - 재질(메쉬, 가죽, 쿠션 등)
  - 마감 처리(용접 부분, 봉제선 등)
- 사진 4 ~ 5: 추가 사진(권장)
  - 후면 사진
  - 상세 부품(바퀴, 팔걸이 등)
  - 크기 비교(사람이 앉은 모습)
  - 색상 옵션(있는 경우)
- 촬영 환경 설정
  - 조명: LED 링라이트 또는 자연광
  - 배경: 흰색 또는 회색 천
  - 카메라: 스마트폰도 가능(1200만 화소 이상)
  - 삼각대 사용(흔들림 방지)

【카탈로그 작성 방법】
- ✔ 형식: PDF
- ✔ 페이지: 2 ~ 5페이지 권장
- ✔ 용량: 10MB 이하
- ✔ 구성

[1페이지: 표지]
- 제품명
- 모델명
- 제조사명
- 대표 사진

[2페이지: 제품 개요]
- 제품 특징(3 ~ 5가지)
- 주요 사양
- 적용 분야
- 제품 사진 2 ~ 3장

[3페이지: 상세 사양]
- 제품 사양표
  - 품목   사무용 의자
  - 모델명   DH-2000
  - 크기   W600×D600×H900mm
  - 재질   메쉬, 철제 프레임
  - 색상   블랙, 그레이
  - 중량   12kg
  - 내구성   8시간/일 사용
  - 보증기간   1년 A/S

【주의사항】
- 저작권
  - 타사 제품 사진 도용 금지
  - 반드시 자사 제품 직접 촬영
  - 폰트 저작권 확인
- 과대 광고 금지
  - 검증되지 않은 효능 표기 금지
  - "세계 최고", "국내 1위" 등 근거 없는 표현 자제
- 필수 정보 누락 금지
  - 제품 크기 필수
  - 재질 명시
  - 제조사 정보 필수

[4페이지: 인증 및 품질]
- 인증서(KC, KS, ISO 등)
- 시험성적서
- 수상 이력(있는 경우)
- 특허(있는 경우)

[5페이지: 제조사 정보]
- 회사명
- 주소, 연락처
- 홈페이지
- A/S 연락처
- 작성 도구
  - MS PowerPoint → PDF 저장
  - Adobe Illustrator
  - 한글 → PDF 저장
  - 온라인 카탈로그 제작 사이트

【실무 체크리스트】
- 사진 촬영
  - □ 정면 사진(전체 모습)
  - □ 측면 사진(깊이, 높이)
  - □ 세부 사진(로고, 특징)
  - □ 배경 단색 처리
  - □ 조명 밝게
  - □ 해상도 1200px 이상
- 카탈로그
  - □ 표지(제품명, 모델명)
  - □ 제품 특징 3가지 이상
  - □ 상세 사양표
  - □ 인증서 첨부
  - □ 제조사 정보
  - □ PDF 형식, 10MB 이하

다음 종합 상황을 읽고 각 물음에 답하시오.

> B업체는 신규로 나라장터에 가입하여 사무용 의자를 판매하려고 한다.
>
> - 업체명: (주)비스타가구
> - 대표자: 김철수
> - 사업자번호: 123-45-67890
> - 보유: 범용 공인인증서
> - 공장: 경기도 성남시 소재(임차)
>
> - 생산시설: 재단기 2대, 조립 라인 1식
> - 외주: 철재 프레임 제작(30%)
> - 인력: 생산직 8명(4대보험 가입)
> - 생산실적: 개업 6개월, 월 300개
> - 품질: 자체 품질관리 매뉴얼

(1) 나라장터 회원가입 시 필수 준비물 5가지를 쓰시오.

정답

1. 사업자등록증
2. 법인등기부등본(법인인 경우)
3. 범용 공인인증서
4. 대표자 신분증
5. 휴대폰(본인인증용)

(2) 물품등록 시 입력해야 할 물품정보 주요 항목 7가지를 쓰시오.

정답

1. 물품명(예시: 사무용 메쉬의자)
2. 규격(예시: W600×D600×H900mm)
3. 단위(예시: EA)
4. 제조사((주)비스타가구)
5. 모델명(예시: DH-2000)
6. 원산지(국산/수입)
7. 공급가격(VAT 별도)

PART 01

단원별 핵심정리

암기 필수사항

CHAPTER 01

1. 공공조달 총규모: 225조원(2024년)
2. 나라장터 거래액: 145조원(공공조달의 64.5%)
3. 전자입찰 의무: 2천만원 이상
4. 시스템 점검: 매일 01:00 ~ 05:00
5. 필수 인증서: 범용 공인인증서
6. 예외 투찰: 최대 30일
7. 지문등록: 전국 13개 조달청

CHAPTER 02

1. 물품식별번호: 16자리
2. 물품분류번호: 대 → 중 → 소 → 세 각 2자리
3. 확인서 유효기간: 3년
4. 외주 허용: 50% 이하
5. 갱신: 만료 1개월 전

학습 완료 체크리스트

☐ 나라장터 회원가입 화면별 절차 숙지
☐ 지문인식 vs 공인인증서 차이 이해
☐ 예외 투찰 신청 절차 완벽 숙지
☐ 물품식별번호 16자리 구조 완벽 이해
☐ 물품등록 화면별 입력 항목 숙지
☐ 단원별 핵심문제 모두 풀이 완료

공공조달 입찰계획 수립

본 PART2에서는 공공조달 입찰계획 수립을 위해 필요한 시장·수요 정보를 체계적으로 수집·분석하고, 이를 바탕으로 실행 가능한 입찰(마케팅) 전략을 마련하는 실무 역량을 다룬다.

특히 조달청이 운영하는 공공조달 데이터 통합 플랫폼인 조달데이터허브(data.g2b.go.kr)를 기반으로 주요 공공조달 통계의 시각화·분석, 보고서·오픈API 활용 등을 통해 시장 규모를 파악하고, 수요기관 분석 및 수요 예측을 연결하여 입찰 전략 수립까지 이어지도록 학습한다.

구분	학습 내용	핵심 역량
CHAPTER 01	조달데이터허브 및 시장 분석	조달데이터허브 활용, 시장규모 분석
CHAPTER 02	수요 예측 및 마케팅 전략	수요기관 분석, 입찰 전략 수립

1. 조달데이터허브의 데이터 제공·시각화·분석(보고서/오픈API 등) 기능을 이해하고, 공공조달 통계 데이터를 목적에 맞게 조회·활용할 수 있다.
2. 공공조달 시장 규모 및 조달 실적 관련 지표를 해석하여, 목표 시장의 규모·구조·추이를 파악하고 입찰 기회 발굴에 활용할 수 있다.
3. 수요기관 특성 분석과 수요 예측 관점의 핵심 요소를 정리하여, 실무에 적용 가능한 마케팅/입찰 전략 수립 방향을 도출할 수 있다.

CHAPTER 01

조달데이터허브 및 시장 분석

01 조달데이터허브 개요

1 정의 및 업무 범위

① 조달데이터허브의 정의
- 조달데이터허브(data.g2b.go.kr)는 조달청이 운영하는 공공조달데이터 통합 플랫폼
- 조달데이터허브 이용자를 위한 데이터제공, 데이터시각화, 관련 규정, 규정 확인 등의 주요 서비스를 제공함

② 이용자 서비스 업무 범위

<이용자 서비스 업무 범위>

데이터제공	보고서 목록, 오픈API 목록
데이터시각화	주요 공공조달통계, 조달청 현황, 조달업체 현황, 수요기관 현황
관련 규정	쇼핑몰키워드분석, 공공조달수요예측, 입찰혼잡도예측, 빅데이터실험실
규정 확인	데이터허브소개, 이용자 가이드, 용어사전, 공지사항, 자료실, FAQ, Q&A, 설문조사

2 시스템 구성 및 접속 방법

① 조달데이터허브 시스템 구성 및 접속 방법

▲ 조달데이터허브(data.g2b.go.kr) 홈페이지 화면

② 조달데이터허브 화면 흐름도

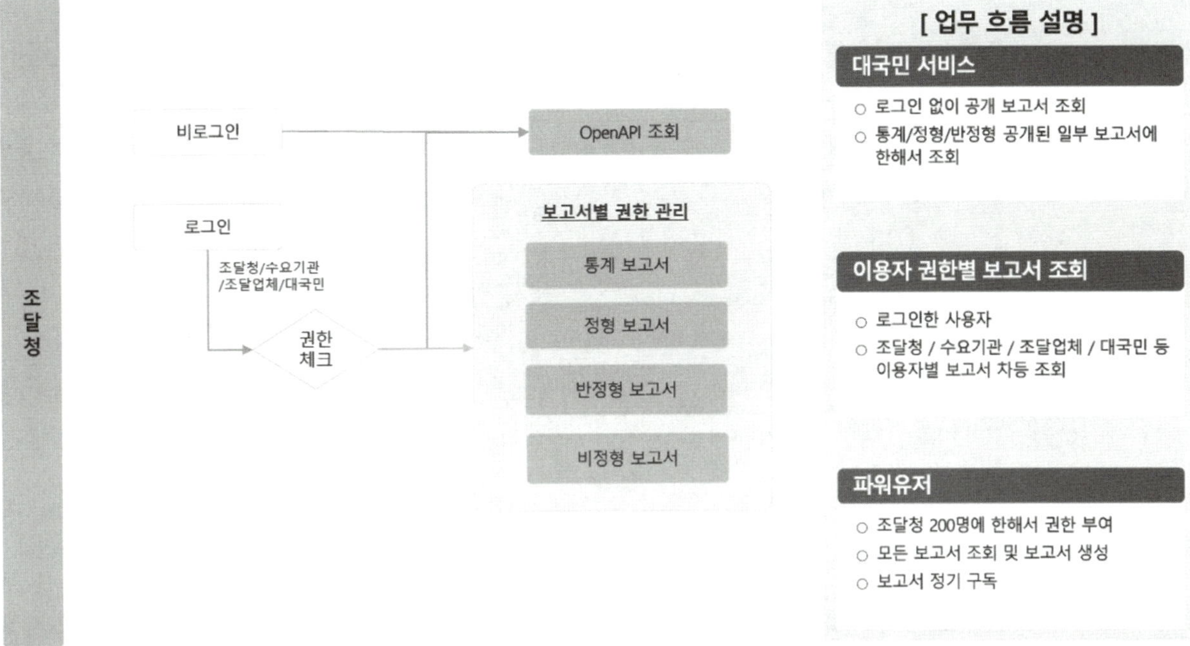

▲ 조달데이터허브 화면 흐름도

실무톡톡

▶ 조달데이터허브는 별도 회원가입 없이도 기본 통계를 조회할 수 있음
단, 상세 데이터 다운로드나 API 활용을 위해서는 나라장터 아이디로 로그인 필요함
☑ 로그인 없이 가능: 통계 조회, 리포트 열람
☑ 로그인 필요: 데이터셋 다운로드, API 인증키 발급

02 조달데이터허브 서비스

1 조달데이터제공 서비스

① 조달데이터 분석 서비스
- 조달데이터허브의 데이터제공 메뉴에 접속하면 사전 정의된 데이터 보고서가 125건 이상(로그인, 2026년 2월 기준) 등록되어 있음
- '데이터 보고서' 목록별로 해당 보고서에 포함된 데이터의 속성과 보고서의 내용을 설명하고 있음

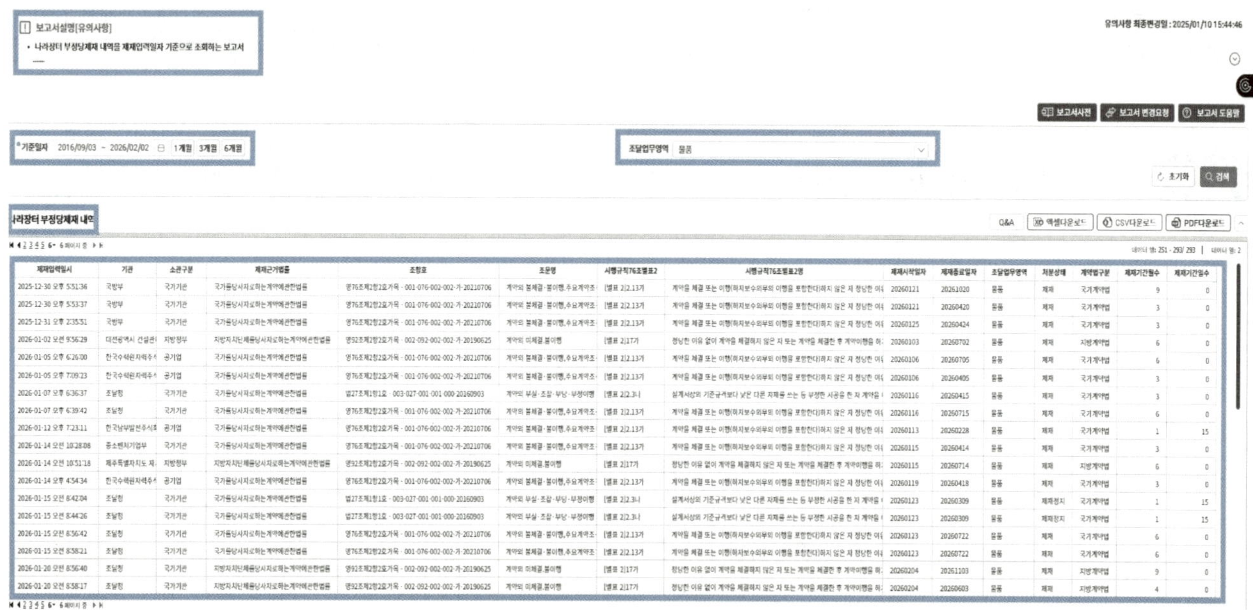

▲ 조달 분석 데이터 보고서 화면

▲ 조달 분석 데이터 보고서 상세 내역 화면

② 조달데이터 오픈API 형식 제공 서비스

- 조달업체 등 사용자가 직접 표준화된 조달데이터로 웹서비스 또는 모바일 앱을 개발하기 위한 목적으로 오픈 API 형식의 공개데이터를 활용할 수 있음

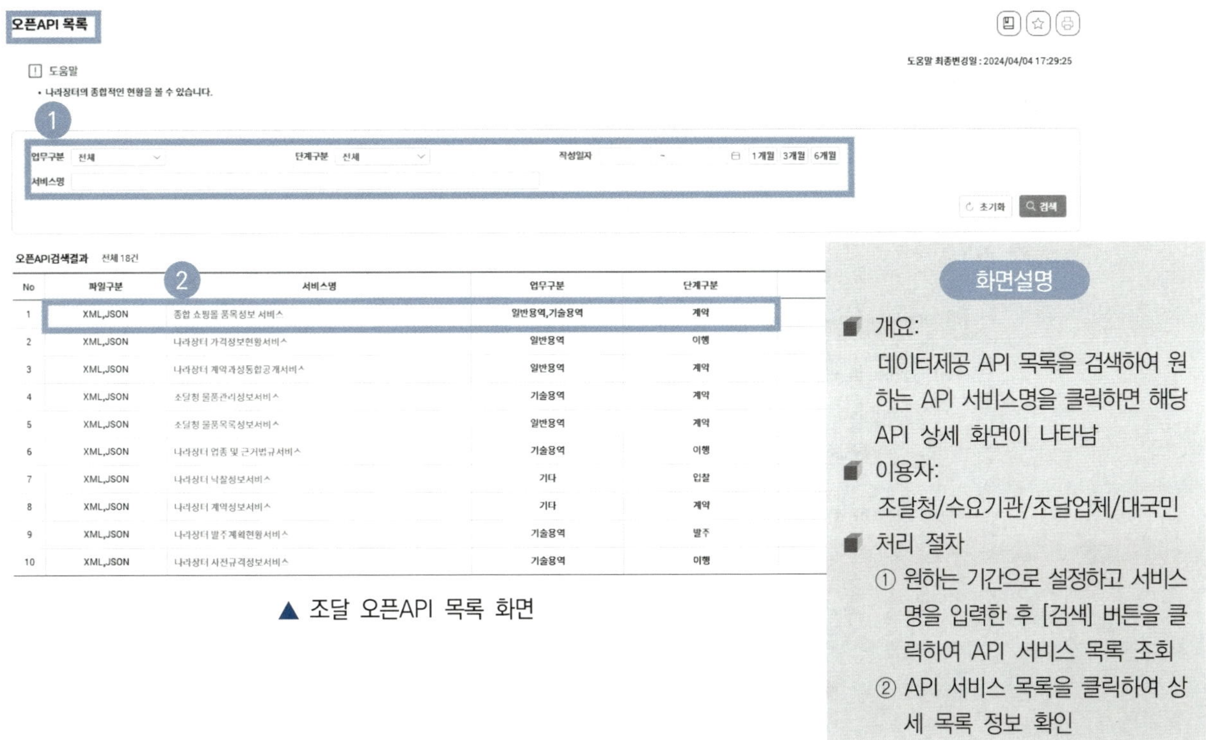

▲ 조달 오픈API 목록 화면

2 조달데이터 서비스

① 주요 공공조달 통계 시각화

- 나라장터 입찰공고 실적 시각화 및 나라장터 계약실적 시각화 자료를 볼 수 있음

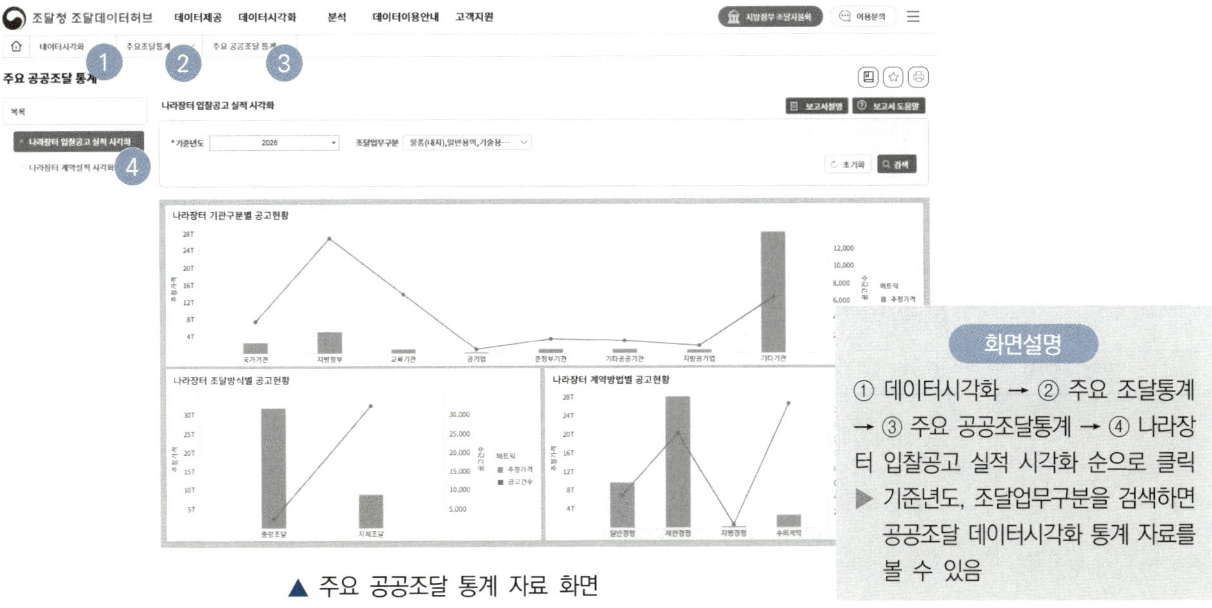

▲ 주요 공공조달 통계 자료 화면

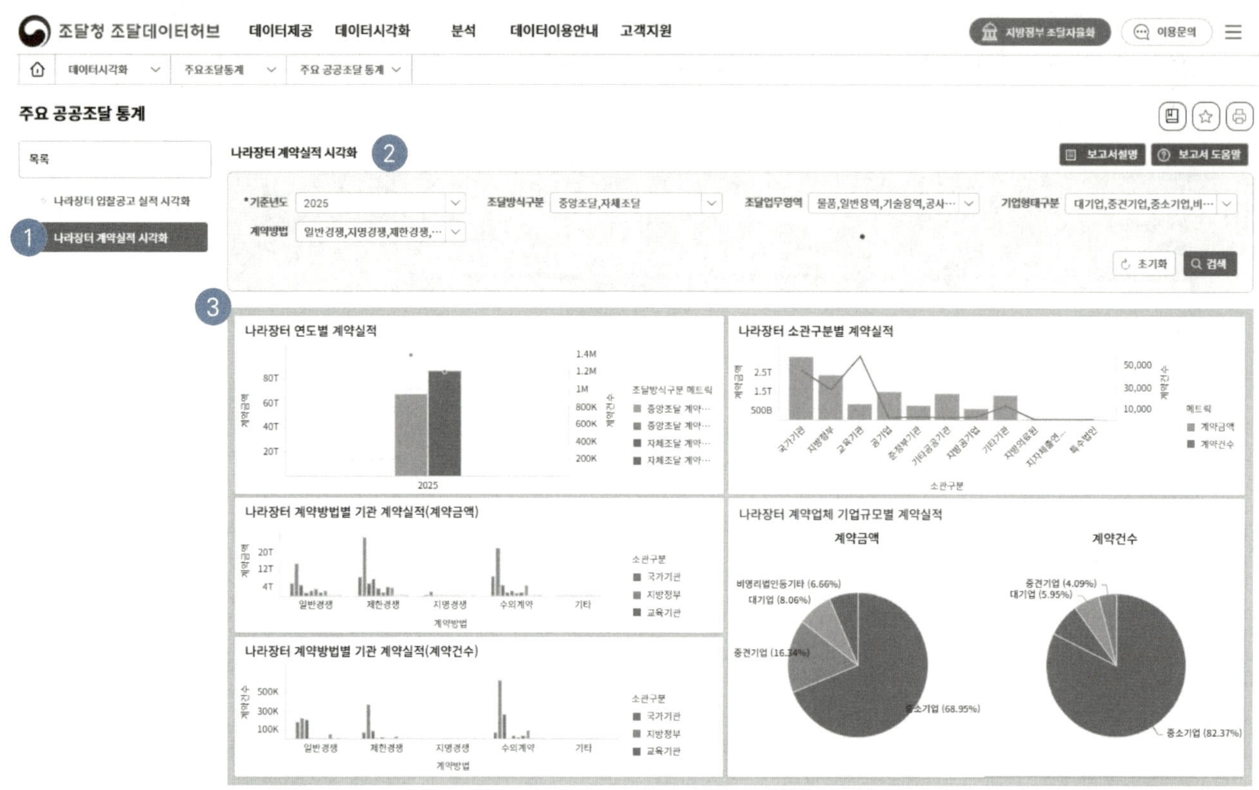

▲ 주요 공공조달 통계 시각화 화면

〈통계 하위메뉴 구성〉

메뉴	조회 내용	실무 활용
총괄통계	전체 조달규모, 증감률	시장 전체 규모 파악
계약방식별	경쟁/수의/협상별 현황	자사 적합 계약방식 분석
기관유형별	중앙/지자체/공공기관별	타겟 기관군 선정
품목별	세부품명별 구매현황	품목별 시장규모 파악
지역별	시도/시군구별 현황	지역제한 입찰 전략
기업규모별	대/중견/중소기업별	경쟁구도 분석

② 데이터 분석 서비스

- 데이터 분석 메뉴에서는 종합쇼핑몰 거래 물품의 계약실적 자료를 기반으로 '쇼핑몰키워드분석', '공공조달수요예측', '입찰혼잡도예측', '빅데이터 실험실' 기능을 제공하고 있음

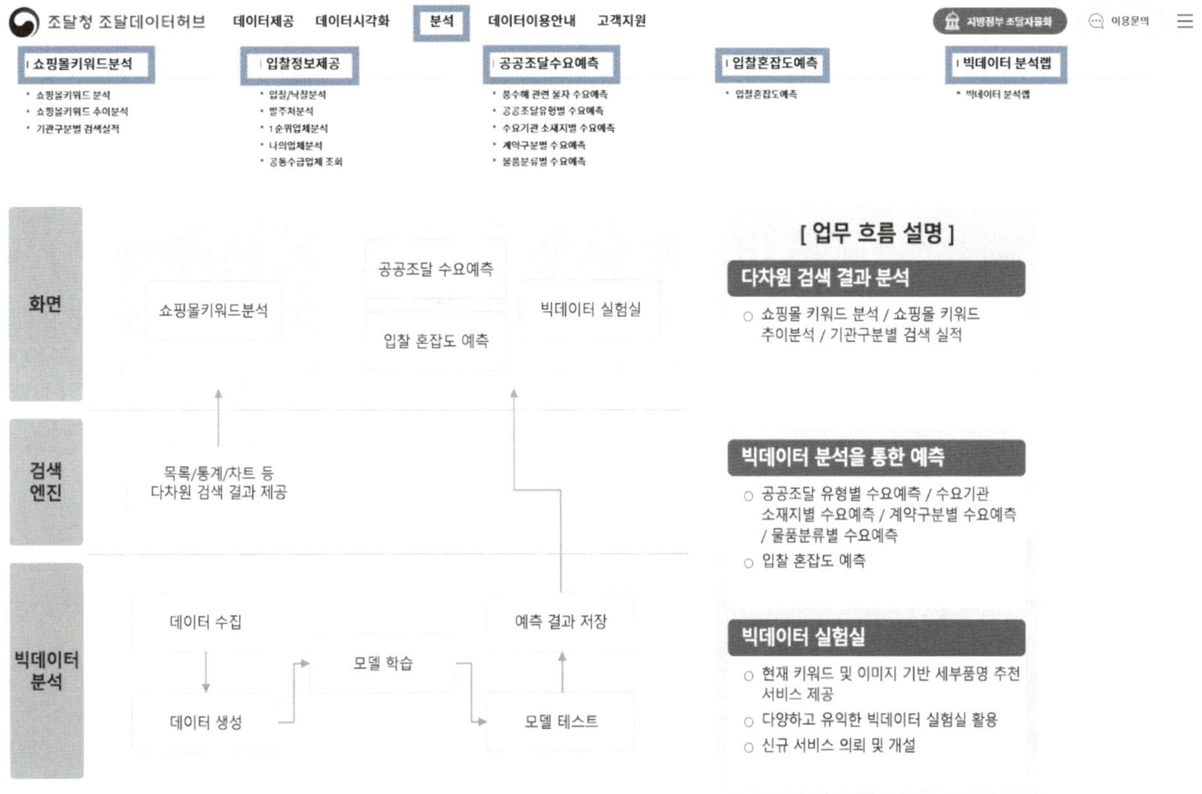

▲ 조달데이터허브 데이터 분석 화면 흐름도

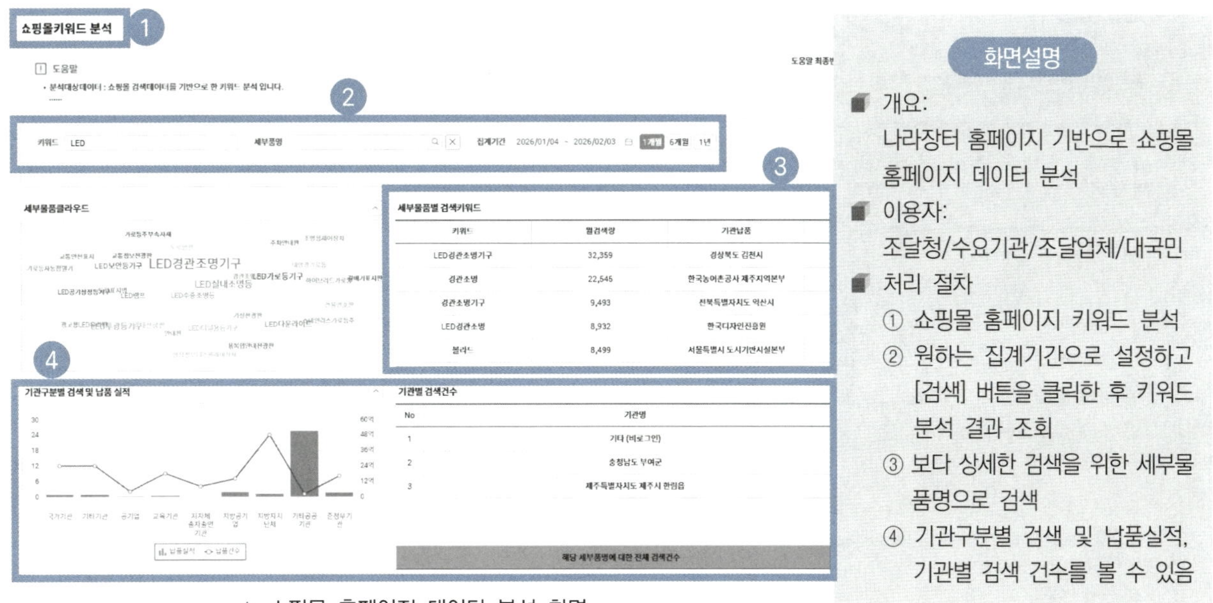

▲ 쇼핑몰 홈페이지 데이터 분석 화면

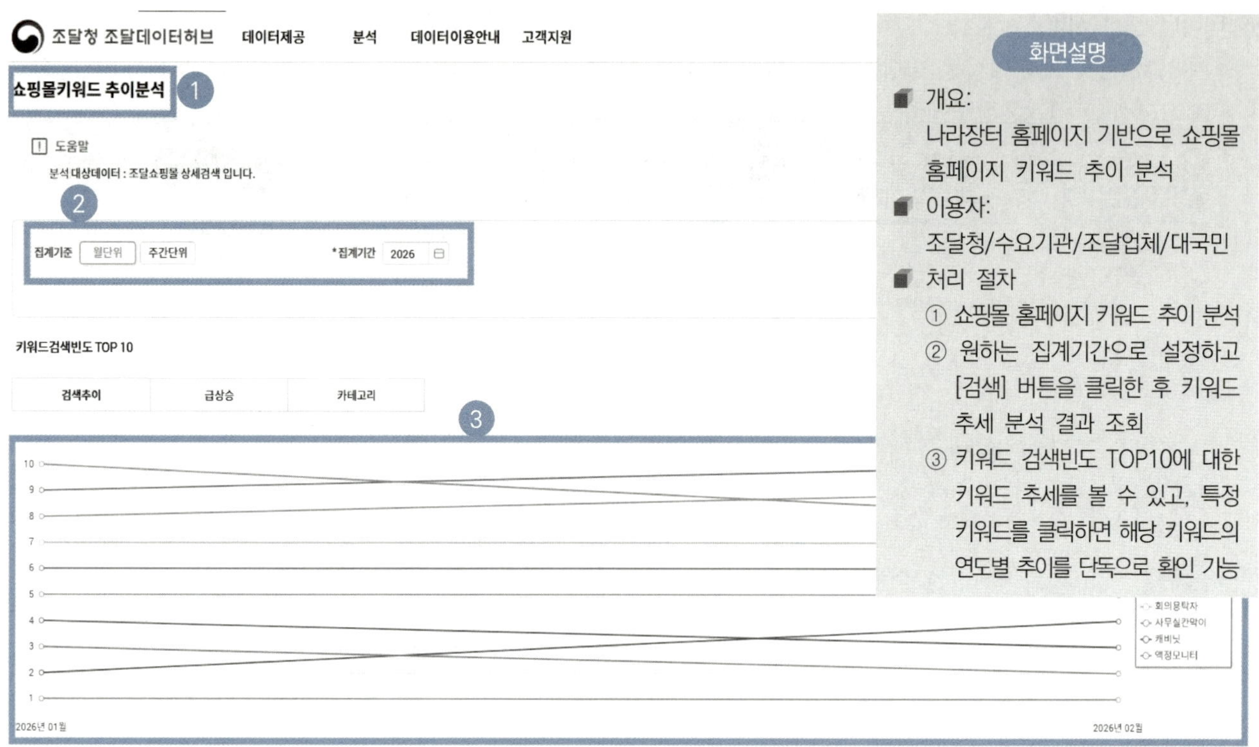

▲ 쇼핑몰 홈페이지 키워드 추이 분석 화면

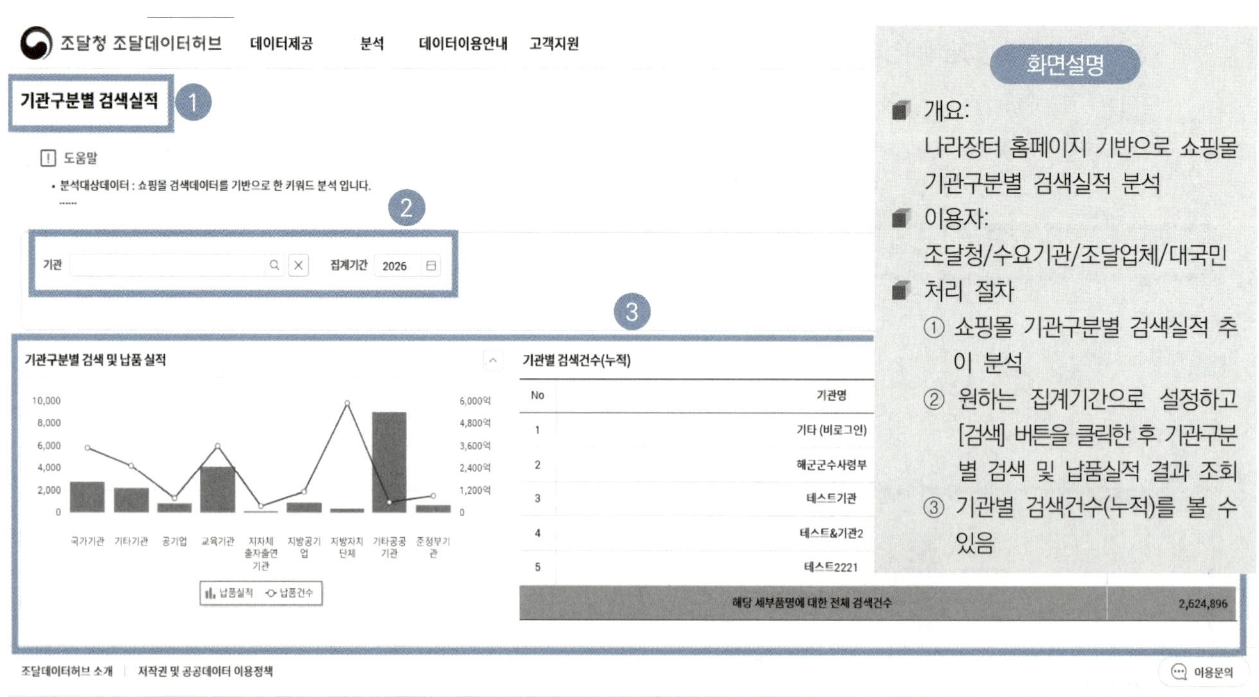

▲ 기관구분별 검색실적 화면

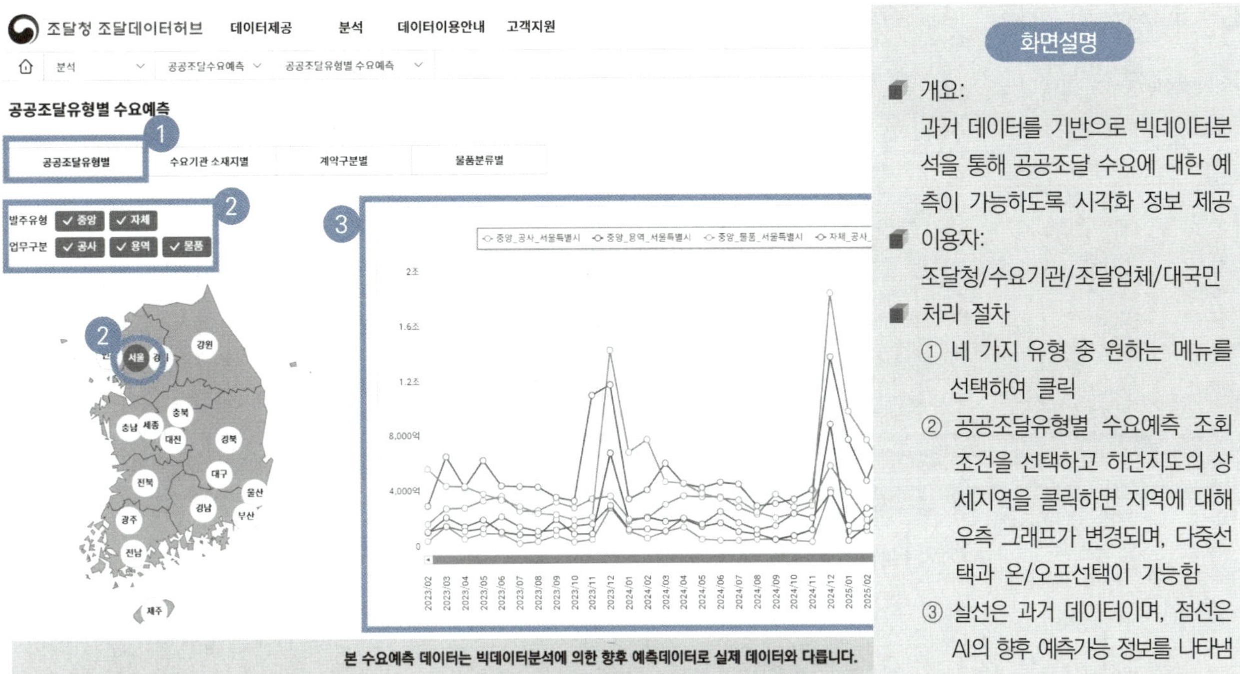

▲ 공공조달유형별 수요예측 분석 화면

화면설명

■ 개요:
과거 데이터를 기반으로 빅데이터분석을 통해 공공조달 수요에 대한 예측이 가능하도록 시각화 정보 제공

■ 이용자:
조달청/수요기관/조달업체/대국민

■ 처리 절차
① 네 가지 유형 중 원하는 메뉴를 선택하여 클릭
② 공공조달유형별 수요예측 조회 조건을 선택하고 하단지도의 상세지역을 클릭하면 지역에 대해 우측 그래프가 변경되며, 다중선택과 온/오프선택이 가능함
③ 실선은 과거 데이터이며, 점선은 AI의 향후 예측가능 정보를 나타냄

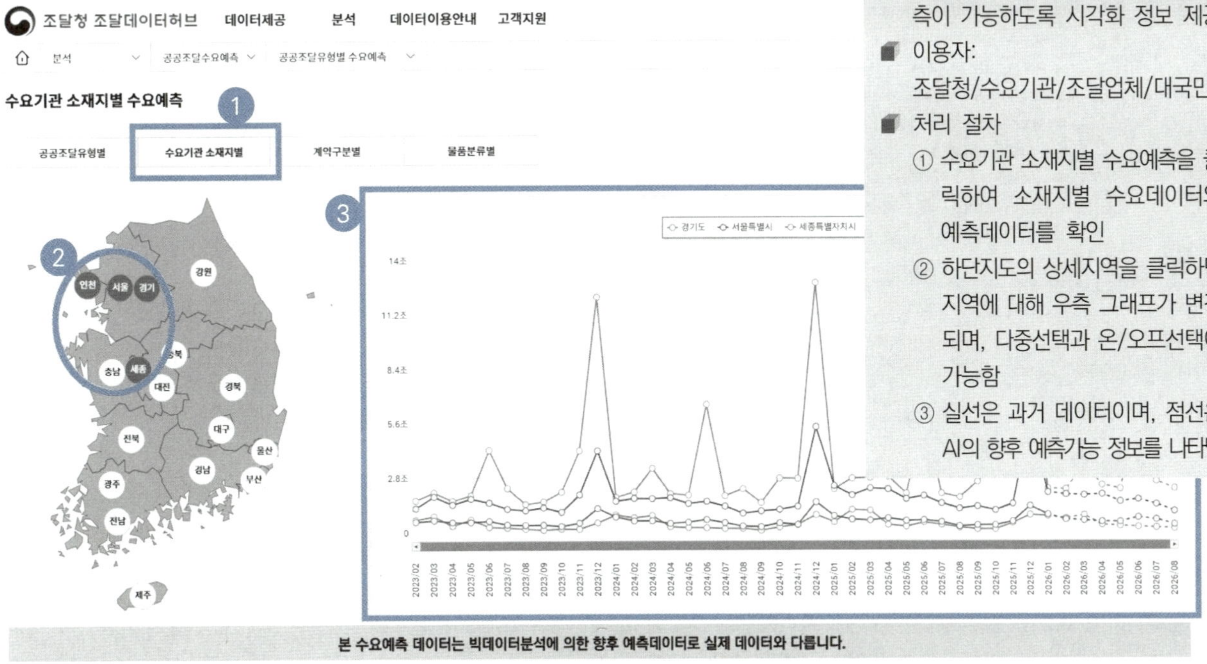

▲ 수요기관 소재지별 수요예측 분석 화면

화면설명

■ 개요:
과거 데이터를 기반으로 빅데이터분석을 통해 공공조달 수요에 대한 예측이 가능하도록 시각화 정보 제공

■ 이용자:
조달청/수요기관/조달업체/대국민

■ 처리 절차
① 수요기관 소재지별 수요예측을 클릭하여 소재지별 수요데이터와 예측데이터를 확인
② 하단지도의 상세지역을 클릭하면 지역에 대해 우측 그래프가 변경되며, 다중선택과 온/오프선택이 가능함
③ 실선은 과거 데이터이며, 점선은 AI의 향후 예측가능 정보를 나타냄

계약구분별 수요예측

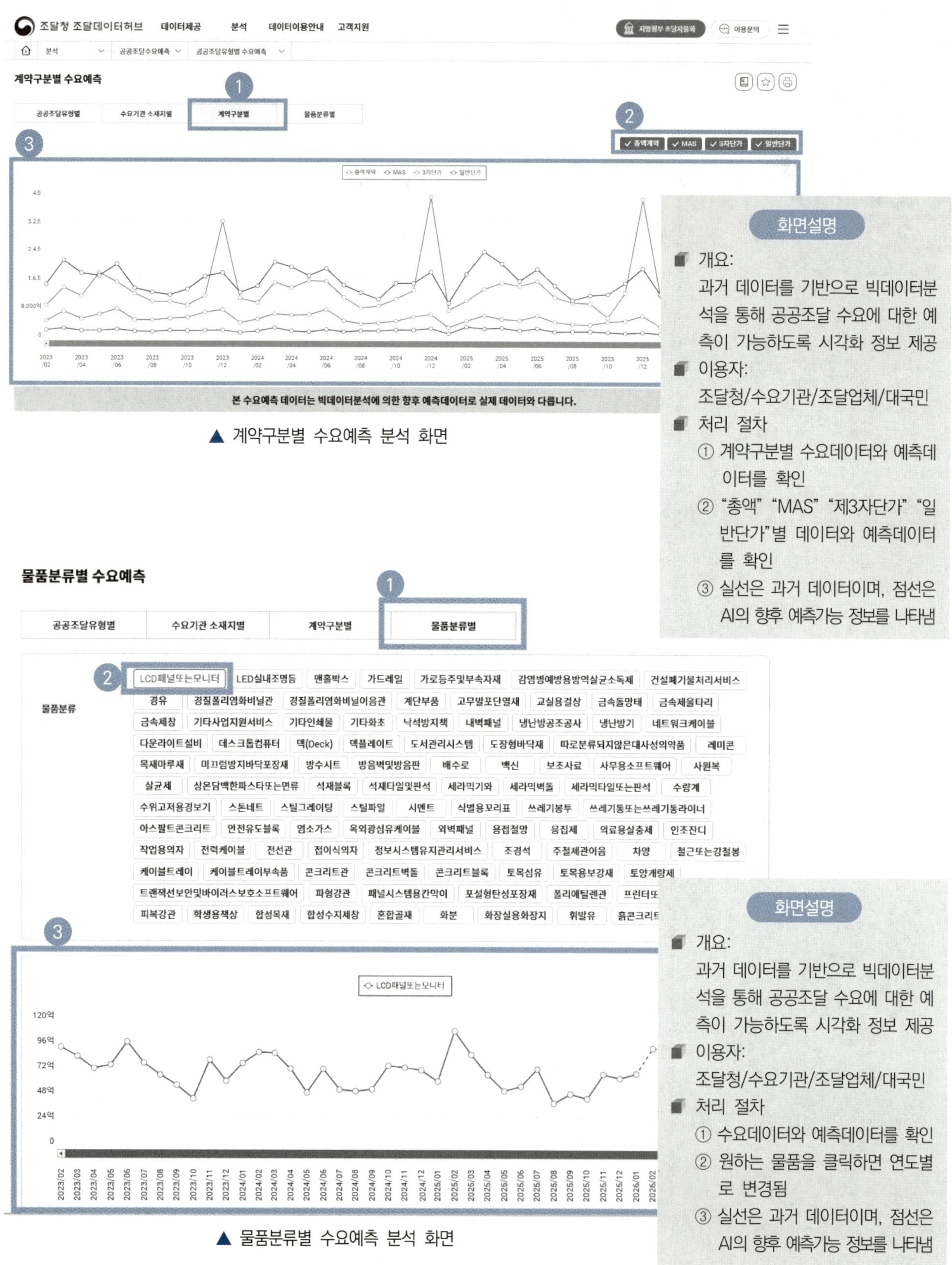

▲ 계약구분별 수요예측 분석 화면

화면설명

■ 개요:
과거 데이터를 기반으로 빅데이터분석을 통해 공공조달 수요에 대한 예측이 가능하도록 시각화 정보 제공

■ 이용자:
조달청/수요기관/조달업체/대국민

■ 처리 절차
① 계약구분별 수요데이터와 예측데이터를 확인
② "총액" "MAS" "제3자단가" "일반단가"별 데이터와 예측데이터를 확인
③ 실선은 과거 데이터이며, 점선은 AI의 향후 예측가능 정보를 나타냄

물품분류별 수요예측

▲ 물품분류별 수요예측 분석 화면

화면설명

■ 개요:
과거 데이터를 기반으로 빅데이터분석을 통해 공공조달 수요에 대한 예측이 가능하도록 시각화 정보 제공

■ 이용자:
조달청/수요기관/조달업체/대국민

■ 처리 절차
① 수요데이터와 예측데이터를 확인
② 원하는 물품을 클릭하면 연도별로 변경됨
③ 실선은 과거 데이터이며, 점선은 AI의 향후 예측가능 정보를 나타냄

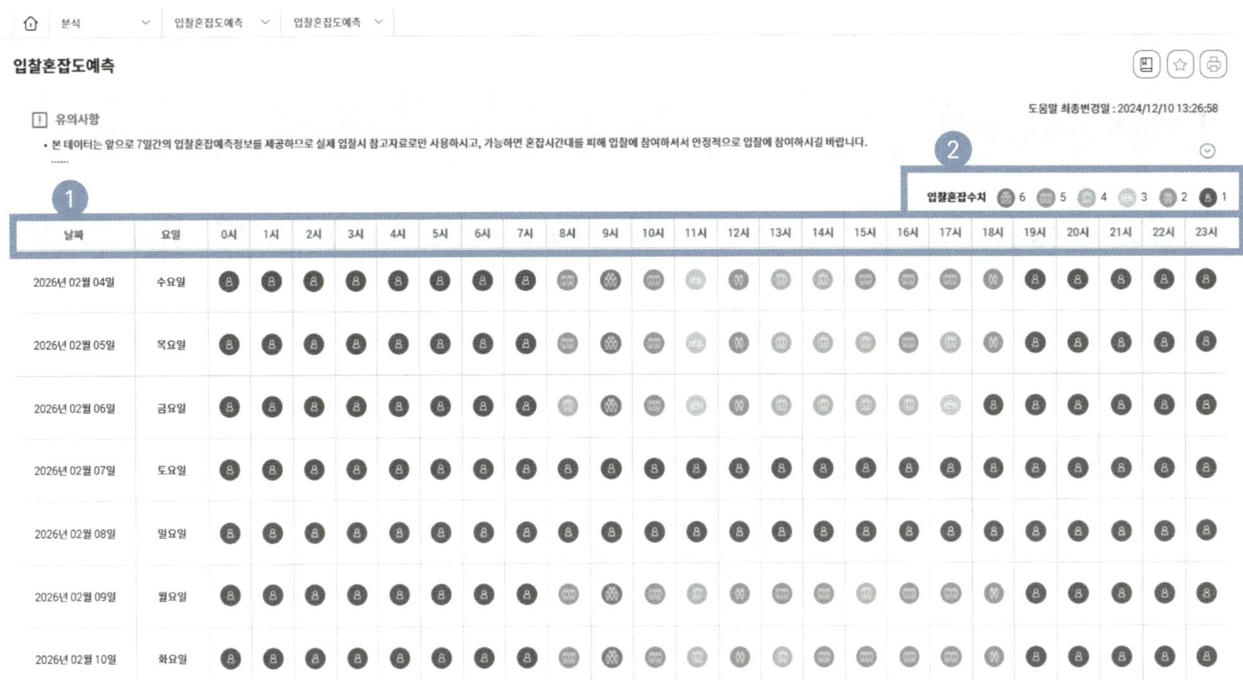

▲ 입찰혼잡도 예측 분석 화면

화면설명

- 개요:
  과거 데이터를 기반으로 빅데이터분석을 통해 공공조달 수요에 대한 예측이 가능하도록 시각화 정보 제공
- 이용자:
  조달청/수요기관/조달업체/대국민
- 처리 절차
  ① 일자별 및 시간대별 입찰 데이터를 기반으로 1주간의 입찰혼잡 예측이 가능한 화면 제공
  ② 초록색이 진할수록 원활하게 접속하여 입찰이 가능하며 빨간색이 진할수록 부하 발생

1 공공조달 규모 현황

① 2024년 공공조달 규모 현황
- 2024년 공공조달 시장규모는 총 225조 1,000억원(전년대비 +7.9%)로 나라장터 거래는 145조 1,000억원 (64.5%) 자체조달은 80조원(35.5%)
- 나라장터: 국가종합전자조달시스템 거래금액, 자체조달: 28개 자체조달시스템 + 비전자계약

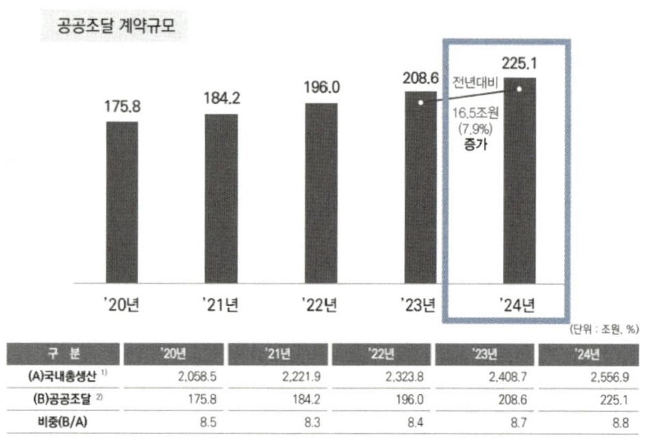

(단위 : 조원, %)

구 분	'20년	'21년	'22년	'23년	'24년
(A)국내총생산 [1]	2,058.5	2,221.9	2,323.8	2,408.7	2,556.9
(B)공공조달 [2]	175.8	184.2	196.0	208.6	225.1
비중(B/A)	8.5	8.3	8.4	8.7	8.8

'24년 분기별·월별 계약실적(사업별)

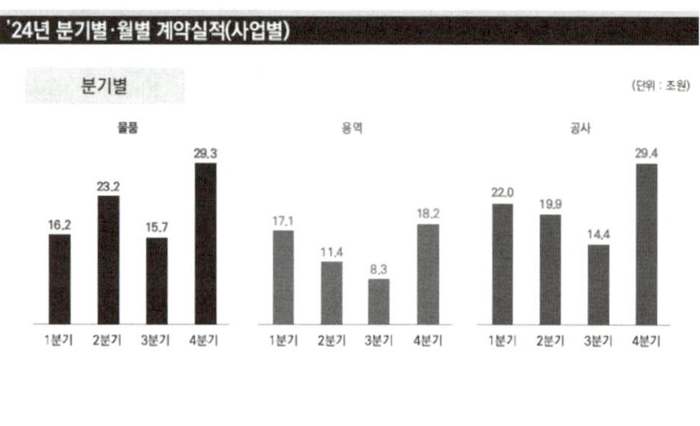

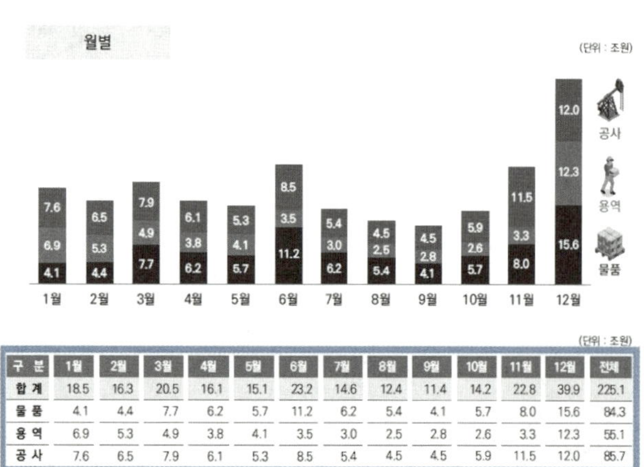

구 분	1월	2월	3월	4월	5월	6월	7월	8월	9월	10월	11월	12월	전체
합 계	18.5	16.3	20.5	16.1	15.1	23.2	14.6	12.4	11.4	14.2	22.8	39.9	225.1
물 품	4.1	4.4	7.7	6.2	5.7	11.2	6.2	5.4	4.1	5.7	8.0	15.6	84.3
용 역	6.9	5.3	4.9	3.8	4.1	3.5	3.0	2.5	2.8	2.6	3.3	12.3	55.1
공 사	7.6	6.5	7.9	6.1	5.3	8.5	5.4	4.5	4.5	5.9	11.5	12.0	85.7

▲ 2024년 공공조달 통계 분석 화면

실무톡톡

나라장터 거래비중 추이를 주목하세요!
2021년: 60.8% → 2022년: 62.0% → 2023년: 62.6% → 2024년: 64.5%
▶ 차세대 나라장터(2025 ~ 2026년 개통) 이후 자체조달시스템 25개가 통합되면, 나라장터 비중은 80% 이상으로 급증할 전망!
시험 Tip "나라장터 거래비중 연도별 추이" 계산형 문제 대비

② 주요 공공조달 실적 현황

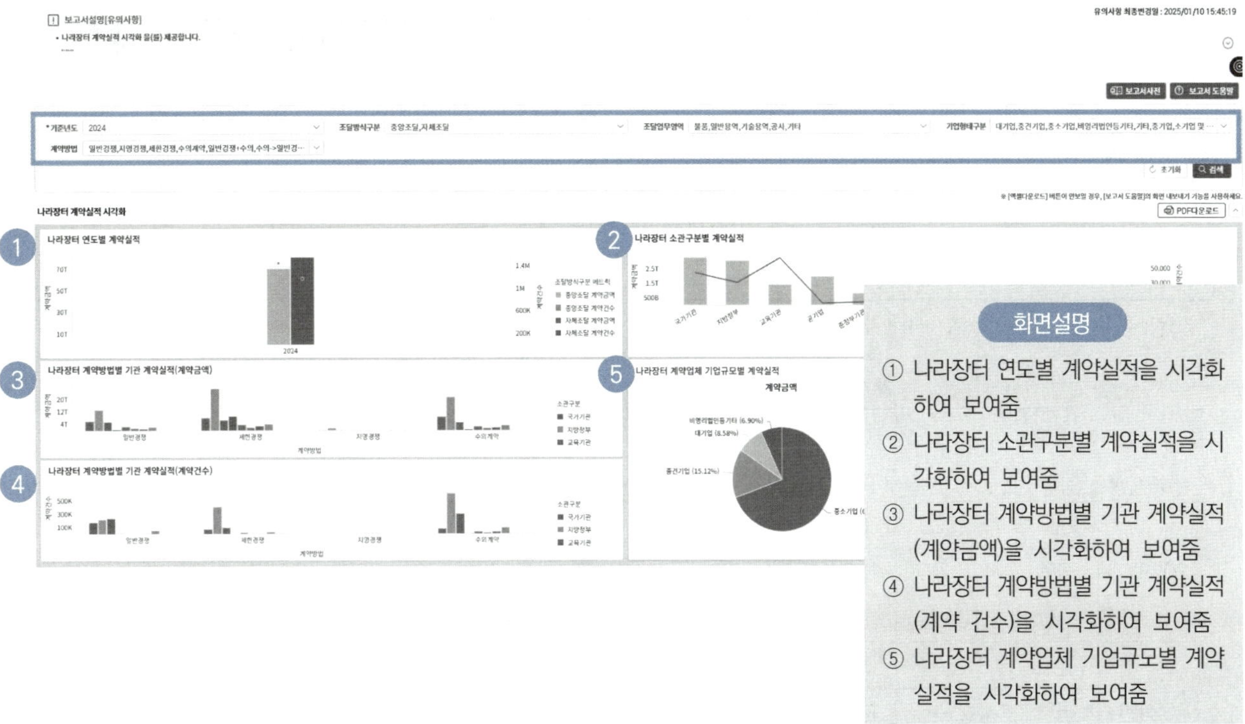

<전체 공공조달시장(물품, 공사, 용역)에서 조달청 비중>

구분	2020년	2021년	2022년	2023년	2024년
전체 공공조달 계약실적(A)*	1,757,904	1,841,774	1,960,099	2,085,849	2,250,595
조달청 계약실적(B)**	480,545	513,566	572,121	595,782	707,205
비율(B/A)	27.3	27.9	29.2	28.6	31.4

* 전체 공공조달 계약실적은 조달데이터허브의 공공조달통계 연도별 마감실적 사용
** 조달청 조달규모는 내자구매와 시설공사 계약의 합을 의미하며, 외자, 비축사업, 조달지원사업을 제외한 실적임

<기업규모별 전략 포인트>

기업규모	비중	특징	핵심 전략
중소기업	63.1%	정책적 보호, 의무구매 적용	중소기업자 간 경쟁입찰 집중
중견기업	15.5%	기술력 기반 대형사업 참여	협상계약, 기술제안 강화
대기업	14.0%	국방, 대형 인프라 사업	대형 복합사업 참여
기타	7.4%	비영리, 협회, 재단	전문용역, 위탁사업

➕ plus

<법령 체크>
「중소기업제품 구매촉진 및 판로지원에 관한 법률」 제4조
"공공기관은 중소기업제품 구매액이 해당 연도 전체 물품 구매액의 100분의 50 이상이 되도록 하여야 한다."
▶ 이 법률로 인해 중소기업 비중이 63.1%로 높게 유지됨
▶ "중소기업자 간 경쟁제품" 지정제도와 연계

〈조달계약의 계약 방법별 비중〉

(단위: 억원, %)

구분	2021년	2022년	2023년	2024년	2025년
합계	524,301	580,885	604,290	715,726	697,256
경쟁계약	406,160	450,058	468,972	578,296	554,770
(비율)	(77.5)	(77.5)	(77.6)	(80.8)	(79.6)
수의계약	118,141	130,827	135,318	137,430	142,429
(비율)	(22.5)	(22.5)	(22.4)	(19.2)	(20.4)

* 조달계약은 내자, 외자, 시설, 비축계약 포함

(단위: 건, 억원, %)

구분		합계	경쟁계약				수의계약			
			일반	지명	제한	소계	기술	정책	기타	소계
2023년	건수	30,915	6,833	240	11,409	18,482	4,190	995	7,248	12,433
	금액	427,707	150,721	886	143,345	294,952	62,476	3,377	66,902	132,755
	(%)	100.0	35.2	0.2	33.5	69.0	14.6	0.8	15.6	31.0
2024년	건수	31,897	7,900	212	11,828	19,940	4,305	877	6,775	11,957
	금액	432,741	145,780	833	152,704	299,317	62,583	3,542	67,299	133,424
	(%)	100.0	33.7	0.2	35.3	69.2	14.5	0.8	15.6	30.8
2025년	건수	27,328	8,157	265	8,481	16,903	3,436	812	6,177	10,425
	금액	415,783	142,389	1,120	144,073	287,582	60,496	3,577	64,128	128,201
	(%)	100.0	34.2	1.0	34.7	69.2	14.5	0.9	15.4	30.8

* 건수는 계약건수, 금액은 공급금액 기준이며, 리스는 경쟁계약(일반)에 포함

실무톡톡

공공조달 시장의 성장 배경을 이해하면 서술형 대비에 유리!
▶ 주요 성장 요인
- 2018년: 일자리 창출 정책(+12.8%)
- 2020년: 코로나19 대응 재정확대(+10.5%)
- 2021년: 한국판 뉴딜 정책(+9.5%)

시험 Tip "공공조달 시장 성장 요인" 서술형 문제 대비

2 조달데이터허브 활용 실무

① 품목별 시장분석 실습

| 실습 1 | 특정 품목 시장규모 분석 |

[실습 목표] "소프트웨어개발 용역" 품목의 시장규모 파악

【Step 1】조달데이터허브(data.g2b.go.kr) 접속

【Step 2】통계 메뉴 선택
• 상단 메뉴 [통계] → [품목별 통계] 클릭

【Step 3】조회조건 설정
• 기준년도: 2022 ~ 2024(3년)
• 품목분류: 용역 → 정보통신 → 소프트웨어개발
• [조회] 버튼 클릭

【Step 4】분석(조회) 결과

연도	계약금액	건수	증가율
2022년	2.8조원	12,500건	–
2023년	3.0조원	13,200건	+7.1%
2024년	3.2조원	14,100건	+6.7%

【Step 5】시사점 도출
• 시장규모: 연간 약 3조원 이상
• 성장률: 연평균 약 7% 성장
• 전략: SW개발 역량 보유 기업에게 유망 시장

② 경쟁사 분석 실습

실습 2	경쟁사 수주 현황 분석

[실습 목표] 특정 품목의 주요 낙찰업체 및 낙찰률 분석

【Step 1】 데이터셋 메뉴 접속
• [데이터셋] → [낙찰 현황 데이터] 선택

【Step 2】 조회조건 설정 및 다운로드
• 기간: 최근 1년
• 품목: 관심 품목 선택
• [CSV 다운로드] 클릭

【Step 3】 엑셀에서 분석
• 피벗테이블로 업체별 낙찰건수 집계
• 평균낙찰률 계산
• 주요 경쟁사 TOP 10 도출

【Step 4】 분석 결과

〈주요 경쟁사 분석 결과〉

순위	업체명	낙찰건수	평균낙찰률
1	A사	45건	88.5%
2	B사	38건	89.2%
3	C사	32건	87.8%

실무톡톡

개별 업체의 투찰가격, 세부낙찰률 등 영업비밀에 해당하는 정보는 당사자 외에는 공개되지 않음!
• 공개 정보: 낙찰업체명, 낙찰금액, 계약일자
• 비공개 정보: 투찰가격, 개별낙찰률, 가격점수

③ 나라장터 통계 조회 실무

① 나라장터 입찰정보 조회

- 나라장터 [로그인] [회원가입] [고객센터 1588-0800]

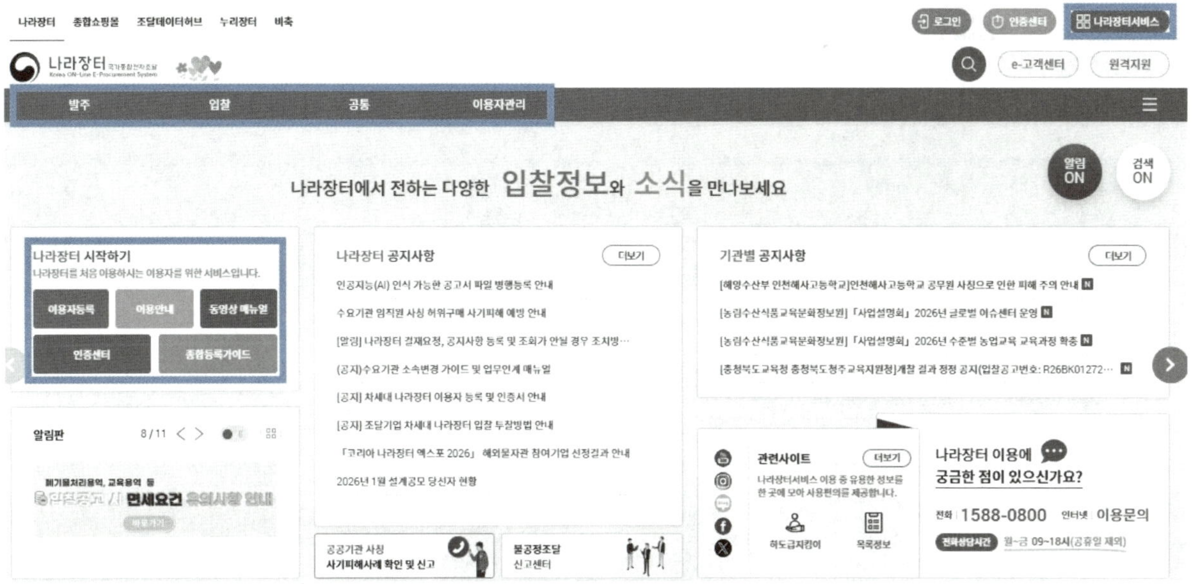

▲ 나라장터(www.g2b.go.kr) 메인화면

| 입찰정보 | 계약정보 | 쇼핑몰 | 물가정보 | 통계정보 | 고객지원 |　← 메뉴

　　　↑　　　　　　　　　　　　　　　　↑

① 입찰공고　　　　　　　　　　② 통계조회

□ 통합검색　[검색어 입력] [검색]

□ 입찰공고　　□ 개찰결과　　□ 계약현황
- 오늘의 입찰　　　최근 개찰　　　계약체결 현황
- 공고 현황　　　결과 조회　　　조회

실무톡톡

나라장터 통합검색을 활용하면 입찰공고를 빠르게 찾을 수 있음!

검색 Tip

- 키워드 검색: "소프트웨어 개발" → 관련 모든 공고 검색
- 공고번호 검색: "20240101234" → 특정 공고 바로 이동
- ★ 입찰 알림 서비스를 등록하면 관심 키워드 공고를 SMS로 받을 수 있음!

② 입찰공고 상세조회

입찰공고 검색 화면

□ 입찰 > 입찰공고목록 > 검색

[검색조건]
- 업무구분: [물품 ▼] [공사 ▼] [용역 ▼] [외자 ▼] [리스 ▼]
  ↑
  ① 업무선택
- 입찰방식: [일반경쟁 ▼] [제한경쟁 ▼] [지명경쟁 ▼]
  ↑
  ② 입찰방식선택
- 공고기간: [2024.01.01] ~ [2024.12.31]
  ↑
  ③ 기간설정
- 입찰공고번호/공고명: [소프트웨어]
  ↑
  ④ 키워드

[초기화] [검색]

실무톡톡

① 업무선택: 물품/공사/용역/외자/리스 중 선택
  → 자사 사업 영역에 맞는 유형 선택
② 입찰방식선택: 경쟁 형태 선택
  - 일반경쟁: 자격 있는 모든 업체 참여 가능
  - 제한경쟁: 실적, 기술력 등으로 참가 자격 제한
  - 지명경쟁: 발주기관이 지명한 업체만 참여
③ 기간설정: 공고일 기준 검색 기간
  → 입찰마감일이 아닌 공고일 기준임에 주의!
④ 키워드: 공고번호 또는 공고명 입력
  → 핵심 키워드로 검색해야 누락 없이 검색됨

③ 사전규격공개 조회

▲ 사전규격공개 검색 화면

□ 입찰정보 > 사전규격공개

[사전규격공개 목록]

NO	공개건명	의견등록	마감일
1	○○시스템 구축 용역 규격	3건	2024.02.01
2	△△장비 구매 규격	5건	2024.02.03
3	□□용역 제안요청서 규격	2건	2024.02.05

[상세보기 클릭 시]
• 규격서 내용
  - 사업개요
  - 요구사항
  - 제출서류
  - 평가기준

[의견등록] ← 클릭하여 의견 제출

단원별 핵심문제

01
(서술형)

조달데이터허브(data.g2b.go.kr)에서 제공하는 4가지 주요 서비스를 설명하시오.

정답

1. 조달통계 서비스: 연도별, 분야별, 기관별 계약실적과 낙찰률, 경쟁률 등 종합 통계 정보를 제공하여 시장 규모와 동향을 파악할 수 있다.
2. 분석리포트 서비스: 전문 분석가가 작성한 공공조달 동향분석, 정책효과 분석, 산업별 심층분석 보고서를 열람할 수 있다.
3. 공개데이터(데이터셋) 서비스: 입찰공고, 계약정보, 물가정보, 기업정보 등 원천 데이터셋을 Excel, CSV 형식으로 다운로드하여 자체 분석에 활용할 수 있다.
4. OpenAPI 서비스: 시스템 간 자동 연계를 위한 API를 제공하여 실시간 데이터 수신 및 자동화된 모니터링이 가능하다.

02
(서술형)

2024년 기준 공공조달 시장에서 중소기업이 차지하는 비중과 그 배경을 설명하고, 중소기업이 공공조달 시장에 효과적으로 진출하기 위한 전략 3가지를 제시하시오.

정답

【비중 및 배경】
1. 2024년 기준 중소기업의 공공조달 계약금액은 142조 1,000억원으로 전체의 63.1%를 차지하며, 이러한 높은 비중의 배경에는 정부의 중소기업 보호 및 육성 정책이 있다.
2. 「중소기업제품 구매촉진 및 판로지원에 관한 법률」에 따라 공공기관은 물품 구매액의 50% 이상을 중소기업 제품으로 구매하여야 한다.
3. "중소기업자 간 경쟁제품" 지정제도를 통해 일정 품목은 중소기업만 입찰에 참여할 수 있도록 하고 있다.

【진출 전략】
1. 중소기업자 간 경쟁입찰 집중: 중소기업자 간 경쟁제품으로 지정된 품목의 입찰에 집중하여 대기업과의 직접 경쟁을 피하고 낙찰 확률을 높인다.
2. 우수제품 지정 또는 혁신제품 지정 추진: 기술혁신형 제품을 우수제품 또는 혁신제품으로 지정받아 수의계약 특례를 활용한다.
3. 지역제한 입찰 활용: 지방자치단체가 발주하는 소규모 사업은 해당 지역 소재 업체로 입찰참가를 제한할 수 있으므로, 지역에 사업장을 두고 지역제한 입찰에 참여한다.

03
(계산형)

[나라장터 거래비중 연도별 추이]

다음 자료를 바탕으로 물음에 답하시오.

> • 2024년 전체 공공조달 규모: 225조 1,000억원
> • 2024년 나라장터 거래비중: 64.5%
> • 2023년 전체 공공조달 규모: 208조 6,000억원
> • 2023년 나라장터 거래비중: 62.6%

(1) 2024년 나라장터 거래규모를 계산하시오.

정답 2024년 나라장터 거래규모
225조 1,000억원 × 64.5% = 145조 1,895억원 ≒ 약 145조 1,000억원

(2) 나라장터 거래규모의 전년대비 증가율을 계산하시오.

정답 나라장터 거래규모 전년대비 증가율
• 2023년 나라장터: 208조 6,000억원 × 62.6% = 130조 5,836억원
• 2024년 나라장터: 145조 1,895억원
　→ 증가율 = (145.19 − 130.58) ÷ 130.58 × 100
　　　　　 = 14.61 ÷ 130.58 × 100
　　　　　 = 약 11.2%
∴ 전년대비 약 11.1 ~ 11.2% 증가

(3) 2024년 중소기업의 공공조달 계약금액을 계산하시오. (단, 중소기업 비중 63.1%)

정답 2024년 중소기업 공공조달 계약금액
225조 1,000억원 × 63.1% = 142조 388억원 ≒ 약 142조 1,000억원

CHAPTER 02　수요 예측 및 마케팅 전략

01　수요기관 분석

1　수요기관 유형 분류

① 수요기관 유형별 특성 비교

〈수요기관 유형별 특성 비교〉

기관 유형	주요 특징	주요 조달품목
중앙행정기관(50개)	• 대규모 사업 • 조달청 위임 다수 • 법령 기반 의무구매 • 전국 단위 사업	• IT시스템, 연구장비 • 대형시설공사
지방자치단체(243개)	• 지역업체 우대 • 분기별 집행 • 지역 특화사업 • 지역제한 입찰	• 사무용품, 시설물 • 지역행사 용역
공공기관(350개)	• 자체규정 적용 • 전문성 높은 조달 • 사업목적 특화	• 특수장비, 전문연구용역 • 시스템 구축

실무톡톡　지역제한 입찰 활용 Tip

지방자치단체 입찰에서는 "지역제한 입찰"이 많이 활용됨
- ▶ 「지방계약법 시행령」 제13조에 따른 지역제한 기준
  - 공사: 추정가격 3억원 이하
  - 물품·용역: 추정가격 1억원 이하
    - → 해당 지역 소재 업체로 입찰참가 제한 가능
- ★ 전략: 지방에 지사·사업장을 설립하면 지역제한 입찰참여 가능!

② 주요 기관별 조달 특성

〈주요 중앙부처별 조달 특성〉

부처	연간규모	주요 조달품목	특징
국방부	25조원	방위물자, 군수품	방사청 별도 체계
국토부	15조원	SOC, 교통시설	대형 공사 중심
행안부	8조원	전자정부, 재난	IT사업 비중 높음
복지부	6조원	의료장비, 복지	의료기기 인증 필요
교육부	5조원	교육시설, 연구	학교별 분산 발주

2 수요 예측 방법

① 수요 예측 3대 방법
- 과거 실적 분석 → 조달데이터허브 3년간 추이
- 예산 편성 분석 → 열린재정, ALIO
- 정책 동향 분석 → 정부정책발표, 법령개정

〈수요 예측 방법별 상세 설명〉

방법	데이터 출처	분석 내용	분석 시점
과거 실적 분석	조달데이터허브	품목별 3년간 계약실적 추이	상시
예산 편성 분석	열린재정, ALIO	기관별 예산 편성 현황	매년 9 ~ 12월
정책 동향 분석	정부발표, 법제처	정책방향, 법령개정	상시

② 예산 집행 주기 분석

〈공공기관 예산 집행 주기〉

시기	주요 내용	특징
1 ~ 2월	• 신년도 예산 배정 • 사업계획 수립	사전규격 의견 제시
3 ~ 4월	• 본격 집행 시작 • 상반기 사업 발주	입찰 집중 참여
5 ~ 6월	• 상반기 마무리 • 추경 편성	추가 수요 모니터링
7 ~ 8월	• 휴가철 • 집행 소강 상태	하반기 준비
9 ~ 10월	• 하반기 본격 집행 • 연말 사업 발주	입찰 집중 참여
11 ~ 12월	• 예산 소진 • 이월 방지 집중 발주	★ 최대 입찰 기회

실무톡톡

▶ 연말 집중 발주 공략법
- 11월 초부터 나라장터 모니터링 강화
- 긴급 수의계약, 간이 입찰 증가
  → 빠른 대응 필요
- 소액 수의계약(2천만원 이하) 기회 다수 발생
★ 연말에는 입찰공고 후 마감까지 기간이 짧은 경우가 많으니 항상 서류를 미리 준비해두기!

① 시장 세분화 전략

<공공조달 시장 세분화 기준>

기준	세분시장 예시	전략 포인트
계약방식별	일반경쟁, 제한경쟁, 협상계약, 수의계약	방식별 역량 차별화
금액규모별	소액(2천만원↓) 중규모(2 ~ 10억), 대규모(10억↑)	자사 규모 적합성 검토
품목별	물품, 용역, 공사, MAS	품목 특화 전략
기관유형별	중앙부처, 지자체, 공기업, 준정부기관	기관 특성 맞춤 접근

② 입찰 전략 5단계 프로세스

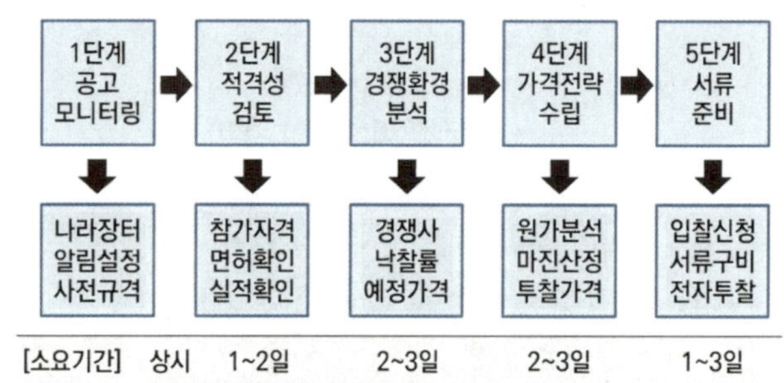

▲ 입찰 전략 5단계 프로세스

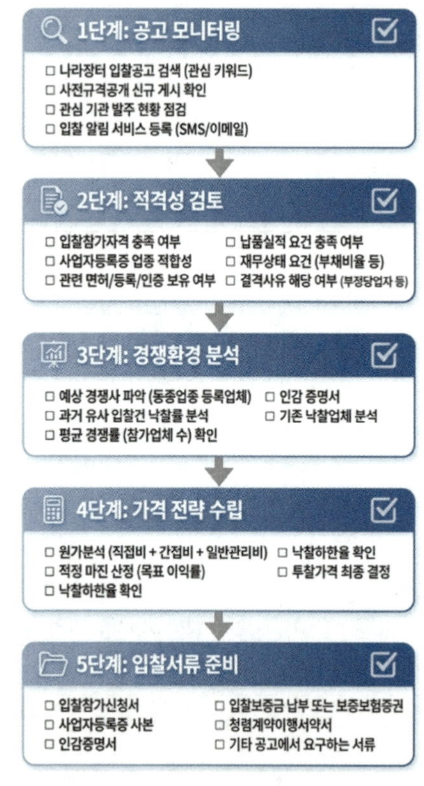

▲ 단계별 체크리스트

4 경쟁력 강화 전략

① 인증 및 등록 전략

〈공공조달 경쟁력 강화 인증 제도〉

인증/등록	발급기관	주요 효과	적합 대상
우수제품 지정	조달청	수의계약 특례, 쇼핑몰 등재	혁신기술 보유 기업
혁신제품 지정	조달청	수의계약 특례, 시범구매	신기술/신제품 기업
녹색제품 인증	환경부	의무구매 대상, 가점 부여	친환경 제품
신기술/신제품 인증	산업통상자원부	기술력 입증, 가점 부여	신기술/신제품 기업
EPC성능 인증	중소벤처기업부	공공기관 구매촉진, 조달시장 판로 확대	기술개발실적 및 품질보증자료 갖춘 제품
SW품질 인증(GS)	TTA	SW품질 입증	SW개발 기업

> **실무톡톡** 우수제품 지정의 위력
>
> ▶ 우수제품으로 지정되면
> - 수요기관이 연간 5천만원 한도 내 수의계약 가능
> - 나라장터 쇼핑몰 등재 → 온라인 판매 가능
> - 경쟁입찰 없이 안정적 매출 확보
> ▶ 실제 사례: B사는 우수제품 지정 후 공공조달 매출이 12억원 → 25억원 → 38억원으로 3년간 3배 성장!
> ★ 기술력이 있다면 우수제품 지정을 적극적으로 추진하기!

② 실적 축적 전략

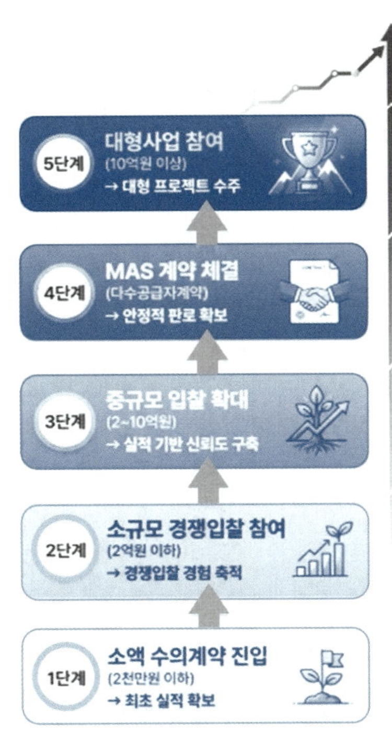

▲ 입찰 단계별 성장 로드맵

> **실무톡톡** 첫 실적 확보 전략
>
> 최초 공공조달 진입 시 "지방자치단체 소규모 입찰"을 노려보기!
> ▶ 중앙부처보다 경쟁이 덜함
> ▶ 지역업체 우대 정책 활용 가능
> ▶ 2천만원 이하 소액 수의계약 기회 다수
> ★ 첫 실적을 쌓으면 이후 입찰을 통한 낙찰이 훨씬 수월해짐!

단원별 핵심문제

CHAPTER 02

01
(괄호형)

수요 예측이란 과거 계약 데이터 + (①) + 예산 흐름을 종합하여 미래의 발주 규모·시기·기관을 예측하는 활동이다.

> **정답** ① 정책 방향 변화(또는 정부 정책 방향 변화)
>
> **해설** 수요 예측은 단순히 과거 데이터만 분석하는 것이 아니라, 정부의 정책 방향 변화(예시: 친환경 제품 의무구매율 상향, 혁신제품 지정 확대 등)를 반영하여 미래 수요를 예측해야 한다.

02
(괄호형)

조달시장에서 STP 전략이란 (①), (②), (③)의 3단계로 구성된 마케팅 전략이다.

> **정답** 시장 세분화(Segmentation), 목표시장 선정(Targeting), 포지셔닝(Positioning)
>
> **해설**
> - Segmentation: 기관 유형(중앙부처, 지자체, 교육청, 공기업), 예산 규모, 발주 패턴별로 시장을 세분화
> - Targeting: 자사 물품에 적합한 기관을 선정(예시: 친환경 공기청정기 → 학교기관 집중)
> - Positioning: 기관 정책에 맞춘 맞춤형 제안 전략 수립

03
(단답형)

수요 예측의 핵심 지표 2가지를 쓰시오.

> **정답**
> 1. 평균 낙찰률
> 2. 평균 참여 업체 수
>
> **해설**
> - 평균 낙찰률: 예정가격 대비 실제 낙찰가 비율로, 가격 경쟁 수준 파악
> - 평균 참여 업체 수: 입찰당 평균 참여 업체 수로, 경쟁 강도 측정

04
(서술형)

수요 예측의 실무 절차를 4단계(데이터 수집 → 분석 → 수요기관 식별 → 적정성 판단)로 나누어 설명하시오.

> **정답**
>
> [1단계] 데이터 수집
> - 조달데이터허브에 접속하여 세부 품명 또는 물품목록번호를 입력
> - 최근 3~5년 계약 데이터를 추출
> - 계약 방법(일반경쟁, 제한경쟁, 협상계약 등)별 필터링
> - 기관별·연도별 발주금액 및 건수 수집
>
> [2단계] 분석 수행
> - 성장성 분석: 연도별 증감률 계산(예시: 2023년 대비 2024년 20% 증가 → 성장 시장)
> - 경쟁 강도 분석: 평균 낙찰률과 평균 참여 업체 수 산출
> - 집중도 분석: 상위 기관(발주금액 기준 Top 10) 식별
> - 계절성 분석: 분기별·월별 발주 패턴 파악

[3단계] 수요기관 식별
• 중앙부처, 지자체, 교육청, 공기업 등 기관 유형별 분류
• 발주 빈도가 높은 기관 리스트업
• 각 기관의 정책 방향 및 예산 계획 확인(예시: 교육청의 그린스마트스쿨 사업)

[4단계] 적정성 판단
• 예상 낙찰가(평균 낙찰률 적용)와 자사 원가 비교
• 수익성 검토: 예상 이익률이 목표치 이상인지 확인
• 최종 참여 여부 결정: 경쟁 강도, 수익성, 기술 적합성 종합 판단

[실무 사례]
• '학교용 공기청정기' 납품 검토 시 → 최근3년 데이터 분석 결과
• 교육청 발주 20% 증가 → 평균 낙찰률 91%
• 평균 참여 업체 5개 → 중간 경쟁 시장 → 예상 낙찰가 9,100만원
• 자사 원가 7,500만원 → 이익률 약 21% → 참여 적정 판단

05 STP 전략을 조달시장에 적용하는 방법을 Segmentation, Targeting, Positioning 단계별로 설명하시오.
(서술형)

정답

[1단계] Segmentation(시장 세분화)
조달시장을 다음 기준으로 세분화한다.
① 기관 유형별 세분화
• 중앙부처(예시: 국방부, 교육부)
• 지방자치단체(시·도, 시·군·구)
• 교육기관(교육청, 대학)
• 공공기관(한국전력, 한국도로공사 등)
② 예산 규모별 세분화
• 대형 프로젝트(10억원 이상)
• 중형 프로젝트(1억 ~ 10억원)
• 소액 수의계약(2천만원 이하)
③ 계약 방법별 세분화
• 일반 경쟁입찰(최저가 낙찰)
• 적격심사(가격 + 기술평가)
• 협상에 의한 계약(제안서 평가)

[2단계] Targeting(목표시장 선정)
세분화된 시장 중 자사에 가장 적합한 타깃을 선정한다.
① 선정 기준
• 자사 제품의 기술 수준과 기관 요구사양의 적합성
• 경쟁 강도(참여 업체 수, 낙찰률)
• 발주 빈도 및 예산 규모
• 기관 정책과 자사 강점의 정합성
② 실무 예시: 친환경 공기청정기 제조사 → NEP 인증 보유 → 교육청의 그린스마트스쿨 사업 타깃 선정
• 교육청의 친환경 제품 구매 정책
• 학교 시설 개선 예산 증액
• NEP 인증 제품 가점 부여

[3단계] Positioning(포지셔닝)
타깃 기관에 맞춘 차별화된 제안 전략을 수립한다.
① 포지셔닝 요소
- 가격 포지셔닝: 적정 가격대 설정(최저가 vs 기술우위 전략)
- 기술 포지셔닝: 기관 요구에 맞춘 기술 강점 부각(예시: 미세먼지 제거율 99.9%)
- 정책 포지셔닝: 정부 정책 부합성 강조(예시: 탄소중립, ESG 경영)
- 서비스 포지셔닝: A/S, 교육, 유지보수 등 부가서비스 차별화
② 실무 예시: 교육청 타깃 공기청정기 제안 시 → '그린스마트스쿨 최적화 솔루션' 포지셔닝
- NEP 인증으로 정책 부합
- 학교 환경 특화 설계(소음 30dB 이하)
- 교사 대상 무상 유지보수 교육
- 5년 A/S 보증 → 기술평가 고득점 전략

* STP 전략의 효과
- 무분별한 입찰 참여 방지 → 전략적 자원 배분
- 기관별 맞춤형 제안 → 낙찰률 제고
- 장기적 관계 구축 → 재계약 기회 확대

PART 02

단원별 핵심정리

암기 필수사항

키워드	핵심 내용
조달데이터허브	조달청 운영 공공조달데이터 통합 플랫폼(data.g2b.go.kr)
225조원	2024년 공공조달 시장규모(역대 최고)
64.5%	나라장터(KONEPS) 거래비중(2024년)
63.1%	중소기업 공공조달 비중(2024년)
기초금액	부가세 포함 총 금액(공고서 표시 금액)
추정가격	부가세 제외 순수 사업비(= 기초금액 ÷ 1.1)
사전규격공개	입찰 전 규격공개 및 의견수렴 제도(물품 2억↑, 용역 1억↑)
중소기업자 간 경쟁	중소기업만 참여 가능한 입찰제도

학습 완료 체크리스트

☐ 조달데이터허브(data.g2b.go.kr) 4대 서비스 암기
  (통계, 분석리포트, 데이터셋, OpenAPI)
☐ 2024년 공공조달 규모(225조원)와 나라장터 비중(64.5%) 암기
☐ 기업규모별 공공조달 비중 이해
  (중소기업 63.1%, 중견기업 15.5%, 대기업 14.0%)
☐ 사업유형별 공공조달 비중 이해
  (공사 39.7%, 용역 30.3%, 물품 30.0%)
☐ 수요기관 유형별 특성 구분
  (중앙행정기관, 지방자치단체, 공공기관)
☐ 수요 예측 3대 방법 적용
  (과거 실적, 예산 편성, 정책 동향)
☐ 입찰 전략 5단계 프로세스 설명
  (모니터링 → 적격성 검토 → 경쟁 분석 → 가격 전략 수립 → 서류 준비)
☐ 사전규격공개 제도의 의의와 활용 방법 이해

입찰 실행 및 원가계산

정확한 원가계산은 입찰의 성패를 좌우하는 핵심 요소이다. 본 PART3에서는 원가계산의 기본 원칙부터 비목별 산정 기준, 그리고 적격심사와 PQ제도에 이르기까지, 가격 경쟁력을 확보하고 성공적으로 낙찰받기 위한 평가 및 심사 대응 전략을 심도 있게 학습한다.

학습 로드맵

구분	학습 내용	핵심 역량
CHAPTER 01	• 원가계산 원칙 • 비목별 산정 기준 • 물품/공사/용역 유형별 원가계산 실습	• 예정가격 산정 능력 • 원가분석 능력
CHAPTER 02	• 입찰서류 작성, 입찰평가 기준 검증 • 협상 관리 · 낙찰제도 비교 분석	• 제안서 작성 능력 • 협상 전략 수립 능력
CHAPTER 03	• 적격심사제도 • PQ(사전자격심사)제도 • 계약이행능력 심사 대응 및 실무 사례 분석	• 계약이행능력 심사 대응 능력 • 입찰참가자격 관리 능력

학습 목표

1. 원가계산 일반원칙과 비목별 산정 기준을 이해하고, 물품 · 공사 · 용역 등 유형별 원가계산을 실무에 적용할 수 있다.
2. 적격심사, 협상에 의한 계약 등 주요 낙찰자 결정 방법을 이해하고, 평가 기준에 맞춰 입찰서류를 작성할 수 있다.
3. 적격심사 및 PQ제도의 평가 항목을 분석하고, 심사에 통과하기 위한 실무 대응 능력을 강화한다.

CHAPTER 01　원가계산 및 비목 산정

01　원가계산 개요

1　정의 및 원칙

① 원가계산 정의 및 중요성
- 원가계산이란 계약의 목적이 되는 물품, 공사, 용역 등을 완성하는 데 소요되는 비용, 즉 재료비, 노무비, 경비 등을 합산하여 그 가치를 화폐액으로 산출하는 과정을 말함
- 공공조달에서 원가계산은 발주기관이 입찰의 기준이 되는 예정가격을 결정하는 데 핵심적인 기초자료로 활용되므로, 그 중요성은 매우 큼

② 원가계산의 일반원칙: 정확하고 신뢰성 있는 원가계산을 위해 다음과 같은 일반원칙 적용

원칙	내용
진실성의 원칙	실제 발생한 경제적 가치를 사실 그대로 정확하게 측정하여 계산해야 함
발생 기준의 원칙	현금의 수수와 관계없이, 경제적 가치가 발생하는 시점을 기준으로 원가를 인식해야 함
객관성의 원칙	원가계산은 객관적인 자료와 증거에 근거해야 하며, 개인의 주관이나 의도가 개입되어서는 안 됨
일관성의 원칙	한 번 채택한 원가계산 방법이나 절차는 정당한 사유 없이 변경해서는 안 되며, 기간별 비교가 가능하도록 계속 적용해야 함
정상성의 원칙	기업이 정상적인 생산능력과 경영활동 하에서 발생하는 정상적인 원가만을 계산에 포함해야 함 (비정상적인 파업으로 인한 손실 등은 제외)

> 🖋 **핵심포인트**
>
> 원가계산의 핵심은 객관적인 자료에 근거하여 실제 발생한 가치를 일관된 기준으로 산정하는 것

③ 예정가격의 의의 및 결정기준
- 예정가격이란 발주기관이 입찰 또는 계약 체결 전에 낙찰자 및 계약금액의 결정 기준으로 삼기 위해 미리 작성하여 비치해 두는 가액을 말함(국가계약법 시행령 제2조) 즉, 발주기관이 생각하는 해당 계약의 '적정가격'이라 할 수 있음
- 예정가격은 다음의 기준에 따라 결정됨(계약예규 「예정가격작성기준」 제2조)
  - 거래실례가격: 가장 우선적으로 적용되는 기준으로, 조달청장이 조사하여 통보한 가격, 전문가격조사기관이 조사한 가격, 또는 시중에서 실제 거래된 가격을 의미
  - 원가계산에 의한 가격: 신제품이거나 특수 규격품이어서 거래실례가격이 없는 경우, 원가계산 방식으로 가격을 산정
  - 실적공사비에 의한 가격: 유사한 공사의 계약단가를 기준으로 산정하는 방식으로, 주로 시설공사에 적용
  - 감정가격, 유사거래실례가격 등: 위의 방법으로 산정이 곤란할 경우 보충적으로 적용

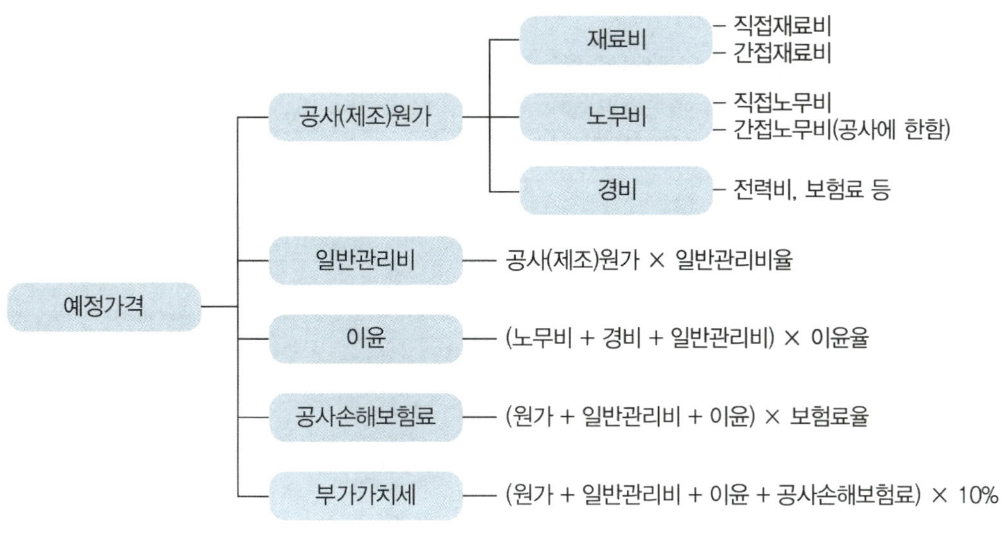

▲ 추정가격과 예정가격의 관계

실무톡톡

▶ 많은 입찰자들이 예정가격을 '발주기관이 마음대로 정하는 가격'이라고 오해하지만, 실제로는 위와 같이 명확한 법적 기준과 절차에 따라 산정됨. 따라서 입찰에 참여할 때는 해당 계약의 특성을 파악하고 어떤 가격 결정기준이 적용될지 예측해보는 것이 중요함

▶ 예를 들어, 이미 시중에 널리 유통되는 표준품이라면 거래실례가격이, 우리 회사만 제작할 수 있는 특수 장비라면 원가계산 방식이 적용될 가능성이 높음

Check Q&A

신제품 개발 용역 계약의 예정가격을 산정할 때 가장 우선적으로 적용해야 할 가격 결정기준은 무엇인가?

정답 원가계산에 의한 가격(신제품은 거래실례가격이 없으므로 원가계산 방식 적용)

④ 예정가격 결정의 세부 절차
- 예정가격은 단순히 기준 중 하나를 선택하여 결정되는 것이 아니라, 다음과 같은 구체적인 절차를 거쳐 최종적으로 확정됨. 특히, 복수예비가격 방식은 입찰의 공정성을 높이기 위해 널리 사용되는 중요한 제도
  - 기초금액 산정 및 공개: 발주기관은 계약예규 「예정가격작성기준」에 따라 산정한 기초금액을 입찰서 제출 마감일 전까지 나라장터에 공개
  - 복수예비가격 작성: 발주기관은 공개된 기초금액의 ±2%(또는 ±3%) 범위 내에서 서로 다른 15개의 예비가격(복수예비가격)을 작성하여 비치
  - 입찰자 예비가격 추첨: 입찰에 참여하는 자는 투찰 시 15개의 복수예비가격 중 2개씩 추첨
  - 예정가격 결정: 입찰서 제출 마감 후, 입찰자들이 가장 많이 추첨한 4개의 예비가격을 산술평균하여 최종 예정가격 결정

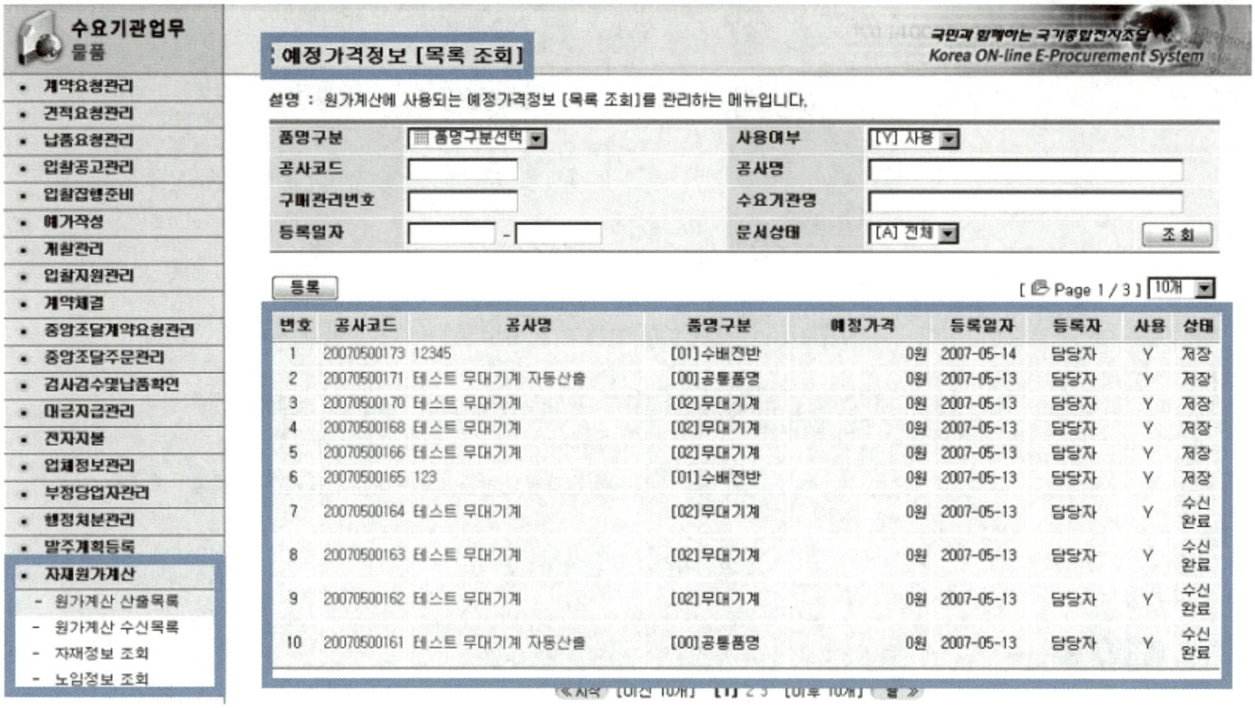
수요기관업무
물품
계약요청관리
견적요청관리
납품요청관리
입찰공고관리
입찰집행준비
예가작성
개찰관리
입찰지원관리
계약체결
중앙조달계약요청관리
중앙조달주문관리
검사검수및납품확인
대금지급관리
전자지불
업체정보관리
부정당업자관리
행정처분관리
발주계획등록
자재원가계산
- 원가계산 산출목록
- 원가계산 수신목록
- 자재정보 조회
- 노임정보 조회
예정가격정보 [목록 조회]
국민과 함께하는 국가종합전자조달
Korea ON-line E-Procurement System
설명 : 원가계산에 사용되는 예정가격정보 [목록 조회]를 관리하는 메뉴입니다.
품명구분
사용여부
공사코드
공사명
구매관리번호
수요기관명
등록일자
문서상태
조 회
등록
Page 1 / 3
번호 공사코드 공사명 품명구분 예정가격 등록일자 등록자 사용 상태
1 20070500173 12345 [01]수배전반 0원 2007-05-14 담당자 Y 저장
2 20070500171 테스트 무대기계 자동산출 [00]공통품명 0원 2007-05-13 담당자 Y 저장
3 20070500170 테스트 무대기계 [02]무대기계 0원 2007-05-13 담당자 Y 저장
4 20070500168 테스트 무대기계 [02]무대기계 0원 2007-05-13 담당자 Y 저장
5 20070500166 테스트 무대기계 [02]무대기계 0원 2007-05-13 담당자 Y 저장
6 20070500165 123 [01]수배전반 0원 2007-05-13 담당자 Y 저장
7 20070500164 테스트 무대기계 [02]무대기계 0원 2007-05-13 담당자 Y 수신완료
8 20070500163 테스트 무대기계 [02]무대기계 0원 2007-05-13 담당자 Y 수신완료
9 20070500162 테스트 무대기계 [02]무대기계 0원 2007-05-13 담당자 Y 수신완료
10 20070500161 테스트 무대기계 자동산출 [00]공통품명 0원 2007-05-13 담당자 Y 수신완료

▲ 복수예비가격 산정 프로세스

실무톡톡

- 많은 입찰 담당자들이 기초금액과 예정가격을 혼동함. 기초금액은 예정가격을 결정하기 위한 '기초'가 되는 금액일 뿐이며, 실제 입찰의 기준이 되는 것은 입찰자들이 추첨한 예비가격을 평균하여 산출된 예정가격임
- 따라서 기초금액이 공개되면, ±2% 범위 내에서 어떤 예비가격들이 작성될지, 그리고 다른 입찰자들이 어떤 가격을 추첨할지 예측하여 최적의 투찰률을 결정하는 것이 중요함

핵심포인트

실기 시험에서 추정가격, 기초금액, 예정가격을 혼동하는 문제가 자주 출제되므로 반드시 구분하기!
- 추정가격: 발주기관이 입찰공고 전 사전에 추정한 가격(입찰참가자격 기준 등에 활용)
- 기초금액: 예정가격 산정의 기초가 되는 금액(공개됨)
- 예정가격: 복수예비가격 평균으로 산출된 최종 낙찰 기준 가격(비공개)

1 주요 5대 비목

원가계산은 크게 재료비, 노무비, 경비, 일반관리비, 이윤의 5가지 비목으로 구성되며, 각 비목은 계약의 특성과 객관적인 산정 기준에 따라 계산됨(계약예규 「예정가격작성기준」 제4조)

① 재료비: 계약 목적물의 실체를 형성하거나 직접적인 관련이 있는 물품의 가치를 말하며, 직접재료비와 간접재료비로 구분
  - 직접재료비: 제품의 기본 재료, 주요 부품 등 실체를 직접 형성하는 비용
  - 간접재료비: 접착제, 나사, 페인트 등 보조적으로 소비되는 재료 비용
  - 산정 기준: 거래실례가격 또는 원가계산에 의한 가격을 적용하며, 재료 구입 과정에서 발생하는 부대비용(운임, 보험료, 보관비 등)을 포함

② 노무비: 계약 목적물을 완성하기 위해 소비되는 노동력의 대가로서, 직접노무비와 간접노무비로 구분
  - 직접노무비: 제품 생산에 직접 종사하는 작업자의 기본급, 제수당, 상여금, 퇴직급여충당금
  - 간접노무비: 생산을 보조하는 감독자, 관리자 등의 급여
  - 산정 기준: 통계법에 따라 대한건설협회, 한국엔지니어링협회 등 공신력 있는 기관에서 공표하는 시중노임단가를 기준으로 산정

③ 경비: 제품을 생산하기 위해 소비된 재료비와 노무비를 제외한 모든 비용을 말하며, 그 항목이 매우 다양함
  - 주요 항목: 전력비, 수도광열비, 운반비, 기계경비, 특허권사용료, 기술료, 연구개발비, 품질관리비, 보험료, 복리후생비, 안전관리비 등
  - 산정 기준: 각 세부 비목별로 법정 요율(**예** 안전관리비)이나 실비 정산 기준에 따라 산정

④ 일반관리비: 기업의 유지 및 관리를 위해 발생하는 비용으로, 제조원가에는 포함되지 않지만 총원가에는 포함되며, 임원 급여, 사무실 임차료, 감가상각비, 세금과공과 등이 해당됨
  - 산정 기준: (재료비 + 노무비 + 경비) × 일반관리비율

⑤ 이윤: 노무비, 경비, 일반관리비의 합계액에 일정 비율을 곱하여 산정하며, 기업의 영업이익에 해당함
  - 산정 기준: (노무비 + 경비 + 일반관리비) × 이윤율(최대 25%를 초과할 수 없음)

⑥ 공사원가계산서의 추가 비목: 물품 제조와 달리, 공사 원가계산에는 다음과 같은 추가적인 경비 항목이 포함되는 경우가 많으며, 이는 공사의 특수성, 즉 현장 운영과 안전관리의 중요성을 반영함

구분	내용	산정 기준
안전관리비	건설공사 현장의 산업재해 예방을 위해 사용되는 비용	(재료비 + 직접노무비) × 법정 요율
환경보전비	건설공사 현장의 환경오염 방지 시설 설치 및 운영 비용	(재료비 + 직접노무비 + 기계경비) × 법정 요율
품질관리비	건설공사의 품질 확보를 위한 시험 및 검사 비용	(재료비 + 직접노무비) × 법정 요율
건설하도급대금 지급보증서 발급수수료	하도급 계약 시 수급인이 하도급인에게 지급하는 보증 수수료	관계 법령에 따라 산정

🖋 **핵심포인트**

> 공사 원가계산 시에는 일반적인 제조원가 외에 안전, 환경, 품질과 관련된 법정 경비가 추가로 반영된다는 점을 반드시 기억하기!

제품 생산에 직접 참여하는 작업자의 상여금은 어떤 원가 비목에 해당하는가?

정답 노무비(직접노무비)

---

03 ▸ 물품 원가계산 실습

1 물품 원가 자료 및 작성 연습(1)

① 기초자료

항목	내용
생산량	사무용 의자 100개
직접재료비	개당 50,000원
직접노무비	총 2,000,000원
간접재료비	총 500,000원
간접노무비	총 500,000원
경비	총 400,000원
일반관리비율	8%
이윤율	10%

② 제조원가계산서 작성

[양식 1] 제품 제조원가계산서

과목	금액	비고
I. 재료비	45,000,000	
1. 기초원재료재고액	10,000,000	
2. 당기원재료매입액	40,000,000	
3. 기말원재료재고액	-5,000,000	(차감)
II. 노무비	30,000,000	
1. 임금 및 상여금	25,000,000	
2. 퇴직급여	5,000,000	
III. 제조경비	20,000,000	
1. 감가상각비	8,000,000	
2. 전력비 및 수도광열비	7,000,000	
3. 외주가공비	5,000,000	
IV. 당기총제조비용 (I+II+III)	95,000,000	
V. 기초재공품재고액	15,000,000	
VI. 합계 (IV+V)	110,000,000	
VII. 기말재공품재고액	-10,000,000	(차감)
VIII. 당기제품제조원가 (VI-VII)	100,000,000	

[양식 2] 매출원가 계산(손익계산서 연계)

과목	금액	비고
I. 매출액	200,000,000	
II. 매출원가	105,000,000	
1. 기초제품재고액	20,000,000	
2. 당기제품제조원가	100,000,000	(제조원가계산서 결과값)
3. 기말제품재고액	-15,000,000	(차감)
III. 매출총이익	95,000,000	

▲ 제품 제조원가계산서 예시

구분	산출근거	금액(원)
재료비		5,500,000
• 직접재료비	50,000원/개 × 100개	5,000,000
• 간접재료비		500,000
노무비		2,500,000
• 직접노무비		2,000,000
• 간접노무비		500,000
경비		400,000
제조원가(① = 재료비 + 노무비 + 경비)		8,400,000
일반관리비(② = 제조원가 × 8%)	8,400,000 × 8%	672,000
총원가(③ = ① + ②)		9,072,000
이윤(④ = (노무비 + 경비 + 일반관리비) × 10%)	(2,500,000 + 400,000 + 672,000) × 10%	357,200
공급가액(⑤ = ③ + ④)		9,429,200
부가가치세(⑥ = ⑤ × 10%)		942,920
총계(예정가격) (⑦ = ⑤ + ⑥)		10,372,120

③ 분석 및 시사점
- 단위당 예정가격: 10,372,120원 ÷ 100개 = 103,721원/개
- 원가 구성 분석: 제조원가(8,400,000원)가 총계의 약 81%를 차지하며, 그 중에서도 재료비의 비중이 가장 높음
- 입찰 전략: 발주기관의 예정가격은 개당 약 103,721원으로 추정되므로, 입찰 시 이 가격을 기준으로 투찰률을 결정해야 함. 만약 우리 회사의 생산성이 높아 원가를 절감할 수 있다면, 더 낮은 가격으로 투찰하여 낙찰 확률을 높일 수 있음

🖊 핵심포인트

원가계산서는 재료비, 노무비, 경비를 합산하여 제조원가를 구하고, 여기에 일반관리비와 이윤, 부가가치세를 순차적으로 더하여 최종 예정가격을 산출하는 구조

Check Q&A

위 실습 예제에서 만약 이윤율이 15%로 변경된다면, 최종 예정가격은 얼마가 되는가?

정답 10,568,580원

해설
- 이윤 = (2,500,000 + 400,000 + 672,000) × 15% = 535,800원
- 공급가액 = 9,072,000 + 535,800 = 9,607,800원
- 총계 = 9,607,800 + 960,780 = 10,568,580원

2 물품 원가 자료 및 작성 연습(2)

물품 원가계산의 두 번째 실습 사례로, 작성 연습(1)의 일반관리비율과 이윤율, 생산량을 다르게 설정하여 계산하는 경우를 다루며, 또한 수량이 많아 대량 생산 효과를 고려해야 하는 사례

① 기초자료

항목	내용
생산량	LED 조명기구 500개
직접재료비	LED 모듈 개당 60,000원, 외함 개당 25,000원
간접재료비	총 2,000,000원
직접노무비	총 12,000,000원
간접노무비	총 3,000,000원
경비	전력비 1,500,000원, 기계경비 2,500,000원
일반관리비율	10%
이윤율	12%

② 제조원가계산서 작성

구분	산출근거	금액(원)
재료비		44,500,000
• 직접재료비	(60,000 + 25,000) × 500개	42,500,000
• 간접재료비		2,000,000
노무비		15,000,000
• 직접노무비		12,000,000
• 간접노무비		3,000,000
경비		4,000,000
• 전력비		1,500,000
• 기계경비		2,500,000
제조원가(① = 재료비 + 노무비 + 경비)		63,500,000
일반관리비(② = 제조원가 × 10%)	63,500,000 × 10%	6,350,000
총원가(③ = ① + ②)		69,850,000
이윤(④ = (노무비 + 경비 + 일반관리비) × 12%)	(15,000,000 + 4,000,000 + 6,350,000) × 12%	3,042,000
공급가액(⑤ = ③ + ④)		72,892,000
부가가치세(⑥ = ⑤ × 10%)		7,289,200
총계(예정가격)(⑦ = ⑤ + ⑥)		80,181,200

③ 분석 및 시사점
- 단위당 예정가격: 80,181,200원 ÷ 500개 = 160,362원/개
- 원가 구성 분석: 재료비(44,500,000원)가 총계의 약 55.5%를 차지하며, 대량 생산에도 불구하고 재료비 비중이 높음
- 일반관리비율과 이윤율의 영향: 일반관리비율 10%, 이윤율 12%로 설정하여 총원가에서 차지하는 비율이 약 13.5%에 달함. 이는 기업의 수익성에 직접적인 영향을 미치므로, 입찰 전 정확한 원가분석이 필수
- 입찰 전략: 대량 생산의 경우 재료비 단가를 낮출 수 있는 구매력이 있다면, 원가 절감을 통해 더 낮은 가격으로 투찰하여 경쟁력을 확보할 수 있음

 핵심포인트

> 대량 생산 시에도 재료비 비중이 높으므로, 재료 단가 절감이 수익성 향상의 핵심

Check Q&A

위 실습 예제에서 일반관리비율을 8%로 변경하면 최종 예정가격은 얼마가 되는가?

정답 78,616,560원

해설
- 일반관리비 = 63,500,000 × 8% = 5,080,000원
- 총원가 = 63,500,000 + 5,080,000 = 68,580,000원
- 이윤 = (15,000,000 + 4,000,000 + 5,080,000) × 12% = 2,889,600원
- 공급가액 = 68,580,000 + 2,889,600 = 71,469,600원
- 총계 = 71,469,600 + 7,146,960 = 78,616,560원

04 **공사 원가계산 실습**

1 공사 원가 자료 및 작성 연습

공사 원가계산은 물품 제조와 달리 현장 운영의 특수성을 반영하여 안전관리비, 환경보전비, 품질관리비 등 법정 경비가 추가로 포함됨. 또한 공사 기간, 투입 인력, 장비 운영 등 복잡한 요소를 고려해야 하므로 정확한 원가 산정이 매우 중요함

① 기초자료

항목	내용
공사명	OO시 도로 포장공사
공사 규모	아스팔트 포장 2,000m^2
직접재료비	아스팔트 혼합물 등 총 80,000,000원
간접재료비	보조재료 총 5,000,000원
직접노무비	현장 작업자 인건비 총 30,000,000원
간접노무비	현장 감독자 인건비 총 8,000,000원
기계경비	아스팔트 살포기, 롤러 등 총 15,000,000원
기타 경비	전력비, 운반비 등 총 7,000,000원
안전관리비율	(재료비 + 직접노무비) × 2.93%
환경보전비율	(재료비 + 직접노무비 + 기계경비) × 1.50%
품질관리비율	(재료비 + 직접노무비) × 1.47%
일반관리비율	6%
이윤율	15%

[사례] ○○빌딩 리모델링 공사원가계산서

공사명: ○○빌딩 내부 리모델링 및 보수 공사

기간: 2025.03.01 ~ 2025.05.31

항목	계산 기준(율)	금액 (원)	비고
1. 직접재료비	수량 × 단가	50,000,000	시멘트, 타일, 자재 등
2. 직접노무비	인원 × 노임단가	40,000,000	현장 작업자 급여
3. 간접노무비	직접노무비의 15%	6,000,000	현장 관리인력 급여
[순공사원가 (1+2+3)]	-	**96,000,000**	
4. 산재/고용보험료	노무비 기준 요율	3,500,000	법정 보험료
5. 안전관리비	직접비 기준 요율	2,000,000	안전시설 및 용품
6. 기타경비	공구손료 등	4,500,000	수도광열비, 소모품 등
[공사원가 합계]	(순원가+4+5+6)	**106,000,000**	
7. 일반관리비	공사원가의 5%	5,300,000	본사 운영 관리비
8. 이윤	(노무비+경비+관리비)의 10%	6,500,000	시공사 적정 이익
[총 원가 (합계)]	-	**117,800,000**	
9. 부가가치세	총 원가의 10%	11,780,000	
[총 도급금액]	**최종 합계**	**129,580,000**	발주처 청구 금액

▲ 공사원가계산서 예시

핵심포인트 제조원가와의 차이점

- 제조원가: 제품을 만드는 데 들어간 '비용'을 산출하는 것이 목적(내부 보고용)
- 공사원가: 공사를 수주하기 위한 '도급금액(판매가)'을 결정하는 것이 목적이므로 이윤과 일반관리비 포함
- 간접노무비: 현장에서 직접 삽을 뜨지는 않지만, 현장을 관리하는 소장이나 기사의 인건비로, 보통 직접노무비의 일정 비율로 계산
- 제경비(보험료/안전관리비): 건설업은 위험도가 높아 산재보험료와 안전관리비가 법적으로 엄격하게 정해져 있으며, 이를 원가에 반드시 반영해야 함
- 일반관리비와 이윤: 시공회사가 회사를 운영하기 위한 본사 경비와 적정 마진을 뜻함

구분	산출근거	금액(원)
재료비		85,000,000
• 직접재료비		80,000,000
• 간접재료비		5,000,000
노무비		38,000,000
• 직접노무비		30,000,000
• 간접노무비		8,000,000
경비		29,010,000
• 기계경비		15,000,000
• 기타 경비		7,000,000
• 안전관리비	(85,000,000 + 30,000,000) × 2.93%	3,369,500
• 환경보전비	(85,000,000 + 30,000,000 + 15,000,000) × 1.50%	1,950,000
• 품질관리비	(85,000,000 + 30,000,000) × 1.47%	1,690,500
제조원가(① = 재료비 + 노무비 + 경비)		152,010,000
일반관리비(② = 제조원가 × 6%)	152,010,000 × 6%	9,120,600
총원가(③ = ① + ②)		161,130,600
이윤(④ = (노무비 + 경비 + 일반관리비) × 15%)	(38,000,000 + 29,010,000 + 9,120,600) × 15%	11,419,590
공급가액(⑤ = ③ + ④)		172,550,190
부가가치세(⑥ = ⑤ × 10%)		17,255,019
총계(예정가격)(⑦ = ⑤ + ⑥)		189,805,209

③ 분석 및 시사점
- 단위당 공사비: 189,805,209원 ÷ 2,000m^2 = 94,903원/m^2
- 원가 구성 분석: 재료비(85,000,000원)가 총계의 약 44.8%를 차지하며, 노무비(38,000,000원)가 20.0%, 경비(29,010,000원)가 15.3%를 차지함
- 법정 경비의 중요성: 안전관리비, 환경보전비, 품질관리비 등 법정 경비가 총 7,010,000원으로 경비의 약 24.2%를 차지하므로, 공사 원가계산 시 반드시 법정 요율을 정확히 적용해야 함
- 입찰 전략: 공사의 경우 재료비와 노무비 외에 법정 경비가 상당 부분을 차지하므로, 이를 정확히 산정하지 않으면 낙찰 후 손실이 발생할 수 있음. 따라서 입찰 전 법정 요율을 반드시 확인하고, 현장 여건을 고려한 정확한 원가 산정이 필수

🖋 핵심포인트

원가계산은 물품과 달리 안전관리비, 환경보전비, 품질관리비 등 법정 경비를 반드시 포함해야 하며, 이는 법정 요율에 따라 정확히 계산되어야 함

위 실습 예제에서 안전관리비 산정 기준이 되는 금액은 얼마인가?

정답 115,000,000원(재료비 85,000,000원 + 직접노무비 30,000,000원)

해설

안전관리비는(재료비 + 직접노무비) × 법정 요율로 산정되므로, 기준 금액은 115,000,000원이다.

05 용역 원가계산 실습

1 용역 원가 자료 및 작성 연습

용역 원가계산은 물품이나 공사와 달리 인력 투입이 핵심이므로, 노무비의 비중이 매우 높음. 특히 전문 인력의 투입 시간과 단가를 정확히 산정하는 것이 중요하며, 기술료, 출장비, 보고서 작성비 등 용역 특성에 맞는 경비를 반영해야 함

① 기초자료

항목	내용
용역명	OO시 교통체계 개선 연구용역
용역 기간	6개월
직접재료비	보고서 인쇄비, 소모품비 등 총 3,000,000원
직접노무비	책임연구원(특급기술자 1명, 6개월) 36,000,000원 연구원(고급기술자 2명, 6개월) 48,000,000원 보조연구원(중급기술자 2명, 6개월) 32,000,000원 합계: 116,000,000원
간접노무비	프로젝트 관리자 급여 총 8,000,000원
경비	출장비 5,000,000원 회의비 2,000,000원 데이터 구입비 4,000,000원 기술료 10,000,000원 합계: 21,000,000원
일반관리비율	10%
이윤율	20%

② 용역원가계산서 작성

[사례] ○○시스템 유지보수 용역원가계산서

용역명: 2025년 통합 정보시스템 유지관리 용역
용역기간: 2025.01.01 ~ 2025.12.31

항목	계산 기준	금액 (원)	비고
1. 직접노무비	기술등급별 인건비 합계	120,000,000	엔지니어(특급, 고급 등)
2. 제경비	직접노무비의 110% (예시)	132,000,000	복리후생, 소모품, 여비 등
3. 기술료	(노무비 + 제경비)의 20%	50,400,000	지식재산권, 기술축적비
[직접원가 합계]	(1+2+3)	**302,400,000**	
4. 직접경비	실비 정산 항목	15,000,000	클라우드 사용료, 외부 자문료
[용역원가 합계]	(직접원가+4)	**317,400,000**	
5. 일반관리비	용역원가의 5%	15,870,000	본사 운영비 등
6. 이윤	(원가+관리비)의 10%	33,327,000	영업 이익
[총 용역비용]	(원가+5+6)	**366,597,000**	
7. 부가가치세	총 비용의 10%	36,659,700	
[최종 계약금액]	**최종 합계**	**403,256,700**	

▲ 용역원가계산서 예시

📌**핵심포인트** **용역 원가계산의 특징**

총 용역원가 = 직접노무비 + 제경비 + 기술료 + 직접경비
- 인건비 중심의 구조: 용역원가는 제품이나 건물을 만드는 것이 아니므로 '재료비' 항목이 아예 없거나 매우 적음. 대신 직접노무비가 전체 원가의 핵심 동력(Driver)이 됨
- 제경비와 기술료의 개념
  - 제경비: 용역 수행을 위해 들어가는 간접비용으로, S/W 용역 등 지식 기반 산업에서는 보통 직접노무비의 일정 비율(**예** 110 ~ 120%)을 일괄 적용하는 경우가 많음
  - 기술료: 해당 업체가 보유한 노하우와 기술 사용에 대한 대가로, 제조/건설에는 없는 용역원가만의 독특한 항목임
- 직접경비(Out-of-pocket Expenses): 해당 프로젝트를 위해서만 별도로 지출되는 비용. 예를 들어 외부 전문가 자문료, 프로젝트 수행용 클라우드 서버 비용, 출장비 등이 해당됨

시험 Tip "제조업은 재료(Material)가 중요하지만, 용역업은 사람(Manpower)과 그 사람이 가진 지식(Knowledge)이 곧 원가다!"라고 강조하면 이해가 쉬움

구분	산출근거	금액(원)
재료비		3,000,000
• 직접재료비		3,000,000
노무비		124,000,000
• 직접노무비	특급 1명 + 고급 2명 + 중급 2명	116,000,000
• 간접노무비		8,000,000
경비		21,000,000
• 출장비		5,000,000
• 회의비		2,000,000
• 데이터 구입비		4,000,000
• 기술료		10,000,000
제조원가(① = 재료비 + 노무비 + 경비)		148,000,000
일반관리비(② = 제조원가 × 10%)	148,000,000 × 10%	14,800,000
총원가(③ = ① + ②)		162,800,000
이윤(④ = (노무비 + 경비 + 일반관리비) × 20%)	(124,000,000 + 21,000,000 + 14,800,000) × 20%	31,960,000
공급가액(⑤ = ③ + ④)		194,760,000
부가가치세(⑥ = ⑤ × 10%)		19,476,000
총계(예정가격)(⑦ = ⑤ + ⑥)		214,236,000

③ 분석 및 시사점
- 월평균 용역비: 214,236,000원 ÷ 6개월 = 35,706,000원/월
- 원가 구성 분석: 노무비(124,000,000원)가 총계의 약 57.9%를 차지하며, 용역의 특성상 인력 투입이 원가의 대부분을 차지한다는 것을 알 수 있음
- 기술자 등급별 단가의 중요성: 용역 원가계산에서는 투입되는 기술자의 등급(특급, 고급, 중급 등)과 투입 기간이 원가에 직접적인 영향을 미치므로, 한국엔지니어링협회 등에서 공표하는 엔지니어링 기술자 노임단가를 정확히 적용해야 함
- 입찰 전략: 용역의 경우 노무비 비중이 높으므로, 투입 인력의 구성과 투입 기간을 최적화하여 원가를 절감하는 것이 중요함. 또한 기술료, 출장비 등 경비 항목을 정확히 산정하지 않으면 사업 수행 중 추가 비용이 발생할 수 있으므로 주의해야 함

🖊 핵심포인트

용역 원가계산은 노무비(인건비)의 비중이 매우 높으며, 기술자 등급별 노임단가와 투입 기간을 정확히 산정하는 것이 핵심

위 실습 예제에서 직접노무비가 총원가에서 차지하는 비율은 약 몇 %인가?

정답 약 71.2%

해설

직접노무비 116,000,000원 ÷ 총원가 162,800,000원 × 100 = 71.2%

2 복합 원가계산 실습

복합 원가계산은 물품 제조와 설치 용역이 결합된 형태로, 실무에서 매우 빈번하게 발생하며, 이 경우 물품 제조 원가와 설치 용역 원가를 각각 계산한 후 합산하는 방식을 사용함

① 기초자료

항목	내용
계약명	스마트 CCTV 시스템 50대 제조 및 설치
물품 제조 부분	
직접재료비	카메라 모듈 개당 800,000원
간접재료비	총 3,000,000원
직접노무비	총 8,000,000원
간접노무비	총 2,000,000원
경비	총 3,000,000원
설치 용역 부분	
직접재료비	케이블, 브래킷 등 총 5,000,000원
직접노무비	설치 기술자 인건비 총 12,000,000원
경비	차량비, 장비비 등 총 4,000,000원
공통	
일반관리비율	9%
이윤율	15%

② 복합원가계산서 작성

• 1단계: 물품 제조 원가계산

구분	산출근거	금액(원)
재료비	(800,000 × 50) + 3,000,000	43,000,000
노무비	8,000,000 + 2,000,000	10,000,000
경비		3,000,000
제조원가(A)		56,000,000

- 2단계: 설치 용역 원가계산

구분	산출근거	금액(원)
재료비		5,000,000
노무비		12,000,000
경비		4,000,000
제조원가(B)		21,000,000

- 3단계: 총합 계산

구분	산출근거	금액(원)
제조원가(① = A + B)	56,000,000 + 21,000,000	77,000,000
일반관리비(② = 제조원가 × 9%)	77,000,000 × 9%	6,930,000
총원가(③ = ① + ②)		83,930,000
이윤(④ = (노무비 + 경비 + 일반관리비) × 15%)	(22,000,000 + 7,000,000 + 6,930,000) × 15%	5,389,500
공급가액(⑤ = ③ + ④)		89,319,500
부가가치세(⑥ = ⑤ × 10%)		8,931,950
총계(예정가격)(⑦ = ⑤ + ⑥)		98,251,450

③ 분석 및 시사점
- 단위당 예정가격: 98,251,450원 ÷ 50대 = 1,965,029원/대
- 원가 구성 분석: 물품 제조 원가(56,000,000원)가 전체의 72.7%, 설치 용역 원가(21,000,000원)가 27.3%를 차지함
- 복합 계약의 특성: 물품과 용역을 분리하여 각각 원가를 계산하는 것이 정확도를 높임. 특히 설치 용역의 경우 현장 여건에 따라 비용이 크게 변동할 수 있으므로, 사전 현장 조사가 필수임
- 입찰 전략: 복합 계약의 경우 물품 제조와 설치 용역을 모두 수행할 수 있는 업체가 유리함. 만약 당사가 물품 제조만 가능하다면, 설치 용역을 하도급으로 처리하는 방안을 고려해야 하며, 이 경우 하도급 비용을 정확히 산정하여 원가에 반영해야 함

핵심포인트

복합 계약은 물품과 용역을 분리하여 각각 원가를 계산한 후 합산하는 방식으로, 정확한 원가 산정을 위해 각 부분의 특성을 명확히 구분해야 함

Check Q&A

위 실습 예제에서 물품 제조 원가가 전체 제조원가에서 차지하는 비율은 약 몇 %인가?

정답 약 72.7%

해설
56,000,000원 ÷ 77,000,000원 × 100 = 72.7%

CHAPTER 01 단원별 핵심문제

01 [기본 원가계산]
(계산형)

다음 자료를 바탕으로 A제품 1,000개의 (1) 제조원가와 (2) 총계(예정가격)를 계산하시오.

- 직접재료비: 개당 2,000원
- 경비: 총 300,000원
- 이윤율: 10%
- 직접노무비: 총 500,000원
- 일반관리비율: 5%
- 부가가치세율: 10%

정답

(1) 제조원가
- 재료비: 2,000원/개 × 1,000개 = 2,000,000원
- 노무비: 500,000원
- 경비: 300,000원
- 제조원가 = 2,000,000 + 500,000 + 300,000
  = 2,800,000원

(2) 총계(예정가격)
- 일반관리비: 2,800,000원 × 5% = 140,000원
- 총원가: 2,800,000 + 140,000 = 2,940,000원
- 이윤: (500,000 + 300,000 + 140,000) × 10%
  = 94,000원
- 공급가액: 2,940,000 + 94,000 = 3,034,000원
- 부가가치세: 3,034,000 × 10% = 303,400원
- 총계 = 3,034,000 + 303,400 = 3,337,400원

02 [공사 원가계산]
(계산형)

E사는 OO하수처리장 시설 개선 공사 입찰에 참여하려고 한다. 다음 자료를 바탕으로 이 공사의 (1) 제조원가, (2) 일반관리비, (3) 총원가, (4) 이윤, (5) 공급가액, (6) 부가가치세, (7) 총계(예정가격)를 순차적으로 계산하시오. (단, 재료비 합계 = 직접재료비 + 간접재료비이며, 이윤 = (노무비 + 경비 + 일반관리비) × 이윤율로 산정한다)

항목	금액/산식
직접재료비	120,000,000원
간접재료비	8,000,000원
직접노무비	45,000,000원
간접노무비	12,000,000원
기계경비	25,000,000원
기타 경비	10,000,000원
안전관리비	(재료비 합계 + 직접노무비) × 3.09%
환경보전비	(재료비 합계 + 직접노무비 + 기계경비) × 1.85%
품질관리비	(재료비 합계 + 직접노무비) × 1.56%
일반관리비율	7%
이윤율	18%
부가가치세율	10%

(1) 제조원가
- 재료비: 120,000,000 + 8,000,000 = 128,000,000원
- 노무비: 45,000,000 + 12,000,000 = 57,000,000원
- 경비
  - 기계경비: 25,000,000원
  - 기타 경비: 10,000,000원
  - 안전관리비: (128,000,000 + 45,000,000) × 3.09% = 5,345,700원
  - 환경보전비: (128,000,000 + 45,000,000 + 25,000,000) × 1.85% = 3,663,000원
  - 품질관리비: (128,000,000 + 45,000,000) × 1.56% = 2,698,800원
  - 경비 합계: 46,707,500원
- 제조원가 = 128,000,000 + 57,000,000 + 46,707,500 = 231,707,500원

(2) 일반관리비: 231,707,500 × 7% = 16,219,525원
(3) 총원가: 231,707,500 + 16,219,525 = 247,927,025원
(4) 이윤: (57,000,000 + 46,707,500 + 16,219,525) × 18% = 21,586,865원
(5) 공급가액: 247,927,025 + 21,586,865 = 269,513,890원
(6) 부가가치세: 269,513,890 × 10% = 26,951,389
(7) 총계(예정가격): 269,513,890 + 26,951,389=296,465,279원

03 [용역 원가계산]
(계산형)

F사는 OO공공기관의 정보시스템 개발 용역(총 12개월) 입찰에 참여하려고 한다. 다음 자료를 바탕으로 이 용역의 (1) 제조원가, (2) 일반관리비, (3) 총원가, (4) 이윤, (5) 공급가액, (6) 부가가치세, (7) 총계(예정가격)를 순차적으로 계산하시오. (단, 이윤 = (노무비 + 경비 + 일반관리비) × 이윤율로 산정한다)

항목	금액
직접재료비	5,000,000원(서버 등)
직접노무비	276,000,000원(개발자 인건비 총액)
간접노무비	18,000,000원(PM, 지원인력 인건비 총액)
경비	60,000,000원(사무실 임차료, 출장비, S/W 사용료 등)
일반관리비율	12%
이윤율	22%
부가가치세율	10%

(1) 제조원가
- 재료비: 5,000,000원
- 노무비: 276,000,000 + 18,000,000 = 294,000,000원
- 경비: 60,000,000원
- 제조원가 = 5,000,000 + 294,000,000 + 60,000,000 = 359,000,000원

(2) 일반관리비: 359,000,000 × 12% = 43,080,000원
(3) 총원가: 359,000,000 + 43,080,000 = 402,080,000원

(4) 이윤: (294,000,000 + 60,000,000 + 43,080,000) × 22% = 87,357,600원
(5) 공급가액: 402,080,000 + 87,357,600 = 489,437,600원
(6) 부가가치세: 489,437,600 × 10% = 48,943,760원
(7) 총계(예정가격): 489,437,600 + 48,943,760 = 538,381,360원

04 [복합 원가계산]
(계산형)

C사는 ○○시가 발주한 LED 가로등 500개 제조 계약 입찰에 참여하려고 한다. 다음 자료를 바탕으로 (1) 직접재료비, (2) 간접재료비, (3) 직접노무비, (4) 간접노무비, (5) 경비, (6) 제조원가, (7) 일반관리비, (8) 총원가, (9) 이윤, (10) 공급가액, (11) 부가가치세, (12) 총계(예정가격)를 순차적으로 계산하시오.

- LED 모듈(주재료): 개당 80,000원
- 외함 및 부품(주재료): 개당 30,000원
- 접착제, 나사 등(보조재료): 총 1,500,000원
- 생산 작업자 급여(직접노무비): 총 8,000,000원
- 생산 감독자 급여(간접노무비): 총 2,000,000원
- 전력비, 기계경비 등(경비): 총 3,500,000원
- 일반관리비율: 6%
- 이윤율: 12%
- 부가가치세율: 10%

정답

(1) 직접재료비: (80,000원 + 30,000원) × 500개 = 55,000,000원
(2) 간접재료비: 1,500,000원
(3) 직접노무비: 8,000,000원
(4) 간접노무비: 2,000,000원
(5) 경비: 3,500,000원
(6) 제조원가: (55,000,000 + 1,500,000) + (8,000,000 + 2,000,000) + 3,500,000 = 70,000,000원
(7) 일반관리비: 70,000,000원 × 6% = 4,200,000원
(8) 총원가: 70,000,000원 + 4,200,000원 = 74,200,000원
(9) 이윤: (10,000,000(노무비) + 3,500,000(경비) + 4,200,000(일반관리비)) × 12% = 2,124,000원
(10) 공급가액: 74,200,000원 + 2,124,000원 = 76,324,000원
(11) 부가가치세: 76,324,000원 × 10% = 7,632,400원
(12) 총계(예정가격): 76,324,000원 + 7,632,400원 = 83,956,400원

CHAPTER 02 입찰서류 작성 및 평가 대응

01 입찰서류 작성

1 개요

성공적인 입찰의 첫걸음은 발주기관이 요구하는 서류를 정확하고 완벽하게 작성하여 제출하는 것으로, 입찰서류는 크게 입찰서(가격입찰서)와 제안서(기술제안서)로 구분되며, 계약의 종류와 특성에 따라 요구되는 서류가 달라짐

① 입찰서 작성 실무
- 입찰서는 입찰에 참가하여 계약을 희망하는 금액을 기재하여 제출하는 가장 핵심적인 서류
- 현재 대부분의 공공조달 입찰은 나라장터(KONEPS)를 통해 전자적으로 이루어지므로, 전자입찰서 제출 방법을 숙지하는 것이 필수

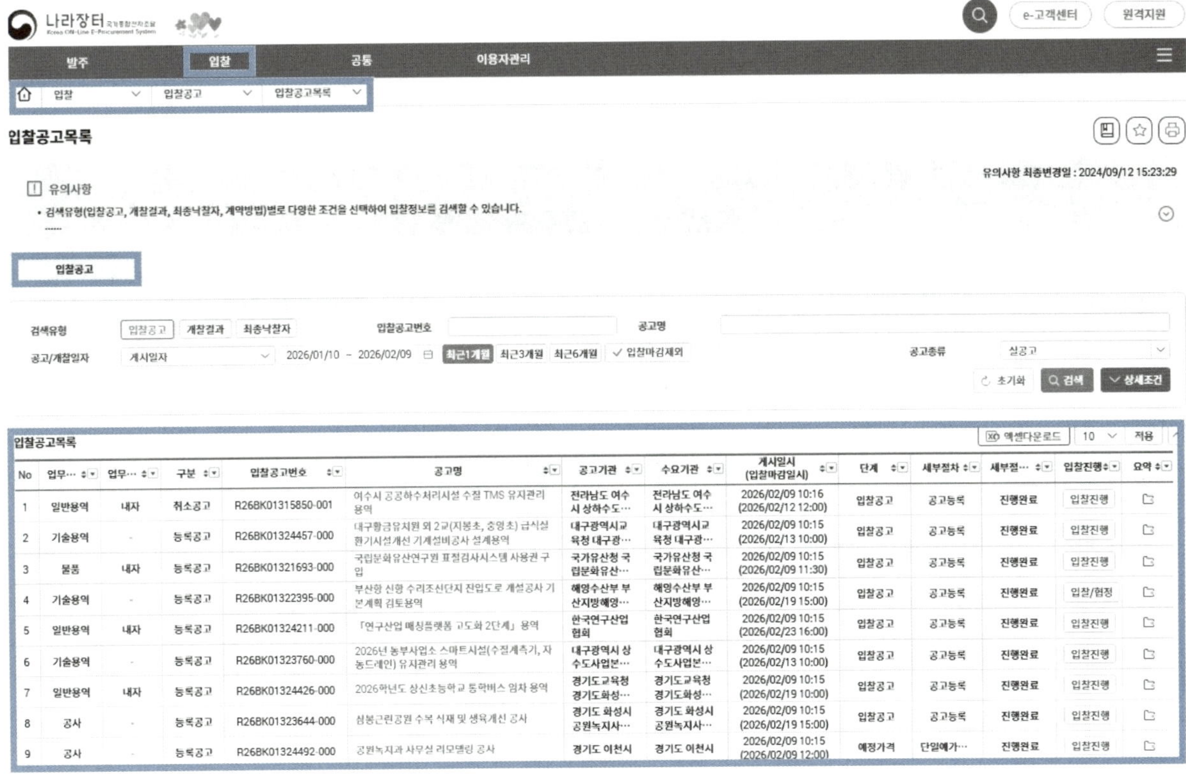

나라장터 입찰공고목록 화면이며, 표의 내용은 다음과 같다.

입찰공고목록

No	업무…	업무…	구분	입찰공고번호	공고명	공고기관	수요기관	게시일시 (입찰마감일시)	단계	세부절차	세부절…	입찰진행	요약
1	일반용역	내자	취소공고	R26BK01315850-001	여수시 공공하수처리시설 수질 TMS 유지관리 용역	전라남도 여수시 상하수도…	전라남도 여수시 상하수도…	2026/02/09 10:16 (2026/02/12 12:00)	입찰공고	공고능록	진행완료	입찰진행	
2	기술용역	-	능록공고	R26BK01324457-000	대구황금유치원 외 2교(지봉초, 충영초) 급식실 환기시설개선 기계설비공사 설계용역	대구광역시교육청 대구광…	대구광역시교육청 대구광…	2026/02/09 10:15 (2026/02/13 10:00)	입찰공고	공고능록	진행완료	입찰진행	
3	물품	내자	능록공고	R26BK01321693-000	국립문화유산연구원 표절검사시스템 사용권 구입	국가유산청 국립문화유산…	국가유산청 국립문화유산…	2026/02/09 10:15 (2026/02/09 11:30)	입찰공고	공고능록	진행완료	입찰진행	
4	기술용역	-	능록공고	R26BK01322395-000	부산항 신항 수리조선단지 진입도로 개설공사 기본계획 검토용역	해양수산부 부산지방해양…	해양수산부 부산지방해양…	2026/02/09 10:15 (2026/02/19 15:00)	입찰공고	공고능록	진행완료	입찰/협정	
5	일반용역	내자	능록공고	R26BK01324211-000	「연구산업 매칭플랫폼 고도화 2단계」 용역	한국연구산업협회	한국연구산업협회	2026/02/09 10:15 (2026/02/23 16:00)	입찰공고	공고능록	진행완료	입찰진행	
6	기술용역	-	능록공고	R26BK01323760-000	2026년 농부사업소 스마트시설(수질계측기, 자농드레인) 유지관리 용역	대구광역시 상수도사업본…	대구광역시 상수도사업본…	2026/02/09 10:15 (2026/02/13 10:00)	입찰공고	공고능록	진행완료	입찰진행	
7	일반용역	내자	능록공고	R26BK01324426-000	2026학년도 상신초능학교 통학버스 임차 용역	경기도교육청 경기도화성…	경기도교육청 경기도화성…	2026/02/09 10:15 (2026/02/19 10:00)	입찰공고	공고능록	진행완료	입찰진행	
8	공사	-	능록공고	R26BK01323644-000	심봉근린공원 수복 식재 및 생육개신 공사	경기도 화성시 공원녹지사…	경기도 화성시 공원녹지사…	2026/02/09 10:15 (2026/02/19 15:00)	입찰공고	공고능록	진행완료	입찰진행	
9	공사	-	능록공고	R26BK01324492-000	공원녹지과 사무실 리모델링 공사	경기도 이천시	경기도 이천시	2026/02/09 10:15 (2026/02/09 12:00)	예정가격	단일예가…	진행완료	입찰진행	

▲ 나라장터 투찰 화면(1)

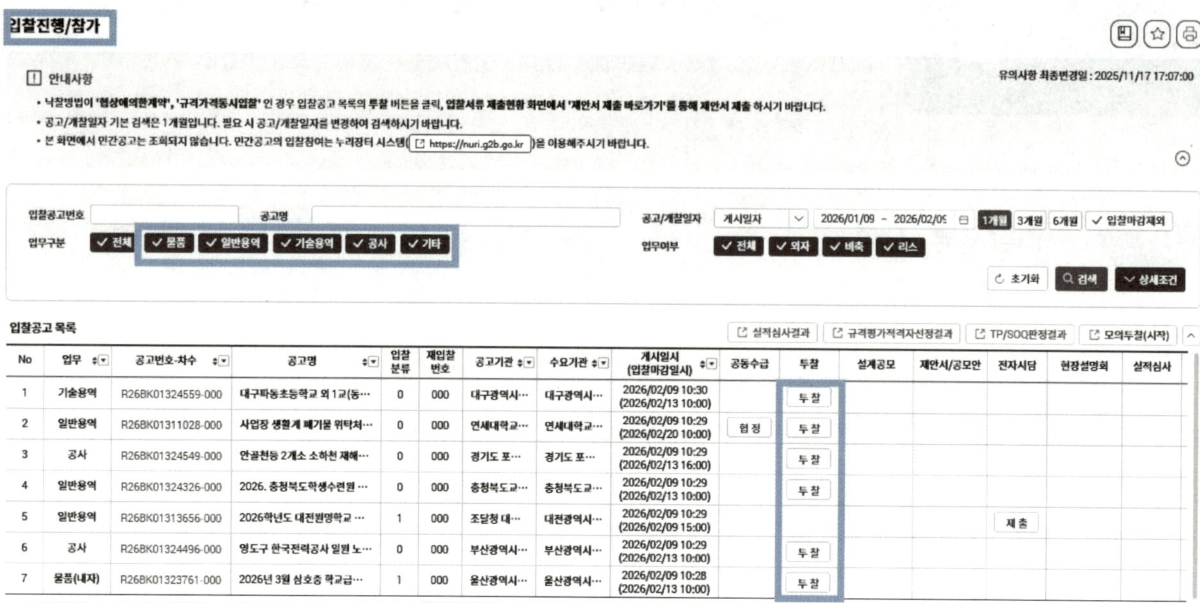

▲ 나라장터 투찰 화면(2)

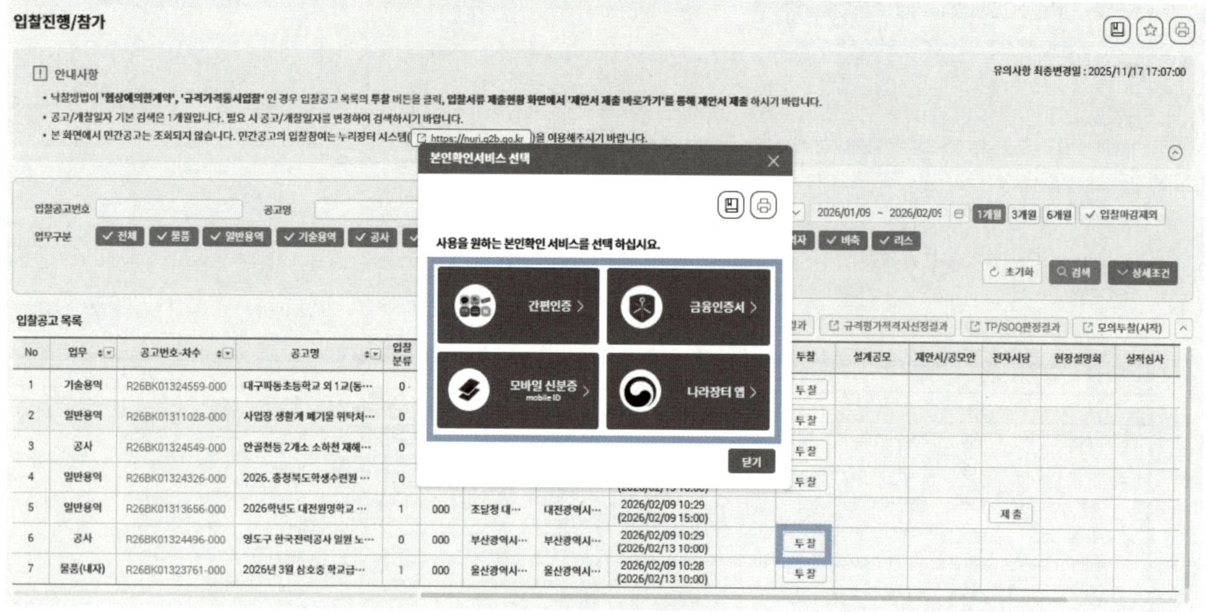

▲ 나라장터 투찰 화면(3)

단계	주요 내용
1. 공고 검색	나라장터 로그인 후 입찰정보 메뉴에서 참여하고자 하는 공고를 검색하여 입찰공고 상세 확인
2. 입찰참가 신청	공고 내용을 숙지한 후 입찰참가신청 버튼을 클릭하여 신청서 작성 및 제출
3. 입찰서 작성	입찰서작성 버튼 클릭 후, 사정률(%) 또는 투찰금액(원)을 입력, 복수예비가격이 적용되는 경우, 예비가격 범위 내에서 2개의 예비가격을 추첨하여 선택
4. 입찰서 제출	작성한 입찰서를 최종 확인하고, 공동인증서(구 공인인증서)로 전자서명하여 제출. 보낸문서함에서 정상 제출 여부를 반드시 확인

실무톡톡

▶ 입찰서 제출 마감 시간에 임박해서 제출하다 보면, 인터넷 회선 문제나 시스템 오류 등으로 제출에 실패하는 경우가 종종 발생. 최소 마감 2~3시간 전에는 제출을 완료하고, 보낸문서함에서 제출 상태를 꼭 확인하는 습관을 들이는 것이 중요
▶ 제출 중 상태로 멈춰있다면 오류일 가능성이 높으므로 즉시 재시도해야 함

② 제안서 작성 실무
- 제안서는 협상에 의한 계약이나 기술평가가 중요한 계약에서 발주기관의 과업 요구사항(RFP, Request for Proposal)에 대해 자사의 기술력, 사업수행능력, 프로젝트 관리 방안 등을 구체적으로 제안하는 문서
- 제안서는 평가위원이 평가하는 핵심 자료이므로, 평가 항목과 배점을 철저히 분석하여 설득력 있게 작성해야 함
  - RFP 분석: 제안요청서(RFP)의 요구사항과 평가 항목 및 배점을 철저히 분석하여, 평가 점수를 높게 받을 수 있는 부분에 집중해야 함
  - 목차 구조화: RFP에서 제시한 목차를 그대로 따르는 것이 기본이며, 이를 통해 평가위원이 요구사항 충족 여부를 쉽게 확인할 수 있도록 도움
  - 객관적 증빙: 최고의 기술력, 풍부한 경험 등 추상적인 표현보다는, 구체적인 실적, 보유 기술 특허, 기술자 이력 등 객관적인 데이터와 증빙자료를 제시해야 신뢰도를 높일 수 있음
  - 가독성: 도표, 그래프, 다이어그램 등 시각 자료를 적극 활용하여 평가위원이 짧은 시간 안에 제안의 핵심 내용을 쉽게 이해할 수 있도록 구성해야 함

핵심포인트

입찰서는 정확한 금액을 정해진 시간 내에 제출하는 것이 핵심이며, 제안서는 RFP 요구사항을 충족하는 객관적인 증빙자료를 가독성 높게 작성하는 것이 핵심

1　협상 전략 수립

협상에 의한 계약에서 우선협상대상자로 선정되었다고 해서 계약이 보장되는 것은 아니며, 발주기관과의 기술협상 및 가격협상 과정에서 제안 내용을 효과적으로 방어하고, 합리적인 계약 조건을 이끌어내는 전략이 필요함

① 협상팀 구성: 제안서 작성에 참여했던 PM(프로젝트 관리자), 기술책임자, 영업 담당자 등 각 분야의 전문가로 협상팀을 구성하여 역할 분담

② 핵심 제안사항 방어: 우리 제안의 강점과 차별점을 명확히 인지하고, 발주기관이 문제 삼을 수 있는 취약점에 대한 논리적인 방어 논리 준비

③ 가격 협상 준비: 제안가격 산출근거를 명확히 준비하고, 발주기관의 가격 인하 요구에 대비하여 마지노선과 단계별 양보안을 미리 시뮬레이션 진행

④ 상대방(발주기관) 이해: 발주기관의 사업 목표, 예산 상황, 담당자의 관심사 등을 파악하여, 그들의 요구를 충족시키면서 우리의 이익도 확보할 수 있는 상호 Win-Win 전략 구사

> **실무톡톡**
>
> 가격 협상 시 무조건 '안 된다'고 버티는 것은 최선이 아님. 예를 들어, "요청하신 10% 가격 인하는 어렵지만, 대신 무상 유지보수 기간을 1년 연장해드리거나, 추가적인 기술 교육을 제공해드리는 방안은 어떻습니까?"와 같이, 가격 외적인 부분에서 추가적인 가치를 제공하는 대안을 제시하는 것이 효과적일 수 있음

03　낙찰제도 비교 및 전략

1　특징 및 비교

공공조달에서는 계약의 특성과 규모에 따라 다양한 낙찰제도가 적용되므로, 각 제도의 특성을 정확히 이해하고, 우리 회사의 강점을 최대한 활용할 수 있는 전략을 수립하는 것이 중요

① 주요 낙찰제도 비교

구분	최저가낙찰제	적격심사제	협상에 의한 계약	종합심사낙찰제
적용 대상	단순 물품, 소규모 공사	공사, 일반 용역	기술제안이 필요한 용역	대형 공사, 고난이도 용역
낙찰 기준	예정가격 이하 최저가	최저가 순 + 계약 이행능력 심사	기술제안 평가 + 가격협상	기술능력(70 ~ 90%) + 가격(10 ~ 30%)
평가 항목	가격만	수행능력 + 입찰가격	기술제안서	기술능력 + 가격
주요 리스크	부실 계약 가능성	서류 미비 시 탈락	제안서 작성 부담	제안서 작성 부담 + 고비용
입찰 전략	최저 원가 산정 후 최저가 투찰	수행능력 사전 관리 + 최적 투찰률 계산	RFP 요구사항 충족 + 차별화된 기술 제안	기술력 강조 + 합리적 가격 제시
장점	절차 간단, 비용 절감	부실 방지, 공정성 확보	기술력 강조 가능	최적 기술 – 가격 조합
단점	품질 저하 우려	서류 준비 부담	평가의 주관성	제안서 작성 고비용

2 낙찰제도별 전략

① 최저가낙찰제 대응 전략
- 핵심: 원가 경쟁력이 가장 중요
- 전략
  - 원가 절감: 대량 구매, 효율적 생산 공정, 불필요한 경비 제거
  - 예정가격 예측: 기초금액 공개 시 복수예비가격 범위 분석
  - 낙찰하한율 회피: 예정가격의 87.745% 이상으로 투찰(낙찰하한율 적용 시)
- 주의사항: 과도한 저가 투찰은 계약 이행 중 손실로 이어질 수 있으므로, 최소 수익성을 확보할 수 있는 선에서 투찰

② 적격심사제 대응 전략
- 핵심: 수행능력평가 점수 + 입찰가격 점수 = 통과 기준 점수 이상
- 전략
  - 사전 수행능력 관리: 실적, 기술자, 재무상태, 신인도 평소 관리
  - 적격심사 서류 완벽 준비: 증빙서류 사전 점검, 제출 기한 엄수
  - 최적 투찰률 계산: 수행능력평가 점수를 기반으로 통과 기준을 충족하는 최저 투찰률 산출
- 주의사항: 1순위로 선정되어도 서류 미비 또는 점수 미달로 탈락할 수 있으므로, 사전 준비 필수

③ 협상에 의한 계약 대응 전략
- 핵심: 기술제안서의 품질이 가장 중요
- 전략
  - RFP 분석: 발주기관의 요구사항을 정확히 파악하고, 평가 기준을 명확히 이해
  - 차별화된 기술 제안: 경쟁사 대비 차별화된 기술적 강점 강조
  - 가격 협상 준비: 제안가격 산출 근거 명확히 준비, 가격 인하 요구 시 대응 시나리오 수립
- 주의사항: 우선협상대상자로 선정되어도 협상 과정에서 결렬되면 계약이 불발될 수 있으므로, 협상 전략을 철저히 준비

④ 종합심사낙찰제 대응 전략
- 핵심: 기술능력과 가격의 균형이 중요
- 전략
  - 기술점수 극대화: 기술능력 배점이 70 ~ 90%로 높으므로, 기술제안서에 집중
  - 합리적 가격 제시: 과도한 저가보다는 기술력을 반영한 합리적 가격 제시
  - 종합평점 시뮬레이션: 기술점수와 가격점수를 예측하여 최적 전략 수립
- 주의사항: 기술점수가 낮으면 아무리 낮은 가격으로 투찰해도 낙찰하기 어려우므로, 기술제안서 품질이 최우선

📌 핵심포인트

낙찰제도의 특징을 정확히 이해하고, 우리 회사의 강점(원가 경쟁력, 기술력, 실적 등)을 최대한 활용할 수 있는 전략을 수립하는 것이 입찰 성공의 핵심

단원별 핵심문제

01
(괄호형)

전자입찰서 제출 절차는 공고 검색 → 입찰참가 신청 → 입찰서 작성 → (①) 순으로 진행되며, 제출 완료 후에는 반드시 (②)에서 정상 제출 여부를 확인해야 한다.

> **정답** ① 입찰서 제출(전자서명) ② 보낸문서함
>
> **해설** 나라장터 전자입찰서는 공동인증서(구 공인인증서)로 전자서명하여 제출하며, 제출 후 반드시 '보낸문서함'에서 제출 상태를 확인해야 한다. '제출 중' 상태로 멈춰있다면 오류일 가능성이 높으므로 즉시 재시도가 필요하다.

02
(괄호형)

적격심사 대응 전략에서 최적 투찰률은 (①) 점수를 기반으로 통과 기준을 충족하는 최저 투찰률을 산출하며, 낙찰하한율 적용 입찰의 경우 예정가격의 (②)% 이상으로 투찰해야 한다.

> **정답** ① 수행능력평가 ② 87.745
>
> **해설** 수행능력평가 점수가 높을수록 입찰가격 점수에 여유가 생긴다. 낙찰하한율(87.745%)은 최저가낙찰제에서 덤핑을 방지하기 위한 최저선으로, 이 이하로 투찰하면 무효 처리된다.

03
(단답형)

입찰서류 작성 시, 입찰서(가격입찰서)와 함께 기술제안이 필요한 경우 별도로 제출해야 하는 서류의 명칭을 쓰시오.

> **정답** 제안서(기술제안서)
>
> **해설** 입찰서류는 입찰서(가격입찰서)와 제안서(기술제안서)로 구분된다. 협상에 의한 계약·기술제안 입찰에서는 RFP(제안요청서)에 대응하는 제안서를 반드시 제출해야 하며, 제안서는 과업 이해도, 수행 방법론, 기술 인력, 유사 실적 등을 포함해야 한다.

04
(단답형)

협상에 의한 계약에서 발주기관의 과업 요구사항을 담고 있는 문서는 무엇인가?

> **정답** 제안요청서(RFP)

05
(단답형)

기술제안이 필요한 용역 계약에 가장 적합한 낙찰제도는 무엇인가?

> **정답** 협상에 의한 계약
>
> **해설** 기술제안이 필요한 경우 협상에 의한 계약 또는 종합심사낙찰제가 적합하며, 특히 기술제안서 평가 후 가격 협상을 진행하는 협상에 의한 계약이 가장 일반적이다.

CHAPTER 03 적격심사 및 PQ 실무

01 적격심사제도 개요

1 정의 및 취지

적격심사제도란 입찰에 참가한 자 중 최저가로 입찰한 자 순으로 해당 계약을 이행할 능력이 있는지 심사하여 낙찰자를 결정하는 제도를 말함(국가계약법 시행령 제42조). 이는 무조건 최저가로 입찰한 자를 낙찰자로 선정할 경우 발생할 수 있는 부실공사나 계약 불이행 등의 위험을 방지하기 위한 제도적 장치

① 적격심사 자기평가서

[적격심사 자기평가서(제출용) 예시]

- 입찰건명: ○○○ 구매(또는 용역)
- 공고번호: 2026-○○○○○○
- 업체명: ㈜○○○
- 사업자등록번호: ○○○-○○-○○○○○
- 대표자: ○○○
- 제출일: 2026. ○○. ○○.

〈자기평가 총괄표(예시)〉

평가 항목	배점	자기평가 점수	산출/근거 요약	증빙
경영상태(신용평가)	20	18	신용평가등급 A - 가정	신용평가서
실적(유사용역/납품실적)	30	25	최근 3년 유사실적 2건 합계 ○억원	실적증명서, 계약서
기술능력/인력/장비	10	8	전담인력 ○명, 장비 ○식	4대보험, 장비보유
수행경험/사업수행능력	30	27	동일기관 수행 1건 포함	준공/검수
신인도(가점/감점)	10	6	ISO, 여성기업 가점 등	인증서
합계	100	84		

※ 주의: "신인도"는 공고에 따라 가점 상한(예 +3점), 감점(부정당/지연 등) 규정이 있으니 그 한도를 맞춰 기재

〈물품 적격심사 평가표(심사자용)〉

입찰건명: ○○○ 물품 구매 / 업체명: ㈜○○○

항목	배점	제출서류 적정성	평가점수	확인포인트
경영상태(신용)	20	☐ 적정 ☐ 미비		유효기간, 등급
납품실적(유사물품)	30	☐ 적정 ☐ 미비		유사기준 일치, 인정기간
기술능력(생산/품질)	20	☐ 적정 ☐ 미비		직접생산/시험성적/인증
이행능력(납기/AS)	20	☐ 적정 ☐ 미비		납기계획, AS체계
신인도(가점/감점)	10	☐ 적정 ☐ 미비		상한/중복/감점 여부
총점	100			
판정				☐ 적격 ☐ 부적격

2 적격심사 대상 및 절차

① 적격심사 대상
  - 공사: 추정가격 300억원 미만(고시금액 이상)
  - 물품 및 용역: 기획재정부장관이 고시하는 금액 이상의 계약

② 적격심사 절차
  - 예정가격 이하 최저가 입찰자 순으로 심사: 입찰 결과 예정가격 이하로서 최저가로 입찰한 자부터 순서대로 심사 대상이 됨
  - 심사서류 제출: 심사 대상자는 통보를 받은 날로부터 일정 기간 내에 적격심사신청서와 심사항목별 평점 증빙서류를 발주기관에 제출해야 함
  - 심사 및 낙찰자 결정: 발주기관은 제출된 서류를 바탕으로 심사기준에 따라 평가를 진행하며, 종합평점이 일정 점수(예 95점) 이상인 경우 낙찰자로 결정. 만약 1순위자가 점수에 미달하면 차순위자를 동일한 방식으로 심사함

> **법조항 돋보기**
>
> 국가를 당사자로 하는 계약에 관한 법률 시행령 제42조(국고의 부담이 되는 경쟁입찰에서의 낙찰자 결정)
> ▶ 재정경제부장관은 국고의 부담이 되는 경쟁입찰에 있어서는 예정가격 이하로서 최저가격으로 입찰한 자의 순으로 당해 계약 이행능력을 심사하여 낙찰자를 결정함

02 적격심사 세부 기준

1 내용 및 절차

① 경영상태 평가의 함정: 경영상태 평가는 보통 신용평가등급으로 이루어지지만, 일부 공사에서는 재무비율(부채비율, 유동비율 등) 평가 방식을 병행하기도 함

- 업종 평균 재무비율: 재무비율 평가는 단순히 우리 회사의 비율만 보는 것이 아니라, 한국은행 등에서 발표하는 기업경영분석의 동종업계 평균 비율과 비교하여 점수를 산정하므로 우리 회사의 재무 상태가 양호하더라도, 업종 평균보다 낮으면 낮은 점수를 받을 수 있음
- 평가 시점: 재무비율은 보통 직전 연도 결산 재무제표를 기준으로 평가하므로, 입찰 시점의 재무 상태가 아무리 좋아졌더라도 반영되지 않을 수 있으므로 평소 꾸준한 재무관리가 중요함

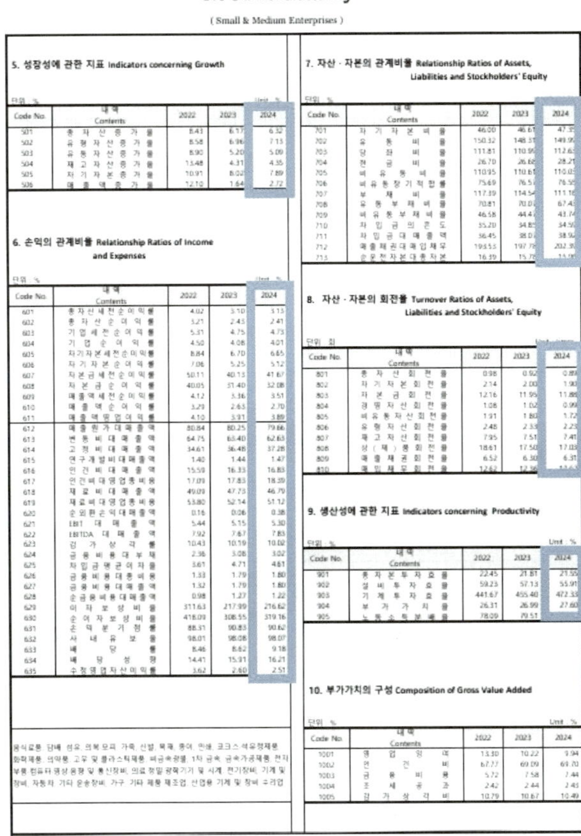

▲ 한국은행 기업경영분석 통계 예시

② 적격심사 평가 항목별 상세 기준: 적격심사는 수행능력평가와 입찰가격평가로 구성되며, 수행능력평가는 다시 시공경험, 기술능력, 경영상태, 신인도의 4가지 항목으로 세분화되므로, 각 항목별 상세 기준을 명확히 이해하는 것이 적격심사 통과의 핵심

- 시공경험 평가: 시공경험은 입찰 대상 공사와 유사한 공사를 과거에 수행한 실적을 평가하는 항목으로, 배점이 가장 높음(보통 40점 내외)

평가 기준	내용	배점
동종·동규모 공사실적	입찰 대상 공사와 동일한 공종(예 터널, 교량, 도로)의 유사 규모 공사 수행 실적	25점
공사 규모	입찰 대상 공사 규모의 50% 이상 공사 수행 실적	10점
공사 수행 기간	최근 5년 이내 수행한 공사를 대상으로 평가	5점

- 실무 팁: 시공경험은 단기간에 향상시키기 어려우므로, 평소 다양한 공종의 공사를 수행하여 실적을 쌓는 것이 중요
  - 주의사항: 공사 실적은 국가종합전자조달시스템(나라장터)에 등록된 실적만 인정되므로, 공사 완공 후 반드시 실적 등록을 해야 함
- 기술능력 평가: 기술능력은 보유하고 있는 기술자의 수와 등급, 기술개발 투자 실적 등을 평가함(보통 30점 내외)

평가 기준	내용	배점
기술자 보유 현황	기술사, 기능사 등 보유 기술자의 수와 등급	20점
기술개발 투자	최근 3년간 R&D 투자 금액	5점
신기술 보유	특허, 신기술 인증 등 보유 현황	5점

  - 실무 팁: 기술자는 상시 고용 상태를 유지해야 하므로, 4대보험 가입 등 고용 증빙을 명확히 해야 함
  - 주의사항: 기술자 자격증은 유효기간이 있으므로, 입찰 전 반드시 유효기간을 확인해야 함
- 경영상태 평가: 경영상태는 기업의 재무 건전성을 평가하는 항목으로, 신용평가등급 또는 재무비율로 평가함(보통 20점 내외)

평가 기준	내용	배점
신용평가등급	한국기업평가, NICE신용평가 등 공신력 있는 기관의 신용평가등급	15점
재무비율	부채비율, 유동비율, 자기자본비율 등	5점

  - 실무 팁: 신용평가등급은 매년 갱신되므로, 평소 재무 관리를 철저히 하여 등급을 유지하는 것이 중요
  - 주의사항: 재무비율은 직전 연도 결산 재무제표를 기준으로 하므로, 입찰 시점의 재무 상태가 반영되지 않을 수 있음
- 신인도 평가: 신인도는 과거 계약 이행 과정에서의 성실성을 평가하는 항목으로, 부실공사, 계약 위반 등의 이력이 있으면 감점됨(보통 10점 내외)

평가 기준	내용	배점
계약 이행 성실도	최근 3년간 계약 이행 과정에서의 부실공사, 계약 위반 등 여부	10점

  - 감점 사유: 부실공사, 계약 불이행, 입찰참가자격 제한, 부정당업자 제재 등
  - 실무 팁: 신인도는 한 번 감점되면 회복하기 어려우므로, 평소 계약을 성실히 이행하는 것이 가장 중요
- 입찰가격평가: 입찰가격평가는 예정가격 대비 입찰가격의 비율(투찰률)을 평가하는 항목으로, 보통 다음과 같은 산식이 사용됨
  - 산식: 입찰가격평점 = 100점 - (투찰률 - 85%) × 가중치
    예 투찰률 88%, 가중치 10으로 가정 → 입찰가격평점 = 100 - (88 - 85) × 10 = 70점
  - 실무 팁: 수행능력평가 점수가 높다면 다소 높은 가격으로 투찰해도 통과할 수 있으므로, 최적 투찰률을 계산하는 것이 중요
  - 주의사항: 낙찰하한율이 적용되는 경우, 예정가격의 87.745% 미만으로 투찰하면 낙찰이 무효화될 수 있음

적격심사는 수행능력평가(40점) + 입찰가격평가(60점) = 100점 만점 중 통과 기준 점수(예 95점) 이상을 받아야 통과하므로, 각 항목별 상세 기준을 숙지하고 사전에 철저히 준비해야 함

Check Q&A

적격심사에서 배점이 가장 높은 평가 항목은 무엇인가?

정답 시공경험(40점)

해설
수행능력평가 항목 중 시공경험의 배점이 가장 높으므로, 평소 다양한 공사 실적을 쌓는 것이 중요하다.

03 입찰참가자격사전심사(PQ)

1 PQ와 적격심사

① PQ와 적격심사의 핵심 차이점 비교

구분	입찰참가자격사전심사(PQ)	적격심사
목적	고난도 공사에 참여할 최소한의 기술력을 갖춘 업체를 사전에 선별	최저가 입찰자 중 계약이행능력이 충분한 업체를 최종 선정
심사 시점	입찰 전	입찰 후(개찰 후 1순위부터)
주요 심사항목	시공경험, 기술능력, 경영상태, 신인도	수행능력입찰가격
결과	입찰참가 자격 부여 여부 결정	낙찰자 결정
법적 근거	국가계약법 시행령 제13조	국가계약법 시행령 제42조

PQ는 입찰의 참가자격을 심사하는 예선전, 적격심사는 낙찰자를 가리는 본선이라고 이해하면 쉬우며, PQ는 가격을 보지 않고 기술력만 평가하지만, 적격심사는 기술력(수행능력)과 가격을 종합적으로 평가함

2 적격심사 – PQ 실무 사례

① 사례 개요
- 사업명: OO터널 건설공사
- 추정가격: 500억원
- 입찰방식: 입찰참가자격사전심사(PQ) 후 적격심사
- 주요 평가요소: 시공경험, 기술능력, 경영상태, 신인도, 입찰가격

② PQ 심사 과정: 추정가격 300억원 이상 공사이므로 PQ 심사 대상이며, A, B, C, D 4개 사가 입찰에 참여했고 각 사의 PQ 심사 점수는 다음과 같음

회사	시공경험(40)	기술능력(30)	경영상태(20)	신인도(10)	합계(100)	결과
A사	38	28	18	8	92	통과
B사	35	25	19	9	88	탈락
C사	39	29	17	7	92	통과
D사	32	22	15	5	74	탈락

→ 분석: B사와 D사는 PQ 통과 기준(예 90점)에 미달하여 탈락했고, A사와 C사만이 PQ 심사를 통과하여 적격심사 대상이 됨

③ 적격심사 과정: PQ를 통과한 A사와 C사를 대상으로 적격심사를 진행하며, 입찰가격 점수를 제외한 수행능력평가 점수는 PQ 점수와 연동되는 경우가 많음(여기서는 동일하다고 가정)

• 예정가격: 480억원
• A사 입찰가격: 422.4억원(투찰률 88%)
• C사 입찰가격: 427.2억원(투찰률 89%)

> 〈입찰가격평점 산식 예시〉
> 입찰가격점수 = 80 − 2 × | (88/100 − 입찰가격/예정가격) × 100 |

→ A사(1순위)
  - 수행능력평가: 80점(가정)
  - 입찰가격평가: 80 − 2 × | (88/100 − 422.4억/480억) × 100 | = 80 − 2 × | 88 − 88 | = 80점
  - 종합평점: 80 + 80 = 160점(만약 총점이 100점 만점이라면 환산 필요. 여기서는 점수 자체로 비교)
→ C사(2순위)
  - 수행능력평가: 80점(가정)
  - 입찰가격평가: 80 − 2 × | (88/100 − 427.2억/480억) × 100 | = 80 − 2 × | 88 − 89 | = 78점
  - 종합평점: 80 + 78 = 158점
→ 결론: 1순위인 A사가 종합평점에서 C사보다 높으므로, A사가 최종 낙찰자로 결정됨

CHAPTER 03 단원별 핵심문제

01
(서술형)

B사는 ○○시가 발주한 추정가격 150억원의 시설공사 적격심사 대상 1순위 업체가 되었다. B사의 수행능력평가 점수는 75점(만점 80점)이며, 입찰가격 평점 만점은 20점이다. 적격심사 통과 기준 점수가 95점일 때, B사가 낙찰받기 위한 최저 투찰률을 계산하고 그 과정을 서술하시오. (단, 입찰가격 평점 산식은 20 – 2 × | (입찰가격/예정가격 × 100) – 88 | 이며, 소수점 이하는 절상하여 계산한다)

정답

1. 필요한 입찰가격 점수 계산
   - B사가 낙찰받기 위해서는 종합평점이 95점 이상이어야 한다.
   - 필요한 입찰가격 점수 = 95점 – 수행능력평가 점수 75점 = 20점

2. 최저 투찰률 계산
   - 입찰가격 점수가 20점이 되려면, 평점 산식에서 감점되는 부분이 0이어야 한다.
   - 20 – 2 × |(투찰률) – 88| = 20
   - 2 × |(투찰률) – 88| = 0
   - |(투찰률) – 88| = 0
   따라서, 최저 투찰률은 88%이다.

3. 서술
   B사는 수행능력평가에서 75점을 획득했으므로, 적격심사 통과 기준인 95점을 넘기 위해서는 입찰가격 평가에서 최소 20점을 받아야 한다. 주어진 입찰가격 평점 산식에 따르면, 입찰가격 점수 만점(20점)을 받기 위해서는 투찰률이 88%일 때 감점 항목이 0이 된다. 따라서 B사가 낙찰받기 위한 최저 투찰률은 88%이다.

02
(계산형)

[적격심사 투찰률 역산]

(주)대한은 추정가격 80억원의 전산장비 납품 입찰(적격심사)에 참여하였다. (주)대한의 수행능력평가 점수는 68점(만점 70점)이며, 입찰가격 평점 만점은 30점이다. 적격심사 통과기준 점수가 96점이고, 입찰가격 평점 산식이 아래와 같을 때, (주)대한이 낙찰하한율에 가장 근접하게 투찰하여 낙찰받기 위한 투찰금액을 계산하시오. (단, 해당 입찰의 기초금액은 9,980,000,000원이며, 복수예비가격 15개 중 입찰자들이 가장 많이 추첨한 4개의 예비가격은 각각 10,120,000,000원, 10,080,000,000원, 9,920,000,000원, 9,880,000,000원이었다. 모든 계산 결과는 소수점 셋째 자리에서 반올림한다)

> 입찰가격 평점 산식: 30 – 20 × | (88/100 – 입찰가격/예정가격) × 100 |

정답

1. 예정가격 산정(수험생 함정: 추정가격, 기초금액이 아닌 예정가격을 직접 계산해야 함)
   예정가격 = (10,120,000,000 + 10,080,000,000 + 9,920,000,000 + 9,880,000,000) / 4 = 10,000,000,000원

2. 필요한 최소 입찰가격 점수 계산

  최소 점수 = 96점(통과기준) − 68점(수행능력평가) = 28점

3. 낙찰하한율에 해당하는 투찰률 계산

- 28 = 30 − 20 × | 0.88 − 투찰률 |
- 20 × | 0.88 − 투찰률 | = 2
- | 0.88 − 투찰률 | = 0.1

  따라서, 0.88 − 투찰률 = 0.1 또는 0.88 − 투찰률 = −0.1

- 투찰률 = 0.78 또는 0.98
- 낙찰을 위한 최저 투찰률, 즉 **낙찰하한율은 78%(0.78)**이다.

4. 최저 투찰금액 계산

  최저 투찰금액 = 예정가격 × 낙찰하한율 = 10,000,000,000원 × 0.78 = 7,800,000,000원

03 (계산형)

[PQ 심사 점수 계산]

D건설은 추정가격 600억원의 ○○대교 건설공사 입찰참가자격사전심사(PQ)를 신청하였다. 다음 자료를 바탕으로 D건설의 PQ 심사 종합평점을 계산하시오.

- 평가 항목 및 배점
  - 시공경험: 40점
  - 기술능력: 35점
  - 경영상태: 20점
  - 신인도: 5점
- D건설 평가자료
  - 시공경험 평가점수: 35점
  - 기술능력 평가점수: 32점
  - 경영상태: 부채비율 120%(업종평균 150%), 유동비율 160%(업종평균 140%),
    각 재무비율 점수 = 10 × (우리회사 비율 / 업종평균 비율)로 계산하며, 만점은 10점으로 하고,
    경영상태 점수 = (부채비율 점수 + 유동비율 점수) / 2
  - 신인도: 최근 3년간 관련 법령 위반 제재 1건(−1점 감점)

정답

1. 경영상태 점수 계산

- 부채비율 점수: 10 × (120% / 150%) = 8점(업종평균보다 낮으므로 양호)
- 유동비율 점수: 10 × (160% / 140%) = 11.43점 → 만점 10점을 초과할 수 없으므로 10점
- 경영상태 최종 점수 = (8 + 10) / 2 = 9점(배점한도 20점 내)

2. 신인도 점수 계산

  기본 점수 5점 − 감점 1점 = 4점

3. PQ 심사 종합평점 계산

  종합평점 = 시공경험(35) + 기술능력(32) + 경영상태(9) + 신인도(4) = 80점

04 (서술형)

G사는 OO구청이 발주한 물품 구매 입찰(적격심사)에 참여하였다. 다음 조건을 바탕으로, G사가 이 입찰에서 낙찰받을 수 있는지 여부를 판단하고 그 이유를 서술하시오. (단, 투찰률은 소수점 형태로 적용한다. 예: 88% → 0.88)

항목	내용
G사 수행능력평가 점수	72점(만점 80점)
입찰가격 평점 만점	25점
적격심사 통과 기준 점수	94점
입찰가격 평점 산식	$25 - 3 \times |\,(88/100 - 입찰가격/예정가격) \times 100\,|$

정답

1. 필요한 최소 입찰가격 점수 계산
   최소 점수 = 94점 − 72점 = 22점

2. 투찰률 범위 계산
   - $22 = 25 - 3 \times |\,0.88 - 투찰률\,|$
   - $3 \times |\,0.88 - 투찰률\,| = 3$
   - $|\,0.88 - 투찰률\,| = 1$
   따라서, 0.88 − 투찰률 = 1 또는 0.88 − 투찰률 = −1
   - 투찰률 = −0.12 또는 1.88
   - 투찰률은 0%와 100% 사이이어야 하므로, 유효한 범위는 없다. 이는 G사가 수행능력평가에서 72점을 받았으므로, 어떤 투찰률로도 22점 이상을 받을 수 없음을 의미한다.

3. 서술
   낙찰 불가능, 수행능력평가 점수가 부족하여 어떤 투찰률로도 94점을 넘을 수 없다.

* 만약 수행능력평가 점수가 73점이었다면, 필요한 입찰가격 점수는 21점이고, $21 = 25 - 3 \times |\,0.88 - 투찰률\,|$에서 $|\,0.88 - 투찰률\,| = 1.33$ → 투찰률 = −0.45 또는 2.21로 여전히 불가능. 따라서 이 문제는 수험생에게 "수행능력평가 점수가 부족하면 아무리 낮은 가격으로 투찰해도 낙찰할 수 없다"는 개념을 강조하기 위함

PART 03 단원별 핵심정리

암기 필수사항

CHAPTER 01

1. 원가계산이란 재료비, 노무비, 경비 등을 합산하여 화폐액으로 산출하는 과정
2. 원가계산의 5대 원칙은 진실성, 발생기준, 객관성, 일관성, 정상성의 원칙
3. 예정가격은 발주기관이 낙찰자 및 계약금액의 결정 기준으로 미리 작성하여 비치해 두는 가액
4. 예정가격 결정기준은 거래실례가격, 원가계산에 의한 가격, 실적공사비에 의한 가격, 감정가격 순으로 적용
5. 복수예비가격은 기초금액의 ±2%(또는 ±3%) 범위 내에서 15개를 작성하고, 입찰자가 가장 많이 추첨한 4개의 산술평균으로 예정가격 결정
6. 원가계산의 5대 비목은 재료비, 노무비, 경비, 일반관리비, 이윤
7. 이윤은 (노무비 + 경비 + 일반관리비) × 이윤율로 산정하며, 최대 25%를 초과할 수 없음
8. 공사 원가계산에는 안전관리비, 환경보전비, 품질관리비 등 법정 경비가 추가로 포함됨
9. 용역 원가계산은 노무비(인건비) 비중이 매우 높으며, 기술자 등급별 노임단가를 기준으로 산정
10. 복합 원가계산은 물품 제조 원가와 설치 용역 원가를 각각 계산한 후 합산하는 방식

CHAPTER 02

1. 입찰서류는 입찰서(가격입찰서)와 제안서(기술제안서)로 구분
2. 전자입찰서 제출 시 공동인증서로 전자서명하여 제출하고, 보낸문서함에서 정상 제출 여부를 반드시 확인해야 함
3. 제안서는 RFP(제안요청서)의 요구사항과 평가 항목을 철저히 분석하여 작성해야 함
4. 협상에 의한 계약에서 우선협상대상자로 선정되어도 기술협상 및 가격협상을 거쳐야 계약이 확정됨
5. 주요 낙찰제도는 최저가낙찰제, 적격심사, 협상에 의한 계약, 종합심사낙찰제로 구분
6. 최저가낙찰제는 가격만 평가하고, 적격심사는 수행능력과 가격을 종합 평가함
7. 종합심사낙찰제는 기술능력(70 ~ 90%)과 가격(10 ~ 30%)을 종합 평가하여 낙찰자 결정

CHAPTER 03

1. 적격심사제도란 최저가 입찰자 순으로 계약이행능력을 심사하여 낙찰자를 결정하는 제도(국가계약법 시행령 제42조)
2. 적격심사 대상은 공사의 경우 추정가격 300억원 미만(고시금액 이상)
3. 적격심사는 수행능력평가와 입찰가격평가로 구성되며, 종합평점이 기준 점수 이상이면 낙찰자로 결정
4. 수행능력평가 항목은 시공경험(40점), 기술능력(30점), 경영상태(20점), 신인도(10점)로 구성
5. 경영상태 평가는 신용평가등급 또는 재무비율(부채비율, 유동비율 등)로 평가하며, 업종 평균과 비교하여 점수 산정
6. PQ(입찰참가자격사전심사)는 추정가격 300억원 이상 공사에 적용되며, 입찰 전에 기술력을 사전 심사
7. PQ는 입찰참가자격을 심사하는 '예선전'이고, 적격심사는 낙찰자를 결정하는 '본선'

실무 적용 체크리스트

□ 입찰서류 제출 기한 관리: 나라장터 시스템 점검시간(매일 01:00 ~ 05:00)을 반드시 고려하여, 마감 당일보다 전날 여유 있게 서류 제출 완료
□ 원가계산서 사전 검토: 입찰참여 전 재료비·노무비·경비·일반관리비·이윤을 정확히 산출하여 예정가격 대비 적정 투찰금액을 사전에 확인
□ 정확한 투찰률 계산: 적격심사 통과 기준 점수를 넘기면서도 최대한 낮은 가격으로 투찰할 수 있는 최적의 투찰률을 찾는 것이 핵심
□ 우리 회사 PQ 점수 관리: PQ 대상 공사에 참여하기 위해서는 평소 시공실적, 기술자 보유 현황, 경영상태(재무비율), 신인도(표창, 제재 여부)를 꾸준히 관리
□ 경쟁사 분석: 경쟁사의 예상 PQ 점수와 입찰가격을 분석하여 우리의 입찰 전략 수립

학습 완료 체크리스트

□ 원가계산 5대 일반원칙 암기
  (진실성, 발생 기준, 객관성, 일관성, 정상성)
□ 추정가격·기초금액·예정가격 개념 구분
  (복수예비가격 기초금액의 ±2% 범위, 15개 작성 후 4개 평균)
□ 원가계산 5대 비목 산정 기준 이해
  (재료비, 노무비, 경비, 일반관리비, 이윤)
□ 이윤 산정 기준 및 상한 암기
  [(노무비 + 경비 + 일반관리비) × 이윤율, 최대 25% 초과 불가]
□ 공사 원가의 법정 추가 비목 3가지 이해
  (안전관리비, 환경보전비, 품질관리비)
□ 전자입찰서 제출 4단계 절차 숙지
  (공고 검색 → 입찰참가 신청 → 입찰서 작성 → 입찰서 제출)
□ 제안서 작성 핵심 4요소 이해
  (RFP 분석, 과업 이해도, 수행 방법론, 유사 실적 증빙)
□ 낙찰제도 4가지 비교 이해
  (최저가낙찰제, 적격심사제, 협상에 의한 계약, 종합심사낙찰제)
□ 적격심사 4대 수행능력평가 항목 이해
  (시공경험, 기술능력, 경영상태, 신인도)
□ PQ와 적격심사의 핵심 차이점 구분
  (입찰참가자격 부여 vs 낙찰자 결정, 예선 vs 본선)
□ 적격심사 통과 요건 숙지
  (수행능력평가 + 입찰가격평가 = 100점 만점 중 기준 점수 이상)

입찰 제안 및 계약 관리

낙찰 이후의 계약 관리는 조달 업무의 성공적인 마무리를 위해 매우 중요하다. 본 PART4에서는 발주기관의 요구를 충족하는 제안서 작성부터 계약 체결, 이행, 변경, 그리고 최종 종결에 이르기까지 계약 전 과정에 걸친 관리 실무를 체계적으로 학습한다.

학습 로드맵

구분	학습 내용	핵심 역량
CHAPTER 01	• 제안서 구성 요소 이해 • 제안서 작성 방법 • 기술/가격 제안서 작성 실습	• 제안서 기획 및 작성 능력 • 기술/가격 경쟁력 확보 능력
CHAPTER 02	• 계약 체결 서류 준비 • 계약서 작성 • 계약보증금 및 이행보증 • 전자계약 실무	• 계약 체결 실무 능력 • 보증 및 보험 관리 능력
CHAPTER 03	• 계약 이행 및 변경 관리 • 물가변동(E/S) 산정 실습 • 계약 종결 관리 • 계약 해제 · 해지	• 계약 이행 및 변경 관리 능력 • 원가 변동 대응 능력 • 계약 종결관리 관리능력 • 공공조달 계약 해제 · 해지 절차 이해
CHAPTER 04	• 공동계약 유형 이해 • 공동수급체 구성 및 운영 관리	• 공동계약 운영 및 관리 능력 • 협업 및 리스크 분산 능력

학습 목표

1. 발주기관의 제안요청서(RFP)를 분석하고, 평가 기준에 부합하는 기술 및 가격 제안서를 작성할 수 있다.
2. 낙찰 후 계약 체결에 필요한 서류를 준비하고, 관련 법규에 따라 계약서를 작성 및 검토할 수 있다.
3. 물가변동, 과업 변경 등 계약 변경 사유 발생 시 조정 절차를 이해하고 실무에 적용할 수 있다.
4. 공공조달 계약 해제 · 해지에 대한 법적 개념 및 해제 · 해지 절차를 이해하고 이를 실무에 적용할 수 있다.
5. 공동계약의 유형별 특징을 이해하고, 공동수급체를 구성하여 계약을 이행하고 관리할 수 있다.

CHAPTER 01

제안서 작성 실무

01 제안서 작성 개요

제안서(Proposal)란 발주기관이 제시한 제안요청서(RFP, Request for Proposal)에 대응하여 입찰 참가자가 과업 수행 방법, 기술 능력, 수행 조직 등을 구체적으로 제시하는 문서를 말하며, 제안서는 단순히 가격만으로 낙찰자를 결정하지 않고, 기술력과 수행능력을 종합적으로 평가하는 입찰방식(예 협상에 의한 계약, 기술제안입찰)에서 필수적으로 요구됨

1 제안서의 정의 및 목적

① 제안서의 정의: 제안서는 발주기관의 요구사항(RFP)에 대한 입찰참가자의 해결 방안을 담은 문서로서, 다음과 같은 핵심 요소를 포함
  - 과업 이해도: 발주기관이 요구하는 과업의 목적과 범위를 정확히 이해하고 있음을 입증
  - 수행 방법론: 과업을 어떻게 수행할 것인지 구체적인 절차와 방법을 제시
  - 기술 제안: 과업 수행에 필요한 기술적 해결 방안 제시
  - 수행 조직 및 인력: 과업을 수행할 조직 구성과 투입 인력의 전문성 입증
  - 유사 실적: 과거 유사한 과업을 성공적으로 수행한 경험 제시

✍ 핵심포인트

> 제안서는 발주기관에게 "우리가 이 과업을 가장 잘 수행할 수 있다"는 확신을 주는 설득 문서

② 제안서의 목적: 제안서 작성의 주요 목적은 다음과 같음
  - 발주기관의 요구사항 충족: RFP에서 요구하는 모든 항목을 빠짐없이 충족
  - 차별화된 경쟁력 제시: 다른 입찰자와 구별되는 우리만의 강점 부각
  - 신뢰성 확보: 과거 실적과 전문 인력을 통해 과업 수행능력 입증
  - 높은 평가 점수 획득: 평가기준표의 배점을 고려하여 전략적으로 작성

실무톡톡

> ▶ 제안서는 '많이 쓰는 것'이 중요한 것이 아니라 '평가기준에 맞춰 정확하게 쓰는 것'이 중요하며, RFP의 평가기준표를 꼼꼼히 분석하고, 배점이 높은 항목에 집중하기!
> ▶ 예를 들어, '과업 이해도' 배점이 30점이라면, 이 부분에 가장 많은 노력을 기울이기!

③ 제안서 평가 방식: 제안서는 일반적으로 다음과 같은 방식으로 평가됨
- 평가 항목·내용·방식

평가 항목	배점 비율	평가 내용	평가 방식
기술능력 평가	50~70%	과업 이해도, 수행 방법론, 기술 제안 등	정성적 평가(위원 심사)
수행능력 평가	20~30%	유사 실적, 기술 인력, 수행 조직 등	정량적 평가(서류 확인)
가격 평가	10~30%	입찰가격의 적정성	산식 평가(시스템 계산)

- 세부 평가 항목
  - 기술능력 평가(60점 / 정성적 평가)

    심사위원이 제안서를 보고 등급(수, 우, 미, 양, 가)을 부여하는 영역

평가 항목	세부 평가 내용	배점
과업 이해도	• 사업 목적 및 배경의 명확한 이해 • 핵심 요구사항 분석 및 해결 방안의 적정성	15
수행 방법론	• 단계별 과업 수행 절차 및 일정 계획의 타당성 • 품질 관리 및 리스크 관리 방안	20
기술 제안	• 제공 물품의 기술적 사양 및 성능의 우수성 • 타사 대비 차별화된 기능 또는 확장성	20
지원 방안	• 교육 지원 및 기술 전수 계획 • 유지보수 및 비상 대응 체계	5

  - 수행능력 평가(20점 / 정량적 평가)

    공고문 기준에 따라 증빙 서류로 점수를 산출하는 영역

평가 항목	세부 평가 내용	배점
유사 실적	최근 3년 이내 동일·유사 물품 납품실적 합계액	8
기술 인력	참여 인력의 전공, 자격증, 해당 분야 경력(숙련도)	7
수행 조직	경영상태(신용등급) 및 투입 조직의 안정성	5

  - 가격 평가(20점 / 산식 평가)

    평가 산식: 보통 (최저입찰가격 / 당해입찰가격) × 배점 등의 공식을 사용

    조달청 기준에 따라 입찰가격이 예정가격의 80% 미만일 경우 평점이 급격히 낮아질 수 있도록 설계

법조문 돋보기

국가계약법 시행령 제43조(협상에 의한 계약 체결)
▶ 각 중앙관청의 장 또는 계약담당공무원은 계약의 성질 또는 목적에 비추어 필요하다고 인정되는 경우에는 제42조에도 불구하고 2인 이상으로부터 제안서를 제출받아 협상에 의하여 계약을 체결할 수 있음

제안서 평가에서 일반적으로 가장 높은 배점을 차지하는 평가 항목은 무엇인가?

정답 기술능력 평가

해설

제안서 평가는 기술능력(50 ~ 70%), 수행능력(20 ~ 30%), 가격(10 ~ 30%) 순으로 배점되며, 기술능력이 가장 중요하다.

---

2 제안서 작성 절차

제안서 작성은 다음과 같은 단계별 절차를 거쳐 진행됨

① RFP 분석: 제안서 작성의 첫 단계는 발주기관이 제공하는 제안요청서(RFP)를 철저히 분석하는 것

> **RFP 분석 체크리스트**
> ☐ 과업의 목적과 배경 이해
> ☐ 과업의 범위 및 세부 내용 파악
> ☐ 제안서 제출 마감일 및 형식 확인
> ☐ 평가기준표 및 배점 분석
> ☐ 필수 제출 서류 목록 확인
> ☐ 제안서 작성 시 제한 사항 확인(페이지 수, 글자 크기 등)

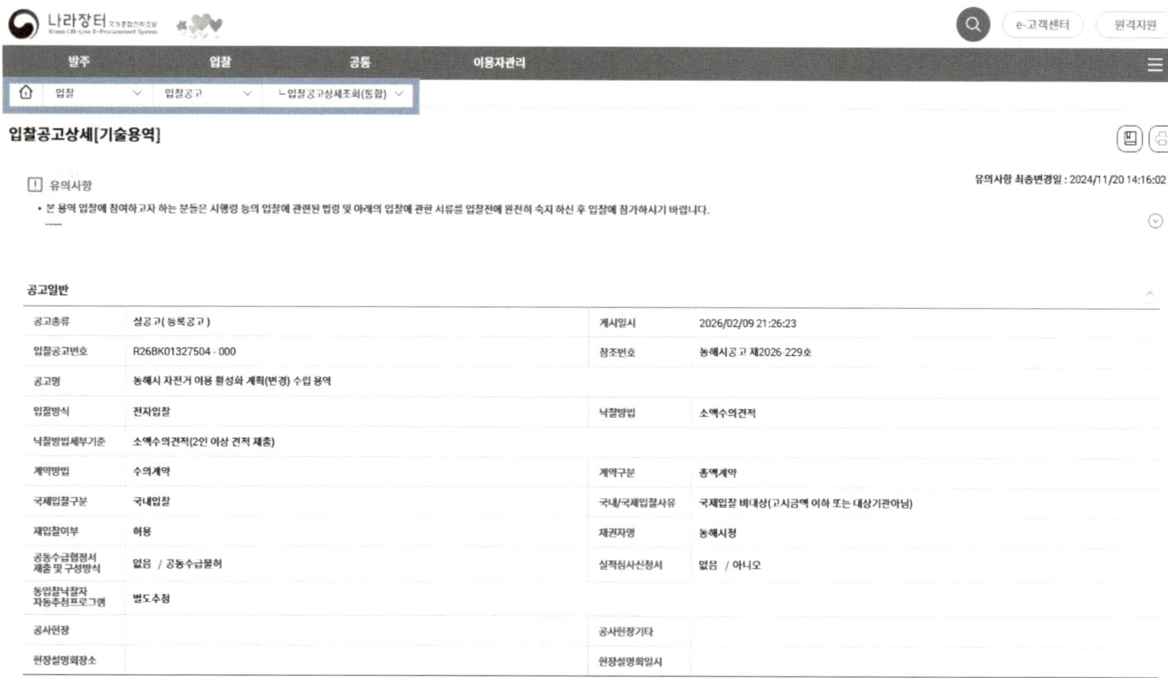

입찰공고상세[기술용역]

유의사항
유의사항 최종변경일 : 2024/11/20 14:16:02

- 본 용역 입찰에 참여하고자 하는 분들은 시행령 등의 입찰에 관련된 법령 및 아래의 입찰에 관한 서류를 입찰전에 완전히 숙지하신 후 입찰에 참가하시기 바랍니다.

공고일반

공고종류	실공고(등록공고)	게시일시	2026/02/09 21:26:23
입찰공고번호	R26BK01327504 - 000	참조번호	농해시공고 제2026-229호
공고명	농해시 자전거 이용 활성화 계획(변경) 수립 용역		
입찰방식	전자입찰	낙찰방법	소액수의견적
낙찰방법세부기준	소액수의견적(2인 이상 견적 제출)		
계약방법	수의계약	계약구분	총액계약
국제입찰구분	국내입찰	국내/국제입찰사유	국제입찰 비대상(고시금액 이하 또는 대상기관아님)
재입찰여부	허용	채권자명	농해시청
공동수급협정서 제출 및 구성방식	없음 / 공동수급불허	실적심사신청서	없음 / 아니오
동입찰낙찰자 자동추첨프로그램	별도추첨		
공사현장		공사현장기타	
현장설명회장소		현장설명회일시	

연관정보

발주계획번호	R26DD20651923
사전규격등록번호	
사전규격 미공개사유	[지방계약법] 수요긴급 또는 비밀물자, 수의계약대상 물품 및 용역
투찰금액상한 제한여부	
관련공고	

ⓘ 파일첨부 관련 안내사항

- 「국가종합전자조달시스템 이용약관」(시행 2026.02.02) 제9조 제3항 및 제4항에 따라 입찰공고서 파일 원본을 인공지능(AI)이 인식 가능한 파일로 등록하거나, 원본을 인공지능이 인식 가능한 형식으로 변환한 파일(PDF 등)을 병행하여 등록하도록 하고 있습니다.
- 인공지능이 인식 가능하지 않은 파일을 원본파일로 시스템에 등록한 경우 원본과 함께 변환본을 병행 등록하였으나, 그 내용이 원본과 상이할 경우에는 원본이 변환본에 우선하여 입찰 및 계약관련 해석의 기준이 됩니다. 다만, 원본 파일의 열람이 불가하거나 기술적 오류가 명백한 경우에는 그러하지 아니합니다.

파일첨부 전체 3건   ⬇ 다운로드 ⌃

☐	분서구분	파일명	파일크기
☐	공고서(원본)	(공고문) 농해시 자전거 이용 활성화 계획(변경) 수립 용역.hwp	219.5 KB
☐	공고서(변환본)	(공고문) 농해시 자전거 이용 활성화 계획(변경) 수립 용역.pdf	314.5 KB
☐	과업지시서	(공고) 과업지시서.hwp	72.0 KB

현재 용량 0.592 / 50 MB

▲ 나라장터 제안요청서(RFP) 다운로드 화면

실무톡톡

▶ RFP를 분석할 때는 반드시 '평가기준표'를 먼저 확인하기!
▶ 평가기준표에는 발주기관이 무엇을 중요하게 생각하는지가 명확히 드러나 있음. 예를 들어, '유사 실적' 배점이 20점이라면, 우리 회사의 유사 실적을 최대한 부각하기!

② 제안서 작성: RFP 분석이 완료되면, 평가기준에 맞춰 제안서 작성

제안서 작성 핵심 원칙
- 평가기준 준수: 평가기준표의 모든 항목을 빠짐없이 작성
- 명확한 구조: 목차를 명확히 하고, 각 섹션의 제목과 내용을 일치시킴
- 시각 자료 활용: 도표, 그래프, 사진 등을 활용하여 가독성 향상
- 차별화 포인트 강조: 우리만의 강점을 명확히 부각
- 오탈자 제로: 제출 전 반드시 교정 및 검토

실무톡톡

제안서는 평가위원이 짧은 시간 내에 많은 제안서를 검토해야 하므로, 핵심내용을 명확하고 간결하게 전달하는 것이 중요

③ 제안서 제출: 제안서 작성이 완료되면, 나라장터 시스템을 통해 전자적으로 제출

제안서 제출 체크리스트
- ☐ 제안서 파일 형식 확인(PDF, HWP 등)
- ☐ 파일 용량 제한 확인
- ☐ 필수 첨부 서류 누락 여부 확인
- ☐ 제출 마감 시간 확인(마감 1시간 전 제출 권장)
- ☐ 제출 완료 후 제출 확인증 출력 및 보관

제안서 제출 마감 시간을 놓치는 경우가 종종 발생하며, 나라장터 시스템은 마감 시간이 지나면 1초라도 제출이 불가능하므로 반드시 마감 1시간 전에 제출 완료하기

Check Q&A

제안서 작성의 첫 단계로 가장 먼저 해야 할 작업은 무엇인가?

정답 RFP(제안요청서) 분석

해설 제안서 작성은 RFP 분석 → 제안서 작성 → 제안서 제출 순으로 진행되며, RFP 분석이 가장 먼저 이루어져야 한다.

02 제안서 평가기준 이해

제안서는 발주기관이 미리 공개한 평가기준표에 따라 평가되며, 평가기준표는 크게 기술능력 평가, 수행능력 평가, 가격 평가의 3가지 영역으로 구성되고 각 영역별로 세부 평가 항목과 배점이 명시되어 있음

1 기술능력 평가

기술능력 평가는 제안서 평가에서 가장 높은 배점(50 ~ 70%)을 차지하며, 과업을 수행하는 데 필요한 기술적 역량 평가

① **과업 이해도**: 발주기관이 요구하는 과업의 목적, 배경, 범위를 정확히 이해하고 있는지 평가

> **평가 포인트**
> - 과업의 목적과 배경을 명확히 서술
> - 과업의 범위와 주요 산출물을 구체적으로 제시
> - 발주기관이 기대하는 성과를 정확히 파악

실무톡톡

과업 이해도는 단순히 RFP의 내용을 그대로 옮겨 적는 것이 아니라, 발주기관의 입장에서 '왜 이 과업이 필요한지', '어떤 문제를 해결하려고 하는지'를 깊이 있게 문제를 분석하고 해결 방향을 제시하는 것이 중요

② **수행 방법론**: 과업을 어떻게 수행할 것인지 구체적인 절차와 방법 제시

> **평가 포인트**
> - 과업 수행 단계를 명확히 제시(예 1단계 현황 분석 → 2단계 설계 → 3단계 구현 → 4단계 검증)
> - 각 단계별 세부 활동과 산출물 명시
> - 일정 계획(Gantt Chart 등) 제시
> - 품질 관리 방안 제시

▶ 수행 방법론은 추상적인 설명보다는 구체적인 단계와 산출물을 명시하는 것이 중요
▶ 예를 들어, "철저한 분석을 통해…"보다는 "1단계에서 현황 조사를 실시하고, 조사 결과 보고서를 산출물로 제출합니다"와 같이 구체적으로 작성하기

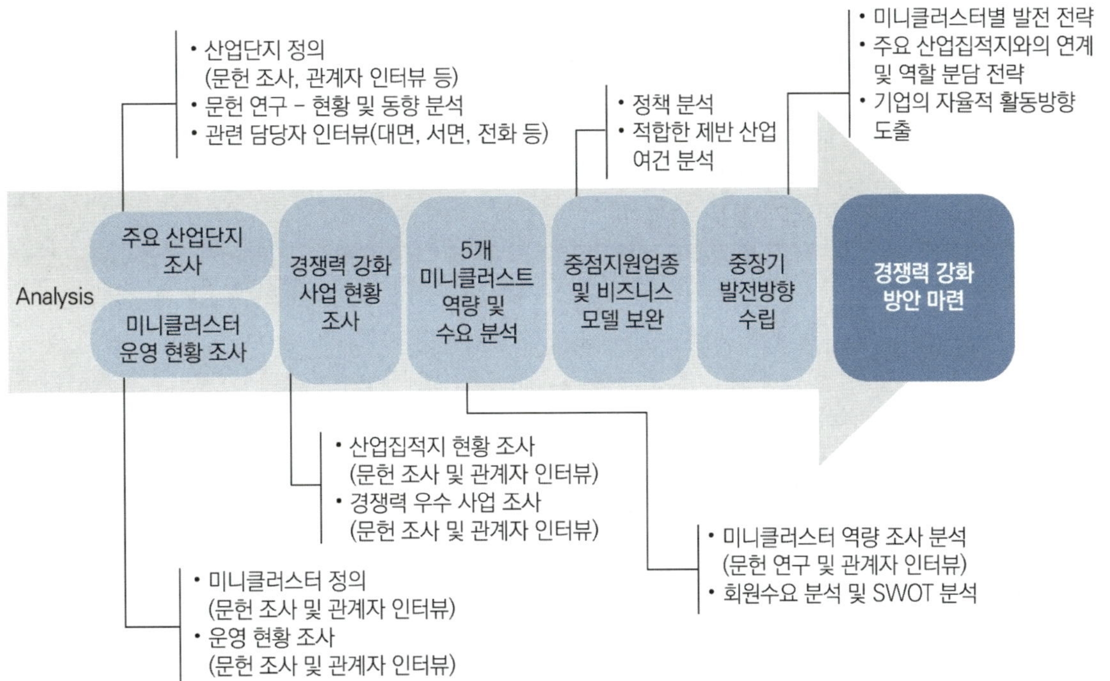

▲ 수행 방법론 예시(단계별 절차도)

③ 기술 제안: 과업 수행에 필요한 기술적 해결 방안 제시

평가 포인트
• 최신 기술 동향 반영　　　　• 우리만의 차별화된 기술 제시
• 기술 적용의 타당성 입증　　• 기술 적용 시 기대 효과 제시

 Q&A

제안서 평가에서 기술능력 평가가 차지하는 일반적인 배점 비율은 얼마인가?

정답　50 ~ 70%

해설
기술능력 평가는 제안서 평가에서 가장 높은 배점을 차지하며, 일반적으로 50 ~ 70%의 비율을 차지한다.

② 수행능력 평가

수행능력 평가는 과업을 실제로 수행할 수 있는 역량을 평가하며, 일반적으로 20 ~ 30%의 배점을 차지함
① 유사 실적: 과거 유사한 과업을 성공적으로 수행한 경험 평가

평가 포인트
- 최근 3~5년 이내의 유사 실적 제시
- 발주기관, 과업명, 계약금액, 수행 기간 명시
- 과업 내용과 성과를 구체적으로 서술
- 발주기관의 만족도 또는 수상 실적 제시

실무톡톡

▶ 유사 실적은 '많이' 제시하는 것보다 '관련성 높은' 실적을 제시하는 것이 중요
▶ 예를 들어, 'AI 챗봇 구축' 과업이라면, 과거 'AI 챗봇' 또는 '대화형 시스템' 구축 실적을 우선적으로 제시하기

② 기술 인력: 과업에 투입될 인력의 전문성 평가

평가 포인트
- 투입 인력의 학력, 경력, 자격증 명시
- 유사 과업 수행 경험 제시
- 투입 비율(M/M) 명시
- 인력의 역할과 책임 명확히 구분

③ 수행 조직: 과업을 수행할 조직의 구성과 운영 방안 평가

평가 포인트
- 조직 구성도 제시
- 각 팀의 역할과 책임 명시
- 의사소통 체계 제시
- 품질 관리 조직 구성

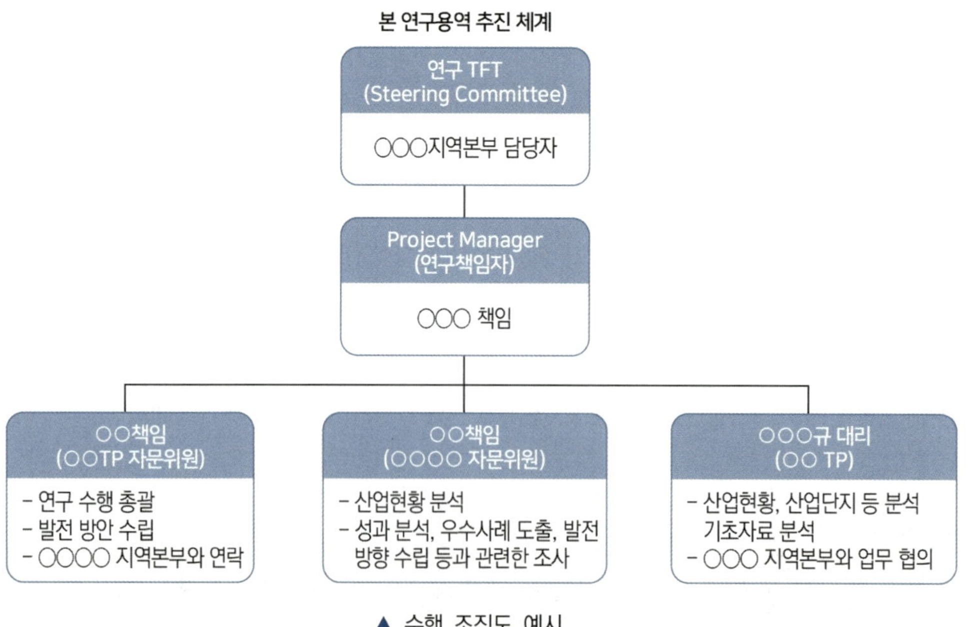

▲ 수행 조직도 예시

수행능력 평가에서 평가하는 주요 항목 3가지를 쓰시오

`정답` 유사 실적, 기술 인력, 수행 조직

`해설`
수행능력 평가는 과업을 실제로 수행할 수 있는 역량을 평가하며, 유사 실적, 기술 인력, 수행 조직이 주요 평가 항목이다.

3 가격 평가

가격 평가는 입찰가격의 적정성을 평가하며, 일반적으로 10 ~ 30%의 배점을 차지함

① **가격 평가 방식**: 가격 평가는 다음과 같은 방식으로 진행

평가 방식
- 최저가 대비 평가: 최저가를 제시한 업체에 만점을 부여하고, 다른 업체는 비율에 따라 감점
- 예정가격 대비 평가: 예정가격 대비 입찰가격의 비율에 따라 점수 부여
- 가격 평가 공식(최저가 대비): 가격 점수 = (최저 입찰가 / 해당업체 입찰가) × 가격 배점

🖋 **핵심포인트**

가격 평가에서 무조건 낮은 가격을 제시하는 것이 유리한 것은 아니며, 지나치게 낮은 가격은 '저가 낙찰'로 간주되어 감점 요인이 될 수 있으므로, 적정 가격을 제시하는 것이 중요

② **가격 전략**: 제안서 평가에서 가격 전략은 다음과 같이 수립

가격 전략 수립 단계
- 원가 계산: 과업 수행에 필요한 실제 원가 계산
- 경쟁사 분석: 경쟁사의 예상 입찰가 분석
- 가격 배점 고려: 가격 배점이 낮다면 기술력에 집중, 높다면 가격 경쟁력 확보
- 최적 가격 결정: 원가, 경쟁사 분석, 가격 배점을 종합하여 최적 가격 결정

🖋 **핵심포인트**

제안서 평가에서 가격 배점이 10 ~ 15%로 낮다면, 가격보다는 기술력에 집중하는 것이 유리하고, 반대로 가격 배점이 25 ~ 30%로 높다면, 가격 경쟁력을 확보하는 것이 중요

가격 평가에서 최저가를 제시한 업체가 받는 점수는?

`정답` 가격 배점 만점

`해설`
최저가 대비 가격 평가 방식에서는 최저가를 제시한 업체에 가격 배점 만점을 부여한다.

제안서 작성은 단순히 RFP의 요구사항을 충족하는 것을 넘어, 평가위원에게 우리의 역량과 차별화된 강점을 효과적으로 전달하는 것이 핵심이며, 이를 위해서는 전략적인 작성 기법과 실무 노하우가 필요함

1 Executive Summary 작성법

Executive Summary는 제안서의 첫 페이지에 위치하며, 제안서 전체의 핵심 내용을 요약하여 제시하는 섹션이며, 평가위원이 가장 먼저 읽는 부분이므로, 강력한 첫인상을 남기는 것이 중요

① Executive Summary의 목적

- 핵심 메시지 전달: 제안서의 핵심 내용을 1 ~ 2페이지로 압축하여 전달
- 차별화 포인트 부각: 우리만의 강점을 명확히 제시
- 평가위원의 관심 유도: 제안서 전체를 꼼꼼히 읽고 싶게 만드는 동기 부여

핵심포인트

> Executive Summary는 제안서의 '예고편'이므로, 평가위원이 이 부분만 읽고도 우리의 강점을 파악할 수 있도록 작성하기

② Executive Summary 구성: Executive Summary는 다음과 같은 구조로 작성

구성 요소	내용	분량
과업 이해	발주기관의 요구사항과 과업의 목적을 간략히 요약	2 ~ 3문장
우리의 강점	우리가 이 과업을 가장 잘 수행할 수 있는 이유(유사 실적, 전문 인력 등)	3 ~ 4문장
수행 방법	과업을 어떻게 수행할 것인지 핵심 방법론 요약	3 ~ 4문장
기대 효과	과업 수행을 통해 발주기관이 얻을 수 있는 성과	2 ~ 3문장

핵심포인트

> 제안서 전체 내용을 파악한 상태에서 핵심만 추출하는 것이 훨씬 효과적이기 때문에 Executive Summary는 제안서 작성이 모두 완료된 후 마지막에 작성하는 것이 좋음

Check Q&A

Executive Summary는 제안서의 어느 위치에 배치되는가?

정답 제안서의 첫 페이지(또는 목차 다음)

해설

Executive Summary는 평가위원이 가장 먼저 읽는 부분이므로, 제안서의 첫 페이지에 배치된다.

2 과업 이해도 및 수행 방법론

① 과업 이해도 작성 전략: 과업 이해도는 발주기관이 "이 업체가 우리의 요구사항을 정확히 이해하고 있구나"라는 확신을 갖도록 작성해야 함

작성 전략
- 발주기관의 입장에서 작성: "우리는 이해했다"가 아니라 "발주기관은 이런 문제를 해결하고자 한다"로 작성
- 구체적인 사례 제시: 추상적인 설명보다는 구체적인 사례와 데이터 제시
- 문제점 및 해결 방향 제시: 현재 상황의 문제점을 분석하고, 해결 방향 제시

과업 이해도 작성 예시
[나쁜 예]
본 과업은 AI 챗봇 구축을 목표로 합니다.

[좋은 예]
OO기관은 현재 민원 응대에 연간 XX억원의 인력 비용이 소요되고 있으며, 야간 및 휴일에는 민원 응대가 불가능하여 민원인의 불만이 증가하고 있습니다.
본 과업은 AI 챗봇을 구축하여 24시간 자동 응대 체계를 마련함으로써 인력 비용을 30% 절감하고, 민원인 만족도를 20% 향상시키는 것을 목표로 합니다.

② 수행 방법론 작성 전략: 수행 방법론은 과업을 어떻게 수행할 것인지 구체적인 단계와 방법 제시

작성 전략
- 단계별 구분: 과업을 3 ~ 5단계로 명확히 구분
- 각 단계별 세부 활동 명시: 각 단계에서 무엇을 할 것인지 구체적으로 서술
- 산출물 명시: 각 단계에서 어떤 산출물이 나오는지 명시
- 일정 계획 제시: Gantt Chart 등을 활용하여 일정 계획 시각화

순번	개발내용	세부 활동	추진 일정									비고
			22. 4~5	22. 6~7	22. 8~9	22. 10~12	23. 1~3	23. 4~6	23. 7~9	23. 10~12	24. 1~3	
1	BM 기획·정교화	• 시장·경쟁 분석 및 타깃 고객 정의	■	■								
2	수익모델·가격 전략 수립	• B2B/B2G/글로벌 수익모델 구조 설계 가격·과금 • 정책(건당/구독/서비스) 확정		■	■	■						
3	기술 상용화 기반 구축	• Risk Orchestrator 성능 검증 (RME, Precision, Recall)				■	■					
4	플랫폼·API/구독 구조 설계	• API/구독 서비스 아키텍처 설계 • 보안·접근제어·운영 구조 정의					■	■				
5	PoC·실증 운영	• 금융기관·파일럿(PoC) 수행 • 계약·대출 사전 점검 서비스 베타 운영						■	■			
6	제품·서비스 출시	• AI 진단 리포트 유료 모델 적용								■		
7	투자 연계·사업 확장	• 민간 투자 유치 연계(IR·투자 설명회)									■	

▲ Gantt Chart 예시

▶ 수행 방법론은 "우리는 이렇게 할 것이다"라는 확신을 주는 것이 중요
▶ 추상적인 설명보다는 "1단계에서는 현황 조사를 실시하고, 조사 결과 보고서를 제출합니다"와 같이 구체적으로 작성하기

Check Q&A

수행 방법론에서 반드시 명시해야 할 3가지 요소는 무엇인가?

정답 단계별 구분, 세부 활동, 산출물

해설

수행 방법론은 과업을 단계별로 구분하고, 각 단계의 세부 활동과 산출물을 명시해야 한다.

3 차별화 포인트 강조

제안서는 다른 입찰자와 차별화된 우리만의 강점을 명확히 부각해야 함

① 차별화 포인트 발굴

발굴 방법
- 우리의 강점 분석: 유사 실적, 전문 인력, 기술력 등
- 경쟁사 분석: 경쟁사가 제시할 수 없는 우리만의 강점 발굴
- 발주기관의 니즈 파악: 발주기관이 가장 중요하게 생각하는 요소 파악

차별화 포인트 예시
- 최근 3년간 유사 과업 10건 이상 수행(업계 1위 실적)
- 해당 분야 박사급 전문가 5명 보유
- 자체 개발한 독자적인 기술 보유
- 과업 완료 후 1년간 무상 유지보수 제공

핵심포인트

차별화 포인트는 "우리는 이런 것을 할 수 있다"가 아니라 "우리만 이런 것을 할 수 있다"를 강조하기

② 차별화 포인트 작성 전략: 차별화 포인트는 제안서 전체에 걸쳐 반복적으로 강조해야 함

작성 전략
- Executive Summary에서 먼저 제시: 첫인상에서 강력한 인상 남기기
- 각 섹션에서 반복 강조: 과업 이해도, 수행 방법론, 수행 조직 등 각 섹션에서 차별화 포인트 반복
- 시각 자료로 강조: 표, 그래프, 사진 등을 활용하여 시각적으로 강조

핵심포인트

차별화 포인트는 한 번만 언급하는 것이 아니라, 제안서 전체에 걸쳐 반복적으로 강조하여 평가위원이 제안서를 읽으면서 "이 업체는 정말 강점이 많구나"라는 인상을 받도록 하기

차별화 포인트를 강조하는 가장 효과적인 방법은 무엇인가?

정답 제안서 전체에 걸쳐 반복적으로 강조

해설

차별화 포인트는 한 번만 언급하는 것이 아니라, Executive Summary, 과업 이해도, 수행 방법론 등 각 섹션에서 반복적으로 강조해야 한다.

4 시각 자료 활용

제안서는 텍스트만으로 구성하는 것보다 시각 자료를 적극 활용하는 것이 가독성과 이해도를 높임

① 시각 자료의 중요성
- 가독성 향상: 텍스트만 나열하는 것보다 시각 자료를 활용하면 읽기 쉬움
- 이해도 향상: 복잡한 내용을 시각 자료로 표현하면 이해하기 쉬움
- 전문성 강조: 고품질의 시각 자료는 전문성을 강조

✒ 핵심포인트

제안서는 평가위원이 짧은 시간 내에 많은 제안서를 검토해야 하므로, 시각 자료를 활용하여 핵심 내용을 빠르게 전달하는 것이 중요

② 시각 자료 작성 원칙

작성 원칙
- 명확한 제목: 각 시각 자료에 명확한 제목 부여
- 간결한 내용: 시각 자료에 너무 많은 정보를 담지 않기
- 일관된 디자인: 제안서 전체에 걸쳐 일관된 색상, 폰트, 레이아웃 사용
- 고품질 이미지: 해상도가 낮거나 흐릿한 이미지는 사용하지 않기

활용 가능한 시각 자료
- 표(Table): 데이터를 정리하여 제시
- 그래프(Chart): 수치 데이터를 시각화
- 흐름도(Flowchart): 프로세스를 시각화
- 조직도(Organization Chart): 조직 구성을 시각화
- 사진(Photo): 유사 실적, 시설 등을 시각화

✒ 핵심포인트

시각 자료는 '많이' 사용하는 것이 중요한 것이 아니라 '적절하게' 사용하는 것이 중요하며, 텍스트로 설명하는 것보다 시각 자료로 표현하는 것이 더 효과적인 경우에만 사용하기

제안서에서 시각 자료를 활용하는 주요 목적 2가지를 쓰시오.

정답 가독성 향상, 이해도 향상

해설
시각 자료는 텍스트만으로 구성하는 것보다 가독성과 이해도를 높이는 데 효과적이다.

04 제안서 작성 실전 사례

1 제안서 작성 체크리스트

제안서 제출 전 다음 체크리스트를 확인하여 누락사항이 없는지 점검

〈제안서 작성 체크리스트〉

구분	점검 항목	확인
RFP 분석	RFP의 모든 요구사항을 확인했는가?	☐
	평가기준표를 분석했는가?	☐
	제출 마감일과 형식을 확인했는가?	☐
제안서 구성	Executive Summary를 작성했는가?	☐
	과업 이해도를 명확히 서술했는가?	☐
	수행 방법론을 구체적으로 제시했는가?	☐
	차별화 포인트를 강조했는가?	☐
	유사 실적을 제시했는가?	☐
	투입 인력의 전문성을 입증했는가?	☐
	수행 조직도를 제시했는가?	☐
시각 자료	표, 그래프, 사진 등을 적절히 활용했는가?	☐
	시각 자료의 제목과 설명을 명확히 작성했는가?	☐
최종 검토	오탈자를 확인했는가?	☐
	페이지 번호를 확인했는가?	☐
	필수 첨부 서류를 모두 준비했는가?	☐
	제출 파일 형식과 용량을 확인했는가?	☐

📌 **핵심포인트**

제안서는 제출 전 반드시 최종 검토를 거쳐야 하며 오탈자나 누락사항이 있으면 감점 요인이 될 수 있으므로, 체크리스트를 활용하여 꼼꼼히 점검하기

② 실무 팁

① 제안서 작성 시 주의사항

> **주의사항**
> - RFP 요구사항 준수: RFP에서 요구하지 않은 내용을 추가하거나, 요구한 내용을 누락하지 않도록 주의
> - 페이지 수 제한 준수: RFP에서 페이지 수 제한을 명시한 경우 반드시 준수
> - 글자 크기 및 여백 준수: RFP에서 글자 크기, 여백 등을 명시한 경우 반드시 준수
> - 표절 금지: 다른 제안서나 인터넷 자료를 그대로 복사하지 않도록 주의
> - 마감 시간 준수: 제출 마감 시간을 반드시 준수(마감 1시간 전 제출 권장)

실무톡톡

제안서 작성 시 가장 많이 하는 실수는 'RFP 요구사항을 제대로 읽지 않는 것'으로, RFP는 최소 3번 이상 꼼꼼히 읽고 요구사항을 체크리스트로 정리하여 누락사항이 없도록 하기

② 제안서 평가 시 감점 요인

> **감점 요인**
> - RFP 요구사항 미충족: 평가기준표의 항목을 누락하거나 불충분하게 작성
> - 오탈자 및 맞춤법 오류: 전문성이 떨어져 보임
> - 저품질 시각 자료: 해상도가 낮거나 디자인이 조잡한 시각 자료
> - 과장된 내용: 실제로 수행할 수 없는 내용을 과장하여 작성
> - 일관성 부족: 제안서 내용이 서로 모순되거나 일관성이 없음

실무톡톡

제안서 평가에서 감점 요인은 단순히 점수를 깎는 것이 아니라, 평가위원에게 "이 업체는 신뢰할 수 없다"는 인상을 주어 전체 평가에 부정적인 영향을 미치게 되므로 감점 요인을 철저히 제거하는 것이 중요

 **Q&A**

제안서 작성 시 가장 많이 하는 실수는 무엇인가?

정답 RFP 요구사항을 제대로 읽지 않는 것

해설
제안서 작성 시 RFP 요구사항을 꼼꼼히 읽고, 요구사항을 체크리스트로 정리하여 누락사항이 없도록 해야 한다.

단원별 핵심문제

01
(서술형)

제안서의 정의를 서술하시오.

> **정답** 제안서(Proposal)란 발주기관이 제시한 제안요청서(RFP)에 대응하여 입찰 참가자가 과업 수행 방법, 기술 능력, 수행 조직 등을 구체적으로 제시하는 문서이다.
>
> **해설** 제안서는 발주기관에게 "우리가 이 과업을 가장 잘 수행할 수 있다"는 확신을 주는 설득 문서로서, 과업 이해도, 수행 방법론, 기술 제안, 수행 조직 및 인력, 유사 실적 등을 포함한다.

02
(단답형)

제안서 평가에서 기술능력 평가의 주요 평가 항목 3가지를 쓰시오.

> **정답** 과업 이해도, 수행 방법론, 기술 제안
>
> **해설** 기술능력 평가는 제안서 평가에서 가장 높은 배점(50 ~ 70%)을 차지하며, 과업 이해도, 수행 방법론, 기술 제안 등을 평가한다.

03
(서술형)

Executive Summary의 목적을 서술하시오.

> **정답** Executive Summary의 목적은 제안서의 핵심 내용을 1 ~ 2페이지로 압축하여 평가위원이 짧은 시간 내에 제안서의 전체 내용을 파악할 수 있도록 하는 것이다.
>
> **해설** Executive Summary는 제안서의 첫 페이지에 위치하며, 과업 이해, 우리의 강점, 수행 방법, 기대 효과 등을 간결하게 요약하여 제시한다.

04
(서술형)

제안서 작성 시 차별화 포인트를 강조하는 방법을 서술하시오.

> **정답** 차별화 포인트를 강조하는 방법은 다음과 같다.
> 1. Executive Summary에서 우리의 강점을 명확히 제시
> 2. 수행 방법론에서 차별화된 기술이나 방법론 강조
> 3. 유사 실적에서 성공 사례를 구체적으로 제시
> 4. 시각 자료를 활용하여 차별화 포인트를 시각적으로 강조
>
> **해설** 차별화 포인트는 제안서 전체에 걸쳐 반복적으로 강조해야 하며, 평가위원이 "이 업체가 다른 업체와 다르다"는 인상을 받을 수 있도록 해야 한다.

05
(단답형)

제안서 평가 시 감점 요인 3가지를 쓰시오.

> **정답** RFP 요구사항 미충족, 오탈자 및 맞춤법 오류, 저품질 시각 자료
> **해설** 제안서 평가 시 감점 요인은 평가위원에게 부정적인 인상을 주므로, RFP 요구사항을 철저히 준수하고, 오탈자를 제거하며, 고품질의 시각 자료를 사용해야 한다.

06
(괄호형)

다음 빈칸에 알맞은 단어를 넣으시오.

> 제안서란 발주기관이 제시한 (①)에 대응하여 입찰 참가자가 과업 수행 방법, 기술 능력, 수행 조직 등을 구체적으로 제시하는 문서를 말한다. 제안서는 일반적으로 (②) 평가, (③) 평가, (④) 평가의 3가지 영역으로 평가된다.

> **정답** ① RFP(제안요청서) ② 기술능력 ③ 수행능력 ④ 가격

07
(단답형)

Executive Summary를 작성할 때 반드시 포함해야 할 구성 요소 4가지를 쓰시오.

> **정답** 과업 이해, 우리의 강점, 수행 방법, 기대 효과
> **해설** Executive Summary는 제안서의 핵심 내용을 요약하여 제시하는 섹션으로, 과업 이해, 우리의 강점, 수행 방법, 기대 효과를 반드시 포함해야 한다.

08
(단답형)

제안서 평가 시 감점 요인 5가지를 쓰시오.

> **정답** RFP 요구사항 미충족, 오탈자 및 맞춤법 오류, 저품질 시각 자료, 과장된 내용, 일관성 부족
> **해설** 제안서 평가 시 감점 요인은 평가위원에게 부정적인 인상을 주므로, 철저히 제거해야 한다.

CHAPTER 02

낙찰 및 계약 체결

01   계약 체결 서류 준비

낙찰자로 선정되면, 계약 체결을 위한 서류를 준비해야 하며, 계약 체결은 발주기관과 낙찰자 간의 법적 합의를 문서화하는 중요한 절차이므로, 서류를 정확하게 준비하는 것이 필수

1   낙찰자 결정 통지

① 낙찰자 결정 통지의 의의
- 발주기관은 입찰 평가를 완료한 후, 낙찰자를 결정하고 나라장터 시스템을 통해 낙찰자 결정 통지 발송
- 낙찰자 결정 통지는 "귀하가 낙찰자로 선정되었으니, 계약 체결을 위한 서류를 준비하시기 바랍니다"라는 공식적인 통지

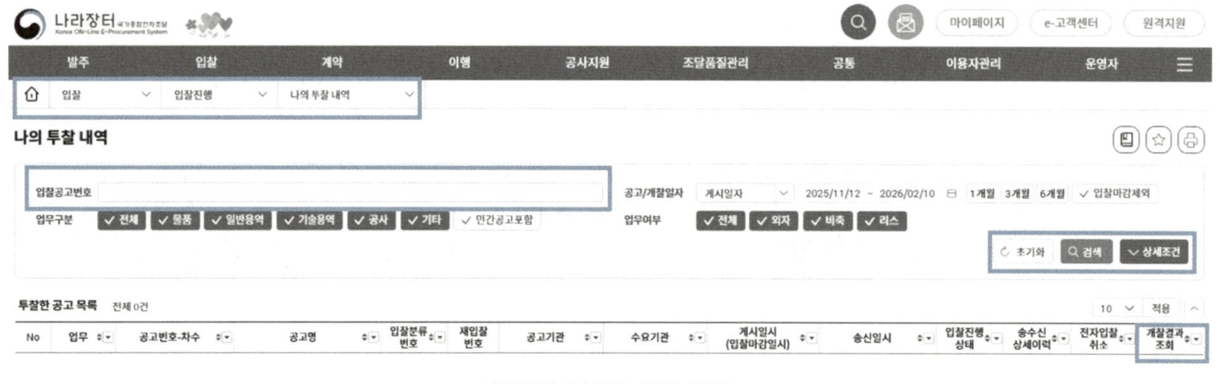

▲ 나라장터 낙찰자 결정 화면

🖋 핵심포인트

낙찰자 결정 통지를 받으면 즉시 계약 체결 서류를 준비해야 하며, 계약 체결 기한을 놓치면 낙찰이 취소될 수 있으므로 주의하기

② 낙찰자 결정 통지 확인사항: 낙찰자 결정 통지를 받으면 다음 사항을 반드시 확인해야 함

확인사항
- 낙찰금액
- 계약 체결 기한
- 계약 체결 장소
- 제출해야 할 서류 목록
- 계약보증금 납부 방법

낙찰자 결정 통지를 받으면, 가장 먼저 '계약 체결 기한' 확인. 일반적으로 낙찰자 결정 통지 후 7일 이내에 계약을 체결해야 하므로, 서류 준비에 시간이 촉박할 수 있음

Check Q&A

낙찰자 결정 통지를 받은 후 가장 먼저 확인해야 할 사항은 무엇인가?

정답 계약 체결 기한

해설

낙찰자 결정 통지를 받으면 계약 체결 기한을 가장 먼저 확인하여, 기한 내에 서류를 준비해야 한다.

2 계약 체결 서류

낙찰자는 계약 체결을 위해 다음 서류를 준비해야 함

① 필수 제출 서류
- 계약서(정본 및 부본): 발주기관이 제공하는 계약서 양식에 서명 및 날인
- 사업자등록증 사본: 사업자등록증 원본 대조 필요
- 법인등기부등본(법인인 경우): 발급일로부터 3개월 이내
- 통장 사본: 대금 지급을 위한 계좌 정보
- 계약보증금 납부 증빙: 계약보증금 납부 영수증 또는 계약보증서

법조문 돋보기

국가계약법 시행령 제50조(계약의 체결)
▶ 각 중앙관청의 장 또는 계약담당공무원은 낙찰자를 결정한 때에는 지체 없이 계약을 체결하여야 함

② 추가 제출 서류(경우에 따라)
- 용역 수행 계획서: 용역 계약의 경우
- 하도급 계획서: 하도급을 계획하는 경우
- 외국인 근로자 고용 계획서: 외국인 근로자를 고용하는 경우

계약 체결 서류는 발주기관마다 요구하는 서류가 다를 수 있으므로, 낙찰자 결정 통지서에 명시된 서류 목록을 꼼꼼히 확인. 서류가 하나라도 누락되면 계약 체결이 지연될 수 있음

Check Q&A

계약 체결 시 필수로 제출해야 할 서류 3가지를 쓰시오

정답 계약서, 사업자등록증 사본, 계약보증금 납부 증빙

해설

계약 체결 시 계약서, 사업자등록증 사본, 계약보증금 납부 증빙은 필수로 제출해야 한다.

나라장터 시스템을 통해 전자계약을 체결하는 경우, 발주기관이 작성한 전자계약 초안을 확인해야 함

① 전자계약 초안 확인 절차
- 나라장터 홈페이지 로그인
- 나의 입찰 → 계약 관리 → 전자계약 초안 확인
- 계약서 내용 검토(계약 금액, 계약 기간, 계약 조건 등)
- 이상이 없으면 전자서명 진행

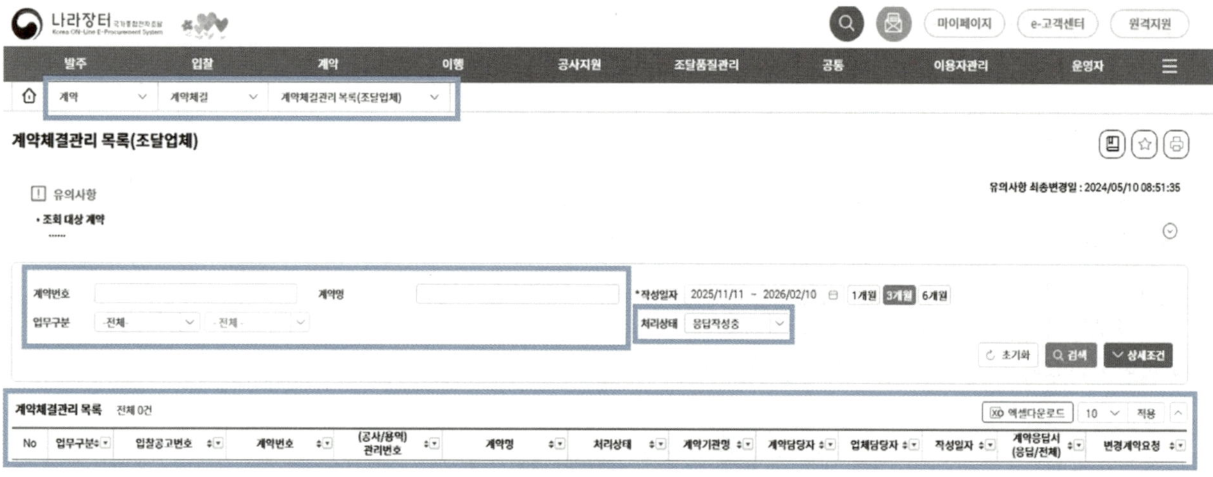

▲ 나라장터 전자계약 초안 확인 화면

🖋 핵심포인트

- 전자계약 초안을 확인할 때는 계약 금액, 계약 기간, 계약 조건 등을 꼼꼼히 검토하기
- 계약서에 서명한 후에는 수정이 어려우므로, 사전에 철저히 확인하기

② 전자계약 초안 검토사항
- 계약 금액이 낙찰금액과 일치하는가?
- 계약 기간이 입찰공고와 일치하는가?
- 계약 조건(대금 지급 조건, 지체상금 등)이 적절한가?
- 계약 당사자 정보(상호, 대표자, 사업자등록번호 등)가 정확한가?

🖋 핵심포인트

- 전자계약 초안을 확인할 때는 특히 '대금 지급 조건'과 '지체상금' 조항을 꼼꼼히 검토하기
- 이 조항들은 계약 이행 중 분쟁의 소지가 될 수 있으므로, 사전에 명확히 이해하고 동의하기

전자계약 초안을 확인할 때 가장 먼저 검토해야 할 사항은 무엇인가?

정답 계약 금액이 낙찰 금액과 일치하는지 확인

해설
전자계약 초안을 확인할 때는 계약 금액이 낙찰 금액과 일치하는지 가장 먼저 확인해야 한다.

02 계약서 작성 실무

계약서는 발주기관과 낙찰자 간의 권리와 의무를 명시하는 법적 문서이므로, 정확하게 작성하는 것이 중요

1 계약서 주요 조항

계약서는 일반적으로 다음과 같은 주요 조항으로 구성

① 계약 당사자: 계약을 체결하는 발주기관(갑)과 낙찰자(을)의 정보 명시

명시사항
- 상호(또는 기관명)
- 대표자 성명
- 사업자등록번호
- 주소
- 연락처

 **핵심포인트**

계약 당사자 정보는 사업자등록증과 일치해야 하며, 정보가 일치하지 않을 경우 계약이 무효가 될 수 있으므로 주의하기

② 계약 목적물: 계약의 목적이 되는 물품, 공사, 용역 등의 명시

명시사항
- 계약 목적물의 명칭
- 수량
- 규격
- 납품 장소(물품의 경우)
- 공사 장소(공사의 경우)

③ 계약 금액: 계약 금액 명시

> **명시사항**
> - 총 계약 금액(부가가치세 포함)
> - 공급가액
> - 부가가치세

실무톡톡

> ▶ 계약 금액은 반드시 '한글'과 '숫자'로 모두 기재하기
> ▶ 예를 들어, "일억이천삼백사십오만육천칠백팔십구원(123,456,789원)"과 같이 작성해야 하며, 이는 금액 변조를 방지하기 위한 조치

④ 계약 기간: 계약의 시작일과 종료일 명시

> **명시사항**
> - 계약 시작일
> - 계약 종료일
> - 납품 기한(물품의 경우)
> - 준공 기한(공사의 경우)

⑤ 대금 지급 조건: 계약 대금을 어떻게 지급할 것인지 명시

> **대금 지급 방식**
> - 일시불 지급: 납품 완료 후 전액 지급
> - 선금 지급: 계약 체결 후 계약 금액의 일부(예 30%)를 선금으로 지급
> - 중도금 지급: 과업 진행 중 일정 비율(예 40%)을 중도금으로 지급
> - 잔금 지급: 과업 완료 후 나머지 금액(예 30%)을 잔금으로 지급

법조문 돋보기

> **국가계약법 시행령 제57조**(선금급)
> ▶ 각 중앙관청의 장 또는 계약담당공무원은 계약을 체결한 후 계약상대자의 청구에 의하여 계약금액의 100분의 70을 초과하지 아니하는 범위에서 선금급을 지급할 수 있음

⑥ 지체상금: 계약 기한을 지키지 못한 경우 부과되는 지체상금을 명시

> **지체상금 산정 방식**
> - 지체상금 = 계약 금액 × 지체상금률 × 지체일수
> - 지체상금률: 공사(계약금액의 0.5/1,000), 물품의 제조·구매(계약금액의 0.75/1,000), 용역 및 기타(계약금액의 1.25/1,000)

실무톡톡

> ▶ 지체상금은 계약 기한을 지키지 못하면 자동으로 부과되므로, 계약 기한을 반드시 준수하기
> ▶ 만약 불가피한 사유로 기한을 지킬 수 없다면, 사전에 발주기관과 협의하여 계약 기간을 연장하기

계약서에서 지체상금이 부과되는 경우는 언제인가?

정답 계약 기한을 지키지 못한 경우

해설
지체상금은 계약 기한을 지키지 못한 경우 부과되며, 지체상금률은 공사의 경우 계약금액의 0.5/1,000, 물품의 제조·구매의 경우 계약금액의 0.75/1,000, 용역 및 기타의 경우 계약금액의 1.25/1,000이다.

2 계약서 서명 및 날인

계약서 작성이 완료되면, 계약 당사자가 서명 및 날인을 함

① 서명 및 날인

서명 및 날인 방법
- 법인인 경우: 법인 인감 날인 + 대표자 서명
- 개인사업자인 경우: 사업자 인감 날인 + 대표자 서명

핵심포인트

계약서에 날인하는 인감은 반드시 사업자등록증에 등록된 인감이어야 하며, 다른 인감을 사용하면 계약이 무효가 될 수 있음

② 계약서 보관: 계약서는 정본과 부본을 각각 작성하여, 발주기관과 낙찰자가 각각 1부씩 보관

보관 방법
- 정본: 발주기관 보관
- 부본: 낙찰자 보관

실무톡톡

계약서는 계약 이행 중 분쟁이 발생할 경우 법적 증거가 되므로 안전한 장소에 보관해야 하며, 전자계약의 경우, 나라장터 시스템에서 계약서를 다운로드하여 별도로 보관하는 것이 좋음

계약서에 날인하는 인감은 어떤 인감이어야 하는가?

정답 사업자등록증에 등록된 인감

해설
계약서에 날인하는 인감은 반드시 사업자등록증에 등록된 인감이어야 한다.

계약을 체결할 때는 계약보증금과 이행보증을 납부해야 함

1 계약보증금

① 계약보증금의 의의: 계약보증금이란 낙찰자가 계약을 체결하지 않거나, 계약을 이행하지 않을 경우를 대비하여 발주기관에 납부하는 보증금
② 계약보증금 납부: 계약보증금은 계약 체결 시 납부함

> **납부 방법**
> - 현금 납부: 계약 금액의 10% 이내를 현금으로 납부
> - 계약보증서 제출: 은행, 보험회사 등에서 발급한 계약보증서 제출

🖋 **핵심포인트**
> - 계약보증금은 현금으로 납부하는 것보다 계약보증서를 제출하는 것이 일반적임
> - 은행이나 보험회사에서 계약보증서를 발급받을 수 있으며, 발급 수수료는 계약 금액의 0.1 ~ 0.3% 수준임

법조문 돋보기

> **국가계약법 시행령 제37조**(계약보증금)
> ▶ 각 중앙관청의 장 또는 계약담당공무원은 계약을 체결하려는 경우에는 계약금액의 100분의 10 이상 100분의 30 이하의 범위에서 계약보증금을 납부하게 하여야 함

③ 계약보증금 반환: 계약이 정상적으로 이행되면, 계약보증금은 반환됨

> **반환 시기**
> - 물품 계약: 납품 완료 및 검수 합격 후
> - 공사 계약: 준공 검사 합격 후
> - 용역 계약: 과업 완료 및 검수 합격 후

Check Q&A

계약보증금의 일반적인 납부 비율은 계약 금액의 몇 %인가?

정답 10%

해설
계약보증금은 일반적으로 계약 금액의 10% 이내를 납부한다.

2 이행보증

① **이행보증의 의의**: 이행보증이란 낙찰자가 계약을 정상적으로 이행할 것을 보증하는 제도로, 계약 이행 중 낙찰자가 계약을 이행하지 못할 경우 발주기관이 입는 손해를 보전하기 위한 것

② **이행보증 제출**: 이행보증은 계약 체결 시 제출함

제출 방법
- 이행보증서 제출: 은행, 보험회사 등에서 발급한 이행보증서 제출
- 현금 납부: 계약 금액의 10% 이내를 현금으로 납부(드물게 사용)

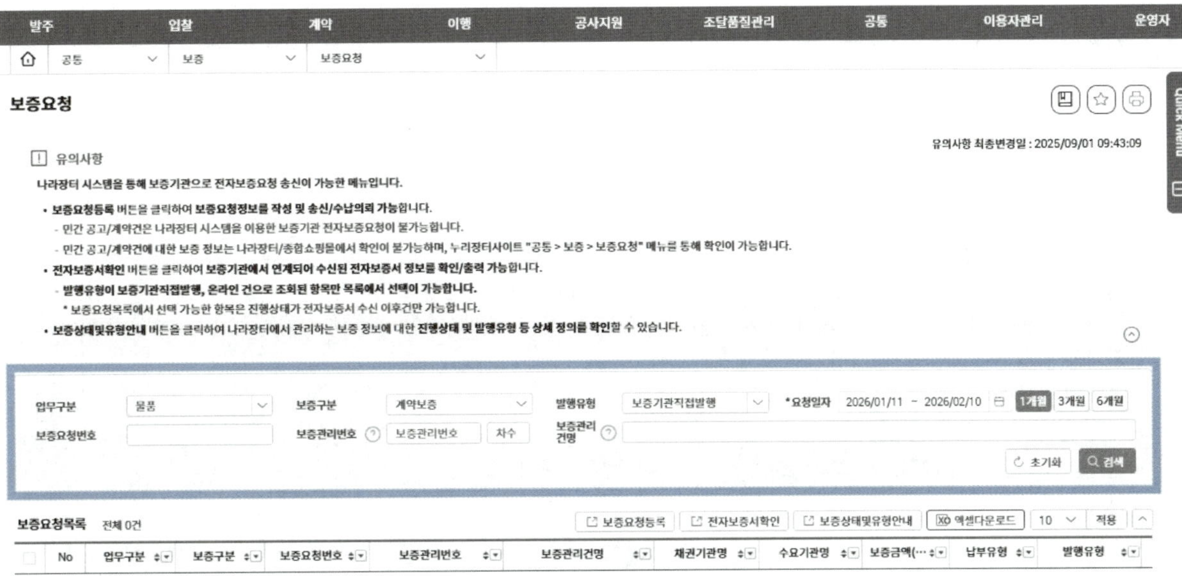

▲ 계약보증 신청 화면

🖋 핵심포인트
- 이행보증서는 계약보증서와 함께 발급받는 것이 일반적임
- 은행이나 보험회사에서 계약보증서와 이행보증서를 동시에 발급받을 수 있으며, 발급 수수료는 계약 금액의 0.2 ~ 0.5% 수준임

법조문 | 돋보기

국가계약법 시행령 제60조(이행보증)
▶ 각 중앙관청의 장 또는 계약담당공무원은 계약을 체결하려는 경우에는 계약금액의 100분의 10 이상 100분의 30 이하의 범위에서 이행보증을 하게 할 수 있음

---

③ **이행보증 반환**: 계약이 정상적으로 이행되면, 이행보증은 반환됨

반환 시기
- 물품 계약: 납품 완료 및 검수 합격 후
- 공사 계약: 준공 검사 합격 후
- 용역 계약: 과업 완료 및 검수 합격 후

이행보증의 목적을 서술하시오.

> **정답** 낙찰자가 계약을 정상적으로 이행할 것을 보증하고, 계약 이행 중 낙찰자가 계약을 이행하지 못할 경우 발주기관이 입는 손해를 보전하기 위함이다.

> **해설**
> 이행보증은 계약 이행을 보증하고, 발주기관의 손해를 보전하기 위한 제도이다.

---

04 ▶ 전자계약 체결 실무

나라장터 시스템을 통해 전자계약을 체결하는 경우, 다음과 같은 절차를 이행함

1 전자계약 절차

① 전자계약 초안 확인: 발주기관이 작성한 전자계약 초안 확인
② 전자서명: 전자계약 초안을 확인한 후, 이상이 없으면 전자서명 진행

전자서명 절차
- 나라장터 홈페이지 로그인
- 계약 관리 → 전자계약 서명
- 공인인증서 선택 및 비밀번호 입력
- 전자서명 완료

핵심포인트

전자서명은 공인인증서를 사용하여 진행되며, 전자서명이 완료되면 계약이 체결된 것으로 간주됨

③ 계약서 다운로드: 전자서명이 완료되면, 계약서를 다운로드하여 보관

다운로드 방법
- 나라장터 홈페이지 로그인
- 계약 관리 → 계약서 조회
- 계약서 다운로드(PDF 파일)

핵심포인트

전자계약서는 나라장터 시스템에 보관되지만, 시스템 오류나 접속 불가 상황에 대비하여 반드시 다운로드하여 별도로 보관

전자계약 체결 시 사용하는 인증 수단은 무엇인가?

> **정답** 공인인증서

> **해설**
> 전자계약은 공인인증서를 사용하여 전자서명을 진행하며, 전자서명이 완료되면 계약이 체결된 것으로 간주된다.

CHAPTER
02

단원별 핵심문제

01
(서술형)

낙찰자 결정 통지를 받은 후 가장 먼저 확인해야 할 사항을 서술하시오.

> **정답** 낙찰자 결정 통지를 받은 후 가장 먼저 확인해야 할 사항은 계약 체결 기한이다. 일반적으로 낙찰자 결정 통지 후 7일 이내에 계약을 체결해야 하므로, 서류 준비에 시간이 촉박할 수 있다.
>
> **해설** 계약 체결 기한을 놓치면 낙찰이 취소될 수 있으므로, 낙찰자 결정 통지를 받으면 즉시 계약 체결 기한을 확인하고 서류를 준비해야 한다.

02
(단답형)

낙찰자 결정 통지를 받은 후 일반적으로 며칠 이내에 계약을 체결해야 하는가?

> **정답** 7일 이내
>
> **해설** 낙찰자 결정 통지 후 일반적으로 7일 이내에 계약을 체결해야 한다.

03
(단답형)

전자계약 초안을 확인할 때 반드시 검토해야 할 사항 4가지를 쓰시오.

> **정답** 계약 금액이 낙찰금액과 일치하는지, 계약 기간이 입찰공고와 일치하는지, 계약 조건이 적절한지, 계약 당사자 정보가 정확한지
>
> **해설** 전자계약 초안을 확인할 때는 계약 금액, 계약 기간, 계약 조건, 계약 당사자 정보를 꼼꼼히 검토해야 한다.

04
(괄호형)

다음 빈칸에 알맞은 단어를 넣으시오.

> 계약서는 일반적으로 (①), (②), (③), (④), (⑤), (⑥)의 6가지 주요 조항으로 구성된다.

> **정답** ① 계약 당사자 ② 계약 목적물 ③ 계약 금액 ④ 계약 기간 ⑤ 대금 지급 조건 ⑥ 지체상금
>
> **해설** 계약서는 계약 당사자, 계약 목적물, 계약 금액, 계약 기간, 대금 지급 조건, 지체상금 등의 주요 조항으로 구성되며, 계약 체결 시 각 조항을 꼼꼼히 검토해야 한다.

05
(계산형)

[지체상금 산정]

계약 금액이 100,000,000원이고, 지체상금률이 1일당 1/1000(0.1%)일 때, 계약 기한을 10일 초과한 경우 지체상금은 얼마인가?

> **정답** 1,000,000원
> **해설** 지체상금 = 계약 금액 × 지체상금률 × 지체 일수
> = 100,000,000원 × 0.1% × 10일 = 1,000,000원

06
(서술형)

계약보증금의 목적을 서술하고, 계약보증금을 납부하는 두 가지 방법을 쓰시오.

> **정답** 1. 목적: 낙찰자가 정당한 사유 없이 계약 체결을 거부하거나 계약 체결 기한을 놓치는 경우, 발주기관이 입는 손해를 보전하기 위하여 발주기관에 계약보증금을 납부한다.
> 2. 납부 방법: 현금 납부, 계약보증서 제출
> **해설** 계약보증금은 계약 체결 시 일반적으로 계약 금액의 10%를 납부하며, 계약이 정상적으로 이행되면 반환된다.

07
(서술형)

이행보증의 목적을 서술하고, 이행보증을 제출하는 두 가지 방법을 쓰시오.

> **정답** 1. 목적: 낙찰자가 계약을 정상적으로 이행할 것을 보증하고, 계약 이행 중 낙찰자가 계약을 이행하지 못할 경우, 발주기관이 입는 손해를 보전하기 위하여 발주기관에 이행보증을 제출한다.
> 2. 제출 방법: 이행보증서 제출, 현금 납부
> **해설** 이행보증은 계약 이행을 보증하고, 발주기관의 손해를 보전하기 위한 제도이며, 계약이 정상적으로 이행되면 반환된다.

08
(단답형)

전자계약 체결 시 사용하는 인증 수단을 쓰시오.

> **정답** 공동인증서 또는 범용공인인증서
> **해설** 전자계약 체결 시에는 공동인증서 또는 범용공인인증서를 사용하여 전자서명을 하며, 이는 종이 계약서의 서명 및 날인과 동일한 법적 효력을 가진다.

CHAPTER 03 계약변경(E/S) 및 종결

01 계약 이행 관리

1 계약 이행 점검

계약이 체결되면, 계약 내용에 따라 과업을 이행해야 하고 계약 이행 중에는 발주기관과 긴밀히 소통하며, 과업 진행 상황을 정기적으로 보고해야 함

① 과업 진행 상황 보고: 계약 이행 중에는 발주기관에 과업 진행 상황을 정기적으로 보고해야 함

보고 주기
월 1회 또는 분기 1회(계약서에 명시된 주기에 따름)

보고 내용
- 과업 진행률(%)
- 주요 수행 내용
- 다음 기간 수행 계획
- 문제사항 및 건의사항

실무톡톡

과업 진행 상황 보고는 발주기관과의 신뢰를 구축하는 중요한 수단이므로 정기적으로 보고하고, 문제사항이 있으면 즉시 공유하여 해결 방안 협의하기

② 발주기관과의 소통: 계약 이행 중에는 발주기관과 긴밀히 소통해야 함

소통 방법
- 정기 회의 개최(월 1회 또는 분기 1회)
- 이메일 또는 전화를 통한 수시 소통
- 나라장터 시스템을 통한 공식 문서 교환

실무톡톡

▶ 계약 이행 중 발주기관과의 소통은 매우 중요
▶ 발주기관의 요구사항이 변경되거나, 과업 수행 중 문제가 발생하면 즉시 공유하여 해결 방안을 협의해야 하며, 문제를 숨기거나 늦게 보고하면 신뢰를 잃을 수 있으므로 주의하기

계약 이행 중 과업 진행 상황을 보고하는 일반적인 주기는?

정답 월 1회 또는 분기 1회

해설

과업 진행 상황 보고는 일반적으로 월 1회 또는 분기 1회 주기로 진행되며, 계약서에 명시된 주기에 따른다.

2 중도금 청구

계약 이행 중 일정 비율의 과업이 완료되면, 중도금을 청구할 수 있음

① 중도금 청구 조건

> **청구 조건**
> • 계약서에 중도금 지급 조건이 명시되어 있을 것
> • 과업 진행률이 일정 비율(**예** 50%) 이상일 것
> • 발주기관의 중간 검수를 통과할 것

실무톡톡

중도금은 계약서에 명시된 조건을 충족해야만 청구할 수 있으며, 조건을 충족하지 못하면 중도금 지급이 거부될 수 있으므로 주의하기

② 중도금 청구 절차

> **청구 절차**
> • 과업 진행률 보고서 작성
> • 발주기관에 중간 검수 요청
> • 중간 검수 합격 후 중도금 청구서 제출
> • 발주기관의 승인 후 중도금 지급

실무톡톡

중도금은 계약 이행 중 자금 흐름을 원활하게 하는 중요한 수단이므로 중도금 청구 조건을 사전에 확인하고, 조건을 충족하면 즉시 청구하기

중도금을 청구하기 위한 조건 3가지를 쓰시오.

정답 계약서에 중도금 지급 조건 명시, 과업 진행률 일정 비율 이상, 발주기관의 중간 검수 통과

해설

중도금은 계약서에 명시된 조건을 충족하고, 발주기관의 중간 검수를 통과해야 청구할 수 있다.

계약 이행 중 발주기관의 요구사항이 변경되거나, 물가가 변동하는 경우 계약을 변경할 수 있음

1 설계변경(E/S)

① 설계변경의 의의: 설계변경(E/S, Engineering Service)이란 계약 이행 중 발주기관의 요구사항이 변경되어 계약 내용을 수정하는 것

> ✏ **핵심포인트**
>
> 설계변경은 발주기관의 요청에 의해 이루어지며, 계약 금액과 계약 기간이 변경될 수 있음

② 설계변경 사유
- 발주기관의 요구사항 변경
- 과업 범위 확대 또는 축소
- 기술적 문제 발생
- 법령 변경

> **실무톡톡**
>
> ▶ 설계변경은 발주기관의 요청에 의해 이루어지지만, 계약자도 필요한 경우 설계변경 요청 가능
> ▶ 예를 들어, 과업 수행 중 기술적 문제가 발생하여 추가 작업이 필요한 경우, 발주기관에 설계변경 요청 가능

③ 설계변경 절차
- 발주기관 또는 계약자가 설계변경 요청
- 설계변경 내용 협의(계약 금액, 계약 기간 등)
- 설계변경 계약서 작성
- 설계변경 계약 체결

> **법조문** **돋보기**
>
> **국가계약법 시행령 제65조**(계약금액의 조정)
> ▶ 각 중앙관청의 장 또는 계약담당공무원은 계약을 체결한 후 계약내용의 변경 등으로 인하여 계약금액을 조정할 필요가 있을 때에는 계약금액을 조정할 수 있음

설계변경의 정의를 서술하시오.

정답 계약 이행 중 발주기관의 요구사항이 변경되어 계약 내용을 수정하는 것

해설
설계변경은 발주기관의 요청에 의해 계약 내용을 수정하는 것으로, 계약 금액과 계약 기간이 변경될 수 있다.

2 물가변동(E/S) 조정

① 물가변동 조정의 의의: 물가변동 조정이란 계약 이행 중 물가가 변동하여 계약 금액을 조정하는 것

핵심포인트

> 물가변동 조정은 계약 기간이 장기(예 1년 이상)인 경우에 적용되며, 물가 상승 또는 하락에 따라 계약 금액이 조정됨

② 물가변동 조정 방식: 물가변동 조정은 다음 두 가지 방식으로 진행됨
- 지수조정률 방식: 한국은행이 발표하는 생산자물가지수를 기준으로 조정
- 품목조정률 방식: 주요 자재의 가격 변동을 기준으로 조정

실무톡톡

> 물가변동 조정은 계약서에 명시된 방식에 따라 진행되며, 일반적으로 공사 계약은 품목조정률 방식, 용역 계약은 지수조정률 방식 사용

③ 물가변동 조정 절차
- 물가변동률 확인(한국은행 생산자물가지수 또는 주요 자재 가격)
- 조정 금액 계산
- 발주기관에 물가변동 조정 신청
- 발주기관의 승인 후 계약 금액 조정

법조문 돋보기

국가계약법 시행령 제64조(물가변동으로 인한 계약금액 조정)
> ▶ 각 중앙관청의 장 또는 계약담당공무원은 계약을 체결한 후 물가변동으로 인하여 계약금액을 조정할 필요가 있을 때에는 계약금액을 조정할 수 있음

Check Q&A

물가변동 조정의 두 가지 방식을 쓰시오.

정답 지수조정률 방식, 품목조정률 방식

해설
물가변동 조정은 지수조정률 방식(생산자물가지수 기준)과 품목조정률 방식(주요 자재 가격 기준)으로 진행된다.

계약 이행이 완료되면, 계약을 종결하는 절차를 이행함

1 과업 완료 및 검수

① 과업 완료 보고: 과업이 완료되면, 발주기관에 과업 완료 보고서 제출

보고 내용
- 과업 수행 내용 요약
- 주요 산출물 목록
- 과업 수행 성과
- 향후 유지보수 계획(필요시)

실무톡톡

과업 완료 보고서는 계약 이행의 최종 결과물이므로, 계약서에 명시된 모든 요구사항을 충족했는지 확인하기

② 검수 신청: 과업 완료 보고서를 제출한 후, 발주기관에 검수 신청

검수 절차
- 나라장터 시스템을 통해 검수 신청
- 발주기관의 검수 실시
- 검수 합격 또는 불합격 통보
- 불합격 시 보완 작업 후 재검수

▲ 검수 진행단계 검색 화면

▶ 검수 진행은 계약 이행의 최종 단계이므로, 검수 전에 산출물을 꼼꼼히 점검하기
▶ 검수 불합격 시 보완 작업이 필요하며, 이는 계약 기한 지연으로 이어질 수 있음

과업 완료 후 발주기관에 제출하는 문서는 무엇인가?

정답 과업 완료 보고서

해설

과업이 완료되면 발주기관에 과업 완료 보고서를 제출하고, 검수를 신청한다.

2 잔금 청구 및 수령

검수 합격 후, 잔금을 청구하고 수령함

① 잔금 청구: 검수 합격 통보를 받으면, 즉시 잔금 청구

청구 절차
- 나라장터 시스템을 통해 잔금 청구
- 세금계산서 발행
- 발주기관의 승인 후 잔금 지급

잔금은 검수 합격 후 즉시 청구해야 하며, 청구가 지연되면 대금 수령도 지연될 수 있으므로 주의하기

② 대금 수령: 발주기관의 승인 후, 계약서에 명시된 계좌로 잔금이 입금되며, 입금 기한은 일반적으로 청구 후 10일 이내

잔금이 입금되면, 입금 금액이 청구 금액과 일치하는지 반드시 확인하고, 금액이 일치하지 않으면 즉시 발주기관에 문의하기

잔금을 청구할 수 있는 시점은 언제인가?

정답 검수 합격 통보를 받은 후

해설

검수 합격 통보를 받으면 즉시 잔금을 청구할 수 있다.

3 하자보수

계약 종결 후에도 일정 기간 동안 하자보수 의무가 있음
① 하자보수의 의의: 하자보수란 계약 이행 중 발생한 하자(결함)를 무상으로 보수하는 것
② 하자보수 요청

> **하자보수 절차**
> - 발주기관이 하자 발견 및 보수 요청
> - 계약자가 하자 확인 및 보수 계획 수립
> - 하자보수 실시
> - 발주기관의 재검수

하자보수는 계약 종결 후에도 발생할 수 있으므로, 하자보수 기간 동안에는 발주기관과의 연락을 유지해야 하며, 하자보수 요청이 들어오면 즉시 대응하여 신뢰를 유지하기

하자보수 기간은 일반적으로 몇 년인가?

 정답 1년

해설
하자보수 기간은 계약서에 명시되며, 일반적으로 1년이다.

---

04 물가변동(E/S) 산정 실습

물가변동 조정은 계약 기간이 장기인 경우 적용되며, 지수조정률 방식과 품목조정률 방식으로 계산됨

1 지수조정률 방식 실습

① 기초자료

항목	내용
계약 금액	500,000,000원
계약 기간	2025년 1월 1일 ~ 2025년 12월 31일(1년)
기준 지수(2025년 1월)	100.0
변동 지수(2025년 12월)	105.0
조정 비율	100%(계약 금액 전체 조정)

② 지수조정률 계산

지수조정률 공식
지수조정률 = (변동 지수 − 기준 지수) / 기준 지수 × 100

계산
지수조정률 = (105.0 − 100.0) / 100.0 × 100 = 5.0%

③ 조정 금액 계산

조정 금액 공식
조정 금액 = 계약 금액 × 지수조정률 × 조정 비율

계산
조정 금액 = 500,000,000원 × 5.0% × 100% = 25,000,000원

④ 최종 계약 금액

최종 계약 금액
최종 계약 금액 = 계약 금액 + 조정 금액 = 500,000,000원 + 25,000,000원 = 525,000,000원

🖋 핵심포인트

지수조정률 방식은 한국은행이 발표하는 생산자물가지수를 기준으로 하며, 물가 상승률을 반영하여 계약 금액 조정

2 품목조정률 방식 실습

① 기초자료

항목	내용
계약 금액	1,000,000,000원
계약 기간	2025년 1월 1일 ~ 2025년 12월 31일(1년)
주요 자재(시멘트) 기준 가격	100,000원/톤
주요 자재(시멘트) 변동 가격	110,000원/톤
주요 자재 비중	30%

② 품목조정률 계산

품목조정률 공식
품목조정률 = (변동 가격 − 기준 가격) / 기준 가격 × 100

계산
품목조정률 = (110,000원 − 100,000원) / 100,000원 × 100 = 10.0%

③ 조정 금액 계산

조정 금액 공식
조정 금액 = 계약 금액 × 품목조정률 × 주요 자재 비중

계산
조정 금액 = 1,000,000,000원 × 10.0% × 30% = 30,000,000원

④ 최종 계약 금액

최종 계약 금액
최종 계약 금액 = 계약 금액 + 조정 금액 = 1,000,000,000원 + 30,000,000원 = 1,030,000,000원

📌 **핵심포인트**

품목조정률 방식은 주요 자재의 가격 변동을 기준으로 하며, 자재 비중을 고려하여 계약 금액 조정

05 계약 해제 · 해지

계약 해제 · 해지는 계약 이행 중 발생할 수 있는 계약 불이행 상황에 대응하기 위한 법적 조치로, 계약 해제와 해지는 유사해 보이지만 법적 효과와 적용 대상이 다르므로 정확한 이해가 필요함

1 계약 해제와 해지의 개념

① 계약 해제: 계약 체결 후 일방 당사자의 의사표시로 계약을 소급적으로 소멸시키는 제도로 계약 해제 시 계약은 처음부터 없었던 것으로 간주되며, 각 당사자는 원상회복 의무를 부담함
  • 적용 대상: 쌍무계약(매매, 도급, 교환 등)
  • 소급 효과: 있음(계약 체결 시점으로 소급)
  • 원상회복 의무: 있음(민법 제548조)
  • 법적 근거: 민법 제543조 ~ 제551조

② 계약 해지: 계약 체결 후 일방 당사자의 의사표시로 계약을 장래에 향하여 소멸시키는 제도로 계약 해지 시 계약은 해지 시점부터 효력을 상실하며, 이미 이행된 부분은 그대로 유지됨
  • 적용 대상: 계속적 계약(임대차, 고용, 위임 등)
  • 소급 효과: 없음(해지 시점부터 효력 발생)
  • 원상회복 의무: 없음
  • 법적 근거: 민법 제543조, 제652조 등

📌 **핵심포인트**

계약 해제와 해지는 계약을 종료시키는 법적 조치이지만, 소급 효과와 적용 대상에서 차이가 있음

Q: 공공조달 계약에서 계약 해제와 해지 중 어느 것을 적용해야 하나요?
A: 공공조달 계약은 대부분 쌍무계약(물품 공급, 공사, 용역 등)이므로 계약 해제를 적용하는 것이 일반적임
  다만, 국가계약법 시행령 제52조에서는 "계약의 해제·해지"로 통칭하여 규정하고 있으므로, 계약의 성격에 따라 해제 또는 해지를 선택할 수 있음

2 계약 해제·해지의 법적 근거

① 민법상 계약 해제·해지 규정

법조문 돋보기

민법 제543조(해지, 해제권)
▶ 제1항: 계약 또는 법률의 규정에 의하여 당사자의 일방이나 쌍방이 해지 또는 해제의 권리가 있는 때에는 그 해지 또는 해제는 상대방에 대한 의사표시로 함
▶ 제2항: 전항의 의사표시는 철회하지 못함

핵심포인트

계약 해제·해지는 상대방에 대한 의사표시로 하며, 의사표시는 철회 불가

법조문 돋보기

민법 제544조(이행지체와 해제)
▶ 당사자 일방이 그 채무를 이행하지 아니하는 때에는 상대방은 상당한 기간을 정하여 그 이행을 최고하고 그 기간 내에 이행하지 아니한 때에는 계약을 해제할 수 있음. 단, 채무자가 미리 이행하지 아니할 의사를 표시한 경우에는 최고를 요하지 아니함

핵심포인트

• 이행지체 시 상당한 기간을 정하여 이행 최고 필요
• 채무자가 미리 이행하지 않을 의사 표시 시 최고 불필요(이행거절)

법조문 돋보기

민법 제546조(이행불능과 해제)
▶ 채무자의 책임 있는 사유로 이행이 불능하게 된 때에는 채권자는 계약을 해제할 수 있음

핵심포인트

채무자의 책임 있는 사유로 이행불능 시 최고 없이 즉시 해제 가능

② 국가계약법상 계약 해제·해지 규정

국가를 당사자로 하는 계약에 관한 법률 시행령 제52조(계약의 해제·해지)
- ▶ 제1항: 각 중앙관서의 장 또는 계약담당공무원은 계약상대자가 다음 각 호의 어느 하나에 해당하는 경우에는 계약을 해제 또는 해지할 수 있음
  1. 정당한 이유 없이 계약 이행을 착수하지 아니하거나 계약 이행을 태만히 하여 계약 기한 내에 계약을 이행할 가망이 없다고 인정될 때
  2. 계약상대자의 책임 있는 사유로 계약 이행이 불가능하게 되었을 때
  3. 정당한 이유 없이 계약을 이행하지 아니하겠다는 의사를 명백히 하였을 때
  4. 계약상대자가 계약 내용을 위반하여 계약의 목적을 달성할 수 없다고 인정될 때
  5. 그 밖에 계약상대자가 계약상의 의무를 이행하지 아니하였을 때
- ▶ 제2항: 제1항에 따라 계약을 해제 또는 해지한 경우에는 계약상대자에게 손해배상을 청구할 수 있음

핵심포인트

- 국가계약법 시행령 제53조의 5가지 해제·해지 사유 암기하기
- 해제·해지 시 손해배상 청구 가능

Check Q&A

국가계약법 시행령 제52조에 따른 계약 해제·해지 사유 중 이행거절에 해당하는 것은?

정답 3. 정당한 이유 없이 계약을 이행하지 아니하겠다는 의사를 명백히 하였을 때

해설
이행거절은 채무자가 미리 이행하지 않을 의사를 표시한 경우로, 민법 제544조 단서 및 국가계약법 시행령 제52조 제1항 제3호에 해당한다.

3 계약 해제·해지의 효과

① 원상회복 의무(계약 해제의 경우): 계약 해제 시 각 당사자는 상대방에 대하여 원상회복 의무를 부담(민법 제548조 제1항)하며, 원상회복 의무는 계약이 없었던 상태로 되돌리는 것을 의미함
- 금전 반환: 받은 금전은 받은 날로부터 이자를 가산하여 반환(민법 제548조 제2항)
- 물건 반환: 받은 물건은 원상태로 반환
- 제3자 권리 보호: 제3자의 권리는 해하지 못함(민법 제548조 제1항 단서)

② 계약보증금 귀속: 국가계약법 시행령 제53조에 따라 계약을 해제 또는 해지한 경우 계약상대자에게 계약보증금을 국고에 귀속시킬 수 있음
- 계약보증금 국고 귀속: 계약 불이행에 대한 제재
- 이미 이행한 부분 대가 지급: 이미 이행한 부분에 대해서는 대가 지급 의무(국가계약법 시행령 제53조 제2항)

③ 손해배상 청구: 국가계약법 시행령 제52조 제2항에 따라 계약 해제·해지 시 계약상대자의 계약 불이행으로 인한 손해가 발생한 경우 손해배상을 청구할 수 있음
- 손해배상 범위: 계약 불이행으로 인한 직접 손해 및 간접 손해
- 손해액 산정: 실제 손해액 또는 계약금액의 일정 비율

계약 해제 시 반환할 금전에 대한 이자 기산일은?

정답 받은 날로부터(민법 제548조 제2항)

해설

계약 해제 시 반환할 금전에는 그 받은 날로부터 이자를 가하여야 한다. 이는 원상회복 의무의 일환으로, 계약 해제의 소급 효과를 반영한 것이다.

4 공공조달 계약 해제·해지 절차

① 해제·해지 사유 발생 확인: 계약상대자의 계약 불이행 여부를 확인하고, 국가계약법 시행령 제52조 각 호에 해당하는지 검토
- 계약 이행 착수 여부: 정당한 이유 없이 계약 이행을 착수하지 않았는지 확인
- 계약 이행 태만 여부: 계약 기한 내에 계약을 이행할 가망이 없는지 확인
- 이행불능 여부: 계약상대자의 책임 있는 사유로 계약 이행이 불가능한지 확인
- 이행거절 여부: 정당한 이유 없이 계약을 이행하지 않겠다는 의사를 명백히 했는지 확인

② 이행 최고(필요시): 이행지체의 경우 상당한 기간을 정하여 이행을 최고함(민법 제544조). 다만, 이행거절 또는 이행불능의 경우에는 최고가 불필요함
- 최고 기간: 상당한 기간(일반적으로 7일 ~ 14일)
- 최고 방법: 서면 통지(내용증명 우편 권장)
- 최고 내용: 이행 기한, 미이행 시 계약 해제·해지 예고

③ 해제·해지 의사표시: 최고 기간 내에 이행하지 않거나, 이행거절·이행불능의 경우 계약상대자에게 서면으로 해제·해지 통보
- 통보 방법: 서면 통지(내용증명 우편 권장)
- 통보 내용: 해제·해지 사유, 법적 근거, 효력 발생일
- 효력 발생: 의사표시가 상대방에게 도달한 때

④ 계약보증금 처리: 계약보증금을 국고에 귀속시키고, 이미 이행한 부분에 대한 대가 지급
- 계약보증금 귀속: 국고 귀속 조치
- 대가 지급: 이미 이행한 부분에 대한 대가 산정 및 지급

⑤ 손해배상 청구: 계약 불이행으로 인한 손해가 발생한 경우 손해배상 청구
- 손해액 산정: 실제 손해액 또는 계약금액의 일정 비율
- 청구 절차: 손해배상 청구서 작성 및 송부

실무톡톡

Q: 계약 해제·해지 시 계약보증금을 국고에 귀속시키는 것이 필수인가요?
A: 국가계약법 시행령 제53조에서는 "귀속시킬 수 있다"고 규정하고 있어 재량사항임
다만, 계약상대자의 계약 불이행이 명백한 경우에는 계약보증금을 국고에 귀속시키는 것이 일반적이며, 계약상대자의 귀책사유가 경미하거나 불가항력적 사유가 있는 경우에는 귀속시키지 않을 수도 있음

[사례 1] 이행지체로 인한 계약 해제

상황: A기업이 물품 공급 계약을 체결했으나, 납품 기한을 2개월 경과했음에도 물품을 납품하지 않음

조치: 1. 14일의 기간을 정하여 이행 최고(서면 통지)

2. 최고 기간 내 이행하지 않음

3. 계약 해제 의사표시(서면 통지)

4. 계약보증금 국고 귀속

5. 손해배상 청구(재입찰 비용 등)

법적 근거: 민법 제544조, 국가계약법 시행령 제52조 제1항 제1호

[사례 2] 이행거절로 인한 계약 해제

상황: B 기업이 공사 계약을 체결했으나, 공사 착수 전에 "공사를 수행할 수 없다"는 의사를 명백히 표시함

조치: 1. 이행 최고 없이 즉시 계약 해제 의사표시(서면 통지)

2. 계약보증금 국고 귀속

3. 손해배상 청구(재입찰 비용 등)

법적 근거: 민법 제544조 단서, 국가계약법 시행령 제52조 제1항 제3호

Check Q&A

다음 중 이행 최고 없이 즉시 계약 해제가 가능한 경우는?

① 이행지체 ② 이행거절
③ 일부 이행 ④ 하자 발생

 **정답** ② 이행거절

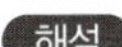 **해설**

민법 제544조 단서에 따라 채무자가 미리 이행하지 아니할 의사를 표시한 경우(이행거절)에는 최고를 요하지 아니한다. 이행지체의 경우에는 상당한 기간을 정하여 이행을 최고해야 한다.

CHAPTER 03

단원별 핵심문제

01 (서술형)

설계변경(E/S, Engineering Service)의 정의를 서술하고, 설계변경이 발생하는 주요 사유 3가지를 쓰시오.

> **정답** 1. 정의: 설계변경은 계약 이행 중 발주기관의 요구사항이 변경되어 계약 내용(과업 범위, 계약 기간, 계약 금액 등)을 수정하는 것
> 2. 사유: 발주기관의 요구사항 변경, 과업 범위 확대 또는 축소, 기술적 문제 발생
>
> **해설** 설계변경은 계약 내용을 수정하는 중요한 절차로서 발주기관의 승인을 받아야 하며, 계약 금액과 계약 기간이 변경될 수 있다.

02 (서술형)

설계변경 절차를 순서대로 서술하시오.

> **정답** 1. 발주기관 또는 계약자가 설계변경 요청
> 2. 설계변경 내용 협의(계약 금액, 계약 기간 등)
> 3. 설계변경 계약서 작성
> 4. 설계변경 계약 체결
>
> **해설** 설계변경은 발주기관 또는 계약자의 요청에 의해 시작되며, 협의를 거쳐 계약서를 작성하고 체결한다.

03 (단답형)

물가변동 조정의 두 가지 방식을 쓰시오.

> **정답** 지수조정률 방식, 품목조정률 방식
>
> **해설** 물가변동 조정은 계약 기간 동안 물가가 변동하여 계약 금액을 조정하는 제도로서, 지수조정률 방식과 품목조정률 방식이 있다.

04 (단답형)

지수조정률 방식에서 지수조정률을 계산하는 공식을 쓰시오.

> **정답** 지수조정률 = (변동 지수 − 기준 지수) / 기준 지수 × 100
>
> **해설** 지수조정률은 기준 지수 대비 변동 지수의 변동률을 계산하는 공식이며, 이를 기반으로 조정 금액을 산정한다.

05 (계산형)

[물가변동 조정]

계약 금액이 600,000,000원이고, 기준 지수가 100.0, 변동 지수가 106.0일 때, 지수조정률 방식으로 조정 금액을 계산하시오. (단, 조정 비율은 100%로 가정)

06 [물가변동 조정]
(계산형)

계약 금액이 1,500,000,000원이고, 주요 자재(철근) 기준 가격이 800,000원/톤, 변동 가격이 880,000원/톤일 때, 품목조정률 방식으로 조정 금액을 계산하시오. (단, 주요 자재 비중은 40%로 가정)

정답 60,000,000원

해설 • 품목조정률 = (변동 가격 – 기준 가격) / 기준 가격 × 100
= (880,000원 – 800,000원) / 800,000원 × 100
= 10.0%
• 조정 금액 = 계약 금액 × 품목조정률 × 주요 자재 비중
= 1,500,000,000원 × 10.0% × 40%
= 60,000,000원

07 하자보수 기간은 일반적으로 몇 년인지 쓰고, 하자보수 절차를 순서대로 서술하시오.
(서술형)

정답 • 하자보수 기간: 1년
• 하자보수 절차
1. 발주기관이 하자 발견 및 보수 요청
2. 계약자가 하자 확인 및 보수 계획 수립
3. 하자보수 실시
4. 발주기관의 재검수

해설 하자보수 기간은 일반적으로 1년이며, 하자보수 요청이 들어오면 즉시 대응해야 한다.

08 다음 빈칸에 알맞은 단어를 넣으시오.
(괄호형)

계약 해제 시 각 당사자는 상대방에 대하여 (①) 의무를 부담하며, 반환할 금전에는 그 받은 날로부터 (②)를 가하여야 한다.

정답 ① 원상회복 ② 이자

해설 민법 제548조에 따라 계약 해제 시 각 당사자는 원상회복 의무를 부담하며, 반환할 금전에는 그 받은 날로부터 이자를 가하여야 한다.

09
(괄호형)

다음 빈칸에 알맞은 단어를 넣으시오.

> 국가계약법 시행령 제53조에 따라 계약을 해제 또는 해지한 경우 계약상대자에게 (①)을 국고에 귀속시킬 수 있으며, 이미 이행한 부분에 대해서는 (②)를 지급하여야 한다.

정답 ① 계약보증금 ② 대가

해설 국가계약법 시행령 제53조에 따라 계약 해제·해지 시 계약보증금을 국고에 귀속시킬 수 있으며, 이미 이행한 부분에 대해서는 대가를 지급하여야 한다.

10
(단답형)

민법 제544조에 따라 이행지체 시 계약 해제를 위해 필요한 절차는 무엇인가?

정답 상당한 기간을 정하여 이행 최고

해설 민법 제544조에 따라 당사자 일방이 그 채무를 이행하지 아니하는 때에는 상대방은 상당한 기간을 정하여 그 이행을 최고하고 그 기간 내에 이행하지 아니한 때에는 계약을 해제할 수 있다.

11
(단답형)

국가계약법 시행령 제52조 제1항 제3호에 해당하는 계약 해제·해지 사유는 무엇인가?

정답 이행거절(정당한 이유 없이 계약을 이행하지 아니하겠다는 의사를 명백히 하였을 때)

해설 국가계약법 시행령 제52조 제1항 제3호는 이행거절에 해당하는 사유로, 민법 제544조 단서와 연계하여 이해해야 한다.

12
(서술형)

공공조달 계약에서 계약상대자가 정당한 이유 없이 계약 이행을 착수하지 않은 경우, 계약 해제·해지 절차를 단계별로 서술하시오.

정답 • 해제·해지 절차

1. 해제·해지 사유 발생 확인: 계약상대자가 정당한 이유 없이 계약 이행을 착수하지 않았는지 확인하고, 국가계약법 시행령 제52조 제1항 제1호에 해당하는지 검토한다.
2. 이행 최고: 상당한 기간(일반적으로 7일 ~ 14일)을 정하여 이행을 최고한다. 최고는 서면으로 통지하며, 내용증명 우편을 권장한다.
3. 해제·해지 의사표시: 최고 기간 내에 이행하지 않은 경우 계약상대자에게 서면으로 해제·해지를 통보한다. 통보 내용에는 해제·해지 사유, 법적 근거, 효력 발생일을 명시한다.
4. 계약보증금 처리: 계약보증금을 국고에 귀속시키고, 이미 이행한 부분에 대한 대가를 산정하여 지급한다.
5. 손해배상 청구: 계약 불이행으로 인한 손해가 발생한 경우 손해배상을 청구한다. 손해액은 실제 손해액 또는 계약금액의 일정 비율로 산정한다.
• 법적 근거: 민법 제544조, 국가계약법 시행령 제52조 제1항 제1호, 제53조

CHAPTER
04

공동계약 관리

01 공동계약의 유형

1 공동계약의 정의

공동계약은 여러 업체가 공동으로 입찰에 참여하여 계약을 체결하는 방식

① **공동계약의 의의**: 공동계약이란 2개 이상의 업체가 공동으로 입찰에 참여하여, 낙찰 시 공동으로 계약을 이행하는 방식

📍 **핵심포인트**

> 공동계약은 대규모 계약이나 복합적인 기술이 필요한 계약에서 주로 사용

② **공동계약의 목적**
- 중소기업의 입찰 참여 기회 확대
- 대규모 계약의 리스크 분산
- 복합적인 기술 요구사항 충족

실무톡톡

> ▶ 공동계약은 중소기업이 대규모 계약에 참여할 수 있는 좋은 기회
> ▶ 다만, 공동수급체 구성원 간의 역할과 책임을 명확히 하지 않으면 분쟁이 발생할 수 있으므로 주의하기

2 공동계약의 유형

공동계약은 크게 공동이행방식과 분담이행방식으로 구분

① **공동이행방식**: 공동수급체 구성원 전체가 계약 이행에 대해 연대하여 책임을 지는 방식

특징
- 구성원 전체가 연대 책임
- 대표 업체가 계약 이행 총괄
- 구성원 간 긴밀한 협력 필요

📍 **핵심포인트**

> 공동이행방식은 구성원 전체가 연대 책임을 지므로, 한 구성원이 계약을 이행하지 못하면 다른 구성원이 대신 이행해야 함

② **분담이행방식**: 공동수급체 구성원이 각자 분담한 부분에 대해서만 책임을 지는 방식

> **특징**
> - 구성원이 각자 분담한 부분에 대해서만 책임
> - 대표 업체가 전체 조정 역할
> - 구성원 간 독립적인 이행 가능

법조문 돋보기

> **국가계약법 시행령 제72조**(공동계약)
> ▶ 각 중앙관청의 장 또는 계약담당공무원은 2인 이상이 공동으로 계약을 이행할 것을 조건으로 하여 입찰에 부치거나 계약을 체결할 수 있음

02 공동수급체 운영

1 공동수급체 구성

공동계약을 체결하려면, 공동수급체를 구성하고 협정서를 작성해야 함

① **공동수급체 구성 요건**: 공동수급체를 구성하려면 다음 요건을 충족해야 함

> **구성 요건**
> - 2개 이상의 업체로 구성
> - 대표 업체의 지분율이 최소 30% 이상
> - 각 구성원의 지분율 합계가 100%

핵심포인트

> 공동수급체는 대표 업체가 전체를 총괄하므로, 대표 업체의 지분율이 가장 높아야 함

② **공동수급체 협정서 작성**: 공동수급체를 구성하면, 공동수급체 협정서를 작성해야 함

> **협정서 주요 내용**
> - 구성원 명단 및 지분율
> - 대표 업체 지정
> - 역할 및 책임 분담
> - 대금 분배 방법
> - 분쟁 해결 방법

실무톡톡

> 공동수급체 협정서는 구성원 간의 권리와 의무를 명시하는 중요한 문서로, 협정서를 작성할 때는 역할 분담, 대금 분배, 분쟁 해결 방법 등을 명확히 하기

② 공동수급체 운영

① **대표 업체의 역할**: 대표 업체는 공동수급체 전체를 총괄하며, 다음 역할을 수행함
- 발주기관과의 공식 창구
- 계약 이행 총괄 관리
- 구성원 간 조정 및 협력 촉진
- 대금 수령 및 분배

② **구성원의 역할**: 구성원은 협정서에 명시된 역할을 수행하며, 대표 업체와 긴밀히 협력함
- 분담한 과업 이행
- 대표 업체에 진행 상황 보고
- 구성원 간 협력 및 조정

실무톡톡

공동수급체 운영에서 가장 중요한 것은 '소통'이므로, 구성원 간 정기적으로 회의를 개최하고, 진행 상황을 공유하여 문제가 발생하지 않도록 하기

 **Q&A**

공동수급체 대표 업체의 주요 역할 3가지를 쓰시오.

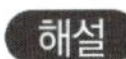 **정답** 발주기관과의 공식 창구, 계약 이행 총괄 관리, 대금 수령 및 분배

해설
대표 업체는 공동수급체 전체를 총괄하며, 발주기관과의 공식 창구, 계약 이행 총괄 관리, 대금 수령 및 분배 역할을 수행한다.

---

03 이행 및 정산 관리

① 이행 관리

공동계약 이행 중에는 구성원 간 긴밀한 협력이 필요하며, 계약 종결 시에는 대금을 정산해야 함

① **과업 진행 상황 공유**: 공동수급체 구성원은 정기적으로 과업 진행 상황을 공유해야 함

공유 방법
- 월 1회 또는 분기 1회 정기 회의 개최
- 이메일 또는 메신저를 통한 수시 소통
- 공동 문서 관리 시스템 활용

② **문제 발생 시 대응**: 공동계약 이행 중 문제가 발생하면, 즉시 대표 업체에 보고하고 해결 방안을 협의해야 함

대응 절차
- 문제 발생 시 즉시 대표 업체에 보고
- 해결 방안 협의 및 실행
- 구성원 간 긴급 회의 개최
- 발주기관에 상황 보고(필요시)

공동계약 이행 중 문제가 발생하면, 문제를 숨기거나 늦게 보고하지 말기! 문제를 조기에 발견하고 신속하게 대응하는 것이 중요

 Check Q&A

공동계약 이행 중 문제가 발생했을 때 가장 먼저 해야 할 일은 무엇인가?

정답 대표 업체에 즉시 보고

해설
공동계약 이행 중 문제가 발생하면 즉시 대표 업체에 보고하고, 해결 방안을 협의해야 한다.

2 정산 관리

① 대금 분배: 계약 종결 후, 대표 업체는 협정서에 명시된 지분율에 따라 대금 분배

분배 방법
- 협정서에 명시된 지분율에 따라 분배
- 대표 업체가 전체 대금을 수령한 후, 각 구성원에게 분배

대금 분배는 협정서에 명시된 지분율에 따라 진행되므로, 협정서 작성 시 지분율을 명확히 하기

② 정산서 작성: 대금 분배가 완료되면, 정산서를 작성하여 구성원에게 배포

정산서 주요 내용
- 총 계약 금액
- 각 구성원의 지분율
- 각 구성원의 분배 금액
- 분배 일자

정산서는 대금 분배의 투명성을 확보하는 중요한 문서이므로, 정산서를 작성하여 구성원에게 배포하고, 이의가 있으면 즉시 해결해야 함

 Check Q&A

공동수급체 대금 분배는 어떤 기준에 따라 진행되는가?

정답 협정서에 명시된 지분율

해설
대금 분배는 협정서에 명시된 지분율에 따라 진행된다.

단원별 핵심문제

01
(서술형)

공동계약의 정의를 서술하시오.

> **정답** 공동계약은 여러 업체가 공동으로 입찰에 참여하여 계약을 체결하는 방식으로, 대규모 과업을 수행하기 위해 여러 업체가 협력하여 과업을 분담하고 공동으로 책임을 진다.
>
> **해설** 공동계약은 단독으로 수행하기 어려운 대규모 과업을 여러 업체가 협력하여 수행하는 방식으로, 공동수급체를 구성하여 입찰에 참여한다.

02
(서술형)

공동계약의 두 가지 유형을 쓰고, 각각의 특징을 간략히 서술하시오.

> **정답** 1. 공동이행방식: 여러 업체가 공동으로 책임을 지며, 대표 업체가 발주기관과 계약을 체결하고 구성원에게 과업을 분배한다.
> 2. 분담이행방식: 과업을 분할하여 각 업체가 독립적으로 발주기관과 계약을 체결하고, 각자의 분할 부분에 대해서만 책임을 진다.
>
> **해설** 공동수급체는 구성원 전체가 공동으로 책임을 지는 반면, 분할계약은 각 업체가 자신의 분할 부분에 대해서만 책임을 진다는 차이가 있다.

03
(단답형)

공동수급체 대표 업체의 최소 지분율을 쓰시오.

> **정답** 30%
>
> **해설** 공동수급체 대표 업체는 최소 30% 이상의 지분율을 가져야 하며, 대표 업체는 공동수급체를 대표하여 발주기관과 계약을 체결하고 과업을 총괄한다.

04
(단답형)

공동수급체 협정서에 포함되어야 할 주요 내용 5가지를 쓰시오.

> **정답** 구성원 명단 및 지분율, 대표 업체 지정, 역할 및 책임 분담, 대금 분배 방법, 분쟁 해결 방법
>
> **해설** 공동수급체 협정서에는 구성원 명단 및 지분율, 대표 업체 지정, 역할 및 책임 분담, 대금 분배 방법, 분쟁 해결 방법이 포함되어야 하며, 모든 구성원이 서명하고 날인해야 한다.

05
(서술형)

공동계약 이행 중 문제가 발생했을 때 대응 절차를 순서대로 서술하시오.

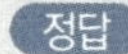 **정답**
1. 문제 발생 시 즉시 대표 업체에 보고
2. 구성원 간 긴급 회의 개최
3. 해결 방안 협의 및 실행
4. 발주기관에 상황 보고(필요시)

해설 공동계약 이행 중 문제가 발생하면 즉시 대표 업체에 보고하고, 구성원 간 협의를 통해 해결 방안을 마련해야 한다. 문제를 조기에 발견하고 신속하게 대응하는 것이 중요하다.

06
(계산형)

[공동수급체 대금 분배]

총 계약 금액이 500,000,000원이고, 공동수급체 구성원이 A사(지분율 50%), B사(지분율 30%), C사(지분율 20%)일 때, 각 구성원이 받을 대금을 계산하시오.

 **정답**
1. A사: 250,000,000원
2. B사: 150,000,000원
3. C사: 100,000,000원

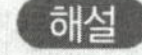 **해설**
- A사 대금 = 500,000,000원 × 50% = 250,000,000원
- B사 대금 = 500,000,000원 × 30% = 150,000,000원
- C사 대금 = 500,000,000원 × 20% = 100,000,000원

PART 04 단원별 핵심정리

암기 필수사항

CHAPTER 01
1. 제안서는 발주기관의 요구사항(RFP)에 대한 입찰참가자의 해결 방안을 담은 설득 문서
2. 제안서 평가는 기술능력(50~70%), 수행능력(20~30%), 가격(10~30%) 순으로 배점
3. 제안서 작성은 RFP 분석 → 제안서 작성 → 제안서 제출 순서로 진행
4. Executive Summary는 제안서의 첫 페이지에 위치하며, 핵심 내용을 1~2페이지로 압축하여 제시
5. 차별화 포인트는 제안서 전체에 걸쳐 반복적으로 강조
6. 시각 자료는 가독성과 이해도를 높이는 데 효과적
7. 제안서 제출 전 체크리스트를 활용하여 누락사항과 오탈자 점검

CHAPTER 02
1. 낙찰자 결정 통지를 받으면, 즉시 계약 체결 서류 준비
2. 계약 체결 시 필수 제출 서류는 계약서, 사업자등록증 사본, 계약보증금 납부 증빙
3. 전자계약 초안을 확인할 때는 계약 금액, 계약 기간, 계약 조건 등을 꼼꼼히 검토
4. 계약서는 계약 당사자, 계약 목적물, 계약 금액, 계약 기간, 대금 지급 조건, 지체상금 등의 주요 조항으로 구성
5. 계약보증금은 계약 체결 시 납부하며, 계약이 정상적으로 이행되면 반환
6. 이행보증은 계약 이행을 보증하고, 발주기관의 손해를 보전하기 위한 제도
7. 전자계약은 공인인증서를 사용하여 전자서명을 진행하며, 전자서명이 완료되면 계약이 체결된 것으로 간주

CHAPTER 03
1. 계약 이행 중에는 발주기관에 과업 진행 상황을 정기적으로 보고해야 함
2. 중도금은 계약서에 명시된 조건을 충족하고, 발주기관의 중간 검수를 통과해야 청구할 수 있음
3. 설계변경은 발주기관의 요청에 의해 계약 내용을 수정하는 것으로, 계약 금액과 계약 기간이 변경될 수 있음
4. 물가변동 조정은 지수조정률 방식과 품목조정률 방식으로 진행
5. 과업이 완료되면 발주기관에 과업 완료 보고서를 제출하고, 검수 신청
6. 검수 합격 후 즉시 잔금 청구
7. 하자보수 기간은 일반적으로 1년이며, 하자보수 요청이 들어오면 즉시 대응
8. 계약 해제와 해지의 차이
    - 계약 해제: 쌍무계약, 소급 효과 있음, 원상회복 의무
    - 계약 해지: 계속적 계약, 소급 효과 없음, 원상회복 의무 없음
9. 민법상 계약 해제·해지 규정
    - 제543조: 의사표시, 철회 불가
    - 제544조: 이행지체, 이행 최고, 이행거절
    - 제546조: 이행불능, 즉시 해제
    - 제548조: 원상회복, 이자 가산

10. 국가계약법상 계약 해제·해지 규정
- 제52조: 5가지 해제·해지 사유, 손해배상 청구
- 제53조: 계약보증금 귀속, 대가 지급
11. 공공조달 계약 해제·해지 절차
  사유 확인 → 이행 최고(필요시) → 의사표시 → 보증금 처리 → 손해배상 청구

CHAPTER 04

1. 공동계약은 2개 이상의 업체가 공동으로 입찰에 참여하여 계약을 체결하는 방식
2. 공동계약은 공동이행방식(구성원 전체가 연대 책임)과 분담이행방식(구성원이 각자 분담한 부분에 대해서만 책임)으로 구분
3. 공동수급체 대표 업체의 지분율은 최소 30% 이상
4. 공동수급체 협정서는 구성원 간의 권리와 의무를 명시하는 중요한 문서
5. 공동수급체 운영에서 가장 중요한 것은 구성원 간 긴밀한 소통
6. 대금 분배는 협정서에 명시된 지분율에 따라 진행

실무 적용 체크리스트

제안서 작성 시

☐ RFP를 꼼꼼히 분석하고, 평가기준표를 확인했는가?
☐ Executive Summary를 작성하고, 차별화 포인트를 강조했는가?
☐ 과업 이해도와 수행 방법론을 구체적으로 작성했는가?
☐ 시각 자료를 적절히 활용하고, 오탈자를 확인했는가?
☐ 제출 마감 시간을 확인하고, 마감 1시간 전에 제출했는가?

계약 체결 시

☐ 낙찰자 결정 통지를 받고, 계약 체결 기한을 확인했는가?
☐ 계약 체결 서류를 준비하고, 전자계약 초안을 검토했는가?
☐ 계약보증금과 이행보증을 납부했는가?
☐ 계약서에 서명 및 날인하고, 계약서를 보관했는가?

제안서 작성 시

☐ RFP를 꼼꼼히 분석하고, 평가기준표를 확인했는가?
☐ Executive Summary를 작성하고, 차별화 포인트를 강조했는가?
☐ 과업 이해도와 수행 방법론을 구체적으로 작성했는가?
☐ 시각 자료를 적절히 활용하고, 오탈자를 확인했는가?
☐ 제출 마감 시간을 확인하고, 마감 1시간 전에 제출했는가?

계약 체결 시

□ 낙찰자 결정 통지를 받고, 계약 체결 기한을 확인했는가?

□ 계약 체결 서류를 준비하고, 전자계약 초안을 검토했는가?

□ 계약보증금과 이행보증을 납부했는가?

□ 계약서에 서명 및 날인하고, 계약서를 보관했는가?

계약 이행 시

□ 과업 진행 상황을 정기적으로 보고하고, 발주기관과 소통했는가?

□ 중도금 청구 조건을 확인하고, 중도금을 청구했는가?

□ 설계변경이나 물가변동 조정이 필요한 경우 발주기관과 협의했는가?

계약 종결 시

□ 과업 완료 보고서를 제출하고, 검수를 신청했는가?

□ 검수 합격 후 잔금을 청구하고, 대금을 수령했는가?

□ 하자보수 기간 동안 발주기관과 연락을 유지하고, 하자보수 요청에 즉시 대응했는가?

계약 해제 및 해지 시

□ 계약 해제·해지 사유(이행지체·이행불능·이행거절 등)를 정확히 확인하고, 법적 근거(국가계약법 시행령 제52조)를 검토했는가?

□ 계약 해제인 경우 원상회복 의무와 손해배상 청구 가능 여부를, 계약 해지인 경우 기이행 부분의 대가 지급 처리를 확인했는가?

□ 계약보증금 귀속 처리 여부를 확인하고, 발주기관에 관련 서류(해제·해지 통보서, 보증금 귀속 요청서)를 기한 내에 제출했는가?

공동계약 시

□ 공동수급체를 구성하고, 협정서를 작성했는가?

□ 구성원 간 정기적으로 회의를 개최하고, 진행 상황을 공유했는가?

□ 계약 종결 후 대금을 분배하고, 정산서를 작성했는가?

학습 완료 체크리스트

□ 제안서의 정의와 목적을 이해하고, 제안서 작성 절차를 숙지했는가?

□ 제안서 평가기준(기술능력, 수행능력, 가격)을 이해하고, 평가 방식을 숙지했는가?

□ Executive Summary 작성법과 차별화 포인트 강조 방법을 숙지했는가?

□ 계약 체결 서류를 준비하고, 전자계약 초안을 검토할 수 있는가?

□ 계약서의 주요 조항을 이해하고, 계약서를 작성할 수 있는가?

□ 계약보증금과 이행보증의 목적을 이해하고, 납부 방법을 숙지했는가?

□ 계약 이행 중 과업 진행 상황을 보고하고, 중도금을 청구할 수 있는가?

□ 설계변경과 물가변동 조정의 개념을 이해하고, 조정 금액을 계산할 수 있는가?

□ 과업 완료 후 검수를 신청하고, 잔금을 청구할 수 있는가?

□ 계약 해제와 계약 해지의 법적 차이(소급 효과 유무, 원상회복 의무)를 구분하고, 공공조달 계약에서의 해제·해지 절차(사유 확인
　　→ 이행 최고 → 의사표시 → 보증금 처리 → 손해배상 청구)를 숙지했는가?

□ 국가계약법 시행령 제52조의 5가지 해제·해지 사유를 암기하고, 계약보증금 귀속 및 손해배상 청구 요건을 설명할 수 있는가?

□ 공동계약의 유형을 이해하고, 공동수급체를 구성하여 운영할 수 있는가?

공급대상물 유형별 계약 관리

공공조달 계약은 공급하는 대상의 유형에 따라 각각 다른 특성과 관리 방식을 요구한다. 본 PART5에서는 다수공급자계약(MAS), 공사 · 용역 계약, 그리고 혁신 · 디지털서비스 계약 등 주요 공급 유형별 계약의 특징을 이해하고, 각 유형에 최적화된 계약 관리 실무 능력을 배양한다.

구분	학습 내용	핵심 역량
CHAPTER 01	• 다수공급자계약(MAS) 및 3자 단가계약의 절차 • 2단계 경쟁 · 계약 이행 관리	• MAS 계약 관리 능력 • 종합쇼핑몰 활용 능력
CHAPTER 02	• 공사 · 용역 계약의 특성 • 하도급 관리 • 계약 이행 및 준공 관리	• 유형별 전문 계약 관리 능력 • 하도급 관리 능력
CHAPTER 03	• NEP · NET 인증 • 혁신제품 지정제도 • 디지털서비스몰 활용 계약	• 신기술 · 서비스 계약 수주 능력 • 혁신조달제도 활용 능력

1. 다수공급자계약(MAS)과 제3자 단가계약의 절차를 이해하고, 적격성 평가부터 2단계 경쟁까지 실무를 관리할 수 있다.
2. 공사 · 용역 계약의 고유한 특성을 파악하고, 하도급 관리를 포함한 계약 이행 전반을 관리할 수 있다.
3. NEP · NET 인증, 혁신제품 지정 등 혁신조달제도를 활용하여 신기술 및 디지털서비스 계약을 수주하는 전략을 수립할 수 있다.

CHAPTER 01

MAS 계약 및 쇼핑몰 운영

01 ▶ MAS 개요

1 MAS 개념 및 대상, 절차

① MAS(다수공급자계약)의 개념
- 다수공급자계약(Multiple Award Schedule, MAS)은 조달기관이 여러 공급업체와 특정 품목에 대한 단가 계약을 체결하고, 수요기관이 필요시 계약 체결된 공급업체 중에서 선택하여 구매할 수 있도록 하는 제도
- 이는 공공기관의 구매 편의성을 높이고, 다양한 중소기업 제품의 공공시장 진입을 촉진하여 공공판로를 지원하기 위해 도입
- MAS 제도는 국가계약법 시행령 제26조에 근거하여 단가계약의 한 형태로 운영되며, 조달청이 중앙집중구매기관으로서 다수의 공급업체와 사전에 계약을 체결한 후 수요기관의 주문에 따라 공급하는 방식

법조문 돋보기

국가를 당사자로 하는 계약에 관한 법률 시행령 제26조(수의계약에 의할 수 있는 경우)
▶ 다음 각 호의 어느 하나에 해당하는 경우에는 법 제7조 제1항에 따라 수의계약에 의할 수 있음
　5. 제7조의 2 제1항에 따라 단가계약(제3자 단가계약은 제외한다)을 체결하거나 제22조에 따라 단가계약(제3자 단가계약은 제외한다)을 체결하는 경우

---

2 MAS 계약 대상

① MAS 계약은 상용화된 물품 및 서비스를 대상으로 하며, 주로 사무용품, 가구, PC, 소프트웨어 등 규격화가 가능하고 상시 수요가 있는 품목에 적용됨
② 조달청은 매년 MAS 대상 품목을 고시하며, 기업은 해당 품목에 대해 계약을 신청할 수 있음

MAS 대상 품목의 특징
- 첫째, 상용화된 제품으로서 시장에서 일반적으로 거래되는 품목이어야 함
- 둘째, 규격화가 가능하여 품질 및 성능 기준을 명확히 설정할 수 있어야 함
- 셋째, 수요기관의 상시 수요가 있어 지속적인 공급이 필요한 품목이어야 함
- 넷째, 가격 비교가 용이하여 수요기관이 합리적인 선택을 할 수 있어야 함

---

3 MAS 계약 체결 절차

① 1단계: 입찰공고
- 조달청은 MAS 대상 품목에 대한 입찰을 공고하며, 입찰공고에는 대상 품목, 계약 기간, 제출 서류, 평가 기준 등이 명시됨

- 조달업체는 나라장터(www.g2b.go.kr)에서 MAS 입찰공고를 확인할 수 있으며, 입찰참가를 위해서는 경쟁입찰참가자격 등록이 선행되어야 함

② 2단계: 적격성 평가
- 조달청은 입찰에 참여한 기업의 신용평가등급, 납품실적 등을 평가하여 적격업체를 선정함
- 적격성 평가는 수행능력 평가와 입찰가격 평가로 구성되며, 일정 점수 이상을 획득한 업체만이 MAS 계약 체결 대상이 됨
- 수행능력 평가에서는 기업의 재무 상태, 기술 능력, 과거 납품실적 등이 종합적으로 평가됨

③ 3단계: 가격 협상
- 조달청은 적격업체와 가격 협상을 진행하여 계약가격을 결정함
- 가격협상은 시장 가격, 원가 분석, 유사 제품 가격 등을 종합적으로 고려하여 이루어지며, 공정하고 합리적인 가격 결정을 목표로 함

④ 4단계: 계약 체결
- 조달청은 협상이 완료된 업체와 MAS 계약을 체결하고, 해당 제품을 나라장터 종합쇼핑몰에 등록
- 계약 체결 후 공급업체는 종합쇼핑몰에 제품 정보, 가격, 납품 조건 등을 상세히 등록해야 하며, 수요기관은 이를 통해 필요한 제품을 검색하고 구매할 수 있음

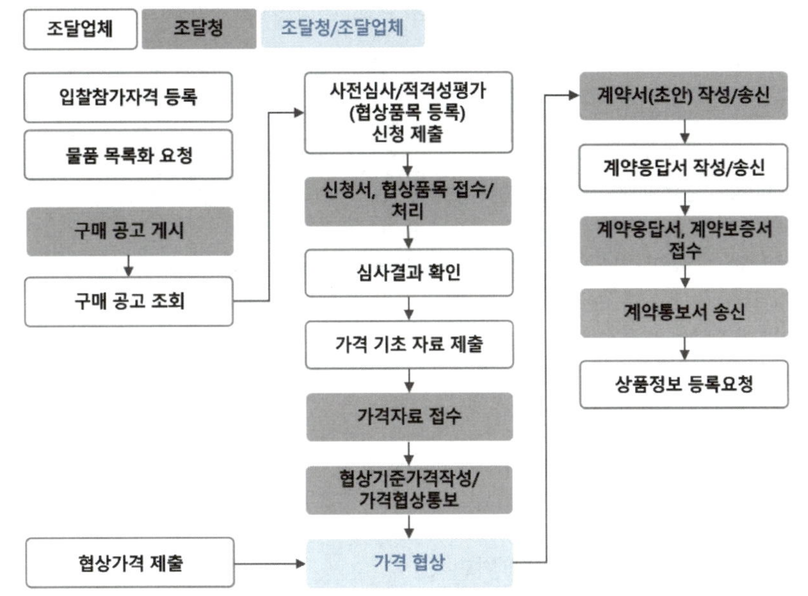

▲ MAS 계약 체결 절차도

실무톡톡 MAS 계약 신청 시 주의사항

MAS 계약을 신청할 때는 자사 제품의 경쟁력을 정확히 파악하는 것이 중요. 특히 적격성 평가에서는 신용평가등급과 납품실적이 중요한 평가 요소이므로, 사전에 신용등급을 관리하고 공공기관 납품실적을 축적하는 것이 필요. 또한 가격 제시 시에는 시장 가격을 충분히 조사하여 경쟁력 있는 가격을 제시해야 하며, 지나치게 낮은 가격은 오히려 품질에 대한 의구심을 불러일으킬 수 있으므로 적정 가격을 유지하는 것이 중요

1. MAS(다수공급자계약)은 조달기관이 여러 공급업체와 특정 품목에 대한 (①) 계약을 체결하고, 수요기관이 필요 시 계약 체결된 공급업체 중에서 선택하여 구매할 수 있도록 하는 제도이다.

2. MAS 계약 체결 절차는 입찰공고 → (②) → 가격 협상 → 계약 체결 → 종합쇼핑몰 등록의 순서로 진행된다.

정답 ① 단가 ② 적격성 평가

---

02 MAS 계약 이행 절차

1 구체적 절차 내용

① 납품 및 검수
- 수요기관이 종합쇼핑몰에서 제품을 주문하면 계약업체는 지정된 장소에 제품을 납품해야 하고, 납품이 완료되면 수요기관은 제품의 규격, 수량 등을 검사하여 이상이 없으면 검수확인서를 발급
- 검수는 계약 이행의 완료를 확인하는 중요한 절차로서, 수요기관의 검수 담당자가 제품의 품질, 수량, 납품기한 준수 여부 등을 종합적으로 확인

> **검수 절차의 세부 단계**
> 검수 절차는 크게 외관 검사, 기능 검사, 수량 확인의 세 단계로 구성됨
> - 외관 검사: 제품의 포장 상태, 외부 손상 여부, 라벨 부착 상태 등 확인
> - 기능 검사: 제품이 계약서에 명시된 성능 기준을 충족하는지 실제로 작동시켜 확인
> - 수량 확인: 주문 수량과 납품 수량이 일치하는지 확인하며, 부족하거나 초과 납품된 경우 이를 기록하고 조치

② 대금 청구 및 지급
- 계약업체는 검수확인서를 첨부하여 조달청에 대금 청구
- 조달청은 서류를 확인한 후 계약업체에 대금 지급
- 대금 지급은 일반적으로 검수 완료 후 5일 이내에 이루어지며, 전자적 방식으로 신속하게 처리됨

> **대금 지급의 법적 근거**
> - 대금 지급은 국가계약법 시행령 및 조달사업에 관한 법률에 근거하여 이루어짐
> - 조달청은 수요기관으로부터 대금을 수령한 후 계약업체에 지급하는 방식으로 운영되며, 이는 공공기관의 예산 집행 절차에 따라 엄격하게 관리됨
> - 계약업체는 대금 청구 시 세금계산서를 발행해야 하며, 부가가치세법에 따라 적법한 세금계산서를 발행하지 않으면 대금 지급이 지연될 수 있음

③ 계약이행실적 평가
- 조달청은 MAS 계약업체의 계약이행실적을 주기적으로 평가함
- 평가 항목에는 납품 적시성, 제품 품질, 사후서비스(A/S) 대응 등이 포함되며, 평가 결과가 우수한 업체는 차기 계약 체결 시 가점을 받을 수 있음
- 평가 결과가 불량한 업체는 계약 해지 또는 재계약 제한 등의 불이익을 받을 수 있음

계약이행실적 평가 기준
- 계약이행실적 평가는 정량적 지표와 정성적 지표로 구분
- 정량적 지표로는 납품 기한 준수율, 불량품 발생률, 반품률 등이 있으며, 정성적 지표로는 수요기관의 만족도, A/S 대응 신속성, 민원 발생 건수 등이 포함
  - ✔ 구매계약에서 납품완료에 이르는 구매의 전 과정에서 추출
  - ✔ 평가지표: 5개 항목(대분류) 13개 지표(소분류)
  - ✔ 5개 항목: 품질, 서비스, 납기, 수요기관 만족도(가격, 납품), 계약이행성실도
  - ✔ 평가주기: 연 2회(원칙)
  - ✔ 평가등급: 4단계(최우수, 우수, 보통, 미흡)

- 조달청은 이러한 지표를 종합하여 100점 만점으로 평가하며, 85점 이상을 우수, 75점 이상 85점 미만을 보통, 75점 미만을 미흡으로 분류

〈계약이행실적 평가 등급표〉

등급	표준 점수구간
최우수 ★★★★	95점 이상
우수 ★★★	85점 이상 95점 미만
보통 ★★	75점 이상 85점 미만
미흡 ★	75점 미만

	1	2	3	4
평가 절차	**평가대상설정** • 평가단위 – 소싱그룹 선정 • 평가대상 – 조달업체 선정	**소싱그룹 중요도평가** • 수요기관 가치 분석 • 조달업체 가치 분석 • 소싱그룹 중요도 평가	**조달업체 실적평가** • 조달업체 계약 이행 실적 분석 • 평가지표별 계약 이행 실적 수집 • 평가지표별 실적 점수화	**조달업체 등급화** • 소싱그룹 중요도 평가 활용 • 조달업체 계약 이행 실적 점수 활용 • 소싱그룹 중요도에 따른 조달업체 등급 비율 조정
이슈 사항	• 평가 단위 • 평가 제외 대상	• 소싱그룹 중요도 평가	• 조달업체 실적평가 • 등급화 주기	• 조달업체 등급화 방안

▲ 평가 프로세스 및 단계별 이슈사항

법조문 돋보기

조달사업에 관한 법률 시행령 제9조(대금의 지급)
- ▶ 조달청장은 계약상대자가 계약을 이행한 경우에는 그 대금을 지급하여야 함. 다만, 수요기관이 계약상대자에게 직접 대금을 지급하기로 한 경우에는 그러하지 아니함
- ▶ 제1항에 따른 대금의 지급 시기 및 방법 등에 관하여 필요한 사항은 조달청장이 정함

MAS 계약업체로서 장기적으로 공공시장에서 성공하기 위해서는 계약이행실적 관리가 매우 중요함. 단순히 제품을 납품하는 것에 그치지 않고, 납품 기한을 철저히 준수하고, 품질 관리를 통해 불량품 발생을 최소화하며, 수요기관의 문의나 불만에 신속하게 대응하는 것이 필요함. 특히 A/S 대응은 수요기관의 만족도에 직접적인 영향을 미치므로, 전담 인력을 배치하고 신속한 대응 체계를 구축하는 것이 좋음. 우수한 계약이행실적은 차기 계약 체결 시 경쟁 우위를 확보하는 핵심 요소가 됨

03 2단계 경쟁

1 대상 및 절차

① 2단계 경쟁 대상
- 수요기관이 일정 금액 이상(예 1억원)의 MAS 제품을 구매하는 경우, 2단계 경쟁을 통해 납품업체를 선정해야 하며, 이는 특정 업체에 대한 쏠림 현상을 방지하고, 업체 간 경쟁을 통해 예산을 절감하기 위한 목적
- 2단계 경쟁은 MAS 계약의 투명성과 공정성을 높이는 중요한 제도로서, 수요기관의 합리적인 선택을 보장

> **2단계 경쟁의 법적 근거**
> - 2단계 경쟁은 국가계약법 시행령 제26조 및 조달청 예규에 근거하여 운영됨
> - 조달청은 MAS 계약 체결 시 2단계 경쟁 대상 품목과 기준 금액을 명시하며, 수요기관은 이를 준수해야 함
> - 2단계 경쟁을 실시하지 않고 특정 업체를 임의로 선정할 경우, 계약 무효 또는 담당자 문책 등의 불이익을 받을 수 있음

② 2단계 경쟁 절차
- 1단계: 제안요청
  - 수요기관은 종합쇼핑몰을 통해 5개 이상의 계약업체에 제안 요청
  - 제안요청서에는 구매하고자 하는 제품의 규격, 수량, 납품 기한, 예산 등이 명시되며, 계약업체는 이를 기반으로 제안서 작성
- 2단계: 제안서 제출
  - 제안요청을 받은 업체는 가격, 기술, 납기 등을 포함한 제안서 제출
  - 제안서에는 제품의 상세 사양, 단가, 총액, 납품 일정, 품질보증 방안, A/S 계획 등이 포함되어야 하며, 수요기관의 요구사항을 충족하는 내용으로 작성되어야 함
- 3단계: 제안서 평가
  - 수요기관은 제안서를 평가하여 납품업체 선정
  - 평가는 가격, 기술, 납기, 과거 실적 등을 종합적으로 고려하여 이루어지며, 최저가 낙찰 또는 종합평가 낙찰 방식이 적용될 수 있음
  - 종합평가 낙찰 방식에서는 가격(50 ~ 70%)과 기술(30 ~ 50%)을 합산하여 최고 점수를 획득한 업체가 선정됨
- 4단계: 낙찰자 선정 및 계약 체결
  - 수요기관은 평가 결과를 바탕으로 낙찰자 선정
  - 종합쇼핑몰에 낙찰 결과 공고
  - 낙찰자와 계약 체결

다수공급자계약 2단계경쟁 정보 조회

❗ 로그인 없이 다수공급자계약 2단계경쟁 진행 및 결과 조회가 가능합니다.단, 2단계경쟁 참여 시 로그인 필수

1 제안요청
제안평가현황과 제안평가 결과조회를 확인하세요!

2 제안공고
제안공고목록과 제안평가 결과조회를 확인하실 수 있습니다.

■ 개요:
나라장터 종합쇼핑몰 홈페이지 MAS 2단계
경쟁 정보 조회
■ 이용자:
조달청/수요기관/조달업체/대국민
■ 처리 절차
① MAS 2단계 제안요청 확인
  • 제안평가 현황, 제안평가 결과 조회
② MAS 2단계 제안공고 확인
  • 제안공고 목록, 제안평가 결과 조회

🖋 **핵심포인트**

> 2단계 경쟁은 일정 금액 이상의 MAS 구매 시 필수적으로 실시해야 하는 절차로서, 5개 이상의 업체에 제안을 요청하고 가격과 기술을 종합적으로 평가하여 낙찰자를 선정함. 이를 통해 특정 업체 쏠림을 방지하고 예산 절감 효과를 달성할 수 있음

---

04 종합쇼핑몰 운영 실무

1 운영 일반

① 물품 등록 및 관리
- MAS 계약업체는 종합쇼핑몰에 자사 제품의 상세 정보, 이미지, 가격 등을 등록하고 최신 정보로 유지해야 하며, 정확하고 매력적인 상품 정보는 수요기관의 구매 결정에 중요한 영향을 미침
- 물품 등록 시에는 제품명, 모델명, 제조사, 규격, 단가, 납품 기한, 품질 인증서, 제품 이미지 등을 상세히 입력해야 하며, 허위 또는 과장된 정보를 등록할 경우 계약 해지 등의 불이익을 받을 수 있음

> **물품 등록의 세부 항목**
>
> 종합쇼핑몰에 물품을 등록할 때는 다음과 같은 항목을 입력해야 함
> - 첫째, 제품의 기본 정보로서 제품명, 모델명, 제조사, 원산지, 품목 분류 코드 등을 입력
> - 둘째, 제품의 상세 사양으로서 크기, 무게, 재질, 색상, 성능 지표 등을 구체적으로 기술
> - 셋째, 가격 정보로서 단가, 부가가치세 포함 여부, 배송비 포함 여부 등을 명시
> - 넷째, 납품 조건으로서 최소 주문 수량, 납품 기한, 배송 방법 등을 안내
> - 다섯째, 품질 보증 정보로서 품질 인증서, 보증 기간, A/S 조건 등을 제공
> - 여섯째, 제품 이미지로서 고해상도의 제품 사진을 여러 각도에서 촬영하여 등록

② 가격 관리

- 계약업체는 계약기간 동안 계약가격을 임의로 인상할 수 없음. 다만, 원자재 가격 급등 등 불가피한 사유가 발생한 경우 조달청의 승인을 받아 가격을 조정할 수 있음
- 가격 조정은 물가변동률, 원자재 가격 변동, 환율 변동 등 객관적인 자료를 근거로 신청해야 하며, 조달청은 이를 검토하여 승인 여부를 결정함

> **가격 조정 신청 절차**
>
> 가격 조정을 신청하려면 다음과 같은 절차를 거쳐야 함
> - 첫째, 가격 조정 사유를 객관적인 자료와 함께 문서로 작성하며, 원자재 가격 상승의 경우 한국은행 또는 통계청의 물가 지수, 주요 원자재 가격 변동 자료 등을 첨부
> - 둘째, 조달청에 가격 조정 신청서를 제출하며, 신청서에는 현재 계약가격, 조정 요청 가격, 조정률, 조정 사유, 근거 자료 등이 포함되어야 함
> - 셋째, 조달청은 신청 내용을 검토하고 필요시 추가 자료를 요청
> - 넷째, 조달청은 검토 결과를 바탕으로 가격 조정 승인 여부를 결정하고 계약업체에 통보. 승인된 경우 조정된 가격이 종합쇼핑몰에 반영되며, 승인되지 않은 경우 기존 가격을 유지해야 함

③ 판매 전략

- 계약업체는 프로모션, 할인 행사 등 다양한 판매 전략을 통해 매출을 증대시킬 수 있으며, 수요기관의 문의에 신속하고 친절하게 응대하여 긍정적인 이미지를 구축하는 것이 중요
- 종합쇼핑몰에서는 베스트셀러 제품, 신규 등록 제품, 프로모션 제품 등이 별도로 노출되므로, 이러한 기회를 적극 활용하는 것이 좋음

> **효과적인 판매 전략**
>
> 종합쇼핑몰에서 매출을 증대하기 위한 효과적인 전략은 다음과 같음
> - 첫째, 제품 정보를 상세하고 정확하게 등록하여 수요기관의 신뢰를 확보하기! 특히 제품 이미지는 고품질로 제공하고, 사양은 구체적으로 기술하여 수요기관이 제품을 명확히 이해할 수 있도록 하기!
> - 둘째, 경쟁 제품과의 차별화 포인트를 부각하기! 가격 경쟁력, 기술 우위, 신속한 납품, 우수한 A/S 등 자사 제품의 강점을 명확히 제시하기!
> - 셋째, 수요기관의 문의에 신속하게 응대하기! 종합쇼핑몰에는 1 : 1 문의 기능이 있으며, 수요기관의 질문에 빠르고 친절하게 답변하여 구매 결정에 긍정적인 영향을 주기!
> - 넷째, 프로모션 및 할인 행사를 적극 활용하기! 조달청이 허용하는 범위 내에서 기간 한정 할인, 대량 구매 할인 등을 제공하여 수요기관의 구매를 유도하기!
> - 다섯째, 계약이행실적을 우수하게 관리하기! 과거 납품실적과 수요기관의 평가가 종합쇼핑몰에 공개되므로, 우수한 실적을 유지하는 것이 신규 수요기관의 구매를 유도하는 데 도움이 됨

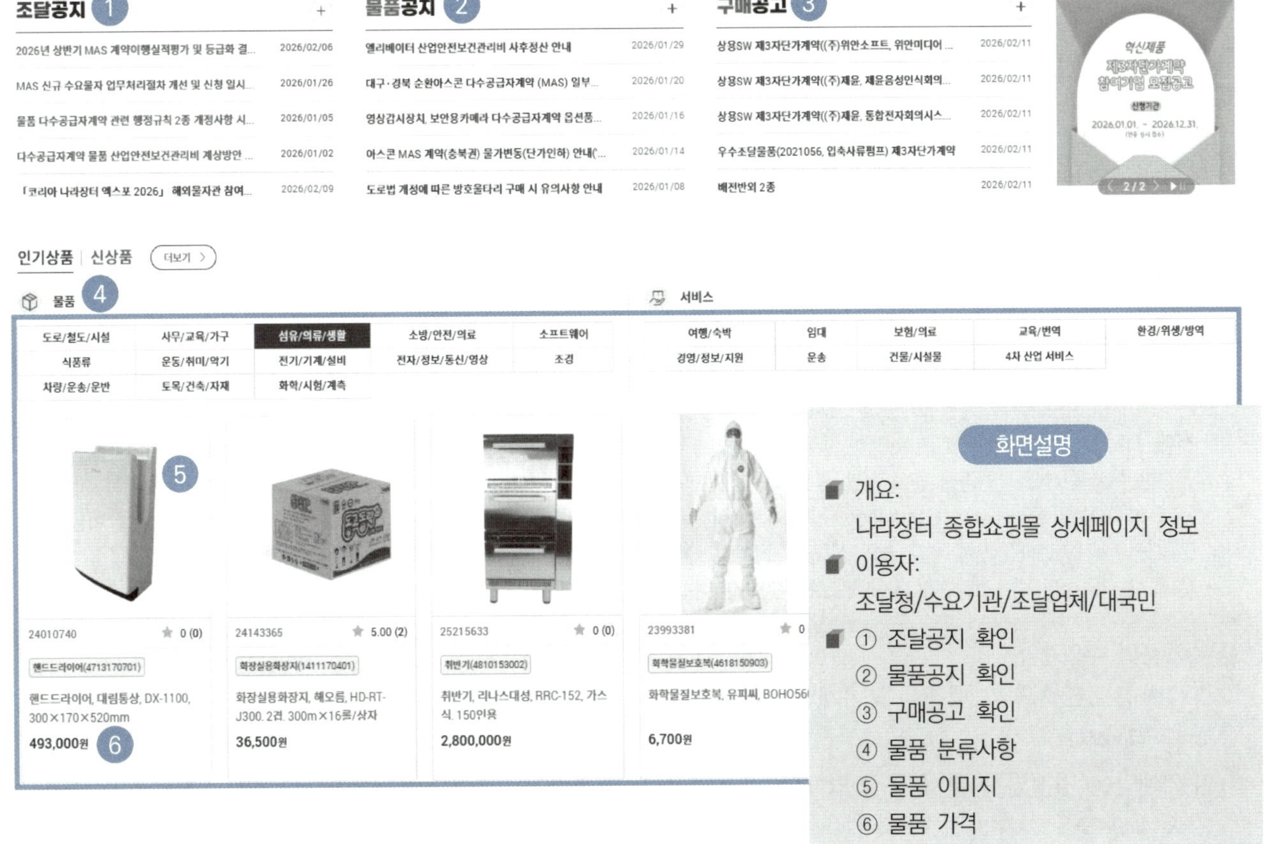

실무톡톡 종합쇼핑몰 운영의 핵심

종합쇼핑몰은 단순한 제품 등록 공간이 아니라 수요기관과의 소통 창구이므로, 제품 정보를 등록할 때는 수요기관의 입장에서 필요한 정보가 무엇인지 고민하고, 이를 명확하고 상세하게 제공하기. 특히 제품 이미지는 첫인상을 결정하는 중요한 요소이므로, 전문 사진작가를 활용하여 고품질 이미지를 제공하는 것이 좋으며, 또한 수요기관의 문의에는 24시간 이내에 응답하는 것을 원칙으로 하고, 친절하고 전문적인 답변을 제공하여 신뢰를 구축해야 함. 종합쇼핑몰에서의 성공은 제품의 품질뿐만 아니라 운영 역량에 달려 있음

Check Q&A

1. MAS 계약업체는 종합쇼핑몰에 자사 제품의 상세 정보, 이미지, (①) 등을 등록하고 최신 정보로 유지해야 한다.

2. 계약업체는 계약기간 동안 계약가격을 임의로 인상할 수 없으며, 원자재 가격 급등 등 불가피한 사유가 발생한 경우 (②)의 승인을 받아 가격을 조정할 수 있다.

정답 ① 가격 ② 조달청

1 우수제품 지정 요건 및 절차

① 우수제품 지정 요건

- 조달청은 기술 및 품질이 뛰어난 중소기업 제품을 우수제품으로 지정하여 공공판로를 지원하며, 우수제품으로 지정되기 위해서는 NEP(신제품), NET(신기술) 인증, 특허 기술 등을 보유해야 함
- 우수제품 지정은 중소기업의 기술 개발을 촉진하고, 공공기관이 우수한 제품을 구매할 수 있도록 지원하는 제도

> **우수제품의 종류**
>
> 조달청이 지정하는 우수제품은 크게 세 가지로 분류됨
> - 첫째, NEP(New Excellent Product, 신제품)는 산업통상자원부가 인증한 신제품으로서, 기존 제품과 차별화된 기술적 우수성을 인정받은 제품. NEP 인증을 받으려면 국내 최초 개발, 기존 제품 대비 성능 향상, 시장성 확보 등의 요건을 충족해야 함
> - 둘째, NET(New Excellent Technology, 신기술)는 산업통상자원부가 인증한 신기술로서, 국내 최초 개발 또는 기존 기술을 혁신적으로 개선한 기술. NET 인증은 기술의 신규성, 진보성, 현장 적용성 등을 종합적으로 평가하여 부여됨
> - 셋째, 조달우수제품은 조달청이 자체적으로 평가하여 지정한 우수 제품으로서, 품질, 성능, 가격 경쟁력 등이 우수한 제품

② 우수제품의 수의계약

- 우수제품으로 지정된 제품은 국가계약법에 따라 수의계약이 가능하며, 이는 기업에게 안정적인 판로를 제공하는 큰 혜택
- 수의계약은 경쟁입찰 없이 특정 업체와 직접 계약을 체결하는 방식으로서, 입찰 절차의 번거로움을 줄이고 신속한 공급을 가능하게 함

> **우수제품 수의계약의 법적 근거**
> - 우수제품 수의계약은 국가계약법 시행령 제26조 및 조달사업에 관한 법률 시행령에 근거. 조달청은 우수제품으로 지정된 제품에 대해 추정가격 2억원 이하(중소기업제품은 5억원 이하)의 경우 수의계약을 체결할 수 있음
> - 이는 중소기업의 기술 개발 의욕을 고취하고, 공공기관이 우수한 제품을 신속하게 도입할 수 있도록 지원하기 위한 제도

법조문   돋보기

> **국가를 당사자로 하는 계약에 관한 법률 시행령 제26조**(수의계약에 의할 수 있는 경우)
> ▶ 다음 각 호의 어느 하나에 해당하는 경우에는 법 제7조 제1항에 따라 수의계약에 의할 수 있음
> 1. 「산업기술혁신 촉진법」 제16조에 따라 인증받은 신제품으로서 품질이 우수하고 가격이 적정한 제품을 생산하는 자와 계약을 하는 경우
> 2. 「산업기술혁신 촉진법」 제15조의 2에 따라 인증받은 신기술을 개발한 자와 그 신기술을 이용하여 제조한 제품을 생산하는 자와 계약을 하는 경우

③ 우수제품 지정 절차

- 첫째, NEP 또는 NET 인증을 취득. 산업통상자원부 또는 관련 기관에 신청서를 제출하고, 기술 평가, 현장 실사 등을 거쳐 인증을 받아야 함

- 둘째, 조달청에 우수제품 지정 신청. 조달청 나라장터 시스템을 통해 신청서를 제출하고, NEP/NET 인증서, 특허증, 품질 시험 성적서 등의 서류를 첨부해야 함
- 셋째, 조달청은 제출된 서류를 검토하고 필요시 현장 실사를 실시
- 넷째, 조달청은 심사 결과를 바탕으로 우수제품 지정 여부를 결정하고 신청 기업에 통보. 지정된 경우 우수제 품 지정서가 발급되며, 종합쇼핑몰에 우수제품으로 표시됨

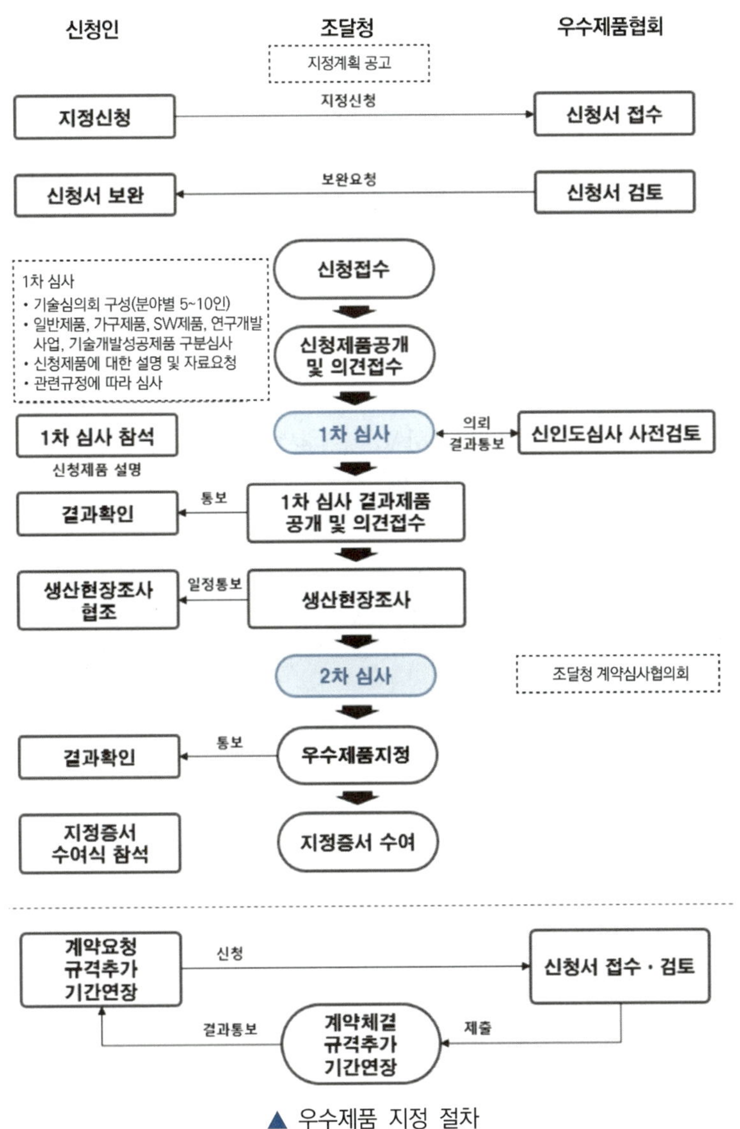

▲ 우수제품 지정 절차

실무톡톡 우수제품 지정의 전략적 가치

우수제품 지정은 단순한 인증이 아니라 공공시장 진입의 핵심 전략. NEP 또는 NET 인증을 취득하는 데는 상당한 시간과 비용이 소요되지 만, 일단 인증을 받으면 수의계약이 가능하여 안정적인 매출을 확보할 수 있음. 특히 신기술을 보유한 중소기업의 경우, 우수제품 지정을 통해 대기업과의 경쟁에서 우위를 점할 수 있음. 우수제품 지정을 받기 위해서는 기술 개발 단계부터 NEP/NET 인증을 염두에 두고 체계적으로 준비하는 것이 중요하며, 특허 출원, 품질 인증, 성능 시험 등을 사전에 완료해 두어야 함

단원별 핵심문제

CHAPTER 01

01
(괄호형)

다수공급자계약은 조달기관이 여러 공급업체와 특정 품목에 대한 (①) 계약을 체결하고, 수요기관이 필요 시 계약 체결된 공급업체 중에서 선택하여 구매할 수 있도록 하는 제도이다. 수요기관이 일정 금액 이상의 MAS 제품을 구매하는 경우, (②) 경쟁을 통해 납품업체를 선정해야 한다.

> **정답**　① 단가 ② 2단계
>
> **해설**　MAS는 단가계약의 한 형태로서, 조달청이 사전에 여러 공급업체와 단가 계약을 체결한 후 수요기관의 주문에 따라 공급하는 방식이다. 일정 금액 이상의 구매 시에는 2단계 경쟁을 통해 5개 이상의 업체에 제안을 요청하고, 가격과 기술을 종합적으로 평가하여 낙찰자를 선정한다.

02
(괄호형)

수요기관이 제품을 주문하면 계약업체는 지정된 장소에 제품을 납품하고, 수요기관은 제품의 규격과 수량을 확인한 후 (①)을/를 발급한다. 조달청은 MAS 계약업체의 (②)을/를 주기적으로 평가하며, 평가 항목에는 납품 적시성, 제품 품질, A/S 대응 등이 포함된다.

> **정답**　① 검수확인서 ② 계약이행실적
>
> **해설**　수요기관이 종합쇼핑몰에서 제품을 주문하면 계약업체는 지정된 장소에 제품을 납품해야 하고, 납품이 완료되면 수요기관은 제품의 규격, 수량 등을 검사하여 이상이 없으면 검수확인서를 발급한다. 조달청은 MAS 계약업체의 계약이행실적을 주기적으로 평가한다.

03
(괄호형)

조달청은 기술 및 품질이 뛰어난 중소기업 제품을 (①)으로 지정하여 공공판로를 지원하며, 지정된 제품은 (②)이/가 가능하다.

> **정답**　① 우수제품 ② 수의계약
>
> **해설**　조달청은 NEP(신제품), NET(신기술) 인증 등을 보유한 중소기업 제품을 우수제품으로 지정하며, 지정된 제품은 국가계약법 시행령 제26조에 따라 수의계약이 가능하다. 이는 중소기업의 기술 개발을 촉진하고 공공기관이 우수한 제품을 신속하게 도입할 수 있도록 지원하기 위한 제도이다.

04
(단답형)

MAS 계약 체결 후, 계약업체가 제품 정보와 가격을 등록하는 시스템의 명칭을 쓰시오.

> **정답**　종합쇼핑몰(또는 나라장터 종합쇼핑몰)
>
> **해설**　MAS 계약 체결 후 계약업체는 나라장터의 종합쇼핑몰에 제품 정보, 가격, 이미지 등을 등록하며, 수요기관은 이를 통해 필요한 제품을 검색하고 구매한다.

05
(단답형)

우수제품으로 지정받기 위해 필요한 두 가지 주요 인증 제도의 약어를 쓰시오.

정답 NEP(신제품), NET(신기술) 인증

06
(서술형)

다수공급자계약(MAS) 제도의 도입 취지와 운영 원리에 대해 서술하시오.

정답 1. 다수공급자계약(MAS) 제도는 공공기관의 반복적인 구매 수요에 대응하여 구매 편의성을 높이고, 다양한 중소기업 제품의 공공시장 진입을 촉진하여 공공판로를 지원하기 위해 도입되었다. 이를 통해 공공기관은 예산을 절감하고 구매 편의성을 확보할 수 있으며, 기업은 안정적인 판로를 통해 성장 기반을 마련할 수 있는 순기능을 한다.

2. MAS 제도의 운영 원리는 다음과 같다.
- 첫째, 조달청이 사전에 여러 공급업체와 단가 계약을 체결한다. 이 과정에서 적격성 평가와 가격 협상을 통해 적격업체를 선정하고 계약가격을 결정한다.
- 둘째, 계약 체결된 제품은 나라장터 종합쇼핑몰에 등록되며, 수요기관은 이를 통해 필요한 제품을 검색하고 주문한다.
- 셋째, 일정 금액 이상의 구매 시에는 2단계 경쟁을 실시하여 5개 이상의 업체에 제안을 요청하고, 가격과 기술을 종합적으로 평가하여 낙찰자를 선정한다. 이를 통해 특정 업체 쏠림을 방지하고 예산 절감 효과를 달성한다.
- 넷째, 조달청은 계약업체의 계약이행실적을 주기적으로 평가하여 우수 업체에는 가점을 부여하고, 불량 업체에는 불이익을 부과함으로써 품질 관리를 강화한다.

PART 05

07
(심화형)

[MAS 계약 및 2단계 경쟁]

다음 상황을 읽고 물음에 답하시오.

> A 공공기관은 사무용 PC 100대를 구매하려고 한다. 예산은 1억 5천만원이며, 나라장터 종합쇼핑몰에서 MAS 계약이 체결된 제품 중에서 선택하려고 한다. 종합쇼핑몰에는 10개 업체가 MAS 계약을 체결하고 있으며, 가격과 사양이 다양하다.

(1) A 공공기관이 MAS 계약을 통해 PC를 구매할 때, 2단계 경쟁을 실시해야 하는가? 그 이유를 법적 근거와 함께 설명하시오.

정답 A 공공기관은 2단계 경쟁을 실시해야 한다. 그 이유는 다음과 같다.
- MAS 계약에서 수요기관이 일정 금액 이상(예: 1억원)의 제품을 구매하는 경우, 특정 업체에 대한 쏠림 현상을 방지하고 업체 간 경쟁을 통해 예산을 절감하기 위해 2단계 경쟁을 실시해야 한다. 본 사례에서 A 공공기관의 구매 예산은 1억 5천만원으로 2단계 경쟁 기준 금액 이상이므로, 2단계 경쟁을 실시해야 한다.
- 법적 근거는 국가계약법 시행령 제26조 및 조달청 예규에 명시되어 있다. 조달청은 MAS 계약 체결 시 2단계 경쟁 대상 품목과 기준 금액을 명시하며, 수요기관은 이를 준수해야 한다. 2단계 경쟁을 실시하지 않고 특정 업체를 임의로 선정할 경우, 계약 무효 또는 담당자 문책 등의 불이익을 받을 수 있다.

(2) 2단계 경쟁을 실시해야 한다면, A 공공기관이 취해야 할 절차를 단계별로 서술하시오.

정답 A 공공기관이 2단계 경쟁을 실시하기 위해 취해야 할 절차는 다음과 같다.
- 1단계: 제안요청
  → A 공공기관은 나라장터 종합쇼핑몰을 통해 5개 이상의 MAS 계약업체에 제안을 요청한다. 제안요청서에는 구매하고자 하는 PC의 규격(CPU, 메모리, 저장장치, 운영체제 등), 수량(100대), 납품 기한, 예산(1억 5천만원), 평가 기준 등을 명시한다. 제안요청은 종합쇼핑몰 시스템을 통해 전자적으로 이루어지며, 모든 MAS 계약업체가 공평하게 제안 기회를 가질 수 있도록 한다.
- 2단계: 제안서 제출
  → 제안요청을 받은 업체는 가격, 기술, 납기 등을 포함한 제안서를 제출한다. 제안서에는 제품의 상세 사양(CPU 모델, 메모리 용량, 저장장치 용량, 운영체제 버전 등), 단가, 총액, 납품 일정, 품질 보증 방안(품질 인증서, 보증 기간), A/S 계획(A/S 센터 위치, 대응 시간) 등이 포함되어야 한다. 제안서는 제안요청서에 명시된 기한 내에 종합쇼핑몰 시스템을 통해 제출한다.
- 3단계: 제안서 평가
  → A 공공기관은 제출된 제안서를 평가하여 납품업체를 선정한다. 평가는 가격, 기술(제품 사양), 납기, 과거 실적(계약이행실적 평가 결과) 등을 종합적으로 고려하여 이루어진다. 평가 방식은 최저가 낙찰 또는 종합평가 낙찰 방식이 적용될 수 있으며, 본 사례에서는 제품의 성능이 중요하므로 종합평가 낙찰 방식을 적용하는 것이 적절하다. 종합평가 낙찰 방식에서는 가격(50 ~ 70%)과 기술(30 ~ 50%)을 합산하여 최고 점수를 획득한 업체가 선정된다.
- 4단계: 낙찰자 선정 및 계약 체결
  → A 공공기관은 평가 결과를 바탕으로 낙찰자를 선정하고, 낙찰 결과를 종합쇼핑몰에 공고한다. 낙찰자와 계약을 체결하고, 납품 일정, 검수 절차, 대금 지급 조건 등을 확정한다.

(3) 2단계 경쟁에서 제안서를 평가할 때 고려해야 할 주요 항목을 3가지 이상 제시하고, 각 항목의 중요성을 설명하시오.

정답 2단계 경쟁에서 제안서를 평가할 때 고려해야 할 주요 항목은 다음과 같다.
- 가격
  → 가격은 예산 절감의 핵심 요소이다. 제안 가격이 예산 범위 내에 있는지 확인하고, 여러 업체의 제안 가격을 비교하여 가격 경쟁력을 평가한다. 단순히 최저가만을 고려하는 것이 아니라, 가격 대비 성능(가성비)을 종합적으로 평가해야 한다. 지나치게 낮은 가격은 품질에 대한 의구심을 불러일으킬 수 있으므로, 적정 가격 범위 내에서 평가하는 것이 중요하다.
- 기술(제품 사양)
  → 제품의 기술 사양은 업무 효율성과 직결된다. CPU 성능, 메모리 용량, 저장장치 용량, 운영체제 버전 등이 A 공공기관의 업무 요구사항을 충족하는지 평가한다. 특히 CPU 성능은 업무 처리 속도에 직접적인 영향을 미치므로, 최신 세대의 고성능 CPU를 탑재한 제품이 유리하다. 또한 메모리와 저장장치는 향후 업그레이드 가능성을 고려하여 확장성이 있는 제품을 선호한다.
- 납기
  → 납기는 업무 연속성을 보장하는 중요한 요소이다. A 공공기관이 요구하는 납품 기한 내에 제품을 공급할 수 있는지 평가한다. 납기를 준수하지 못하면 업무에 차질이 생기므로, 과거 납품실적을 확인하여 납기 준수율이 높은 업체를 선호한다. 또한 긴급 상황 발생 시 신속한 대응이 가능한지도 평가한다.
- 과거 계약이행실적
  → 과거 계약이행실적은 업체의 신뢰성을 평가하는 지표이다. 조달청의 계약이행실적 평가 결과를 확인하여 납품 적시성, 제품 품질, A/S 대응 등이 우수한 업체를 선호한다. 과거 실적이 우수한 업체는 향후에도 안정적인 납품과 우수한 서비스를 제공할 가능성이 높다.
- A/S 계획
  → A/S는 제품 사용 과정에서 발생하는 문제를 신속히 해결하는 중요한 요소이다. A/S 센터의 위치, 대응 시간, 보증 기간 등을 평가한다. A 공공기관 인근에 A/S 센터가 있고, 신속한 대응(예: 24시간 이내)이 가능한 업체를 선호한다. 또한 보증 기간이 길수록 장기적인 비용 절감에 유리하다.

CHAPTER 02 공사 · 용역 계약 특성

01 공사 계약 관리

1 공사 계약 특성 및 관리

① 공사 계약의 특성
- 공사 계약은 물품 계약과 달리 장기간에 걸쳐 이행되며, 설계도서에 따라 구조물을 완성하는 것을 목적으로 함. 따라서 계약 이행 과정에서 설계변경, 물가변동 등 다양한 변수가 발생할 수 있으며, 이를 관리하는 것이 중요
- 공사 계약의 특성을 이해하고 적절히 대응하는 것은 성공적인 계약 이행의 핵심

> **공사 계약의 주요 특성**
> - 첫째, 장기성. 공사는 수개월에서 수년에 걸쳐 이행되므로, 계약 기간 동안 다양한 변수가 발생할 수 있으며, 물가변동, 설계변경, 기상 조건, 인력 수급 등이 공사 이행에 영향을 미침
> - 둘째, 복잡성. 공사는 설계, 시공, 감리, 검사 등 여러 단계로 구성되며, 각 단계마다 전문 인력과 장비가 필요하고 건축, 토목, 전기, 기계 등 다양한 분야의 협업이 필요함
> - 셋째, 현장성. 공사는 특정 장소에서 이루어지므로, 현장 여건(지형, 지질, 접근성 등)이 공사 이행에 직접적인 영향을 미침
> - 넷째, 변동성. 공사 과정에서 예상하지 못한 문제(지하 매설물 발견, 지질 조건 변화 등)가 발생하여 설계변경이 필요한 경우가 많음

② 시공 관리
- 계약상대자는 설계도서 및 관련 법령에 따라 공사를 수행해야 하며, 발주기관은 공사감독관을 통해 시공 과정을 감독함
- 공사감독관은 품질 확보 및 안전 관리를 위해 시공 상세도면 검토, 현장 확인, 검측 등의 업무를 수행하며, 시공 관리는 공사의 품질과 안전을 보장하는 핵심 절차

> **시공 관리의 주요 업무**
> - 첫째, 시공 계획 수립. 계약상대자는 공사 착수 전에 시공 계획서를 작성하여 발주기관의 승인을 받아야 하며, 시공 계획서에는 공정 계획, 품질 관리 계획, 안전 관리 계획, 환경 관리 계획, 투입 인력 및 장비 계획 등이 포함됨
> - 둘째, 공정 관리. 계약상대자는 시공 계획에 따라 공사를 진행하고, 공정 진척 상황을 주기적으로 발주기관에 보고해야 하며, 공정이 지연될 경우 원인을 분석하고 만회 대책을 수립해야 함
> - 셋째, 품질 관리. 계약상대자는 자재 검사, 시공 검측, 품질 시험 등을 통해 공사 품질을 관리하며, 발주기관의 공사감독관도 주요 공정마다 품질을 확인해야 함
> - 넷째, 안전 관리. 계약상대자는 산업안전보건법에 따라 안전 관리 계획을 수립하고, 안전 교육, 안전 점검, 안전 장비 지급 등을 실시하여 재해를 예방해야 함
> - 다섯째, 환경 관리. 공사 과정에서 발생하는 소음, 분진, 폐기물 등을 관리하여 주변 환경에 미치는 영향을 최소화해야 함

PART 05

③ 기성 관리

- 공사 계약은 계약 기간이 길기 때문에, 계약상대자의 자금 부담을 완화하기 위해 공사의 진척도에 따라 대가를 지급하는 기성 제도 활용
- 계약상대자는 기성 부분에 대한 검사를 요청하고, 발주기관은 검사 완료 후 5일 이내에 대가를 지급해야 하며, 기성 관리는 공사 이행의 원활한 진행을 보장하는 중요한 제도

기성 관리의 절차

- **첫째, 기성 부분 확인.** 계약상대자는 일정 기간(예 1개월) 동안 완료한 공사 내역을 정리하고, 기성 부분에 대한 검사를 발주기관에 요청. 기성 부분은 설계도서에 따라 완료된 공사로서, 품질 기준을 충족해야 함
- **둘째, 기성 검사.** 발주기관은 공사감독관을 통해 기성 부분을 검사하며, 검사항목에는 시공 범위, 시공 품질, 자재 품질, 수량 등이 포함. 검사 결과 부적합 사항이 발견되면 계약상대자에게 보완을 요구함
- **셋째, 기성 대가 산정.** 발주기관은 검사 결과를 바탕으로 기성 대가를 산정함. 기성 대가는 계약금액에 기성률을 곱하여 계산하며, 기성률은 전체 공사량 대비 완료된 공사량의 비율
- **넷째, 기성 대가 지급.** 발주기관은 기성 검사 완료 후 5일 이내에 기성 대가를 계약상대자에게 지급하며, 지급 시에는 계약보증금, 선급금 등을 공제한 금액이 지급됨

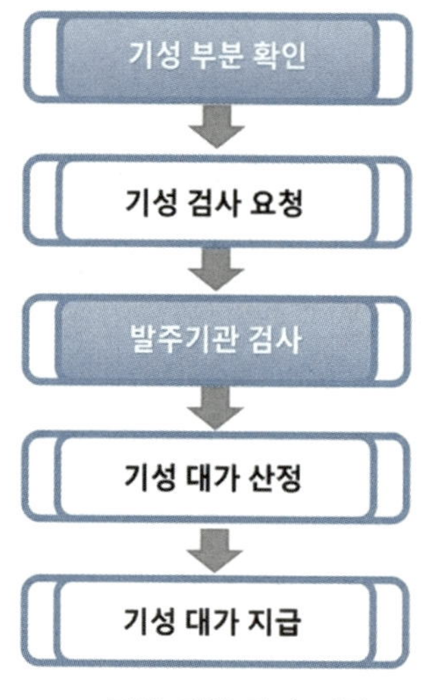

▲ 공사 기성 관리 절차

법조문 돋보기

국가를 당사자로 하는 계약에 관한 법률 시행령 제59조(기성 부분 또는 기납 부분에 대한 대가의 지급)

▶ 각 중앙관서의 장 또는 계약담당공무원은 공사(제조를 포함. 이하 이 조에서 같음)의 계약에 있어서 계약상대자의 신청이 있는 경우에는 기성 부분 또는 기납 부분에 대하여 대가를 지급할 수 있음
▶ 제1항에 따른 대가의 지급은 기성 부분 또는 기납 부분의 검사를 완료한 후 그 검사에 합격한 부분에 대하여 지급. 이 경우 대가의 지급 기한은 제57조 제1항을 준용함

실무톡톡 기성 관리 전략

기성 관리는 공사 계약에서 매우 중요한 절차로, 계약상대자는 기성 부분을 정확히 산정하고, 필요한 서류(기성 내역서, 사진, 검측 자료 등)를 완비하여 신청해야 함. 기성 검사 시에는 공사감독관과 긴밀히 소통하여 부적합 사항을 최소화하고, 지적사항에 대해서는 신속히 보완해야 하며, 또한 기성 대가 지급이 지연되지 않도록 세금계산서 발행, 계약보증금 확인 등 행정 절차를 철저히 준비해야 함. 기성 관리를 잘하면 자금 흐름이 원활해져 공사를 안정적으로 진행할 수 있음

1. 공사 계약은 (①)에 따라 구조물을 완성하는 것을 목적으로 하며, 장기간에 걸쳐 이행되는 특성이 있다.

2. 공사 계약에서 계약상대자의 자금 부담을 완화하기 위해 공사의 진척도에 따라 대가를 지급하는 제도를 (②) (이)라고 한다.

정답 ① 설계도서 ② 기성 제도

---

02 하도급 관리

1 하도급 요건 및 대금 지급

① 하도급의 요건
- 건설공사의 경우, 전문성이 요구되는 공종에 대해 하도급이 가능함. 다만, 건설산업기본법 등 관련 법령에서 정한 요건을 충족해야 하며, 발주기관의 서면 승인을 받아야 함
- 하도급은 공사의 효율성을 높이고 전문성을 확보하는 수단이지만, 불법 하도급은 엄격히 금지됨

> **하도급의 법적 요건**
> 하도급을 하기 위해서는 다음과 같은 요건을 충족해야 함
> - **첫째, 발주기관의 승인.** 원수급자는 하도급 계약을 체결하기 전에 발주기관에 하도급 승인을 신청해야 하며, 승인 신청 시에는 하도급 대상 공종, 하수급자 정보, 하도급 금액, 하도급 사유 등을 명시해야 함
> - **둘째, 적격 하수급자 선정.** 하수급자는 해당 공종에 대한 면허 또는 등록을 보유해야 하며, 부정당업자 제재를 받지 않은 업체이어야 함
> - **셋째, 하도급 한도 준수.** 건설산업기본법에서는 하도급 비율을 제한하고 있으며, 원수급자는 이를 준수해야 하고, 일반적으로 총 공사금액의 50% 이하로 하도급이 제한됨
> - **넷째, 재하도급 금지.** 하수급자는 하도급받은 공사를 다시 제3자에게 하도급할 수 없음

② 하도급 대금 지급
- 원사업자는 하수급자에게 하도급 대금을 계약서에 명시된 기일 내에 지급해야 함. 만약 원사업자가 발주자로부터 대금을 받은 날부터 15일이 지나도록 하도급 대금을 지급하지 않으면 지연이자를 지급해야 함
- 하도급 대금의 적시 지급은 하수급자의 경영 안정과 공사의 원활한 진행을 위해 매우 중요

> **하도급 대금 직접 지급**
> 발주자는 특정 요건(원사업자의 파산, 대금 지급보증 미이행 등)에 해당하는 경우, 하수급자에게 하도급 대금을 직접 지급할 수 있으며, 이는 하수급자를 보호하기 위한 중요한 제도로서 하도급 대금 직접 지급 제도는 다음과 같이 운영됨
> - 첫째, 하수급자는 원수급자가 하도급 대금을 지급하지 않을 경우, 발주기관에 직접 지급을 요청할 수 있음
> - 둘째, 발주기관은 하수급자의 요청을 검토하고, 하도급 계약서, 공사 이행 증빙, 미지급 증빙 등을 확인
> - 셋째, 발주기관은 확인 결과 하도급 대금 미지급이 사실로 확인되면, 원수급자에게 지급할 대금 중 해당 금액을 하수급자에게 직접 지급
> - 넷째, 발주기관은 직접 지급한 금액을 원수급자에 대한 채무에서 공제

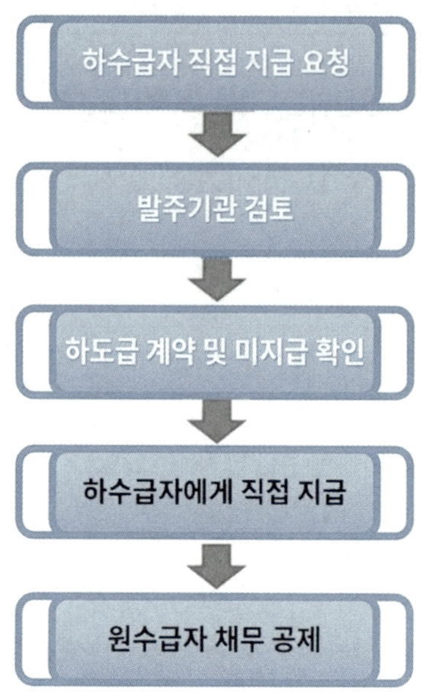

▲ 하도급 대금 직접 지급 절차

하도급거래 공정화에 관한 법률 제13조(하도급 대금의 지급)
▶ 원사업자는 하도급 대금을 하수급자와의 계약에서 정한 지급 기일까지 지급하여야 함
▶ 원사업자가 발주자로부터 대금을 받은 날부터 15일 이내에 하수급자에게 하도급 대금을 지급하지 아니한 경우에는 그 대금을 지급하지 아니한 기간에 대하여 연 100분의 40 이내의 범위에서 대통령령으로 정하는 이율에 따른 지연이자를 하수급자에게 지급하여야 함

실무톡톡 하도급 관리 전략

▶ 하도급 관리는 원수급자와 하수급자 모두에게 중요하므로, 원수급자는 하도급 승인 절차를 철저히 준수하고, 적격한 하수급자를 선정하며, 하도급 대금을 적시에 지급해야 함. 하도급 대금 지급이 지연되면 법적 제재를 받을 수 있으며, 하수급자와의 관계가 악화되어 공사 진행에 차질이 생길 수 있음
▶ 하수급자는 하도급 계약서를 명확히 작성하고, 공사 이행 증빙을 철저히 관리하며, 대금 미지급 시 직접 지급 제도를 적극 활용해야 함. 특히 '하도급지킴이' 시스템을 활용하면 하도급 대금 지급 현황을 투명하게 관리할 수 있음

Check Q&A

1. 건설공사에서 하도급을 하기 위해서는 (①)의 서면 승인을 받아야 한다.

2. 원사업자가 발주자로부터 대금을 받은 날부터 (②)일 이내에 하수급자에게 하도급 대금을 지급하지 않으면 지연이자를 지급해야 한다.

정답 ① 발주기관 ② 15

1 용역 계약 유형 및 특성

① 용역 계약의 유형
- 용역 계약은 학술연구, 정보통신, 청소, 시설관리 등 다양한 분야에서 활용되며, 용역의 성격에 따라 기술용역, 학술용역, 일반용역 등으로 구분할 수 있음
- 각 유형별로 계약 조건과 이행 방법이 다르므로, 이를 정확히 이해하는 것이 중요

> **용역 계약의 주요 유형**
> - 첫째, 기술용역. 기술용역은 설계, 감리, 시험, 분석, 컨설팅 등 전문적인 기술과 지식을 제공하는 용역으로, 예를 들어 건축 설계, 시설물 안전 진단, IT 컨설팅 등이 기술용역에 해당함. 기술용역은 전문 인력의 투입이 중요하며, 과업 내용이 명확히 정의되어야 함
> - 둘째, 학술용역. 학술용역은 연구, 조사, 분석 등 학술적 성과를 산출하는 용역으로, 예를 들어 정책 연구, 시장 조사, 통계 분석 등이 학술용역에 해당함. 학술용역은 연구 방법론과 결과물의 신뢰성이 중요
> - 셋째, 일반용역. 일반용역은 청소, 경비, 시설 관리, 급식 등 일상적인 서비스를 제공하는 용역으로, 서비스의 지속성과 품질 유지가 중요

② 용역 계약의 특성
- 용역 계약은 무형의 서비스를 제공하는 계약으로서, 성과물의 품질을 객관적으로 평가하기 어려운 경우가 많음
- 계약서에 과업 범위, 내용, 성과물의 수준 등을 명확하게 규정하는 것이 중요하며, 용역 계약의 특성을 이해하고 적절히 관리하는 것이 성공적인 계약 이행의 핵심

> **용역 계약의 주요 특성**
> - 첫째, 무형성. 용역은 물품이나 공사와 달리 눈에 보이지 않는 서비스를 제공하므로, 품질을 객관적으로 측정하기 어려움. 따라서 과업 내용과 성과물 기준을 명확히 정의하는 것이 중요
> - 둘째, 전문성. 용역은 전문적인 지식과 기술을 요구하는 경우가 많으므로, 적격한 인력의 투입이 중요함. 계약서에는 투입 인력의 자격 요건(학력, 경력, 자격증 등)을 명시해야 함
> - 셋째, 과정 중심성. 용역은 최종 성과물뿐만 아니라 수행 과정도 중요함. 발주기관은 중간 보고, 회의 참석, 자문 등을 통해 용역 수행 과정을 관리함
> - 넷째, 변동성. 용역 수행 과정에서 과업 범위나 내용이 변경될 수 있으므로, 변경 절차를 명확히 정의해야 함

③ 성과 관리
- 발주기관은 용역 계약의 성과를 평가하고, 그 결과를 향후 용역 발주 시 활용할 수 있음
- 성과 평가는 계약상대자의 전문성, 과업수행 능력, 성과물의 품질 등을 종합적으로 고려하여 이루어짐
- 성과 관리는 용역 품질을 높이고 우수한 용역 제공자를 선정하는 데 중요한 역할을 함

> **성과 관리의 주요 항목**
> - 첫째, 과업 수행 능력. 계약상대자가 과업을 계획대로 수행했는지, 일정을 준수했는지, 문제 발생 시 적절히 대응했는지 등을 평가함
> - 둘째, 성과물의 품질. 최종 성과물이 과업 요구사항을 충족하는지, 내용이 충실한지, 실용성이 있는지 등을 평가함
> - 셋째, 전문성. 투입 인력의 전문성, 과업 수행 방법론의 적절성, 창의적인 해결책 제시 여부 등을 평가함
> - 넷째, 의사소통. 발주기관과의 소통이 원활했는지, 중간 보고가 충실했는지, 요청사항에 신속히 대응했는지 등을 평가함
> - 다섯째, 사후 관리. 용역 완료 후 추가 자문, 보완 작업 등에 성실히 대응했는지를 평가함

〈성과 관리 주요 항목〉

평가 항목	배점	비중
과업 수행 능력	25점	25%
성과물 품질	35점	35%
전문성	20점	20%
의사소통	10점	10%
사후 관리	10점	10%
합계	100점	100%

실무톡톡 **용역 계약 관리 전략**

▶ 용역 계약은 무형의 서비스를 제공하는 것이므로, 계약서 작성 단계에서 과업 범위와 성과물 기준을 명확히 정의하는 것이 매우 중요함. 모호한 표현은 나중에 분쟁의 원인이 될 수 있으므로, 구체적이고 측정 가능한 기준을 제시해야 함
▶ 용역 수행 과정에서는 발주기관과 긴밀히 소통하여 요구사항을 정확히 파악하고, 중간 보고를 통해 진행 상황을 공유해야 함
▶ 성과물 제출 전에는 내부 검토를 철저히 하여 품질을 확보하고, 발주기관의 피드백에 신속히 대응하여 보완해야 함
▶ 우수한 성과 평가를 받으면 향후 용역 수주에 유리하므로, 성과 관리에 적극적으로 임해야 함

Check Q&A

1. 용역 계약은 (①)의 서비스를 제공하는 계약으로서, 성과물의 품질을 객관적으로 평가하기 어려운 경우가 많다.

2. 발주기관은 용역 계약의 (②)을/를 평가하고, 그 결과를 향후 용역 발주 시 활용할 수 있다.

정답 ① 무형 ② 성과

04　공사·용역·물품 계약 비교 분석

1　공사·용역·물품 계약 비교

① 공사·용역·물품 계약의 차이점
- 공사, 용역, 물품 계약은 목적물, 계약 이행 방식, 대가 지급 방법 등에서 명확한 차이가 있음
- 이러한 차이를 이해하는 것은 적절한 계약 관리를 위해 필수

> **계약 유형별 특징 분석**
> - 공사 계약: 장기간에 걸쳐 특정 장소에서 구조물을 완성하는 것을 목적으로 하므로, 시공 관리, 안전 관리, 기성 관리가 핵심. 설계변경, 물가변동 등 변수가 많으므로 유연한 대응이 필요함
> - 용역 계약: 무형의 서비스를 제공하는 것이므로, 과업 범위와 성과물 기준을 명확히 정의하는 것이 중요하며, 전문 인력의 투입과 성과 관리가 핵심
> - 물품 계약: 유형의 물품을 공급하는 것이므로, 규격, 수량, 납기를 정확히 준수하는 것이 중요하며, 검수와 품질 관리가 핵심

구분	공사 계약	용역 계약	물품 계약
목적물	유형의 구조물	무형의 서비스	유형의 물품
계약 이행	장기간, 특정 장소	단기간 또는 장기간	단기간
대가 지급	기성, 준공	월별, 분기별, 완료 후	납품 완료 후
주요 관리사항	설계변경, 물가변동, 안전 관리	과업 범위, 성과물 품질	규격, 수량, 납기
검사 방법	기성 검사, 준공 검사	중간 보고, 최종 성과물 검사	납품 검사
하자보수	하자보수 보증금, 하자보수 기간	일반적으로 없음(계약에 따라 다름)	품질보증 기간

실무톡톡 계약 유형별 관리 전략

▶ 공사, 용역, 물품 계약은 각각의 특성에 맞는 관리 전략이 필요하며, 각 계약 유형의 특성을 이해하고 적절한 관리 전략을 수립하는 것이 성공적인 계약 이행의 핵심

▶ 공사 계약의 경우 장기간 이행되므로 공정 관리와 자금 관리가 중요하며, 기성 제도를 적극 활용하여 자금 흐름을 안정화해야 함

▶ 용역 계약의 경우 과업 범위가 모호하면 분쟁이 발생할 수 있으므로, 계약서 작성 단계에서 명확히 정의하고, 수행 과정에서 발주기관과 긴밀히 소통해야 함

▶ 물품 계약의 경우 납기와 품질이 핵심이므로, 생산 계획을 철저히 수립하고 품질 관리를 강화해야 함

Check Q&A

공사 계약은 (①)의 구조물을 완성하는 것을 목적으로 하며, 용역 계약은 (②)의 서비스를 제공하는 것을 목적으로 한다.

정답 ① 유형 ② 무형

CHAPTER 02 단원별 핵심문제

01
（괄호형）

공사 계약에서 계약상대자의 자금 부담을 완화하기 위해 공사의 진척도에 따라 대가를 지급하는 제도를 (①) 제도라고 한다. 발주자는 특정 요건에 해당하는 경우, 하수급자에게 하도급 대금을 (②) 지급할 수 있다.

> **정답** ① 기성 ② 직접
>
> **해설** 공사 계약은 장기간 이행되므로 계약상대자의 자금 부담을 완화하기 위해 기성 제도를 활용한다. 발주기관은 기성 부분을 검사한 후 대가를 지급한다. 하도급 대금 직접 지급 제도는 원수급자가 하도급 대금을 지급하지 않을 경우, 발주기관이 하수급자에게 직접 지급하는 제도로서 하수급자를 보호하기 위한 것이다.

02
（괄호형）

용역 계약에서 발주기관은 계약상대자의 전문성, 과업수행 능력, 성과물의 품질 등을 종합적으로 평가하는 (①) 관리를 실시한다.

> **정답** ① 성과
>
> **해설** 용역 계약에서는 무형의 서비스를 제공하므로 성과물의 품질을 객관적으로 평가하기 어렵다. 따라서 발주기관은 성과 관리를 통해 계약상대자의 전문성, 과업수행 능력, 성과물의 품질 등을 종합적으로 평가하고, 그 결과를 향후 용역 발주 시 활용한다.

03
（단답형）

공사 계약에서 발주기관이 공사감독관을 통해 시공 과정을 감독하는 담당자를 무엇이라고 하는가?

> **정답** 공사감독관
>
> **해설** 발주기관은 공사감독관을 지정하여 시공 과정을 감독한다. 공사감독관은 시공 상세도면 검토, 현장 확인, 검측 등의 업무를 수행하여 공사의 품질과 안전을 확보한다.

04
（단답형）

용역 계약에서 성과물의 품질을 객관적으로 평가하기 어려운 특성을 무엇이라고 하는가?

> **정답** 무형성
>
> **해설** 용역 계약은 무형의 서비스를 제공하는 계약으로서, 물품이나 공사와 달리 눈에 보이지 않으므로 성과물의 품질을 객관적으로 측정하기 어렵다. 따라서 과업 내용과 성과물 기준을 명확히 정의하는 것이 중요하다.

05
(단답형)

성과 관리의 주요 항목 5가지를 쓰시오.

> **정답** 과업 수행 능력, 성과물의 품질, 전문성, 의사소통, 사후 관리
>
> **해설** 성과 관리의 주요 항목은 과업 수행 능력, 성과물의 품질, 전문성, 의사소통, 사후 관리이며, 성과 관리는 용역 품질을 높이고 우수한 용역 제공자를 선정하는 데 중요한 역할을 한다.

06
(서술형)

공사 계약과 용역 계약의 주요 차이점을 목적물, 계약 이행, 대가 지급 관점에서 비교하여 서술하시오.

> **정답** 공사 계약과 용역 계약은 목적물, 계약 이행 방식, 대가 지급 방법에서 명확한 차이가 있다.
>
> - 첫째, 목적물 측면에서 공사 계약은 교량, 건물 등 유형의 구조물을 완성하는 것을 목적으로 하며, 완성된 구조물은 물리적으로 존재하고 측정 가능하다. 반면 용역 계약은 컨설팅, 연구, 청소 등 무형의 서비스를 제공하는 것을 목적으로 하며, 서비스는 눈에 보이지 않으므로 품질을 객관적으로 측정하기 어렵다.
> - 둘째, 계약 이행 방식 측면에서 공사 계약은 장기간에 걸쳐 특정 장소에서 이행되며, 설계도서에 따라 단계적으로 시공이 진행된다. 시공 관리, 안전 관리, 품질 관리가 중요하다. 반면 용역 계약은 단기간 또는 장기간에 걸쳐 이행될 수 있으며, 특정 장소에 구애받지 않는 경우가 많다. 전문 인력의 투입과 과업 수행 과정 관리가 중요하다.
> - 셋째, 대가 지급 방법 측면에서 공사 계약은 기성 제도를 활용하여 공사 진척도에 따라 단계적으로 대가를 지급하며, 최종적으로 준공 검사 후 잔금을 지급한다. 이는 계약상대자의 자금 부담을 완화하기 위한 것이다. 반면 용역 계약은 월별, 분기별 또는 용역 완료 후 일시에 대가를 지급하는 방식이 일반적이며, 계약 조건에 따라 다양하게 운영된다. 비교적 단기간에 완료되는 용역의 경우 완료 후 일시 지급하는 경우가 많다.

07
(심화형)

[공사 계약 기성 관리 및 하도급]

다음 상황을 읽고 물음에 답하시오.

> B 공공기관은 C 건설사와 3년 기간의 건물 신축 공사 계약을 체결했다. 계약금액은 100억원이며, C 건설사는 전기 공사(10억원)를 D 전기공사업체에 하도급했다. 공사 시작 6개월 후, C 건설사는 기성 부분(20억원 상당)에 대한 검사를 요청했다. 그러나 D 전기공사업체는 C 건설사로부터 하도급 대금(2억원)을 받지 못하고 있다.

(1) B 공공기관이 C 건설사의 기성 검사 요청에 대응하는 절차를 단계별로 서술하시오.

> **정답** B 공공기관이 C 건설사의 기성 검사 요청에 대응하는 절차는 다음과 같다.
>
> - **[1단계] 기성 검사 신청 접수**
>   → C 건설사는 6개월 동안 완료한 공사 내역(20억원 상당)을 정리하고, 기성 부분에 대한 검사를 B 공공기관에 신청한다. 신청 시에는 기성 내역서, 공사 사진, 검측 자료, 자재 시험 성적서 등을 제출한다. B 공공기관은 신청서를 접수하고, 공사감독관에게 기성 검사를 지시한다.
> - **[2단계] 기성 검사 실시**
>   → B 공공기관의 공사감독관은 현장을 방문하여 기성 부분을 검사한다. 검사 항목에는 시공 범위(설계도서에 따라 시공되었는지), 시공 품질(콘크리트 강도, 철근 배근, 마감 상태 등), 자재 품질(자재 시험 성적서 확인), 수량(설계 수량과 실제 시공 수량 일치 여부) 등이 포함된다. 검사 결과 부적합 사항이 발견되면 C 건설사에게 보완을 요구한다. 예를 들어 콘크리트 강도가 기준에 미달하거나, 마감 상태가 불량한 경우 재시공을 요구할 수 있다.

- [3단계] 기성 대가 산정
  → 공사감독관은 검사 결과를 바탕으로 기성 대가를 산정한다. 기성 대가는 계약금액(100억원)에 기성률을 곱하여 계산한다. 본 사례에서 기성 부분이 20억원 상당이므로, 기성률은 20%(20억원 / 100억원)이다. 따라서 기성 대가는 20억원이다. 다만 계약보증금, 선급금 등이 있는 경우 이를 공제한 금액이 실제 지급액이 된다.
- [4단계] 기성 대가 지급
  → B 공공기관은 기성 검사 완료 후 5일 이내에 기성 대가를 C 건설사에게 지급한다. 지급은 국가계약법 시행령 제59조에 근거하며, 전자적 방식으로 신속하게 처리된다. C 건설사는 대금을 수령한 후 세금계산서를 발행한다.

(2) D 전기공사업체가 C 건설사로부터 하도급 대금을 받지 못한 경우, D 전기공사업체가 취할 수 있는 조치를 법적 근거와 함께 설명하시오.

정답 D 전기공사업체가 C 건설사로부터 하도급 대금을 받지 못한 경우, 다음과 같은 조치를 취할 수 있다.
- [조치 1] 하도급 대금 지급 요청
  → D 전기공사업체는 C 건설사에게 하도급 대금 지급을 요청한다. 하도급 계약서에 명시된 지급 기일을 확인하고, 기일이 경과했음을 통지한다. 또한 하도급법 제13조에 따라 원사업자가 발주자로부터 대금을 받은 날부터 15일 이내에 하도급 대금을 지급해야 하며, 지급하지 않으면 지연이자를 지급해야 함을 상기시킨다.
- [조치 2] 하도급 대금 직접 지급 요청
  → C 건설사가 하도급 대금을 지급하지 않으면, D 전기공사업체는 B 공공기관에 하도급 대금 직접 지급을 요청할 수 있다. 직접 지급 요청 시에는 하도급 계약서, 공사 이행 증빙(공사 사진, 검측 자료 등), 미지급 증빙(지급 기일 경과 증명, C 건설사와의 서신 등)을 제출한다.
- [조치 3] 법적 조치
  → 하도급 대금 직접 지급도 이루어지지 않으면, D 전기공사업체는 법적 조치를 취할 수 있다. 하도급법 위반으로 공정거래위원회에 신고하거나, 민사 소송을 통해 하도급 대금을 청구할 수 있다. 또한 하도급지킴이 시스템을 통해 미지급 신고를 할 수 있다.
- [법적 근거]
  → 하도급 대금 지급은 하도급거래 공정화에 관한 법률 제13조에 근거한다. 동 조항에 따르면 원사업자는 하도급 대금을 하수급자와의 계약에서 정한 지급 기일까지 지급해야 하며, 발주자로부터 대금을 받은 날부터 15일 이내에 하도급 대금을 지급하지 아니한 경우에는 지연이자를 지급해야 한다.

(3) B 공공기관이 D 전기공사업체에게 하도급 대금을 직접 지급하는 경우, 취해야 할 절차와 주의사항을 서술하시오.

정답 B 공공기관이 D 전기공사업체에게 하도급 대금을 직접 지급하는 경우, 다음과 같은 절차와 주의사항을 준수해야 한다.

절차
- [1단계] 직접 지급 요청 접수
  - → D 전기공사업체로부터 하도급 대금 직접 지급 요청을 접수한다. 제출 서류(하도급 계약서, 공사 이행 증빙, 미지급 증빙 등)를 확인한다.
- [2단계] 하도급 계약 및 미지급 확인
  - → B 공공기관은 제출된 서류를 검토하여 하도급 계약이 적법하게 체결되었는지, 공사가 실제로 이행되었는지, 하도급 대금이 미지급되었는지를 확인한다. 필요시 C 건설사에게 의견을 청취하고, 현장 확인을 실시한다.
- [3단계] 직접 지급 결정
  - → 확인 결과 하도급 대금 미지급이 사실로 확인되면, B 공공기관은 D 전기공사업체에게 하도급 대금을 직접 지급하기로 결정한다. 직접 지급 결정사항을 C 건설사와 D 전기공사업체에게 통보한다.
- [4단계] 하도급 대금 직접 지급
  - → B 공공기관은 C 건설사에게 지급할 대금 중 해당 금액(2억원)을 D 전기공사업체에게 직접 지급한다. 지급 시에는 D 전기공사업체가 발행한 세금계산서를 수령한다.
- [5단계] 원수급자 채무 공제
  - → B 공공기관은 D 전기공사업체에게 직접 지급한 금액(2억원)을 C 건설사에 대한 채무에서 공제한다. 향후 C 건설사에게 지급할 기성 대가 또는 준공 대가에서 해당 금액을 차감한다.

주의사항
- 하도급 계약의 적법성 확인
  - → 하도급 계약이 B 공공기관의 승인을 받았는지, 하도급 한도를 준수했는지, 재하도급이 아닌지 등을 철저히 확인해야 한다. 불법 하도급인 경우 직접 지급을 거부할 수 있다.
- 공사 이행 여부 확인
  - → D 전기공사업체가 실제로 공사를 이행했는지 현장 확인을 통해 검증해야 한다. 공사가 이행되지 않았는데 대금을 지급하면 예산 낭비가 발생한다.
- 중복 지급 방지
  - → C 건설사가 이미 D 전기공사업체에게 하도급 대금을 지급했는지 확인해야 한다. 중복 지급을 방지하기 위해 C 건설사의 지급 내역을 확인하고, 필요시 D 전기공사업체에게 확인서를 받는다.
- 원수급자와의 분쟁 방지
  - → 직접 지급 전에 C 건설사에게 충분한 의견 청취 기회를 제공하고, 직접 지급 사유를 명확히 통보하여 분쟁을 예방해야 한다.

PART 05

CHAPTER 03

혁신 · 디지털서비스 계약

01 NEP(신제품) · NET(신기술) 인증 제도

1 NEP(신제품) 인증

① NEP(신제품) 인증

- NEP(New Excellent Product, 신제품)는 산업통상자원부가 국내 최초로 개발하거나 기존 제품을 혁신적으로 개선한 제품에 대해 부여하는 인증
- NEP 인증을 받은 제품은 조달청의 우수제품으로 지정되어 수의계약 등의 혜택을 받을 수 있음
- NEP 인증은 중소기업의 기술 개발을 촉진하고, 공공기관이 우수한 신제품을 조기에 도입할 수 있도록 지원하는 제도

NEP 인증 요건

NEP 인증을 받기 위해서는 다음과 같은 요건을 충족해야 함

- **첫째, 신규성.** 제품이 국내 최초로 개발되었거나, 기존 제품과 비교하여 핵심 기술이 현저히 개선되어야 하며, 신규성은 특허, 실용신안, 디자인 등록 등을 통해 입증함
- **둘째, 성능 우수성.** 제품의 성능이 기존 제품 대비 20% 이상 향상되어야 하며, 성능 우수성은 공인 시험기관의 시험 성적서를 통해 입증함
- **셋째, 시장성.** 제품이 시장에서 판매 가능하며, 수요가 있어야 하고 시장성은 시장 조사 자료, 수요 예측 자료 등을 통해 입증함
- **넷째, 품질 안정성.** 제품이 관련 법령 및 표준에 적합하며, 품질이 안정적으로 유지되어야 하고 품질 안정성은 KS 인증, ISO 인증 등을 통해 입증함

NEP 인증 절차

NEP 인증은 다음과 같은 절차로 진행됨

- **첫째,** 기업은 산업통상자원부 또는 지정된 인증기관에 NEP 인증을 신청하며, 신청 시에는 신청서, 제품 설명서, 성능 시험 성적서, 특허증, 시장 조사 자료 등을 제출
- **둘째,** 인증기관은 서류 검토를 실시하여 신규성, 성능 우수성, 시장성 등을 평가
- **셋째,** 인증기관은 필요시 현장 실사를 실시하여 생산 설비, 품질 관리 체계 등을 확인
- **넷째,** 인증기관은 평가 결과를 바탕으로 NEP 인증 여부를 결정하고, 인증서를 발급. 인증 유효기간은 3년이며, 만료 전에 재인증을 받아야 함

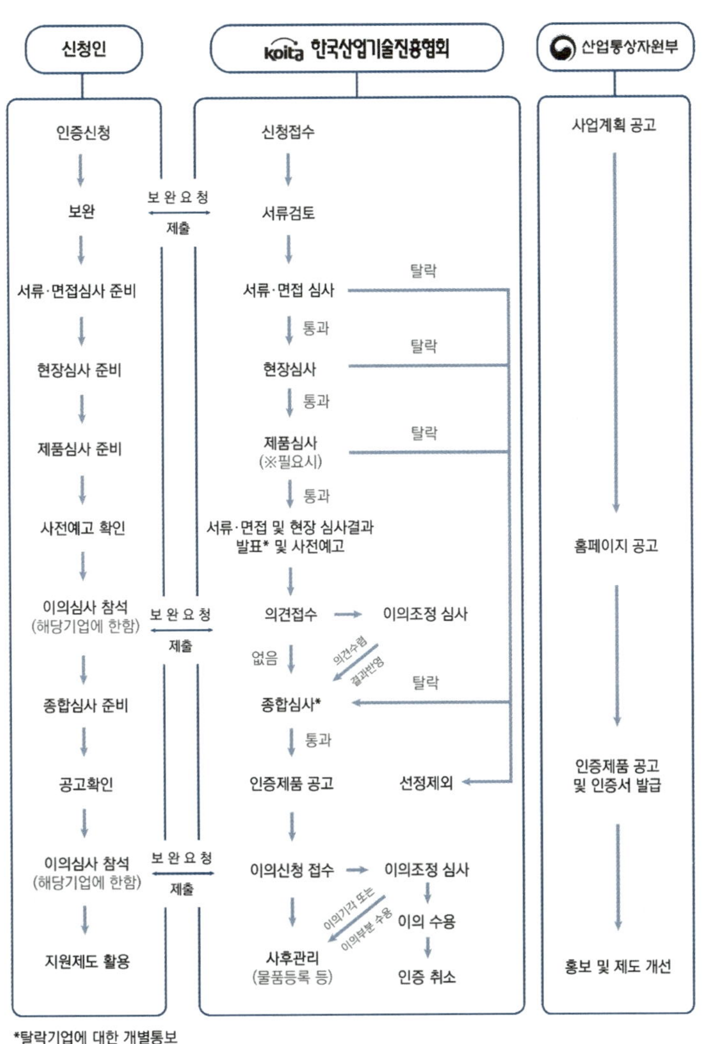

▲ NEP 인증 절차

산업기술혁신 촉진법 제16조(신제품의 인증)
▶ 산업통상자원부장관은 기술혁신을 촉진하고 기술혁신형 중소기업을 육성하기 위하여 국내에서 최초로 개발된 기술 또는 이에 준하는 기술로서 대통령령으로 정하는 기술을 이용하여 제조한 제품에 대하여 신제품으로 인증할 수 있음
▶ 제1항에 따른 신제품의 인증 기준, 절차 및 방법 등에 관하여 필요한 사항은 대통령령으로 정함

② NET(신기술) 인증
- NET(New Excellent Technology, 신기술)는 산업통상자원부가 국내 최초로 개발되었거나 기존 기술을 혁신적으로 개선한 기술에 대해 부여하는 인증
- NET 인증을 받은 기술을 이용하여 제조한 제품은 조달청의 우수제품으로 지정되어 수의계약 등의 혜택을 받을 수 있음
- NET 인증은 기업의 기술 개발 역량을 인정하고, 공공기관이 우수한 신기술을 조기에 도입할 수 있도록 지원하는 제도

NET 인증 요건

NET 인증을 받기 위해서는 다음과 같은 요건을 충족해야 함

- **첫째, 기술의 신규성.** 기술이 국내 최초로 개발되었거나, 기존 기술과 비교하여 핵심 원리가 현저히 개선되어야 하며, 신규성은 특허, 논문, 기술 자료 등을 통해 입증함
- **둘째, 기술의 진보성.** 기술이 기존 기술 대비 성능, 효율, 안전성 등에서 현저히 우수해야 하며, 진보성은 비교 시험, 성능 평가 등을 통해 입증함
- **셋째, 현장 적용성.** 기술이 실제 현장에 적용 가능하며, 상용화 가능성이 있어야 하고 현장 적용성은 시범 적용 사례, 실증 자료 등을 통해 입증함
- **넷째, 경제성.** 기술이 경제적으로 타당하며, 시장 경쟁력이 있어야 하고 경제성은 원가 분석, 시장 조사 등을 통해 입증함

NET 인증 절차

- NET 인증은 NEP 인증과 유사한 절차로 진행되며, 산업통상자원부 또는 지정된 인증기관에 신청
- 인증기관은 서류 검토, 현장 실사, 전문가 평가 등을 통해 기술의 신규성, 진보성, 현장 적용성 등을 종합적으로 평가하여 인증 여부를 결정하며, 인증 유효기간은 3년

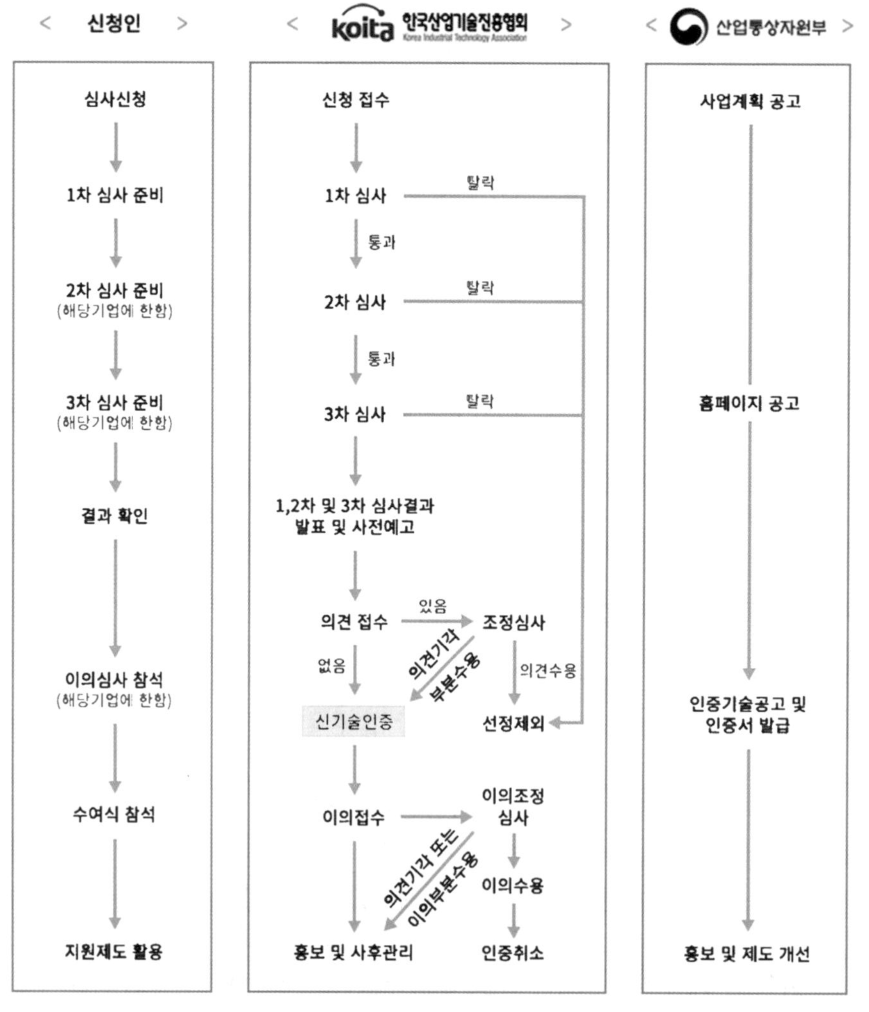

▲ NET 인증 절차

 NEP/NET 인증의 전략적 활용

▶ NEP/NET 인증은 단순한 인증이 아니라 공공시장 진입의 핵심 전략으로, 인증을 받으면 조달청의 우수제품으로 지정되어 수의계약이 가능하며, 공공기관 입찰 시 가점을 받을 수 있음
▶ NEP/NET 인증은 기업의 기술력을 대외적으로 인정받는 수단이므로, 민간 시장에서도 마케팅 도구로 활용할 수 있음. 인증을 받기 위해서는 기술 개발 단계부터 체계적으로 준비해야 하며, 특허 출원, 성능 시험, 시장 조사 등을 사전에 완료해 두어야 하고 특히 성능 시험은 공인 시험기관에서 실시해야 인정받을 수 있으므로, 신뢰할 수 있는 시험기관을 선정하는 것이 중요

Check Q&A

1. NEP는 (①)가 국내 최초로 개발하거나 기존 제품을 혁신적으로 개선한 제품에 대해 부여하는 인증이다.

2. NET 인증을 받은 기술을 이용하여 제조한 제품은 조달청의 (②)으로 지정되어 수의계약 등의 혜택을 받을 수 있다.

정답 ① 산업통상자원부 ② 우수제품

---

02 혁신제품 지정제도

1 혁신제품 지정제도

① 혁신제품의 개념
- 혁신제품은 기존 제품이나 기술과 차별화된 혁신성을 가진 제품으로서, 조달청장이 지정한 제품
- 혁신제품으로 지정되면 시범구매, 수의계약, 우선구매 등의 혜택 부여 및 공공시장 진입 용이
- 혁신제품 지정제도는 혁신적인 중소·벤처기업의 제품이 공공시장에 조기에 진입할 수 있도록 지원하는 제도

> **혁신제품 지정 요건**
> 혁신제품으로 지정되기 위해서는 다음과 같은 요건을 충족해야 함
> - 첫째, 혁신성. 제품이 기존 제품과 비교하여 기술, 디자인, 기능 등에서 혁신적이어야 하며, 혁신성은 특허, 디자인 등록, 성능 시험 등을 통해 입증함
> - 둘째, 사업화 가능성. 제품이 시장에서 판매 가능하며, 수요가 있어야 하고 사업화 가능성은 시장 조사, 수요 예측, 판매 계획 등을 통해 입증함
> - 셋째, 품질 및 안전성. 제품이 관련 법령 및 표준에 적합하며, 안전하게 사용할 수 있어야 하고 품질 및 안전성은 인증서, 시험 성적서 등을 통해 입증함
> - 넷째, 공공 수요 적합성. 제품이 공공기관의 수요에 적합하며, 공공 목적 달성에 기여할 수 있어야 함

② 시범구매 제도
- 조달청은 혁신제품으로 지정된 제품에 대해 시범구매를 실시하여 제품의 성능과 품질을 검증
- 시범구매는 소량 구매를 통해 제품의 실제 사용 환경에서의 성능을 평가하는 제도로서, 검증이 완료되면 본격적인 공공 구매로 확대
- 시범구매 제도는 혁신제품의 공공시장 진입 장벽을 낮추고, 공공기관이 안심하고 혁신제품을 도입할 수 있도록 지원

시범구매 절차

시범구매는 다음과 같은 절차로 진행됨
- 첫째, 기업은 조달청에 혁신제품 지정을 신청하며, 신청 시에는 제품 설명서, 혁신성 입증 자료, 성능 시험 성적서, 사업화 계획 등을 제출
- 둘째, 조달청은 혁신제품심의위원회를 통해 제품의 혁신성, 사업화 가능성, 공공 수요 적합성 등을 평가하고, 혁신제품으로 지정
- 셋째, 조달청은 혁신제품에 대해 시범구매를 실시. 시범구매는 소량(예 10 ~ 50개)으로 이루어지며, 수요기관에 제품을 공급하여 실제 사용 환경에서 성능 평가
- 넷째, 수요기관은 시범구매 제품을 사용한 후 성능, 품질, 사용 편의성 등을 평가하고, 평가 결과를 조달청에 제출
- 다섯째, 조달청은 평가 결과를 바탕으로 제품의 본격 구매 여부를 결정하며, 평가 결과가 우수한 경우 MAS 계약 체결, 우수제품 지정 등으로 확대

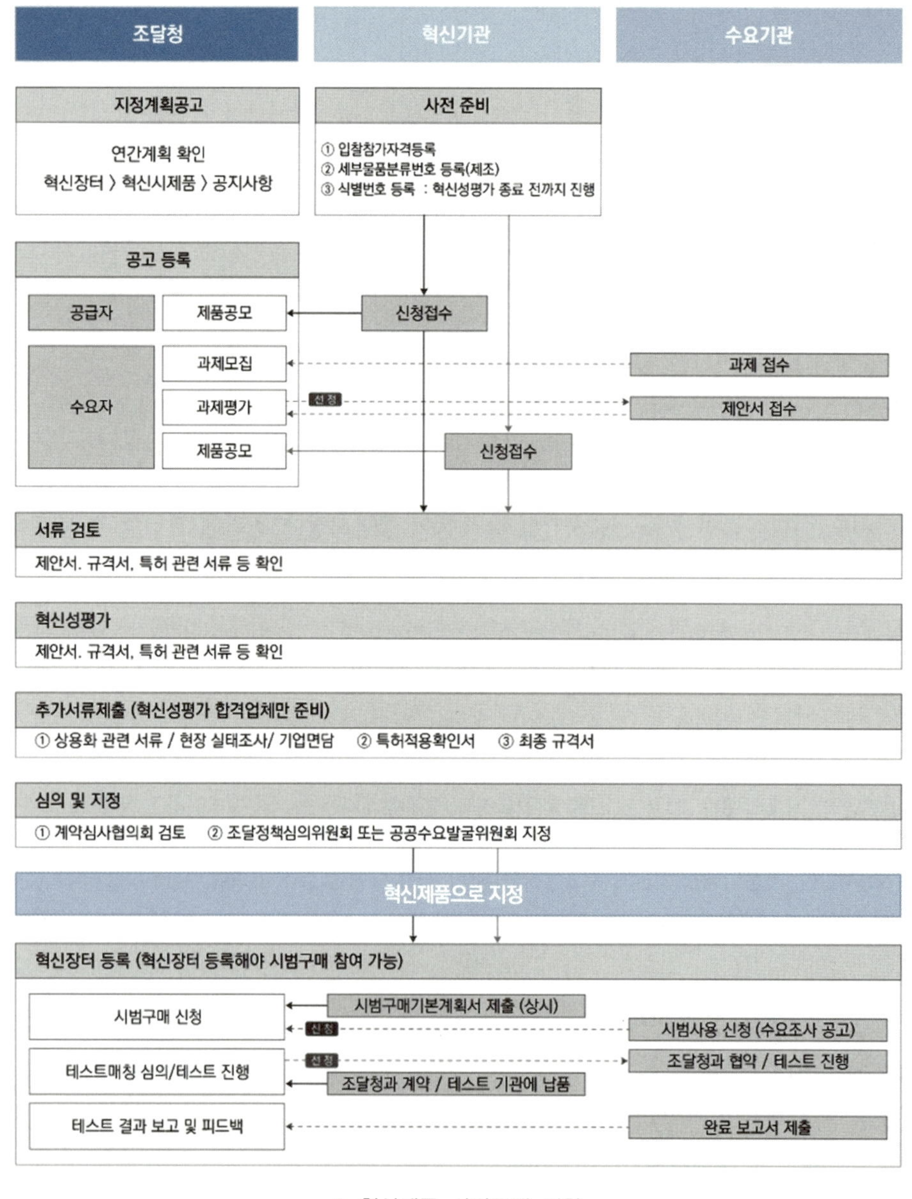

▲ 혁신제품 시범구매 절차

③ 혁신제품의 수의계약
- 혁신제품으로 지정된 제품은 일정 금액 이하(예 2억원)의 경우 수의계약 가능
- 이는 혁신제품의 공공시장 진입을 촉진하고, 공공기관이 혁신제품을 신속하게 도입할 수 있도록 지원하기 위한 제도
- 수의계약은 경쟁입찰 절차를 생략하고 특정 업체와 직접 계약을 체결하는 방식으로서, 입찰 준비 부담을 줄이고 신속한 공급을 가능하게 함

국가를 당사자로 하는 계약에 관한 법률 시행령 제26조(수의계약에 의할 수 있는 경우)
▶ 다음 각 호의 어느 하나에 해당하는 경우에는 법 제7조 제1항에 따라 수의계약에 의할 수 있음
  1의2. 「조달사업에 관한 법률」 제12조의2에 따라 혁신제품으로 지정된 물품을 제조·공급하는 자와 계약을 하는 경우

실무톡톡 혁신제품 지정의 전략적 활용

▶ 혁신제품 지정은 중소·벤처기업에게 공공시장 진입의 핵심 전략으로, 시범구매를 통해 제품을 검증받고, 수의계약으로 신속하게 공급할 수 있으며, 우선구매 혜택까지 받을 수 있음. 특히 시범구매는 소량으로 시작하므로 초기 생산 부담이 적고, 수요기관의 피드백을 통해 제품을 개선할 수 있는 기회가 됨
▶ 혁신제품으로 지정받기 위해서는 제품의 혁신성을 명확히 입증하는 것이 중요하며, 특허, 디자인 등록, 성능 시험 등을 사전에 준비해야 하고 공공 수요에 적합한 제품인지 사전에 수요기관의 의견을 청취하는 것도 좋은 전략이 됨

Check Q&A

1. 혁신제품은 기존 제품이나 기술과 차별화된 (①)을/를 가진 제품으로서, 조달청장이 지정한 제품이다.

2. 조달청은 혁신제품으로 지정된 제품에 대해 (②)을/를 실시하여 제품의 성능과 품질을 검증한다.

정답 ① 혁신성 ② 시범구매

03 디지털서비스몰 활용 계약

1 디지털서비스몰 개요

① 디지털서비스몰의 개념
- 디지털서비스몰은 클라우드, SaaS(Software as a Service), 데이터 분석 등 디지털서비스를 공공기관이 편리하게 구매할 수 있도록 조달청이 운영하는 온라인 플랫폼
- 디지털 전환 시대에 공공기관의 디지털서비스 수요가 증가함에 따라, 조달청은 2021년부터 디지털서비스몰을 운영
- 디지털서비스몰은 공공기관의 디지털 혁신을 지원하고, 중소·벤처기업의 디지털서비스 공급 기회를 확대하는 역할

> **디지털서비스몰의 주요 서비스**
> - 첫째, 클라우드 서비스. IaaS(Infrastructure as a Service), PaaS(Platform as a Service), SaaS(Software as a Service) 등 다양한 클라우드 서비스를 제공하며, 공공기관은 서버, 스토리지, 데이터베이스 등의 인프라를 구축하지 않고도 클라우드를 통해 IT 자원을 이용할 수 있음
> - 둘째, SaaS 서비스. 업무 관리, 협업, 보안, 데이터 분석 등 다양한 소프트웨어를 서비스 형태로 제공하며, 공공기관은 소프트웨어를 구매하여 설치하지 않고도 인터넷을 통해 소프트웨어를 이용할 수 있음
> - 셋째, 데이터 분석 서비스. 빅데이터 분석, 인공지능(AI), 머신러닝 등 데이터 분석 서비스를 제공하며, 공공기관은 데이터 분석 전문가를 고용하지 않고도 데이터 분석 서비스를 이용할 수 있음
> - 넷째, 보안 서비스. 사이버 보안, 데이터 보호, 접근 제어 등 보안 서비스를 제공하며, 공공기관은 보안 시스템을 구축하지 않고도 보안 서비스를 이용할 수 있음

② 디지털서비스 계약 특성
- 디지털서비스 계약은 전통적인 물품 계약과 달리, 서비스 이용 기간, 사용자 수, 데이터 용량 등에 따라 요금이 결정되는 구독형(Subscription) 모델이 일반적임
- 계약 조건, 요금 체계, 서비스 수준(SLA, Service Level Agreement) 등을 명확히 이해하는 것이 중요
- 디지털서비스 계약의 특성을 이해하고 적절히 관리하는 것이 성공적인 디지털 전환의 핵심

> **디지털서비스 계약의 주요 특성**
> - 첫째, 구독형 모델. 디지털서비스는 일회성 구매가 아니라 월별 또는 연별로 요금을 지불하는 구독형 모델이 일반적이며, 계약 기간 동안 지속적으로 요금이 발생하므로, 예산 계획을 세울 때 이를 고려해야 함
> - 둘째, 사용량 기반 요금. 디지털서비스는 사용자 수, 데이터 용량, 트랜잭션 수 등 사용량에 따라 요금이 결정되는 경우가 많으므로, 실제 사용량을 예측하고, 요금 체계를 정확히 이해해야 함
> - 셋째, 서비스 수준 협약(SLA). 디지털서비스 계약에는 서비스의 가용성, 응답 시간, 장애 복구 시간 등을 명시한 SLA가 포함되며, SLA를 충족하지 못할 경우 서비스 제공자는 보상을 제공해야 함
> - 넷째, 데이터 보안 및 개인정보 보호. 디지털서비스는 공공기관의 중요한 데이터를 다루므로, 데이터 보안과 개인정보 보호가 매우 중요하며, 계약 시 데이터 보안 조치, 개인정보 처리 방침 등을 명확히 확인해야 함

③ 디지털서비스몰 이용 절차: 공공기관이 디지털서비스몰을 이용하는 절차는 다음과 같음
- 첫째, 나라장터 디지털서비스몰(digitalmall.g2b.go.kr)에 접속하여 필요한 서비스 검색. 서비스는 클라우드, SaaS, 데이터 분석, 보안 등 카테고리별로 분류되어 있음
- 둘째, 서비스 상세 정보 확인. 서비스 설명, 요금 체계, SLA, 제공 기업 정보 등을 확인하고, 자신의 기관에 적합한 서비스인지 판단
- 셋째, 서비스를 선택하고 주문. 사용자 수, 데이터 용량, 계약 기간 등을 입력하고 주문을 완료
- 넷째, 서비스 제공 기업과 계약 체결. 계약서에는 서비스 내용, 요금, SLA, 데이터 보안 조치 등이 명시됨
- 다섯째, 서비스 이용. 계약 체결 후 서비스 제공 기업은 계정을 생성하고, 공공기관은 서비스를 이용할 수 있음
- 여섯째, 서비스 이용 후 평가. 서비스 품질, 고객 지원, SLA 준수 여부 등을 평가하고, 평가 결과를 조달청에 제출

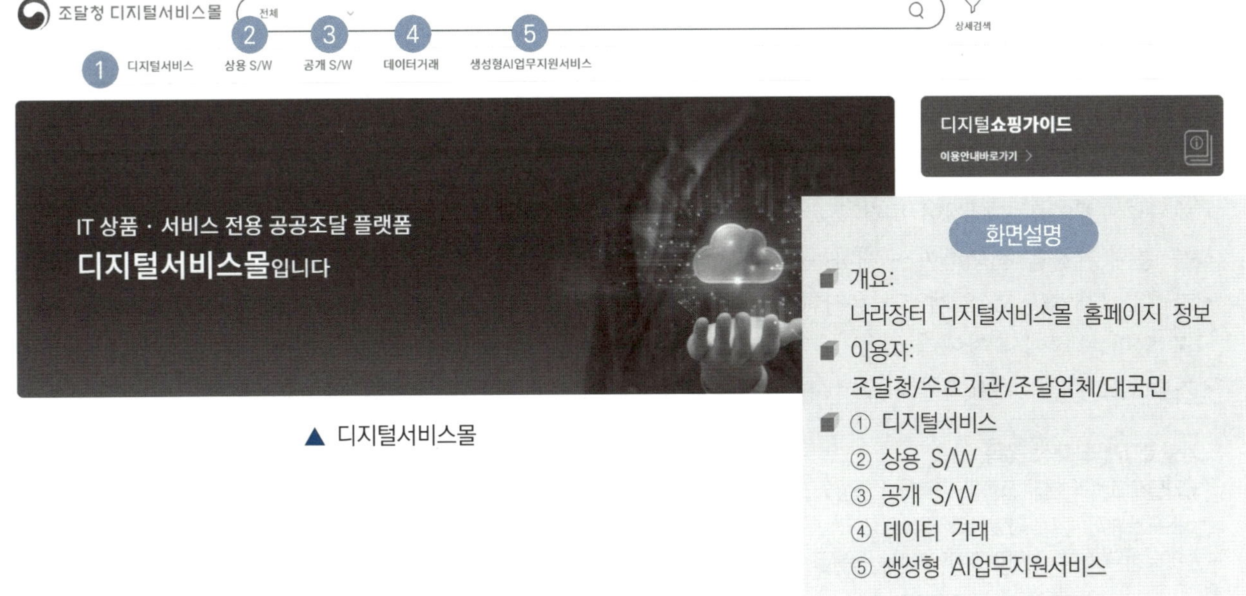

▲ 디지털서비스몰

 **디지털서비스 계약의 전략적 활용**

▶ 디지털서비스 계약은 전통적인 물품 계약과 다른 특성을 가지므로, 계약 전에 충분한 검토 필요. 특히 요금 체계를 정확히 이해하고, 실제 사용량을 예측하여 예산을 계획해야 함

▶ 구독형 모델은 초기 비용은 낮지만 장기적으로는 비용이 누적되므로, 총소유비용(TCO, Total Cost of Ownership)을 고려해야 하며, SLA를 꼼꼼히 확인하여 서비스의 가용성과 장애 대응 체계가 자신의 기관 요구사항을 충족하는지 판단해야 함

▶ 데이터 보안은 매우 중요한 사항이므로, 서비스 제공 기업의 보안 인증(ISO 27001 등)을 확인하고, 데이터 저장 위치, 백업 정책, 개인정보 처리 방침 등을 명확히 확인해야 함

Check Q&A

1. 디지털서비스몰은 클라우드, (①), 데이터 분석 등 디지털 서비스를 공공기관이 편리하게 구매할 수 있도록 조달청이 운영하는 온라인 플랫폼이다.

2. 디지털서비스 계약에는 서비스의 가용성, 응답 시간, 장애 복구 시간 등을 명시한 (②)(이)가 포함된다.

정답 ① SaaS ② SLA(Service Level Agreement, 서비스 수준 협약)

1   카탈로그계약 개념 · 절차

① 카탈로그계약의 개념
- 카탈로그계약은 조달청이 특정 품목에 대해 여러 공급업체와 사전에 계약을 체결하고, 수요기관이 카탈로그를 통해 제품을 선택하여 구매하는 방식
- 카탈로그계약은 MAS 계약과 유사하지만, 표준화된 제품을 대상으로 하며, 가격과 납품 조건이 명확히 정해져 있다는 점에서 차이가 있음
- 카탈로그계약은 수요기관의 구매 편의성을 높이고, 공급업체에게 안정적인 판로를 제공

> **카탈로그계약 대상 품목**
> - 카탈로그계약 대상 품목은 규격화가 가능하고, 상시 수요가 있으며, 가격 비교가 용이한 제품으로, 예를 들어 사무용품, 가구, 전자제품, 소프트웨어 등이 카탈로그계약 대상
> - 조달청은 매년 카탈로그계약 대상 품목을 고시하며, 공급업체는 해당 품목에 대해 계약 신청 가능

② 카탈로그계약 체결 절차: 카탈로그계약은 다음과 같은 절차로 체결됨
- 첫째, 조달청은 카탈로그계약 대상 품목에 대한 입찰을 공고하며, 입찰공고에는 대상 품목, 계약 기간, 제출 서류, 평가 기준 등이 명시됨
- 둘째, 공급업체는 입찰에 참여하여 제품 정보와 가격을 제출하며, 제출 서류에는 제품 카탈로그, 가격표, 품질 인증서, 납품 조건 등이 포함됨
- 셋째, 조달청은 제출된 서류를 검토하고, 적격업체를 선정하며, 적격성 평가는 제품의 품질, 가격 경쟁력, 납품 능력 등을 종합적으로 고려하여 이루어짐
- 넷째, 조달청은 적격업체와 카탈로그계약을 체결하고, 제품을 종합쇼핑몰에 등록함
- 다섯째, 수요기관은 종합쇼핑몰에서 카탈로그를 확인하고, 필요한 제품을 주문함

> **카탈로그계약의 장점**
> 카탈로그계약은 수요기관과 공급업체 모두에게 장점을 제공함
> - 수요기관의 입장에서는 다양한 제품을 한눈에 비교할 수 있고, 가격과 납품 조건이 명확하여 구매 결정이 용이하며, 또한 입찰 절차를 거치지 않고 신속하게 구매할 수 있어 업무 효율성이 높아짐
> - 공급업체의 입장에서는 사전에 계약을 체결하므로 안정적인 판로를 확보할 수 있고, 종합쇼핑몰에 제품이 지속적으로 노출되어 매출 기회가 증가하며, 또한 계약 기간 동안 반복적인 입찰 준비 부담이 없어 업무 효율성이 높아짐

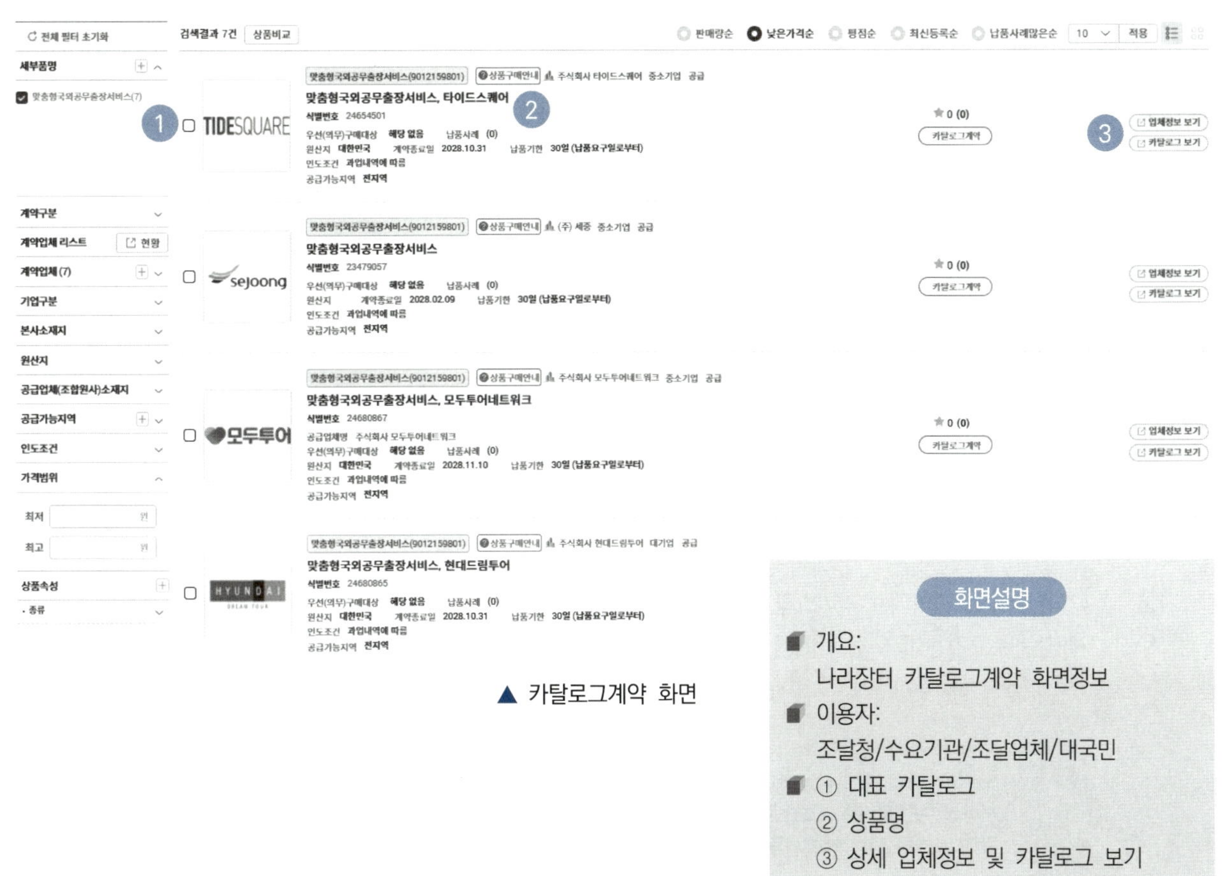

▲ 카탈로그계약 화면

실무톡톡 **카탈로그계약의 전략적 활용**

▶ 카탈로그계약에 성공하기 위해서는 제품의 경쟁력을 명확히 파악하는 것이 중요. 가격 경쟁력은 물론이고, 제품의 품질, 디자인, 기능 등에서 경쟁 제품과 차별화되는 강점을 부각해야 함

▶ 카탈로그는 수요기관이 제품을 선택하는 첫 번째 접점이므로, 제품 사진은 고품질로 제공하고, 제품 설명은 명확하고 간결하게 작성해야 하며, 또한 납품 조건(최소 주문 수량, 납품 기한 등)을 경쟁력 있게 설정하여 수요기관의 선택을 받을 확률을 높여야 함

▶ 카탈로그계약 체결 후에는 종합쇼핑몰 운영에 적극적으로 임하여 수요기관의 문의에 신속히 대응하고, 우수한 계약이행실적을 유지해야 함

Check Q&A

1. 카탈로그계약은 조달청이 특정 품목에 대해 여러 공급업체와 사전에 계약을 체결하고, 수요기관이 (①)을/를 통해 제품을 선택하여 구매하는 방식이다.

2. 카탈로그계약 대상 품목은 규격화가 가능하고, 상시 (②)이/가 있으며, 가격 비교가 용이한 제품이다.

정답 ① 카탈로그   ② 수요

CHAPTER 03 단원별 핵심문제

01
(괄호형)

NEP는 (①)가 국내 최초로 개발하거나 기존 제품을 혁신적으로 개선한 제품에 대해 부여하는 인증이며, NET는 (②)에 대해 부여하는 인증이다.

> **정답** ① 산업통상자원부 ② 신기술
>
> **해설** NEP(New Excellent Product, 신제품)는 산업통상자원부가 국내 최초로 개발하거나 기존 제품을 혁신적으로 개선한 제품에 대해 부여하는 인증이다. NET(New Excellent Technology, 신기술)는 산업통상자원부가 국내 최초로 개발되었거나 기존 기술을 혁신적으로 개선한 기술에 대해 부여하는 인증이다. 두 인증 모두 조달청의 우수제품 지정 기반이 된다.

02
(괄호형)

디지털서비스 계약에는 서비스의 가용성, 응답 시간, 장애 복구 시간 등을 명시한 (①)(이)가 포함되며, 카탈로그 계약은 수요기관이 (②)을/를 통해 제품을 선택하여 구매하는 방식이다.

> **정답** ① SLA(Service Level Agreement, 서비스 수준 협약) ② 카탈로그
>
> **해설** 디지털서비스 계약에는 서비스의 가용성, 응답 시간, 장애 복구 시간 등을 명시한 SLA(Service Level Agreement, 서비스 수준 협약)가 포함된다. SLA를 충족하지 못할 경우 서비스 제공자는 보상을 제공해야 한다. 카탈로그계약은 수요기관이 카탈로그를 통해 제품을 선택하여 구매하는 방식으로서, 표준화된 제품의 신속한 구매를 지원한다.

03
(단답형)

혁신제품으로 지정된 제품의 성능과 품질을 검증하기 위해 조달청이 실시하는 소량 구매 제도의 명칭을 쓰시오.

> **정답** 시범구매
>
> **해설** 조달청은 혁신제품으로 지정된 제품에 대해 시범구매를 실시하여 제품의 성능과 품질을 검증한다. 시범구매는 소량(예: 10 ~ 50개)으로 이루어지며, 수요기관에 제품을 공급하여 실제 사용 환경에서 성능을 평가한다. 평가 결과가 우수한 경우 본격적인 공공 구매로 확대된다.

04
(단답형)

디지털서비스몰에서 제공하는 서비스 중 소프트웨어를 서비스 형태로 제공하는 모델의 약어를 쓰시오.

> **정답** SaaS
>
> **해설** SaaS(Software as a Service)는 소프트웨어를 서비스 형태로 제공하는 모델이다. 공공기관은 소프트웨어를 구매하여 설치하지 않고도 인터넷을 통해 소프트웨어를 이용할 수 있다. 디지털서비스몰에서는 업무 관리, 협업, 보안, 데이터 분석 등 다양한 SaaS 서비스를 제공한다.

05 NEP(신제품) 인증과 혁신제품 지정제도의 차이점을 인증 주체, 혜택, 절차 관점에서 비교하여 서술하시오.
(서술형)

> **정답** NEP(신제품) 인증과 혁신제품 지정제도는 모두 중소기업의 우수한 제품을 지원하는 제도이지만, 인증 주체, 혜택, 절차 측면에서 차이가 있다.

- 첫째, 인증 주체 측면에서 NEP 인증은 산업통상자원부가 부여하는 국가 인증이다. 산업통상자원부 또는 지정된 인증기관이 제품의 신규성, 성능 우수성, 시장성 등을 평가하여 인증한다. 반면 혁신제품 지정은 조달청이 자체적으로 지정하는 제도이다. 조달청의 혁신제품심의위원회가 제품의 혁신성, 사업화 가능성, 공공 수요 적합성 등을 평가하여 지정한다.
- 둘째, 혜택 측면에서 NEP 인증을 받은 제품은 조달청의 우수제품으로 지정되어 수의계약(추정가격 2억원 이하, 중소기업제품은 5억원 이하)이 가능하며, 공공기관 입찰 시 가점을 받을 수 있다. 또한 NEP 인증은 민간 시장에서도 마케팅 도구로 활용할 수 있다. 반면 혁신제품으로 지정된 제품은 시범구매를 통해 제품을 검증받을 수 있으며, 수의계약(일정 금액 이하)이 가능하고, 우선구매 혜택을 받을 수 있다. 시범구매는 소량으로 시작하므로 초기 생산 부담이 적고, 수요기관의 피드백을 통해 제품을 개선할 수 있는 기회가 된다.
- 셋째, 절차 측면에서 NEP 인증은 산업통상자원부 또는 지정된 인증기관에 신청하며, 서류 검토, 현장 실사, 전문가 평가 등을 거쳐 인증된다. 인증 유효기간은 3년이며, 만료 전에 재인증을 받아야 한다. 반면 혁신제품 지정은 조달청에 신청하며, 혁신제품심의위원회의 평가를 거쳐 지정된다. 지정 후 시범구매를 실시하고, 수요기관의 평가 결과를 바탕으로 본격 구매로 확대된다. 혁신제품 지정은 NEP 인증보다 절차가 간소하고 신속하게 진행되는 경향이 있다.

06 [혁신제품 시범구매 및 우수제품 지정]
(심화형) 다음 상황을 읽고 물음에 답하시오.

> E 중소기업은 스마트 IoT 센서를 개발하여 NEP(신제품) 인증을 받았다. 이 제품은 건물 에너지 관리에 활용될 수 있으며, 기존 제품 대비 에너지 절감 효과가 30% 향상되었다. E 기업은 공공시장 진입을 위해 조달청에 혁신제품 지정을 신청하려고 한다.

(1) E 기업이 혁신제품 지정을 신청하기 위해 준비해야 할 서류와 입증 자료를 구체적으로 제시하시오.

> **정답** E 기업이 혁신제품 지정을 신청하기 위해 준비해야 할 서류와 입증 자료는 다음과 같다.

- 혁신제품 지정 신청서
  → 조달청이 제공하는 표준 양식에 따라 신청서를 작성한다. 신청서에는 기업 정보(상호, 대표자, 사업자등록번호, 연락처 등), 제품 정보(제품명, 모델명, 제조사, 용도 등), 혁신성 설명, 사업화 계획 등을 기재한다.
- 제품 설명서
  → 제품의 기능, 사양, 사용 방법 등을 상세히 기술한 설명서를 제출한다. 스마트 IoT 센서의 경우 센서 종류(온도, 습도, 조도, 전력 등), 통신 방식(Wi-Fi, LoRa, Zigbee 등), 데이터 수집 주기, 배터리 수명, 설치 방법 등을 구체적으로 기술한다.
- 혁신성 입증 자료
  → 제품이 기존 제품과 비교하여 혁신적임을 입증하는 자료를 제출한다. 본 사례에서는 NEP(신제품) 인증서를 제출하여 혁신성을 입증할 수 있다. 또한 특허증, 디자인 등록증 등 지식재산권 관련 서류를 제출하여 기술의 독창성을 입증한다. 에너지 절감 효과가 30% 향상되었음을 입증하기 위해 공인 시험기관의 성능 시험 성적서를 제출한다. 시험 성적서에는 기존 제품과 E 기업 제품의 에너지 소비량을 비교한 데이터가 포함되어야 한다.
- 사업화 계획
  → 제품의 시장성과 사업화 가능성을 입증하는 자료를 제출한다. 시장 조사 자료(건물 에너지 관리 시장 규모, 성장률, 경쟁 제품 분석 등), 수요 예측 자료(공공기관 및 민간 기업의 수요 예측), 판매 계획(판매 목표, 가격 전략, 유통 채널 등)을 포함한다.
- 품질 및 안전성 입증 자료
  → 제품이 관련 법령 및 표준에 적합하며, 안전하게 사용할 수 있음을 입증하는 자료를 제출한다. KS 인증서, ISO 인증서, 전자파 적합성 인증서, 안전성 시험 성적서 등을 제출한다.

• 공공 수요 적합성 입증 자료
  → 제품이 공공기관의 수요에 적합하며, 공공 목적 달성에 기여할 수 있음을 입증하는 자료를 제출한다. 공공기관의 에너지 절감
    정책, 스마트 건물 관리 정책 등과의 연계성을 설명하고, 실제 공공기관에서 시범 적용한 사례가 있다면 이를 제시한다.

(2) 조달청이 E 기업의 제품을 혁신제품으로 지정한 후 시범구매를 실시하는 절차와 평가 항목을 서술하시오.

정답 조달청이 E 기업의 제품을 혁신제품으로 지정한 후 시범구매를 실시하는 절차와 평가 항목은 다음과 같다.

시범구매 절차
• [1단계] 혁신제품 지정
  → 조달청은 혁신제품심의위원회를 개최하여 E 기업의 신청서와 입증 자료를 검토한다. 심의위원회는 제품의 혁신성, 사업화
    가능성, 품질 및 안전성, 공공 수요 적합성 등을 종합적으로 평가하고, 혁신제품으로 지정할지 결정한다. 지정이 결정되면
    E 기업에게 혁신제품 지정서를 발급한다.
• [2단계] 시범구매 대상 선정
  → 조달청은 혁신제품으로 지정된 제품 중 시범구매 대상을 선정한다. 시범구매는 제품의 성능과 품질을 실제 사용 환경에서
    검증하기 위한 것이므로, 공공기관의 수요가 있고 검증 가치가 높은 제품을 우선적으로 선정한다.
• [3단계] 수요기관 모집
  → 조달청은 시범구매에 참여할 수요기관을 모집한다. 나라장터를 통해 시범구매 공고를 게시하고, 관심 있는 공공기관이 신청하도
    록 한다. 본 사례에서는 건물 에너지 관리에 관심이 있는 공공기관(예: 정부청사, 공공병원, 학교 등)을 대상으로 모집한다.
• [4단계] 시범구매 실시
  → 조달청은 E 기업과 시범구매 계약을 체결하고, 소량(예: 50개)의 스마트 IoT 센서를 구매한다. 구매한 센서는 참여 수요기관에
    배분하여 실제 건물에 설치하고, 일정 기간(예: 3개월) 동안 사용하도록 한다.
• [5단계] 수요기관 평가
  → 참여 수요기관은 시범구매 제품을 사용한 후 성능, 품질, 사용 편의성 등을 평가하고, 평가 결과를 조달청에 제출한다. 평가는
    표준화된 평가표를 사용하여 객관적으로 이루어진다.
• [6단계] 본격 구매 확대 결정
  → 조달청은 수요기관의 평가 결과를 종합하여 본격 구매 확대 여부를 결정한다. 평가 결과가 우수한 경우 MAS 계약 체결,
    우수제품 지정 등으로 확대한다.

시범구매 평가 항목
• 성능
  → 제품이 제조사가 제시한 성능 기준을 충족하는지 평가한다. 본 사례에서는 에너지 절감 효과가 실제로 30% 향상되는지, 센서
    데이터의 정확도는 어떠한지, 통신 안정성은 어떠한지 등을 평가한다.
• 품질
  → 제품의 내구성, 신뢰성, 고장률 등을 평가한다. 시범구매 기간 동안 고장이 발생했는지, 배터리 수명은 제조사 제시 기준을
    충족하는지 등을 확인한다.
• 사용 편의성
  → 제품의 설치가 용이한지, 사용 방법이 간단한지, 사용자 인터페이스가 직관적인지 등을 평가한다. 특히 공공기관 직원이 별도의
    전문 교육 없이도 사용할 수 있는지가 중요하다.
• 에너지 절감 효과
  → 제품 사용 전후의 에너지 소비량을 비교하여 실제 에너지 절감 효과를 측정한다. 제조사가 제시한 30% 절감 효과가 실제로
    달성되는지 검증한다.
• 가격 적정성
  → 제품의 가격이 성능과 품질 대비 적정한지 평가한다. 경쟁 제품과 가격을 비교하고, 투자 대비 효과(ROI, Return on
    Investment)를 분석한다.
• A/S 및 고객 지원
  → 제조사의 A/S 대응이 신속한지, 고객 문의에 친절하게 응대하는지 등을 평가한다. 시범구매 기간 동안 문제가 발생했을 때
    제조사가 얼마나 빨리 대응했는지를 확인한다.

(3) 시범구매 평가 결과가 우수한 경우, E 기업이 받을 수 있는 추가 혜택과 본격적인 공공시장 진입 전략을
　　제시하시오.

정답 시범구매 평가 결과가 우수한 경우, E 기업이 받을 수 있는 추가 혜택과 본격적인 공공시장 진입 전략은 다음과 같다.

추가 혜택
- MAS 계약 체결
  → 시범구매 평가 결과가 우수하면, 조달청은 E 기업과 MAS 계약을 체결할 수 있다. MAS 계약이 체결되면 E 기업의 스마트
    IoT 센서가 나라장터 종합쇼핑몰에 등록되어, 전국의 모든 공공기관이 언제든지 구매할 수 있게 된다. 이는 안정적이고 지속적인
    판로를 확보하는 것을 의미한다.
- 우수제품 지정
  → NEP 인증을 보유하고 시범구매 평가 결과가 우수한 경우, 조달청의 우수제품으로 지정될 수 있다. 우수제품으로 지정되면
    수의계약이 가능하며(추정가격 2억원 이하, 중소기업제품은 5억원 이하), 공공기관 입찰 시 가점을 받을 수 있다.
- 우선구매 혜택
  → 혁신제품으로 지정된 제품은 공공기관의 우선구매 대상이 될 수 있다. 공공기관은 동일한 기능의 제품을 구매할 때 혁신제품을
    우선적으로 고려해야 하므로, E 기업의 제품이 경쟁 우위를 확보할 수 있다.
- 홍보 및 마케팅 지원
  → 조달청은 시범구매 우수제품을 대상으로 홍보 및 마케팅을 지원한다. 나라장터 홈페이지에 우수 사례로 소개되고, 조달청
    주최 박람회 및 세미나에서 전시 기회를 제공받을 수 있다. 이는 제품 인지도를 높이고 민간 시장 진입에도 도움이 된다.

본격적인 공공시장 진입 전략
- 종합쇼핑몰 운영 강화
  → MAS 계약 체결 후 종합쇼핑몰에 제품 정보를 상세하고 매력적으로 등록한다. 고품질 제품 이미지, 상세한 사양 설명, 에너지
    절감 효과 데이터, 시범구매 우수 평가 결과 등을 제시하여 수요기관의 신뢰를 확보한다. 또한 수요기관의 문의에 신속하고
    친절하게 응대하여 긍정적인 이미지를 구축한다.
- 수요기관 대상 마케팅
  → 시범구매에 참여한 수요기관의 우수 사례를 활용하여 다른 공공기관에 마케팅한다. 실제 사용 사례, 에너지 절감 효과, 사용자
    만족도 등을 담은 사례집을 제작하여 배포하고, 공공기관 대상 설명회 및 데모를 개최한다.
- 계약이행실적 관리
  → 우수한 계약이행실적을 유지하여 조달청의 평가에서 높은 점수를 받는다. 납품 기한을 철저히 준수하고, 품질 관리를 강화하여
    불량품 발생을 최소화하며, A/S 대응을 신속히 하여 수요기관의 만족도를 높인다. 우수한 계약이행실적은 차기 계약 체결
    시 경쟁 우위를 확보하는 핵심 요소이다.
- 제품 라인업 확대
  → 스마트 IoT 센서의 성공을 바탕으로 관련 제품 라인업을 확대한다. 예를 들어 에너지 관리 소프트웨어, 데이터 분석 서비스,
    통합 관제 시스템 등을 개발하여 종합 솔루션을 제공한다. 이를 통해 공공기관의 다양한 수요에 대응하고 매출을 확대할 수
    있다.
- 민간 시장 진출
  → 공공시장에서의 성공을 발판으로 민간 시장에 진출한다. 공공기관 납품실적과 우수 평가 결과를 마케팅 자료로 활용하여 민간
    기업(빌딩 관리 회사, 대형 상업시설 등)에 제품을 판매한다. 공공시장에서 검증된 제품이라는 신뢰성을 바탕으로 민간 시장
    점유율을 확대할 수 있다.

PART 05

단원별 핵심정리

암기 필수사항

CHAPTER 01

1. MAS(다수공급자계약)는 공공기관의 구매 편의성을 높이고 중소기업의 판로를 지원하는 중요한 제도
2. MAS 계약은 적격성 평가와 가격 협상을 거쳐 체결되며, 계약 이행은 납품, 검수, 대금 지급 절차로 이루어짐
3. 일정 금액 이상의 구매 시 2단계 경쟁을 통해 업체 간 공정한 경쟁을 유도함
4. 종합쇼핑몰의 효과적인 운영 실무와 판매 전략은 매출 증대에 필수적임
5. 우수제품 지정은 기술력 있는 중소기업에게 안정적인 공공판로를 제공하는 핵심적인 지원 제도

CHAPTER 02

1. 공사 계약은 장기적이고 변수가 많아 시공 관리와 기성 관리가 핵심
2. 하도급 관리는 관련 법령 준수와 하도급 대금 직접 지급제도를 통해 하수급인을 보호하는 것이 중요
3. 용역 계약은 무형의 서비스를 다루므로 과업 범위 명확화와 성과 관리가 필수임
4. 공사, 용역, 물품 계약은 목적물, 계약 이행 방식, 대가 지급 방법에서 명확한 차이가 있음

CHAPTER 03

1. NEP(신제품)와 NET(신기술) 인증은 중소기업의 기술 개발을 촉진하고 우수제품 지정의 기반이 됨
2. 혁신제품 지정제도는 시범구매와 수의계약 혜택을 통해 혁신적인 중소·벤처기업의 공공시장 진입을 지원함
3. 디지털서비스몰은 클라우드, SaaS 등 디지털서비스의 공공 구매를 촉진하며, 구독형 모델과 SLA가 핵심
4. 카탈로그계약은 표준화된 제품의 신속한 구매를 지원하며, 수요기관과 공급업체 모두에게 편의를 제공

실무 적용 체크리스트

MAS 계약 및 종합쇼핑몰 활용 시
☐ MAS 계약의 개념과 3자 단가계약 구조를 이해하고, 계약 이행 절차를 숙지했는가?
☐ 종합쇼핑몰에서 제품을 등록하고, 가격·납품 조건을 경쟁력 있게 설정했는가?
☐ 2단계 경쟁 대상 여부를 확인하고, 제안요청서에 맞는 제안서를 준비했는가?
☐ 계약이행실적 평가 기준을 숙지하고, 우수한 실적을 유지하기 위해 노력했는가?

공사 계약 관리 시
☐ 공사 계약의 특성(장기 이행, 설계도서 기반)을 이해하고, 시공 관리 계획을 수립했는가?
☐ 기성 검사 절차를 숙지하고, 기성 내역서・검측 자료 등 필요 서류를 완비했는가?
☐ 하도급 승인 절차를 준수하고, 적격 하수급자를 선정했는가?
☐ 하도급 대금을 적시에 지급하고, 하도급지킴이 시스템을 활용하여 투명하게 관리했는가?

용역 계약 관리 시
☐ 용역 유형(기술용역, 학술용역, 일반용역)을 구분하고, 유형별 특성을 이해했는가?
☐ 과업 범위와 성과물 기준을 명확히 정의하고, 계약서에 구체적으로 명시했는가?
☐ 투입 인력의 자격 요건을 확인하고, 중간 보고를 통해 수행 과정을 관리했는가?
☐ 성과 관리 항목(과업수행능력, 성과물 품질, 전문성, 의사소통, 사후 관리)을 숙지했는가?

혁신・디지털서비스 계약 시
☐ NEP(신제품)・NET(신기술) 인증 요건과 절차를 이해하고, 우수제품 지정 혜택을 숙지했는가?
☐ 혁신제품 지정 신청 서류를 준비하고, 시범구매 평가 항목을 파악했는가?
☐ 디지털서비스몰의 구독형 모델과 SLA(서비스 수준 협약)를 이해하고 계약 조건을 검토했는가?
☐ 카탈로그계약의 대상 품목과 체결 절차를 이해하고, 제품 경쟁력을 확보했는가?

학습 완료 체크리스트

☐ MAS 계약의 개념과 3자 단가계약 구조를 이해하고, 계약 이행 절차를 설명할 수 있는가?
☐ 2단계 경쟁의 대상 기준과 절차를 이해하고, 제안서 평가 항목을 숙지했는가?
☐ 종합쇼핑몰 운영 방식과 우수제품 지정 제도의 혜택을 설명할 수 있는가?
☐ 공사 계약의 특성과 기성 관리 절차를 이해하고, 기성 대가 산정 방법을 숙지했는가?
☐ 하도급 요건, 대금 지급 기한(15일), 직접 지급 제도의 절차를 설명할 수 있는가?
☐ 용역 계약의 유형별 특성(무형성, 전문성, 과정 중심성, 변동성)을 이해하고 구분할 수 있는가?
☐ 공사・용역・물품 계약의 차이점을 목적물, 계약 이행, 대가 지급 관점에서 비교할 수 있는가?
☐ NEP・NET 인증 요건과 절차를 이해하고, 혁신제품 지정 및 시범구매 제도를 설명할 수 있는가?
☐ 디지털서비스몰의 구독형 모델, SLA, 데이터 보안 등 계약 특성을 숙지했는가?
☐ 카탈로그계약의 개념과 대상 품목 요건, 체결 절차를 설명할 수 있는가?

공공조달 리스크 관리

공공조달 프로젝트는 다양한 내·외부 요인으로 인해 예측 불가능한 리스크에 노출될 수 있다.
본 PART6에서는 계약 이행 과정에서 발생할 수 있는 잠재적 리스크를 사전에 식별하고, 체계적으로
분석·평가하여 효과적으로 대응 및 통제하는 종합적인 리스크 관리 역량을 학습한다.

학습 로드맵

구분	학습 내용	핵심 역량
CHAPTER 01	• 공공조달 리스크 개념 • 유형별 리스크 식별 • 영향도 분석 및 평가	• 리스크 식별 및 분석 능력 • 잠재적 위협 예측 능력
CHAPTER 02	• 리스크 대응 전략(회피, 전가, 완화, 수용) 수립 • 리스크 모니터링 및 통제	• 리스크 대응 전략 수립 능력 • 위기 관리 및 통제 능력

학습 목표

1. 입찰 및 계약 이행 전 과정에서 발생 가능한 리스크를 유형별로 식별하고, 발생 확률과 영향도를
   분석하여 관리 우선순위를 결정할 수 있다.
2. 식별된 리스크에 대해 회피, 전가, 완화, 수용 등 최적의 대응 전략을 수립하고 실행할 수 있다.
3. 리스크 대응 계획의 실행 여부를 지속적으로 모니터링하고, 새로운 리스크 발생 시 비상 대응 계획을
   수립하여 적용할 수 있다.

CHAPTER 01 리스크 식별 및 영향도 분석

01 공공조달 리스크의 개념

1 리스크의 정의

① 일반적 정의
- 리스크(Risk)란 목표 달성에 영향을 미치는 불확실성으로 정의
- 단순히 위험이라는 부정적인 의미를 넘어, 긍정적 결과(기회)와 부정적 결과(위협)를 모두 포함하는 중립적인 개념

② ISO 31000의 정의
- 국제 표준화 기구(ISO)의 리스크 관리 가이드라인인 ISO 31000에서는 리스크를 목표에 대한 불확실성의 영향(Effect of Uncertainty on Objectives)으로 정의
- 여기서 영향은 기대치로부터 긍정적 또는 부정적으로 벗어나는 것을 포함

> **핵심포인트**
>
> 리스크는 '위험'이 아니라 '불확실성'이며, 긍정적 결과(기회)와 부정적 결과(위협)를 모두 포함하는 개념임을 기억하는 것이 중요

2 공공조달 리스크의 개념

① 공공조달 리스크의 개념
- 공공조달 리스크란 조달 목표 달성에 영향을 미치는 불확실성을 의미하며, 조달 목표는 일반적으로 적기, 적정 품질, 적정 가격으로 요약할 수 있음
- 공공조달 리스크는 이러한 목표 달성을 저해하거나 촉진하는 모든 불확실한 요소를 포함
  - 적기 공급 실패: 납기 지연, 운송 문제, 통관 지연 등
  - 품질 미달: 계약 규격과 다른 제품 납품, 성능 미달, 하자 발생 등
  - 가격 변동: 원자재 가격 급등, 환율 변동, 과도한 경쟁으로 인한 저가 투찰 등

> **실무톡톡**
>
> 현장에서는 리스크를 단순히 '문제 발생 가능성'으로만 생각하는 경우가 많지만, 성공적인 조달 관리자는 리스크를 기회로 인식하기도 함. 예를 들어, 환율 하락이라는 리스크는 외자 구매 시 더 저렴하게 구매할 수 있는 '기회'가 될 수 있으며, 리스크의 양면성을 이해하는 것이 중요

② 공공조달 리스크 관리의 필요성: 공공조달은 국민의 세금으로 운영되므로, 리스크 관리를 통해 예산 낭비를 막고 조달 행정의 효율성과 투명성을 높여야 함
- 예산 낭비 방지: 예측하지 못한 비용 증가, 사업 지연 등으로 인한 추가 예산 투입 방지

- 행정 효율성 제고: 체계적인 리스크 관리 프로세스를 통해 조달 업무의 예측 가능성 증대
- 투명성 및 공정성 확보: 리스크 식별 및 평가 기준을 사전에 공개하여 투명한 조달 환경 조성
- 국민 편익 증진: 안정적인 재화 및 서비스 공급을 통해 대국민 서비스의 질 향상

 **Q&A**

ISO 31000에서 정의하는 리스크의 개념을 서술하시오.

정답 목표에 대한 불확실성의 영향(Effect of Uncertainty on Objectives)으로 정의하며, 여기서 영향은 기대치로부터 긍정적 또는 부정적으로 벗어나는 것을 포함한다.

02 리스크 유형 식별

공공조달 리스크는 조달 프로세스의 단계별로 다양하게 나타나며, 일반적으로 입찰 → 계약 → 이행 → 제재의 4단계 구분을 통한 리스크 유형 식별

1 공공조달 단계별 리스크

① 입찰 단계 리스크: 입찰 단계에서는 주로 공정성, 투명성, 경쟁성과 관련된 리스크 발생
- 유찰 리스크: 경쟁 부족, 과도한 입찰 조건 등으로 입찰이 성립되지 않을 리스크
- 담합 리스크: 입찰자 간 담합으로 공정한 경쟁이 저해될 리스크
- 불공정 평가 리스크: 평가 기준의 모호성, 평가위원의 주관 개입 등으로 평가의 공정성이 훼손될 리스크
- 과도한 경쟁 리스크: 지나치게 낮은 가격으로 투찰하여 낙찰 후 계약 이행이 부실해질 리스크

② 계약 단계 리스크: 계약 단계에서는 계약 조건의 명확성, 계약 이행 능력과 관련된 리스크가 중요
- 계약 불이행 리스크: 낙찰자가 정당한 이유 없이 계약을 체결하지 않거나, 계약보증금을 납부하지 않을 리스크
- 불명확한 계약 조건 리스크: 과업 내용, 규격, 납기 등이 불명확하여 향후 분쟁의 소지가 될 리스크
- 계약 상대방의 재무 리스크: 계약 상대방의 재무 상태가 악화되어 계약 이행이 어려워질 리스크

③ 이행 단계 리스크: 이행 단계는 가장 많은 리스크가 발생하는 구간으로, 품질, 납기, 가격과 직접적으로 연관
- 품질 저하 리스크: 계약 규격에 미달하는 제품이 납품되거나, 하자가 발생할 리스크
- 납기 지연 리스크: 제조, 운송, 통관 등의 문제로 정해진 납기를 준수하지 못할 리스크
- 가격 변동 리스크: 원자재 가격 급등, 환율 변동 등으로 계약금액 조정이 필요하게 될 리스크
- 안전사고 리스크: 공사 현장 등에서 안전 관리 부실로 인명 또는 재산 피해가 발생할 리스크

④ 제재 단계 리스크: 제재 단계에서는 법적 분쟁, 행정 처분과 관련된 리스크 발생
- 부정당업자 제재 리스크: 계약 불이행, 담합 등의 사유로 입찰참가자격이 제한될 리스크
- 지체상금 부과 리스크: 납기 지연에 따라 지체상금이 과도하게 부과될 리스크
- 법적 분쟁 리스크: 계약 해석, 하자 책임 등을 둘러싸고 소송, 중재 등 법적 분쟁이 발생할 리스크

국가를 당사자로 하는 계약에 관한 법률 시행령 제76조(부정당업자의 입찰참가자격 제한)
▶ 각 중앙관서의 장은 다음 각 호의 어느 하나에 해당하는 자(이하 부정당업자라 함)에 대해서는 법 제27조 제1항에 따라 즉시 1개월 이상 2년 이하의 범위에서 입찰참가자격을 제한하여야 함
  가. 계약을 이행함에 있어서 부실·조잡 또는 부당하게 하거나 부정한 행위를 한 자
  나. 정당한 이유 없이 계약을 체결 또는 이행하지 아니한 자

03 리스크 식별 평가

식별된 리스크는 발생 가능성(Probability)과 발생 시 영향(Impact)을 기준으로 평가하여 우선순위를 정해야 하며, 이를 위해 일반적으로 확률-영향 매트릭스(Probability-Impact Matrix)를 활용함

1 리스크 식별 방법

① 확률-영향 매트릭스: 리스크의 발생 가능성과 영향을 각각 상, 중, 하 등으로 등급화하여 2차원 매트릭스에 배치하고, 이를 통해 리스크의 심각도(Severity)를 시각적으로 평가하는 도구
  • X축: 발생 가능성(낮음, 중간, 높음)
  • Y축: 발생 시 영향(낮음, 중간, 높음)

〈리스크 평가 매트릭스 방법 1〉

발생 가능성 / 영향력	1. 미미함	2. 경미함	3. 보통	4. 중대함	5. 치명적
5. 거의 확실	보통(5)	높음(10)	높음(15)	치명(20)	치명(25)
4. 가능성 높음	낮음(4)	보통(8)	높음(12)	높음(16)	치명(20)
3. 가능성 있음	낮음(3)	보통(6)	보통(9)	높음(12)	높음(15)
2. 낮음	낮음(2)	낮음(4)	보통(6)	보통(8)	높음(10)
1. 매우 희박	낮음(1)	낮음(2)	낮음(3)	낮음(4)	보통(5)

  • 높음(Red Zone): 즉각적인 대응 전략 수립 필요
  • 중간(Yellow Zone): 지속적인 모니터링 및 대응 계획 수립
  • 낮음(Green Zone): 수용 가능한 리스크로 판단, 주기적 검토

〈리스크 평가 매트릭스 방법 2〉

구분	발생 가능성(낮음)	발생 가능성(중간)	발생 가능성(높음)
발생 시 영향(높음)	중간	높음	매우 높음
발생 시 영향(중간)	낮음	중간	높음
발생 시 영향(낮음)	매우 낮음	낮음	중간

2 정성적 평가와 정량적 평가

리스크 영향도 평가는 정성적 방법과 정량적 방법으로 구분
① 정성적 평가(Qualitative Analysis)
- 개념: 리스크의 발생 가능성과 영향을 전문가의 경험, 직관, 과거 데이터 등을 바탕으로 상, 중, 하 또는
  1~5점 척도 등으로 평가하는 방법
- 장점: 신속하고 비용이 적게 들며, 데이터가 부족한 경우에도 적용 가능
- 단점: 평가자의 주관이 개입될 여지가 크고, 객관성이 떨어질 수 있음
- 활용: 주로 확률-영향 매트릭스를 활용한 리스크 우선순위 선정에 사용
② 정량적 평가(Quantitative Analysis)
- 개념: 리스크의 영향을 화폐 가치, 시간 등으로 계량화하여 평가하는 방법
- 장점: 객관적이고 정밀한 분석이 가능하며, 의사결정의 근거로 활용하기 용이
- 단점: 데이터 수집 및 분석에 많은 시간과 비용이 소요되며, 모든 리스크를 계량화하기 어려움
- 활용: 민감도 분석(Sensitivity Analysis), 의사결정나무 분석(Decision Tree Analysis), 몬테카를로 시뮬레
  이션(Monte Carlo Simulation) 등

실무톡톡

대부분의 공공기관에서는 정성적 평가 방법을 주로 사용하지만, 대규모 국책 사업이나 복잡한 기술이 요구되는 사업의 경우, 정량적
평가를 통해 리스크를 보다 정밀하게 분석하고 관리하기도 함. 예를 들어, 특정 부품의 납기 지연 리스크를 평가할 때, 지연 일수에
따른 지체상금액과 전체 사업 지연에 따른 손실액을 화폐 가치로 환산하여 평가하는 것이 정량적 평가에 해당됨

04 리스크 식별 실무 사례

[AI 기반 CCTV 관제 시스템 구축 사업]

한 지방자치단체에서 AI 기반 CCTV 관제 시스템 구축 사업을 추진한다고 가정하고, 입찰 단계에서 발생할 수 있는 리스크를 식별하고
분석해 보자.

1 리스크 식별

① 기술 과장 리스크: 제안 업체가 AI 기술의 성능(예 객체 인식률)을 과장하여 제안할 리스크
② BMT 평가 오류 리스크: 성능 테스트(BMT) 과정에서 실제 운영 환경과 다른 조건으로 테스트하여 기술 검증에
  실패할 리스크
③ 신기술 독점 리스크: 특정 업체만 보유한 독점 기술이 제안요청서(RFP)에 반영되어 공정한 경쟁이 제한될 리스크
④ 예산 초과 리스크: 제안 업체들이 높은 가격을 제시하여 책정된 예산을 초과할 리스크

[2] 리스크 분석(확률–영향 매트릭스 활용)

리스크	발생 가능성	발생 시 영향	심각도	우선순위
기술 과장 리스크	높음	높음	매우 높음	1
BMT 평가 오류 리스크	중간	높음	높음	2
신기술 독점 리스크	낮음	높음	중간	3
예산 초과 리스크	중간	중간	중간	3

[3] 분석 결과

① **최우선 관리 대상**: 기술 과장 리스크는 발생 가능성과 영향이 모두 높아 최우선으로 관리해야 할 리스크로 식별되었으며, 이를 방치할 경우, 시스템 구축 후 실제 성능이 기대에 미치지 못해 예산 낭비는 물론 시민 안전 문제까지 야기할 수 있음

② **중점 관리 대상**: BMT 평가 오류 리스크 역시 발생 시 영향이 크므로, BMT의 공정성과 객관성을 확보하기 위한 방안을 마련해야 함

③ **지속 모니터링 대상**: 신기술 독점 리스크와 예산 초과 리스크는 지속적으로 모니터링하며 대응 방안을 검토해야 함

핵심포인트

리스크 식별은 단순히 목록을 나열하는 것이 아니라, 식별된 리스크를 분석하고 평가하여 우선순위를 정하는 과정까지 포함하며, 우선순위가 높은 리스크부터 대응 전략을 수립하는 것이 효율적임

CHAPTER
01

단원별 핵심문제

01
(괄호형)

ISO 31000에서는 리스크를 '목표에 대한 (①)의 영향'으로 정의한다. 확률-영향 매트릭스는 리스크의 발생 가능성과 발생 시 영향을 기준으로 리스크의 (②)를 시각적으로 평가하는 도구이다.

> **정답** ① 불확실성 ② 심각도(Severity)
> **해설** 리스크는 단순히 위험이 아니라 불확실성을 의미하며, 긍정적, 부정적 영향을 모두 포함하는 중립적인 개념이다. 확률-영향 매트릭스는 발생 가능성과 영향의 조합을 통해 리스크의 심각도를 평가하고, 이를 통해 대응 우선순위를 결정하는 데 활용된다.

02
(서술형)

공공조달의 3대 목표를 서술하시오.

> **정답** 적기, 적정 품질, 적정 가격
> **해설** 성공적인 공공조달은 정해진 시기에, 요구되는 품질의 제품이나 서비스를, 적정한 예산 내에서 확보하는 것을 목표로 한다.

03
(단답형)

리스크 영향도 평가 방법 중 전문가의 경험, 직관 등을 바탕으로 리스크의 우선순위를 정하는 방법을 무엇이라고 하는가?

> **정답** 정성적 평가(Qualitative Analysis)
> **해설** 정성적 평가는 신속하고 비용이 적게 들어 실무에서 널리 활용되지만, 평가자의 주관이 개입될 수 있다는 단점이 있다.

04
(서술형)

공공조달에서 리스크 관리가 필요한 이유를 3가지 이상 서술하시오.

> **정답**
> 1. 예산 낭비 방지: 예측하지 못한 비용 증가나 사업 지연으로 인한 추가적인 세금 투입을 막을 수 있다.
> 2. 행정 효율성 제고: 체계적인 리스크 관리를 통해 조달 업무의 예측 가능성을 높이고, 반복적인 문제 발생을 줄일 수 있다.
> 3. 투명성 및 공정성 확보: 리스크 식별 및 평가 기준을 사전에 정의하고 공개함으로써 투명하고 공정한 조달 환경을 조성하는 데 기여한다. (이 외에 국민 편익 증진, 대국민 서비스 질 향상 등도 정답으로 인정)

CHAPTER 02 리스크 대응 및 통제 전략

01 리스크 대응 전략

1 리스크 대응 전략

리스크 영향도 평가를 통해 우선순위가 결정된 리스크에 대해서는 효과적인 대응 전략을 수립해야 하며, 리스크 대응 전략은 크게 회피(Avoidance), 전가(Transfer), 완화(Mitigation), 수용(Acceptance)으로 구분

① 회피(Avoidance)
- 개념: 리스크 발생 가능성을 원천적으로 제거하는 가장 적극적인 전략. 리스크가 큰 사업을 포기하거나, 과업 내용을 변경하는 등의 방법
- 예시: 기술적 불확실성이 매우 높은 신기술 도입 사업의 경우, 사업 자체를 보류하거나 검증된 기술을 도입하는 것으로 계획을 변경
- 장점: 리스크를 완전히 제거할 수 있음
- 단점: 리스크와 함께 잠재적 기회까지 상실할 수 있음

② 전가(Transfer)
- 개념: 리스크로 인한 결과의 책임이나 영향을 제3자에게 이전하는 전략. 보험 가입, 계약서 내 책임 조항 명시, 보증 요구 등이 해당
- 예시: 공사 중 발생할 수 있는 안전사고 리스크에 대비하여 건설공사보험에 가입하거나, 계약서에 하자보수 책임을 시공사에 명확히 규정
- 장점: 리스크 발생 시 재무적 손실을 최소화할 수 있음
- 단점: 리스크 자체가 사라지는 것은 아니며, 보험료 등 추가 비용 발생

③ 완화(Mitigation)
- 개념: 리스크의 발생 가능성이나 발생 시 영향을 줄이기 위한 조치를 취하는 가장 일반적인 전략. 안전장치 설치, 품질 검사 강화, 예비 자원 확보 등이 해당
- 예시: 납기 지연 리스크를 완화하기 위해 주기적으로 공정 현황을 점검하고, 핵심 부품의 재고를 미리 확보.
- 장점: 다양한 리스크에 적용 가능하며, 실무에서 가장 많이 활용됨
- 단점: 완벽한 통제는 불가능하며, 잔여 리스크(Residual Risk)가 남을 수 있음

④ 수용(Acceptance)
- 개념: 리스크를 인지하고 받아들이기로 결정하는 전략. 리스크의 심각도가 낮거나, 대응 비용이 기대 효과보다 클 경우 선택
- 예시: 사무용품 구매 시 특정 브랜드 제품의 일시적 품절 리스크는 심각도가 낮다고 판단하여 별도 조치 없이 수용하고, 품절 시 대체품을 구매
- 장점: 대응에 드는 시간과 비용을 절약할 수 있음
- 단점: 리스크 발생 시 손실을 감수해야 하며, 수용은 방치가 아니라, 인지하고 관리하는 적극적 수용이어야 함

4가지 리스크 대응 전략(회피, 전가, 완화, 수용)은 상호 배타적인 것이 아님. 하나의 리스크에 대해 여러 전략을 조합하여 사용할 수 있으며, 리스크의 특성과 조직의 리스크 수용 수준(Risk Appetite)을 고려하여 최적의 전략을 선택해야 함

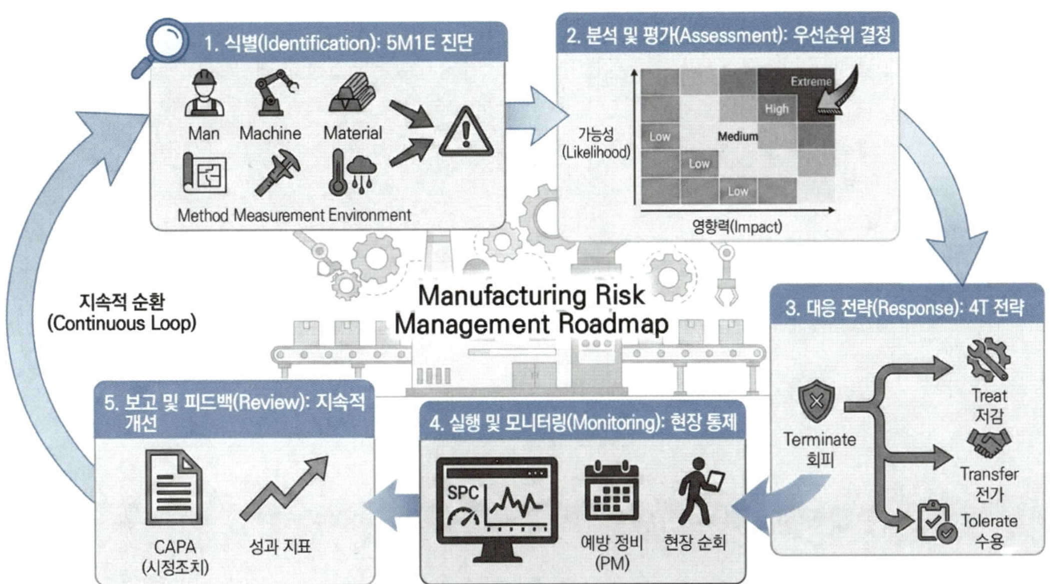

▲ 모델 리스크 관리(MRM) 프로세스

02 리스크 대응 절차 실행

리스크 대응 전략이 수립되면, 이를 실행하기 위한 구체적인 대응 계획을 수립하고 실행해야 하며, 예측하지 못한 상황에 대비하기 위한 비상 대응 계획도 함께 마련하는 것이 중요

1 리스크 단계별 실행

① 리스크 대응 계획 수립: 리스크 대응 계획에는 각 리스크에 대한 구체적인 조치사항, 담당자, 일정, 필요 자원 등이 포함되어야 함

〈리스크 관리 대장(Risk Register) 예시〉

리스크 ID	리스크 내용	심각도	대응 전략	구체적 조치	담당자	기한
R-01	핵심 개발 인력 퇴사	높음	완화	• 핵심 기술 문서화 • 대체 인력 교육	PM	상시
R-02	원자재 가격 10% 이상 급등	중간	전가/완화	• 선물 계약 체결 • 대체 공급선 발굴	구매팀	계약 후 1주 이내
R-03	납품 시스템 해킹	높음	완화/전가	• 보안 시스템 강화 • 사이버 보험 가입	IT팀	즉시

② 비상 대응 계획(Contingency Plan)
  • 개념: 리스크가 실제로 발생했을 경우를 대비하여 사전에 마련하는 비상 조치 계획. 'Plan B'라고도 불림
  • 구성 요소: 비상 상황 발동 조건, 비상 연락망, 구체적인 조치 절차, 복구 계획 등
  • 예시: 납품 업체의 파산 리스크에 대한 비상 대응 계획
  • 발동 조건: 납품 업체가 법원에 파산 신청을 접수한 경우
  • 조치 절차: 즉시 계약 해지 통보 → 보증 기관에 보증 이행 청구 → 차순위 협상 대상자 또는 신규 업체와 계약 추진
  • 복구 계획: 대체 업체 선정 후 1개월 내 납품 정상화

실무톡톡

리스크 관리 대장은 한 번 만들고 끝나는 문서가 아님. 사업이 진행되면서 새로운 리스크가 나타나기도 하고, 기존 리스크의 심각도가 변하기도 하므로, 리스크 관리 대장은 살아있는 문서(Living Document)로 생각하고, 주기적으로 검토하고 업데이트 해야 함

03 리스크 모니터링 및 보고

리스크 관리는 일회성 활동이 아니라, 지속적인 모니터링과 보고를 통해 관리되는 순환 과정(Cycle)으로, 효과적인 모니터링을 위해 핵심 리스크 지표(KRI, Key Risk Indicator)를 활용할 수 있음

1 리스크 모니터링 및 보고

① 핵심 리스크 지표(KRI): 리스크 발생 가능성이 높아지고 있음을 사전에 알려주는 조기 경보 지표로, 리스크가 발생하기 전에 그 징후를 포착하여 선제적으로 대응할 수 있도록 돕는 관리 도구

KRI의 조건
  • 측정 가능성: 객관적인 수치로 측정할 수 있어야 함
  • 예측 가능성: 리스크 발생 전에 징후를 나타내야 함
  • 관련성: 관리하고자 하는 리스크와 직접적인 관련이 있어야 함
  • 추적 용이성: 데이터를 쉽게 수집하고 추적할 수 있어야 함

〈KRI 예시〉

관리 대상 리스크	핵심 리스크 지표(KRI)	임계치(Threshold)
납기 지연 리스크	공정 지연율	10% 이상
품질 저하 리스크	월간 하자 발생 건수	5건 이상
예산 초과 리스크	예산 집행률(계획 대비)	120% 초과
계약 상대방 재무 리스크	부채 비율	300% 이상

② 리스크 모니터링 체계: 효과적인 리스크 모니터링을 위해서는 정기적인 검토 회의, 보고 체계, 담당자 지정 등 체계적인 접근이 필요함
- 주기적인 검토: 주간 또는 월간 단위로 리스크 관리 대장 검토 및 KRI 현황 점검
- 보고 체계: 리스크 현황 및 대응 결과를 관련 부서 및 상급자에게 정기적으로 보고
- 담당자 지정: 각 리스크별로 담당자를 지정하여 책임감을 부여하고, 신속한 대응 유도
③ 리스크 보고서 작성: 리스크 보고서는 의사결정자가 리스크 현황을 한눈에 파악하고, 필요한 조치를 취할 수 있도록 명확하고 간결하게 작성해야 함

> **리스크 보고서 핵심 포함 내용**
> - 보고 기간: 예 2026년 2월 1일~2월 7일
> - 주요 리스크 현황: 심각도가 높은 상위 5개 리스크 요약
> - KRI 현황: 임계치에 근접하거나 초과한 KRI 목록
> - 리스크 대응 현황: 진행 중인 리스크 대응 조치의 성과 및 문제점
> - 향후 계획 및 제언: 추가적인 대응 방안 또는 의사결정이 필요한 사항 제언

핵심포인트

KRI는 리스크 관리의 건강검진과 같음. 주기적으로 KRI를 측정하고 임계치와 비교함으로써, 리스크가 심각한 문제로 발전하기 전에 조기에 발견하고 대응할 수 있음

04 리스크 관리 종합 사례

[차세대 지방재정관리시스템 구축 사업]

한 광역자치단체에서 500억원 규모의 차세대 지방재정관리시스템을 구축하는 대규모 IT 사업을 추진한다고 가정하고, 종합적인 리스크 관리 계획을 수립해 보자.

1 리스크 식별 및 평가(사업 초기)

리스크	발생 가능성	영향	심각도	주요 관리 대상
요구사항 변경	높음	높음	매우 높음	★★★
신기술 적용 실패	중간	높음	높음	★★
핵심 인력 이탈	중간	높음	높음	★★
사업 예산 초과	중간	중간	중간	★
데이터 이관 오류	높음	중간	높음	★★

2 리스크 대응 전략 수립

① 요구사항 변경(완화/수용): 요구사항 변경 통제 위원회를 운영하고, 경미한 변경은 수용하되, 중대한 변경은 계약 변경을 통해 관리
② 신기술 적용 실패(완화/회피): 기술 검증(PoC)을 통해 신기술의 안정성을 사전에 검증하고, 검증 실패 시 대안 기술을 적용하는 것으로 계획 변경
③ 핵심 인력 이탈(완화/전가): 핵심 인력의 장기근속을 유도하는 인센티브를 제공하고, 계약서에 핵심 인력 교체 시 발주처의 승인을 받도록 하는 조항 명시
④ 사업 예산 초과(완화): 예비비를 확보하고, 주기적으로 예산 집행 현황 모니터링
⑤ 데이터 이관 오류(완화): 단계별 데이터 이관 계획을 수립하고, 사전 테스트 및 검증 절차 강화

3 KRI 설정 및 모니터링

리스크	KRI	임계치
요구사항 변경	월간 요구사항 변경 요청 건수	5건 초과
신기술 적용 실패	PoC 테스트 실패율	20% 이상
핵심 인력 이탈	핵심 인력 월간 퇴사율	10% 이상
사업 예산 초과	누적 예산 집행률(계획 대비)	110% 초과
데이터 이관 오류	누적 이관 오류율	5% 이내

4 보고 및 검토

① 주간 보고: PM은 주간 단위로 KRI 현황 및 리스크 대응 상황을 점검하여 사업관리조직(PMO)에 보고
② 월간 보고: PMO는 월간 단위로 전체 리스크 현황을 종합하여 발주기관의 사업 책임자에게 보고하고, 필요한 의사결정 지원
③ 단계별 검토: 사업의 주요 단계(분석, 설계, 개발, 테스트 등) 종료 시점마다 리스크 관리 계획을 전면적으로 재검토하고, 다음 단계의 리스크를 식별하여 계획 갱신

실무톡톡

대규모 사업일수록 리스크 관리는 더욱 중요하며, 위 사례처럼 체계적인 리스크 관리 프로세스를 갖추는 것만으로도 사업 성공 가능성을 크게 높일 수 있음. 특히 PMO와 같은 전문 조직을 활용하여 독립적인 관점에서 리스크를 점검하고 관리하는 것이 효과적임

단원별 핵심문제

01
(괄호형)

리스크로 인한 결과의 책임을 보험 가입 등을 통해 제3자에게 이전하는 전략을 (①) 전략이라고 한다. 리스크 발생 가능성이 높아지고 있음을 사전에 알려주는 조기 경보 지표를 (②)(이)라고 한다.

정답　① 전가(Transfer) ② 핵심 리스크 지표(KRI, Key Risk Indicator)
해설　전가 전략은 리스크를 제거하는 것이 아니라, 발생 시 손실을 제3자와 분담하는 방식이다. 보험, 보증, 계약서 내 책임 조항 등이 대표적인 예이다. KRI는 리스크의 징후를 사전에 포착하여 선제적으로 대응할 수 있도록 돕는 중요한 관리 도구이다.

02
(단답형)

리스크 대응 전략 4가지를 쓰시오.

정답　회피, 전가, 완화, 수용
해설　이 4가지 전략은 리스크 관리의 가장 기본적인 프레임워크를 구성하며, 상황에 맞게 적절히 조합하여 사용해야 한다.

03
(단답형)

리스크가 실제로 발생했을 경우를 대비하여 사전에 마련하는 비상 조치 계획을 무엇이라고 하는가?

정답　비상 대응 계획(Contingency Plan)
해설　비상 대응 계획은 리스크 대응 전략이 실패하거나 예상치 못한 리스크가 발생했을 때, 피해를 최소화하기 위한 필수적인 계획이다.

04
(서술형)

핵심 리스크 지표(KRI)가 갖추어야 할 조건 3가지 이상을 서술하고, 그 중요성에 대해 설명하시오.

정답　• KRI의 조건
　1. 측정 가능성: 객관적인 수치로 측정 가능해야 변화를 추적하고 관리할 수 있다.
　2. 예측 가능성: 리스크가 발생하기 전에 징후를 알려주어야 선제적 대응이 가능하다.
　3. 관련성: 관리하고자 하는 리스크와 직접적인 관련이 있어야 지표의 유효성이 확보된다. (이 외에 추적 용이성 등도 정답으로 인정)
　• 중요성: KRI는 리스크 관리를 사후 약방문이 아닌 사전 예방의 차원으로 끌어올리는 핵심적인 역할을 한다. KRI를 통해 리스크의 징후를 조기에 발견하고 대응함으로써, 작은 문제일 때 해결하여 큰 손실을 막을 수 있다.

PART 06

다음 상황에서 당신이 식별해야 할 핵심 리스크 3가지를 정의하고, 각 리스크에 대한 심각도(확률-영향 매트릭스 기반)를 평가한 후, 회피, 전가, 완화, 수용 전략을 조합하여 구체적인 대응 방안을 서술하시오.

> - A 공공기관은 차세대 통합 물류 시스템 구축 사업(예산 1,000억원)을 추진 중이다. 이 사업은 기관의 핵심 업무를 전면 개편하는 사업으로, 성공적인 완수가 매우 중요하다.
> - 당신은 이 사업의 PMO(사업관리조직) 총괄 책임자이다.
> - 사업자 선정 입찰 공고 후, 유력한 후보였던 B 컨소시엄이 제안서에 아래와 같은 내용을 포함했다.
> [제안 기술] 물류 자동화 및 예측을 위해 최근 2년 내 상용화된 '양자 컴퓨팅 기반 최적화 엔진'을 세계 최초로 공공 물류 시스템에 적용하겠다고 제안했다.
> 이 기술은 이론적으로는 획기적인 성능 개선이 가능하지만, 아직 공공 분야 실증 사례(PoC)가 전무하다.
> [제안 인력] 해당 기술의 유일한 전문가인 C 박사를 사업 총괄 PM으로 투입하겠다고 명시했다.
> 하지만 C 박사는 경쟁사의 스카우트 제의를 받고 있다는 소문이 있다.
> [제안 가격] B 컨소시엄은 경쟁사 대비 20% 낮은 파격적인 가격을 제시했다.

정답

핵심 리스크 식별 및 평가
- [리스크 1] 신기술 적용 실패 리스크(심각도: 매우 높음)
  [평가] 발생 가능성(중간), 영향(매우 높음) → 실증 사례가 없어 기술적 실패 가능성이 존재하며, 실패 시 시스템 전체의 성능 저하 및 사업 목표 달성 실패라는 치명적 결과를 초래한다.
- [리스크 2] 핵심 인력 이탈 리스크(심각도: 높음)
  [평가] 발생 가능성(높음), 영향(높음) → 이직 소문이 있어 발생 가능성이 높고, 대체 불가능한 전문가의 이탈은 사업 지연 및 기술 구현 실패로 이어진다.
- [리스크 3] 저가 투찰로 인한 부실 이행 리스크(심각도: 높음)
  [평가] 발생 가능성(높음), 영향(높음) → 파격적인 저가 제시는 수익성 악화로 이어져, 향후 추가 비용 요구, 품질 저하, 사업 포기 등의 부실 이행 가능성이 매우 높다.

대응 방안
- 기술 검증(PoC) 의무화 및 단계적 적용(완화/전가): 제안서 평가 시 '양자 컴퓨팅 엔진'에 대한 기술 검증(PoC) 계획 제출을 의무화하고, PoC 결과에 따라 기술 점수를 차등 부여한다. 계약 시, PoC 결과가 일정 수준 이하일 경우 사업자가 모든 비용을 부담하여 검증된 대안 기술로 전환하도록 하는 특약 조건을 명시한다.
- 핵심 인력 참여 확약 및 대체 인력 확보(완화/전가): 계약 시 C 박사의 사업 참여 기간 및 역할을 명확히 하고, 정당한 사유 없는 교체를 금지하는 조항을 삽입한다. 또한, C 박사 외에 동급의 대체 인력 또는 공동 PM을 추가로 투입하도록 요구하여 1인 의존도를 낮춘다.
- 상세 산출내역서 검토 및 실행 예산 검증(완화): 제안 가격의 적정성을 평가하기 위해 상세 산출내역서를 제출받아 비현실적인 단가나 누락된 항목이 없는지 면밀히 검토한다. 필요한 경우, 외부 원가계산 전문기관에 의뢰하여 제안사의 실행 예산이 현실적인지 검증한다.

06 **(복합형)** 당신은 D 지자체의 계약 담당 주무관이다. 이 위기 상황을 해결하기 위한 단계별 대응 시나리오를 서술하시오. (아래 항목을 반드시 포함할 것)

> • 계약 해지 여부 및 법적 검토사항
> • 계약보증금 또는 공사 이행보증서 처리 방안
> • 하도급 업체 보호 방안
> • 공사 재개를 위한 비상 대응 계획(Contingency Plan) 실행 방안

│ 상황 │

> • D 지방자치단체는 관내 하천 정비 사업(예산 300억원)을 E 건설사와 계약하여 진행 중이다. 공정률 50% 시점에서, E 건설사가 자금난으로 1차 부도를 맞았다는 소식이 전해졌다.
> • E사는 즉시 D 지자체에 기업회생절차(법정관리)를 신청할 예정이며, 공사 재개까지 최소 6개월 이상 소요될 것이라고 비공식적으로 통보했다.
> • 하천 정비 사업은 장마철(4개월 후) 이전에 반드시 마무리되어야 하는 시급한 사업이다.

정답

• [1단계] 즉각적인 법적 조치 및 현장 보존(초동 대응)
[계약 해지 통보] E 건설사의 비공식 통보와 별개로, 내용증명 등을 통해 공식적으로 계약 이행을 최고(독촉)하고, 정해진 기간 내 미이행 시 계약을 해지할 것임을 통보한다. 이는 향후 법적 분쟁 시 유리한 근거가 된다.
[보증 이행 청구 준비] 계약 체결 시 제출받은 계약보증금(현금) 또는 공사 이행보증서의 보증기관(건설공제조합 등)에 사고 발생 사실을 통지하고, 보증금 지급 또는 보증이행업체 선정 절차를 준비한다.
[현장 보존 및 실사] 공사 중단을 최소화하기 위해 현장 자재, 장비, 기성고 등을 정확히 실사하고 사진, 동영상 등으로 기록을 남긴다. 이는 향후 타절 준공 및 정산의 근거가 된다.

• [2단계] 하도급 업체 보호 조치
[하도급 대금 직접 지급] 즉시 E 건설사에 지급해야 할 기성 대금의 지급을 보류하고, '하도급지킴이' 시스템 또는 발주처 직접 지급 제도를 통해 하도급 업체에 대금을 우선 지급하여 연쇄 부도를 막는다.
[하도급 계약 승계 검토] 공사를 이어받을 새로운 시공사가 기존 하도급 업체의 계약을 승계하도록 유도하여 공사의 연속성을 확보하고 하도급 업체의 피해를 최소화한다.

• [3단계] 공사 재개를 위한 비상 계획 실행
[보증 시공 또는 대가 지급] 보증기관과 협의하여, 보증기관이 지정하는 보증이행업체를 통해 잔여 공사를 완공(보증 시공)하거나, 새로운 업체를 선정하고 그 비용을 보증금으로 충당(대가 지급)하는 방안 중 장마철 이전 완공에 가장 유리한 방안을 신속히 결정한다.
[긴급 입찰 또는 수의계약] 보증 시공이 어려울 경우, 국가계약법 시행령에 따라 긴급 입찰 또는 수의계약을 통해 새로운 시공사를 선정하는 절차를 즉시 진행한다. 이때, 기존 하도급 업체와의 협력 관계, 현장 상황 등을 고려하여 공사 수행 능력이 검증된 업체를 선정하는 것이 중요하다.

07
(심화형)

[KRI 설계 및 운영]

3가지 핵심 리스크(안전사고, 예산 초과, 준공 지연)를 효과적으로 조기에 감지하기 위한 핵심 리스크 지표(KRI)를 각각 2개 이상씩 설계하고, 각 KRI의 임계치(Threshold)와 그 설정 이유를 구체적으로 제시하시오. 또한, 이 KRI들을 활용한 통합 리스크 모니터링 및 보고 체계를 어떻게 운영할 것인지 서술하시오.

> • F 공사는 전국 단위의 노후 전력망 교체 사업을 10개 권역으로 나누어 발주했다. 각 권역별 사업은 서로 다른 업체가 수행하지만, 사업 내용은 동일하다.
> • 당신은 F 공사의 사업 총괄 부서장으로서, 10개 사업 전체의 리스크를 통합적으로 관리해야 하는 임무를 맡았다. 특히, 과거 유사 사업에서 안전사고 발생, 예산 초과, 준공 지연 문제가 빈번했다.

정답

KRI 설계 및 임계치 설정
• [리스크 1] 안전사고 발생
 [KRI 1] 아차사고 보고 건수: 임계치(월 3건 이상). 실제 사고로 이어지진 않았지만 사고 위험이 있었던 아차사고 건수는 현장의 안전 불감증을 나타내는 선행 지표이다. 임계치 도달 시 즉시 현장 특별 안전 점검을 실시한다.
 [KRI 2] 개인 보호 장비 미착용 적발률: 임계치(주 1% 이상). 안전의 기본인 보호 장비 착용률은 현장 안전 관리 수준을 직접적으로 보여준다. 불시 점검을 통해 산출하며, 임계치 초과 시 현장 소장에게 강력히 경고하고 안전 교육을 강화한다.
• [리스크 2] 예산 초과
 [KRI 1] 설계변경(E/S) 요청 금액 비율: 임계치(총 공사비의 5% 초과). 잦은 설계변경은 예산 증액의 주된 원인이다. 누적 요청 금액이 임계치를 초과하면, 설계변경의 타당성을 원점에서 재검토하고, 불필요한 변경을 통제한다.
 [KRI 2] 기성 집행률(계획 대비): 임계치(계획 대비 120% 초과). 특정 공종에서 기성 집행률이 계획을 크게 초과하는 것은 공사비 산정 오류 또는 비효율적인 공사 진행을 의미할 수 있다. 원인 분석 및 대책 마련이 필요하다.
• [리스크 3] 준공 지연
 [KRI 1] 주 공정(Critical Path) 지연일수: 임계치(누적 7일 이상). 전체 공기에 직접적인 영향을 미치는 주 공정의 지연은 사업 전체의 준공 지연으로 이어진다. 누적 지연일수가 임계치에 도달하면, 만회 공정 계획 수립을 즉시 요구해야 한다.
 [KRI 2] 자재/장비 반입 지연 건수: 임계치(월 2건 이상). 자재나 장비의 수급 문제는 공정 지연의 선행 지표이다. 지연 발생 시, 원인을 파악하고 대체 공급선을 알아보는 등 선제적 조치가 필요하다.

통합 리스크 모니터링 및 보고 체계 운영
• 통합 대시보드 구축: 10개 권역의 KRI 데이터를 실시간으로 취합하여 시각화하는 통합 리스크 대시보드를 구축한다. 대시보드는 신호등 체계(녹색–정상, 황색–주의, 적색–위험)로 KRI 상태를 표시하여 직관적인 판단을 돕는다.
• 주간 리스크 회의: 매주 월요일, 10개 권역 현장 소장 및 PM과 화상으로 주간 리스크 회의를 개최한다. 회의에서는 지난주 KRI 현황을 검토하고, '적색' 신호 KRI에 대한 원인 분석 및 대응 방안을 집중적으로 논의한다.
• 월간 리스크 보고: 매월 초, 총괄 부서장은 통합 대시보드와 주간 회의 결과를 바탕으로 종합 리스크 보고서를 작성하여 경영진에게 보고한다. 보고서에는 주요 리스크 현황, 대응 조치 결과, 향후 계획 및 의사결정이 필요한 사항을 명확히 제시한다.

08 [사회적/정치적 리스크 관리]
(심화형)

당신은 G 부처의 대변인이다. 이 상황은 단순한 계약 이행 문제를 넘어, 정부 정책의 신뢰도와 직결되는 사회적/정치적 리스크로 발전했다. 이 리스크를 관리하고 해결하기 위한 종합적인 커뮤니케이션 전략을 서술하시오. (아래 항목을 반드시 포함할 것)

> • 주요 이해관계자(국민, 언론, 국회, H사) 식별 및 그룹별 메시지 전략
> • 즉각적인 위기 대응을 위한 초동 조치(Short-Term)
> • 근본적인 문제 해결 및 신뢰 회복을 위한 중장기적 방안(Long-Term)

상황

> • G 중앙부처는 국민 편익 증진을 위해 전국 호환 교통카드 시스템을 구축하고, 특정 민간 기업(H사)과 20년간의 독점 운영 계약을 체결했다. 그러나 사업 5년 차에 H사가 과도한 수수료를 부과하고 있다는 시민단체의 문제 제기가 있었고, 언론 보도가 이어지면서 정치권까지 가세하여 특혜 계약논란으로 비화되었다.
> • G 부처는 H사와의 계약 조건상 수수료 조정이 어렵다는 입장이지만, 여론은 급격히 악화되고 있다.

정답

[1단계] 초동 조치 및 위기 커뮤니케이션(Short-Term)
• 이해관계자 식별 및 메시지 전략
(국민/시민단체): 공감과 투명성. 국민 여러분께 심려를 끼쳐드려 송구합니다. 제기된 문제를 무겁게 받아들이고 있으며, 모든 과정을 투명하게 공개하고 국민의 눈높이에서 해결하겠습니다. (즉각적인 사과 및 진상 규명 약속)
(언론): 신속하고 정확한 정보 제공. 사실관계를 파악 중이며, 확인되는 대로 즉시 언론에 모든 정보를 제공하겠습니다. 추측성 보도를 자제해 주시길 부탁드립니다. (24시간 내 1차 브리핑 실시, 팩트 시트 배포)
(국회): 적극적인 소명과 협력. 의원님들의 우려에 깊이 공감하며, 관련 상임위에 즉시 현안 보고를 드리고, 문제 해결을 위해 긴밀히 협력하겠습니다. (관련 상임위 의원실 방문 및 자료 제공)
(H사): 공동 책임 및 해결 방안 모색. 이번 사태는 정부와 H사 모두의 책임입니다. 국민의 신뢰를 회복하기 위해 H사도 책임 있는 자세로 문제 해결에 동참해 주시길 바랍니다. (공동 기자회견 또는 협의체 구성 제안)
• 원-보이스(One-Voice) 원칙 확립: 대변인으로 창구를 단일화하여 혼선 없는 메시지를 일관되게 전달한다.
• 팩트 체크 팀 가동: 부정확한 정보나 가짜뉴스에 신속하게 대응하기 위한 팩트 체크 팀을 즉시 가동한다.

[2단계] 근본 해결 및 신뢰 회복(Long-Term)
• 민관 합동 진상조사위원회 구성: 시민단체, 전문가, 언론, 국회 추천 위원 등이 참여하는 독립적인 민관 합동 진상조사위원회를 구성하여 계약 과정 및 수수료 산정의 적정성을 전면 재조사하고, 결과를 백서로 발간하여 투명하게 공개한다.
• 계약 재협상 및 제도 개선: 진상조사위 결과를 바탕으로 H사와 수수료 인하 및 서비스 개선을 위한 계약 재협상을 추진한다. 또한, 향후 유사한 문제가 재발하지 않도록 장기 독점 계약에 대한 가이드라인, 주기적인 재평가 의무화 등 제도 개선 방안을 마련하여 발표한다.
• 지속적인 소통 및 사회적 가치 창출: 정기적인 간담회, 공청회 등을 통해 국민과 지속적으로 소통하고, H사와의 협력을 통해 교통 약자 지원, 친환경 교통 시스템 도입 등 사회적 가치를 창출하는 프로젝트를 추진하여 긍정적 여론을 형성하고 신뢰를 회복한다.

PART 06

PART 06 단원별 핵심정리

암기 필수사항

CHAPTER 01

1. 리스크의 정의: 목표 달성에 영향을 미치는 불확실성으로, 긍정적(기회) 및 부정적(위협) 영향을 모두 포함함
2. 공공조달 리스크: 조달 목표(적기, 적정 품질, 적정 가격) 달성에 영향을 미치는 불확실성을 의미함
3. 리스크 유형: 입찰, 계약, 이행, 제재 등 조달 단계별로 다양하게 나타나며, 각 단계의 핵심 목표와 연관됨
4. 리스크 영향도 평가: 발생 가능성과 발생 시 영향을 기준으로 평가하며, 확률-영향 매트릭스를 주로 활용함
5. 평가 방법: 신속하고 간편한 정성적 평가와 객관적이고 정밀한 정량적 평가로 구분됨
6. 리스크 관리: 식별된 리스크의 우선순위를 정하고, 우선순위가 높은 리스크부터 대응 전략을 수립하는 것이 중요함

CHAPTER 02

1. 리스크 대응 전략: 회피(Avoidance), 전가(Transfer), 완화(Mitigation), 수용(Acceptance) 4가지가 있으며, 리스크의 특성에 따라 최적의 전략을 선택해야 함
2. 리스크 관리 대장: 식별된 리스크에 대한 구체적인 대응 계획을 기록하고 추적하는 문서로, 지속적으로 업데이트해야 함
3. 비상 대응 계획: 리스크가 실제로 발생했을 경우를 대비하여 사전에 마련하는 비상 조치 계획(Plan B)을 의미함
4. 핵심 리스크 지표(KRI): 리스크 발생 가능성을 사전에 알려주는 조기 경보 지표로, 선제적 대응을 가능하게 함
5. 리스크 모니터링: 주기적인 검토, 보고 체계, 담당자 지정을 통해 체계적으로 이루어져야 함
6. 종합적 관리: 리스크 관리는 식별, 평가, 대응, 모니터링이 순환되는 종합적인 프로세스

실무 적용 체크리스트

리스크 식별 시

☐ 조달 단계별(입찰 → 계약 → 이행 → 제재) 리스크를 빠짐없이 식별했는가?
☐ 리스크의 양면성(기회 + 위협)을 모두 고려하여 식별했는가?
☐ 과거 유사 사업의 리스크 사례를 참고하여 식별 범위를 확대했는가?
☐ 이해관계자(발주기관, 계약상대자, 하도급업체 등)별 리스크를 점검했는가?

리스크 평가 시
☐ 확률-영향 매트릭스를 활용하여 리스크의 심각도를 평가했는가?
☐ 정성적 평가와 정량적 평가 중 사업 특성에 맞는 방법을 선택했는가?
☐ 리스크 우선순위를 정하고, 최우선 관리 대상을 선정했는가?
☐ 평가 결과를 리스크 관리 대장(Risk Register)에 기록했는가?

리스크 대응 전략 수립 시
☐ 4가지 대응 전략(회피, 전가, 완화, 수용) 중 적절한 전략을 선택했는가?
☐ 각 리스크별 구체적인 대응 조치, 담당자, 일정을 명시했는가?
☐ 비상 대응 계획(Contingency Plan)을 사전에 수립했는가?
☐ 리스크 대응 전략의 조합 가능성을 검토했는가?

리스크 모니터링 시
☐ 핵심 리스크 지표(KRI)를 설정하고 임계치를 정했는가?
☐ KRI를 주기적으로 측정하고 임계치와 비교하고 있는가?
☐ 리스크 현황을 정기적으로 보고하는 체계를 갖추었는가?
☐ 리스크 관리 대장을 지속적으로 업데이트하고 있는가?

학습 완료 체크리스트

☐ 리스크의 정의(목표 달성에 영향을 미치는 불확실성)와 양면성(기회 + 위협)을 이해하고 설명할 수 있는가?
☐ 공공조달 리스크의 개념과 3대 목표(적기, 적정 품질, 적정 가격)를 숙지했는가?
☐ 조달 단계별(입찰, 계약, 이행, 제재) 리스크 유형을 구분하고 식별할 수 있는가?
☐ 확률-영향 매트릭스를 활용한 리스크 영향도 평가 방법을 이해하고 적용할 수 있는가?
☐ 정성적 평가와 정량적 평가의 차이점과 각각의 활용 상황을 설명할 수 있는가?
☐ 4가지 리스크 대응 전략(회피, 전가, 완화, 수용)의 개념과 적용 사례를 설명할 수 있는가?
☐ 리스크 관리 대장(Risk Register) 작성 방법과 비상 대응 계획(Contingency Plan)의 구성 요소를 숙지했는가?
☐ 핵심 리스크 지표(KRI)의 개념과 설정 방법을 이해하고, 모니터링 체계를 설계할 수 있는가?
☐ 리스크 보고서의 핵심 포함 내용을 알고, 효과적인 보고서를 작성할 수 있는가?

공공조달 법제도 활용 및 분쟁 대응

공공조달은 관련 법규와 제도를 얼마나 잘 이해하고 활용하느냐에 따라 성과가 크게 달라진다.
본 PART7에서는 중소기업 우대제도, 녹색조달 등 다양한 지원 제도를 전략적으로 활용하는 방법과
부정당제재나 계약 분쟁 발생 시 법적 절차에 따라 체계적으로 대응하는 실무 지식을 학습한다.

학습 로드맵

구분	학습 내용	핵심 역량
CHAPTER 01	• 중소기업·여성기업·장애인기업 등 우대제도 • 혁신제품 수의계약 • 녹색조달 제도 • ESG 조달 활용	• 정책적 우대제도 활용 능력 • 수주 기회 확대 전략 수립 능력
CHAPTER 02	• 부정당업자 제재 • 이의신청 및 분쟁조정 • 행정심판 및 행정소송 등 분쟁 대응 절차	• 법규 위반 리스크 관리 능력 • 분쟁 해결 및 권리 구제 능력

학습 목표

1. 중소기업, 여성기업, 장애인기업 우대제도 등 다양한 정책적 지원 제도를 파악하고 입찰 전략에 활용할
   수 있다.
2. 부정당업자 제재 등 법규 위반에 따른 리스크를 이해하고, 관련 규정을 준수하여 분쟁을 사전에 예방할
   수 있다.
3. 계약 관련 분쟁 발생 시 이의신청, 분쟁조정, 행정심판 등 공식적인 절차를 통해 문제를 해결하고
   권리를 구제받을 수 있다.

CHAPTER 01

전략적 조달 및 우선구매

01 ▶ 중소기업 우대제도 활용

1 중소기업 우대제도 종류

중소기업 우대제도는 중소기업의 공공조달 시장 진입을 지원하기 위한 제도로, 중소기업자 간 경쟁 제도와 직접생산확인 제도가 있음

① 중소기업자 간 경쟁 제도
- 중소기업자 간 경쟁 제도는 추정가격이 일정 금액 이하인 경우 중소기업자만 입찰에 참가할 수 있도록 하는 제도
- 중소기업의 공공조달 시장 참여 기회를 확대하고, 대기업과의 경쟁에서 불리한 중소기업을 보호하기 위한 정책적 배려

- **개념**: 추정가격이 일정 금액 이하인 경우 중소기업자만 입찰에 참가할 수 있도록 하는 제도
- **법적 근거**: 중소기업제품 구매촉진 및 판로지원에 관한 법률 제6조
- **적용 대상**
  - 추정가격 40억원 이하의 물품 구매
  - 100억원 이하의 공사 등
- **효과**: 중소기업의 공공조달 시장 참여 기회 확대

법조문 돋보기

중소기업제품 구매촉진 및 판로지원에 관한 법률 제6조(중소기업자 간 경쟁제품의 지정)
▶ 중소벤처기업부장관은 중소기업자가 직접 생산·제공하는 제품으로서 판로 확대가 필요하다고 인정되는 제품을 중소기업자 간 경쟁제품(이하 "경쟁제품"이라 한다)으로 지정할 수 있음
▶ 중소벤처기업부장관은 제1항에 따라 경쟁제품을 지정하고자 하는 경우에는 미리 관계 중앙행정기관의 장과 협의하여야 함. 이 경우 중소벤처기업부장관은 관계 중앙행정기관의 장이 지정 제외를 요청한 제품에 대하여는 특별한 사유가 없으면 그 제품을 경쟁제품으로 지정하여서는 아니 됨
▶ 경쟁제품의 지정에 필요한 사항은 대통령령으로 정함

▲ 중소기업제품 공공구매제도 소개

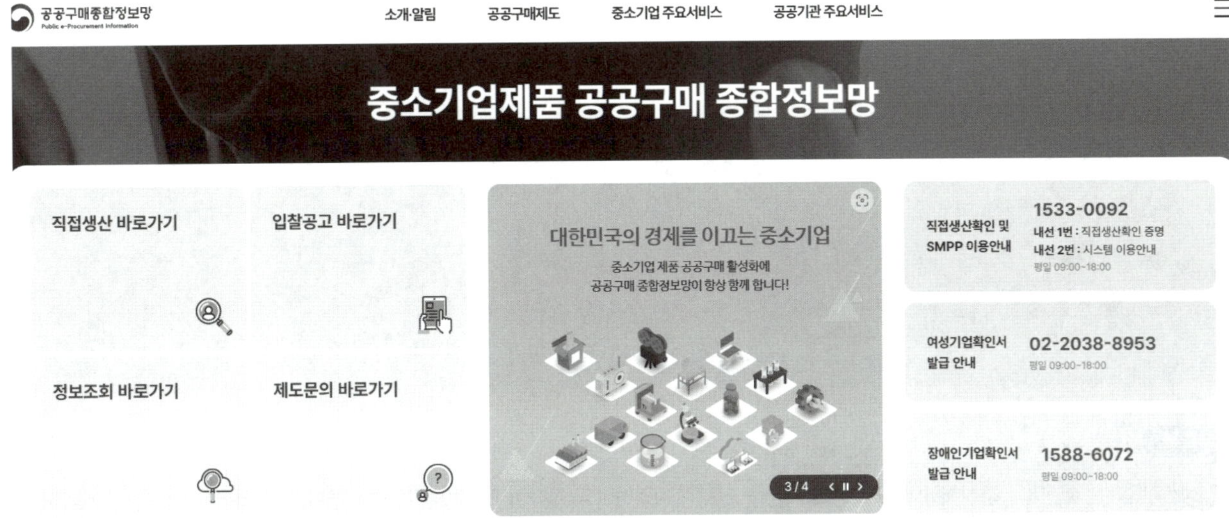

▲ 중소기업제품 공공구매 종합정보망 화면

② 직접생산확인 제도

- 직접생산확인 제도는 중소기업자가 직접 생산한 제품임을 확인하여 중소기업을 보호하는 제도
- 중소기업자 간 경쟁 제도의 실효성을 높이기 위해 도입

> - **목적**: 중소기업자가 직접 생산한 제품임을 확인하여 중소기업 보호
> - **확인 절차**: 제조시설, 기술인력, 생산실적 등을 조달청이 확인
> - **확인 기관**: 조달청, 중소벤처기업진흥공단 등
> - **유효기간**: 확인서 발급일로부터 2년

직접생산 제도소개

- 공공기관이 중소기업자간 경쟁제품에 대하여 중소기업자간 경쟁의 방법 또는 1천만원 이상의 수의계약의 방법으로 제품조달계약을 체결하는 경우 해당 중소기업자의 직접생산 여부를 확인하도록 의무화 하는 제도입니다.
- 법적근거 : 중소기업제품 구매촉진 및 판로지원에 관한 법률 제9조 ↓
- 신청방법(영상): 바로가기 ☐
- 신청방법(PDF): 다운로드 >
- 문의처: 1533-0092(내선1번)
- ※ 오전(9~10시), 오후(1~3시) 시간에 통화량이 많아 전화연결이 어려울 수 있는점 양해 구합니다.
  점심시간 : 12시~13시(근로기준법상 휴게시간)

`기업정보등록(일반정보/생산공장정보/제품정보)` `직접생산확인 신청` `확인증명서출력`

○ 신청 사전조치 : 기업정보등록(일반정보/생산공장정보/신청제품정보) `바로가기 ☐`

- 구매정보망에 기업정보 등록을 한 중소기업회원만 신청이 가능합니다.
- 직접생산확인을 받고자하는 생산공장 및 제품을 등록하여야 합니다.

○ 진행절차

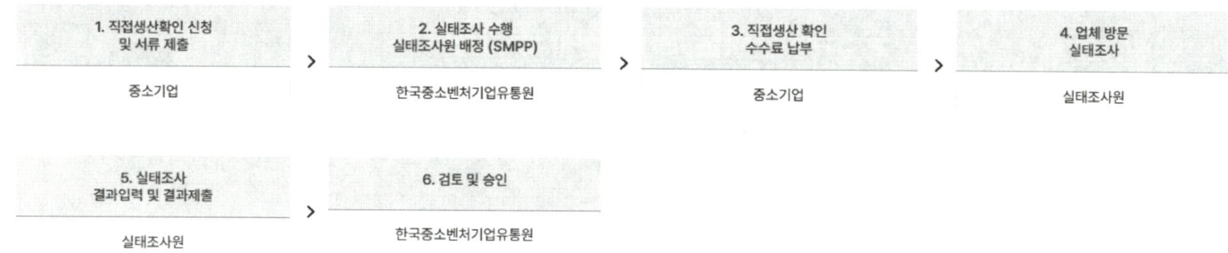

▲ 직접생산확인 제도 화면

실무톡톡

직접생산확인서는 2년마다 갱신해야 하므로, 유효기간을 철저히 관리하여 입찰참가 시 불이익을 받지 않도록 주의해야 함. 특히 유효기간 만료 3개월 전부터 갱신 준비를 시작하는 것이 좋음

Check Q&A

직접생산확인서의 유효기간은?

`정답` 2년

1 정책적 우대제도 종류

정책적 우대제도는 여성기업, 장애인기업, 사회적기업 등 사회적 약자 또는 정책적 지원이 필요한 기업의 제품을 우선구매하는 제도

① **여성기업 제품 우선구매**: 여성기업 제품 우선구매 제도는 여성기업의 경쟁력을 강화하고 경제 활동 참여를 촉진하기 위해 도입된 제도

- 법적 근거: 여성기업지원에 관한 법률 제9조
- 우대 내용
  - 물품·용역 구매 시 5% 이상 우선구매
  - 공사 구매 시 3% 이상 우선구매
- 대상 기관: 국가기관, 지방자치단체, 공공기관
- 인증 기관: 중소벤처기업부, 여성기업종합지원센터

② **장애인기업 제품 우선구매**: 장애인기업 제품 우선구매 제도는 장애인의 경제적 자립을 지원하고 사회 통합을 촉진하기 위한 제도

- 법적 근거: 장애인기업활동 촉진법 제7조
- 우대 내용: 물품·용역 구매 시 1% 이상 우선구매
- 대상 기관: 국가기관, 지방자치단체, 공공기관
- 인증 기관: 중소벤처기업부, 한국장애인고용공단

③ **사회적기업 제품 우선구매**: 사회적기업 제품 우선구매 제도는 사회적 가치를 창출하는 기업을 지원하기 위한 제도

- 법적 근거: 사회적기업 육성법 제12조
- 우대 내용: 물품·용역 구매 시 5% 이상 우선구매
- 대상 기관: 국가기관, 지방자치단체, 공공기관
- 인증 기관: 고용노동부, 한국사회적기업진흥원

구분	법적 근거	우선구매 비율 (물품·용역)	우선구매 비율 (공사)
여성기업	여성기업지원에 관한 법률 제9조	5% 이상	3% 이상
장애인기업	장애인기업활동 촉진법 제7조	1% 이상	–
사회적기업	사회적기업 육성법 제12조	5% 이상	–

 **Q&A**

여성기업 제품의 우선구매 비율은 물품·용역 구매 시 몇 % 이상인가?

정답 5% 이상

1 일반개요

혁신제품으로 지정되면 수의계약이 가능하며, 이는 조달사업법 제12조의2에 근거함

① 조달사업법 제12조의2: 혁신제품 수의계약 특례는 우수한 기술을 보유하고 있으나 실적이 부족하여 판로 확보가 어려운 기업을 지원하기 위한 제도

> - **내용**: 혁신제품으로 지정된 경우 수의계약 가능
> - **목적**: 혁신적인 기술을 보유한 기업의 초기 판로 지원
> - **적용 범위**: 국가기관, 지방자치단체, 공공기관

법조문 돋보기

> **조달사업에 관한 법률 제12조의2**(혁신제품의 시범구매 및 수의계약)
> ▶ 조달청장은 우수한 기술을 보유하고 있으나 실적이 부족하여 판로 확보가 어려운 기업의 제품 중 혁신성이 우수한 제품을 혁신제품으로 지정할 수 있음
> ▶ 각 중앙관서의 장 또는 계약담당공무원은 제1항에 따라 지정된 혁신제품을 수의계약으로 구매할 수 있음

② 혁신제품 지정 요건 및 절차

> - **지정 요건**: 기술의 혁신성, 시장성, 사회적 가치 등
> - **지정 절차**: 서류 심사, 현장 실사, 종합 심사
> - **지정 기관**: 조달청
> - **유효기간**: 지정일로부터 3년

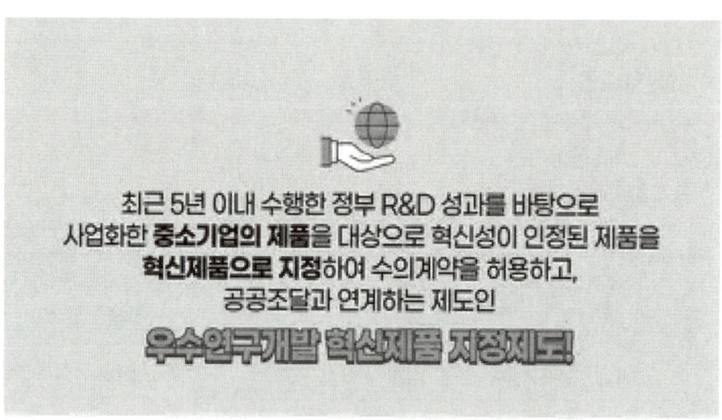

▲ 우수연구개발 혁신제품 지정 인포그래픽

③ 수의계약 한도액 및 특례 적용 범위

> - **한도액**: 제한 없음
> - **적용 범위**: 국가기관, 지방자치단체, 공공기관
> - **특례 내용**: 경쟁 입찰 없이 수의계약 가능

혁신제품으로 지정되면 수의계약이 가능하지만, 계약 담당자의 부담감을 고려하여 제품의 우수성을 객관적인 자료로 충분히 설명하고, 시범 사용 기회를 제공하는 것이 효과적임

 **Q&A**

혁신제품 수의계약의 법적 근거는?

정답 조달사업법 제12조의2

04 우선구매 실적 관리

1 주요 내용

① **목표비율 설정 방법**: 각 공공기관은 전년도 실적과 예산 규모 등을 고려하여 우선구매 목표비율을 설정해야 함

- **기준**: 전년도 실적, 예산 규모 등을 고려하여 설정
- **설정 주체**: 각 기관의 계약 담당 부서
- **보고 시기**: 매년 1월 말까지 목표비율을 조달청에 보고

② **실적 보고 절차**

- **보고 시기**: 매년 2월 말까지 조달청에 보고
- **보고 내용**: 전년도 우선구매 실적, 목표 달성도 등
- **보고 방법**: 조달청 통합조달시스템을 통해 전자 보고

③ **실적 평가 기준**

- **평가 항목**: 목표 달성도, 전년 대비 증감률 등
- **평가 주체**: 조달청, 중소벤처기업부 등
- **평가 결과 활용**: 우수 기관 포상, 미달 기관 개선 권고

 **Q&A**

우선구매 실적 보고는 매년 몇 월 말까지 해야 하는가?

정답 2월 말

1 일반개요

① 녹색제품 우선구매제도 개요

- 녹색제품 우선구매제도는 환경친화적 제품의 구매를 촉진하여 지속가능한 소비와 생산을 실현하기 위한 제도
- 녹색제품 구매촉진에 관한 법률 제6조에 근거하여 공공기관이 녹색제품을 우선적으로 구매하도록 의무화하고 있음

녹색제품 인증 종류

- 환경표지 인증: 환경부가 인증하는 친환경 제품 인증
- 저탄소제품 인증: 탄소배출량을 저감한 제품 인증
- 탄소중립제품 인증: 탄소배출량을 상쇄한 제품 인증

의무구매 비율

- 공공기관: 녹색제품 구매 비율 60% 이상
- 지방자치단체: 녹색제품 구매 비율 50% 이상

법조문 돋보기

녹색제품 구매촉진에 관한 법률 제6조(녹색제품 등의 우선구매)

▶ 공공기관의 장은 물품을 구매하는 경우 녹색제품을 우선하여 구매하여야 함
▶ 환경부장관은 공공기관의 녹색제품 구매 촉진을 위하여 녹색제품 구매 목표비율을 정하여 공공기관에 통보할 수 있음

② 녹색제품 정보시스템 활용 및 실적 보고·평가

녹색제품 정보시스템 활용

- 녹색제품 정보시스템(https://shop.greenproduct.kr/Mall)을 통해 녹색제품 정보 확인
- 환경표지, 저탄소제품, 탄소중립제품 인증 제품 검색 가능

구매 실적 보고 및 평가

- 매년 2월 말까지 전년도 녹색제품 구매 실적을 환경부에 보고
- 환경부는 구매 실적을 평가하여 우수 기관 포상

---

③ 생애주기비용(LCC)을 고려한 조달

- 생애주기비용(Life Cycle Cost, LCC)은 제품의 구매부터 폐기까지 전 과정에서 발생하는 총비용을 의미함
- 공공조달에서는 초기 구매가격뿐만 아니라 운영비, 유지보수비, 폐기비용 등을 종합적으로 고려하여 경제성을 평가함

- **LCC 개념**: 제품의 구매부터 폐기까지 전 과정에서 발생하는 총비용
- **LCC 산정 방법**: LCC = 초기 구매비용 + 운영비용 + 유지보수비용 + 폐기비용 − 잔존가치
- **LCC 적용 대상 품목**
  - 에너지 소비 제품(냉난방기, 조명기구 등)
  - 장기 사용 제품(차량, 사무기기 등)
- **LCC 평가 사례**
  - LED 조명 vs 형광등: 초기 구매비용은 LED가 높지만, 전기료와 교체비용을 고려하면 LCC는 LED가 낮음
  - 전기차 vs 내연기관차: 초기 구매비용은 전기차가 높지만, 연료비와 유지보수비를 고려하면 LCC는 전기차가 낮음

06 사회적가치 및 ESG 조달

1 사회적가치 및 ESG 경영

① 사회적가치 실현 공공조달
- 사회적가치는 사회·경제·환경·문화 등 모든 영역에서 공공의 이익과 공동체 발전에 기여하는 가치를 의미함
- 공공조달은 사회적가치를 실현하는 중요한 정책 수단으로 활용되고 있음

- **사회적가치 개념**: 사회·경제·환경·문화 등 모든 영역에서 공공의 이익과 공동체 발전에 기여하는 가치
- **법적 근거**
  - 사회적기업 육성법 제12조(공공기관의 우선구매)
  - 중증장애인생산품 우선구매 특별법 제9조(우선구매)

사회적기업 우선구매제도
- 대상 기관: 공공기관, 지방자치단체
- 의무구매 비율: 총 구매액의 1% 이상
- 대상 품목: 사회적기업 생산 제품 및 서비스

중증장애인생산품 우선구매제도
- 대상 기관: 공공기관, 지방자치단체
- 의무구매 비율: 총 구매액의 1% 이상
- 대상 품목: 중증장애인 직접 생산 제품

법조문 돋보기

사회적기업 육성법 제12조(공공기관의 우선구매)
▶ 공공기관의 장은 사회적기업이 생산하는 재화나 서비스의 우선구매를 촉진하여야 함
▶ 공공기관의 장은 매년 사회적기업이 생산하는 재화나 서비스의 구매계획 및 구매실적을 고용노동부장관에게 제출하여야 함

② ESG 경영과 공공조달

- ESG는 환경(Environment), 사회(Social), 지배구조(Governance)의 약자로, 기업의 비재무적 성과를 평가하는 지표
- 공공조달에서도 ESG 경영을 실천하는 기업을 우대하는 정책이 확대되고 있음

> - **ESG 개념**: 환경(Environment), 사회(Social), 지배구조(Governance)의 약자로, 기업의 비재무적 성과를 평가하는 지표
> - **ESG 평가 기준**
>   - 환경(E): 탄소배출 저감, 친환경 제품 생산, 재생에너지 사용
>   - 사회(S): 사회적 책임 이행, 인권 보호, 근로환경 개선
>   - 지배구조(G): 투명한 경영, 윤리경영, 이사회 독립성
> - **공공조달과 ESG 연계**
>   - 입찰 평가 시 ESG 평가 항목 반영
>   - ESG 우수 기업에 대한 가점 부여
>   - ESG 경영 실천 기업 우선 선정

③ 사회적가치 및 ESG 평가 사례

> - **[사례 1] 서울시 사회적가치 평가 도입**
>   - 서울시는 2020년부터 공공조달 입찰 평가 시 사회적가치 평가 항목을 도입
>   - 평가 항목: 일자리 창출, 사회적 약자 고용, 지역경제 기여 등
>   - 평가 결과: 사회적가치 평가 도입 후 사회적기업 낙찰률 20% 증가
> - **[사례 2] 조달청 ESG 평가 시범 도입**
>   - 조달청은 2023년부터 일부 품목에 대해 ESG 평가를 시범 도입
>   - 평가 항목: 탄소배출 저감, 친환경 인증, 윤리경영 등
>   - 평가 결과: ESG 우수 기업에 대한 가점 부여로 친환경 제품 구매 확대

실무톡톡

공공조달에서 사회적가치 및 ESG 평가가 확대되고 있으므로, 기업은 ESG 경영을 적극적으로 실천하고 관련 인증을 취득하여 공공조달 시장에서 경쟁력을 확보하는 것이 중요

 **Check Q&A**

1. ESG는 무엇의 약자인가?

정답 Environment(환경), Social(사회), Governance(지배구조)

2. 사회적기업 우선구매 의무 비율은?

정답 총 구매액의 1% 이상

단원별 핵심문제

01
(괄호형)

중소기업자가 직접 생산한 제품임을 확인하는 제도는 (　　) 제도이다.

> **정답** 직접생산확인

02
(괄호형)

여성기업 우선구매의 법적 근거는 (　　)이다.

> **정답** 여성기업지원에 관한 법률 제9조

03
(괄호형)

혁신제품 수의계약의 법적 근거는 (　　)이다.

> **정답** 조달사업법 제12조의2

04
(괄호형)

제품의 구매부터 폐기까지 전 과정에서 발생하는 총비용을 (　　)이라고 한다.

> **정답** 생애주기비용(LCC, Life Cycle Cost)

05
(괄호형)

환경, 사회, 지배구조를 평가하는 지표를 (　　)라고 한다.

> **정답** ESG(Environment, Social, Governance)

06
(단답형)

여성기업 제품의 우선구매 비율은 물품·용역 구매 시 몇 % 이상인가?

> **정답** 5% 이상

07
(단답형)

직접생산확인서의 유효기간은 몇 년인가?

> **정답** 2년

08
(단답형)

장애인기업 제품의 우선구매 비율은 물품·용역 구매 시 몇 % 이상인가?

> **정답** 1% 이상

09
(단답형)

공공기관의 녹색제품 구매 의무 비율은 몇 % 이상인가?

> **정답** 60% 이상

10
(단답형)

사회적기업 우선구매 의무 비율은 총 구매액의 몇 % 이상인가?

> **정답** 1% 이상

11
(서술형)

중소기업자 간 경쟁 제도와 직접생산확인 제도의 관계에 대해 서술하시오.

> **정답** 중소기업자 간 경쟁 제도는 중소기업자만 입찰에 참가할 수 있도록 하는 제도이며, 직접생산확인 제도는 중소기업자가 직접 생산한 제품임을 확인하는 제도이다. 두 제도는 상호 보완적인 관계로, 중소기업자 간 경쟁 제도를 통해 중소기업의 입찰참가 기회를 확대하고, 직접생산확인 제도를 통해 중소기업이 직접 생산한 제품임을 확인함으로써 중소기업을 실질적으로 보호한다. 직접생산확인 제도가 없다면 중소기업자 간 경쟁 제도의 실효성이 떨어질 수 있으므로, 두 제도는 함께 운영되어야 한다.

12
(서술형)

혁신제품 지정 절차를 단계별로 설명하시오.

> **정답** 혁신제품 지정 절차는 다음과 같다.
> - 첫째, 서류 심사 단계에서 기술의 혁신성, 시장성, 사회적 가치 등을 평가한다.
> - 둘째, 현장 실사 단계에서 제조시설, 기술인력, 생산실적 등을 확인한다.
> - 셋째, 종합 심사 단계에서 외부 전문가가 참여하는 심사위원회가 최종 평가하여 혁신제품으로 지정한다. 지정된 혁신제품은 3년간 유효하며, 수의계약을 통해 공공조달 시장에 진입할 수 있다.

13
(서술형)

생애주기비용(LCC)을 고려한 조달의 필요성과 적용 사례를 설명하시오.

> **정답** 생애주기비용(LCC)을 고려한 조달의 필요성과 적용 사례는 다음과 같다.
> - 생애주기비용(LCC)을 고려한 조달은 초기 구매가격뿐만 아니라 운영비, 유지보수비, 폐기비용 등을 종합적으로 평가하여 장기적으로 경제적이고 환경친화적인 제품을 선택하는 것이다. 이는 단기적인 비용 절감보다 장기적인 경제성과 환경성을 고려하는 지속가능한 조달 방식이다.
> - 적용 사례로는 LED 조명과 형광등의 비교가 있다. LED 조명은 초기 구매비용이 형광등보다 높지만, 전기료와 교체비용을 고려하면 LCC는 LED 조명이 낮다. 또한 전기차와 내연기관차의 비교에서도 전기차는 초기 구매비용이 높지만, 연료비와 유지보수비를 고려하면 LCC는 전기차가 낮다. 이처럼 LCC를 고려한 조달은 장기적으로 경제적이고 환경친화적인 선택을 가능하게 한다.

14 **[녹색조달 제도와 생애주기비용(LCC) 평가]**

(심화형) 다음 상황을 읽고 물음에 답하시오.

> 공공기관 C는 사무실 조명을 교체하려고 한다. 입찰에는 두 업체가 참여했다.
> - D사: 형광등 제안(초기 구매비용 1,000만원, 연간 전기료 200만원, 교체주기 3년)
> - E사: LED 조명 제안(초기 구매비용 1,500만원, 연간 전기료 100만원, 교체주기 10년, 저탄소제품 인증 보유)

(1) 10년간 생애주기비용(LCC)을 계산하여 어느 업체의 제안이 경제적인지 평가하시오.

정답 생애주기비용(LCC) 계산
1. D사(형광등) LCC 계산
   - 초기 구매비용: 1,000만원
   - 10년간 전기료: 200만원 × 10년 = 2,000만원
   - 교체비용: 교체주기 3년이므로 10년간 3회 교체(3년, 6년, 9년) = 1,000만원 × 3회 = 3,000만원
   - 총 LCC = 1,000만원 + 2,000만원 + 3,000만원 = 6,000만원
2. E사(LED 조명) LCC 계산
   - 초기 구매비용: 1,500만원
   - 10년간 전기료: 100만원 × 10년 = 1,000만원
   - 교체비용: 교체주기 10년이므로 10년간 교체 불필요 = 0원
   - 총 LCC = 1,500만원 + 1,000만원 + 0원 = 2,500만원
3. 결론: E사의 LED 조명 제안이 D사의 형광등 제안보다 10년간 생애주기비용이 3,500만원 저렴하므로 경제적이다.

(2) 녹색조달 제도를 고려할 때 E사의 제안이 갖는 추가적인 장점을 설명하시오.

정답 E사의 LED 조명 제안은 저탄소제품 인증을 보유하고 있으므로 다음과 같은 추가 장점이 있다.
- 녹색제품 우선구매 충족: 공공기관은 녹색제품을 60% 이상 구매해야 하는 의무가 있으므로, E사의 제안은 이 의무를 충족하는 데 기여한다.
- 환경친화적: LED 조명은 탄소배출을 저감하여 환경보호에 기여한다. 이는 공공기관의 ESG 경영 실천에도 도움이 된다.
- 정책적 우대: 녹색제품은 입찰 평가 시 가점을 받을 수 있으므로, E사는 경쟁에서 유리한 위치를 차지한다.
- 장기적 경제성: LCC 평가에서 확인한 바와 같이, LED 조명은 초기 구매비용은 높지만 장기적으로 경제적이다.

(3) 공공기관이 녹색조달 제도와 LCC 평가를 통합적으로 고려해야 하는 이유를 서술하시오.

> **정답** 공공기관이 녹색조달 제도와 LCC 평가를 통합적으로 고려해야 하는 이유는 다음과 같다.
> - 지속가능한 소비와 생산: 녹색조달 제도는 환경친화적 제품의 구매를 촉진하여 지속가능한 소비와 생산을 실현한다. LCC 평가는 초기 구매가격분만 아니라 운영비, 유지보수비, 폐기비용 등을 종합적으로 고려하여 장기적으로 경제적이고 환경친화적인 제품을 선택하게 한다.
> - 재정 절감: LCC 평가를 통해 장기적으로 경제적인 제품을 선택하면 공공기관의 재정을 절감할 수 있다. 위 사례에서 LED 조명을 선택하면 10년간 3,500만원을 절감할 수 있다.
> - 환경보호: 녹색제품은 탄소배출을 저감하고 환경을 보호한다. 공공기관이 녹색제품을 우선구매하면 환경보호에 기여하고, 민간기업에도 환경친화적 제품 생산을 유도하는 효과가 있다.
> - 정책 목표 달성: 공공기관은 녹색제품 구매 의무 비율을 달성해야 하므로, 녹색조달 제도와 LCC 평가를 통합적으로 고려하면 정책 목표를 달성하면서 재정을 절감할 수 있다.
> - ESG 경영 실천: 녹색조달과 LCC 평가는 환경(E), 사회(S), 지배구조(G)를 고려하는 ESG 경영의 실천이다. 공공기관이 ESG 경영을 실천하면 사회적 책임을 이행하고 지속가능한 발전에 기여한다.

15 [중소기업 우대제도 및 녹색조달 복합 사례]
(심화형)

다음 상황을 읽고 물음에 답하시오.

> - A사는 최근 3년간 여성기업으로 인증받아 공공조달 시장에 참여해왔다. 그러나 최근 경쟁이 심화되면서 매출이 정체되고 있다. A사는 새로운 성장 동력을 찾기 위해 혁신적인 AI 기반 교육 솔루션을 개발했으며, 이를 혁신제품으로 지정받아 공공시장에 진출하고자 한다. 또한 A사는 제품 생산 과정에서 탄소배출을 저감하여 저탄소제품 인증을 받았다.
> - A사의 대표는 혁신제품 지정 절차와 함께, 기존의 여성기업 우대제도와 녹색조달 제도를 어떻게 활용하여 시너지를 낼 수 있을지 고민하고 있다.

(1) A사가 혁신제품 지정을 받기 위한 절차를 단계별로 설명하시오.

> **정답** A사가 혁신제품 지정을 받기 위한 절차는 다음과 같다.
> - [1단계] 혁신제품 신청
>   - A사는 조달청에 혁신제품 지정 신청서를 제출한다.
>   - 신청서에는 제품의 기술 혁신성, 시장성, 사회적 가치 등을 입증하는 자료를 첨부한다.
>   - AI 기반 교육 솔루션의 차별성, 독창성, 우수성을 객관적인 자료로 증명한다(특허, 시험성적서 등).
> - [2단계] 서류 심사
>   - 조달청은 제출된 서류를 검토하여 기술의 혁신성, 시장성, 사회적 가치 등을 평가한다.
>   - 서류 심사에서 교육 격차 해소, 맞춤형 학습 제공 등 솔루션이 가져올 사회적 기여도를 강조한다.
> - [3단계] 현장 실사
>   - 조달청은 A사의 제조시설, 기술인력, 생산실적 등을 현장에서 확인한다.
>   - A사는 현장 실사에 철저히 대비하여 제조시설과 기술인력을 점검한다.
> - [4단계] 종합 심사
>   - 외부 전문가가 참여하는 심사위원회가 최종 평가하여 혁신제품으로 지정한다.
>   - 심사위원회는 서류 심사와 현장 실사 결과를 종합하여 혁신제품 지정 여부를 결정한다.
> - [5단계] 혁신제품 지정
>   - 혁신제품으로 지정되면 3년간 유효하며, 수의계약을 통해 공공조달 시장에 진입할 수 있다.

(2) A사가 여성기업 우대제도, 혁신제품 수의계약 특례, 녹색조달 제도를 복합적으로 활용하여 공공 조달 시장에서 경쟁력을 확보하는 전략을 제시하시오.

 A사가 여성기업 우대제도, 혁신제품 수의계약 특례, 녹색조달 제도를 복합적으로 활용하여 공공조달 시장에서 경쟁력을 확보하는 전략은 다음과 같다.
- [전략 1] 여성기업 우대제도 활용
  - 여성기업 제품 우선구매 의무가 있는 공공기관을 타겟으로 영업 활동을 강화한다.
  - 여성기업 우대제도를 통해 물품·용역 구매 시 5% 이상 우선구매 혜택을 받는다.
- [전략 2] 혁신제품 수의계약 특례 활용
  - 혁신제품으로 지정되면 수의계약을 통해 경쟁 입찰 없이 공공조달 시장에 진입할 수 있다.
  - 혁신제품 + 여성기업 = 수의계약 시 유리한 조건을 형성한다.
  - 계약 담당자에게 제품의 우수성을 객관적인 자료로 충분히 설명하고, 시범 사용 기회를 제공한다.
- [전략 3] 녹색조달 제도 활용
  - 저탄소제품 인증을 받은 제품은 녹색제품 우선구매 대상이 된다.
  - 공공기관의 녹색제품 구매 의무 비율(60% 이상)을 활용하여 경쟁력을 확보한다.
  - 생애주기비용(LCC)을 강조하여 장기적으로 경제적이고 환경친화적인 제품임을 홍보한다.
- [전략 4] 복합 활용 시너지
  - 여성기업 + 혁신제품 + 녹색제품 = 3중 우대 혜택을 받는다.
  - 공공기관의 여성기업 우선구매, 혁신제품 수의계약, 녹색제품 우선구매 정책을 모두 활용하여 시너지를 극대화한다.

(3) A사가 예상할 수 있는 어려움 및 해결 방안은 다음과 같다.

 A사가 예상할 수 있는 어려움 및 해결 방안은 다음과 같다.
- [어려움 1] 혁신제품 지정 심사 통과의 어려움
[해결 방안] 기술 혁신성을 입증할 수 있는 객관적인 자료(특허, 시험성적서 등)를 충분히 준비하고, 사회적 가치를 강조하여 심사위원회를 설득한다.
- [어려움 2] 계약 담당자의 혁신제품 수의계약 부담감
[해결 방안] 제품의 우수성을 객관적인 자료로 충분히 설명하고, 시범 사용 기회를 제공하여 계약 담당자의 부담을 줄인다.
- [어려움 3] 녹색제품 인증 유지의 어려움
[해결 방안] 생산 과정에서 탄소배출을 지속적으로 관리하고, 녹색제품 인증을 유지하기 위한 내부 시스템을 구축한다.
- [어려움 4] 경쟁 심화
[해결 방안] 여성기업, 혁신제품, 녹색제품의 3중 우대 혜택을 적극 활용하고, 제품의 차별성과 우수성을 지속적으로 홍보한다.

PART 07

CHAPTER 02 부정당제재 및 분쟁 해결

01 부정당업자 제재

1 주요 내용

부정당업자 제재는 국가계약법 시행령 제76조에 근거하며, 입찰참가자격을 제한하는 강력한 제재

① 부정당업자 제재 사유: 부정당업자 제재는 공공조달의 공정성과 투명성을 확보하기 위해 부정한 행위를 한 업체에 대해 입찰참가자격을 제한하는 제도

- 법적 근거: 국가계약법 시행령 제76조
- 주요 사유
  - 입찰/계약 관련 서류 위조
  - 담합
  - 뇌물 제공
  - 부정한 방법으로 낙찰
  - 계약 이행 불성실
- 제재 대상: 입찰참가자, 계약상대자

법조문　돋보기

국가를 당사자로 하는 계약에 관한 법률 시행령 제76조(부정당업자의 입찰참가자격 제한)
▶ 각 중앙관서의 장 또는 계약담당공무원은 다음 각 호의 어느 하나에 해당하는 자에 대하여는 2년 이내의 범위에서 입찰참가자격을 제한할 수 있음
1. 계약을 이행할 때 부정한 행위를 한 자
2. 입찰·낙찰 또는 계약의 체결·이행과 관련하여 관계 공무원에게 뇌물을 제공한 자
3. 입찰참가자격이 없는 자를 입찰에 참가하게 하거나 낙찰자로 결정되게 한 자

② 제재 기간

- 최단 기간: 6개월
- 최장 기간: 2년
- 결정 기준: 위반 행위의 경중, 고의성, 피해 규모 등

③ 제재 절차

- 1단계: 제재 사유 발생 → 조사 착수
- 2단계: 제재 대상자에게 통지 → 소명 기회 부여(10일 이상)
- 3단계: 소명 내용 검토 → 제재 결정
- 4단계: 제재 결정 통지 → 입찰참가자격 제한 시스템 등록

④ 제재 효과

> • **주요 효과**: 입찰참가자격 제한
> • **적용 범위**: 국가기관, 지방자치단체, 공공기관
> • **부수 효과**: 신용도 하락, 금융 거래 제한 등

실무톡톡

부정당업자로 지정되면 공공조달 시장에서 퇴출되는 것과 같으므로, 입찰 및 계약 과정에서 법규를 철저히 준수하고, 제재 사유가 발생하지 않도록 주의해야 함. 특히 서류 작성 시 허위 기재나 위조가 없도록 철저히 확인해야 함

02 이의신청 및 분쟁조정

이의신청 및 분쟁조정은 행정심판이나 행정소송에 비해 신속하고 저렴하게 분쟁을 해결할 수 있는 제도

1 주요 내용

① **이의신청**: 이의신청은 입찰 및 계약 과정에서 불공정하거나 부당한 처분에 대해 이의를 제기하는 절차이며, 행정심판이나 행정소송에 비해 신속하고 간편하게 분쟁을 해결할 수 있음

> • **이의신청 대상**
>   – 입찰참가자격 제한
>   – 낙찰자 결정
>   – 계약 체결 거부
>   – 부정당업자 제재
> • **제기 기간**: 처분이 있음을 안 날부터 30일 이내
> • **제출 서류**: 이의신청서, 증빙 자료 등
> • **제출처**: 처분청(제재 결정을 한 기관)
> • **처리 기간**: 접수일로부터 30일 이내
> • **이의신청서 작성 방법**
>   – 신청인 인적사항 기재
>   – 처분 내용 및 처분 일자 기재
>   – 이의신청 사유 구체적으로 기재
>   – 증빙 자료 첨부

② **국가계약분쟁조정위원회**: 국가계약분쟁조정위원회는 국가계약 관련 분쟁을 조정하기 위해 설치된 기구로서, 법률, 회계, 건설, 조달 등 각 분야 전문가로 구성되어 공정하고 전문적인 조정을 수행함

> • **구성**: 위원장 1명 포함 15명 이내
> • **역할**: 국가계약 관련 분쟁 조정
> • **위원 구성**: 법률, 회계, 건설, 조달 등 각 분야 전문가
> • **설치 근거**: 국가계약법 제26조

> **국가를 당사자로 하는 계약에 관한 법률 제26조**(국가계약분쟁조정위원회)
> ▶ 계약에 관한 분쟁을 조정하기 위하여 기획재정부에 국가계약분쟁조정위원회를 조성
> ▶ 위원회는 위원장 1명을 포함한 15명 이내의 위원으로 구성
> ▶ 위원회의 조정 결정에 대하여 당사자가 수락한 경우에는 재판상 화해와 동일한 효력이 있음

③ 분쟁조정 절차 및 효력

- **분쟁조정 절차**
  - 조정 신청: 분쟁 당사자가 조정 신청서 제출
  - 사실 조사: 위원회가 관련 자료 검토 및 현장 조사
  - 조정안 작성: 위원회가 조정안 작성
  - 수락 권고: 당사자에게 조정안 수락 권고
  - 조정 결정: 당사자가 수락 시 조정 성립
- **조정 결정의 효력**
  - 당사자가 수락 시 재판상 화해와 동일한 효력
  - 불수락 시 소송 제기 가능
- **처리 기간**: 신청일로부터 60일 이내
- **비용**: 무료

④ **계약보증금 청정**: 계약보증금 청정은 계약자가 계약을 이행하지 않거나 부정한 행위를 한 경우 계약보증금을 국고에 귀속시키는 절차

- **청정 사유**
  - 계약 이행 거부
  - 계약 위반
  - 부정당업자 제재 사유 해당
  - 계약 해제·해지 사유 발생
- **청정 절차**
  - 청정 사유 발생
  - 청정 통보(계약자에게 통보)
  - 의견 제출 기회 부여(10일 이상)
  - 청정 결정
  - 보증금 귀속(국고 귀속)
- **청정금액 산정**
  - 계약금액의 10%(일반 계약)
  - 계약금액의 15%(공사 계약)

실무톡톡

분쟁조정안을 당사자가 수락하면 재판상 화해와 동일한 효력이 발생하므로, 조정안의 내용을 신중히 검토한 후 수락 여부를 결정해야 함. 특히 조정안 수락 후에는 번복할 수 없으므로, 법률 전문가의 자문을 받는 것이 좋음

행정심판은 행정기관의 위법·부당한 처분에 대한 불복 절차이며, 행정소송은 법원의 재판을 통해 권리를 구제받는 절차

1 주요 내용

① **행정심판**: 행정심판은 행정기관의 위법·부당한 처분에 대해 행정심판위원회에 불복하는 절차이며, 행정소송에 비해 신속하고 저렴하게 분쟁을 해결할 수 있음

- **청구 기간**: 처분이 있음을 안 날부터 90일 이내
- **절차**: 청구서 제출 → 답변서 제출 → 심리 → 재결
- **심판 기관**: 행정심판위원회
- **처리 기간**: 청구일로부터 60일 이내(연장 가능)

② **행정소송**: 행정소송은 행정기관의 위법한 처분에 대해 법원에 소송을 제기하는 절차이며, 행정심판에 비해 시간과 비용이 많이 소요되지만, 3심제로 운영되어 권리 구제의 기회가 많음

- **제소 기간**: 처분이 있음을 안 날부터 90일 이내
- **절차**: 소장 제출 → 답변서 제출 → 변론 → 판결
- **관할 법원**: 행정법원(1심)
- **처리 기간**: 사건에 따라 다름(통상 6개월 ~ 1년)

③ 행정심판과 행정소송의 비교

구분	행정심판	행정소송
성격	약식 쟁송	정식 쟁송
심리 방식	비공개	공개
심급	단심제	3심제
심리 범위	위법성 + 부당성	위법성
비용	저렴	고비용
처리 기간	신속(60일 이내)	장기(6개월 ~ 1년)

1 실제 발생한 분쟁 사례 분석

- [사례 1] 입찰참가자격 제한 처분에 대한 취소 소송
  - 사실 관계: A사는 입찰참가자격 제한 처분을 받고 행정소송 제기
  - 쟁점: 처분의 위법성, 재량권 일탈·남용 여부
  - 판결: 법원은 처분이 재량권을 일탈·남용한 것으로 판단하여 처분 취소
- [사례 2] 계약 이행 지연에 따른 지체상금 부과 처분에 대한 이의신청
  - 사실 관계: B사는 계약 이행 지연으로 지체상금 부과 처분을 받고 이의신청 제기
  - 쟁점: 지연 사유의 정당성, 불가항력 인정 여부
  - 결과: 이의신청이 인용되어 지체상금 부과 처분 취소

2 분쟁 대응 전략 및 해결 방안

- [전략 1] 법률 전문가 자문, 증거 자료 확보 등
  - 법률 전문가의 자문을 받아 법적 쟁점 파악
  - 증거 자료를 체계적으로 수집하여 입증 준비
- [전략 2] 화해, 조정, 소송 등 다양한 해결 방안 검토
  - 사안의 경중, 승소 가능성, 비용 등을 종합적으로 고려
  - 화해, 조정, 소송 중 최적의 방안 선택

3 실무 핵심 체크리스트

- [체크 1] 부정당업자 제재 처분을 받은 경우 → 이의신청(30일 이내)
- [체크 2] 입찰참가자격 제한 처분을 받은 경우 → 행정심판 또는 행정소송(90일 이내)
- [체크 3] 계약 이행 관련 분쟁 발생 시 → 국가계약분쟁조정위원회 조정 신청

CHAPTER 02

단원별 핵심문제

01
(괄호형)

국가계약 관련 분쟁을 조정하기 위해 설치된 위원회는 (　　)이다.

> **정답** 국가계약분쟁조정위원회

02
(괄호형)

행정심판의 청구 기간은 처분이 있음을 안 날부터 (　　)일 이내이다.

> **정답** 90

03
(괄호형)

부정당업자 제재의 법적 근거는 (　　)이다.

> **정답** 국가계약법 시행령 제76조

04
(괄호형)

계약자가 계약을 이행하지 않은 경우 계약보증금을 국고에 귀속시키는 절차를 (　　)이라고 한다.

> **정답** 계약보증금 청정

05
(단답형)

부정당업자 제재의 최장 기간은 몇 년인가?

> **정답** 2년

06
(단답형)

분쟁조정안을 당사자가 수락하면 어떤 효력이 발생하는가?

> **정답** 재판상 화해와 동일한 효력

07
(단답형)

이의신청의 제기 기간은 처분이 있음을 안 날부터 며칠 이내인가?

> **정답** 30일 이내

08 일반 계약의 계약보증금 청정금액은 계약금액의 몇 %인가?
(단답형)

> **정답** 10%

09 국가계약분쟁조정위원회의 조정 처리 기간은 신청일로부터 며칠 이내인가?
(단답형)

> **정답** 60일 이내

10 행정심판과 행정소송의 차이점을 서술하시오.
(서술형)

> **정답** 행정심판과 행정소송의 주요 차이점은 다음과 같다.
첫째, 성격 면에서 행정심판은 약식 쟁송이고 행정소송은 정식 쟁송이다. 행정심판은 행정기관 내부에서 이루어지는 간이한 절차인 반면, 행정소송은 법원에서 이루어지는 정식 재판 절차이다.
둘째, 심리 방식 면에서 행정심판은 비공개이고 행정소송은 공개이다. 행정심판은 비공개로 진행되어 당사자의 사생활을 보호할 수 있지만, 행정소송은 공개 재판 원칙에 따라 공개된다.
셋째, 심급 면에서 행정심판은 단심제이고 행정소송은 3심제이다. 행정심판은 1회의 심리로 종결되지만, 행정소송은 1심, 2심, 3심까지 상소할 수 있어 권리 구제의 기회가 많다.
넷째, 심리 범위 면에서 행정심판은 위법성과 부당성을 모두 심리하지만 행정소송은 위법성만 심리한다. 행정심판은 처분의 위법성뿐만 아니라 부당성까지 심리하여 더 폭넓은 구제가 가능하다.
다섯째, 비용 면에서 행정심판은 저렴하고 행정소송은 고비용이다. 행정심판은 무료 또는 저렴한 비용으로 이용할 수 있지만, 행정소송은 소송 비용과 변호사 비용이 발생한다.
여섯째, 처리 기간 면에서 행정심판은 신속(60일 이내)하고 행정소송은 장기(6개월 ~ 1년)이다. 행정심판은 법정 처리 기간이 60일 이내로 신속하게 처리되지만, 행정소송은 사건에 따라 6개월에서 1년 이상 소요될 수 있다.

11 계약보증금 청정 절차를 단계별로 설명하시오.
(서술형)

> **정답** 계약보증금 청정 절차는 다음과 같다.
첫째, 청정 사유가 발생한다. 청정 사유로는 계약 이행 거부, 계약 위반, 부정당업자 제재 사유 해당, 계약 해제·해지 사유 발생 등이 있다.
둘째, 계약담당공무원은 계약자에게 청정 통보를 한다. 청정 통보에는 청정 사유, 청정금액, 의견 제출 기한 등을 명시해야 한다.
셋째, 계약자에게 의견 제출 기회를 부여한다. 계약자는 청정 통보를 받은 날부터 10일 이상의 기간 내에 의견을 제출할 수 있다. 의견 제출 시에는 청정 사유에 대한 반박 자료나 정당한 사유를 입증하는 자료를 첨부할 수 있다.
넷째, 계약담당공무원은 계약자의 의견을 검토한 후 청정 결정을 한다. 의견이 타당하지 않다고 판단되면 청정 결정을 하고, 타당하다고 판단되면 청정을 하지 않을 수 있다.
다섯째, 청정 결정이 확정되면 계약보증금을 국고에 귀속시킨다. 청정금액은 일반 계약의 경우 계약금액의 10%, 공사 계약의 경우 15%이다.
계약보증금 청정은 계약자에게 중대한 불이익을 주는 처분이므로, 청정 사유가 발생하지 않도록 계약을 성실히 이행하는 것이 중요하다.

12 [부정당제재 및 이의신청 절차 사례]

(심화형)

다음 상황을 읽고 물음에 답하시오.

> • B사는 공공조달 입찰에 참여하여 낙찰을 받았으나, 계약 이행 과정에서 하도급 업체의 부도로 인해 공사가 지연되었다. 계약담당공무원은 B사에게 지체상금을 부과하고, 계약 이행 불성실을 이유로 부정당업자 제재 처분(입찰참가자격 제한 1년)을 통보했다.
> • B사는 하도급 업체의 부도가 불가항력 사유에 해당한다고 주장하며, 부정당업자 제재 처분에 불복하고자 한다.

(1) B사가 부정당업자 제재 처분에 불복하기 위해 취할 수 있는 법적 대응 방안을 시간 순서에 따라 설명하시오.

정답   B사가 부정당업자 제재 처분에 불복하기 위해 취할 수 있는 법적 대응 방안은 다음과 같다.
- [1단계] 이의신청(처분 통지 후 30일 이내)
  - B사는 처분 통지를 받은 날부터 30일 이내에 처분청에 이의신청을 제기한다.
  - 이의신청서에는 신청인 인적사항, 처분 내용 및 처분 일자, 이의신청 사유를 구체적으로 기재하고 증빙 자료를 첨부한다.
  - 처분청은 접수일로부터 30일 이내에 이의신청을 처리해야 한다.
- [2단계] 행정심판 청구(처분 통지 후 90일 이내)
  - 이의신청이 기각되거나 처리 기간 내에 처리되지 않은 경우, B사는 처분이 있음을 안 날부터 90일 이내에 행정심판위원회에 행정심판을 청구한다.
  - 행정심판위원회는 청구일로부터 60일 이내에 재결해야 한다.
- [3단계] 행정소송 제기(재결서 수령 후 90일 이내)
  - 행정심판 재결에 불복하는 경우, B사는 재결서를 받은 날부터 90일 이내에 행정법원에 행정소송을 제기한다.
  - 1심 판결에 불복하는 경우 고등법원, 대법원까지 상소할 수 있다.

(2) B사가 이의신청을 제기할 때 주장해야 할 핵심 내용과 준비해야 할 증빙 자료를 제시하시오.

정답

핵심 내용
- 하도급 업체의 부도가 불가항력 사유에 해당함을 주장
- B사가 하도급 업체 선정 시 충분한 주의를 기울였음을 입증
- 부도 발생 후 B사가 대체 하도급 업체를 신속히 선정하여 공사를 재개했음을 강조
- 공사 지연이 B사의 고의 또는 중대한 과실에 의한 것이 아님을 주장

준비해야 할 증빙 자료
- 하도급 업체의 부도 관련 자료(부도 통지서, 법원 파산 선고문 등)
- 하도급 업체 선정 시 신용 조사 자료
- 대체 하도급 업체 선정 및 공사 재개 관련 자료
- 공사 지연 경위서 및 불가항력 사유 입증 자료

(3) 이의신청이 기각된 경우 B사가 선택할 수 있는 추가 법적 대응 방안을 설명하시오.

> **정답** 이의신청이 기각된 경우 B사가 선택할 수 있는 추가 법적 대응 방안은 다음과 같다.
> - [방안 1] 국가계약분쟁조정위원회 조정 신청
>   - B사는 국가계약분쟁조정위원회에 조정을 신청할 수 있다.
>   - 조정위원회는 법률, 회계, 건설, 조달 등 각 분야 전문가로 구성되어 공정하고 전문적인 조정을 수행한다.
>   - 조정안을 당사자가 수락하면 재판상 화해와 동일한 효력이 발생한다.
> - [방안 2] 행정심판 청구
>   - 이의신청이 기각된 경우, B사는 처분이 있음을 안 날부터 90일 이내에 행정심판위원회에 행정심판을 청구할 수 있다.
>   - 행정심판은 위법성뿐만 아니라 부당성까지 심리하므로, 처분의 부당성을 주장할 수 있다.
>   - 행정심판은 신속(60일 이내)하고 저렴하게 분쟁을 해결할 수 있다.
> - [방안 3] 행정소송 제기
>   - 행정심판 재결에 불복하는 경우, B사는 재결서를 받은 날부터 90일 이내에 행정법원에 행정소송을 제기할 수 있다.
>   - 행정소송은 시간과 비용이 많이 소요되지만, 3심제로 운영되어 권리 구제의 기회가 많다.
> * 방안 선택 시 고려사항: 사안의 경중, 승소 가능성, 비용 등을 종합적으로 고려하여 최적의 방안을 선택해야 하며, 법률 전문가의 자문을 받아 체계적으로 대응하는 것이 중요하다.

13 [부정당제재 및 분쟁 해결 종합 사례]
(심화형)

다음 상황을 읽고 물음에 답하시오.

> G사는 공공조달 입찰에 참여하여 낙찰을 받았으나, 계약 이행 과정에서 다음과 같은 문제가 발생했다.
> - 상황 1: 하도급 업체가 부실 시공을 하여 공사 품질이 기준에 미달했다.
> - 상황 2: 계약담당공무원은 G사에게 하자보수를 요구했으나, G사는 하도급 업체의 책임이라고 주장하며 거부했다.
> - 상황 3: 계약담당공무원은 G사에게 계약 이행 불성실을 이유로 부정당업자 제재 처분(입찰참가자격 제한 2년)과 계약보증금 청정을 통보했다.

(1) G사의 주장(하도급 업체의 책임)이 법적으로 타당한지 평가하시오.

> **정답** G사의 주장(하도급 업체의 책임)은 법적으로 타당하지 않다.
> - 원도급자의 책임
>   - 공공조달 계약에서 원도급자(G사)는 하도급 업체의 부실 시공에 대해서도 책임을 진다.
>   - 계약 상대자는 발주기관(공공기관)이지 하도급 업체가 아니므로, 발주기관은 원도급자에게만 책임을 물을 수 있다.
>   - 원도급자는 하도급 업체를 선정하고 관리할 의무가 있으므로, 하도급 업체의 부실 시공은 원도급자의 관리 소홀로 간주된다.
> - 하도급법상 책임
>   - 하도급법에 따르면, 원도급자는 하도급 업체의 시공 품질을 관리하고 감독할 책임이 있다.
>   - 하도급 업체의 부실 시공으로 인한 하자는 원도급자가 책임지고 보수해야 한다.
> - 계약 이행 책임
>   - 공공조달 계약에서 계약 이행 책임은 원도급자에게 있다.
>   - 원도급자는 하도급 업체의 부실 시공으로 인한 하자를 보수하고, 계약을 성실히 이행해야 한다.
> - 결론: G사는 하도급 업체의 부실 시공에 대해 책임을 지고 하자를 보수해야 한다. G사가 하도급 업체의 책임이라고 주장하며 하자보수를 거부한 것은 계약 이행 불성실에 해당하므로, 부정당업자 제재 처분과 계약보증금 청정은 법적으로 타당하다.

(2) G사가 부정당업자 제재 처분과 계약보증금 청정에 불복하기 위해 취할 수 있는 법적 대응 방안을 단계별로
    설명하시오.

정답 G사가 부정당업자 제재 처분과 계약보증금 청정에 불복하기 위해 취할 수 있는 법적 대응 방안은 다음과 같다.
- [1단계] 이의신청(처분 통지 후 30일 이내)
  - G사는 처분 통지를 받은 날부터 30일 이내에 처분청에 이의신청을 제기한다.
  - 이의신청서에는 신청인 인적사항, 처분 내용 및 처분 일자, 이의신청 사유를 구체적으로 기재하고 증빙 자료를 첨부한다.
    → 이의신청 사유: G사가 하도급 업체 선정 시 충분한 주의를 기울였으며, 하도급 업체의 부실 시공이 예측 불가능했음을
       주장한다.
    → 증빙 자료: 하도급 업체 선정 시 신용 조사 자료, 하도급 업체의 과거 실적 자료 등
- [2단계] 국가계약분쟁조정위원회 조정 신청
  - 이의신청과 병행하여 국가계약분쟁조정위원회에 조정을 신청할 수 있다.
  - 조정위원회는 법률, 회계, 건설, 조달 등 각 분야 전문가로 구성되어 공정하고 전문적인 조정을 수행한다.
  - 조정안을 당사자가 수락하면 재판상 화해와 동일한 효력이 발생한다.
- [3단계] 행정심판 청구(처분 통지 후 90일 이내)
  - 이의신청이 기각되거나 처리 기간 내에 처리되지 않은 경우, G사는 처분이 있음을 안 날부터 90일 이내에 행정심판위원회에
     행정심판을 청구한다.
  - 행정심판은 위법성뿐만 아니라 부당성까지 심리하므로, 처분의 부당성을 주장할 수 있다.
- [4단계] 행정소송 제기(재결서 수령 후 90일 이내)
  - 행정심판 재결에 불복하는 경우, G사는 재결서를 받은 날부터 90일 이내에 행정법원에 행정소송을 제기한다.
  - 1심 판결에 불복하는 경우 고등법원, 대법원까지 상소할 수 있다.
* 현실적 조언
  - G사의 주장은 법적으로 타당하지 않으므로, 법적 대응보다는 하자를 신속히 보수하고 발주기관과 협의하여 처분을 완화받는
     것이 현실적이다.
  - 법률 전문가의 자문을 받아 승소 가능성을 평가한 후 법적 대응 여부를 결정해야 한다.

(3) G사가 향후 유사한 문제를 예방하기 위해 실천해야 할 하도급 관리 방안을 제시하시오.

정답 G사가 향후 유사한 문제를 예방하기 위해 실천해야 할 하도급 관리 방안은 다음과 같다.
- 하도급 업체 선정 시 철저한 심사
  - 하도급 업체의 신용, 기술력, 과거 실적, 재무 상태 등을 철저히 심사한다.
  - 부실 시공 이력이 있는 업체는 배제하고, 신뢰할 수 있는 업체를 선정한다.
- 하도급 계약서 작성 시 명확한 책임 규정
  - 하도급 계약서에 시공 품질 기준, 하자보수 책임, 손해배상 책임 등을 명확히 규정한다.
  - 하도급 업체의 부실 시공으로 인한 손해는 하도급 업체가 배상하도록 계약서에 명시한다.
- 하도급 업체 시공 관리 및 감독
  - 하도급 업체의 시공 과정을 정기적으로 점검하고 감독한다.
  - 시공 품질이 기준에 미달하는 경우 즉시 시정 조치를 요구한다.
- 하도급 대금 지급 관리
  - 하도급 대금을 단계별로 지급하여 하도급 업체의 시공 품질을 관리한다.
  - 시공 품질이 기준에 미달하는 경우 하도급 대금 지급을 보류하여 시정을 유도한다.
- 하도급 업체와의 소통 강화
  - 하도급 업체와 정기적으로 소통하여 시공 과정에서 발생하는 문제를 조기에 파악하고 해결한다.
  - 하도급 업체의 문제사항을 청취하고 지원하여 협력 관계를 강화한다.
- 하자보수 대비 계획 수립
  - 하도급 업체의 부실 시공으로 인한 하자가 발생할 경우를 대비하여 하자보수 계획을 수립한다.
  - 하자 보수 비용을 예비비로 확보하여 신속히 대응할 수 있도록 준비한다.

단원별 핵심정리

암기 필수사항

CHAPTER 01

1. 중소기업 우대제도는 중소기업자 간 경쟁 제도와 직접생산확인 제도로 구성
2. 중소기업자 간 경쟁 제도는 추정가격이 일정 금액 이하인 경우 중소기업자만 입찰에 참가할 수 있도록 하는 제도이며, 직접생산확인 제도는 중소기업자가 직접 생산한 제품임을 확인하는 제도
3. 정책적 우대제도는 여성기업, 장애인기업, 사회적기업 제품을 우선구매하는 제도
4. 여성기업 제품은 물품·용역 구매 시 5% 이상, 공사 구매 시 3% 이상 우선구매해야 하며, 장애인기업 제품은 물품·용역 구매 시 1% 이상, 사회적기업 제품은 물품·용역 구매 시 5% 이상 우선구매
5. 혁신제품으로 지정되면 수의계약이 가능하며, 이는 조달사업법 제12조의2에 근거함. 혁신제품 지정 요건은 기술의 혁신성, 시장성, 사회적 가치 등이며, 지정 절차는 서류 심사, 현장 실사, 종합 심사로 구성
6. 녹색조달 제도는 환경친화적 제품의 구매를 촉진하여 지속가능한 소비와 생산을 실현하기 위한 제도
7. 공공기관은 녹색제품을 60% 이상 구매해야 하며, 생애주기비용(LCC)을 고려하여 경제적이고 환경친화적인 제품을 선택
8. 사회적가치 및 ESG 조달은 공공의 이익과 공동체 발전에 기여하는 가치를 실현하기 위한 제도
9. 공공조달에서 사회적가치 및 ESG 평가가 확대되고 있으므로, 기업은 ESG 경영을 적극적으로 실천하여 공공조달 시장에서 경쟁력을 확보

CHAPTER 02

1. 부정당업자 제재는 국가계약법 시행령 제76조에 근거하며, 입찰참가자격을 제한하는 강력한 제재
2. 주요 제재 사유는 입찰/계약 관련 서류 위조, 담합, 뇌물 제공 등이며, 제재 기간은 6개월에서 2년
3. 이의신청 및 분쟁조정은 행정심판이나 행정소송에 비해 신속하고 저렴하게 분쟁을 해결할 수 있는 제도
4. 이의신청은 처분이 있음을 안 날부터 30일 이내에 제기해야 하며, 국가계약분쟁조정위원회의 조정안을 당사자가 수락하면 재판상 화해와 동일한 효력 발생
5. 계약보증금 청정은 계약자가 계약을 이행하지 않거나 부정한 행위를 한 경우 계약보증금을 국고에 귀속시키는 절차
6. 청정금액은 일반 계약의 경우 계약금액의 10%, 공사 계약의 경우 15%
7. 행정심판은 행정기관의 위법·부당한 처분에 대한 불복 절차이며, 행정소송은 법원의 재판을 통해 권리를 구제받는 절차
8. 행정심판은 위법성뿐만 아니라 부당성까지 심리하며, 행정소송은 위법성만 심리
9. 분쟁 발생 시 법률 전문가의 자문을 받아 체계적으로 대응하는 것이 중요하며, 사안의 경중, 승소 가능성, 비용 등을 종합적으로 고려하여 최적의 해결 방안을 선택

중소기업 우대제도 활용 시
☐ 입찰 대상 물품이 중소기업자 간 경쟁 제품에 해당하는지 확인했는가?
☐ 직접생산확인서의 유효기간(2년)을 확인하고, 갱신 일정을 관리하고 있는가?
☐ 중소기업 우대제도의 적용 기준(물품 40억원, 공사 100억원 이하)을 숙지했는가?

정책적 우대제도 및 우선구매 시
☐ 여성기업(5%), 장애인기업(1%), 사회적기업(5%) 물품·용역 우선구매 비율을 확인했는가?
☐ 우선구매 목표비율을 설정하고, 매년 1월 말까지 조달청에 보고했는가?
☐ 전년도 우선구매 실적을 매년 2월 말까지 조달청에 보고했는가?

혁신제품 및 녹색조달 활용 시
☐ 혁신제품 지정 요건(기술 혁신성, 시장성, 사회적 가치)을 확인했는가?
☐ 녹색제품 구매 의무 비율(공공기관 60%, 지자체 50%)을 충족하고 있는가?
☐ 생애주기비용(LCC)을 산정하여 경제성과 환경성을 종합적으로 평가했는가?
☐ ESG 평가 항목(환경, 사회, 지배구조)을 입찰 평가에 반영했는가?

부정당제재 대응 시
☐ 입찰 및 계약 과정에서 서류 위조, 담합 등 제재 사유가 없는지 점검했는가?
☐ 부정당업자 제재 처분 시 이의신청 기한(30일 이내)을 확인했는가?
☐ 행정심판 청구 기한(90일 이내)과 행정소송 제소 기한(90일 이내)을 숙지했는가?

분쟁 발생 시
☐ 국가계약분쟁조정위원회 조정 신청을 검토했는가?
☐ 분쟁 관련 증빙 자료를 체계적으로 수집하고 보관하고 있는가?
☐ 법률 전문가의 자문을 받아 최적의 분쟁 해결 방안(화해, 조정, 소송)을 선택했는가?
☐ 계약보증금 청정 절차와 청정금액(일반 10%, 공사 15%)을 확인했는가?

☐ 중소기업자 간 경쟁 제도와 직접생산확인 제도의 개념, 적용 기준, 상호 관계를 설명할 수 있는가?
☐ 여성기업, 장애인기업, 사회적기업의 우선구매 비율과 법적 근거를 숙지했는가?
☐ 혁신제품 지정 절차(신청 → 서류심사 → 현장실사 → 종합심사 → 지정)와 수의계약 특례를 이해하고 있는가?
☐ 녹색조달 제도의 개요, 녹색제품 인증 종류(환경표지, 저탄소, 탄소중립), 의무구매 비율을 숙지했는가?
☐ 생애주기비용(LCC) 산정 공식과 적용 사례를 이해하고 실무에 적용할 수 있는가?
☐ ESG(환경·사회·지배구조)의 개념과 공공조달에서의 ESG 평가 연계 방안을 설명할 수 있는가?
☐ 부정당업자 제재의 사유, 기간(6개월 ~ 2년), 절차를 이해하고 대응 방안을 수립할 수 있는가?
☐ 이의신청(30일), 행정심판(90일), 행정소송(90일)의 제기 기한과 절차를 구분하여 설명할 수 있는가?
☐ 국가계약분쟁조정위원회의 역할과 조정 결정의 효력(재판상 화해)을 이해하고 있는가?
☐ 행정심판과 행정소송의 차이점(성격, 심리 방식, 심급, 심리 범위, 비용, 처리 기간)을 비교 설명할 수 있는가?

부록

시험 대비 참고 자료

공공조달 관리사
필기·실기

부록 | 시험 대비 참고자료

01 실기 유형별 답안 작성법

1 OX형

판단의 근거까지 확인하라.

[답안 작성 원칙]
- O 또는 X만 명확히 표기하며, △, ? 등의 표기는 절대 금지
- 문제에 "~이다", "~할 수 있다", "~해야 한다" 등의 단정 표현이 있으면 법령 기준과 비교하기
- 헷갈릴 때는 예외 조항 여부를 먼저 떠올리기

〈OX형 빈출 포인트〉

함정 유형	예시 문제	정답
금액 기준 혼동	"추정가격 2천만원 이상은 수의계약이 가능하다"	X (전자입찰 의무)
의무/임의 혼동	"나라장터 등록은 선택 사항이다"	X (필수 등록)
기관 범위 혼동	"MAS는 지방자치단체에 적용되지 않는다"	X (적용됨)
비율 수치 혼동	"여성기업 물품 우선구매 비율은 3% 이상이다"	X (5% 이상)

2 단답형

키워드 하나가 곧 점수다.

[답안 작성 원칙]
- 문제가 요구하는 정확한 용어·명칭·숫자만 기재하기
  (부연 설명은 감점 없이 무시되지만 시간 낭비)
- 법령 명칭은 정식 명칭으로 기재하기
  예 "국가계약법" → "국가를 당사자로 하는 계약에 관한 법률"(단, 약칭 허용 여부 확인)
- 숫자는 단위까지 정확히 기재하기
  예 "2천만원", "±2%", "15개", "90일"

〈단답형 빈출 키워드〉

출제 주제	정답 키워드
나라장터 영문명	KONEPS(Korea ON-line E-Procurement System)
전자입찰 의무 기준	추정가격 2천만원 이상
시스템 점검 시간	매일 01:00 ~ 05:00(4시간)
복수예비가격 개수	15개
복수예비가격 범위	기초금액의 ±2%
예정가격 결정 추첨	가장 많이 추첨된 4개의 산술평균
이윤율 상한	최대 25%
MAS 근거 법령	국가계약법 시행령 제22조
여성기업 물품 우선구매 비율	5% 이상
장애인기업 우선구매 비율	1% 이상
사회적기업 우선구매 비율	5% 이상
행정심판 제기기간	처분이 있음을 안 날부터 90일/처분일부터 180일
리스크 ISO 정의	목표에 대한 불확실성의 영향(ISO 31000)

3 서술형

구조가 곧 점수다.

[답안 작성 원칙] 서술형의 기본 공식

"정의 → 요건/종류 → 절차/기준 → 사례/효과"의 4단계를 배점에 맞게 압축하는 것이 고득점의 핵심

〈분량별 구조〉

권장 분량	구조
1 ~ 2줄	정의 1문장 + 핵심 요건 1가지
3 ~ 5줄	정의 + 요건 2 ~ 3가지
5 ~ 8줄	정의 + 요건 3가지 + 절차 또는 사례
8줄 이상	정의 + 요건 + 절차 + 효과·문제점

※ 너무 많은 분량은 좋지 않으며, 핵심만 쓰고 다음 문제로 넘어가기

[서술형 답안의 3가지 황금 구조]

① 개념 정의형: "~란 무엇인가?"
- 정의: ○○(이)란 [대상]이 [목적]을 위해 [방법]으로 [행위]하는 것을 말한다.
- 법적 근거: [법령명] 제○조에 근거한다.
- 주요 내용: 첫째 ~, 둘째 ~, 셋째 ~

 **복수예비가격 제도를 설명하시오.**

> **예시답안** 복수예비가격이란 입찰의 공정성을 높이기 위해 발주기관이 기초금액의 ±2% 범위 내에서 서로 다른 15개의 예비가격을 미리 작성·비치하고, 입찰참가자가 그 중 2개씩 추첨하여 가장 많이 추첨된 4개의 산술평균으로 예정가격을 결정하는 제도이다(국가계약법 시행령 제9조).

② 비교 구분형: "A와 B의 차이를 서술하시오."
- A의 정의·특징: ~
- B의 정의·특징: ~
- 핵심 차이: A는 ~인 반면, B는 ~이다.
- (가능하면) 적용 기준 또는 사례 제시

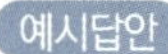 **추정가격, 기초금액, 예정가격의 차이를 서술하시오.**

> **예시답안**
> - 추정가격: 발주기관이 입찰공고 전 사전에 추정한 가격으로 입찰참가자격 판단 기준으로 활용된다.
> - 기초금액: 예정가격 산정의 기초가 되는 금액으로 입찰서 제출 마감일 전까지 나라장터에 공개된다.
> - 예정가격: 복수예비가격 추첨으로 산출된 최종 낙찰 기준 가격으로 비공개이다.
> - 핵심 차이: 추정가격은 공개·사전 추정가이고, 기초금액은 공개·예정가격 산정 기준이며, 예정가격은 비공개·최종 낙찰 기준이라는 점에서 구분된다.

③ 절차 서술형: "~의 절차를 순서대로 서술하시오."
- 1단계: [주체]가 [행위]한다.
- 2단계: [주체]가 [행위]한다.

※ 단계마다 법적 기한·기준 수치가 있으면 반드시 포함

> **문제** MAS 계약 체결 절차를 서술하시오.
> **예시답안**
> - 1단계(입찰공고): 조달청이 MAS 대상 품목에 대해 품목·계약기간·평가기준을 명시한 입찰을 공고한다.
> - 2단계(적격성 평가): 조달청이 입찰참여 기업의 신용평가등급, 납품실적 등을 평가하여 적격업체를 선정한다.
> - 3단계(가격 협상): 조달청이 적격업체와 품목별 단가를 협상하여 계약 단가를 결정한다.
> - 4단계(계약 체결): 협상이 완료된 업체와 다수공급자계약을 체결하고 나라장터 쇼핑몰에 등록한다.
> - 5단계(수요기관 구매): 수요기관이 나라장터 쇼핑몰에서 필요 품목을 선택하여 주문한다.

[서술형 고득점 필수 체크리스트] 답안을 쓴 후 제출 전 반드시 확인해야 할 사항

☐ 정의 문장이 첫 줄에 있는가?
☐ 법령 근거(법률명 또는 조항)가 포함되었는가?
☐ 숫자·비율·기한 등 수치가 정확한가? (±2%, 15개, 90일 등)
☐ "~이다", "~한다"로 단정형 어미를 사용했는가? ("~인 것 같다" 금지)
☐ 한 문장이 3줄을 넘지 않는가? (너무 긴 문장은 가독성 저하)

〈서술형에서 절대 하면 안 되는 실수〉

실수	예시	대처법
키워드 누락	"공정성을 위한 제도" (복수예비가격 미기재)	정식 용어 반드시 포함
추상적 서술	"적절히 관리한다"	구체적 수치·절차로 대체

| 단위 누락 | "2천만원 이상" → "2천만" | "원·%·일" 등의 단위 필수 |
| 미작성 제출 | 모르는 문제 공란 제출 | 부분 점수 위해 아는 내용이라도 기재 |

※ 실전 팁: 서술형에서 구조가 생각나지 않으면 "정의 1줄 → 특징 2가지"만 써도 부분 점수 획득 가능하므로 공란으로 두지 말기

📋 시험 당일 시간 관리 체크 포인트

시험 시작(0분)
↓
5분: 전체 문제 훑기, 어려운 문제 체크
↓
15분: OX형 전체 완료
↓
40분: 단답형 전체 완료
↓
130분: 서술형 순서대로 작성(배점 높은 문제 먼저 작성)
↓
150분: 미작성 문항 보완 및 전체 검토
↓
시험 종료 (150분)

02 관련 법령

법령	주요 조항	핵심 내용
국가계약법 시행령	제7조	추정가격의 정의
국가계약법 시행령	제18조	사전규격공개 제도
지방계약법 시행령	제13조	지역제한 입찰
중소기업제품 구매촉진법	제4조	중소기업 의무구매 비율(50%)
공공데이터법	제19조, 제21조	공공데이터 제공 의무

03 참고 사이트

사이트	URL	용도
나라장터	www.g2b.go.kr	전자입찰, 계약, 쇼핑몰
조달데이터허브	data.g2b.go.kr	통계, 데이터 분석
조달청	www.pps.go.kr	정책, 공지사항
열린재정	www.openfiscaldata.go.kr	정부 예산 정보
공공기관 경영정보(ALIO)	www.alio.go.kr	공공기관 현황
공공데이터포털	www.data.go.kr	OpenAPI 신청

일러두기

- 본 교재는 2026년 제1회 공공조달관리사 국가기술자격 시험을 준비하는 수험생 및 조달 실무 종사자의 학습을 지원하기 위해 집필되었습니다.
- 본문에 인용되거나 집필 과정에서 참조한 법령 · 고시 · 지침 · 연구자료 · 단행본 및 온라인 공식자료를 분류하여 수록합니다.
- 법령은 국가법령정보센터(law.go.kr)에서, 조달 실무 정보는 조달청 나라장터(g2b.go.kr) 및 조달청 누리집(pps.go.kr)에서 반드시 최신 시행본을 확인하시기 바랍니다.

Ⅰ. 공식 표준교재 및 정부 발간자료

1. 조달청 · 공공조달역량개발원 표준교재(4권 시리즈)
   ① 조달청 · 공공조달역량개발원, 「공공조달관리사 표준교재」 제1권 – 공공조달과 법제도 이해, 조달청, 2026.01.
   ② 조달청 · 공공조달역량개발원, 「공공조달관리사 표준교재」 제2권 – 입찰 · 계약 실무, 조달청, 2026.01.
   ③ 조달청 · 공공조달역량개발원, 「공공조달관리사 표준교재」 제3권 – 계약관리 및 사후관리, 조달청, 2026.01.
   ④ 조달청 · 공공조달역량개발원, 「공공조달관리사 표준교재」 제4권 – 공공조달 정책 및 전략, 조달청, 2026.01.
   ※ 전 4권 PDF 무료 다운로드: 조달청 누리집(pps.go.kr) 또는 공공조달역량개발원 홈페이지(hrd.pps.go.kr)

2. 공공조달역량개발원 「대한민국 조달제도 기본서」 5권 시리즈
   ① 공공조달역량개발원, 「대한민국 조달제도 기본서 – 조달업체편」, 공공조달역량개발원,
      발간등록번호 11-1230532-100001-10.
      ※ 물품구매계약, MAS, 협상계약, 나라장터 입찰 실무 등 조달업체 실무 전반 수록
   ② 공공조달역량개발원, 「대한민국 조달제도 기본서 – 수요기관편」, 공공조달역량개발원,
      발간등록번호 11-1230532-100002-10.
      ※ 수요기관 조달요청 · 납품관리 · 검사 · 검수 · 대금지급 실무 수록
   ③ 공공조달역량개발원, 「대한민국 조달제도 기본서 – 시설공사편」, 공공조달역량개발원,
      발간등록번호 11-1230532-100003-10.
      ※ 시설공사 계약요청 · 입찰 · 낙찰자 선정 · 계약관리 · 준공 실무 수록
   ④ 공공조달역량개발원, 「대한민국 조달제도 기본서 – 용역편」, 공공조달역량개발원, 발간등록번호 11-1230532-100004-10.
      ※ 일반용역 · 협상용역 · 소프트웨어 등 용역계약 실무 수록
   ⑤ 공공조달역량개발원, 「대한민국 조달제도 기본서 – 혁신제품 · 우수조달편」, 공공조달역량개발원,
      발간등록번호 11-1230532-100005-10.
      ※ 우수조달물품 · 혁신제품 · 벤처나라 · MAS 2단계경쟁 등 수록

3. 한국산업인력공단(Q-Net) 시험 공고자료
   ① 한국산업인력공단(Q-Net), 「2026년도 공공조달관리사 국가기술자격 시행계획 공고」, 한국산업인력공단, 2025.
   ② 한국산업인력공단(Q-Net), 「공공조달관리사 NCS 기반 출제기준」, 한국산업인력공단, 2025.
   ③ 한국산업인력공단(Q-Net), 「국가기술자격 검정 시행세칙」(최신개정판), 한국산업인력공단, 2026.
   ※ www.q-net.or.kr → 자격정보 → 국가기술자격 → 공공조달관리사

4. 조달청 주요 정책·실무 발간자료
    ① 조달청,「2026년 조달청 업무계획」, 조달청, 2026.01.
    ② 조달청,「공공조달 통계연보」, 조달청, 2025.
    ③ 조달청,「나라장터 이용자 매뉴얼」(최신판), 조달청·조달IT서비스원, 2025.
    ④ 조달청,「다수공급자계약(MAS) 제도 안내서」, 조달청, 2025.
    ⑤ 조달청,「협상에 의한 계약 업무처리 지침」, 조달청, 2025.
    ⑥ 조달청,「혁신제품 공공조달 운영가이드」, 조달청, 2025.
    ※ 조달청 누리집: pps.go.kr → 조달 자료 → 매뉴얼·지침 항목 참조

II. 시중 수험서 및 관련 단행본
  1. 공공조달법 전문 단행본
    정무경·이응주·김태완·손금주·강경훈,「공공조달법의 이론과 실무」, 사영인, 2023.
    ※ 공공조달법 이론·판례·실무를 체계적으로 정리한 전문 법학 단행본
  2. 공공조달·계약 관련 전문 단행본
    ① 기획재정부·법제처,「국가를 당사자로 하는 계약에 관한 법률 해설서」, 기획재정부, 2024.
    ② 한국조달연구원(KIP),「공공조달 계약제도 연구보고서」, 한국조달연구원, 2024.
    ③ 조달청,「공사계약 일반조건 실무해설」, 조달청, 2023.
    ④ 이재욱,「공공계약법 실무」, 법문사, 2023.
    ⑤ 홍정선,「행정법원론(상)」제30판, 박영사, 2022.
    ⑥ 김동희,「행정법Ⅰ」제27판, 박영사, 2021.
  3. NCS·직무능력 관련 자료
    ① 한국산업인력공단,「NCS 학습모듈 – 공공조달관리」, 한국산업인력공단, 2025.
    ② 한국산업인력공단,「NCS 능력단위 – 입찰계획 수립·낙찰자 선정·계약관리」, 한국산업인력공단, 2025
    ※ www.ncs.go.kr → NCS 및 학습모듈 검색
  4. 시중 카페·블로그·커뮤니티 전문가 자료
    ① 나라장터 실무연구 카페(네이버),「조달·입찰 실무 Q&A 및 사례 자료」, 네이버 카페, 상시 업데이트(cafe.naver.com).
    ② 공공조달관리사 수험 준비 카페(네이버·다음),「시험 출제 예상문제 및 기출 분석 자료」, 상시 업데이트
    ③ 조달 실무 블로그(티스토리·네이버 블로그),「국가계약법·MAS·협상계약 실무해설 포스팅」, 각 운영자, 상시 업데이트
    ④ 법률신문·조달법 전문 블로그,「공공조달계약 판례 해설 및 실무 해석 자료」, 상시 업데이트(lawtimes.co.kr).
    ※ 인터넷 카페·블로그 자료는 개인 의견이 포함될 수 있으므로 반드시 공식 법령·고시와 대조 후 활용

III. 주요 법령·시행령·시행규칙·고시·지침
  1. 국가계약 관련 법령
    ① 국가를 당사자로 하는 계약에 관한 법률(약칭: 국가계약법), 법률 제20433호, 2024.09. 시행.
    ② 국가를 당사자로 하는 계약에 관한 법률 시행령, 대통령령 제34906호, 2024.10. 시행.
    ③ 국가를 당사자로 하는 계약에 관한 법률 시행규칙, 기획재정부령 제1090호, 2024.10. 시행.
    ④ 지방자치단체를 당사자로 하는 계약에 관한 법률(약칭: 지방계약법), 법률 제20219호, 2024.02. 시행.
    ⑤ 지방자치단체를 당사자로 하는 계약에 관한 법률 시행령, 대통령령 제34706호, 2024.07. 시행.
  2. 조달사업 관련 법령
    ① 조달사업에 관한 법률(약칭: 조달사업법), 법률 제20178호, 2024.02. 시행.
    ② 조달사업에 관한 법률 시행령, 대통령령 제34592호, 2024.06. 시행.
    ③ 공공기관의 운영에 관한 법률(약칭: 공공기관운영법), 법률 제20340호, 2024.07. 시행.

3. 입찰·계약 관련 고시 및 예규

　① 기획재정부, 「공사계약 일반조건」, 기획재정부계약예규 제631호, 2024.
　② 기획재정부, 「물품구매(제조)계약 일반조건」, 기획재정부계약예규 제630호, 2024.
　③ 기획재정부, 「용역계약 일반조건」, 기획재정부계약예규 제629호, 2024.
　④ 기획재정부, 「입찰참가자격사전심사요령」, 기획재정부계약예규 제627호, 2024.
　⑤ 기획재정부, 「협상에 의한 계약체결기준」, 기획재정부계약예규 제622호, 2024.
　⑥ 기획재정부, 「원가계산 용역비 산정기준」, 기획재정부계약예규 제615호, 2023.
　⑦ 조달청, 「조달청 다수공급자계약 사무처리규정」, 조달청고시 제2024-14호, 2024.
　⑧ 조달청, 「조달청 입찰참가자격 사전심사 기준」, 조달청예규 제338호, 2024.
　※ 모든 법령·고시·예규 원문: 국가법령정보센터(law.go.kr)에서 최신 시행본 확인

Ⅳ. 주요 온라인 공식 플랫폼 및 참조 사이트

1. 조달 관련 공식 시스템

　① 조달청 누리집, pps.go.kr, 조달청, 상시 업데이트
　　※ 법령·지침·통계·업무매뉴얼·표준교재 다운로드
　② 나라장터(국가종합전자조달시스템), g2b.go.kr, 조달청·조달IT서비스원, 상시 운영
　③ 공공조달역량개발원, hrd.pps.go.kr, 공공조달역량개발원, 상시 운영
　　※ 조달제도 기본서 5권·표준교재·교육과정·자격시험 정보 제공
　④ 조달품질원, pqis.go.kr, 조달청 조달품질원, 상시 운영
　⑤ 공공기관 경영정보 공개시스템(알리오), alio.go.kr, 기획재정부, 상시 운영

2. 법령·고시·판례 조회 시스템

　① 국가법령정보센터, law.go.kr, 법제처, 상시 운영
　② 대법원 판례정보, glaw.scourt.go.kr, 대법원, 상시 운영
　③ 행정심판정보시스템, simpan.go.kr, 국무조정실 중앙행정심판위원회, 상시 운영

3. 자격시험 관련 공식 사이트

　① 큐넷(국가자격시험 종합정보), q-net.or.kr, 한국산업인력공단, 상시 운영
　② NCS(국가직무능력표준), ncs.go.kr, 한국산업인력공단, 상시 운영

Ⅴ. 학술논문 및 연구보고서

1. 공공조달·계약제도 주요 논문

　① 김경선, 「공공조달에서의 공법상 당사자소송과 입찰참가자격제한 제도의 개선방안」, 단국대학교 박사학위논문, 2020.
　② 이광수, 「공공조달계약 관련법제의 개혁에 대한 고찰: 국가계약법을 중심으로」, 강원법학 제63권, 강원대학교 비교법학연구소, 2021.
　③ 한국조달연구원(KIP), 「WTO 정부조달협정(GPA) 이행현황 및 개선방안 연구」, 한국조달연구원, 2023.
　④ 한국조달연구원(KIP), 「공공조달 혁신제품 활성화를 위한 제도적 기반 연구」, 한국조달연구원, 2024.
　⑤ 조달청·한국조달연구원, 「공공조달과 중소기업 지원정책의 연계방안 연구」, 조달청, 2023.

2. 국제 공공조달 관련 자료

　① WTO, 「Agreement on Government Procurement (GPA 2012)」, WTO, 2014.
　② OECD, 「Public Procurement Toolbox」, OECD Publishing, 2023.
　③ UNCITRAL, 「Model Law on Public Procurement」, UNCITRAL, 2011.

Ⅵ. 기타 행정자료 및 참조자료

① 기획재정부, 「2025년도 예산 및 기금운용계획 집행지침」, 기획재정부, 2025.01.

② 조달청, 「공사원가계산 제비율 적용기준」, 조달청고시 제2025-2호, 2025.01.

③ 조달청, 「소프트웨어사업 대가기준」, 조달청고시 제2024-11호, 2024.

④ 행정안전부, 「전자정부 서비스 조달·운영 표준 가이드」, 행정안전부, 2024.

⑤ 중소벤처기업부, 「중소기업자간 경쟁제품 지정 고시」, 중소벤처기업부고시 제2025-1호, 2025.

⑥ 조달청 조달IT서비스원, 「차세대 나라장터 시스템 안내서」, 조달IT서비스원, 2025.

※ 위 자료의 법령·고시·예규는 시험일 기준으로 시행 중인 최신 개정본을 우선 적용합니다. 학습 중 법령 개정이 있을 경우 국가법령 정보센터(law.go.kr)를 통해 반드시 변경 사항을 확인하시기 바랍니다.

박문각 자격증 시리즈

공공조달관리사 필기·실기
ALL Q-PASS + 무료특강

초판인쇄	2026. 4. 20.
초판발행	2026. 4. 25.

저자와의
협의 하에
인지 생략

편 저 자	김경배
발 행 인	박용
출판총괄	김현실
개발책임	이성준
편집개발	김태희, 김선영
마 케 팅	김치환, 최지희
일러스트	㈜ 유미지

발 행 처	㈜ 박문각출판
출판등록	등록번호 제2019-000137호
주 소	06654 서울시 서초구 효령로 283 서경B/D 6층
전 화	(02) 6466-7202
팩 스	(02) 584-2927
홈페이지	www.pmgbooks.co.kr

ISBN	979-11-7519-938-5
정가	47,000원